U0669379

POPULATION CHANGE AND PEOPLE'S LIVELIHOOD

从人口变迁看民生发展

翟振武 主编

中国人口出版社
China Population Publishing House
全国百佳出版单位

图书在版编目(CIP)数据

从人口变迁看民生发展/翟振武主编 . —北京：中国人口出版社,2012. 9

ISBN 978-7-5101-1367-3

Ⅰ. ①从… Ⅱ. ①翟… Ⅲ. ①人口—变迁—研究—中国②人民生活—研究—中国 Ⅳ. ①C924. 24②D669. 3

中国版本图书馆 CIP 数据核字(2012)第 214443 号

从人口变迁看民生发展

翟振武　主编

出版发行	中国人口出版社
印　　刷	北京旺都印务有限公司
开　　本	787 毫米×1092 毫米　1/16
印　　张	33. 5
字　　数	800 千字
版　　次	2012 年 9 月第 1 版
印　　次	2013 年 3 月第 2 次印刷
书　　号	ISBN 978-7-5101-1367-3
定　　价	88. 00 元

社　　长	陶庆军
网　　址	www. rkcbs. net
电子信箱	rkcbs@ 126. com
电　　话	(010)83519390
传　　真	(010)83519401
地　　址	北京市西城区广安门南街 80 号中加大厦
邮　　编	100054

序　言

人口问题始终是制约我国全面协调可持续发展的重大问题，是影响经济社会发展的关键因素。正确处理好人口数量、素质、结构、分布各要素的关系，促进人口与经济社会发展相协调、与资源环境相适应，促进人的全面发展，关系改革开放和社会主义现代化建设的成功，关系中华民族的未来。人口和民生相互关联、密不可分，民生改善的效果要通过各种人口指标得以体现，而测度人口变化的指标也是测度民生的重要指标。

新中国成立以来，党和政府始终高度重视人口工作，坚持从战略高度认识和把握人口问题，积极探索符合我国实际的人口发展道路。经过全党全社会不懈努力，我国人口计生工作取得巨大成就，人口过快增长的势头得到有效控制，人口再生产类型实现历史性转变，人口素质稳步提高，城乡就业规模持续扩大，民生建设取得新进展，为促进经济社会发展做出了重要贡献，为全面做好新时期人口工作打下了坚实基础。

为了客观再现新中国成立以来人口变迁和民生发展的历史进程，集中展示人口发展和民生改善的丰硕成果，全面总结人口发展的经验教训，中国人民大学翟振武教授主编了《从人口变迁看民生发展》一书。概括地看，本书有几个突出的特点：

第一，创新性。本书在对人口和民生状况进行全面描述和细致分析的基础上，对人口和民生的发展规律进行了深入研究，深刻揭示了人口发展规律及变动趋势，提出了全面做好新形势下我国人口和民生工作的思考、启示和政策建议，理论性、针对性都很强。

第二，系统性。从内容上讲，本书不仅讨论人口的生育、死亡等问题，而且从人口和民生相互关系的角度，将与二者紧密相关的方方面面有机融合在一起。从历史跨度上看，涵盖了人口和民生领域从新中国成立以来到现在长达60多年的历史变迁和发展成果，极具历史的纵深感。可以说，本书较为全面、完整地勾勒出了一幅新中国成立60多年来人口发展和民生改善的动态全景图。

第三，学术性。本书的作者都是来自经济、人口、社会保障领域的知名专家学者，他们在这些研究领域都已经进行了长期的耕耘，建树颇多，对该领域的发展历程和现状等情况都十分熟悉。在本书的各个章节中，他们根据丰富的学识和翔实的资料，对所研究的问题进行了准确的分析和论述，做出了较为权威的解答。

掩卷而思，我们更加深刻地体会到人口多、人均资源相对较少、发展不平衡，这是我们想问题、作决策、办事情必须始终把握的基本国情。我国经济发展和社会管理面临的重大问题与人口数量、素质、结构、分布问题密切相关。这也告诉我们，应当进一步认识我国人口问题的长期性、复杂性、艰巨性，不断增强做好人口工作的自觉性和主动性，加强战略研究，加强政策统筹，加强工作协调，加强任务落实，切实增强把握和服务全局的意识和能力，加快建立统筹人口与发展的政策体系，不断开创人口工作新局面，为夺取全面建设小康社会新胜利创造更加有利的人口环境。

总之，本书思想深刻，资料翔实，不仅给人以学术知识，更给人以深刻启迪，是认识和理解中国人口变迁和民生发展的一本佳作。

是为序。

王侠

2012年9月17日

目　录

Contents

第一章　人口发展与民生改善

第一节　人口与民生

20世纪中期以来，伴随着社会经济的发展和各项人口政策的实施，我国的人口领域发生了翻天覆地的变化。人口快速增长的势头得以控制，人口的死亡率和生育率实现了持续、快速下降，人口的健康素质和受教育水平明显提高，人口迁移流动非常活跃，人口城市化、现代化的趋势日益明显，同时老龄化水平也持续升高。

自从党的第十七次代表大会提出“加快推进以改善民生为重点的社会建设”这一任务以后，“民生”这个词汇越来越频繁地出现在社会公众的视野之中。何谓“民生”？从广义方面来看，凡是同老百姓的生活有关的，都可以纳入民生的范围。这种民生的概念范围非常宽泛，几乎可以包括社会、经济、政治、文化等各个方面。从狭义方面来看，民生主要是指民众的基本生存状态、基本发展能力和基本权益保护等。可以形象地说，民生从横向来看是衣食住行，从纵向来看是生老病死。人口作为关系到国家社会经济发展的基础变量，与民生存在着密切的关系。许多问题具体到每个老百姓的生活来看是民生问题，上升到整个群体的高度来看就是人口问题。

首先，解决人口问题、保证人口良性发展是保障和改善民生工作的重要方面。人口问题是最基本的民生问题。许多人口问题都是改善民生所必须解决的首要问题。比如降低人口的死亡率和患病率，提高人口的身体健康素质，提高人口的受教育水平，降低人口的生育率，把妇女从传统繁重的生育压力下解放出来等，它们既是人口发展的目标，又是改善民生工作中最基础、最重要的内容。

其次，改善民生的效果最终需要通过人口指标变化得以体现（比如平均预期寿命、人均收入、人均住房面积等等）。近年来，国家始终坚持以民生为本，着力保障和改善民生，使人民生活质量显著提高，社会事业全面进步，基本公共服务步伐不断加快，让改革发展成果惠及人民群众，开展了一系列例如“基本公共服务均等化”、

“低收入群众增收”等工作。中共十七大提出了加快推进以改善民生为重点的社会建设的目标，要求积极解决好教育、就业、收入分配、社会保障、医疗卫生和社会管理等直接关系到人民群众根本利益和现实利益的问题，努力使人民群众学有所教、劳有所得、病有所医、老有所养、住有所居，大力推动和谐社会建设。这些工作是否达到了效果，目标最终是否实现，在许多方面都需要使用人口各方面的指标加以衡量，需要通过人口指标的变化趋势得以体现。而事实也证明，新中国成立六十多年以来人口的变化历史，也是民生改善的历史。

一直以来，党和政府非常重视民生建设，探索与改进民生建设的抓手与落点。解决关系人民群众切身利益的问题，保障人民群众的各项权益，实现人的全面发展，是党和国家工作的出发点和落脚点。在经济发展的基础上，更加注重社会建设，着力保障和改善民生，推进社会体制改革，扩大公共服务，完善社会管理，促进社会公平正义，努力使全体人民学有所教、劳有所得、病有所医、老有所养、住有所居，推动建设和谐社会。胡锦涛总书记提出了加快推进以改善民生为重点的社会建设的六大任务：第一，优先发展教育，建设人力资源强国；第二，实施扩大就业的发展战略，促进以创业带动就业；第三，深化收入分配制度改革，增加城乡居民收入；第四，加快建立覆盖城乡居民的社会保障体系，保障人民基本生活；第五，建立基本医疗卫生制度，提高全民健康水平；第六，完善社会管理，维护社会安定团结。

在民生建设着力解决与关注的问题中，有许多与人口的变化发展息息相关，存在着密不可分的关系。本书的主要目的是通过回顾新中国成立 60 多年以来人口各方面的发展变化历程，反映我国民生改善的变化及所取得的成绩、存在的不足、获得的经验和探讨未来仍需要努力的方向。

第二节　人口发展与教育进步

教育是联合国人类发展指数用以衡量一国发展程度的重要指标之一，是体现一国国民总体文化素质和国家发展潜力的关键。提高民众的受教育水平和科学文化素质直接涉及民众的基本发展机会和基本发展能力，是民生的重要内容和基本方面。

进入 21 世纪以来，伴随着生育水平的下降，我国面临的人口问题出现多元化态势。从更长的时期看，人口素质问题将逐渐成为影响经济社会协调和可持续发展的主要因素。党在新时期提出的以人为本的科学发展观和构建社会主义和谐社会的重大战略思想，为认识和解决中国人口问题提供了新的视角和思路。2006 年，中共中央、国务院作出《关于全面加强人口和计划生育工作统筹解决人口问题的决定》，标志着人口和计划生育工作进入稳定低生育水平、统筹解决人口问题、促进人的全面发展的新阶段。

展望未来，在统筹解决人口问题的历史征程中，提高人口素质必将被摆在更为重要的位置上，中国人口教育科技素质持续快速提高，从而中国由人口大国转变为人力资源强国的局面也将会更早地展现在世人面前。

一、新中国成立初期，教育事业初显成效

新中国人口的教育科技素质就是在极其薄弱的基础上逐步发展的。60 多年来，在政治经济发展的不同阶段，中国人口教育科技素质的提高呈现出不同的特征。

1949 ~ 1965 年，是中国社会主义教育科技事业调整发展、奠定基础时期。尽管在这期间存在随“大跃进”运动伴之而来的极左路线的干扰，但新中国成立后 17 年中国教育科技事业发展的成绩是显著的，人口教育科技素质提高取得初步成效。

1949 ~ 1965 年，是中华人民共和国成立后扫盲工作具有显著成效的阶段。20 世纪 50 年代，中国曾先后掀起三次扫盲高潮。第一次出现于 1951 ~ 1953 年。中华人民共和国成立以后，广大工人农民在政治上当家做主、经济上翻身之后，迫切要求文化上的翻身，一个全国性的扫盲运动迅速开展。第二次扫盲高潮出现于 1955 ~ 1956 年。这时城乡社会主义改造已经完成，全国掀起了社会主义建设高潮。第三次扫盲高潮出现于 1958 年。由于各级党政领导和广大群众的努力，中华人民共和国成立 17 年中扫盲工作取得显著成绩。20 世纪 50 年代基本扫除了干部中的文盲，60 年代基本扫除了职工中的文盲。到 1965 年，全国共扫除文盲 10 272 万人，平均每年扫除文盲 604 万人。

这一时期全国文盲率的迅速下降，除了扫盲工作的成效外，还有另外两个因素起了重要作用。一是初等教育的发展。小学在校学生由 1949 年的 2 439 万人发展到 1965 年的 11 621 万人，学龄儿童入学率由 1949 年的 20% 提高到 1965 年的 84.7%，17 年间小学累计毕业 7 000 万人①。这些人进入人口总体，降低了文盲人口比重。二是文盲人口的自然淘汰。人口的年龄组越高，文盲率也越高。17 年中自然死亡的老年人口当中有 80% 以上的文盲，这就大大减少了文盲人口的绝对数量。

新中国成立后的 17 年，全国小学教育发展是迅速的、健康的。1965 年与 1949 年相比，小学学校数增长 3.9 倍，在校学生数增长 3.8 倍，毕业生数增长 9.3 倍。第二次全国人口普查资料表明：1964 年全国共拥有小学程度人口 19 582 万人，每 1 000 人口中具有小学程度的人口全国平均为 281.9 人，其中城镇每千人平均 349.5 人，乡村每千人平均 270.8 人；就地区分布来看，华北区 312.4 人，东北区 346.2 人，华东区 260.8 人，中南区 302.5 人，西南区 256.6 人，西北区 229.9 人。

新中国成立后的 17 年中，中国中等教育的发展与初等教育一样迅速。1965 年与

① 《中国教育年鉴》编辑部编：《中国教育年鉴（1949 ~ 1981）》，中国大百科全书出版社，1984 年版，第 1021，1024 页。

1949 年相比，普通中学数增长 3.6 倍，其中高中增长 1.6 倍，初中增长 4.7 倍；普通中学在校学生数增长 8.0 倍，其中高中增长 5.3 倍，初中增长 8.7 倍；普通中学毕业生数增长 6.5 倍，其中高中增长 4.9 倍，初中增长 6.9 倍。17 年累计，我国共培养出初中毕业生 1 675.6 万名，高中毕业生 354.6 万名，同时还培养出中等专业人员 295.9 万名，工业中学、农业中学以及各种职业中学毕业生 63.2 万人。据第二次全国人口普查资料，1964 年全国共拥有初中程度人口 3 235 万人，高中程度人口 912 万人。每 1 000 人口中具有初中文化程度的有 46.7 人，其中城市 127.6 人，乡村 33.3 人；每 1 000 人口中具有高中文化程度的有 13.1 人，其中城镇 53.9 人，乡村 6.4 人。

在这一时期，中国高等教育在探索中发展。高等学校数增长 1.12 倍，在校学生数增长 4.79 倍，共培养大学毕业生 155.45 万人，培养研究生 14 792 人。

中国人口科技素质的提高是与科学技术事业的发展同步进行的。新中国成立时，全国科学技术人员不超过 5 万人，其中专门从事科学研究工作的人员不足 500 人，专门的科研机构只有 30 多个。科技力量微弱而又缺乏组织，科研成果也少得可怜。新中国成立后，一些旅居国外的著名科学家如华罗庚、李四光等陆续回国，为发展祖国的科学技术事业效力。1949 年 11 月，在北京成立了中国科学院，辖 22 个研究机构，有研究人员 224 人，郭沫若为院长，李四光为副院长。至 1952 年，已拥有包括多学科的 31 个研究所。广大自然科学工作者，开始了有组织、有计划的科学研究工作，取得了可喜的成绩。

随着知识分子政策的落实和科技事业的大发展，科技队伍迅速壮大。全国科技人员，1957 年有 120 万人，1965 年发展到 230 万人；专门科研人员，1955 年有 8 000 人，1965 年发展到 12 万人。科研机构，1955 年有 800 多个，1965 年发展到 1 714 个，形成了中国科学院、高等学校、产业部门、国防部门和地方科研机构五方面组成的科技大军。

二、1966 ~ 1976 年，教育事业遭受挫折

1966 年 5 月 ~ 1976 年 10 月的“文化大革命”，使党、国家和全国人民遭受到新中国成立后严重的挫折和损失。在这 10 年中，教育科技领域成为“重灾区”，整个民族教育科技素质停滞不前甚至有所下降。

在各类学校停课闹革命、教育管理部门处于瘫痪的状态下，新中国轰轰烈烈的扫除文盲活动在“文化大革命”中基本停顿下来。这就导致一代新文盲的产生。据第三次全国人口普查资料，1982 年的 15 ~ 19 岁人口中有 1 177 万文盲半文盲，20 ~ 24 岁组有 1 065 万文盲半文盲，25 ~ 29 岁组有 2 074 万文盲半文盲，30 ~ 34 岁组有 1 912 万文盲半文盲，35 ~ 39 岁组有 1 518 万文盲半文盲。1982 年，全国 15 ~ 39 岁的青壮年文盲合计 7 746 万人。而 1982 年的 15 ~ 39 岁青壮年人口，有的是在“文化大革命”中出生的，大部分则在“文化大革命”中度过求学及扫盲的最佳年龄期，所以“文化大革命”中扫盲工作的停顿与之后表现出的相应年龄组大量文盲的存在有着直接的关系。

除了上面所谈及的文盲人口外，“一代新文盲”还包括在“文化大革命”中虽然取得某学校文凭但实际上并没有学到起码文化知识的青少年人口。尤其是“文化大革命”中、后期毕业后没有再升学的小学生，成为事实文盲的比例较高，估计有两三千万人多。

三、1977年至今，教育事业稳步发展

1978年12月召开的党的十一届三中全会，开辟了改革开放和社会主义现代化建设的新时期。从此，中国走上一条建设有中国特色社会主义的康庄大道，中国人口的教育科技素质进入最好的历史发展时期。

随着党的十一届三中全会后国家工作重点的转移，党的十二大把教育确定为经济建设的战略重点之一，十三大把发展科学技术和教育放在经济发展战略的首要位置，十四大进一步把教育摆在优先发展的战略地位，十五大提出了科教兴国的重大发展战略，把提高全民族的思想道德素质和教育科学文化水平写入党的社会主义初级阶段的基本纲领。党的十六大和十七大以来，党中央更加重视教育，政府明确把实施科教兴国作为最大的任务，并成立了国务院科教领导小组，对实施科教兴国战略进行具体规划和部署。这一系列重大决策和有力措施，提高了全党全社会对教育和科技的认识，极大地促进了教育科技事业的改革和发展。

由于普及小学教育和扫盲教育的共同发展，改革开放以来，中国人口中的文盲数量和文盲率不断下降。据1982年、1990年、2000年三次全国人口普查数据，1982～2000年的18年间，全国15岁及以上文盲人口由22 314万人减少到8 699万人，共减少13 615万人，年均减少756万人，高于新中国成立后17年年均扫除文盲数604万人的25%。其中1982～1990年年均减少519万人，1990～2000年年均减少946万人。说明20世纪90年代是新中国成立后50年扫盲速度最快的时期。总文盲率（文盲人口占总人口比重）由1982年的22.23%下降到1990年的16.06%，2000年的7.00%，18年下降15.23个百分点。进入21世纪，中国政府进一步加大对九年义务教育的投入力度，把农村地区作为普及义务教育的重中之重，有效防止了新文盲的产生；建立了政府主导、社会参与的扫盲工作机制，平均每年减少文盲200万人。2010年第六次人口普查数据表明，中国的文盲率已经下降到了4.08%。

由新中国成立前80%的人口是文盲转变为目前95%以上的人口有文化，发生了翻天覆地的变化。据世界131个国家有关数据的比较，尽管中国是世界第一人口大国，但中国目前的文盲率大大低于世界平均水平，已基本相当于中等收入国家的水平。

第三节 人口发展与就业促进

自古以来，就业是人民生存和生活的根本，自然成为民生问题的重要方面。对于广大劳动者来说，实现就业是他们一生幸福的重要保障和支持力量，也是他们体现自我价值、融入社会的重要途径。“十二五”国家经济社会发展纲要明确提出了就业优先战略，坚持把促进充分就业作为保障和改善民生的首要任务。

我国是一个拥有13亿人口的泱泱大国，“就业难”在我国是一个长期存在的难题。受到社会经济发展、时期政策和劳动年龄人口的影响，我国的就业问题在不同时期、不同阶段表现出不同的特点。特别是在当前这个新时期、新形势下，我国的就业形势更加复杂，政府不仅要解决下岗职工再就业问题，要引导农村剩余劳动力合理有序地向城市转移，还要处理好高校毕业生、复转军人、新增劳动力等的就业问题。新中国成立以来，政府一直非常重视就业问题，从中央到地方各级部门，在解决就业问题上都花费了极大的心力。政府通过创造更多的就业岗位、鼓励创业的政策扶持、职业培训、公共服务等多种途径，有效地缓解了各个时期、各类群体的就业难问题。

一、1949～1957年，通过恢复国民经济解决就业问题

新中国成立初期，我国面临着非常严峻的就业问题。1949年年末，全国城镇失业人数为472.2万，失业率达到了24%。这是因为自1840年以来，中国长期处于一种战争状态，经济上又深受外国资本、大官僚资本压迫，几乎到了崩溃的边缘，各种产业都受到了重创，企业纷纷倒闭。而在新中国成立之初对旧社会的改造过程中，又接收了旧军队和旧政府中的大量人员，取缔了一些如鸦片烟馆、妓院等行业，这就使劳动力供大于需的问题更为激化。

面对这样的压力，政府主要采取了恢复和发展经济来解决就业问题。新中国成立以前，中国的国民经济已经走向了濒临崩溃的边缘，物资供应匮乏，物价飞涨，财政举步维艰。新中国成立初期，政府在原有基础上，对旧经济进行了改造，解放和发展生产力。通过没收残余的官僚资本，以此扩充和壮大国营经济的力量；通过对民族资本主义中的资本主义工商业和个体手工业的利用和改造在最大程度上保留了原有经济力量；通过实施金融管理、控制主要物品供应、加强市场监管和实施统一的财政政策使经济回到了良性运行的轨道上来。在这些措施的强力作用下，国民经济得到很大程度的恢复，并有所发展，人民生活水平也随之逐渐提高。1949～1952年，社会总产值从1949年的548亿元增长到1952年的1 015亿元，年均递增22.8%；国民收入则

从1949年的358亿元增长为1952年的589亿元，增幅达到64.5%①。1949～1952年，职工的工资增长速度达到了60%～120%，农民的年人均收入也增加了30.1%②。国家第一个五年计划时期，对资本主义工商业、手工业和农业的社会主义改造过程和国家实现工业化的进程同步进行。通过“三大改造”，实现了由新民主主义向社会主义的平稳快速过渡，生产关系的进步解放了生产力。实现社会主义工业化和优先发展重工业的方针使中国的工业基础在短时期内初步形成，改变了旧中国的落后的工业面貌，工业生产能力飞速发展，工业技术水平大大提高。工业化基础的初步形成，一方面为技术研发和生产率的继续提高提供了良好的基础；另一方面，也增加了产品的生产能力，使人民生活水平得以提高。

随着国民经济的恢复和发展，从业人数逐步增长。到1957年年末，全国失业人口累计新就业人数为273.8万人，失业人数下降到了200.4万人，失业率也随之下降到5.9%。解决就业问题的工作取得了显著的成果。

二、1958～1977年，劳动力发生大规模的城乡对流

从1958年到1977年，是我国国民经济曲折发展的时期，其间受到“左”的指导思想影响，几次运动都使国民经济遭到极大程度的破坏。受到国家政策变化的影响，劳动力发生了几次大规模的城乡流动和回流。

从1956年社会主义改造的完成到1966年“文化大革命”的开始，是这一曲折发展时期的前半期，也是我国开始全面建设社会主义的10年。在经济方面，在这一期间经历了总路线、“大跃进”和“人民公社化”等运动。20世纪50～60年代长期的人口快速增长压力对经济发展的增速提出了很高的要求。第一个五年计划完成以后，我国的社会经济建设得到了迅速的发展，人民生活水平也得到了很大的改善。但全国上下表现出的冒进倾向不断累积，最终导致了国民经济“大跃进”运动的发生。1958年5月，中共八大二次会议通过了“多快好省地建设社会主义”的总路线。事实表明，这条总路线执行到最后几年只剩下了“多”和“快”两个字。“大跃进”运动中盲目提出不切实际的过高指标，并一再缩短目标的完成期限。为了快速进行建设搞“大跃进”，全民“大炼钢铁”，大量的农村劳动力进入城市的工业部门工作。1958年，城镇增加了2 100万从业人员，而第一产业的从业人员减少了5 000万，第二产业增加了近5 000万人，造成了国民经济比例严重失调，农业发展受到重创，人民生活水平下降，人口也面临严重的损失。

1961年开始，为了摆脱困境，使国民经济发展重回正常的轨道，党和政府实行

① 国家统计局编：《中国统计年鉴1984》，中国统计出版社，1984年版，第20～21，23～25页。

② 国家统计局国民经济平衡统计司编：《国民收入统计资料汇编（1949～1985）》，中国统计出版社，1987年版，第49页。

"调整、巩固、充实、提高"的方针，对国民经济进行了大幅度的调整。经过实行压缩基本建设战线、调整工业生产速度和结构、调整人民公社体制、贯彻按劳分配政策和加强农业建设等种种措施，国民经济的状况得到改善，工业与农业之间的产值比从1960年的78∶22下降为1965年的63∶37①，农副产品产量迅速增加，粮食产量恢复到1957年的水平，财政收支状况平衡，市场供需矛盾缓解，人民生活水平有所提高。这个时期，城镇和第二产业从业人员大规模精简，重新回到了农村。1962年城镇从业人员从1958年的5 300多万下降到了4 500多万，第二产业从业人数也从7 000多万下降到了2 000多万。

在1966～1976年的10年"文化大革命"期间，许多生产指挥部门无法正常运转，生产秩序混乱、交通运输受阻；一些符合按劳分配的原则和经济发展规律的制度遭到严厉的批判和彻底的否定。1966～1968年，刚从"大跃进"后调整中得以喘息、刚见起色的国民经济又陷入了全面衰退的泥沼之中。工农业生产总值从1966年的2 534亿元下降到1968年的2 213亿元，国民收入也从1966年的1 586亿元下降到1968年的1 415亿元②。经济发展的停滞造成了对劳动力需求的萎缩，加上20世纪50年代出生高峰中出生的人口逐渐进入劳动力市场，就业形势变得相当严峻。为了解决毕业生的就业问题，国家采取了大规模的"上山下乡"政策，将城镇就业压力转移到农村，1967～1976年10年累计达1 400多万人。"上山下乡"青年并不能稳定在农村工作，在"文化大革命"后期，又出现了大规模的"上山下乡"青年大返城的现象，每年达到了100多万人。

三、1978年以来，采取综合措施应对各类就业问题

改革开放以来，我国的就业局面变得更为复杂，许多新的就业问题开始出现。首先，在市场化的经济改革当中，原有体制中人员冗杂、企业负担沉重的问题逐渐浮出水面，而当时采取的主要应对策略就是大规模地精简员工，造成下岗失业人员迅速增加。其次，随着农业生产力的提高和城市化进程的推进，我国庞大的农村劳动年龄人口需要从农业生产中转移出来，农村剩余劳动力开始出现，而严格的城乡流动控制政策的松缓更是促使大量农村的劳动力资源涌入城市工作，对交通、城市就业和城市管理形成了巨大的压力。最后，20世纪90年代后期的高等院校扩招导致21世纪初期开始，高校毕业生的就业形势日益严峻，形成了大学生就业难问题。

面对纷繁复杂的就业形势，国家针对不同的就业问题，采取了多种综合措施予以应对。对于下岗失业人员，政府鼓励集体经济、私营经济和外资企业发挥作用，帮助拓宽就业渠道，增加就业岗位；建立健全公共就业服务和管理制度，实施"再就业"

① 国家统计局编：《中国统计年鉴1983》，中国统计出版社，1983年版，第162页。

② 国家统计局编：《中国统计年鉴1983》，中国统计出版社，1983年版，第17，323，343页。

工程，对下岗职工进行免费的培训和就业服务。对于农村剩余劳动力，政府一方面鼓励发展小城镇、兴办乡镇企业，实现劳动力的就地解决，一方面根据城市需求吸收劳动力，并建立和完善对流动人口的专门管理和服务体系。对于大学生，国家引导大学生到基层和西部地区工作，鼓励自主创业和灵活就业，并完善大学生就业市场服务。随着政府各项促进就业政策和措施的深入实施，各类群体的就业难问题都得到了缓解。

据预测，“十二五”时期，我国的劳动年龄人口将达到历史高峰，城镇每年需就业劳动力约为2 500万，每年需转移的农村劳动力也在800万人以上，就业压力将长期存在。进入21世纪以来，我国明确提出“就业是民生之本，促进就业是安国之策”。“十二五”国家经济社会发展纲要进一步指出，要实施就业优先战略，坚持把促进就业放在经济社会发展的优先位置，健全劳动者自主择业、市场调节就业、政府促进就业相结合的机制，创造平等就业机会，提高就业质量，努力实现充分就业。

第四节　人口发展与建立和完善社会保障体系

“社保是民生之依。”社会保障体系是人民生存和发展的依托，也是改善民生的重要制度安排。社会保障体系的建立和完善是以人为本理念的集中体现，是人类社会进步的重要成果和推动力量。它能解除人们的后顾之忧，帮助遭遇困难的社会成员渡过难关，继续正常生活，也能化解社会矛盾，创造公平的社会环境，促进社会的和谐发展。

在新中国60多年的发展历程当中，社会保障体制随着新社会的建立而逐步建立，随着社会经济体制的改革而转型。特别是近些年来老龄化水平不断提高的发展态势，对我国社会保障体系的完善提出了更高的要求。党的十七大报告中提到的“以社会保险、社会救助、社会福利为基础”勾勒出了我国社会保障体系的基本框架。在这个框架下，中国的社会保障体系正向着“城乡统筹的社会保障体系”发展。

一、1949～1986年，计划经济体制下的国家—单位保障模式

从1949年新中国成立到改革开放初期，我国的社会保障体系一直采取的是一种国家－单位保障模式。在这个时期，我国的社会保障制度是社会主义制度的组成部分。作为国家的主人，人民群众享受了“低工资、高福利”、国家单位全包的社会保障。这种保障模式对我国新政权的巩固和经济的恢复发展起到了重要的作用，充分体现了社会主义制度的优越性，但是也给国家发展带来了沉重的包袱，无法长期持续运转。

20世纪中期，《中华人民共和国劳动保险条例》的出台，标志着中国城镇职工的

劳动保险制度的建立。此后，公费医疗制度、退休制度、“五保”制度等社会保障制度纷纷建立。到1956年，中国已经初步建立起以国家为主体、单位共同负责的社会保障制度。在这样的制度安排之下，国家的主要职责是制定各项社会保障政策、提供社保需要的资金和组织实施，而企业也要承担部分资金，主要负责具体的实施。此后，通过退休制度的调整、农村合作医疗的建立，这种模式不断得到稳固和完善，国家一直承担着社会保障的主要责任。

“文化大革命”时期，社会经济发展与人口的快速增长的矛盾充分暴露出来，国家已无力负担沉重的社会保障支出，所以社会保障的责任发生了转移，改为企业负责模式，主要依靠企业自身来维持社会保障的正常运转。但无论是国家负责还是单位负责，这种模式的主要特点都是国家负主要责任，城镇的单位和农村的集体协同负责，是一种大包大揽的全面保障。城乡之间、不同所有制的企业之间、甚至不同单位之间严重分割，封闭运行，缺乏社会统筹，社会保障水平存在着巨大的差异。随着改革开放的深入，这种传统保障模式的弊端和不适应性日益暴露，时代的需要催生了社会保障体制的改革。

二、1986年以来，市场经济体制下的国家—社会保障模式

改革开放以后，与社会主义市场经济体制相适应，中国的社会保障改革也迫在眉睫。中国的社会保障改革是特定时代背景下的多重因素作用的结果。首先，经济改革所带来的变化动摇了原有社会保障制度的基础。其次，人口发展形势发生了巨大的变化，人口规模不断扩大，老龄化的水平越来越高。如果不进行改革，国家或企业将不堪重负。

从1986年开始，国家提出了社会保障社会化的原则，国家的责任有所减轻，单位包办的做法也得以改变，个人开始承担部分责任。国家经济改革的目标确立为市场经济体制以后，社会化的社会保障体制也被确立为维持市场经济体系正常运行的支柱制度之一，社会保障逐渐成为一项基本的社会制度。

改革开放三十多年以来，我国以从单位保障向社会保障过渡为目标，对社会保障体系的制度模式、运行机制、管理手段等方面都进行了探索和改革，取得了很大的进展。

第一，完成了保障制度和模式的转变，摆脱了长期以来的单位保障模式，逐渐过渡到了社会化的社会保障模式。第二，以“社会保险、社会救助和社会福利”为主要内容的社会保障体系框架逐渐明确。第三，制定了一些具有中国特色的社会保障制度。比如，以社会保障体系中最为主要和基础的养老保险。1986年，养老保险统筹脱离了“单位保险”模式，逐渐向“统账结合”的模式过渡。此后，政府逐步建立起基本养老保险与企业补充养老保险和职工个人储蓄性养老保险相结合的制度，改变了以往养老保险完全由国家、企业全包的局面，实行国家、企业、个人三方共同负担

的制度。这种改革模式结合了现收现付制度和基金积累制度，在世界社会保障制度发展历史上是一个新的尝试。[①] 第四，农村社会保障体系不断完善，城乡一体的社会保障体系逐渐形成。

未来，随着人口结构的变化，在“以人为本”的发展理念的指导下，我国的社会保障制度将向着提高保障水平、扩大保障覆盖面、加强社保法律体系建设等多个方面继续发展。

第五节　人口发展与医疗卫生改善

人们的健康状况是与其所处社会的经济发展状况、医疗卫生条件和社会建设水平密切相关的，是民生的重要体现和基本方面。因此，民众的健康状况一直以来都被视为衡量一国发展状况的重要指标，诸多重要的衡量发展程度的指数都将其作为重要的维度纳入其中。

从世界范围来看，用以衡量人类发展水平的联合国人类发展指数 HDI 就将反映健康水平的“出生预期寿命”指标作为其 3 个指标之一；美国测度贫困居民生活质量的物质生活指数（physical quality of life index，PQLI）将表征健康状况的“婴儿死亡率”和“一岁平均预期寿命”两个指标纳入其中；美国社会健康协会用以评价发展中国家社会经济发展水平的 ASHA 指数将表征健康状况的“婴儿死亡率”和“平均预期寿命”两个指标纳入其中。从我国的发展指标来看，多数指标也将健康作为衡量社会发展的重要维度之一。

健康是人口发展的重要内容之一，医疗卫生的改善是改善民生的关键环节。在人口众多的基本国情之下，要提高人口健康素质，不断改善医疗卫生状况，实属不易。新中国成立六十多年来，国民身体健康素质大为提高。全国人口平均期望寿命由 1957 年的 57 岁上升到 2011 年的 75 岁，人口的死亡率由 1949 年的 20‰下降到 2010 年的 5.57‰，婴儿死亡率从 1949 年的 200‰降低到 2011 年的 17‰。已经基本消灭或控制了烈性和急性传染病，慢性病防治工作也取得了一些成效，各种恶性肿瘤的 5 年生存率有了很大的提高。[②]

一、国民健康状况发展

英国、法国、美国等经济发达国家的人口平均预期寿命从 41 岁提高到 64.6 岁，

---

① 王延中：《中国社会保障制度改革的回顾与展望》，《经济学动态》，2001 年第 10 期，第 45 ~ 49 页。

② 本节 2011 年数据源自美国人口咨询局《2012 年世界人口数据表》。其余年份数据源自《2010 中国卫生统计年鉴》（中华人民共和国卫生部编，中国协和医科大学出版社，2010 年版）。

用了整整100年的时间，平均每10年增长2.36岁。与之相对应，新中国成立后，中国的人口平均预期寿命从35岁提高到68.5岁仅用了40年时间，且在经历了这个高速跨越后，最近10年增加了2岁多，仍然保持了较好升势。这数字是来之不易的。经济的发展带来医疗卫生水平的提高、生活方式的健康化、人居生态环境的改善、老龄人口颐养的保障等，都是中国人口平均预期寿命增高背后的强大支撑。

从预期寿命的纵向变化来看，中国人民的预期寿命绝对水平不断增长，世界相对位次也逐渐上升。中国人口的平均预期寿命从1990年的68岁上升至2000年的71岁，至2010年已达73岁，其在统计到的193个国家中的排名也从1990年的84位上升至2000年的75位，至2011年已上升至第72位。圣马力诺自1990年来平均预期寿命一直在被统计的193个国家中位居第一，日本排名第二。一些主要发达国家，如澳大利亚、新加坡、新西兰、法国、英国、韩国、荷兰、德国、比利时等，其平均预期寿命在2011年已超过80岁。朝鲜、印度等国排名较为靠后，塞拉利昂2011年平均预期寿命最低，仅为47岁，为圣马力诺和日本的一半多一点。尽管中国2011年预期寿命的排名只是中间偏上，但其绝对水平与世界第一相比仅相差9岁，但与末位塞拉利昂相比，却整整高出了28岁。

从健康寿命来看，中国人民健康寿命的排名比预期寿命排名更加靠前。健康寿命是用来衡量人们能够健康生活的年数，与衡量存活时期长短的平均预期寿命相比较，能够更加准确地反映人们的健康状况。中国早在2007年就已经在193个国家中位列第61，健康寿命为66岁。从世界各国的情况看，健康寿命一般比预期寿命短8岁左右，一些主要发达国家如澳大利亚、新加坡、新西兰、法国、英国、韩国、荷兰、德国、比利时、美国等，其健康寿命在2007年已超过70岁。而在排名倒数的阿富汗，2007年的健康寿命仅为36岁，仅为排名第25位的比利时的一半。总体而言，中国的健康寿命与世界第一相比仅相差10岁，但与末位阿富汗相比，却整整高出了30岁。

与平均预期寿命相比，死亡率在各国间的差别更大。从2008年各国非传染性疾病标化死亡率的情况看，中国的绝对水平为10万分之604，是日本的两倍多，不足阿富汗的一半高。从2008年各国孕产妇死亡率情况看，中国绝对水平是10万分之38，是日本的6倍，德国的5倍，澳大利亚、荷兰和法国的4倍，英国的3倍，但仅为印度、朝鲜的1/6，中非的1/22，阿富汗的1/36。

从死亡率情况来看，自1982年起至2003年，尽管我国的老龄化程度一直在上升，但死亡率一直处于下降状态。2004年以来，由于老龄化速度加快，人口死亡率水平开始回升。然而，2010年我国人口中65岁以上人口所占比重几乎是1982年的两倍。由此可见，若排除老龄化的影响，我国民众的健康状况是良性发展的。

总体而言，中国的上述各项健康指标在世界的排名都在前1/3左右，且人口平均预期寿命自1990年以来一直处于上升态势。各项指标与世界领先水平的绝对差距较小，而与世界排名靠后的地区相比有着很大的优势。中国的健康水平总体而言落后于欧美众多发达国家，也落后于我们的近邻日本与韩国，但与越南、朝鲜、印度等邻国相比仍具有很大优势。

二、医疗卫生事业发展

总体而言，多年来我国的医疗卫生事业有了长足的发展。从卫生投入上看，我国卫生费用和人均卫生费用都在逐年上升，城市上升速度远高于农村，城乡差距进一步增大，近年来卫生费用个人支出部分逐年降低，政府、社会支出部分逐年升高，政府卫生支出中用于医疗保障的比重稳中有升。从人员配备上看，全国卫生技术人员配备总体趋势向上，但城乡差距巨大，地区差异显著。从医疗保障情况看，我国城镇居民和职工基本医疗保险参保率逐年上升，但东高西低，地区差异较大，而各地区新型农村合作医疗发展有所进步，但部分地区投入远远落后于该地区的经济发展。

（一）卫生投入力度加大

卫生总费用是指一个国家或地区在一定时期内，为开展卫生服务活动从全社会筹集的卫生资源的货币总额，按来源法核算。它反映一定经济条件下，政府、社会和居民个人对卫生保健的重视程度和费用负担水平，以及卫生筹资模式的主要特征和卫生筹资的公平性合理性。卫生总费用包括政府卫生支出、社会卫生支出和个人卫生支出。其中，政府卫生支出指各级政府用于医疗卫生服务、医疗保障补助、卫生和医疗保障行政管理、人口与计划生育事务性支出等各项事业的经费；社会卫生支出指政府支出外的社会各界对卫生事业的资金投入，包括社会医疗保障支出、商业健康保险费、社会办医支出、社会捐赠援助、行政事业性收费收入等；个人现金卫生支出指城乡居民在接受各类医疗卫生服务时的现金支付，包括享受各种医疗保险制度的居民就医时自付的费用。可分为城镇居民、农村居民个人现金卫生支出，反映城乡居民医疗卫生费用的负担程度。① 无论是政府卫生支出、社会卫生支出、个人卫生支出还是卫生总费用，我国自 1978 年来都呈现出逐年增长的趋势，反映了政府、社会和居民个人对卫生保健重视程度越来越高，费用负担水平也越来越高。城市卫生费用经历了快速的增长，而农村卫生费用增长则较为缓慢，近年来还呈现出轻微的波动。

人均卫生费用逐年上升，城市上升速度远高于农村，城乡差距进一步加大。不仅卫生总费用在逐年增长，人均卫生费用也在逐年增长，且城市的人均卫生费用增长速度依然大大快于农村地区。其中城市地区由 1990 年的人均 158. 8 元上升至 2008 年的 1 862. 3 元；农村地区由 1990 年的人均 38. 8 元上升至 2008 年的 454. 8 元。自 1978 年

① 概念界定源自《2010 中国卫生统计年鉴》（中华人民共和国卫生部编，中国协和医科大学出版社，2010 年版）主要指标解释。

以来，卫生总费用占 GDP 的比重呈现出逐年震荡增长的趋势，从 1978 年的 3% 上升至 2009 年的 5% 以上。

2001 年以来卫生费用个人支出部分逐年降低，政府、社会支出部分逐年升高。从卫生费用的构成来看，1988 ~ 2000 年，个人卫生支出比重不断增加，从 1988 年的 31.3% 增至 2001 年的 60%。而在此期间政府卫生支出从 29.8% 下降至 15.9%，下降了一半，社会卫生支出从 38.9% 下降至 24.1%，几乎下降了一半。而正是在 1988 年，我国成立了由卫生部牵头，国家体改委、劳动部、卫生部、财政部、医药管理总局等八个部门参与的医疗制度改革方案研究并对医疗改革试点进行指导，起草了《职工医疗保险制度设想（草案）》。2001 ~ 2009 年，个人卫生支出比重开始逐渐下降，从 2001 年的 60% 降至 2009 年的 38.2%。而在此期间政府卫生支出从 15.9% 上升至 27.2%，社会卫生支出从 24.1% 上升至 34.6%。卫生费用中个人负担的部分在逐年降低，而政府、社会投入的部分在逐年升高。

政府卫生支出在财政、卫生总费用和 GDP 的比重多年来先降后升，政府卫生支出中用于医疗保障的比重稳中有升。政府卫生支出指各级政府用于医疗卫生服务、医疗保障补助、行政管理事务以及人口与计划生育事务性支出等各项事业的经费，体现了政府在健康卫生事业方面的投入情况。政府支出在财政支出和 GDP 中的比重都经历了先下降后上升的过程，在卫生总费用中的比重也经历了先下降后上升的变化，体现出我国政府在卫生投入方面的思路转变。政府卫生支出中用于医疗保障的比重多年来一直稳中有升，体现出我国政府对医疗保障事业的高度重视。

全国卫生技术人员配备总体趋势向上，城乡差距很大，地区差异显著。从全国的健康卫生人员配备情况来看，自 1975 年以来，全国总体的每 1 000 人口卫生技术人员是持续增长的，尽管在 2001 年出现了小幅下降，但总体趋势是向上的。2010 年全国每 1 000 人拥有卫生技术人员 4.4 人，是 1975 年的两倍。分城乡来看，农村的卫生技术人员配备水平低于全国平均水平，但趋势和全国水平相近，2010 年为 3.0 人，比 1975 年翻了一番。城市的卫生技术人员配备情况远远高于农村，且 1975 ~ 1985 年间曾高达每 1 000 人 7 ~ 8 人，1985 年后有所下降，但最低水平也在每 1 000 人拥有 5 人左右卫生技术人员，至 2010 年回升至每 1 000 人 7.6 人。

（二）医疗保障地区差异

我国城镇居民和职工基本医疗保险参保率逐年上升，至 2009 年已经有 64% 的城镇居民和职工参加了基本医疗保险，其中城镇居民的比重在逐渐增加。而从地区来看，东部地区和中部地区参保比重已经过半，西部地区稍低，也已经超过 45%。上海、北京、江苏等发达地区参保率较高，上海市已经超过 80%。值得一提的是，新疆维吾尔自治区尽管经济发达程度不高，但其城镇居民和职工基本医疗保险参保情况仅次于上海市，已经超过了 3/4 的人口。重庆、山西、河北、贵州、广西等省（区市）参保率较低，不足40%，不足上海、新疆等地的一半，但仍在30%以上。

各地区新型农村合作医疗发展不均衡，部分地区投入远远落后于该地区的经济发展。新型农村合作医疗是我国农村地区医疗卫生建设方面的重要举措，也是衡量我国农村医疗卫生事业发展的重要指标。仅从新农合人均筹资额来看，各地的发展十分不均衡。在前三强中，上海最高，为人均757.66元；北京次之，为555.40元；浙江为251.77元，不足北京的一半，上海的1/3。而对于其余28个地区而言，新农合人均筹资额均在100～200元，差距并不大。

进入21世纪，国民身体健康素质的全面提高，在于坚持“以人为本”、“人人享有基本保健”的基本路线和基本方针不动摇，深化卫生体制改革，开拓卫生事业发展道路，加大对农村偏远地区、弱势群体的卫生投入，在全国建立起适应社会主义市场经济和人民健康需求的、比较完善的卫生体制。

此外，我国多年来卫生投入不足，目前中国卫生总费用占国民生产总值的比例，在发展中国家尚属于中低水平；卫生资源布局不合理，城市与乡村、发达与欠发达地区的卫生条件存在相当大的差距，相当一部分农村贫困人口居民还未能享有基本医疗服务。一些先进、科学的防病治病知识、健康的生活方式还有待于加大力度向广大农村地区传播。

同时，我们也看到，提高我国城镇居民和职工医疗保障水平的路还很长。

第六节　人口发展与住房状况变化

“安得广厦千万间，大庇天下寒士俱欢颜”。自古代起，住房问题就是民生问题最为突出的体现。住房是人们最重要的生活资料，最直接的生活环境。住房状况与人口的发展密切相关，并受到住房制度、地区自然环境、政治经济、社会文化和家庭状况等多因素的影响。城市化过程中一大重要的城市病就是由于城市人口过快膨胀所带来的住房紧缺和贫民窟问题。住房状况反映了住户的居住质量和数量，并影响个人身体健康和社会稳定。住房状况是人居环境的核心部分，能反映人居环境的基本状况。住房状况的好坏关系到人居可持续发展和民生改善①。

一、我国城市人口住房状况

新中国成立以来，城市家庭在住房建设方面投资很大，住房数量增加和质量改善很大。根据《中国统计年鉴》以及第六次全国人口普查资料，从1978年到2010年，我国城市人均住房建筑面积从3.6平方米增长到29.02平方米。

① 易成栋：《中国城镇家庭住房状况的地区差异》，《资源与人居环境》，2006年第5期，第20～22页。

2000 年第五次全国人口普查结果表明，我国自建房家庭户比重占到了全国总城镇家庭户的35.71%，购商品房比重为8.92%，购经济适用房比重为5.96%，购原公房比重为23.51%，租原公房比重为14.42%，租商品房比重为6.13%，其他来源比重为5.36%。购买和租赁商品房比重之和（6.56%）低于购买和租赁原公房之和（15.63%）。自有比重为74.10%，租赁比重为20.55%。这说明城镇住房自有率比较高①。

2010 年与2000 年相比，自建住房的比重大幅下降，购买商品房的比重大幅上升，购原公房的比重大幅下降。2010 年第六次全国人口普查结果表明，我国自建房家庭户比重降至全国总城市家庭户的16.43%，购商品房比重上升为26.02%，购经济适用房比重为5.05%，购原公房比重为17.30%，租廉租房比重为2.66%，租商品房比重为23.11%，其他来源比重为4.46%。购买和租赁商品房比重之和将近一半，低于购买原公房和租赁廉租房之和（19.96%）。自有比重为74.23%，租赁比重为25.77%。这说明城市住房自有率依然比较高。

从住房建成时间来看，2010 年我国城市仅有不足1%的家庭住在1949 年以前的住房，这些住房年代比较久远，即使经过改造还是缺乏一些现代的住房设施；不足1%的家庭户住在1949～1959 年间的住房，1.3%的家庭户住在1960～1969 年间的住房，4.7%的家庭户住在1970～1979 年间的住房。住在1949～1980 年间建成的住房的户数不足7%，有近四成的家庭户住在2000 年以后建成的住房中。

从住房设施来看，2010 年全国城市家庭户有8.2%没有厨房，还有3.1%合用厨房；有八成以上的家庭户以燃气为主要燃料，9.6%用电，6.2%使用煤炭，采用柴草作为主要炊事燃料的不足2%；有93.1%的家庭户住房内拥有管道自来水；住房内没有洗澡设施的仅占22.4%，约七成的家庭自装热水器，洗浴条件良好。

从住房建筑层数看，全国15%的家庭住在平房，17%的家庭住在2～3 层的楼房，42.72%的家庭住在4～6 层楼房，16.76%的家庭户住在7～9 层楼房，住在10 层以上的高层楼只占8.42%。总体来看，我国城市的住房以楼房为主，楼房中又以6 层楼房以下为主。

二、我国农村人口住房状况

我国农村地区的住房也得到了长足发展。20 世纪50 年代中期，随着我国国民经济的恢复与发展，大量农民进行房屋维修和新建，开始了新中国成立以来的第一次建房高潮。60 年代中期，随着国民经济的恢复和好转，农村建房热情再次被激发出来。80 年代以后，开始了新中国成立以来的第三次建房高潮。这一次建房高潮持续时间之长、人均居住面积增加之多、住房需求量之大、建房质量之高，均超过前两次。进

① 易成栋：《中国城镇家庭住房状况的地区差异》，《资源与人居环境》，2006 年第5 期，第20～22 页。

入21世纪以后，我国农村住房建设仍然保持高速发展势头。与此同时，由于农村新青年的数量日益增多，人口加速外流、农民收入差距拉大、城乡关系日益复杂，我国农村住房的发展也呈现出复杂的态势。①

2000年，我国东部、中部、西部地区的农村人均居住面积分别为24.54平方米、22.54平方米和21.90平方米②，中部和西部分别为东部的91.85%和89.24%。与之相比，2006年，中部、西部和东北部居住面积分别为东部的98.23%、89.92%和58.87%。虽然各区域的人均居住面积比例相对不变，但不同地区建筑成本差异大，所以人均住房单位价值差异仍然不同程度地扩大了③。

2010年，第六次全国人口普查结果表明，我国自建房家庭户比重占全国农村家庭户的94.22%，其余各种情况不足6%，可见我国农村目前仍以自建住房为最主要的拥有住房的形式。

从住房建成时间看，2010年我国农村仅有1.42%的家庭住在1949年以前的住房，1.1%的家庭户住在1949~1959年间的住房，3.2%的家庭户住在1960~1969年间的住房，9.2%的家庭户住在1970~1979年间的住房，住在1949~1980年建成的住房的户数仅为一成左右，有三成的家庭户住在2000年以后建成的住房中。

从住房设施看，2010年全国农村家庭户有20.9%没有厨房，还有2.3%合用厨房；仅有16.5%的家庭户以燃气为主要燃料，6.6%用电，17.1%使用煤炭；有58.2%的家庭户住房内没有管道自来水，住房内没有洗澡设施的高达63.5%，仅有两成的家庭自装热水器；住房内没有厕所的占到近四成，与其他住户合用的占到了5.0%，说明有将近一半的家庭没有对排泄物进行处理的卫生设施。总体而言，我国农村的住房设施与城市相比差距很大。

从建筑层数看，全国69.98%的农村家庭户住在平房，28.32%的家庭户住在2~3层的楼房，1.38%的家庭户住在4~6层楼房，0.13%的家庭户住在7~9层楼房，住在10层以上的高层楼的仅为0.05%。总体来看，我国农村的住房以平房为主。

20世纪70年代末，联合国有关机构将居民的居住水平分为3个层次：一是最低标准：每人一张床位，并且人均居住面积达到2平方米（折合建筑面积4平方米）；二是文明标准：每户一套住房，并且人均居住面积达到8平方米（折合人均建筑面积达到12平方米）；三是舒适标准：每人一个房间，人均居住面积10平方米以上。④第六次全国人口普查数据显示，2010年，我国平均每户住房间数为3.29间，人均住

① 何洪静，邓宁华：《变革时代的中国农村住房发展状况：成就与挑战》，《甘肃联合大学学报》（社会科学版），2009年第3期，第66~70页。

② 易成栋：《中国农村家庭住房状况的地区差异》，《农村经济》，1996年第12期，第103~105页。

③ 同①。

④ 易成栋：《中国家庭户住房状况和人居可持续发展》，《资源与人居环境》，2005年第11期，第19~21页。

房建筑面积为31.4平方米，人均住房间数为1.01间。我国的住房状况已经超过了舒适标准。尽管新中国成立以来我国人口规模在不断增长，但随着经济社会的快速发展，无论城市还是农村，人们的住房状况都在不断改善。当然，从特定人群来看，如贫民窟人口，大城市城镇贫民和低收入的流动人口住房仍然比较拥挤，缺乏基本的住房设施，需要采取进一步措施改善。

第七节 人口问题与民生状况的改善

民生无小事。民生问题涉及百姓日常生活的吃、穿、住、行和生、老、病、死，看似琐碎，却是关乎国家稳定的根本命脉和政府稳固执政的基础。所以自古以来民生问题就一直受到高度的重视，在国家的发展中占据着特殊的地位，是国家综合实力增强的试金石。在一个经济快速发展的社会中，只有民生问题得以妥善解决，民生状况得以逐步改善，我们才能说这种经济发展的模式是健康的、成功的和有效的。

新中国成立六十多年以来，中国人口在规模、素质和结构等方方面面都经历了令人瞩目的变化。这些变化发生在席卷全球的城市化、现代化大背景下，应和着世界人口转变的步伐，更是新中国成立以来、特别是改革开放以来社会经济不断进步和民生逐步改善的有力明证。

一、教育科技进步，人口素质提高

一个国家的人口素质体现在身体健康、精神素养等多个方面，其中一个重要的方面就是民众的受教育水平和科学文化素质，而这恰恰也是民生问题的重要组成部分。而在未来，无论是在世界高新科技日新月异的背景下，还是在我国统筹解决人口问题的历史征程中，提高人口素质必将被摆在更为重要的位置上。

新中国人口的教育科技素质就是在原来旧中国极其薄弱的基础上逐步发展的。在新中国成立初期，中国的教育科技事业发展成就显著，人口教育科技素质大幅度提高，科技队伍迅速壮大。虽然在“文化大革命”的十年中遭受波折，但是在1978年12月召开的党的十一届三中全会以后，中国走上一条建设有中国特色社会主义道路，中国人口的教育科技素质进入最好的历史发展时期。科教兴国成为国家的基本国策和重大发展战略，国民受教育水平逐年提高，文盲率大幅度下降。中国正在由人口大国转变为人力资源强国的康庄大道上阔步前进。

二、就业问题逐步解决，人口就业率提高

就业是人民生存和生活的根本，也是民生问题的重要方面。实现就业既是人民群众参与社会生活的重要途径，也是人民群众维持生计的基本保障。我国政府一直就十

分重视就业工作，特别是在“十二五”规划中明确提出了就业优先战略，坚持把促进充分就业作为保障和改善民生的首要任务。

作为世界第一人口大国，就业难在我国是一个长期存在的难题。新中国成立初期，由于长期战争破坏，经济基础薄弱，国家面临着非常严峻的就业问题，一直通过发展经济的方法来解决就业问题。在我国国民经济曲折发展的时期，政府通过对产业结构的调整来解决就业问题。改革开放以来，面对着复杂的就业形势和市场化改革的经济大潮，政府顺应历史发展趋势，在进行经济体制改革的同时针对不同的就业问题，采取了多种综合措施予以应对，各类群体的就业难问题都得到了缓解。

三、社会保障体系完善，人口安全增强

社会保障体系是保障民生的重要体制安排。新中国成立以后，社会保障体制随着新的社会制度的建立应运而生。在改革开放大潮中，由于社会经济体制的改革和人口发展形势的变化，我国社会保障体系不断转型、不断完善。

新中国成立初期，国家建立起一种由国家负主要责任、大包大揽全面保障模式的社会保障体系，充分体现了社会主义制度的优越性。改革开放以后，为了与社会主义市场经济体制相适应，中国的社会保障体系也随之转型：经济体制改革要求与原有社会保障制度已经不符，人口发展形势发生了巨大的变化，人口规模不断扩大，老龄化的水平越来越高，国家或企业不堪重负。经过几十年的努力，我国已经逐步建立起基本养老保险与企业补充养老保险和职工个人储蓄性养老保险相结合的制度，实行国家、企业、个人三方共同负担的制度，并在此基础上向着扩大保障覆盖面，向着提高保障覆盖水平的目标而不断努力。

四、医疗卫生事业发展，人口健康素质提高

人们的健康状况是民生的重要体现和基本方面。健康是人口发展的重要内容之一，而民众的健康状况则成为衡量一个国家发展状况的重要指标。医疗卫生的改善是改善民生的关键环节。我国人口众多，地区差异大，要提高人口健康素质，不断改善医疗卫生，确实需要长期、持续的投入和努力。

60 多年以来，我国人口的身体健康素质大为提高。人口的平均期望寿命稳定、持续提高，人口的死亡率、婴儿死亡率和孕产妇死亡率都发生了大幅度的下降。已经基本消灭或控制了烈性和急性传染病，慢性病防治工作也取得了明显成效。多年来我国的医疗卫生事业经历了长足的发展，卫生事业经费投入和人均卫生费用都在逐年上升，全国卫生技术人员配备日益完备，医保参保率逐步提高。

五、住房条件改善，人均住房面积增加

安居才能乐业。住房是人们最基本的生存环境，并影响个人身体健康和社会稳

定。住房状况的变化能够充分反映出人们的生活质量的变化，它是衡量民生改善的重要指标。

新中国成立以来，国家一直在住房建设方面投入了大量的资金和人力物力，出台了许多相关政策，进行了几次重大的住房改革，目的就是为了改善百姓的居住状况，从而直接提高他们的生活质量。经过几十年的努力，我国人均住房建筑面积迅速增长，住房自有率不断提高，住房设施和住房条件也有了很大的改善。

总之，历数新中国成立六十多年来人口方面的重大变化，无一不与民生紧密相关，它们或成为民生改善的背景和契机，或体现了民生改善的有力步伐。本书下面的章节将更为详细地从人口变化的各个方面展开，让读者从中领略到一幅我国民生改善过程和成果的全景图。

第二章　人口规模发展及其社会效应

人口国情是一个国家最基本的国情，是影响经济社会发展的重要变量，也是经济社会发展的决策基础。实现我国经济又好又快发展、人民生活水平的提高所面临的重大问题，无不与人口规模素质、结构、分布密切相关。解决好人口问题的任何一个方面，任何一个问题都涉及千家万户，涉及子孙后代，覆盖面广、影响时间长，是民生工作的重要成部分。

1949 年新中国成立后，全国人口数量究竟有多少？仍未有确切的定论。从 1912 年以来，关于中国人口数量的统计数值达几十个，从 4 亿到 4.8 亿人不等，而 4.5 亿人则是流传最广、接受程度最高的估计值。1941 ~ 1944 年的联合国人口统计年鉴公布的中国人口也是 4.5 亿人。虽然 20 世纪 40 年代中国人口一直在缓慢增长，但由于战乱和饥荒的影响，多数机构估计 1948 年的中国人口规模仍然为 4.5 亿人上下，见表 2 - 1。多数专家估计 1940 ~ 1949 年之间的人口出生率和死亡率大体上维持在 35‰ ~ 40‰，出生率略高于死亡率。

表 2 - 1　1945 ~ 1948 年中国人口数统计

单位：人

年代	人口数	数据来源
1947	463 198 093	内政部人口局《户政导报》4 期（1948）
	462 798 093	内政部《中华民国年鉴》（1951，台北）
1948	474 032 668	《中国经济年鉴》（1948）
	464 663 798	内政部《中华民国年鉴》（1951，台北）
	463 493 418	内政部人口局《全国人口统计》（1948）

资料来源：路遇，藤泽之：《中国人口通史》，山东人民出版社，2000 年版。

从中国人口发展的历史轨迹看，1949 年以前，中国人口数量的变化经历了 3 个大的发展阶段。第一阶段：从夏至西汉末年（公元前 21 世纪到公元初），大约 2000 多年间，人口沿着一条缓升的总量线波动，直至接近 6000 万。第二阶段：从东汉至明末

（公元初到17世纪初），大约1600多年间，人口围绕着一条水平的总量线（6000万～7000万人）上下波动。第三阶段：从明末至清后期（17世纪初到1850年①），大约200年间，人口沿着一条向上倾斜的总量线波动，人口最终达到4.3亿人左右。②

虽然从公元初到1850年的近2000年时间内，人口平均年增长率仅为0.1%左右，但人口总量却越来越大，增加速度也越来越快。特别是清代的康雍乾时期，人口急剧增长，在不到200年的时间内人口总量从不足1亿人增加到了4亿多人。相对于中国人口发展史的前两个阶段来说，这个阶段的人口增长异常迅速和猛烈。尽管从1912年以来中国人口总量的统计数字一直徘徊在4亿～4.8亿人，尽管1949年以后中国人口规模的数据也有误差，但是，中国人口占世界人口总数的1/5以上，中国是世界第一人口大国的事实却是无可置疑的。

伴随着人口规模的急剧增长，庞大的人口规模以及它的增长对中国社会经济发展以及对人民群众的生活产生的重大影响越来越引起政治家和学者高度重视。在半殖民地半封建的旧中国，极端的贫穷落后突出了人口规模问题，而庞大的人口规模，反过来又进一步加剧了中国的贫穷和落后。自20世纪中期以来，围绕人口规模的讨论和争论始终没有中断过。1949年，以美国国务卿发表《中美关系白皮书》和中国共产党中央委员会主席毛泽东发表《历史唯心观的破产》为标志，这个问题的争论达到了顶峰。

第一节　新中国成立初期人口规模迅速膨胀

一、人口总数从估计值到准确结果

1949年10月1日，中华人民共和国宣告成立。它标志着世界第一人口大国的半殖民地半封建社会的结束，标志着一个新时代——社会主义时代的开始。

新中国成立之初的人口统计还很不完善。根据1948年国民党政府的统计数字，有人估计新中国成立之初的人口数为4.75亿人，这个数字得到很多人的相信，并受到广泛的引用。事实上，新中国成立之初的人口已远远超出4.75亿人。

1953年，中国进行了有史以来第一次科学的人口普查。为了配合全国各级人民代表大会的选举，同时也为制定国民经济第一个五年计划（1953～1957年）提供基础人口数据，中央人民政府政务院决定于1953年6月30日举行第一次全国人口普查。这是中国历史上第一次采用现代人口调查方法进行的普查。从中央到县，逐级成立了人口调查登记办公室，办公室由统计部门、民政部门和各有关部门组成。全国动

① 葛剑雄教授将1850年作为区分中国历史人口发展阶段的界线之一。本书取此说。

② 朱国宏：《中国历史人口增长再认识：公元2～1949》，《人口研究》，1998年，第3期，第14～20页。

员了国家干部、教师、大中院校学生、人民团体干部和其他人员共250多万人直接参加普查。普查采取户主到登记站登记或者必要时由调查员逐户访问的办法。登记之后，由人口登记办公室组织人员对登记的报表普遍进行审查和必要的现场复查，纠正差错。全部数据采用手工方法按县、省、中央三级汇总。为检查普查数据质量，各级调查办公室于普查后在全国343个县和城镇进行了复查，覆盖人口达到5 295万，占全国调查人口的9%。复查结果是重报人口占1.29‰，漏报人口占2.55‰，两项相抵，漏报1.16‰。普查的质量是高的。

此次普查结果表明，全国在1953年6月30日0时的总人口为601 938 035人，其中直接调查人口574 205 940人，间接调查人口27 732 095人。在间接调查的人口中，边远地区居民为8 397 477人，台湾省为7 591 298人，国外华侨为11 743 320人。除去华侨、留学生和台湾省人口，仅内地人口就达到5.8亿人之多。这是我国第一次用现代调查方法获得的准确人口总数。在人口结构方面，0～14岁人口占总人口的36.0%，65岁以上老年人口仅占总人口的3.6%，中国属于年轻型的人口。大陆人口中，汉族为547 283 057人，占大陆人口的93.94%；少数民族为35 320 360人，占6.06%。全国内地城镇人口为77 257 282人，乡村人口为505 346 135人，分别占内地人口的13.26%和86.74%。

与此同时，我国内务部通过抽样的方式，对全国3 018万人进行了人口的动态调查。调查数据显示，我国人口出生率为37‰，死亡率为17‰，自然增长率为20‰。按照1953年全国总人口的基数计算，我国每年出生人口高达2 200多万人，每年净增长1 200万人。与20世纪40年代相比，中国的出生率仍然维持在高水平上，死亡率则明显下降，人口自然增长率有较大幅度的提高。很明显，中国正从高出生率、高死亡率、低增长率阶段迈入一个高出生率、低死亡率、高增长率的新阶段。按照人口发展的规律，中国不可避免地要面临一个人口急剧增长和膨胀的时期。

二、令人堪忧的人口压力

6亿人口的庞大数目，远远超过了原来4.5亿的估计值。高达20‰的年人口增长率，令人惊讶不已。而未来每年人口至少净增长1 200万人以上的发展趋势，更是让人堪忧。第一次全国人口普查和人口抽样调查的结果，深深地震动了当时的国家领导人。庞大的人口规模以及它对资源和经济的巨大压力，不仅让决策者，也让学术界开始冷静客观地考虑控制人口过快增长的问题。对潜在矛盾感受最深的莫过于周恩来总理。普查结束刚刚两个月，他在谈到第一个五年建设计划基本任务时，表达了自己的忧虑："我们的农业发展很不平衡，在地区的分布上，有的地区人口很密，每人平均得不到一二亩地；有很多地区则人口极少，移民也不容易一下都移了去。所以，在长期内发展生产要靠增加单位面积产量，这就需要我们付出很大的努力。我国的人口还在增加着。我们大致算了一下，我国人口大概每年平均要增加一千万，那么十年就是一万万。中国农民对生儿育女的事情是很高兴的，喜欢多生几个孩子。但是，这样一个增长率的供应问题，却是我们的一个大负担。”① “人多，这是我们的一个优点。但是，优点也带来了困难，这样多的人口，要满足他们的需要，就是一个很大的负担。其中农业是负担的一个主要方面。”② 为了有效地控制人口过快增长，刘少奇于 1954 年 12 月召开了一个节制生育的座谈会，代表党中央明确宣布：“党是赞成节育的”，“我们已经有了六万万人，每年生的比死的多得多。全国每年出生两千多万人，除掉死的还增加一千多万人，中国大概不会因为节育闹人口恐慌。”③

与此同时，学术界开始有控制人口增长观点的论文发表，新闻媒体也陆续出现了许多主张节制生育的舆论。马寅初、吴景超、邵力子等专家学者，都加入了讨论。一时间，中国人口规模是否过大，怎样有效控制人口规模，怎样在群众中推行避孕节育等话题成了 20 世纪 50 年代学术界和新闻界的热点之一。

三、20 世纪 50 年代人口增长由缓到快

从 1950 年至 1958 年，人口出生率先是在 37‰的高水平上维持了 5 年，然后开始缓慢下降至 1958 年的 29.22‰。1959 年突然下降到 24.78‰，是受 1959 ~ 1961 年自然灾害影响的非正常现象。与出生率的缓慢下降相反，由于卫生事业的迅速进步，危害人民群众的许多流行病，如天花、疟疾、痢疾、血吸虫等，得到了有效地控制，人口死亡率出现了前所未有的大幅度下降，从 1949 年的 20‰直线跌落到 1958 年的 11‰，下降近一半。在如此短的时间内，人口死亡率下降如此之快，在世界人口史上也是一个奇迹。正是由于出生率变化得“慢”和死亡率变化得“快”同时发生，20 世纪 50 年代人口增长率不断攀升，从 1949 年的 16‰快速增加到 50 年代中期的23‰ ~ 24‰（图 2 – 2）。年平均增加人数也从 1949 年的 1 000 万人增加到 1957 年的 1 479 万人。人口总规模也从 1950 年的 55 196 万人迅速增加到 1959 年的 67 207 万人（图 2 – 3）。人口增长呈现一种加速的态势，如图 2 – 1。

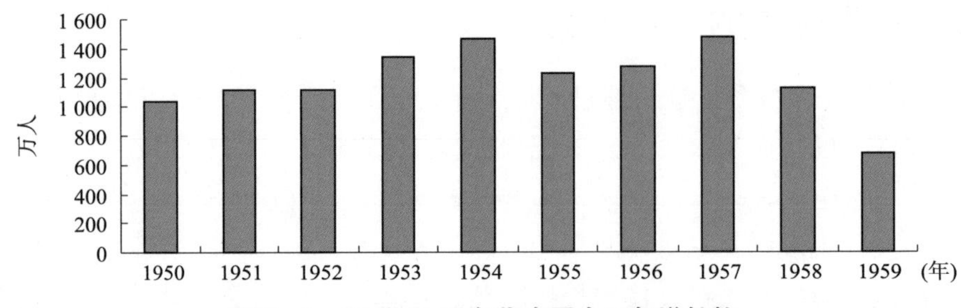

图 2 – 1　20 世纪 50 年代中国人口年增长数

资料来源：国家统计局人口统计司编：《中国人口统计年鉴 1988》，中国统计出版社，1988 年版。

---

① 周恩来：《第一个五年建设计划的基本任务》，载《周恩来经济文选》，中央文献出版社，1993 年版。

② 同①。

③ 刘少奇：《刘少奇文选》，人民出版社，1981 年版，第 171 页。

50 年代中国人口规模“由缓到快”的增长，确定了 20 世纪下半叶中国人口变化的基本格局。70 年代以后，人们常常用“基数大、增长快、负担重”来形容中国人口的特征。事实上，这些特征的形成在很大程度上与 50 年代人口快速增长有密切关系。

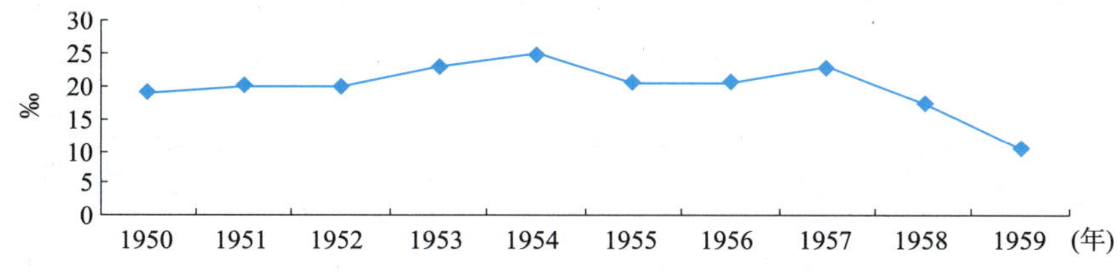

图 2－2　20 世纪 50 年代中国人口自然增长率

资料来源：国家统计局人口统计司编：《中国人口统计年鉴 1988》，中国统计出版社，1988 年版。

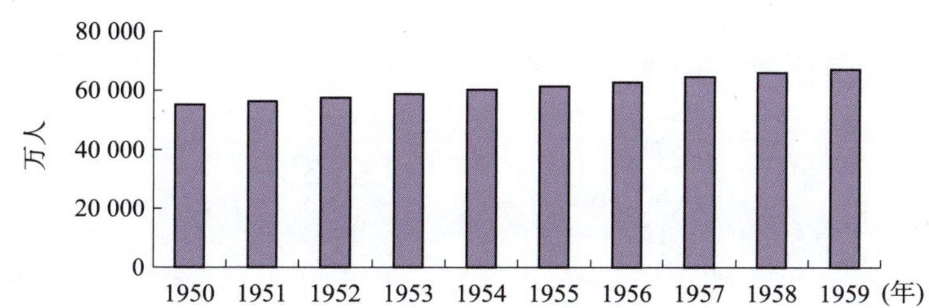

图 2－3　20 世纪 50 年代中国人口规模

资料来源：国家统计局人口统计司编：《中国人口统计年鉴 1988》，中国统计出版社，1988 年版。

第二节　20 世纪 60 年代经济社会形势导致人口增长大起大落

一、人口首次出现负增长，人口规模总量减少

1958～1961 年，由于“大跃进”和“农村人民公社化运动”给整个国民经济造成了极为严重的损失，农业生产水平下降，1959 年粮食减产 200 亿～300 亿斤，农副产值比 1958 年下降 13.6%。1960 年，粮食产量更跌至 2 870 亿斤，比 1957 年的3 901 亿斤减少了 26.4%，低于 1951 年的水平。1957～1960 年，人均消费量大幅度减少，粮食减少 19.4%（其中农村减少 23.7%），猪肉减少 69.9%，农副产品供应的严重短缺，使得人民生活陷入了极为困难的境地。

国家经济政策和方针的错误及自然灾害的影响使人民生活困难，并导致人口出生率下降，死亡率升高，人口自然增长率下降，并在1960年出现了负数。全年总人口净减少304万人，1960年的自然增长率成为计划生育以前时期的历史最低点。

从新中国成立到20世纪60年代中国人口出生率、死亡率和自然增长率的变化趋势图上，可以清楚地看到这一时期人口增长率的骤然下降。如表2－2和图2－4所示。

表2－2　1949～1969年中国人口自然变动情况

单位:‰

年份	出生率	死亡率	自然增长率
1949	36.00	20.00	16.00
1950	37.00	18.00	19.00
1951	37.00	17.00	20.00
1952	37.00	17.00	20.00
1953	37.00	14.00	23.00
1954	37.97	13.18	24.79
1955	32.60	12.28	20.32
1956	31.90	11.40	20.50
1957	34.03	10.80	23.23
1958	29.22	11.98	17.24
1959	24.78	14.59	10.19
1960	20.86	25.43	－4.57
1961	18.13	14.33	3.80
1962	37.22	10.08	27.14
1963	43.60	10.10	33.50
1964	39.34	11.56	27.78
1965	38.06	9.55	28.51
1966	35.21	8.87	26.34
1967	34.12	8.47	25.65
1968	35.75	8.25	27.50
1969	34.25	8.06	26.19

资料来源：国家统计局人口统计司编：《中国人口统计年鉴1988》，中国统计出版社，1988年版。

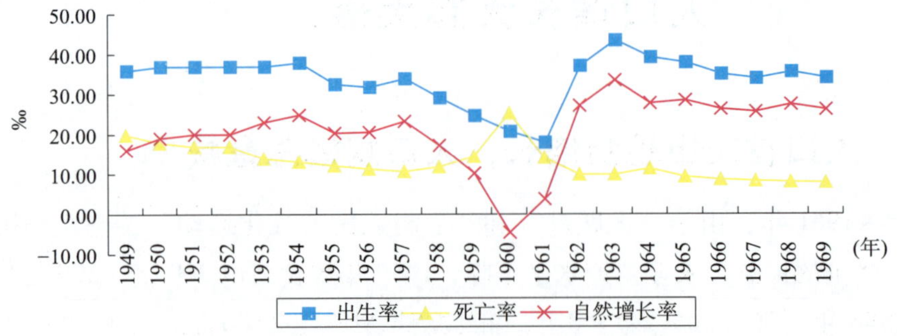

图2－4　1949～1969年中国人口自然变动情况

资料来源：根据表2－2。

二、经济社会发展带来的人口增长补偿性回升

人口发展既受社会经济条件的改变而相应变动，又具有一定的历史连续性。新中国成立以来，人口的出生率除了在50年代前半期出现因社会环境由长期战乱转为安定时的补偿现象（维持在37‰的高水平）以外，随着国民经济的进一步发展，人民受教育水平的逐步提高，妇女就业增加和地位的上升，50年代中叶开始逐渐下降，这是正常的发展过程。同时，随着经济的发展、医疗水平的提高和卫生保健的改进，死亡率直线下降，速度很快。1958～1961年，由于严重自然灾害的侵袭，出生率猛然下跌，死亡率陡然增高，打断了新中国成立后人口稳步发展的正常进程。1961年，人口增长率已出现回升趋势，之后，人口开始快速增长。1962～1965年这一阶段是人口补偿性急剧增长的时期，与1961年全年人口增长249万人形成鲜明对比的是，1962年人口增加1 794万人，1963年增加2 270万人，1964年增加1 927万人，1965年增加2 026万人（图2－5），全国总人口达到72 538万人，年均增长率达到29.7‰，其中1963年的增长率达到顶点33.5‰。在以后的几年中，人口增长率始终保持在27‰左右。从图2－4中也可以看到这种补偿性生育带来的人口增长的高峰。

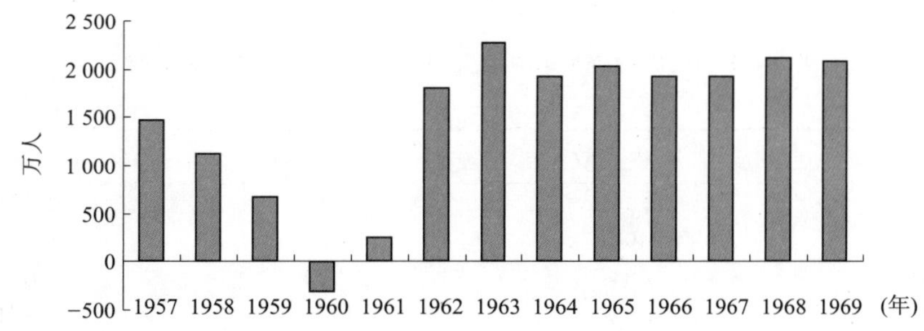

图2－5　1957～1969年中国年净增长人数

资料来源：国家统计局人口统计司编：《中国人口统计年鉴1988》，中国统计出版社，1988年版。

在1962～1965年出现人口增长的强劲回升后，在以后各年的人口金字塔上都出现了该队列人口的凸出部分。随着该队列人口年龄的增长，在他们生命周期中，在不同的年代的入学、就业、退休、看病等事件上都出现了明显的拥挤现象，尤其是对我国的人口老龄化趋势产生极大的影响。到2022年后，人口金字塔中该时期出生的大规模人口队列移入老年组，使金字塔顶部跳跃式加大。人口老龄化形式至此由底部老龄化向顶部老龄化转变。由于生育水平的持续下降，底部与顶部基本保持相同宽度，年轻人口与老年人口大致平衡。2030年以后，随着“文化大革命”时期由于人口失控造成的人口再度膨胀时期出生的队列进入老年组，老年人口急剧增加，人口老龄化已属于顶部老龄化。随着年龄的推移，年龄金字塔的顶部逐渐加大，宽度大于低年龄

人口，意味着老年人口将多于少年儿童人口，社会抚养比中老年抚养比的比重将增加，同时也是对我国的养老保障制度的巨大挑战。

三、20 世纪 60 年代人口规模状况

1964 年，第二次全国人口普查时全国总人口规模为 6.946 亿（不包括台湾省和港澳同胞、国外华侨等人口）。全国汉族人口为 6.546 亿人，少数民族人口达到 0.400 亿人。从城镇发展的水平看，城镇人口 0.979 亿人，乡村人口 5.967 亿人。农业人口 5.803 亿人，非农业人口 1.143 亿人。

城镇人口比非农业人口少 1 640 万人，可见当时非农业人口当中有相当庞大的一部分生活在农村，反映了当时中国反常的"逆城市化"现象。由于农业生产萎缩和停滞不前，农业剩余已经养活不了太多的城镇人口，同时由于工业生产停滞，新增加的劳动力大部分因为无法参与生产而闲置，促使国家把大批的非农业人口（本来应该从事非农业生产的人口）推到农村参与农业生产。这种反常的现象进一步暴露了中国人口在特殊制度背景下高度过剩的严峻形势。

与 1953 年人口普查结果相比，1953 ~ 1964 年，城镇人口经过 11 年的发展仅增加 2 064 万人，现实经济条件已经昭示了中国当时的供养能力的不足。

表 2 - 3　1957 ~ 1969 年中国人口出生、死亡和净增长人数

单位：万人

年份	出生人数	死亡人数	净增人数
1957	2 167	688	1 479
1958	1 905	781	1 124
1959	1 647	970	677
1960	1 389	1693	- 304
1961	1 189	939	250
1962	2 460	666	1 794
1963	2 954	684	2 270
1964	2 729	802	1 927
1965	2 704	678	2 026
1966	2 579	649	1 930
1967	2 563	636	1 927
1968	2 757	636	2 121
1969	2 715	639	2 076

资料来源：国家统计局人口统计司编：《中国人口统计年鉴 1988》，中国统计出版社，1988 年版。

从表 2 - 3 可以发现，在新中国成立之初，出生人数迅速增加，随后有所下降。在三年困难时期人口异常变动以后，1962 年开始了人口的恢复性增长。死亡人数则除了三年困难时期以外，基本呈下降趋势。出生和死亡的综合作用使得中国人口在"文化大革命"前呈现出高速增长的态势。

比较 1953 年和 1964 年人口普查的两个年龄金字塔，可以看出，从新中国成立一

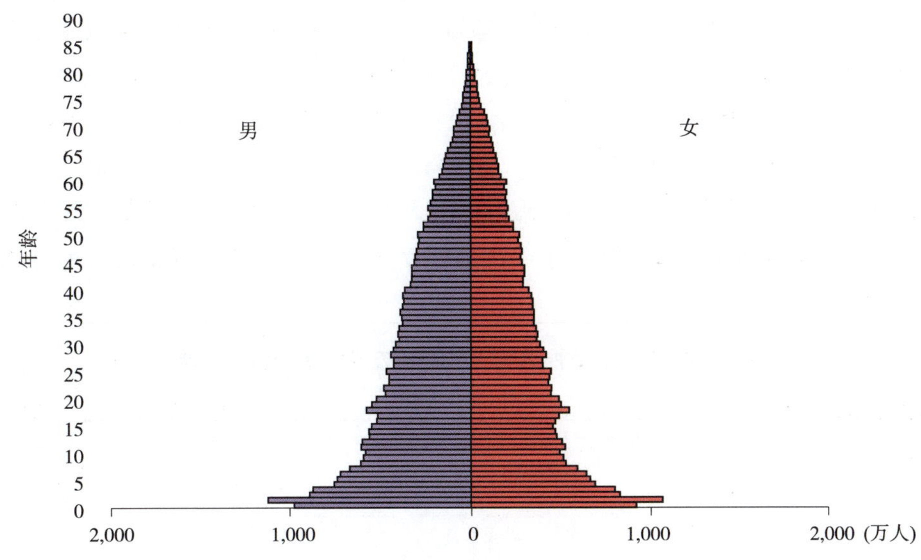

图 2-6　1953 年第一次全国人口普查时中国人口年龄金字塔

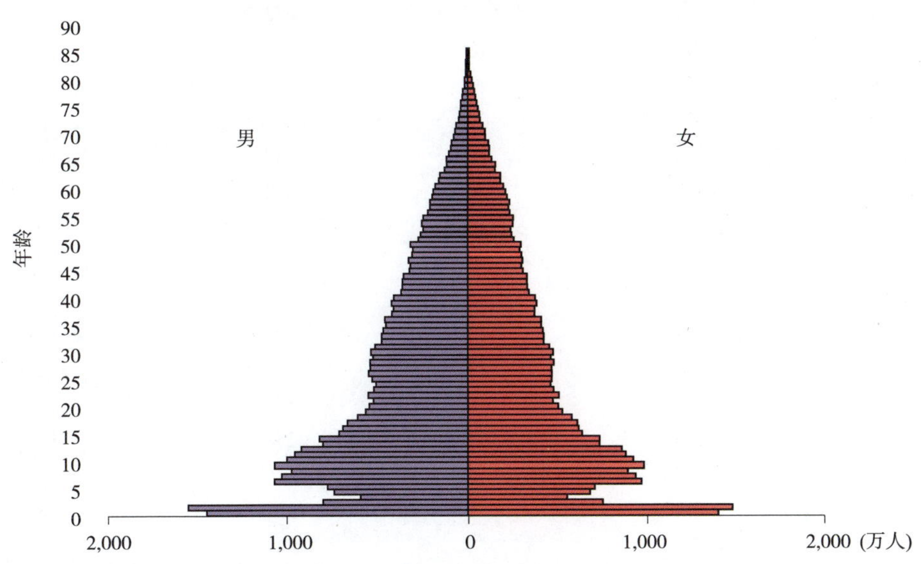

图 2-7　1964 年第二次全国人口普查时中国人口年龄金字塔

直到 60 年代中期，中国人口的结构处于明显的金字塔形，反映出人口的自然扩展趋势。但是也可以看出一个比较大的变化，除了三年困难时期人口的异常变动，新中国成立以后的出生人口有较大增加，同时死亡率迅速下降，使少年人口迅速增加，从而导致整个人口规模的膨胀。

表 2-4 反映了从 1953 年和 1964 年中国各省人口的变动情况。四川省、山东省与河南省一直是人口总量分别居前三位的人口大省。然而从这 3 个省 1953～1964 年人口的增加量看，四川省增加 566 万人，山东省增加 664 万人，河南省增加 612 万人，四川

省虽然人口总量居第一位，但是人口增量却最少。非常突出的是河北省、黑龙江省、辽宁省、内蒙古自治区的人口增长非常迅速，在各省（区市）人口总量排名中均有上升。河北省人口增加971万人，成为人口增幅最大的省份；黑龙江省从1953年的第20位上升到1964年的第16位，增加822万人；辽宁省人口增加了840万人；内蒙古自治区人口增加了625万人。还有值得注意的是北京市人口增长非常迅速，从277万人增加到757万人，增加了480万人，即增加了1.7倍，反映了新中国成立后北京作为首都人口扩张的情况。

表2-4 两次普查时各省人口规模及在全国的排名次序

单位：万人

省份	1953年普查		1964年普查	
	人口规模	排名	人口规模	排名
北京	277	25	757	24
河北	3 598	5	4 569	4
内蒙古	610	23	1 235	22
山西	1 431	17	1 802	17
辽宁	1 855	12	2 695	11
吉林	1 129	21	1 567	20
黑龙江	1 190	20	2 012	16
上海	620	22	1 082	23
江苏	4 125	4	4 450	5
浙江	2 287	10	2 832	10
安徽	3 034	8	3 124	9
江西	1 677	14	2 107	12
福建	1 314	18	1 676	19
山东	4 888	2	5 552	2
广东	3 477	6	4 280	6
广西	1 956	11	2 085	13
湖南	3 322	7	3 718	7
湖北	2 779	9	3 371	8
河南	4 421	3	5 033	3
四川	6 230	1	6 796	1
云南	1 747	13	2 051	15
贵州	1 504	16	1 714	18
西藏			125	28
陕西	1 588	15	2 077	14
甘肃	1 293	19	1 263	21
青海			215	26
新疆	487	24	727	25
宁夏			211	27

资料来源：国家统计局人口统计司编：《中国人口统计年鉴1988》，中国统计出版社，1988年版。

四、“文化大革命”中人口规模的再度急剧膨胀

“文化大革命”期间是中国人口规模再度急剧膨胀的时期（表2－5）。出生人口数在1968年达到了最高峰2 757万人，人口净增量达到2 121万人。出生人口在1966年到1972年之间一直保持在每年2 500万人以上的高位，又由于死亡人数相对保持稳定，平均每年死亡600多万人，使人口净增量保持在1 900万人以上。如此巨大的人口增量，使“文化大革命”期间本来就停滞不前的国民经济雪上加霜。

对出生人数、死亡人数与人口自然增长进行的相关分析表明，出生人数与自然增长之间的相关系数为0.998，而死亡人数与自然增长之间的相关系数为－0.688，可见“文化大革命”期间人口自然增长量的变动主要应该由出生人口变动来解释，死亡人口数基本上保持了稳定，这是与“文化大革命”前的情况有很大不同的。这个时候，如果任由出生人数保持在高位而不进行干预，后果将是非常严重的。

直到1971年以后，我国终于开始下决心在全国，包括农村地区，大力推行计划生育政策，使中国出生人口数从1973年开始出现较大幅度的下降。然而由于中国人口基数大，加上50年代出生高峰的影响，人口增长依然处于高位运行。

表2－5　1966～1975年中国人口出生、死亡和自然增长数

单位：万人

类别＼年份	1966	1967	1968	1969	1970	1971	1972	1973	1974	1975
出生人数	2 579	2 563	2 757	2 715	2 736	2 567	2 566	2 463	2 235	2 109
死亡人数	649	636	636	639	622	613	656	621	661	671
自然增长数	1 930	1 927	2 121	2 076	2 114	1 954	1 910	1 842	1 574	1 438

资料来源：国家统计局人口统计司编：《中国人口统计年鉴1988》，中国统计出版社，1988年版。

从新中国成立到1957年第一个五年计划完成，计划经济制度在中国基本上建立起来了。通过对农业、手工业和资本主义工商业的改造，国家基本上控制了城乡经济。随着人民公社制度和户籍制度的建立，绝大部分的人口被堆积在农村。这是中国人口快速增长的制度背景。通过“上山下乡”运动进行的城市人口向农村的转移，成为解决中国人口矛盾的一项重大政策。

五、人口规模对社会经济资源的压力

生育行为在经济比较落后的国家，一般是私人收益大于私人成本但小于社会成本的行为。也就是说，人们生育得越多，就越能够从公共资源中抢占越多，使自己获益更大。在一个公共资源丰富的社会，比如中国传统的社会主义社会，如果没有政府行政行为的介入，“多生”将会成为私人的理性选择。反之，在一个公共资源稀缺的社会，比如发达的市场经济社会，即使没有政府行为的介入，理性的人们也不会倾向于“多生”。

从官僚资本和私人资本占主导地位的社会向国家资本占主导地位过渡，这是新中国成立以后，过渡时期中国政府所面临的最大挑战。这个时期的主要特点是公共资源急剧增加。随着社会主义公有制的建立，物质资源的“公有化”程度发展到了极大限度。然而这里潜藏着一个重大漏洞是制度设计者所始料不及的，也就是只顾及“物”的“公有化”而忽视了“人”的公有化。当带着私利的个人与公共资源相结合，并成为一种普遍的生产关系时，西方新制度经济学中有关“公地的悲剧”的著名案例就开始发生作用。这时候，人口迅速增加以及经济机制运转失灵就毫不奇怪了。

从历史上看，当工农联盟的新政权建立时，也意味着新政权全面“接管”了旧中国遗留下来的庞大的人口。也许当时的部分学者和政府官员对新中国的人口问题有初步意识，然而在革命胜利、高奏凯歌的初期，大多数人对未来是充满信心的，前面似乎没有什么解决不了的难题。

当时立刻遇到的首要问题比如庞大公职人员的就业和吃饭问题。新中国成立之初，政府就一直为庞大的公职人员的吃饭和就业问题所困扰。1949 年 12 月，周恩来在对参加全国农业会议、钢铁会议、航务会议的人员的讲话中，强调指出，由于战争仍在进行，军费在财政支出中还要占很大比重，军队人数当时是 470 万，还要把被俘虏或改编的国民党军队包下来，文职人员也要包下来，到 1950 年将达到 550 万人。在 1949 年上海曾经试图实行精兵简政，裁减人员，在上海、南京都遇到了很大阻力。当时全国共有 900 万人要依靠政府供养，然而新政府有很大的气魄解决这部分人口的问题，办法是 3 个人的饭 5 个人吃，把他们全包下来。

由于中国实行重工业优先发展的战略，重工业是资本密集型工业，因而使就业岗位的供给远远不能满足广大人民群众日益增长的需求。在中国人口迅速增长、农村人口大量涌入城市的情况下，这种矛盾越发尖锐。因此政府再也无法把这些城市自然增长的人口和从农村流入的人口全部包下来了，农村成为新增人口的“吸收器”。

然而农村的人民公社“大锅饭”制度，决定了农村的资源也是高度“公有化”的。由于农业生产具有分散性的特征，使得对生产性人口的激励和监督都难以进行，结果是公共资源的效率低下并且受到侵蚀。在公共资源占绝对统治地位的条件下，人口压力带来的不仅是粮食不够吃的问题，还会带来教育资源不足、水不够喝、房子不够住、路不够走等问题。这时候政府面对人口压力所能采取的政策是对人口微观行为进行干预，促进人们“少生”。

人口压力在不同的制度条件下对资源的作用机制和重点是不一样的。在计划经济制度下，对社会经济资源的压力主要体现为“大炼钢铁”、“围湖造田”、“毁林开荒”等造成的效率低下、资源浪费和生态破坏。当计划经济向市场经济过渡时，意味着非公共资源开始增加。一方面意味着人们受到的约束增加，资源的利用效率提高；另一方面由于在过渡时期人们可以更加自由地追求个人利益，因而人们对公共资源的盗窃、掠夺更加防不胜防。比如公共的森林、矿山、土地、草场、水资源等，都可能面临灾难性的破坏。

第三节　20 世纪 70 年代计划生育使人口规模增长放缓

一、社会对人口压力的反应——计划生育

在经历了 1958～1961 年人口增长的低谷期后，从 1962 年起到 1973 年止，是自 1953～1957 年第一次人口增长高峰期以来的第二次人口增长的高峰期，长达 12 年之久。其中 1962～1965 年属于人口急剧补偿性增长，1966～1973 年的高潮，则是由于“文化大革命”的 10 年动乱中，人口失控造成的出生率上升。这 12 年间，中国人口规模从 6.6 亿增加到 8.9 亿人，年均人口增长率为 25.6‰，最高年份是 1963 年达到 33.33‰。这一时期为我国历史上人口增长速度最快，持续时间最长（12 年）的时期，人口总共增长 2.3 亿人，年平均增加 1 946 万人，年均增加人数比第一个高峰期的 1 311 万人增长了 48.4%。

从 1961 年人口出生率骤然上升和死亡率大幅度下降开始，1962～1973 年的这 12 年间，中国的年出生人口数基本上维持在 2 500 万人以上，而死亡人口数和死亡率都呈现出在波动中缓慢下降的趋势，这一时期人口的快速增长主要是由高数量的出生人口造成，如表 2－6 和图 2－8 所示。

1966 年开始的“文化大革命”导致经济迅速滑坡，并陷入崩溃的边缘。与此同时，全国职工人数突破 5 000 万人，工资支出突破 300 亿元，粮食销售量突破 800 亿斤。“三突破”对当时不堪重负的经济无异于雪上加霜。人口总量与经济发展的矛盾空前尖锐。

表 2－6　1962～1973 年中国人口自然变动情况

单位：万人

年份	出生人数	死亡人数	自然增长人数	人口规模
1962	2 460	666	1 794	65 859
1963	2 954	684	2 270	68 054
1964	2 729	802	1 927	69 458
1965	2 704	678	2 026	72 358
1966	2 579	649	1 930	74 542
1967	2 563	636	1 927	76 368
1968	2 757	636	2 121	78 534
1969	2 715	639	2 076	80 671
1970	2 736	622	2 114	82 992
1971	2 567	613	1 954	85 229
1972	2 566	656	1 910	87 177
1973	2 463	621	1 842	89 211

资料来源：国家统计局人口和社会科技统计司编：《中国人口统计年鉴 2000》，中国统计出版社，2000 年版。

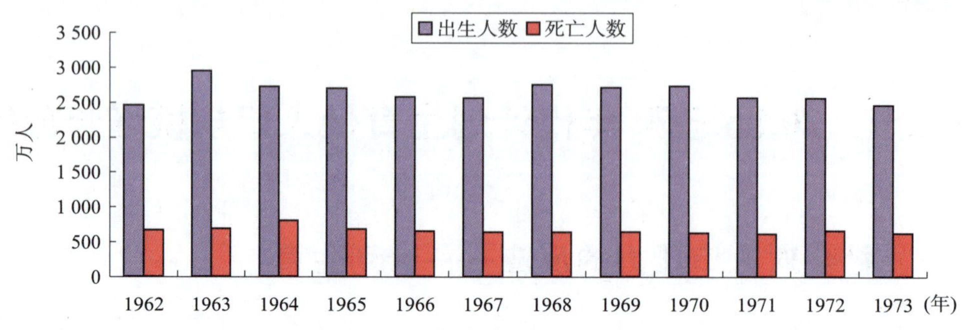

图 2-8　1962～1973 年中国出生人数与死亡人数

资料来源：根据表 2-6。

在人口规模的巨大压力下，1971 年 7 月，国务院以 51 号文件形式批转了《关于做好计划生育工作的报告》。明确指出："除人口稀少的少数民族地区和其他地区外，都要加强对这项工作的领导，深入开展宣传教育，使晚婚和计划生育变成城乡群众的自觉行动。"作为国家计划的一部分，人口计划以人口自然增长率的形式正式提出，要求人口自然增长率逐年降低，争取到 1975 年，一般城市降到 10‰以下，农村降到 15‰以下。这个文件第一次明确号召在全国城乡普遍推行计划生育，并成为后来大规模开展计划生育工作的起点。1973 年 7 月，国务院建立计划生育领导小组，各地区亦相应建立了计划生育机构，"文化大革命"期间中断了几年的计划生育工作又重新获得了活力，并发挥强大作用。

二、计划生育带来的人口增长率和人口净增量的逐年下降

从 70 年代初开始至 1980 年，是在全国范围内全面地轰轰烈烈地推行计划生育的年代，成千上万的干部和医生都投身到这场伟大的社会行动中，从城镇到村庄，育龄妇女的生育行为都受到了深刻和广泛的影响。

全国人口出生率从 1974 年的 24.82‰降到 1978 年的 19.28‰，再降到 1979 年的 17.82‰；人口自然增长率从 1974 年的 17.48‰下降到 1978 年的 12‰，再降到 1979 年的 11.61‰；1974 年全国年净增人口 1 574 万人，1978 年则减少为 1 147 万人，1979 年为1 125万人。妇女总和生育率从 1970 年的 5.8 下降到 1978 年的 2.7，其下降速度之快，在世界上都是罕见的。人口规模也从 1974 年的 9.1 亿人缓慢增加到 1979 年的 9.6 亿人。从图 2-9 和图 2-10 中可以看出，从 1976 年开始，年人口净增量和自然增长率数值已经较低，其后的 1977 年、1978 年和 1979 年下降的幅度比较小。中国在控制人口出生和增长方面取得了举世瞩目的辉煌成绩，扭转了在此以前持续了 20 余年的高生育率和高增长率的局面。这是中国人口发展史上，特别是新中国成立以来人口发展的一个历史性转折。

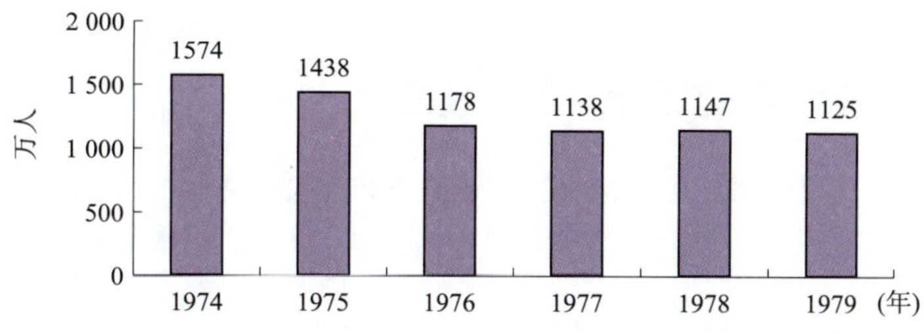

图 2－9　1974～1979 年中国人口年净增量

资料来源：国家统计局人口和社会科技统计司编：《中国人口统计年鉴 2000》，中国统计出版社，2000 年版。

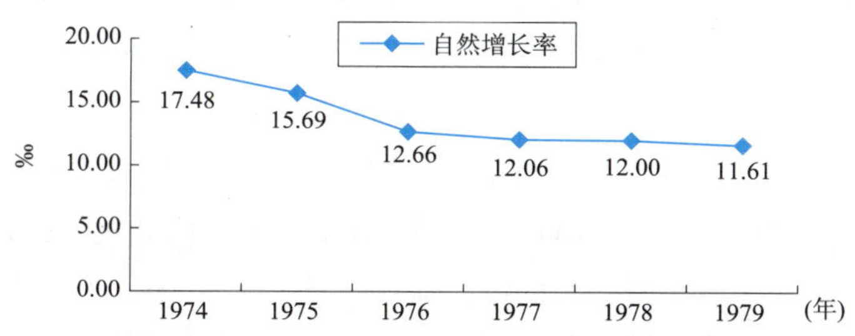

图 2－10　1974～1979 年中国人口自然增长率

资料来源：国家统计局人口和社会科技统计司编：《中国人口统计年鉴 2000》，中国统计出版社，2000 年版。

三、经济发展和计划生育促使人口再生产类型转变

自 1963 年中国的生育水平达到最高后，人口出生率和生育率都开始下降，在农村下降比较缓慢，而在城市则急剧下降，很快就达到了相当低的水平。人口生育状况的变化除了反映在出生率和总和生育率水平上，更反映在生育模式上。1961 年的总和生育率（3. 287）降到 1952 年（6. 472）的一半，但各年龄生育率下降比例十分近似，生育率曲线形状与 1952 年基本一样。而 1978 年的曲线完全是另一种情况，生育集中在 20～30 岁之间，然后便急剧下降。这表明 70 年代以来我国生育率已经向现代化、工业化社会的类型转变。本来随着经济的发展，这一转变过程必然会出现的，而 70 年代我国推行的计划生育政策则大大促进了这一转变过程。与发达国家相比，当时我国的生育率仍处于较高水平，但性质上已属于同一类型，此后逐渐接近发达国家的水平。

死亡水平在新中国成立后的二十几年内急剧下降，到六七十年代已经降到较低水平，下降得比较缓慢，70 年代后期的下降趋势更为平稳。其中青壮年的死亡率已经接近一些最发达的国家，但还存在婴幼儿和少年儿童死亡率偏高的现象。总之，经过 30 年的发展，我国人口再生产类型已经逐渐转为现代型，并逐渐接近发达国家的

水平。

四、人口增长变化及其社会效应

20 世纪 70 年代中国的人口发展出现了方向性的变化，它主要体现在以下几方面：

（一）指导思想上发生了方向性的转变

这一转变包含两方面的内容：

1. 认识到中国人口太多，增长太快，必须努力加以控制。新中国成立后很长一段时间，占压倒性优势的理论却认为“人口高速增长是社会主义社会的人口规律”。所以，对人口增多必须加以控制的认识上的这个转变，在中国来说是具有决定意义的。

2. 认识到在人们的生育行为方面政府必须介入。人口数量和增长速度快慢是关系到社会、经济发展和人民生活福利水平乃至未来国家、民族生死存亡的大事，而对人口数量增长速度起决定作用的生育行为却是由各个家庭与每对夫妇来分散进行的。为了保证人口数量与社会、经济发展相适应，与资源、环境相协调，就不可避免地必须由政府来干预人们的生育行为。有了以上两点认识上的转变，才会出现 70 年代中国在人口数量控制方面的惊人成绩。

（二）由政府制定生育政策，明确地规定生育规范

近二三十年来已有不少发展中国家制定了实行计划生育（国际上通称“家庭计划”）的政策，提出并宣传政府提倡和鼓励的晚婚与少生的标准（一般都是提倡生两个子女），所以政府也是介入和干预人们生育行为的。不过，其他国家政府的介入往往局限于宣传、倡导、提供知识和技术指导、提供避孕节育的器材和手术，并且结合生产经营从经济上加以诱导。中国则除了上述活动外，还有政府的直接介入和行政管理。

（三）20 世纪 70 年代中国的生育率、出生率和自然增长率都急剧大幅度下降

由于中国人口在历史上已经形成了年轻的年龄结构，年轻人的人数大大超过老年人，即使在生育率大大降低的情况下，每年出生人数仍超出死亡人数很多，全国人口仍以 14‰以上的增长率增加，但是连续若干年中国都出现了出生人数持续减少的局面。这就扭转了出生人数一贯增长的格局。理论认识上的转变，政策上的改弦更张迅速产生了实际效果。

（四）人口增长结束了有史以来的自发自流状态

人口增长结束自发自流的状态是一个质的飞跃。当然，由于社会、经济发展水平和条件的限制，一部分群众的生育意愿与国家计划的要求还会有距离，人口的增长发展还不能完全变成一种宏观计划行为，但已经从原则上将人口发展从原来普遍存在并被人认为是天经地义的自发运动转到了向有目标、有计划发展转变的轨道上来了。政府的直接目的是减缓人口过快增长。在这点上，我国政府取得了显著成绩，并为全世界所认识和称赞。其实，在这过程中所得到的副产品——人口增长发展从自发、自流向有目标、有计划的转变，其意义重大而深远。

（五）国家提出了“晚、稀、少”的生育要求

20 世纪 70 年代初，我国把法定最低初婚年龄从婚姻法原来规定的男 20 岁和女 18 岁提高到政策要求的男 25 岁和女 23 岁，把生育子女数限制在两个以下，一二孩间隔必须在 4 年以上。尽管实际上很多地方并未真正完全达到这种要求，但还是有不少地方、不少人按要求去做了，特别是在一些大城市和经济文化发达、工作认真的先进地区。在那些起步晚、变化小的地区，也有部分人在某种程度上推迟了结婚和生育，拉长了间隔，限制了本来可能生育的第二孩以上的高孩次生育，从而出现了一种由于政策骤紧而造成的“急刹车”现象，使生育率逐年大幅度下降。这种不正常的急剧降低的生育率原会随着时间的推移而逐渐回升到一个正常的、较突变前原有水平略低的水平。但由于全国各地政策推行的开始时间不同，力度与效果有很大差别，一些先进地区开始出现回升之时正值另一些地区逐渐推广和加强计划生育，两相抵消，便形成了全国比较均匀而稍平缓的连续降低过程。所以，各地区步调上的不完全一致，避免了全国生育水平过急的下降和随后的回升。而另一方面，全国生育水平平缓、均匀下降的背后则掩盖着各地情况与工作水平的差异。

（六）人口年龄结构开始出现新变化

随着连续多年出生人数的减少，儿童与少年在人口中所占比重不可避免地逐渐下降，青壮年和老年人的比重则相应上升，人口年龄结构便开始向着老龄化的方向变动。可以预期，再过几十年以后，65 岁以上老年人的数目将大大增多（由于出生同批人人数最多的人们开始陆续进入 65 岁以上年龄组），比重也将急剧提高。所以，20 世纪 80 年代以来人们开始为中国人口老化而担心。但是也必须清醒地看到：①人口老化是控制人口增长的必然结果，这本来是意料之中的事，也是不可避免的；②当前和未来中国老年人的人数众多是由于过去出生的婴儿人数过多。目前和未来由于生育水平较以前降低而导致老年人比重上升即人口老化，并没有使老年人绝对数目增多，因而也不会使社会负担比原来增加。不过，人口老化确实是个重要的人口现象，涉及

社会保障和经济活动等一系列问题，必须引起高度重视和认真研究，并切实探索问题的解决办法。

（七）对人口现象的认识逐步深化

20 世纪 70 年代末期，人们开始意识到人口作为一种客观存在的事物，除了量的规定性以外，也应具有质的规定性；除了数量的多少以外，也还有质量的高低（严格讲，质的规定性与质量高低并不是一回事），于是开始探讨人口质量问题。党和政府也把“提高人口素质”作为中国人口发展方针的一个组成部分，这无疑是对人口现象的认识的深化和扩展。20 世纪 70 年代是中国人口发展进程中出现巨大转折的时期。在此时期的主要特征是：①由于政府的介入，婚姻生育行为从以往的个人自发行动转入宏观控制指导下的轨道；②在从中央到基层村组、居委会的一整套严密组织系统的基础上，保证了政策的贯彻实施；③生育水平从原来自发状态下平均每对夫妇生育将近 6 个子女降到接近 3 个子女的水平，人口再生产类型发生了转变。

第四节　20 世纪 80 年代政治经济形势及人口政策对人口增长的影响

20 世纪 70 年代末，党的十一届三中全会以后，中国政治和经济形势发生了历史性变化，全国各项工作转移到以经济建设为中心的轨道上来。改革开放方针的实施使人口的地区分布、行业职业构成、迁移流动等都相应有所变化。同时，在 70 年代初婚年龄大幅度提高、生育率普遍急剧下降之后，最初的“急刹车”效应已经过去，进一步提高甚至维持较高的婚龄遇到阻力；生育率已降到较低水平，进一步下降也比 70 年代困难得多。党和政府在总结新中国成立以来处理人口问题的正反两方面经验教训的基础上，进一步明确了控制人口增长的战略意义，把计划生育定为一项基本国策，全面科学地表述为“控制人口数量，提高人口素质”，并将其列入“国家宪法”，加强了领导，健全了组织，完善了政策，使控制人口的政策更有力地坚持下去。20 世纪 80 年代人口规模虽然仍在增长，但与 70 年代逐渐减缓的特征相比，它增长的速度却表现出明显的波动与反复。

一、“控制人口规模”急刹车的社会效应

1980 年 9 月，在第五届全国人民代表大会第三次会议上，国务院正式宣布调整计划生育政策：“国务院经过认真研究，认为在今后二三十年内，必须在人口问题上采取一个坚决的措施，就是除了在人口稀少的少数民族地区以外，要普遍提倡一对夫

妇只生育一个孩子，以便把人口增长率尽快控制住，争取全国总人口在本世纪末不超过12亿。”其后不久，中共中央发表了《关于控制我国人口增长问题致全体共产党员、共青团员的公开信》，号召党团员带头执行新的计划生育政策。1980年计划生育政策的转轨，可以归纳为以下三点：一是“提倡一对夫妇只生育一个孩子”已经不是原来意义上的“提倡”，因为在20世纪70年代后期，在计划生育工作中也曾提出过“一对夫妇生育子女数最好一个”的号召，并且是经中央批转同意的，这才是名副其实的“提倡”的含义。1980年的“提倡”，实际上变成了除有特殊困难者外，一对夫妇只生育一个孩子；二是从70年代“最多两个”转变为严格控制生育第二个孩子，城乡无一例外；三是70年代，政府对少数民族地区采取不宣传和提倡计划生育的政策，1980年则实行比汉族宽的计划生育政策。

应该指出，在提出新的生育政策时，农村经济体制改革对农民家庭生育行为产生什么样的影响，会给农村计划生育工作带来多大的困难，一时尚难看清。其后的农村改革实践说明，在一定时期内它增加了在农村控制人口、推行计划生育的难度。农村体制改革，弱化了集体经济生产职能，恢复和强化了家庭经济生产职能，弱化了集体分配，强化了家庭自主分配。农村家庭成为从事经济活动的自主的基本单位，同时又是生育的基本单位。两种社会生产融为一体，顺理成章的是，家庭生育行为、生育模式、生育性别偏好等，在没有外来难以抗拒的强力干扰下，将取决于家庭从事经济活动、发家致富的需要。在劳动密集型经济发展阶段，强体力劳动成为家庭经济生产的顶梁柱。因此，增殖人口，适当扩大家庭规模，性别偏向男性，就成为现阶段家庭履行经济生产职能的内在要求。而国家在宏观人口控制和微观生育政策上却步步抽紧，在经济文化还很落后的农村普遍要求一对夫妇只生育一个孩子。这样，宏观与微观各自向对立的两极转化，矛盾尖锐化就是不可避免的了。但是，从全国的角度，新的计划生育政策的实施，使本来就比较低的生育率进一步降低，人口增长的反弹力不断增大。

二、20世纪80年代人口规模变动状况

1982年第三次全国人口普查，中国的总人口规模为100 391万人（不包括423.8万解放军现役军人、台湾1 827万人、港澳地区537.8万人），其中男性人口51 528万，女性人口48 864万。1990年中国的总人口规模为113 051万（不包括319.91万现役军人、台湾以及金门、马祖等地的人口数2 020万，香港、澳门地区613万人①），其中男性人口58 182万，女性人口54 869万。这期间增加人口12 660万人，平均每年增加1 583万人。

1982年市镇人口20 631万（市人口14 525万，镇人口6 106万），1990年市镇人

① 中华人民共和国国家统计局《关于一九九○年人口普查主要数据公报（第二号）》，1990年。

口共29 614万人（市人口21 122万人，镇人口8 492万人）。这期间平均每年增加1 223万人。

对比两次普查结果可以发现，中国的高等教育得到了快速的发展，同时基础教育发展迅速，文盲人口大大减少。1982年中国具有大学毕业文化程度的人口442.8万人，初中文化程度人口17 819.7万人，1990年具有大学文化程度的人口有1 576万人（其中大学本科614万人，大专962万人），比1982年增加了2.6倍，初中文程度的人口有26 338万人，比1982年增加了8 518万人，平均每年增加初中文化程度人口1 065万人。1982年在6岁及6岁人口中，文盲、半文盲人口28 368万人，1990年下降到20 485万人。

从就业人口的比较来看，这期间从业人口大大增加，基本上等于增加的人口总量。1982年从事各种职业的人口共52 150.6万人，其中从事农林牧副渔业的人口38 415.5万人，从事制造业的人口6 166.8万，从事商业饮食业物资供销和仓储业的人口1 550.8万人；1990年从业人口共64 724万人，从事农林牧渔水利业的人口46 759万人，从事工业的人口8 658万人，商业饮食业物资供销和仓储业的人口2 577万人。

从不在业人口的比较看，在校学生和离退休人口增加比较快，家务劳动者有较大下降，反映出随着中国经济改革的进行，妇女参加社会经济活动的人数增加。1982年不在业人口有14 515.6万人，其中在校学生共2 635.9万人，家务劳动者8 014.1万人，市镇待业人口340.1万人，退休退职人口1 149.1万人。1990年不在业人口共17 026万人，其中在校学生共3 916万人，料理家务人口6 893万人，市镇待业人口574万人，离休退休退职人口2 151万人。离退休人口增加了1 002万人，平均每年增加125万人。

三、控制人口增长过程中的曲折

20世纪80年代初期，鉴于一对夫妇生育一个孩子的政策在农村难以落实，1984年4月，中共中央以批转国家计划生育委员会党组《关于计划生育工作情况的汇报》（中共〔1984〕7号）的名义，对生育政策进行调整。中央要求："要把计划生育政策建立在合情合理、群众拥护、干部好做工作的基础上"，继续提倡生"一对夫妇只生育一个孩子。同时要进一步完善计划生育工作的具体政策"，其主要内容包括：在农村按规定的条件，经过批准，可以生二胎，严禁生育计划外二胎和多胎，严禁在生育问题上搞徇私舞弊和不正之风；人口在1 000万以下的少数民族允许一对夫妇生育二胎，个别可生育三胎，不准生四胎。人们通常把上述具体政策形象概括为"开小口、堵大口"的方针。1986年5月中共中央批转《关于六五期间计划生育工作情况和七五期间工作意见的报告》（〔1986〕13号）指出："实行计划生育、控制人口过快增长的关键，是从实际出发，制订出经过教育，绝大多数群众能够接受的有利于控制人口增长的政策。"中央 7 号文件及其后发布的有关文件的基本精神是完全正确的。

中央 7 号文件下达后，各省、自治区、直辖市都在认真结合当地社会、经济、资源、环境和人口发展态势以及计划生育的实际控制能力，完善计划生育的具体政策。但是，在调整政策的过程中，由于有些地方领导对政策的突然调整很不适应，造成“小口”开放后失控、“大口”又没有堵住的混乱局面。出生率从 1984 年的 19.9‰迅速回升到 1987 年的 23.3‰，自然增长率也相应从 1984 年的 13.08‰反弹到 1987 年的 16.61‰（表 2－7、图 2－11）。每年净增人口从 1984 年的 1 351 万人跳至 1987 年的 1 795 万人，整整增加了 444 万人（表 2－8、图 2－12、图 2－13）。出生率的快速回升，引起了各个方面的高度关注。究竟是什么原因导致这种回升？学术界、有关部门乃至中央决策层都存在着不同认识。有人认为回升的主要原因是政策调整，有人则认为是育龄妇女年龄结构变化，也有人认为两方面原因都有。为此，国家计划生育委员会于 1988 年 3 月向中央呈报《计划生育工作汇报提纲》。中央政治局常委会讨论了计划生育工作，并原则同意“汇报提纲”。常委会会议决定：“我国计划生育工作的现行政策是：提倡晚婚晚育、少生优生，提倡一对夫妇只生育一个孩子；国家干部和职工、城镇居民除特殊情况经过批准外，一对夫妇只生育一个孩子；农村某些群众确有特殊困难，包括独女户，要求生二胎的，经过批准可以间隔几年以后生第二胎；不论哪一种情况都不能生三胎；少数民族地区也要提倡计划生育，具体要求和做法可由有关省、自治区根据当地实际情况制定。”并且指出：“上述政策，是今后相当长的时期内必须坚持贯彻执行的。要保持这个政策的稳定，以利于控制人口。”还强调：“把计划生育政策建立在既坚定而又可行的基础上，这是中央的决策。”

截至 20 世纪 80 年代末 90 年代初，全国各省、自治区和直辖市根据中央 7 号文件精神，结合本地区的实际情况，制订了各省、自治区、直辖市计划生育条例，并经相应地区人大常委会审议通过，作为地区准法律文件执行，标志着完善计划生育政策暂告一个段落。我国现行计划生育政策较之 1980 年 9 月紧缩的计划生育政策，已经发生了很大的变化，向农民家庭最低限度的合情合理的生育数量要求大大地向前迈进了。20 世纪 80 年代末期，人口出生率和增长率从高点上又开始回落。经历这次波动后，整个 20 世纪 90 年代出生率和增长率一直呈现下降趋势。

表 2－7　20 世纪 80 年代中国人口出生率、死亡率与自然增长率

单位：‰

年份	出生率	死亡率	自然增长率
1980	18.21	6.34	11.87
1981	20.91	6.36	14.55
1982	22.28	6.60	15.68
1983	20.19	6.90	13.29

续表

年份	出生率	死亡率	自然增长率
1984	19.90	6.82	13.08
1985	21.04	6.78	14.26
1986	22.43	6.86	15.57
1987	23.33	6.72	16.61
1988	22.37	6.64	15.73
1989	21.58	6.54	15.04

资料来源：国家统计局人口和社会科技统计司编：《中国人口统计年鉴 2001》，中国统计出版社，2001 年版。

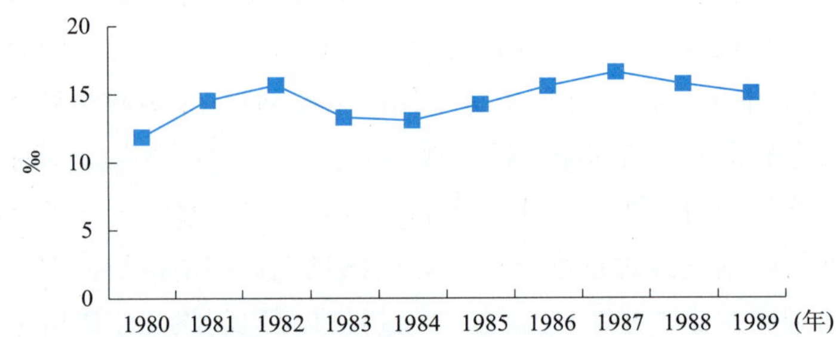

图 2-11　20 世纪 80 年代中国人口自然增长率

资料来源：根据表 2-7。

表 2-8　20 世纪 80 年代中国人口规模及自然变动情况

单位：万人

年份	出生人数	死亡人数	净增人数	人口规模
1980	1 779	619	1 160	98 705
1981	2 069	629	1 440	100 072
1982	2 238	663	1 575	101 654
1983	2 058	703	1 354	103 008
1984	2 055	704	1 351	104 357
1985	2 202	710	1 493	105 851
1986	2 384	729	1 655	107 507
1987	2 522	726	1 795	109 300
1988	2 457	729	1 728	111 026
1989	2 407	730	1 678	112 704

资料来源：国家统计局人口和社会科技统计司编：《中国人口统计年鉴 2001》，中国统计出版社，2001 年版。

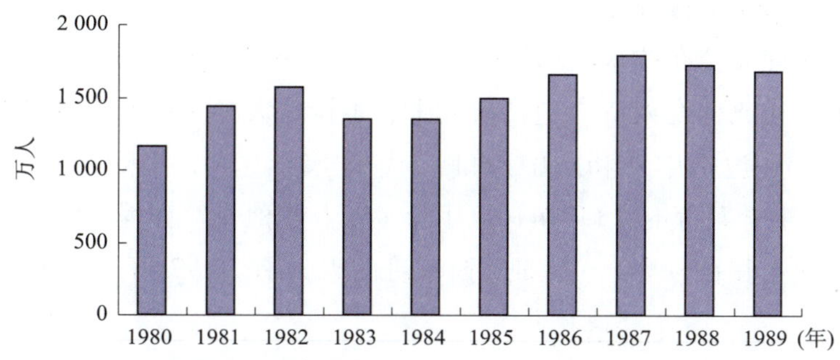

图 2－12 20 世纪 80 年代中国年自然增长人数

资料来源：根据表 2－8。

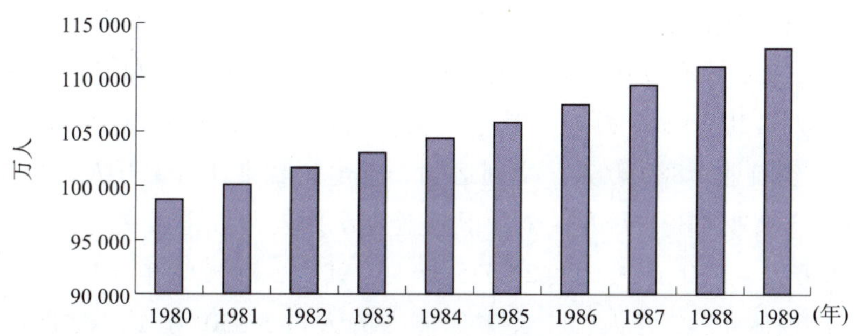

图 2－13 20 世纪 80 年代中国人口规模

资料来源：根据表 2－8。

第五节 20 世纪 90 年代人口规模由实质性增长转为惯性增长

一、20 世纪 90 年代人口规模变动状况

2000 年第五次全国人口普查数据显示，截至 2000 年 11 月 1 日零时，全国总人口为 126 583 万人①，其中男性为 65 355 万人，女性为 61 228 万人。与 1990 年第四次全国人口普查数据相比，增加了 13 215 万。从经济人口结构看，2000 年少儿人口（0～14 岁）为 28 979 万人，占 22.89%；劳动年龄人口（15～64 岁）为 88 793 万人，占 70.15%；老年人口（65 岁及以上）为 8 811 万人，占 6.96%。与 1990 年相比，0～14 岁人口比重下降了 4.8 个百分点，15～64 岁人口比重上升 3.4 个百分点，65 岁及

① 不包括香港、澳门特别行政区和台湾省数据，包括中国人民解放军现役军人。

以上人口上升了1.4个百分点。[①]

根据国家统计局公布的未经调整的普查资料[②]：6岁及6岁以上人口共115 670万人。其中，大学文化程度人口（包括研究生、本科、大专人口）共4 402万人，接受中等教育的人口（包括中专和高中人口）共13 828万人，接受初中教育的人口42 239万人，接受小学教育的人口44 161万人（以上各种受教育程度的人包括各类学校的毕业生、肄业生和在校生），参加过扫盲班的人口有20 77万人，未上过学的人口8 963万人。

户籍人口共123 433万人。其中，常住人口108 941万人，流动人口（指外出半年以上的人口和全户外出的人口）共13 611万人。农业户口人数共92 872万人，非农业户口人数共30 509万人。15岁及15岁以上人口共95 808万人，其中文盲人口8 699万人。居住在城镇的人口45 877万人，乡村人口共78 384万人。

按照长表推算，6岁及6岁以上人口中，在校生人数共24 544万人。按照从业状况看全国从业人员共70 345万人。其中，从事农林牧渔业的人口45 318万人，制造业8 772万人，建筑业1 889万人，交通运输、邮电通信业1 724万人，批发和零售贸易、餐饮业和仓储业4 801万人，金融保险业416万人，教育、文化艺术及广播电影电视业1 801万人。未工作人口共24 635万人。其中，在校学生5 137万，料理家务7 385万人，离退休4 347万人，丧失工作能力的人口3 850万人，失业人口共2 611万人。

从15岁及15岁以上人口的婚姻状况来看，未婚人口12 032万人（男性7 389万人，女性4 644万人），初婚有配偶的人口54 581万人，再婚有配偶的人口共1 421万人，离婚人口642万人（男性432万人，女性210万人），丧偶人口共1 719万人。可以看出，未婚人口与1990年相比大大减少，减少了8 508万人，反映了中国人在90年代以后晚婚的倾向。离婚人口比1990年增加158万人，丧偶人口大大减少，比1990年减少了3 270万人，这似乎可以从大量的再婚人口可以得到解释。

图2－14是2000年中国总人口年龄金字塔。左边是各年龄男性占总人口的比重，右边是各年龄女性占总人口的比重。从总体上看，2000年的人口年龄结构不似1953年、1964年比较标准的金字塔形状和比较典型的增长型人口年龄结构（图2－6、图2－7），而是底部呈现缩减趋势，并且在特定的年龄段有明显的凹陷（40～44岁、15～24岁阶段）和凸出（10～14岁阶段）。这直观表现出我国人口不均匀增长的历史过程，其背后反映出国家社会、经济、政策因素对于人口规模的影响，也反映出人口变动的自身规律，即具有周期性的代际复制的特性：

---

① 国家统计局人口和就业统计司编：《中国人口和就业统计年鉴2008》，中国统计出版社，2008年版。

② 国务院人口普查办公室，国家统计局人口和社会科技统计司编：《中国2000年人口普查资料》，中国统计出版社，2002年版。

40～44 岁人口出生于 1956～1960 年期间，图中的凹陷正是 1958～1961 年中国社会遭遇灾害时期人口低增长、负增长的体现。15～24 岁的人口出生于我国人口控制最严格的时间段（1976～1985 年），与之前的出生队列相比，数量骤减。

10～14 岁人群（1985 年之后出生）数量的明显凸出，一方面是由于 1984 年生育政策有所调整，略有放松，更主要的原因是人口的代际复制，即在图 2－14 中，父（母）辈（30～34 岁、35～39 岁人口）数量的凸出（这个群体体现了三年灾害后的补偿性生育高峰）复制了子代（10～14 岁人口）数量的凸出。

分省来看，2000 年中国大陆 31 个省、市、自治区中，人口规模最大的是河南省，为 9 488 万人。其次是山东省和四川省，分别为 8 998 万人和 8 602 万人。人口规模最小的地区仍然是西藏、青海和宁夏，分别为 258 万人、517 万人和 554 万人。

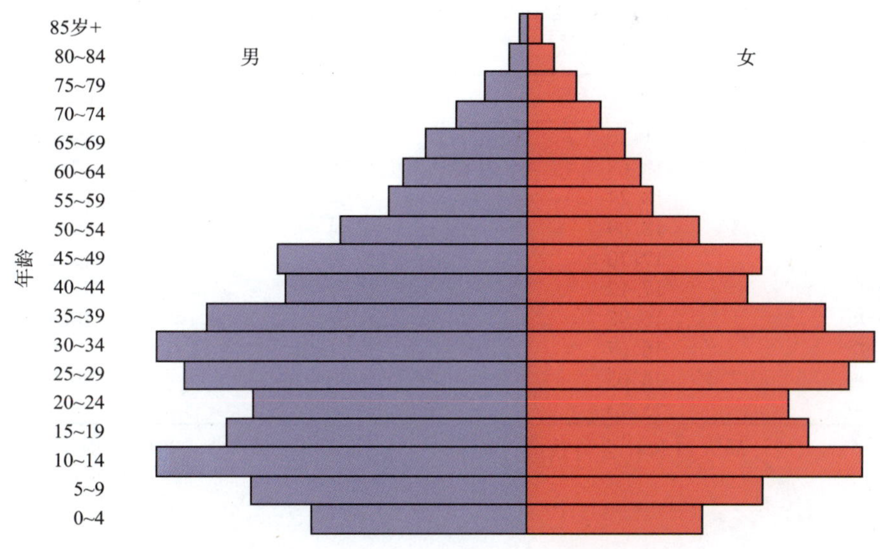

图 2－14　2000 年中国人口年龄金字塔

资料来源：国务院人口普查办公室，国家统计局人口和社会科技统计司编：《中国 2000 年人口普查资料》，中国统计出版社，2002 年版。

二、人口规模由实质性增长转变为惯性增长

20 世纪 90 年代是中国在经济还不发达的情况下，有效地控制了人口过快增长，使生育水平下降到更替水平以下，实现了人口再生产类型从高出生、低死亡、高增长到低出生、低死亡、低增长的历史性转变（表 2－9、图 2－15），总和生育率下降到更替水平以下。这是中国几十年人口和计划生育政策实施的必然结果，也是中国人口控制最重大的成就。

总和生育率下降到更替水平以后，中国的人口规模就开始从实质性增长阶段转变为惯性增长的阶段（表 2－10、图 2－16、图 2－17）。按照发达国家的经验，当总和

生育率下降到更替水平以后，人口数量很快就能稳定下来，惯性增长不明显。中国的人口转变与发达国家的人口转变有明显的不同。因为西方发达国家总和生育率达到更替水平是一个自然的人口转变过程，人口年龄结构并没有剧烈的变动；而我国的人口转变是在原有人口的高增长条件下，采取“急刹车”的方式使总和生育率达到甚至低于更替水平，因此人口的惯性增长需要很长的时间。

人口惯性是指达到生育更替水平以后人口继续增长的趋势。由于过去的高生育率，低龄组人口较多，达到或低于生育更替水平后，人口还会继续增长数十年。随着低龄组人口逐渐生儿育女，出生人数剧增，将超过死亡人数。但随着他们年龄继续增大，死亡人数将逐渐增加，赶上甚至超过出生人数。因此，要使出生人数和死亡人数接近约需要经过几十年的时间。

表 2－9　20 世纪 90 年代中国人口出生率、死亡率与自然增长率

单位:‰

年份	出生率	死亡率	自然增长率
1990	21.06	6.67	14.39
1991	19.68	6.70	12.98
1992	18.24	6.64	11.60
1993	18.09	6.64	11.45
1994	17.70	6.49	11.21
1995	17.12	6.57	10.55
1996	16.98	6.56	10.42
1997	16.57	6.51	10.06
1998	16.03	6.50	9.53
1999	15.23	6.46	8.77

资料来源：国家统计局人口和社会科技统计司编：《中国人口统计年鉴 2001》，中国统计出版社，2001 年版。

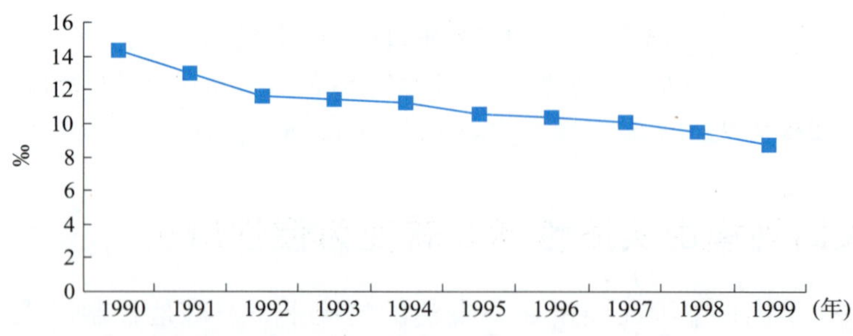

图 2－15　20 世纪 90 年代中国人口自然增长率

资料来源：根据表 2－9。

表 2－10　20 世纪 90 年代中国人口规模及自然变动情况

单位：万人

年份	出生人数	死亡人数	净增人数	人口规模
1990	2 391	762	1 629	113 274
1991	2 258	768	1 490	114 511
1992	2 119	771	1 348	115 563
1993	2 126	780	1 346	116 597
1994	2 104	771	1 338	117 674
1995	2 063	792	1 271	118 788
1996	2 067	799	1 268	119 866
1997	2 038	801	1 237	120 903
1998	1 991	807	1 184	121 818
1999	1 909	810	1 099	122 812

资料来源：国家统计局人口和社会科技统计司编：《中国人口统计年鉴 2001》，中国统计出版社，2001 年版。

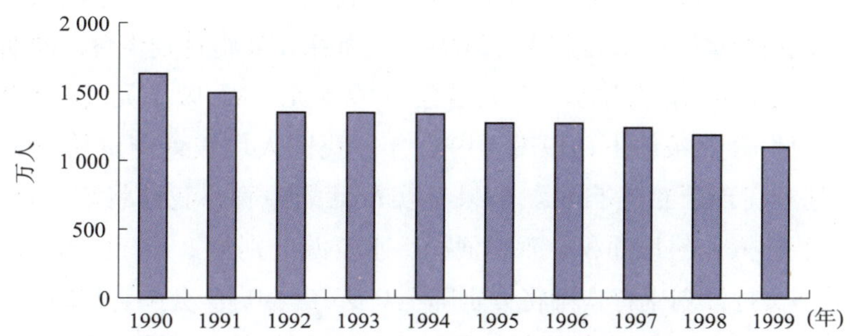

图 2－16　20 世纪 90 年代中国年自然增长人数

资料来源：根据表 2－10。

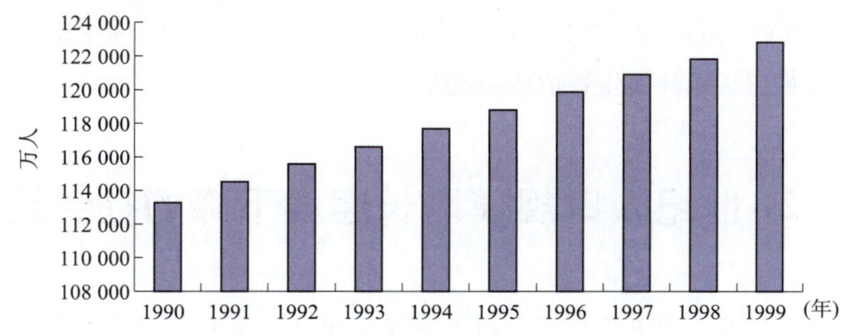

图 2－17　20 世纪 90 年代中国人口规模

资料来源：根据表 2－10。

人口增长的惯性运动，使得中国在 21 世纪前半叶相继进入劳动力总数、人口总数和老年人口总数“三大”高峰。21 世纪 30 年代，中国人口总量达其峰值时约为 15 亿。这是此前生育水平持续低于更替水平的必然结果。人口从 21 世纪初始的 13 亿人增至约 15 亿人，是惯性增长的结果。

人口在总和生育率等于或低于更替水平前提下的增长，只是其表象而非其内在的本质。当人口降至更替水平或以下并保持下去，这就决定了人口的增长最终达到它的峰值并停止下来。人口总量在达其峰值之前的数十年增长，实质是实现停止增长或负增长的前奏。

因此，当中国总和生育率下降到更替水平以下之后，人口的净再生产率必定小于1，内在自然增长率变为负值，这标志着中国人口增长的方向性的改变。中国人口在这种条件下的继续增长，完全是年龄结构变动所导致的惯性增长。这种增长既是不可避免的过程，也是实现零增长的必经阶段。

三、中国人口控制的经济社会效应

我国实行计划生育政策不但有效遏制了人口的过快增长，而且带来了巨大的经济效益，促进了社会的发展。

1979～1998 年，在实行计划生育的条件下，我国人均国内生产总值从 417.7 元增至 6 490.1 元，居民消费水平从 227 元增至 3 094 元。如果不实行计划生育，同期人均国内生产总值和居民消费水平只能分别从 363 元增至 4 099.5 元，从 197.3 元增至 1 954.4 元。

在实行计划生育的条件下，1970～1997 年，我国人均粮食产量从 293.2 公斤增至 401.7 公斤，基本实现了粮食自给。如果不实行计划生育，我国将陷入严重的粮食短缺。1997 年，我国人均耕地面积、森林面积、水资源分别为 1.15 亩、0.11 公顷、2 275 立方米。如果不实行计划生育，则将分别降至 0.93 亩、0.09 公顷、1 836 立方米。

劳动年龄人口的年增速或年增量，因 1970 年开始普遍实行计划生育，而从 1985 年起便大幅度下降。20 世纪 90 年代中后期较 80 年代中后期的劳动年龄人口增加量和增速，都锐减了一半多。这不仅极大地缓解了劳动力供大于求的矛盾，减轻了就业压力，而且还为此间的产业结构调整、劳动用工制度改革等，提供了良好的年龄结构客观环境与机遇。这是计划生育成效的滞后效应。

第六节　21 世纪人口规模增长速度下降的社会经济代价

进入 21 世纪以后，实现我国经济社会又好又快发展所面临的重大问题，无不与人口数量、素质、结构、分布密切相关。人口问题始终是制约我国全面协调可持续发展的重大问题，是影响经济社会发展的关键因素。2000～2010 年，我国的人口增长速度继续呈现稳定的逐年下降的趋势，人口内在自然增长率已经为负值。这表示我国人口增长最终将达到峰值，继而实现零增长和负增长。虽然中国人口规模的增长在 21 世纪的前 30 年还不会停止，但它增长的速度却会沿着 20 世纪 90 年代所形成的越来越慢的态势下降。到 2035 年左右，我国人口将实现零增长，并逐渐进入负增长阶段。

一、2010 年人口普查的人口主要状况

2010 年第六次全国人口普查数据显示，截至 11 月 1 日零时，全国总人口为 133 972万人[①]，其中男性为 68 685 万人，女性为 65 287 万人。与 2000 年第五次全国人口数据相比，增加了 7 390 万人。从经济人口结构看，2010 年少儿人口（0 ~ 14 岁）为 22 246 万人，占 16.60%；劳动年龄人口（15 ~ 64 岁）为 99 843 万人，占 74.53%；老年人口（65 岁及以上）为 11 883 万人，占 8.87%。与 2000 年相比，0 ~ 14 岁人口比重下降了 6.29 个百分点，15 ~ 64 岁人口比重上升 4.38 个百分点，65 岁及以上人口上升了 1.91 个百分点。[②]

根据国家统计局发布的第六次全国人口普查数据公报：具有大学文化程度人口（包括研究生、本科、大专人口）共 11 964 万人，接受中等教育的人口（包括中专和高中人口）共 18 799 万人，接受初中教育的人口 51 966 万人，接受小学教育的人口 35 876 万人（以上各种受教育程度的人包括各类学校的毕业生、肄业生和在校生）。与第五次全国人口普查数据相比，每 10 万人中具有大学文化程度的由 3 611 人上升为 8 930 人，具有高中文化程度的由 11 146 人上升为 14 032 人，具有初中文化程度的由 33 961 人上升为 38 788 人，具有小学文化程度的由 35 701 下降为 26 779 人。相比 2000 年，文盲人口减少 30 413 094 人，文盲率[③]由 6.72% 下降为 4.08%。

总人口中，居住在城镇的人口为 66 558 万人，占 49.68%；居住在乡村的人口为 67 415 万人，占 50.32%。同 2000 年第五次全国人口普查数据相比，城镇人口增加 20 714 万人，乡村人口减少 13 324 万人人，城镇人口比重上升 13.46 个百分点。

大陆 31 个省、自治区、直辖市的人口中，常住人口为 133 972 万人，难以确定常住地的有 465 万人。居住地与户口登记地所在的乡镇街道不一致且离开户口登记地半年以上的人口为 26 139 万人，其中市辖区内人户分离的人口[④]为 3 996 万人，不包括市辖区内人户分离的人口为 22 143 万人。

根据长表数据推算，6 岁以上人口中，在校生占 18.89%，性别比为 114。在 16 岁及以上的人口中，失业人口占 2.04%，非经济活动人口占 29.04%。16 岁及以上的就业人口中，从事农林牧渔业的占 48.34%，从事制造业的占 16.85%，批发和零售业的占 9.30%，建筑业的就业人口占 5.48%。此外，交通运输和邮政业、住宿和餐饮业、公共管理和社会组织的就业人员比例较高，分别占 3.56%、2.73% 和 2.57%。在失业人口中，男性占 50.29%；失业料理家务的人占失业人口的 15.77%，其中女性占 91.20%，而 20 ~ 49 岁的女性占失业料理家务的女性的 87.72%。15 岁及以上的

---

① 不包括香港、澳门特别行政区和台湾省数据，包括中国人民解放军现役军人。

② 中华人民共和国国家统计局《2010 年第六次全国人口普查主要数据公报（第 1 号）》，2011 年。

③ 文盲率是指大陆 31 个省、自治区、直辖市和现役军人的人口中 15 岁及以上不识字人口所占比重。

④ 市辖区内人户分离的人口是指一个直辖市或地级市所辖的区内和区与区之间，居住地和户口登记地不在同一乡镇街道的人口。

人口（不包括香港、澳门特别行政区、台湾省的数据和现役军人）中，未婚人口占21.60%，其中男性占57.35%，比2000的比例下降了4.06个百分点。

图2－18是2010年中国总人口年龄金字塔。左边是各年龄男性占总人口的比重，右边是各年龄女性占总人口的比重。从总体上看，2010年的人口年龄结构不似1953年、1964年比较标准的金字塔形状和比较典型的增长型人口年龄结构（图2－6、图2－7），而是底部呈现缩减趋势，并且在特定的年龄段有明显的凹陷（50～54岁、25～34岁阶段）和凸出（20～24岁阶段）。这直观表现出我国人口不均匀增长的历史过程，其背后反映出国家社会、经济、政策因素对于人口规模的影响，也反映出人口变动的自身规律，即具有周期性的代际复制的特性。

50～54岁人口出生于1956～1960年期间，图中的凹陷正是1958～1961年中国社会遭遇灾害时期人口低增长、负增长的体现。25～34岁的人口出生于我国人口控制最严格的时间段（1976～1985年），与之前的出生队列相比，数量骤减。

20～24岁人群（1985年之后出生）数量的明显凸出，一方面是由于1984年生育政策有所调整，略有放松，更主要的原因是人口的代际复制，即在图2－18中，父（母）辈（40～44岁、45～49岁人口）数量的凸出（这个群体体现了三年灾害后的补偿性生育高峰）复制了子代（20～24岁人口）数量的凸出。

分省来看，2010年中国大陆31个省、市、自治区中，人口规模最大的是广东省，为10 432万人。其次是山东省和河南省，分别为9 579万人和9 403万人。人口规模最小的地区仍然是西藏、青海和宁夏，分别为300万人、563万人和630万人。

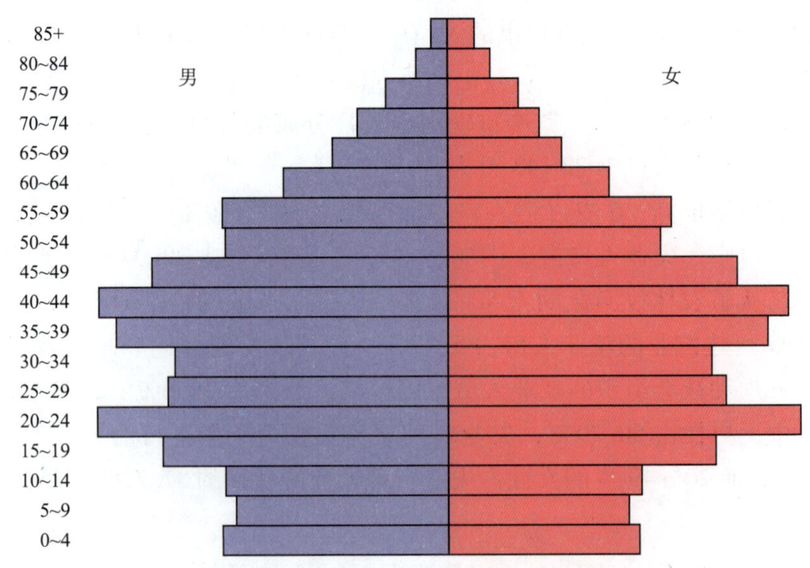

图2－18 2010年中国人口年龄金字塔

资料来源：国务院人口普查办公室，国家统计局人口和社会科技统计司编：《中国2010年人口普查资料》，中国统计出版社，2012年版。

二、2000～2010 年中国人口内在自然增长率已经为负值

2000 年 3 月 2 日，中共中央、国务院发布的《关于加强人口与计划生育工作稳定低生育水平的决定》指出，随着 21 世纪的到来，我国人口与计划生育事业将进入一个新的重要发展时期。未来几十年，在实现稳定低生育水平的前提下，我国人口将由低增长逐步过渡到零增长，人口总量达到峰值后开始缓慢下降。人口过多仍是我国首要的问题。人口与经济、社会、资源、环境之间的矛盾依然尖锐。未来十年是稳定低生育水平的关键时期。

2006 年 12 月 17 日，中共中央、国务院又发布了《关于全面加强人口和计划生育工作统筹解决人口问题的决定》，提出清醒认识全面加强我国人口和计划生育工作的重要性和紧迫性。决定指出，当前我国人口和计划生育工作形势总体是好的。同时，必须清醒地看到，我国人口发展呈现出前所未有的复杂局面，低生育水平面临反弹的现实风险。21 世纪上半叶，将迎来总人口、劳动年龄人口和老年人口高峰。今后十几年，人口惯性增长势头依然强劲，总人口每年仍将净增 800 万～1 000 万人；人口素质总体水平不高，难以适应激烈的综合国力竞争的要求；劳动年龄人口数量庞大，就业形势更加严峻；人口老龄化日益加重，社会保障面临空前压力；出生人口性别比居高不下，给社会稳定带来隐患；流动迁移人口持续增加，对公共资源配置构成巨大挑战；贫困人口结构趋于多元，促进社会均衡发展的任务十分艰巨。总之，人口众多、人均占有量少的国情，人口对经济社会发展压力沉重的局面，人口与资源环境关系紧张的状况，是全面建设小康社会、构建社会主义和谐社会所面临的突出矛盾和问题。决定指出，“十一五”期间是实现稳定低生育水平这一任务的关键时期。

在这样的政策背景下，从 2000 年到 2010 年，中国人口规模从 126 743 万人增加到134 091万人，如图 2－19 所示，但是每年的净增长人数基本呈下降趋势，从 2000 年的净增 957 万人，下降到 2010 年的净增 641 万人，如图 2－20 所示。这表明我国总人数虽然还在增加，但是人口增长速度延续着 20 世纪 90 年代稳定、逐年下降的趋势。

从自然增长率角度考察，2000～2010 年，中国人口的出生率从 14.03‰下降到 11.90‰，自然增长率也从 7.58‰下降到 4.79‰，如表 2－11、图 2－21。死亡率反而从 6.45‰上升到 7.11‰，这主要是因为我国已经进入老龄社会，并且老龄化程度不断加剧，老年人口比例越来越大，致使总人口的死亡率反而上升，这是老龄社会的必然现象。

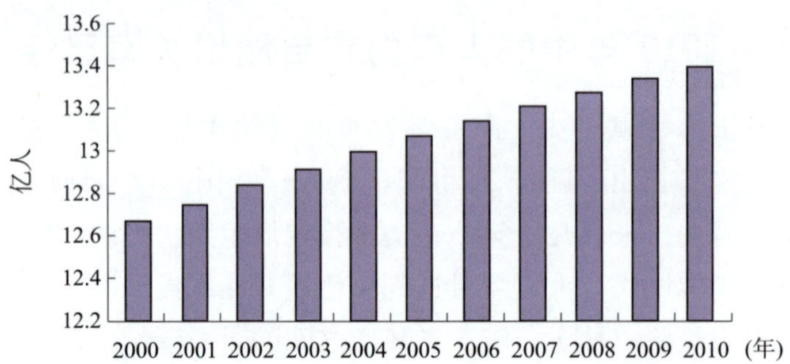

图 2－19　2000～2010 年中国人口规模的变化

注：［1］2000 年、2010 年数据为当年人口普查数据推算数；其余年份数据为在年度人口抽样调查基础上，根据人口普查数据修订数。

［2］总人口和按性别分人口中包括现役军人，按城乡分人口中现役军人计入城镇人口。

资料来源：国家统计局人口和就业统计司编：《中国人口和就业统计年鉴 2011》，中国统计出版社，2011 年版。

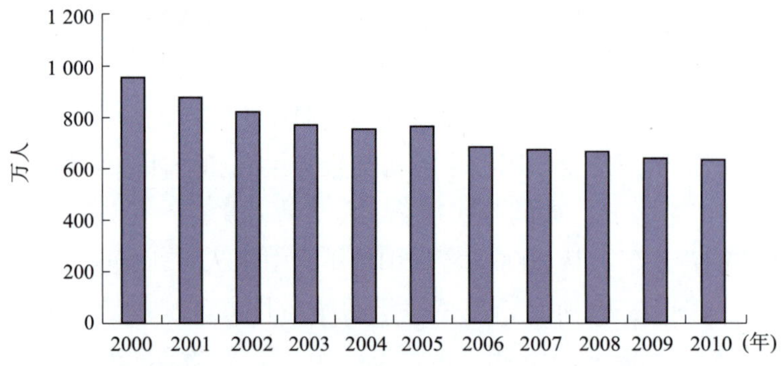

图 2－20　2000～2010 年中国人口每年净增长人数

注：［1］2000 年、2010 年数据为当年人口普查数据推算数；其余年份数据为在年度人口抽样调查基础上，根据人口普查数据修订数。

［2］总人口和按性别分人口中包括现役军人，按城乡分人口中现役军人计入城镇人口。

资料来源：国家统计局人口和就业统计司编：《中国人口和就业统计年鉴 2011》，中国统计出版社，2011 年版。

表 2－11　2000～2010 年中国人口自然变动情况

单位：‰

年份	出生率	死亡率	自然增长率
2000	14.03	6.45	7.58
2001	13.38	6.43	6.95
2002	12.86	6.41	6.45
2003	12.41	6.4	6.01
2004	12.29	6.42	5.87
2005	12.4	6.51	5.89
2006	12.09	6.81	5.28
2007	12.1	6.93	5.17
2008	12.14	7.06	5.08
2009	11.95	7.08	4.87
2010	11.9	7.11	4.79

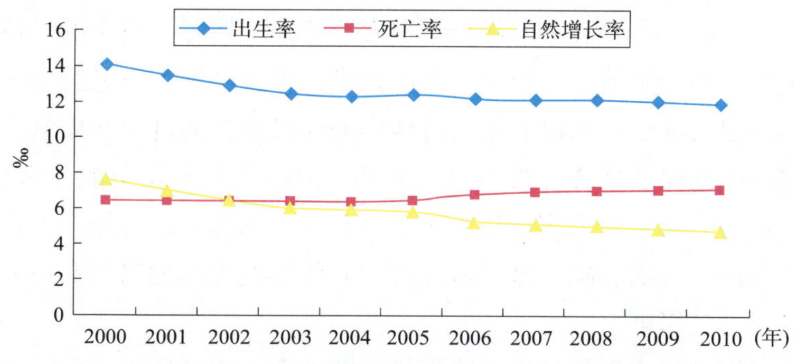

图 2－21　2000～2010 年中国人口自然增长状况

资料来源：国家统计局人口和就业统计司编：《中国人口和就业统计年鉴 2011》，中国统计出版社，2011 年版。

在这种情况下，仅仅考虑出生率、死亡率、自然增长率无法清楚地揭示现实人口结构中蕴藏的增长惯性。因此，研究者们排除实际人口结构的影响，来计算人口内在自然增长率（intrinsic rate of natural increase），观察如果目前的分年龄生育率与死亡率极长时期固定不变地持续下去，转化为稳定人口后，我国人口的增长趋势。如根据《中国人口与就业统计年鉴 2007》的生育模式和假定 TFR 为 1.8 的生育水平计算，得出 2006 年中国人口内在自然增长率已为 －9.2‰①。王丰、郭志刚教授等按照发表的生育率数据计算的内在增长率约为 －18‰，认为中国人口内在自然增长率由正转负的

① 翟振武：《中国人口增长与人口再生产类型转变》，国家人口和计划生育委员会，中国社会科学院编：《改革开放与人口发展演讲报告集》，中国人口出版社，2008 年版。

历史转折发生于 1990 年①。这意味着目前中国人口已进入零增长和负增长的过渡阶段。

三、中国人口规模控制的成本与代价

中国的人口规模控制取得了举世瞩目的成就。然而中国在人口得到控制的同时也付出了相应的代价。

首先，人口规模控制加速了中国人口的老龄化，使中国在经济仍不发达的条件下，必须面对许多国家在经济发达的条件下才需面对的问题。这个挑战对中国的发展而言是史无前例的。虽然人们普遍认为，中国人口转变是社会经济发展和计划生育相互作用的结果，社会经济因素在人口转变中起了重要的作用，但是毫无疑问，计划生育政策大大地加快了生育水平的下降，从而加快了人口的老龄化。

西方人口老化对西方社会的影响是明显的、消极的。这些发达国家都是在经济发展水平高的条件下老年人口达到或超过 14%。日本的老年人口在 1998 年已达 16.2%，人均国民生产总值在 36 000 美元以上。若干年以后，我国老年人口的比例也将达到这个水平，而经济发展水平却会有很大的差距。届时，过快的老龄化人口反过来会对社会经济发展产生消极的影响。可以预见，未来中国人口老龄化问题将会比现在发达国家的问题更突出。人口老龄化可能影响经济增长的速度和质量，一是人口老龄化以及过高的养老保险缴费会给中国的劳动力成本和产业竞争能力带来不利影响；二是人口老龄化还会对消费需求产生影响；三是人口老龄化还可能对人口与劳动力的学习和创新能力产生负面影响。这三者综合起来将影响中国的出口和内需，从而对中国经济增长造成不利影响。

其次，人口控制使中国的独生子女家庭空前增多，由此所引发的一系列社会问题也是人口政策实施的代价。当然，独生子女在家庭中得天独厚的物质条件，构成独生子女成长有利的环境。然而独生子女家庭成员少，过于简单的家庭结构，不能给孩子提供复杂多变的生活环境，容易使孩子长大后，不会处理微妙的人际关系，不利于其参与社会化的过程。更为重要的是，在市场经济环境下，劳动力高度流动，独生子女长大以后如果离开家庭到异地工作，最终有可能带来严重的家庭养老问题。

还有一个问题就是城市劳动力人口的短缺问题，这是中国城市严格实行计划生育政策以及城市经济发展对劳动力人口需求共同作用的结果。但是，人口年龄结构在各地区的巨大差异是中国的现实，在某种程度上也是中国内部可以进行调剂、互相补偿的一种优势。如果通过人口流动与迁移，削峰填谷，使目前人口结构相对还较年轻的地区劳动力，有序地流向人口结构已经老化的地区，显然可以大大缓解大城市出现的人口老龄化问题。而在事实上，这种流动已经在发生，比如北京、上海等城市的外来

---

① 王丰等：《21 世纪中国人口负增长惯性初探》，《人口研究》，2008 年第 6 期，第 7 ~ 17 页。

务工人口已占到户籍人口的30%以上。

第七节　人口转变贡献大　民生事业发展快

中国人口规模经历了20世纪50～60年代的高速增长，并且在20世纪60年代度过了人口规模增长的最高峰后，从70年代开始了人口规模增长的快速下降。但是下降的过程并不平坦，80年代人口增长过程出现了反复和波动。直到90年代初，在现代化过程和计划生育政策的双重作用下，总和生育率最终突破更替水平，达到1.8的低生育水平，使人口内在自然增长率首次达到负值，实现了人口增长的方向性的改变。

20世纪下半叶中国人口的巨大变化，可能是中国社会最深刻的变化之一。这半个世纪是中国人口发展史上最重要的、最伟大的转折时期。

一、人口增长实现根本性转变

这个时期使中国人口摆脱了历史上在农业经济条件下的盲目增长和收缩的历史循环，人口增长速度出现了趋势性的下降，并逐步向零增长接近，为中国现代化的顺利推进铺平了道路。几千年来，中国人口一直在波动中增长。其间虽有不少时期人口增长率也曾出现过负值，人口规模也出现过绝对缩小。从中国人口发展的历史来看，增长一直是它的“趋势”和主旋律。从表面上看，中国人口的规模现在仍在继续增长，人口自然增长率仍为正值，但由于总和生育率已经降到更替水平以下，人口内在自然增长率其实已经是负值。现在人口规模的继续增长，只是由人口年龄结构导致的人口惯性。只要中国的总和生育率继续维持在更替水平以下，年龄结构的影响就会逐渐消失，人口的自然增长率就会逐渐接近人口的内在自然增长率，先达到零增长，然后达到负增长。总和生育率跌破更替水平，表明中国人口规模增长的趋势已经发生方向性的改变，中国人口规模已经由增长变为缩减的趋势。这是中国人口增长过程中本质性的变化，是中国人口发展史上的一个里程碑。

二、人口转变为现代化建设奠定基础

我国人口再生产类型的转变极大地缓解了庞大人口对资源环境的重压，为进一步优化国家的发展环境，拓宽发展空间，创造了最为宝贵的客观条件。几百年来，特别是近100多年来，巨大的人口规模像一个沉重的包袱，深深地影响着中国的经济发展。中国一直以它的地大物博自豪于世界。确实，从总量上，中国的众多的自然资源储量都名列世界前茅，是名副其实的自然资源大国。但是，当用人均指标衡量时，它立刻就成了资源匮乏的落后国。显然，人口总量严重拖了中国发展的后腿。正因为人口问题在中国的

宏观发展和民众的微观生活中占有关键性和瓶颈性的地位，因此，上百年来，上到国家领导人，下至平民百姓，有不少人高度关注人口问题。在从孙中山、陈独秀、李大钊一直到毛泽东、刘少奇、周恩来、邓小平等著名政治家的视野中，人口问题始终是他们优先考虑解决的重大问题之一。在学术界，“人满为患”的思潮更是广为传播。特别是每当我国力图抓住机遇，加快经济发展时，人口规模的压力让所有的人忧心忡忡。人口多，底子薄，人均资源少，既成了中国的突出国情，也成了我国追求发展的最大障碍之一。过去的60年多中，我国人口规模在经历了急速扩张后，从20世纪70年代后期开始，人口增长率不断下降，在人口基数不断扩大的条件下，人口规模的净增量也逐年缩小。20世纪70年代初，人口净增量每年高达2 000万人以上，而到21世纪初的时候，人口年净增量已经降到1 000万人以下。自我国全面推进计划生育工作以来，累计少生了4亿人口。人口规模的这种减速增长，大幅度减轻了我国现代化建设过程中的人口压力。一百多年来无数政治家和学者忧心忡忡的人口规模过大，人口总量过剩的“天大难题”终于获得了相当程度的缓解。人口总规模有望在2035年左右达到最高峰后，逐步下降。这是包括马寅初在内的无数关心中国发展的仁人志士们的多年梦想。20世纪后期中国人口规模增长过程的这种变化，为我国最终摆脱人口规模过大的沉重包袱，顺利实现现代化建设，奠定了坚实的基础。

三、我国人口转变塑造了解决人口问题的中国模式

对于世界人口的发展而言，中国人口从高速增长到低速增长转变的历史过程，既为世界人口转变提供了新的模式和经验，也为缓解世界人口过快增长的局面作出了重大的贡献。中国是世界第一人口大国，人口状况和发展，对世界人口的状况和发展具有举足轻重的意义。这个十几亿人口的大国，通过人口政策对人口规模发展进行自觉主动的调整，是一场伟大的社会工程，也是一场前无古人的社会试验。正如一位外国学者所说，这场试验如果成功，世界将从中收益；这场试验如果失败，世界也将为之付出代价。让人欣喜的是，30年的实践证明，控制人口规模过快增长的这项伟大工程取得了令人满意的预期效果。世界人口增长速度近20年不断下降，其中中国人口规模增长速度的大幅下降是重要原因之一。另一方面，中国对人口规模进行调控的实践和经验，为世界其他国家，特别是发展中国家提供了新的模式和道路。第二次世界大战以后，许多发展中国家都面临着人口增长速度过快、人口规模过大而严重阻碍经济发展的重大难题。如何解决这个难题，始终是各国领导人的一块“心病”。发展中国家的人口问题不仅错综复杂，而且没有任何前人的经验可以借鉴。各国基本上要靠自己来摸索解决人口问题的道路。中国的人口规模世界第一，在解决问题的难度上没有其他国家可以与之相比。中国在20世纪后30年成功解决人口规模过快增长的做法，可能很多发展中国家无法模仿。但是，中国的成功实践至少向发展中国家展示了解决人口问题的一种新的可能性和新的模式。无论是在人口理论上和人口工作的实践

上，中国的模式都是一个巨大的创新，一个巨大的贡献。

在过去的60多年中，中国人口规模经历了由盲目急剧增长向减速低增长的历史性转变。60多年其实只是历史上很短的一段时间，而中国人口大起大落的艰难历程，让中国人口走完了其他国家上百年，甚至几百年才走完的道路。虽然中国人口规模的增长在21世纪前30年还不会停止，但它增长的速度却会沿着20世纪90年代所形成的越来越慢的趋势发展下去。到2035年左右，中国人口将实现零增长，并逐渐进入负增长阶段，那将是中国人口发展史上的一个新的里程碑。届时中国人口的总规模可能不再成为世界第一，但是，中国人口规模由“世界最大”向“不是世界最大”变化的历史轨迹却将作为世界人口史上最辉煌的篇章之一载入史册。

改善民生不是一时一地、一事一议的过程，而是一个广泛的、持续的过程。统筹解决人口问题也不是孤立的、暂时的应急反应过程，而是一个综合的、长期的公共服务和管理过程。

新形势下，需更加关注人口宏观战略和管理调整问题，要更加重视全员人口管理工作，解决好突出矛盾。更加重视人口教育，合理调整人口结构，不断提高人口素质。坚持以人为本，在今后的经济社会建设中，更好地将人口调控与民生建设结合起来。

第三章　中国生育水平和生育模式

人口问题一直是我国政府工作的重点和民众关注的焦点。人口问题关系到社会、经济、环境、资源的协调发展，直接涉及广大人民群众的根本利益和现实利益，是重大的民生问题。生育，作为重要的人口事件，在微观上直接影响到个人与家庭的生活，在宏观上直接影响整个国家的延续和长治久安。因此，生育问题是重要的人口问题，重要的社会问题，直接关系到国计民生。统筹解决人口问题的重要方面，就是有效调控人口生育水平，稳定我国低生育水平，实现人口的良性、健康发展，实现人口与资源环境的协调发展，从各方面提高我国人民群众的生活水平，实现党的十七大提出的改善民生的重大目标。

20 世纪 70 年代党和国家领导人远见卓识地认识到人口问题对我国社会经济发展的重大影响，开始实施计划生育政策。经过数十年的政策干预，我国妇女的生育水平得到有效控制，从 90 年代开始降至更替水平以下，至今仍然维持在低生育水平，不仅促使我国实现了人口现代再生产类型的转变，同时也使妇女从家庭和生育中解放出来，走向社会和工作岗位。因此，计划生育政策的实施产生了巨大的人口效果和社会效果，改变了人们的生活方式和思想观念，尤其对妇女来说，意义更为重大。国家人口和计划生育委员会原主任李斌就曾提出："人口计生工作关系到千家万户，涉及人民群众的根本利益，做好人口计生工作，解决人口计生问题，是一个重大的民生问题。"我国人口计生工作的主要目标就是有效调控人口总量和增长速度，降低妇女生育水平。而计划生育数十年的实施已经基本实现了当初设定的政策目标，这是我国民生改善的重要体现。

为了评估由于计划生育活动的开展而导致妇女生育水平的下降所带来的人口后果，20 世纪 90 年代中后期，国家教委与联合国人口基金合作的 P04 项目开展了"中国人口控制评估与对策"研究、国家计生委主持开展了"中国计划生育的效益与投入"和"计划生育家庭发展与变化"等全国性的调查研究。结果显示，由于开展了有效的计划生育活动，中国妇女的生育水平逐步下降，全国因此少出生了 3 亿左右人口[①]。2000 年 12 月 19 日，中国政府颁布的《中国 21 世纪人口与发展》白皮书指出："实行计划生育以来，全国累计少出生 3 亿多人，为国家和社会节约了大量的抚养成本，缓解了人口过多对资源和环境的压力，促进了经济发展和人民生活水平提高。"国家人口发展战略研究课题组发布的《国家人口发展战略研究报告》指出，"总和生育率从 20 世纪 70 年代初的 5. 8 下降到目前的 1. 8，低于更替水平，比其他发展中的人口大国提前半个多世纪跨入低生育水平国家行列"，"少生了 4 亿多人，拆除了'人口爆炸'的引信，使世界 60 亿人口日推迟 4 年"[②]。也就是说，中国如果不实行计划生育政策，2009 年的中国人口可能达到 17 亿人左右。

在新中国成立的 1949 年，中国人口出生率高达 36‰。除了"三年自然灾害"导致人口出生率非正常下降外，在 1971 年前的 20 多年间，人口出生率持续地居高不下，保持在 30‰以上。1963 年甚至达到了 43. 37‰的高水平。20 世纪 70 年代开始，由于开始实行计划生育政策，人口出生率开始大幅度下降，从 1970 年的 33. 43‰下降到 1979 年的 17. 82‰。80 年代，由于农村经济体制改革、计划生育政策的调整和新《婚姻法》的颁布实施等因素的影响，使得人口出生率徘徊在 20‰左右。进入 90 年代，由于社会经济发展水平的提高、社会主义市场经济体制的建立和计划生育工作的深入发展等多方面的作用，中国人口出生率进一步下降。2010 年，已经下降到 11. 90‰，大大低于同期的世界平均人口出生率。

如果用另外一个指标，即妇女的总和生育率来衡量妇女生育水平，也可以看到类似的结果。1949 年妇女总和生育率为 6. 14。50 年代和 60 年代，基本都保持在 6 左右的高水平上。1963 年达到了 7. 5，是新中国成立以来的最高水平。进入 70 年代，总和生育率开始大幅度下降，1970 年总和生育率还高达 5. 81，而到 1979 年已经降低到 2. 75。80 年代，总和生育率在 2. 5 左右波动，既没有大幅度回升，也没有大幅度下降。从 90 年代初开始，中国妇女总和生育率持续地低于更替水平。从人口学的角度看，生育的更替水平对于一个国家或地区的人口转变具有特别重要的意义，标志着人口转变的一次飞跃，因为它是人口实现零增长最主要的前提条件。

通过对过去 60 余年来妇女生育水平的回顾，可以看到，由于特殊的社会制度和特殊的发展阶段，妇女生育水平经历了曲折的变化，但总的趋势是不断下降。概括起来说，可将新中国成立以来妇女生育水平的变化历史大致划分为四个阶段：① 50 年代和 60 年代的高生育水平时期；② 70 年代的生育水平快速下降时期；③ 80 年代的生育水平徘徊时期；④ 90 年代后的低生育水平时期。尤其值得说明的是，经过几十

① 杨魁孚等编：《中国计划生育效益与投入》，人民出版社，2000 年版，第 4 ~ 10 页。

② 国家人口发展战略研究课题组：《国家人口发展战略研究报告》，中国人口出版社，2007 年版，第 14 ~ 25 页。

年的努力，20 世纪 90 年代以来的妇女生育水平持续地低于更替水平，标志着中国进入了低生育水平国家的行列，人口再生产类型实现了由“高出生、低死亡、高增长”到“低出生、低死亡、低增长”的历史性转变。

妇女生育水平的高低对人口变化的影响是直观的，同时妇女生育的早晚、胎次间隔的长短和孩次结构的分布也对人口再生产有显著的影响。即便是在生育水平相同的条件下，不同的生育模式也会产生不同的人口后果。例如，晚育可以缩短妇女的生育期，相对减少某一时点的人口总量。如果妇女的平均初育年龄为 20 岁，100 年会有 5 代人，而平均初育年龄为 25 岁，100 年却只有 4 代人。因此，在回顾妇女生育水平变化历史的同时，也需要对妇女的生育模式进行考察。

生育模式是指育龄妇女年龄别生育率在时间序列水平分布的表现方式，描述的是育龄妇女年龄别生育率水平的综合状态，反映一定时期妇女生育水平的变动趋势。从世界各国生育模式的一般趋势来说，随着社会经济发展水平的提高，生育水平逐步下降，生育模式也由早婚、早育、多育的状态转向晚婚、晚育、少育的趋势。高生育率模式的特点是生育高峰期长而分散，育龄期开始早而结束迟，曲线高而长；低生育率模式的特点则是生育高峰期短而集中，育龄期开始迟而结束早，曲线低而短。目前发展中国家多属于高生育率模式，而发达国家则多属于低生育率模式。

新中国成立以来，中国育龄妇女的生育模式发生了实质性的变化。50 年代和 60 年代，属于典型的高生育率模式，表现为“早生、密生、多生”。70 年代初期，我国政府提出计划生育政策，实质上是提倡一种“晚、稀、少”的生育模式。通过多年的努力，中国妇女的生育模式从 70 年代初期开始向现代生育模式转化，经过 80 年代的一段波动后，生育模式逐步从 50 年代和 60 年代的“早、密、多”演变为 90 年代以来的“晚、稀、少”。

在过去的数十年间，不同人群之间的生育水平和生育模式的差距不断缩小。但是，由于中国地域辽阔，民族众多，社会经济发展不平衡，在生育水平的下降和生育模式的转变过程中，存在城乡、地区、民族等多方面的差异。不同人群中妇女的生育水平和生育模式的差别是必然的，过去、现在和将来都会存在。了解不同人群中妇女的生育水平和生育模式的差异，目的不在于要消灭这些差异，而是要明白哪些人生育水平高一些或低一些，这部分人的生育水平对于全国生育水平变化影响有多大，以便有针对性地制定相应的人口、社会和经济政策，调节不同人群之间生育水平过大的差距。

由于我国社会经济制度和人口与计划生育政策具有鲜明的中国特色，因此，我国的生育水平和生育模式转变与其他国家相比，具有其自身的特点。概括地说，中国妇女的生育转变具有以下几个特点：一是速度快。中国人口出生率从 30‰左右下降到 20‰左右，仅用了 20 年的时间。二是不平衡。主要表现在以下 3 个方面：地区之间不平衡、城乡之间不平衡、民族之间不平衡。三是可逆转性。欧美、日本等发达国家业已实现的生育转变从总体上看是不可逆转的，尽管有的国家采取了鼓励生育的措施，但是仍然未能逆转其生育转变的总趋势。中国则不同，由于现阶段的生育政策同群众的生育意愿尚有差距，只要人口和计划生育工作有所放松，生育水平就有可能发生逆转。这说明中国目前的低生育水平还不稳定，还具有不可忽视的反弹潜力，初步实现的生育转变也仍有某种可逆转性。

从中国人口生育率在计划控制前与计划控制后的变化比较中，可以看到，中国政府的人口和计划生育政策在这种变化过程中起了直接的作用。中国人口和计划生育政策的完善过程和中国妇女生育水平、生育模式、生育意愿的变化过程是交织在一起的。回顾1949年以来中国人口的发展历程，可以看到，中国人口生育率对中国政府生育政策的变动很敏感，每次生育政策的调整都在不同程度上带来了生育水平的变化。仅此一点，便足以说明中国的人口和计划生育政策对生育水平的影响程度。

在短短的几十年里，中国人口的生育水平实现了量和质的双重转变，引起了全世界的瞩目。中国人口生育转变的原因也成了学界研究的热点问题之一。由于中国人口生育转变时期恰逢政府提倡和加强计划生育工作的时期，人们自然会将妇女的生育转变主要归因为人口和计划生育的政策效应。然而，随着学术研究的深入和发展，人们逐渐认识到，中国妇女生育转变的实现并非仅仅由人口和计划生育政策所致，社会经济的发展最终将起到决定性的作用。除了上述因素，还有其他许多影响人口生育水平变化的因素，如传统观念、宗教信仰、社会治安、家庭结构等。

总之，经过几十年的努力，中国妇女的生育水平已经接近发达国家妇女的生育水平，从总体上看，中国也步入了低生育水平国家的行列。但是必须清醒地认识到，中国目前的这种低生育水平是在生产力尚不发达、社会经济发展水平比较低、传统生育观念影响比较深的情况下实现的。由于地区发展的不平衡性，还有少部分地区未达到低生育水平。即使是达到低生育水平的大部分地区，其低生育水平也主要是依靠强有力的行政手段实现的。因此，进入低生育水平时期并不意味着生育转变已经彻底完成了。

由于人口基数大，在今后若干年，人口数量的压力仍然是中国社会主义现代化建设进程中要长期面临的重大问题。即使维持目前较低的总和生育率水平，中国依然面临着巨大的人口压力，人口与经济、社会、资源、环境之间的矛盾依然尖锐。因此，必须继续抓紧抓好人口和计划生育工作，稳定低生育水平，才可能实现人口与经济、社会、资源、环境的协调发展和可持续发展。

第一节　生育水平的转变

作为人口变动最基本的要素，妇女的生育问题始终引人注目。人们之所以关心妇女的生育问题，归根到底是关心生育水平的高低和生育数量的多少，因为它直接关系到每个家庭结构的变化、关系到人口数量的增长、关系到人民生活质量的改善、关系到社会经济水平的提高、关系到可持续发展目标的实现。新中国成立以后，妇女生育水平逐步实现了由高水平到低水平的历史性转变。

表 3－1　1949～2010 年中国人口总和生育率、出生率、死亡率和和自然增长率

单位：‰

年份	总和生育率	出生率	死亡率	自然增长率
1949	6. 14	36. 00	20. 00	16. 00
1950	5. 81	37. 00	18. 00	19. 00
1951	5. 70	37. 80	17. 80	20. 00
1952	6. 47	37. 00	17. 00	20. 00
1953	6. 05	37. 00	14. 80	23. 00
1954	6. 28	37. 97	13. 18	24. 79
1955	6. 26	32. 60	12. 28	20. 32
1956	5. 85	31. 90	11. 40	20. 50
1957	6. 41	34. 03	10. 80	23. 23
1958	5. 68	29. 22	11. 98	17. 24
1959	4. 30	24. 78	14. 59	10. 19
1960	4. 02	20. 86	25. 43	－4. 57
1961	3. 29	18. 02	14. 24	3. 78
1962	6. 02	37. 01	10. 02	26. 99
1963	7. 50	43. 37	10. 04	33. 33
1964	6. 18	39. 14	11. 50	27. 64
1965	6. 08	37. 88	9. 50	28. 38
1966	6. 26	35. 05	8. 83	26. 22
1967	5. 31	33. 96	8. 43	25. 53
1968	6. 45	35. 59	8. 21	27. 38
1969	5. 72	34. 11	8. 03	26. 08
1970	5. 81	33. 43	7. 60	25. 83
1971	5. 44	30. 65	7. 32	23. 33
1972	4. 98	29. 77	7. 61	22. 16
1973	4. 54	27. 93	7. 04	20. 89
1974	4. 17	24. 82	7. 34	17. 48
1975	3. 57	23. 01	7. 32	15. 69
1976	3. 24	19. 91	7. 25	12. 66
1977	2. 84	18. 93	6. 87	12. 06

续表

年份	总和生育率	出生率	死亡率	自然增长率
1978	2.72	18.25	6.25	12.00
1979	2.75	17.82	6.21	11.61
1980	2.24	18.21	6.34	11.87
1981	2.63	20.91	6.36	14.55
1982	2.86	22.28	6.60	15.68
1983	2.42	20.19	6.90	13.29
1984	2.35	19.90	6.82	13.08
1985	2.20	21.04	6.78	14.26
1986	2.42	22.43	6.86	15.57
1987	2.59	23.33	6.72	16.61
1988	2.52	22.37	6.64	15.73
1989	2.35	21.58	6.54	15.04
1990	2.38	21.06	6.67	14.39
1991	2.21	19.68	6.70	12.98
1992	2.00	18.24	6.64	11.60
1993	1.81	18.09	6.64	11.45
1994	1.80	17.70	6.49	11.21
1995	1.72	17.12	6.57	10.55
1996	1.72	16.98	6.56	10.42
1997	1.68	16.57	6.51	10.06
1998	1.63	16.03	6.50	9.53
1999	1.60	15.23	6.46	8.77
2000	1.71	14.03	6.45	7.58
2001	1.76	13.38	6.43	6.95
2002	1.73	12.86	6.41	6.45
2003	—	12.41	6.40	6.01
2004	—	12.29	6.42	5.87
2005	—	12.40	6.51	5.89
2006	—	12.09	6.81	5.28
2007	—	12.10	6.93	5.17
2008	—	12.14	7.06	5.08
2009	—	11.95	7.08	4.87
2010	—	11.90	7.11	4.79

资料来源：国家统计局编：《中国统计年鉴 2011》，中国统计出版社，2011 年版。其中，1990～2002 年的总和生育率为笔者根据教育部门公布的小学生入学人数推算数。

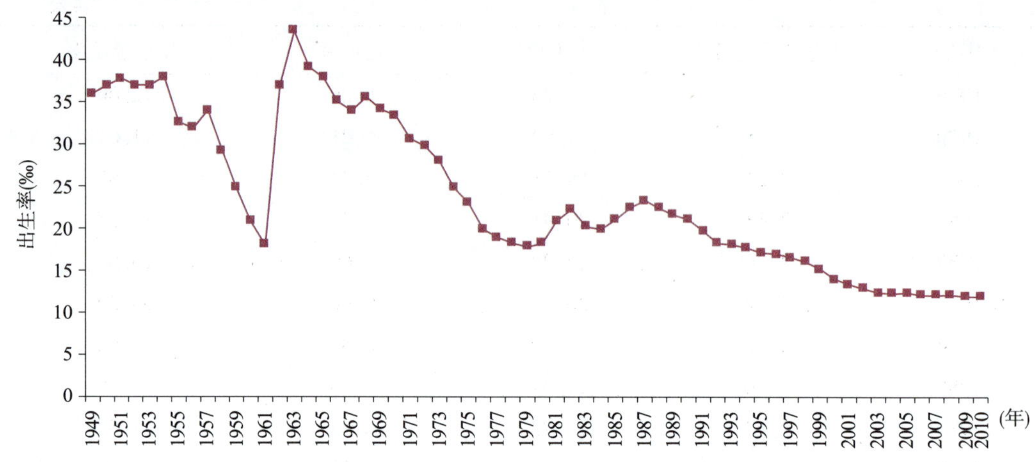

图 3-1 1949~2010 年中国人口出生率变化

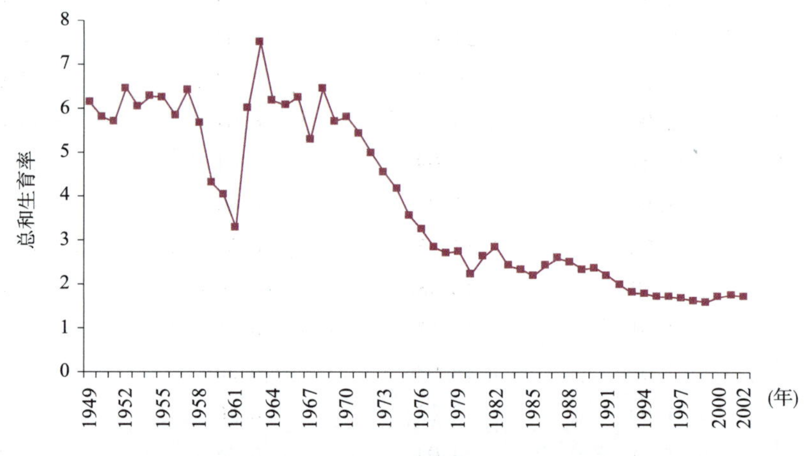

图 3-2 1949~2002 年中国妇女总和生育率变化

一、20 世纪 50 年代和 60 年代高生育水平时期

从统计数据上看，1949 年的人口出生率高达 36‰，而 1969 年仍高达 34.11‰。上溯到 20 世纪 30 年代和 40 年代，可以看出新中国成立初期的高生育水平实质上是旧中国高生育水平的延续。这一阶段，除了城镇少数妇女的生育水平有所下降外，绝大多数的妇女基本处于无计划控制的自然生育状态。但是与此前情况不同的是，由于人民生活水平有所提高，医疗卫生条件改善，人口死亡率开始下降。除了受 1959~1961 年间发生的“三年自然灾害”影响外，新中国成立后，中国人口死亡率不断下降。1949 年人口死亡率高达 20‰，而到了 1965 年下降到 10‰以下，此后再也没有回升到 10‰以上的水平（表 3-1）。

与此同时，这一阶段的妇女生育水平却没有太大的变化。从 50 年代和 60 年代历年的人口出生率和妇女总和生育率来看，除了50年代末和60年代初的三年困难时期外，1949~1970年中国妇女的生育水平一直持续地居高不下，见图3-2。人口出生率多在30‰以上，总和生育率基本在6左右，人口基本处于无节制、无计划的生育状态。一方面由于人口出生率基本没变化，另一方面由于人口死亡率大幅度下降，导致了人口自然增长率的上升。1949~1970年，除个别特殊年份外，中国每年人口自然增长率均在20‰以上，达到了近半个世纪的最高峰（图3-1）。到60年代末期，全国总人口已突破8亿人，比新中国成立初期净增大约2.6亿人。

在新中国成立之前，没有人能准确地说出中国的总人口到底是多少。人们大多是沿用已经耳熟能详的数字：四万万中国人。这种认识甚至也影响了当时的某些党和国家主要领导人。在1949年9月，毛泽东就在中国人民政治协商会议第一次会议的开幕词中说，中国的人口总量已经达到了4.75亿人。为了解中国人口的基本情况，中国于1953年7月1日进行了第一次全国人口普查。普查数据结果表明，当年中国的人口总数已经达到了5.94亿人。毫无疑问，这一普查结果与当时人们普遍估计的人口数量有相当大的差异。出乎意料的不仅仅是人口总量，也包括妇女的生育水平和人口自然增长的速度。

1949年中华人民共和国成立后，政府着力于医治战争的创伤，完成民主革命的任务。经过3年的经济恢复时期，多年战乱后的中国社会秩序转入安定，工农业生产得到迅速发展，人民群众安居乐业，开始休养生息。在新中国成立初期，人口问题并没有引起中国政府的关注，而且由于人口再生产的特点，人口增长对社会经济发展的影响不可能在短期内反映出来。因此，政府没有采取系统的政策措施降低当时很高的生育水平。相反，为了维护妇女的权益和保护子女的健康，政府明文规定不准进行人工流产①。这在事实上起到了鼓励人口增长的作用。

由于1953年第一次全国人口普查结果的压力，加之从50年代中后期开始，一些具有远见卓识的人士已经认识到人口的压力和负担，提出了实行计划生育、进行人口控制的倡议。从1953年第一次全国人口普查到1970年这段时期内，中国政府也已经意识到妇女生育水平过高、人口增长过快已经妨碍了经济的发展和人民生活水平的提高，开始酝酿和实施节育政策，中央政府也允许有条件的人工流产和使用避孕药具。但这一时期人们对人口问题和计划生育政策的认识并不一致，因而也未能形成统一的指导思想。特别是由于天灾和人祸使得初始的节育政策没有得到始终如一的贯彻和落实，对马寅初的批判、“三年自然灾害”和“文化大革命”使得全国性节育活动的推广和宣传被中断。

在50年代和60年代期间，党中央和国务院颁布的一系列政策和措施对妇女的生

---

① 1950年4月20日，国家卫生部和军委卫生部联合发布了《机关部队妇女干部打胎限制的办法》。1952年，在上述文件的基础上，卫生部制定了一个面向全民的《限制节育及人工流产暂行办法》。

育水平仍有一定的抑制作用。其中1955年和1962年的两个重要文件在这一阶段，乃至后来的节制生育运动中起到了至关重要的作用。特别是1955年的文件可以被视为新中国成立后中国政府在节制生育问题上第一个态度鲜明的政策性文件，也标志着中国节制生育运动的正式开始。

1955年3月1日，中共中央在《对卫生部党组关于节制生育问题的报告的批示》（总号〔55〕045）中指出："节制生育是关系到广大人民生活的一项重大政策性问题。在当前的历史条件下，为了国家、家庭和新生一代的利益，我们党是赞成适当地节制生育的。各地党委应在干部和群众中（少数民族地区除外），适当地宣传党的这项政策，使人民群众对节制生育问题有一个正确的认识。"这一文件在当年起到了立竿见影的效果，从统计数据上看，1955年当年的人口出生率马上从此前连续多年的37‰以上，下降到了32.6‰（表3－1）。

1962年12月18日，中共中央、国务院发出了正式文件《关于认真提倡计划生育的指示》（中发〔62〕698号）。文件明确指出："在城市和人口稠密的农村提倡节制生育，适当控制人口自然增长率，使生育问题由毫无计划的状态逐渐走向有计划的状态，这是中国社会主义建设中既定的政策。"针对"三年自然灾害"后的补偿性生育高峰，文件指出："鉴于最近几年来放松了节制生育和计划生育的工作，中共中央和国务院认为有必要向各级党委和政府重申重视和加强对这一工作的领导。"由于文件是在1962年年底签发的，加之当时宣传手段单一和信息传播滞后，因此对于1963年的生育水平影响不大，而且1963年还创造了新中国成立后的最高生育水平。从1964年开始，全国人口出生率开始逐渐下降，此后再没有大的波动。城市妇女的总和生育率于1965年开始降到4以下，此后再没有回升到4以上。

应该承认，尽管这一时期的人口和计划生育工作尚在酝酿、讨论和形成之中，但是总体上说，降低妇女的生育水平、控制过快的人口增长已经逐渐成为政府的主导思想。在新中国成立初期较低的社会经济发展水平下，在几千年封建思想的影响下，在"传宗接代"传统思想的禁锢下，中国政府能够在纷乱的国际和国内形势下，排除各种阻力，冲破传统观念，制定明确的政策，公开号召节制生育，表现出了老一代党和国家领导人的远见卓识。

从历史发展的角度说，正是因为50年代和60年代不断形成的节制生育的思想，在城市和农村宣传和推广节育观念，提倡自愿的计划生育，才为70年代开展的全国性的、大规模的、带有指令性的计划生育工作准备了舆论条件，打下了群众基础，创造了技术条件①。1955年3月1日，中共中央《对卫生部党组关于节制生育问题的报告的批示》表明了中国政府对当时中国人口问题的认识，也第一次以中央文件的形

① 翟振武：《20世纪50年代中国人口政策的回顾与再评价》，《中国人口科学》，2000年第1期，第17～26页。

式表明了对节制生育运动的支持态度。这个文件也标志着中国是世界上最早实行计划生育的国家之一，仅比印度提倡计划生育政策晚了 3 年。

总结这一阶段的历史，可以看到，这一阶段妇女生育水平之所以居高不下，归根到底是因为当时中国所处的社会经济发展阶段决定了人们的生育观念和生育行为，符合一般的人口规律，也是生育转变的一个必经阶段。即便是在高度计划体制下的社会主义中国，降低妇女的生育水平也不能逾越一般的社会发展规律。何况在多年战争废墟中站立起来的新中国毕竟没有社会主义建设的经验，也不能摆脱当时国际环境的影响。中国政府能够在一手抓生产的同时，开始考虑抓人口问题已实属难能可贵。

二、20 世纪 70 年代生育水平下降时期

无论从中国人口与计划生育的实践，还是从妇女生育水平变化的事实上看，都可以将 1970 年作为一个分水岭，划分为计划控制生育前和计划控制生育后两个不同的时期。70 年代初期，中国政府开始在全国范围内大力推进计划生育政策，并取得了举世瞩目的成绩。

从统计数据上看，人口出生率从 1970 年的 33. 43‰下降到 1979 年的 17. 82‰。这意味着，1979 年每 1 000 个人中出生的孩子数为 17. 82 个，比 1970 年每 1 000 个人中出生 33. 43 个孩子少了 15. 61 个。以总和生育率来衡量，1970 年为 5. 81，而到 1979 年则降为 2. 75。这说明，70 年代中国育龄妇女平均生育孩子的数量减少了 3. 06 个。相应地，人口自然增长率也从 1970 年的 25. 83‰，下降到了 1979 年的 11. 61‰。尤其值得说明的是，在 70 年代，中国妇女的生育水平连年持续地呈直线下降的趋势，其间没有明显的波动。

在如此短暂的时期内，妇女生育水平下降幅度之大令国外学者感到大惑不解。事实上，这一成绩的取得与当时中国特殊的社会背景密不可分。一方面，当时的计划生育政策允许每个家庭生育两个，甚至 3 个孩子，这样的政策虽然与百姓家庭，尤其是农民家庭的生育意愿有一定的差距，但仍然在可以接受的范围内；另一方面，当时处在“文化大革命”时期，政治挂帅的社会氛围、毛泽东的崇高威望和以人民公社为主体的农村生产和分配体制对广大农民的生育意愿和生育行为具有很大的影响和约束作用①。

事实也的确如此。新中国成立后前 20 年人口净增了 2. 6 亿人，特别是两次人口增长高峰给中国的社会经济发展带来了巨大的压力，也直接影响了人民生活水平的提高。面对规模如此之大、增长速度如此之快、生育水平如此之高的人口，中国政府开始深刻地反思自己过去的人口和计划生育政策，下定决心开展全国性的计划生育，力图在短期内使人口增长与经济发展协调共进。

---

①　梁秋生，李哲夫：《中国人口出生控制成效的比较分析》，《人口研究》，2003 年第 1 期，第 5 ~ 10 页。

1971 年 7 月 8 日，国务院转发卫生部军管会、商业部、燃料化学工业部《关于做好计划生育工作的报告》（〔71〕国发文51 号），文件指出："计划生育，是毛主席提倡多年的一件重要事情，各级领导同志必须认真对待。除人口稀少的少数民族地区和其他地区外，都要加强对这项工作的领导，深入开展宣传教育，使晚婚和计划生育变成城乡广大群众的自觉行动，力争在第四个五年计划期间做出显著成绩。"

这份文件文字不多，但是字斟句酌，很有分量。解读这份文件，应该注意到几点：第一，这是毛泽东主席的指示；第二，除了特殊地区，要在全国普遍开展计划生育；第三，各级领导要重视；第四，以宣传教育为主；第五，要在第四个五年计划期间有显著成绩。这也是新中国成立后第一次明确号召在全国城乡普遍实行计划生育政策，昭示着中国政府大力推行有中国特色的计划生育政策的开端。

1973 年，国务院正式成立了计划生育领导小组，把计划生育办公室从卫生部门单列出来，这一变化标志着中国节制生育运动真正地摆到了议事日程。与此同时，人口控制指标被纳入国民经济发展计划，表明了中国政府对计划生育工作的重视程度。地方也成立了计划生育领导组织机构，加强了领导。这些举措说明，当时的政府在控制人口增长的问题上已达成了统一的认识。

1973 年 12 月在北京召开的全国计划生育汇报会上，开始提出了"晚、稀、少"的概念。1974 年年末，在中共中央转发的河北省《关于召开全省计划生育工作会议的情况报告》中，肯定了按"晚、稀、少"的方针要求开展计划生育工作。这说明，"晚、稀、少"的方针已经成为全国统一的计划生育政策。1978 年 10 月，中共中央批转《关于国务院领导小组第一次会议的报告》，具体提出了一对夫妇最好生育一个子女，最多两个且生育间隔在 3 年以上的要求。这些政策上的措施，加之在广大农村建立起来的"赤脚医生"队伍在避孕、节育方面的宣传及服务，使中国妇女生育水平从 70 年代初开始大幅度下降。

应当注意的是，中国人口生育率过高不仅为中国政府所认识，在现实生活中，孩子多对家庭特别是对妇女，也存在压力。随着妇女解放和妇女地位的改善，职业妇女人数逐渐增加，越来越多的夫妇不希望要过多的子女。"晚、稀、少"的生育政策符合当时的实际情况，从一开始就为多数群众所接受。当时的中国并没有一套完整的计划生育组织机构和严密的网络体系，但"晚、稀、少"的生育准则却在 70 年代的生育人群中，显示出了惊人的效力。

1978 年以后，中国的社会经济发生了重大变革，开始了以经济建设为中心和改革开放的新时期。随着对人口问题的认识进一步加深，在认真总结新中国成立以来经验教训的基础上，政府把实行计划生育定为基本国策，并将人口控制目标和发展规划，提交到了全国人民代表大会的决议中，纳入了国家计划。与此同时，逐步建立健全了各级计划生育机构，制定了有关的法规，并向广大人民群众进行深入的宣传教育工作，为育龄夫妇提供避孕节育技术和社会性服务。有关人口和计划生育的普查和调查提供了人口与计划生育分析研究的详细数据和资料，为分析形势、研究对策，提供了有利条件。

三、20 世纪 80 年代生育水平徘徊时期

无论从计划生育政策内容，还是对计划生育的执行力度看，80 年代均比 70 年代更严格、更强化。然而全国平均生育水平并未发生如 70 年代那样的大幅度下降。在这 10 年中，全国人口出生率因政策的调整完善和年龄构成的影响在波动中稍有回升，育龄妇女总和生育率则在波动中起伏徘徊。从统计数据上看，1980 年的人口出生率为 18.21‰，而到了 1989 年仍然为 21.58‰，整个 80 年代基本都保持在 20‰左右的水平，没有下降，但也没有大幅度提高。以总和生育率来衡量，1980 年为 2.24，1982 年回升到 2.86，1985 年回落到 2.20，1987 年又回升到 2.59。经过两次短暂回升，1989 年又回落到 2.35（表 3－1）。相应地，人口自然增长率也随着人口出生率的波动而小幅度地上下起伏。

继 20 世纪 70 年代实行“晚、稀、少”政策之后，80 年代中国生育政策经历了两个重要阶段，其中两个重要事件可作为两个时期的起点。首先 1980 年 9 月 25 日，中共中央发出《关于控制我国人口增长问题致全体共产党员、共青团员的公开信》，提倡“一对夫妇只生一个孩子”。接着在 1984 年 4 月 13 日，发布了《中共中央批转国家计划生育委员会党组〈关于计划生育工作情况的汇报〉》（中发〔1984〕7 号），在强调计划生育是中国的基本国策，是关系到中华民族兴旺发达的大事的同时，提出“要把计划生育政策建立在合情合理，群众拥护、干部好做工作的基础上”。两次政策上的调整和完善所引起的生育波动及其后来对经济社会所带来的巨大影响已经为确凿的统计分析结果所证实。更重要的是，它给人口与计划生育工作带来的影响是深远的，教训是深刻的。它提示人们：人口再生产具有自身特点，对人口再生产的干预要瞻前顾后，谨慎从事。

在生育水平的宏观变化趋势上，20 世纪 80 年代与 70 年代截然不同。70 年代妇女总和生育率单调大幅度下降，80 年代则是在一个较低水平上徘徊，但始终跨越不了更替水平这一“瓶颈”。这种变化过程体现了某种客观规律性和必然性，同时也是计划生育政策内在潜力与外部环境的反映。与 80 年代相比，70 年代的计划生育政策使生育水平快速下降的优势条件有：①起始生育水平高，下降空间大；②在当时的育龄人口中，年龄稍大些的育龄妇女已经有了 2～3 个，甚至 4～5 个孩子，再生一个的愿望并不强烈；③由早婚早育向晚婚晚育的过渡期中，生育人数相对减少；④医疗卫生条件的改善和婴儿死亡率的急速下降为生育率的下降提供了先决外部条件。

20 世纪 80 年代的情况则有了新变化。首先是生育水平起点低，1980 年育龄妇女总和生育率为 2.24，已经接近更替水平 2.1。其次，经过 10 年的推移，原来已经生育四五个孩子甚至五六个孩子的妇女大多已退出生育期，而尚未生育或仅生育一孩的

妇女群体加入了80年代的育龄人口。1980年11月，新《婚姻法》的颁布使过去按照行政管理规定所要求的婚育年龄提前，从而导致一孩生育堆积。这些因素直接影响到整个80年代中国妇女的生育状况，从而使生育水平徘徊波动。尽管80年代的计划生育政策没能收到如70年代生育水平大幅度下降的效果，但计划生育工作仍功不可没。最大的成绩就是使人口与计划生育政策得到了稳定和完善，同时积累了丰富的经验，为90年代中国人口转变的历史性飞跃奠定了坚实的基础。

20世纪80年代的计划生育工作在以下3个方面取得了进展：第一，全国各地区间的生育水平差距缩小了。到80年代末期，除西藏和新疆以外，再也没有一个地区的总和生育率高于3.0。第二，高孩次的生育率下降了。根据1988年2‰人口生育率抽样调查资料分析，中国农村妇女在一生中生育3个或以上孩子的比例从1979年的76%下降到了1987年的52%。第三，生育模式更加趋向现代型。因此，不能因为80年代育龄妇女总和生育率的徘徊而否定计划生育工作的成绩。在一定的社会经济发展水平下，生育水平受政策的影响是有一定限度的，计划生育政策的效力随生育水平的下降而递减已被理论和实践所证实。世界上发达国家人口生育率转变的历程也显示，在生育率由高水平下降到接近更替水平时，往往需要经历一段相对稳定或波动时期，这是一种普遍规律。比如日本育龄妇女的总和生育率在1953年降到了3.0以下，1960年降到了更替水平以下2.0，而后又回升到更替水平以上，经过10多年的徘徊，终于在1975年再次降到2.0以下。

四、20世纪90年代以来低生育水平稳定时期

20世纪末期，多次大型的全国人口抽样调查结果显示，中国的妇女生育水平已经冲破了80年代的徘徊局面，总和生育率已经降低到更替水平以下。尽管无法获得准确的总和生育率来描述90年代妇女的生育水平，人口出生率的变化可以从一个侧面解释这一阶段的情况。从历年国家统计局出版的《中国统计年鉴》中，可以获得各年的全国人口抽样变动调查结果。从统计数据上看，90年代以来，中国人口出生率的下降趋势非常显著，从1990年的21.06‰下降到2000年的14.03‰，10年间大致下降了7个千分点。2010年，人口出生率又进一步下降到了11.90‰。相应地，人口自然增长率也从1990年的14.39‰下降到了2000年的7.58‰和2010年的4.79‰。尤其值得一提的是，1998年人口自然增长率首次在没有天灾人祸的条件下降低到10‰以下的低水平，取得了历史性的突破，实现了老一辈国家领导人的夙愿。

由于20世纪80年代中国进行了一系列的生育节育调查，包括1982年千分之一生育调查、1988年千分之二生育节育调查等，数据相当丰富，而且各个调查数据之间的差异基本都可以解释。因此，1990年以前的数据都是基本可信的，争论只是观点和角度方面的差异。直到1990年，人们对第四次全国人口普查总和生育率为2.35的结果也基本认可。

但是，中国90年代的生育水平却是令人困惑和烦恼的问题。首先出在1992年国家计划生育委员会的38万人调查。该调查结果公布：全国1991年和1992年总和生育率分别为1.65和1.52，大大低于总和生育率为2.1的更替水平。第四次全国人口普查显示1989年总和生育率为2.35，而1991年突然跌到1.65左右的水平，两年间下降了0.7，这一出人意料的变化自然引起了国内外许多学者的议论和猜测。一般认为，作为一个发展中国家，中国人口的总和生育率已经接近更替水平，在当时的社会经济条件下，进一步的下降是比较困难的，而在两年间下降了0.7，实在令人费解。

于是，人们自然想到出生数据漏报和瞒报是对总和生育率低估的原因。曾毅在利用人口因素分解法分析的基础上认为，1991～1992年中国总和生育率并不像38万人调查所报告的那样远远低于更替水平，而大致在2.1左右。与1989年的总和生育率相比，1991年的总和生育率确有下降，下降幅度的1/3左右是由于初婚年龄上升造成的，2/3是由已婚妇女生育率下降造成的①。其他一些学者基本赞同曾毅的分析，认为总和生育率不可能在短期内下降幅度如此之大②。

人们不相信38万人调查的结果，也没有其他可信的数据来源，大家期待着1995年国家统计局的“小普查”数据。然而事实令人失望，1995年全国1%人口抽样调查数据显示：农村育龄妇女的总和生育率只有1.56，甚至比政策生育率还低，结果肯定是不准确的。2000年，人们迎来了企盼已久的第五次全国人口普查。但是，最终的结果比以往更令人难以接受：2000年第五次全国人口普查直接统计的总和生育率竟然为1.22。

2002年8月，中国统计出版社出版了国务院人口普查办公室、国家统计局人口和社会科技统计司主编的《中国2000年人口普查资料》（分为上、中、下三册）。在下册的第1696页，第一次发表了2000年第五次人口普查以长表数据③为基础的总和生育率1.22（其中，城市、城镇、农村分别为0.86、1.08、1.43）。应该说，作者是很清楚的，总和生育率为1.22是偏低的，在前言中明确指出：“本资料是按照实际登记直接汇总的数据，未作任何调整”，而且负责任地提示到：“请读者在使用本资料，特别是推算总体时，必须对以上因素予以充分注意。”但是，很多缺乏统计常识的人，直接引用1.22的结果，引起了一些误解。

事实上，2003年1月，中国统计出版社出版了国务院人口普查办公室、国家统计局人口和社会科技统计司主编的《2000年第五次全国人口普查数据摘要》，发表了

① 曾毅：《我国1991～1992年生育率是否大大低于更替水平?》，《人口研究》，1995年第3期，第7～14页。

② 于学军，王广州：《90年代以来中国生育水平的估计》，国务院人口普查办课题报告。

③ 长表中登记的出生人口为118万人，长表的抽样比为9.5%，以长表推算的总出生人口为1242万人。

以第五次全国人口普查长表和短表合计数据①为基础计算的总和生育率为 1. 40（其中，城市、城镇、农村分别为 0. 9、1. 2、1. 6）。这是人们第二次看到的总和生育率数据。2002 年 9 月，中国统计出版社出版了国家统计局主编的《2002 年中国统计年鉴》，公布了 2000 年全国总人口为 12. 67 亿，出生率为 14. 03‰。该《年鉴》虽然没有直接公布总和生育率，但是，公布了总人口和出生率。基于总人口和出生率，推算出 2000 年出生人口为 1 778 万人，而根据这一出生人口数，又可推算出总和生育率大约为 1. 71。上述情况说明，2000 年第五次全国人口普查结束后，分别出现了 3 个不同的总和生育率。

2000 年第五次全国人口普查结束后，许多学者对 2000 年的总和生育率进行了修正，但是估计的结果差异很大。大致有三种意见：一是认为从 20 世纪 90 年代中期开始低于 1. 5；二是认为 2000 年在 1. 6 左右；三是认为在 1. 7 ~ 1. 8 之间。因为当时的这些研究仍然是基于不同来源的数据，采用不同的技术进行间接估计，彼此仍然没有证据说明自己的结论是正确的。因此，在 2000 年总和生育率到底是多少的问题上，没能达成共识。很多学者的研究已经证实，利用全国小学生入学人数推算出生人口数相对可靠。2008 年，即 2000 第五次全国人口普查已经过去 8 年，当年出生的孩子已经到了上学的年龄，这就给了我们通过教育的实有数据验证 2000 年第五次全国人口普查结果的机会。

要使用教育数据中小学入学人数推算出生人口数，至少要考虑两个问题：一是入学率的问题，二是从出生到入学的六七年期间出现的婴幼儿死亡问题。关于入学率问题，笔者假设 1996 ~ 2008 年的入学率全部为 100%。这一假设会使得验证相对保守，即会低估学生数量，因为贫困、残疾等原因，不可能所有的孩子都入学。关于从出生到入学这六七年期间出现的婴幼儿死亡问题，采用历年公布的婴幼儿死亡率进行拟合。当然，还需要考虑的另一个因素是小学入学年龄的问题。小学入学年龄只会影响同批人回填到哪个年份，对数量的影响有限，因此，假定某年入学的小学生就是 6 年前出生的人口。按照这一思路，笔者使用教育部门公布的统计数据构造了表3 - 2。

表 3 - 2 的第 1 列是小学生入学的年份，第 2 列是假设所有学生都在 6 周岁入学时对应的出生年份，第 3 列是教育部公布的对应年份的入学人数，第 4 列是在考虑死亡情况下，回推的出生人口数，第 5 列根据教育统计回推的出生人口数估计的总和生育率。验证的结果表明，中国妇女的总和生育率在 1991 年后降低至更替水平以下，而后一直稳定在 2. 0 以下。2000 年为 1. 72，2001 年和 2002 年则分别为 1. 72 和 1. 76。根据笔者的估计，2008 年全国妇女生育水平大致在 1. 73 左右。

① 长表和短表合计登记的出生人口 1411 万人。

表 3-2　利用教育部公布的小学入学人数推算的出生人口数

入学年份（年）	大致相对应的出生年份（年）	小学入学人数（万人）	考虑死亡因素回推的出生人口数（万人）	根据教育统计回推的出生人口数估计的总和生育率
1996	1990	2 524. 66	2 649. 83	2. 38
1997	1991	2 462. 04	2 578. 84	2. 27
1998	1992	2 201. 38	2 305. 58	2. 00
1999	1993	2 029. 53	2 119. 94	1. 81
2000	1994	1 946. 47	2 032. 97	1. 72
2001	1995	1 944. 21	2 031. 64	1. 72
2002	1996	1 952. 80	2 054. 40	1. 76
2003	1997	1 829. 39	1 923. 20	1. 68
2004	1998	1 747. 01	1 829. 33	1. 63
2005	1999	1 671. 74	1 746. 98	1. 60
2006	2000	1 729. 36	1 803. 12	1. 71
2007	2001	1 736. 07	1 806. 11	1. 76
2008	2002	1 696. 00	1 764. 00	1. 73

资料来源：国家教育部《全国教育事业发展统计公报》，1996 ~ 2008 年。

从人口学的角度看，更替水平对于一个国家或地区的人口转变具有特别重要的意义。如果总和生育率高于更替水平，无论如何人口将继续增长；而如果总和生育率低于更替水平，经过若干年份的调整后（指人口惯性的逐渐减弱），人口即可实现零增长或负增长。从这个意义上讲，中国今后人口增长的主要原因是人口惯性，而非高生育水平。相应地，中国人口与计划生育的工作重心是如何稳定已经取得的低生育水平，直到人口增长的惯性消失，最后实现人口的零增长和负增长。

中国育龄妇女的总和生育率早在 20 世纪 80 年代初就开始接近更替水平。经过 80 年代 10 年的徘徊，终于自 90 年代初开始有了一个质的飞跃，1991 年后持续稳定地保持在更替水平以下。育龄妇女总和生育率下降至更替水平在人口转变的历程中具有里程碑的意义，是人口转变的转折点，标志着人口转变的一次飞跃。从这个意义上讲，中国的人口发展在世纪之交成功地跨越了更替水平这一“瓶颈”，实现了历史性的飞跃。

第二节　生育模式的转变

所谓生育模式，实际是指育龄妇女在总体平均意义下单位时间内（通常指一年），每个育龄妇女平均活产婴儿数具体在每个年龄上的分布形式。由于一国或一地区在不同时期内的经济、文化、人口结构、人口政策的不同，使妇女的生育模式有很大的差别。如果说上节讨论了中国人口生育率的变化是侧重于生育水平高低的话，那么，本节除了考虑中国人口生育的数量性问题外，还要考察时间性问题，即生育的年龄、胎次、间隔等。如前所述，1970 年是中国人口发展历史上的里程碑，它不仅是生育水平"计划"与"非计划"的分水岭，同时也是中国人口生育模式变化的分水岭。这是因为，70 年代初，国家提出"晚、稀、少"的政策，实际上是提倡一种婚育模式，即晚育、少育加间隔。

1952 年，中国育龄妇女从 18 岁起就逐渐进入了较高生育期，年龄别生育率达到 166‰，直至 43 岁，生育率才降至 107‰，生育旺盛期长达 26 年。22～26 岁为最旺盛生育年龄段，生育率均超过 300‰，其中 23 岁为生育峰值年龄，生育率达 313‰。19～21 岁和 27～37 岁为次旺盛生育年龄段，计 14 年，生育率均超过 200‰。18 岁及 38～43 岁为较高生育年龄段，计 7 年，生育率在 100‰以上（图 3－3）。"早、密、多"是 50 年代生育模式的主要特点。60 年代，妇女生育模式类似于 50 年代，只是旺盛生育年龄段的生育率高于 50 年代。从总体上看，50 年代和 60 年代的生育模式表现为生育曲线高而宽，育龄期开始早、结束晚，曲线呈钟形，是一条比较典型的早育、多育、密育的生育模式曲线①。

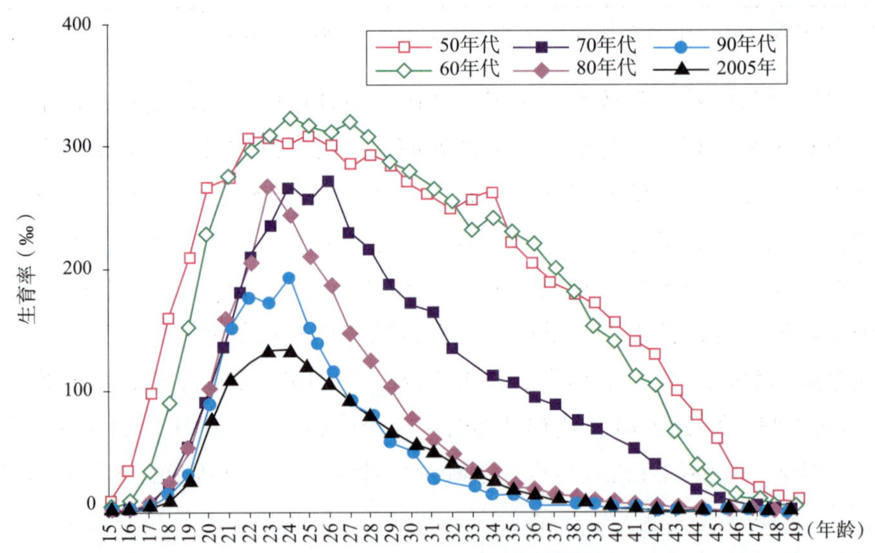

图 3－3　不同年代妇女生育模式比较

随着社会经济文化条件的改善，人民生活水平的提高，特别是 70 年代全国计划生育政策的逐步推行，以及婚姻、家庭观念的变化，中国育龄妇女的生育模式逐步发生了变化。这种变化始于 70 年代初期，尤其是 90 年代后表现得更为鲜明。1981 年，中国育龄妇女的较高生育期开始于 21 岁左右，生育率达 132‰，比 1952 年晚 3 岁；30 岁左右，生育率为 102‰，已走出了较高生育期，比 1952 年提前 13 岁，生育旺盛期只有 10 年，比 1952 年少 16 年。生育峰值年龄为 25 岁，生育率达 301‰。1981 年

① 本节对生育模式分析的数据来源于《中国生育数据集》（姚新武编，中国人口出版社，1995 年版）。

最旺盛生育年龄段比1952年少4年，次旺盛生育年龄段少10年。70年代后期，尤其是80年代的生育模式，表现为生育曲线峰值低而峰区窄，育龄期开始晚、结束早，曲线呈锥形，是一条近似于晚育、少育、稀育的生育模式曲线。到了90年代，中国妇女的年龄别生育率曲线更加平缓，峰值也得到进一步削减，形成了比较典型的"晚、稀、少"生育模式。进入21世纪后，中国妇女的生育模式进一步向"晚、稀、少"方向演变，妇女年龄别生育率曲线峰值进一步降低，见图3－4。

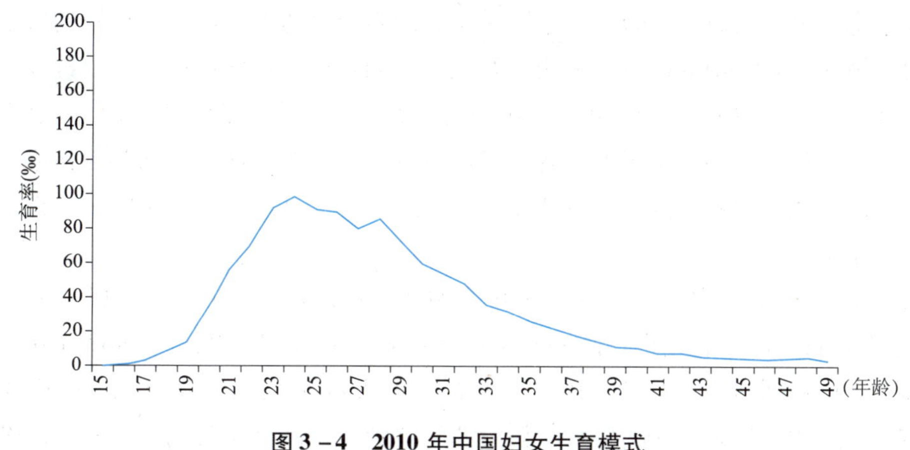

图3－4　2010年中国妇女生育模式

资料来源：国务院人口普查办公室，国家统计局人口和社会科技统计司编：《中国2010年人口普查资料》，中国统计出版社，2012年版。

从统计数字上看，尽管从70年代开始中国妇女生育模式已经开始趋向晚育、少育、稀育类型，领先于不少发展中国家，但80年代仍有早婚、早育现象。党的十一届三中全会以来，中国社会经济发展迅速。与此同时，中国女性平均初婚年龄在经历了20多年的提高之后却从1980年开始出人意料地逐年下降，从1980年的22.85岁下降到1990年的22.09岁。这一现象引起了国内外有关人士的关注，人们从不同的角度去解释引起这种现象的原因。然而，因为所利用的指标体系不同，所得到的结果也大相径庭。例如有的学者采用"女性早婚率"这一指标的变化来描述中国妇女的早婚状况。统计数字表明，中国女性早婚率在1980～1990年间经历了一个先升后降的变化过程。对此有一种解释是，由于1980年新《中华人民共和国婚姻法》（以下简称《婚姻法》）的颁布，使新的法定婚龄取代了原来行政上规定的最低的婚龄，造成了"抢婚"、"婚姻堆积"。而后随着改革开放的不断深入和国民经济的不断发展，早婚率在经历了一个短暂的回升后，于1983年开始下降。

从表面上看，这种说法有一定的道理，但问题不是如此简单，至少有两点可以讨论。第一，新《婚姻法》修改的是法定最低初婚年龄，这与早婚率有什么关系呢？新的法定婚龄取代了原来行政上规定的婚龄，可能对晚婚率产生一定的影响，但违法的早婚为什么多了呢？既然原来行政上规定的婚龄失去了效力，那么，新的《婚姻法》在婚姻行为中应具有更强的约束作用，违法婚姻应该是减少而不是增多。第二，直到1990年，中国女性的早婚率才下降到17.8%，即差不多每5个初婚女性中就有1个是20岁以前成为新娘的，仍没有达到10年前15.5%的水平。为什么早婚从1980年到1982年用两年的时间上升了12.5个百分点，而从1982年到1990年用了8年的时间却只下降了10.2个百分点呢？其实，这里有些误会是由于所使用的指标不同而造成的。早婚率并不是衡量早婚行为最佳的指标，正如粗出生率受年龄结构的影响一样，早婚率=早婚人数/总初婚人数×100%，同样受总初婚人口年龄结构的影响。因此，为了消除年龄结构的影响，采用已婚人口占同龄段人口的比例是一个比较好的选择。这样一来，可以看到女性早婚问题的另一番情景：中国15~19岁已婚女性人口占同年龄段人口的比例经历了升→降→升的过程，而且第二次升高的起点比第一次升高的起点高，达到的峰值高，它说明中国女性的早婚问题在80年代后期并没有明显改善的迹象。

根据1990年第四次全国人口普查10%抽样资料计算的结果显示，1989年中国大陆30个省、自治区、直辖市育龄妇女平均初育年龄为23.42岁，比1982年第三次全国人口普查时提前了0.84岁。其中农村育龄妇女的平均初育年龄为22.93岁，比1981年提高了0.84岁。1989年育龄妇女的年龄别生育高峰年龄为23岁，比1981年提前两岁。15~20岁生育的妇女占当年全部生孩子妇女的比例从1981年的3.68%上升到1989年的12.61%。1989年，全国共有301万个婴儿是20岁或20岁以下妇女所生，而且其中42.7万个是第二胎，占14.2%。这一数字意味着，在1989年出生的全部婴儿中，每8个人中就有1个是低于或刚到法定婚龄的妇女所生。按最保守的概念，即把15~19岁育龄妇女的婚育定义为早婚早育，那么，1989年，早育的孩子总数为135万个，占当年生育孩子数的5.64%。1980~1990年间，中国15~19岁女性人口生育孩子数占当年生育孩子总数的比例一直呈上升趋势。这种趋势与1980~1990年间中国15~19岁已婚女性人口占同龄人口比例的变化趋势是一致的，只是早育与早婚之间存在1~2年的“时滞”（表3-3）。

同样，从1980~1990年间中国15~19岁女性累计生育率的变化也可以看到中国女性早育的状况。1980~1990年，中国15~19岁女性累计生育率基本上是呈上升趋势的，与此同时，15~19岁女性的累计生育率占相应年份总和生育率的比例也基本上是呈上升趋势的。由此可见，早婚不仅带来了早育，而且还带来了多育。通过对80年代中国早婚早育状况的分析，可以看到，80年代中国妇女婚育模式发生了实质性的变化，即初婚初育时间前移，生育率峰值提前，而且跨越的幅度大。

表 3－3　1970～1990 年妇女平均初婚初育间隔

单位：年

年份	平均初婚初育间隔	平均一、二胎生育间隔
1970	2. 35	2. 84
1971	2. 33	2. 85
1972	2. 32	2. 86
1973	2. 34	2. 84
1974	2. 24	2. 85
1975	2. 18	2. 84
1976	2. 13	2. 87
1977	2. 09	2. 90
1978	2. 06	2. 98
1979	2. 04	2. 95
1980	2. 02	2. 64
1981	1. 93	2. 88
1982	1. 93	2. 97
1983	1. 89	3. 04
1984	1. 86	3. 09
1985	1. 84	3. 23
1986	1. 84	3. 25
1987	1. 78	3. 25
1988	1. 70	3. 25
1989	1. 64	3. 30
1990	1. 66	3. 36

资料来源：于学军等：《中国 80 年代的早婚早育状况及其对人口控制的影响》，《人口研究》，1994 年第 1 期，第 26～30 页。

80 年代婚育模式的变化对生育转变产生了消极影响，这种婚育模式的直接后果是 80 年代中国妇女生育水平的波动与徘徊。由于婚育年龄的提前造成的时期生育率上升，在一定程度上抵消了队列生育率的下降成效，结果出现了年度人口出生率和自然增长率的上升。根据 1990 年第四次全国人口普查资料，低于或刚刚达到法定婚龄妇女的生育率占全部生育率的 1/10 左右。在福建省、江西省，则达到了 1/6。如果消除 21 岁以下妇女中的生育现象，中国妇女的总和生育率会立即下降到 2. 0。

进入 90 年代以后，由于中国进一步加强了计划生育和婚姻管理工作，特别是有更多的人认识到了早婚早育对未来生育模式的不利影响，1992 年下半年，民政部、国家计生委等七个部门联合发文，要求“加强婚姻管理、制止早婚早育”，各地各部门纷纷采取措施，加强了婚育管理，使 80 年代早婚早育状况有所改善。据 1992 年国家计生委组织的 38 万人调查资料，80 年代中后期，全国女性初婚初育情况总体看来变化不大，但在 1989 年总和初婚率略有下降，紧接着 1990 年一孩总和生育率也随之下降。1991 年和 1992 年初婚初育又发生较大变化，这两年总和初婚率分别为 0.87 和 0.90，一孩总和生育率均为 0.92。在中国，这么低的时期初婚初育水平意味着初婚初育年龄模式发生了很大的变化。也就是说，这两年有很大一部分妇女推迟了初婚，也有较多的妇女推迟了初育，使总和初婚率、一孩总和生育率也相应地下降。初婚初育年龄稳定以后，又先后都上升，总和初婚率、一孩总和生育率分别升至 0.99 和 0.98 左右稳定下来。

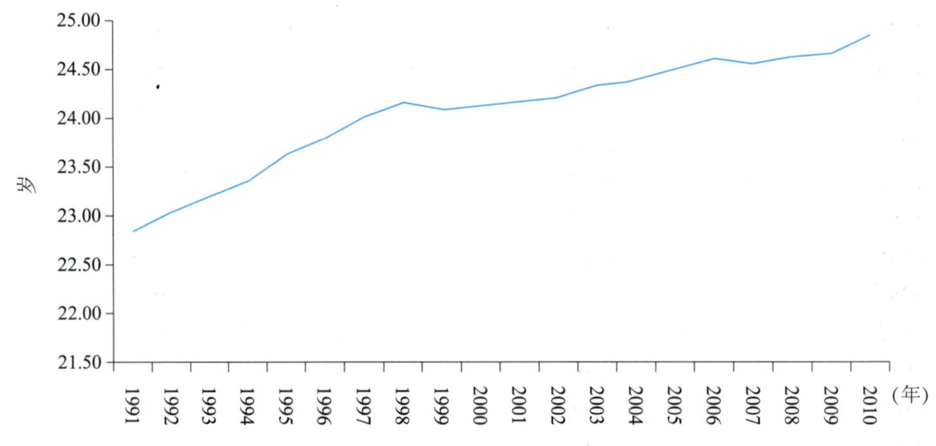

图 3－5　1991～2010 年我国人口初婚年龄变化情况

资料来源：同图 3－4。

图 3－5 显示，20 世纪 90 年代后，我国初婚年龄一直呈上升趋势。1991 年到 2010 年升高了两岁。这是一个可喜的变化，随着中国改革开放的发展和深入，随着中国市场经济的逐步建立和完善，人们的思想观念，包括婚育观念都会发生巨大的变化，从长远看，人们的婚育观念会趋向有利于生育模式转变的方向发展。目前我国仍需要继续加强约束机制和诱导机制，把体制转换过程中的婚育管理工作做好，尽力缩短人们婚育观念现代化的过程。

总之，自中国实行计划生育以来，随着改革开放和社会经济的发展，人们的婚姻、生育、家庭观念已经和正在发生着深刻的变化，传统的“早婚早育”、“多子多福”、“传宗接代”、“重男轻女”等观念正在为越来越多的育龄群众所摈弃；晚婚晚育、少生优生，男孩、女孩都一样，建立幸福、美满、和谐的家庭，追求现代、科学、文明的生活方式，已经成为不可阻遏的时代潮流。概括起来说，可以将新中国成立以来的生育模式变化过程总结为以下几个阶段：50 年代和 60 年代，妇女的生育模式表现为早生、多生、生育间隔短；70 年代的妇女生育水平开始大幅度下降，但是早生和生育间隔短的现象依然存在；80 年代的生育水平相对较低，早生现象有所改善，但是生育间隔短的问题没有太大改变；90 年代以后基本实现了真正的“晚、稀、少”生育模式。

第三节　生育水平转变的特点

自第二次世界大战以后，绝大多数发展中国家纷纷独立，走向了和平与发展的道路。在这种大的格局之下，世界人口也发生了前所未有的变化，从 1950 年的 25 亿人增加到 2010 年的 68.9 亿人，60 年间世界人口翻了一番多，增加了 43.9 亿人。人口出生率、死亡率也都从较高的水平下降到较低的水平。2010 年，世界人口平均出生率为 20‰，死亡率为 8‰，自然增长率为 12‰，妇女总和生育率为 2.5。可以说，世界人口正处在转变之中。

发达国家的人口转变由于始于 18 世纪的工业革命以后，所以第二次世界大战以后人口变化程度较小，其中死亡率基本上稳定在 9‰～10‰，出生率则在战后持续了一段“婴儿热”之后迅速下降，到 20 世纪末出生率已接近死亡率的水平，趋于人口静止，部分发达国家已出现人口负增长。从 1950 年到 2010 年，发达国家的人口仅由 8 亿多人增加到 12.37 亿人，增加了不到一半。发展中国家的人口变化则截然不同，20 世纪 50 年代人口出生率和死亡率均处于很高的水平，经过半个多世纪，死亡率迅速大幅下降，从 20 世纪 50 年代的 24‰下降到 2010 年的 8‰。与此同时，出生率虽然变化幅度不如死亡率，但也出现了明显的下降，由 50 年代初期的 44‰下降到 2010 年的 22‰。正是由于发展中国家人口死亡率短期内迅速下降，使发展中国家人口迅速膨胀，从 1950 年的 17 亿人增长到 2010 年的 57 亿人，60 年间人口增加了两倍，大大超过了发达国家人口的增长速度。同时，发展中国家的人口占世界总人口的比重也由 1950 年的 67.75% 上升到 2010 年的 82.07%，极大地改变了世界人口的分布格局。

作为世界人口大国，中国人口变化与世界人口变化同步，特别是与发展中国家人口变化同步，人口转变也始于 50 年代初期。然而中国人口变化和转变又与众不同，无论是出生率还是死亡率变化速度和幅度都快于和大于世界上其他绝大多数国家，特别是发展中国家中的人口大国（如印度、印度尼西亚等），见表 3－4。正因为如此，中国人口变化极大地影响了整个发展中国家地区的人口变化，从而影响了世界人口的变化与走向。世纪之交，中国人口转变已经进入了低出生、低死亡、低增长的“三低”阶段。2010 年，中国人口出生率、死亡率分别为 11.90‰、7.11‰，人口自然增长率已经降低到 4.79‰。这个增长率已低于世界平均水平 12‰，大大低于整个发展中国家的平均水平（含中国为 14‰，不含中国为 17‰）。虽然与发达国家已趋于零增长相比还有一段距离，但目前中国人口的增长是由年龄结构引起的惯性增长，而不是由于生育率高导致的增长。

表 3－4　2010 年部分国家总和生育率比较

国家或地区	总和生育率	国家或地区	总和生育率
世界	2.5	发达国家	1.7
发展中国家（包括中国）	2.6	发展中国家（不包括中国）	3.0
巴基斯坦	3.6	美国	2.0
印度	2.6	澳大利亚	1.9
印度尼西亚	2.3	法国	2.0
乌干达	6.4	日本	1.4

资料来源：《2011 年世界人口数据表》，美国人口咨询局（PRB，2011）。

与西方传统人口转变相比，中国人口转变有其特殊性。西方人口转变理论既是西方人口变化历史的总结和描述，也是人口变迁的解释和抽象。以西方人口转变为参照系，中国人口转变的不同既表现在人口转变的时空上和过程上，也表现在诱发人口转变的原因上，这些都显示出中国人口转变的自身特征。

一、迅速性

一般认为，中国人口转变始于 20 世纪 50 年代，比典型的西方国家迟一个到一个半世纪。从人口的高出生、高死亡到人口的低出生、低死亡的转变过程来看，中国人口转变是非常迅速的。人口转变一般是从死亡率下降开始的，中国人口转变也不例外。自新中国成立以来，除"三年自然灾害"时期以外，人口死亡率迅速下降直至稳定到 6‰～7‰的水平。从 1949 年的 20‰下降至 1957 年的 10.8‰，在短短不到十年里，人口死亡率下降了近 50%。在西方国家最早的人口转变中，死亡率降低同样的程度花费了近百年的时间，例如，英格兰和威尔士人口死亡率从 27‰下降到 15‰花了 100 年左右。中国人口死亡率转变如此迅速主要得益于新制度的建立，即社会主义制度保证了绝大多数人口的基本生活，有效的医疗卫生体系覆盖到了广大农村地区。1949 年以后的 20 年里，全国人口出生率一直保持在 35‰～40‰的高水平。60 年代中期，虽然部分城市人口的出生率已开始转变，但就全国而言，人口出生率的转变始于 70 年代初期，与 70 年代全国实行计划生育政策同步。

与发达国家的人口转变历程相比，中国人口转变的迅速性尤为显著。西方学者也指出，中国人口转变大大快于发达国家，例如，丹麦人口转变始于 1780 年，到 1930 年，人口才到达"低出生、低死亡、低增长"阶段，历时 150 年；而始于 20 世纪 50 年代的中国人口转变只用了丹麦人口转变 1/3 的时间，就进入了人口的"三低"阶段，足见中国人口转变的迅速性。与第二次世界大战以后人口迅速转变的日本相比，中国人口转变也毫不逊色。战后 10 年，是日本人口迅速转变的 10 年，人口死亡率从 1947 年的 14.6‰降到 1957 年的 8.3‰，同期人口出生率从 34.3‰下降到 17.2‰，下降了 50%，是日本人口史上生育率水平变化最快的 10 年。此后，出生率一直在 18‰

左右徘徊，70 年代中期之后，出生率降到 15‰以下，90 年代之后，又进一步降到 10‰以下，世纪之交日本人口已接近零增长。值得注意的是，日本人口转变不应当被认为是始于第二次世界大战以后。实际上，在明治维新时期（19 世纪 60 年代）日本开始走向现代化道路之后，人口转变也就随之开始了。在 19 世纪末期，日本人口死亡率已在 20‰以下，出生率在 30‰左右。除 20 世纪上半叶两次世界大战对日本人口变动有所冲击和影响外，日本人口基本上处在人口转变之中。从这个意义上讲，日本人口转变实际上历时了一个世纪甚至更长。所以，与日本相比，中国人口转变依旧是迅速的。

二、外部干预性

与西方发达国家的人口转变相比，中国人口转变机制有所不同。西方人口转变是自发的，是伴随着城市化、工业化、现代化进程而缓慢发生的。19 世纪初，西方人口出生率高达 35‰，死亡率也在 30‰左右。19 世纪初期开始，由于工业化的发展和医疗、公共卫生条件的改善，死亡率出现下降，西方人口转变由此开始。到 19 世纪后期，出生率也开始下降，但大幅下降是在社会经济发展到一定的水平、死亡率下降很久之后的 20 世纪初出现的。直到 20 世纪上半叶，西方各国才陆续完成了人口转变，整个人口转变如同其现代化一样自然而然地、缓慢地完成，历时百余年。显然，西方人口转变是工业化、现代化的结果，是生育观念、生育行为转变的结果。

中国人口转变并不是一种自发的过程。新中国成立以后，人口死亡率奇迹般地迅速下降，与公有制的建立和医疗制度的普及以及有关提高人民群众健康水平的政策直接有关。如上所述，政府对生育率的干预虽始于 70 年代初期，但并不是说，五六十年代中国政府对人口生育完全处于一种放任的状态。实际上，五六十年代虽然人口理论学界对马寅初先生积极主张控制人口的建议有所批判，但在人口政策中依然有明确地提倡节育的倾向。1970 年党中央提出了计划生育的问题，1971 年 7 月国务院下发了《关于做好计划生育工作的报告》的 51 号文件，强调贯彻落实毛泽东主席“人类要控制自己，做到有计划地增长”的指示。1973 年 7 月成立了国务院计划生育领导小组，并形成了全国“晚、稀、少”的计划生育政策。1978 年，国家在修改的新宪法中，第一次把“计划生育”纳入法制的轨道。同年，中共中央批转了《关于国务院计划生育领导小组第一次会议的报告》（〔1978〕69 号）文件。明确提出“提倡一对夫妇生育子女数最好一个，最多两个，生育间隔 3 年以上”。80 年代初，又进一步提倡一对夫妇只生一个孩子的生育政策，随后各省相应地出台了计划生育条例，坚持执行严格的计划生育政策。可以看出，中国人口生育率在 70 年代以后迅速转变的轨迹与计划生育政策的变化是直接相关的。国家从 70 年代明确地干预人口的生育过程，严格控制人口出生数量。这一切直接导致了中国人口生育率迅速下降和迅速转变。虽然社会经济发展是影响生育率转变的宏观变量，但毫无疑问，计划生育基本国策是促进中国人口迅速转变的重要原因。因此，与西方传统的人口转变相比，中国人口转变有着明显的外部干预特性。

三、不彻底性

正因为中国人口转变不是像西方发达国家一样，是在工业化、现代化之后自然而然地完成的，而是在外部有力的干预之下实现的，是在社会经济发展还不十分充分的条件下完成的，所以，人口转变并不十分彻底。它具体表现在两个方面：一是中国人的生育观念有着中国传统文化的深深烙印。中国人对多子女的偏好不仅是农耕经济的需求，也是一种更深层次的精神需要和终极意义需求。新中国成立以来，传统生育文化经历一次又一次的冲击和“洗礼”，特别是70年代实行计划生育以后，一些旧的生育观念如“重男轻女”、“传宗接代”等都在逐步淡化。但是，作为相对独立的、上千年所形成的根深蒂固的生育观念要在短时间内彻底转变是不可能的，也是不现实的，旧观念的转变和新观念的形成都需要足够长的时间。二是社会经济发展水平低，产生旧观念的经济基础和文化土壤还存在。例如，不少农村地区由于没有健全的养老保障体系，因此“养儿防老”的观念还十分盛行，养儿防老仍是这些地区追求多生多育的基本动力。实际上，中国现今社会经济发展水平（如人均GDP3000美元左右、农业人口比重高、社会保障制度不完善、人口文化水平低等）与现代化标准相比还有不小的距离。从这个意义上讲，中国人口转变是超前的。由此可见，从社会经济发展水平、生育文化、生育观念上考察，中国的人口转变具有不彻底性，还需要一个过渡的时间。

四、不稳定性

中国人口转变的不稳定特性主要表现在生育水平的不稳定上。自1949年以来，除了“大跃进”时期的特殊情形外，中国人口死亡率一直是处于迅速下降和低水平稳定的两种状态。而新中国成立以来，生育率的变化除迅速下降之外，还呈现出不稳定的特点。事实上，这种生育水平的不稳定与人口转变的不彻底性有关。不彻底的、外部干预性的、非自发自愿的生育率转变是中国人口转变不稳定特性的直接原因。70年代以来，在计划生育工作的促进下，人口生育率呈快速的线性下降。80年代以后，人口的生育水平出现了较大的波动，这一方面与80年代初的生育政策调整有关，另一方面也反映出中国生育率反弹的势能，表现出了生育率转变的不稳定性。进入90年代后，虽然人口转变的机制发生了变化，计划生育工作也有了长足的进步，生育率也进入了更替水平之下的低水平。但是由于人口转变的不彻底性和超前性，中国目前所实现的低生育水平依旧存在着波动的现实和反弹的可能。低生育水平不稳定依旧是中国人口转变的重要特征。正是基于这种认识，所以在世纪之交，党中央和国务院提出了稳定低生育水平的决定，强调了在今后一段时间内继续巩固和稳定低生育水平的必要性和重要性。

五、不平衡性

从生育水平来看，90 年代初期全国按总和生育率水平大致可划分成三类地区：第一类地区总和生育率在更替水平之下，这些地区是上海、北京、浙江、天津、辽宁、吉林、黑龙江、四川、江苏、山东十个省、直辖市，其人口占全国的 38% 左右。第二类地区是总和生育率在 2.2 ~3.0 之间，这些地区是河北、山西、内蒙古、安徽、福建、江西、河南、湖北、湖南、广东、广西、陕西、甘肃等 13 个省、自治区，其人口总数占全国的 53%。第三类地区是海南、贵州、云南、西藏、青海、宁夏、新疆等 7 个省、自治区，总人口占全国的 9%。目前，各地的不平衡格局基本上没有发生太大变化，全国人口转变的不平衡性依旧存在。从大区域看，上述三类地区的划分，基本上与全国东、中、西部的划分相吻合：一类地区大部分是东部地区的省、市；二类地区大部分是中部地区的省；三类地区除海南以外都是西部地区的省、自治区。可见，中国人口转变也形成了由东部地区先行、逐步向西部递进的不平衡特征，这一点与人文发展指数所反映的东、中、西梯度差异是一致的。

表 3 -5　2010 年全国各地区人口自然变动情况

单位：万人、‰

地　区	年末人口数	出生率	死亡率	自然增长率
全　国	134 091	11.90	7.11	4.79
北　京	1 962	7.48	4.41	3.07
天　津	1 299	8.18	5.58	2.60
河　北	7 194	13.22	6.41	6.81
山　西	3 574	10.68	5.38	5.30
内蒙古	2 472	9.30	5.54	3.76
辽　宁	4 375	6.68	6.26	0.42
吉　林	2 747	7.91	5.88	2.03
黑龙江	3 833	7.35	5.03	2.32
上　海	2 303	7.05	5.07	1.98
江　苏	7 869	9.73	6.88	2.85
浙　江	5 447	10.27	5.54	4.73
安　徽	5 957	12.70	5.95	6.75
福　建	3 693	11.27	5.16	6.11
江　西	4 462	13.72	6.06	7.66
山　东	9 588	11.65	6.26	5.39
河　南	9 405	11.52	6.57	4.95
湖　北	5 728	10.36	6.02	4.34
湖　南	6 570	13.10	6.70	6.40
广　东	10 441	11.18	4.21	6.97
广　西	4 610	14.13	5.48	8.65

续表

地　区	年末人口数	出生率	死亡率	自然增长率
海　南	869	14.71	5.73	8.98
重　庆	2 885	9.17	6.40	2.77
四　川	8 045	8.93	6.62	2.31
贵　州	3 479	13.96	6.55	7.41
云　南	4 602	13.10	6.56	6.54
西　藏	301	15.80	5.55	10.25
陕　西	3 735	9.73	6.01	3.72
甘　肃	2 560	12.05	6.02	6.03
青　海	563	14.94	6.31	8.63
宁　夏	633	14.14	5.10	9.04
新　疆	2 185	15.99	5.43	10.56

资料来源：国家统计局编：《中国统计年鉴2011》，中国统计出版社，2011年版。

从城乡两类不同地区的人口转变来看，差异性也是十分明显的。无论是死亡率转变，还是生育率转变，城乡差别都是存在的。城镇人口与乡村人口的转变都始于死亡率的转变，在20世纪50年代初期二者的差距不是很大，自60年代中期生育率的转变开始分道扬镳。60年代中期占总人口不到20%的城镇人口的生育水平开始下降，70年代中期之后，城镇人口的出生率一直稳定在14‰~16‰，自然增长率除个别年份以外，均在10‰以下。而占全国总人口80%以上的乡村人口生育率的转变始于70年代开始实行计划生育时期，并且始终高于城镇人口的生育水平。1990年第四次全国人口普查显示，城市人口总和生育率为1.83，镇人口总和生育率为2.35，农村人口总和生育率为2.60。目前，城乡人口转变的这种差距依旧存在，农村人口转变比城市人口转变要慢一拍。总之，全国各地区特别是东、中、西部地区，城乡地区的人口转变存在着明显的差异，不过随着社会经济的发展和计划生育工作的深入和完善，这些差异正在缩小（表3-5）。

不难看出，中国人口转变在速度、过程、原因等方面都与西方传统人口转变有着不同之处，有着自身的特点。把握人口转变的特征无疑对做好新时期人口和计划生育工作，稳定低生育水平，统筹解决人口问题具有重要意义。事实上，2000年中共中央、国务院关于稳定低生育水平的决定蕴涵着对当时中国生育水平的一个基本判断，即中国人口生育水平并不是一个稳定的低水平，存在着波动性、不彻底性和不平衡性。从这个意义上讲，中国人口转变还需要进一步的巩固。

第四节　生育水平及模式转变的原因

以上三节回顾了中国妇女生育水平和生育模式的转变过程和特点，本节将重点分析中国生育转变的原因。为什么在短短的二三十年里中国人口的生育水平和生育模式发生了如此巨大的变化，引起了全世界的瞩目？多年来，中外学者对这一现象进行了不懈的探讨。基本的观点是：在计划控制下，政府的计划生育政策对生育率的变化起了至关重要的加速作用，但生育率下降最终还是取决于经济的发展、社会的进步和文化程度的提高。概括起来讲，人们总结了如下一些影响人口生育率变化的因素：第一，政府的人口政策。通过对中国人口生育率在计划控制前与计划控制后的变化比较，可以看出，中国政府的人口计划以及计划生育政策在这种变化过程中发挥了直接的作用。第二，经济发展水平。从总体的统计关系来看，无论是从时间序列的变化看，还是从某个时期分地区的情况看，总的趋势是经济发展水平与人口的生育率呈反方向发展。第三，文化教育水平。新中国成立以来，中国文盲和半文盲人口在总人口中的比重明显下降，其变动趋势同妇女生育水平是同方向的。城市文盲率低于农村，其生育率也低于农村。从地区差异看，大体上也是文盲率越低的地区，妇女总和生育率也越低。反之，文盲率越高的地区，妇女总和生育率也越高。第四，医疗卫生条件。居民平均每千人拥有的医生数、医院床位数是反映一个国家或地区医疗卫生事业发展水平的两个重要指标。新中国成立后，中国每千人医生数、医院床位数与总和生育率的变化呈相反的方向变化。第五，避孕普及率。避孕率反映育龄夫妇少生、按计划生育甚至不生育的要求和国家或地区对生育的政策要求，对生育率必将产生直接影响。从 1970 年到 2008 年，全国已婚育龄妇女避孕率上升了大约 70 个百分点。同一期间，全国妇女总和生育率由 5.81 下降到 1.7 左右。第六，城市化水平。市镇总人口占总人口的比重反映一个国家或地区社会经济发展的水平，同时反映居民中传统生育观念的影响程度，因而是间接反映生育水平的一个因素。从总的趋势看，城市化程度越高，总和生育率与多孩率越低；反之，城市化程度越低，总和生育率与多孩率越高。

生育是一种生物现象，又是一种社会现象。在不实行任何限制的条件下，理论上一个妇女一生最多可生 15 ~ 20 个孩子。但是，这种生育上的最大生物潜能无论在历史上还是在目前都从来没有在绝大多数人群中实现过。这说明，生物因素只是给人的生育提供了可能，但要把这种可能变为现实，还要受到人们所处的社会经济环境因素的制约。

对女性人口生育率的影响因素可分为直接影响因素和间接影响因素。人口学家邦戈茨认为，直接因素是指直接与生育相关的生物学及行为学因素，包括自然生殖力水平、已婚比例、避孕比例及效果、人工流产、产后不孕时间等。其他社会、经济、文化、宗教等因素是通过上述直接因素间接地发生作用的，即：社会经济因素→直接决定因素→生育率。

邦戈茨因此而建立了估计育龄妇女总和生育率（TFR）的数学模型：$TFR = Cm \times Cc \times Ca \times Ci \times TF$。其中，Cm是婚姻指数，用来测度育龄妇女处于婚姻状态的比重。Cc是避孕指数，用来测度已婚育龄妇女的避孕情况。Ca是流产指数，用来测度妇女怀孕后的流产情况。Ci是产后不孕指数，用来测度妇女生育后出现的暂时或永久不孕的情况，这是反映妇女生理特征和身体状况的指数，很少受社会因素的影响，因而它的数值也比较稳定少变。TF是总和生育力或称为总和期望生育率，它是指如果婚姻、流产、产后不孕等制约人类生育行为的因素不存在的情况下的生育水平，通常认为在这种自然生育状态下，平均一个妇女一生可以生育15个孩子。

邦戈茨模型展示了影响育龄妇女生育率的四个最主要的直接因素。值得注意的是，直接因素并不意味着是决定因素或根本因素。长期的观察和大量的研究表明，一些间接的社会经济因素才是影响生育的决定性因素，这些因素包括自然环境、经济发展水平、个人收入水平、教育程度、健康状况、宗教信仰、妇女地位、政府政策等。这些社会经济因素的共同作用往往决定影响生育水平的直接因素的几项甚至全部，如政府政策可以直接决定婚姻指数、避孕指数和流产指数的高低，而妇女地位和受教育程度对产后不孕指数有很大的影响。总之，社会经济的发展使女性人口不可能完全实现其生殖力的极限，也使女性人口的自然生育率水平呈现出千差万别的格局。

人类的生育与动物的繁殖不同，动物的繁殖是受生物学规律支配的自然过程。人类的生育也是生理过程，但生物学规律是通过社会的婚姻制度和家庭关系发挥作用的，并在人们一定的生育观支配下实现。社会的婚姻、家庭制度和生育观又总是由社会生产方式所决定，并受该社会政治、法律、思想、文化、宗教、道德等上层建筑、意识形态因素制约。例如，在人类历史上或不同社会制度下，妇女生理可能的生育力，彼此之间差异甚小，但现实的妇女生育率差异却很大，这主要是社会经济条件的不同所决定的。随着历史的发展，妇女生育率差别将逐渐缩小，这也是社会经济因素所决定的。

影响生育率差异的因素归根到底决定于社会生产力的发展水平和生产关系的性质。在不同社会生产方式下，人口增殖的社会条件有重大差别。生产力的决定作用表现在生产力对劳动力的数量和质量的要求是影响人们生育行为的根源。手工劳动主要靠增加劳动力来发展生产，劳动力再生产周期短，劳动力培育费用低，这些经济因素长期起作用的结果导致人们多育。现代化生产的发展主要靠提高科学技术水平，因此并不要求劳动力数量相应增加，而是要求劳动力质量不断提高。与现代化生产相适应的是少育。同时，科学节育措施的普及也为少育提供了物质和技术条件。现代化生产发展对生育率的作用又是在一定的生产关系下实现的，在不同社会制度下实现的原因、过程和后果不同。在资本主义制度下，现代化生产发展客观上要求少育，是由资本积累增长和资本有机构成提高形成相对过剩的规律所引起的，是在劳动者长期经受失业和贫困的痛苦过程中自发实现的。在社会主义社会，现代化生产发展要求的少育，是人口有计划发展的过程，其目的是为使全体人口物质和文化生活的需要得到满足，并在德、智、体方面得到全面发展。

除经济因素之外，政治、文化教育、婚姻和家庭、保健卫生和社会保险、伦理道德和宗教等方面，也在不同程度上影响生育率的变动。虽然社会生活的这些方面对生育率的影响，归根到底是受一定的社会生产方式制约，但仍有其相对独立的作用。文化水平的高低是影响生育率差异的重要因素。一般说来，人们的文化水平提高，易于接受科学的节育措施，并倾向于晚婚和少育，以便节省更多的时间和精力从事劳动、学习和参加社会活动。保健卫生事业的发展和科学节育措施的普及为降低生育率提供了物质和技术条件。社会福利和社会保险的发展为降低生育率提供社会保障。婚姻和家庭是影响生育率变动的重要因素。一般来说，早婚为早育和多育提供了可能，在尚未普及科学节育措施的地区更是如此。与自然经济相联系的家长制大家庭倾向于早育和多育，与现代化生产相联系的小家庭则倾向于晚育和少育。上层建筑的各个领域，也影响生育率的变动。在各种意识形态中，人们的生育观直接影响人们的生育行为。一国政府也会根据需要，实行一定的政策、制定相关法律来干预人们的生育行为。

尽管从统计数字上看，中国育龄妇女的总和生育率已经在更替水平之下，但应该清楚地认识到，中国育龄妇女总和生育率的下降是在社会和经济发展水平不高的条件下，只用了三四十年的时间取得的。事实上，中国生育水平的大幅度下降和基本稳定，一方面得益于社会经济的发展，另一方面是实行了计划生育基本国策，这是主要的。然而，如同其他社会经济政策一样，生育水平受政策的约束力是有一定限度的，计划生育政策的效力随生育水平的下降而递减的理论已经被国内外的实践和经验所证实。何况中国人口和计划生育政策的外部环境在过去几十年间已经发生了天翻地覆的变化。对此，必须有清醒的认识。为了在变化了的社会经济环境下稳定低生育水平，必须坚定不移地走具有中国特色、统筹解决人口问题的道路，积极促进工作机制和方法的转变，更加注重利益导向，更加注重服务关怀，更加注重宣传倡导，促进人口长期均衡发展，促进人口与经济、社会、资源、环境的协调发展和可持续发展。

第五节　中国生育转变的经验和启示

在社会经济发展水平相对较低、传统的生育观念影响较深和特殊的政治制度环境下，我国人口在相对较短的时间内妇女生育水平下降到更替水平以下，有效地控制了人口的过快增长，实现了人口再生产类型的历史性转变。总结过去 60 余年的经验和教训，可以得出如下一些结论：

一、正确的理论指导是实现生育转变的基础

过去的数十年，中国的人口与计划生育工作取得了举世瞩目的成绩。这一伟大成绩的取得与中国人口科学自身的发展及其对人口和计划生育工作的指导是密不可分的。与此同时，中国人口科学研究的进步也极大地丰富了世界人口理论和实践，是世界人口学的一个重要组成部分。其实，从20世纪50年代初期开始，中国学术界就对人口政策展开了讨论。尽管由于历史条件、政治环境、信息来源、技术手段、分析方法等各方面的限制，当时还不能对中国人口问题进行详尽的研究，但是许多人运用辩证唯物主义的观点，实事求是地分析研究中国社会、经济和人口问题，提出了许多非常宝贵的意见和建议。邵子力较早地提出普及避孕知识，供应避孕药物；马寅初在对中国人口问题进行深入研究的基础上，认为中国的经济是计划经济，生育也要有计划，提出了“提高人口素质，控制人口数量”的建议，主张一对夫妇生两个孩子，并用行政手段控制生育；孙本文则明确提出，8亿人口是中国最适宜的人口数量，一定要在未达到8亿人口以前，有计划地控制人口，使人口增长速度缓慢下来；吴景超提出，要以有计划、按比例发展的规律来看待中国的人口问题，因此中国必须实行计划生育①。

上述见解是中国人口与计划生育理论思想宝库中很有价值的财富，值得后人珍视。但是，受当时政治环境的影响，50年代关于节育和计划生育问题的讨论被“打入冷宫”，成了一片理论禁区。党的十一届三中全会确立了改革开放政策后，在“百花齐放、百家争鸣”的原则指导下，中国的人口科学研究得到了复兴和发展。随着人们思想的解放，人口学界突破过去的理论禁区提出了两种生产理论。马克思主义的两种生产理论无疑是中国开展计划生育工作的重要理论基础，是中国人口与计划生育实践的总结，也是指导未来人口与计划生育工作的指南。两种生产理论应该在实践中不断充实、发展和完善。理论产生于实践，又要在实践中发展和完善。理论必须经受实践的考验，在不断创新中求得自身的发展。把理论当做一成不变的终极真理，变成僵死的教条，是违背马克思主义辩证法的。在过去的60多年里，在党的三代领导集体的带领下，中国的人口和计划生育事业坚持以马克思主义人口理论、邓小平理论、“三个代表”和科学发展观为指导，成功地探索出一条具有中国特色的综合治理人口问题的道路。

二、完善的生育政策是降低生育水平的关键

从长期看，生育水平与社会经济发展密切相关，即生育水平的高低最终取决于社

① 孙沐寒，姜宝廷，姚力：《中国计划生育论集》，红旗出版社，1987年版。

会经济发展水平。但是人口经济学的理论也反映出经济水平的发展对生育观念和生育水平的转变具有“正反馈”的双向作用，即经济发展的初期，收入的增加会刺激生育率的提高，只有经济发展到一定的临界值水平后，生育水平才会随收入的增加而下降。在经济发展水平还不足以促使生育水平下降之前，必须依靠外在的力量来干预生育水平，使人口再生产与物质再生产相适应，使人口与经济、社会、资源和环境协调一致。理论和实践都证明，“先生育、后计划”，“先污染、后治理”，“先破坏、后恢复”的做法是不可取的。实践证明，如果我国不实行计划生育政策，单纯依靠经济、社会发展的力量来降低妇女生育水平，现在全国的总人口会比目前多出 4 亿人左右，会严重阻碍我国改革和发展的步伐，制约生产力的快速发展，进而极大地影响民生的改善。

我国计划生育政策的完善过程与我国人口生育率的变化过程是交织在一起的。回顾 1949 年以来中国妇女生育水平的变化和发展历程，可以看到，我国人口生育率对我国政府生育政策的变动很敏感，每次生育政策的调整都在不同程度上带来了生育水平的变化。仅此一点，便足以说明我国政府的人口政策对中国妇女生育水平的影响程度。对中国这样一个人口多、底子薄、资源相对贫乏的国家来说，要在现代化进程中争取一个良好的人口环境，仅仅依靠社会发展的力量无法跳出人口增长和经济发展的“劣性均衡陷阱”，必须依靠政府强有力的生育政策进行引导，以加快生育水平下降的速度。过去的事实充分说明，为了中华民族的可持续发展，实事求是地以计划生育政策促进生育转变是完全必要的、可行的和有效的。

三、中国生育转变对世界人口发展做出了贡献

中国的计划生育是世界上规模最大、持续最久、力度最强的活动之一。总的来说，与世界其他发展中国家相比，中国人口的生育水平已经降低到一个相当低的水平。在一个人口占世界人口 1/5 的国度里，在比较落后的社会经济条件下，能取得如此巨大的成绩，是非常了不起的。中国和亚洲其他发展中国家和地区的经历表明，人口变动与社会经济发展，特别是生育水平和经济水平之间的关系不是简单的线性相关关系。中国的经历对许多发展中国家理解和认识在社会经济不发达阶段的人口态势具有重要的借鉴意义。因为中国妇女的生育水平和生育模式转变历程、特点和类型，既不同于今天的发达国家，也不同于其他发展中国家所走过的道路。

中国实行计划生育政策，严格控制人口的过快增长，在较短的时间内实现了生育率的显著下降，仅用了 20 多年的时间就走完了发达国家需要 100 多年才能走完的道路。这在一定程度上缓解了由于人口增长过快给社会和经济发展带来的压力，对社会主义现代化建设，起到了重要的推动作用，促进了中国的社会进步和经济发展。中国作为占世界总人口近 1/5 的发展中国家，其繁荣富强无疑对世界的稳定与发展有着举足轻重的影响，所以说，中国实行计划生育，不仅有利于中华民族的繁荣昌盛和子孙

后代的幸福，也是对世界稳定和发展的贡献。正如邓小平同志所指出的，中国到21世纪中叶达到中等发达国家的水平，意味着占世界四分之一的人口摆脱了贫困，这是中国对人类作出的巨大贡献。

四、生育转变后的人口问题需要统筹解决

中国计划生育政策是由中国特殊的国情决定的，最初的主要目标和任务是控制人口过快增长，降低生育水平。经过30多年的努力，妇女的生育水平大幅度下降，中国进入了低生育水平国家的行列，实现了既定的政策目标。中国计划生育政策的成功，对中国社会经济发展的贡献是不可替代的，对世界人口发展的贡献是显而易见的。然而，随着生育水平的下降，计划生育政策所带来的各种问题也是显而易见的。目前，中国面临着更为复杂的人口发展态势，人口数量、素质、结构、分布问题相互叠加，使中国人口问题面临前所未有的复杂性和多变性，由人口问题引发的预想不到的社会风险和经济风险日益加大，制订计划生育政策时预见到的和没有预见到的许多负面影响逐渐显露出来。

今后二三十年是我国人口转变的关键时期，也是我国社会经济发展转型的关键时期，如何在日趋复杂的人口环境下，实现我国经济的再一次腾飞、切实改善人民群众的生活水平和质量、有力推进以改善民生为重点的社会建设是党和国家领导人关注的重点问题。在新世纪新形势下，解决新时期的更为复杂的人口问题，就要密切关注生育水平的变动趋势，科学把握人口发展的自然规律和社会规律，这对于准确定位人口发展战略、把握人口和计划生育工作的方向至关重要，对于实现人口与资源、环境的协调发展意义重大。人口再生产与物质再生产不同，任何人口政策和计划生育政策的改革效果都具有一定的滞后性，不可能立竿见影，涉及方案设计、舆论准备、应对预案、条件保障等一系列复杂的工作。因此，要完善人口和计划生育政策，就必须瞻前顾后，早作准备，精心筹划，把人口和计划生育工作纳入到民生工程建设中，以全局性、整体性的发展眼光来看待问题，只有这样才能制定出切实可行、符合广大人民群众利益的人口政策，才能实现国家人口发展战略的目标和稳定低生育水平的要求。

第四章　中国人口死亡水平的变动历程及差异

长寿和健康，是人类永不停止追求的目标，它既是人类生活质量高低衡量的尺度，也是社会文明和繁荣的标志。在我国，提升全民健康素质，提高人们预期寿命，也是最基本、最重要的民生问题。它既是与人民群众相关的最直接、最现实的利益问题，也是人民群众最关心的问题。可以说，健康素质是其他各方面发展的基础，它不仅关系到人民群众的切身利益，也关系到国家的繁荣兴衰和长治久安。

新中国成立以来，党和国家本着“以人为本”、“促进人的全面发展”的理念，将提高人口健康素质作为改善民生和保障民生的重要举措，推出了一系列增强人口健康素质的政策措施。在党和政府的重视下，在社会经济飞速发展的推动下，我国的医疗卫生技术取得了巨大进步，妇幼卫生保健事业获得了长足发展，一些严重危害人民群众生命的恶性传染病得到了控制，许多痼疾得以治愈，许多过去被认为是回天无力的患者也能恢复健康。自新中国成立，我国的死亡率经历了大幅度下降并长时间稳定在低水平的线上。死亡率的快速下降不仅包括城市地区或发达地区，受益于经济发展和覆盖全民的医疗卫生保障体系，农村地区、欠发达地区或少数民族也同样经历了死亡率的大幅度下降和健康素质的持续稳步提高。全民健康素质的提高，夯实了民生发展的基础。

本章通过回顾分析新中国成立以来人口死亡水平的变化，意在总结人口死亡率变动的规律和降低人口死亡方面的经验，找出目前存在的一些问题，使人口死亡率进一步下降，使广大人民的健康素质得到进一步提升，使我国人口的健康水平走在世界前列。

第一节　人口死亡水平实现由高到低的转变

1949 年以来，中国社会发生了翻天覆地的变化，从一个落后的半封建、半殖民地国家发展为繁荣昌盛的社会主义强国，人口也从高死亡率状态转变为稳定的低死亡率状态。但是，这一切来之不易，在前进的道路上也曾有反复曲折，从人口死亡的变化可以明显地反映出来。

图4－1为新中国成立以来人口死亡率的变化情况。从图上看出，中国人口死亡率大致经历了四个不同的变化时期：①从1949年到1957年，死亡率迅速下降；②从1958年到1965年，死亡率变动的反复，这一时期的人口死亡率经历了由低到高，再从高降低的变化；③从1966年到1981年，死亡率持续稳步下降；④从1982年到2010年，死亡率几乎停滞在一个水平上。对应死亡率变化的不同时期，同时考虑数据资料的可利用情况，我们把中国人口死亡的变动划分为四个不同时期：一是死亡率迅速下降期；二是死亡率变化的反复期；三是死亡率的稳定下降期；四是迈入人口低死亡率时期。现在，我们按照这个划分，对四个时期分别详细叙述。

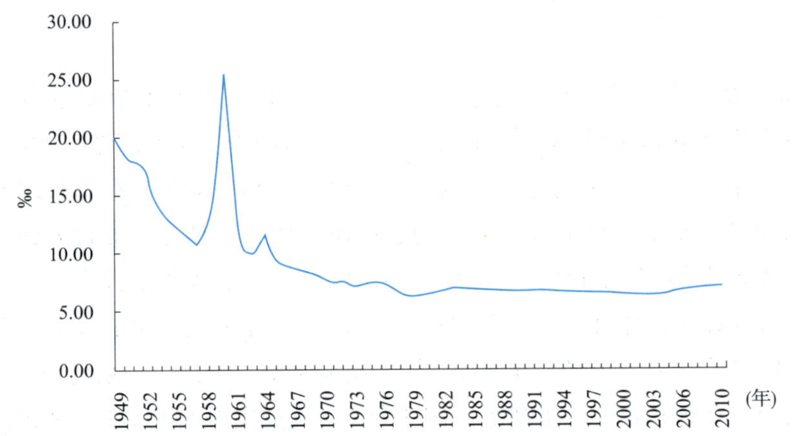

图4－1　中国人口死亡率的变动（1949～2010年）

资料来源：［1］1982年以前为户籍统计，见《中国人口统计资料汇编》（国家统计局人口统计司，公安部三司编，中国财政经济出版社，1988年版）。

［2］1982年以后为人口普查和1%人口抽样调查和每年的人口变动抽样调查数据，公布于历年的《中国统计年鉴》。

在详细分析人口死亡状况之前，有必要对新中国成立以来的人口死亡资料作一些简单说明。人口死亡的资料，依赖于人口统计。应该说，各国人口统计制度的建立都经历了从无到有再到逐步完善的过程。新中国成立后，政府在建立和逐步完善现代人口统计制度方面，做了大量工作，取得了巨大的成绩。但我们同时又不能不看到，到目前为止，我国的人口统计制度尚不完备。例如，从人口死亡上来说，在发达国家，人口死亡资料的取得，主要从人口动态统计，即经常性的人口登记上得到。我国虽然从20世纪50年代起就有了人口登记，但由于人口登记的结果不甚正确，统计的结果也很不详细，所以只能靠人口抽样调查来补充。但抽样调查，除了有抽样误差外，受样本的限制，不可能全面反映人口死亡状况。全面的人口死亡状况，只能等10年一次的全国人口普查资料。这样，要确切地知道新中国成立以来的人口死亡演变过程，从资料上说是不足的：有些年份较多，有些年份就很少，甚至没有。而即使存在的死亡资料，可能也有缺陷。本章中有关新中国成立以来的死亡资料，部分来自当时的调查，部分来自事后的回顾性调查资料，部分属于一些研究者经过技术处理的推算资料。

一、死亡率迅速下降期（1949～1957年）

这一时期是我国国民经济恢复时期和第一个五年计划时期。

新中国的建立，结束了旧中国多年的战乱，社会生活秩序逐步恢复正常。全国人民在中国共产党的领导下全身心地投入国家的建设之中。1952年年底，全国工农业生产已达到历史的最高水平。1952年，农村完成了土地改革，以后开始了农业生产合作社，1955年下半年出现了农业合作化高潮，1956年上半年，全国资本主义工商业基本上实行了全行业的公私合营。1956年，全国农业和手工业的社会主义改造也基本完成。从1953年开始的第一个五年计划顺利完成。广大人民群众的生活状况得到较大的改善。

新中国成立后，政府把“面向工农兵，团结中西医，预防为主，群专结合”作为医疗卫生工作的方针，始终把加强城乡卫生建设，特别是乡村卫生机构的建设，作为卫生工作的重点。国家在城市职工中实行劳动保险和公费医疗制度，使城市职工的治病医疗有了保证。为了有效地防止疾病，全国普遍建立了卫生防疫站，并广泛开展群众性的爱国卫生运动。对于严重危害人民健康的流行病和急性传染病，开展了专业队伍和群众结合的大规模防治工作，一些严重流行的烈性传染病如天花、霍乱、鼠疫、斑疹伤寒被控制，在20世纪50年代末已基本被消灭[①]。其他疾病的发病率和病死率也都有所下降。此外，政府在禁毒、禁娼方面取得了巨大的成功。

社会的繁荣和进步，使人民的健康水平有了很大的提高，人口死亡率也有大幅度下降。全国人口死亡率从1949年的20‰下降到1952年的17‰，平均每年下降1个千分点，到1957年，进一步又迅速下降到10.80‰，从1949年到1957年的8年间，死亡率几乎下降了一半（图4-1）。

从人口预期寿命看，50年代初期大约在48岁左右，有学者根据1957年的人口调查结果，估计人口的预期寿命为59.7岁，男性59.6为岁，女性为59.9岁[②]。不到10年，人口的预期寿命提高了10岁左右。

从世界范围看，中国这一时期人口死亡率的下降速度是非常突出的。日本人口死

① 张怡民主编：《中国卫生50年历程（1949～1999）》，中医古籍出版社，1999年版，第16页。
② 《中国1982年人口普查北京国际讨论会论文集》，《十亿人口的普查》，1984年版，第676页。

亡率的下降速度在世界各国中是很快的。日本在 1920 年死亡率为 20.3‰，1950 年为 10.9‰，即从 20‰下降到 10‰花了 30 年时间，而我国仅用了 8 年时间。50 年代上半期，世界人口的粗死亡率大约为 20.3‰，其中发达国家约为 10‰，发展中国家大约为 25‰；世界人口预期寿命为 45.8 岁，其中发达国家的人口预期寿命为 65.1 岁，发展中国家的人口预期寿命为 41 岁。直到 20 世纪 80 年代上半期，世界人口的粗死亡率降到 10.3‰，其中发达国家约为 9.6‰，发展中国家大约为 11.0‰；世界人口预期寿命为 58.9 岁，其中发达国家的人口预期寿命为 73 岁，发展中国家的人口预期寿命为 56.6 岁①。我国的人口死亡率，仅用了 8 年时间就完成了世界 30 年的下降历程，其下降的速度是惊人的。

二、死亡率变化的反复期（1958 ~ 1965 年）

这一时期包括了“大跃进”、“三年自然灾害”和国民经济调整时期。

1958 年 8 月，中共中央政治局在北戴河召开扩大会议，通过了《关于在农村建立人民公社的决议》。10 月 1 日新华社报道，全国农村已基本实现了公社化。在“一大二公”的口号下，全国农村刮起了“共产风”，严重挫伤了农民的生产积极性。

随后发生“三年自然灾害”（1959 ~ 1961 年），非正常人口死亡的直接原因是饥饿、严重的营养不良，很多人因饥饿浮肿和消化系统疾病而死亡。高死亡开始于农村，以后又波及城市。

死亡率从 1958 年起开始上升，到 1960 年达到顶峰。按现在发表的数字，1958 年的死亡率为 11.98‰，1959 年为 14.59‰，1960 年的死亡率为 25.43‰，是新中国成立以来最高的。

党中央在 1960 年冬开始纠正农村工作的左倾错误，确定了农村人民公社的所有制性质，执行“三级所有，队为基础”，实行“分级管理、分级核算、按劳分配、多劳多得”的原则。中央对整个国民经济进行调整，拟定了“调整、巩固、充实、提高”的八字方针，并采取了许多果断措施。由此，到 1962 年年底，国民经济严重失调的比例关系开始有所平衡，农业生产下降趋势开始扭转。从 1963 年到 1965 年，由于调整方针的贯彻执行，工农业生产已恢复到接近或超过 1957 年的水平，城乡人民的粮食、副食品的供应定量也已接近 1957 年的标准。

由于措施得力，人口高死亡率的局面得到了扭转。1961 年全国人口死亡率下降到 14.24‰，以后又进一步下降，到 1963 年、1964 年，死亡率恢复到 1957 年的 10‰ ~ 11‰的水平（1964 年从图 4 - 1 上看有个反复，这可能是统计上引起的。1964 年在实施第二次全国人口普查时，进行了户口整顿，把过去漏报的死亡人口补上了，所以引起当年人口死亡率数字增加）。1965 年又下降到 9.5‰，低于历史水平。

① 早濑保子编：《发展中国家的死亡率与死因构造的变化》，《亚洲经济研究所统计资料集》，1986 年版。

1962 年在全国范围内进行了大规模的抽样调查，涉及 115 个市、489 个乡镇和 1142 个乡村。依据调查的数据计算，1962 年婴儿死亡率，市为 29.62‰，镇为 29.72‰，乡村为 68.42‰；市人口平均寿命为 62.01 岁，镇人口平均寿命为 57.89 岁，乡村人口平均寿命为 57.03 岁。1962 年市人口寿命稍低于 1957 年，乡镇人口比 1957 年提高 2 岁①。1963 年又进行了较大规模的抽样调查，涉及 8 699 万市人口，711 万镇人口和 10 424 万农村人民公社人口。依据部分市、镇、乡村人口调查资料计算，1963 年市婴儿死亡率为 35.49‰，镇婴儿死亡率为 37.58‰，乡村婴儿死亡率为 101.52‰；市人口平均寿命为 65.30 岁，镇人口平均寿命为 62.43 岁，乡村人口平均寿命为 60.01 岁。依据 1963 年调查资料推算全国的婴儿死亡率男为 84.42‰，女为 84.12‰，男女婴儿合计死亡率为 84.27‰；男平均寿命为 61.63 岁，女平均寿命为 61.95 岁，男女合计平均寿命为 61.81 岁②。这个结论与 1988 年生育回顾调查结论较为一致。

关于这一时期我国人口的死亡率，国内外学者有不少研究，除前面提及外，现摘录部分以供参考。

蒋正华的研究认为，1959 年的人口死亡率为 26.91‰，1960 年为 31.58‰，1961 年为 24.38‰，1964 年为 14.93‰③。

据阎瑞等利用 1988 年 2‰人口生育节育调查结果的研究，1960～1964 年，中国人口的平均预期寿命为 57 岁，男性为 56 岁，女性为 58 岁。婴儿死亡率为 85.62‰，男性为 89.28‰，女性为 81.69‰。而另一个研究表明，1963 年全国人口的预期寿命为 61.22 岁，男性为 60.97 岁，女性为 61.43 岁。婴儿死亡率，男女合计为 84.27‰，男性为 84.42‰，女性为 80.72‰④。但上述研究可能未充分反映出 1960～1962 年的情况。这是因为，1988 年的调查，离事件发生已经有 25 年以上，时过境迁，当时许多死亡事件的发生根本不可能完全反映在现在的调查表上。如全户人口都已死亡的肯定会遗漏，而这种情况当时并不少见。从数据上看，1960 年出现了人口负增长，粗死亡率达到了 25‰～30‰，如果预期寿命在 50 岁以上，则根本不可能出现人口负增长的。

国外学者班尼斯特研究认为，1964 年，中国婴儿死亡率为 87.1‰，男性为 89.4‰，女性为 81.7‰。

① 王维志：《中国人口寿命问题研究》，《中国人口科学》，1987 年第 1 期，第 35～46 页。

② 同①。

③ 蒋正华：《中国人口动态参数的识别》，《第三次全国人口普查科学讨论论文》，1983 年版。

④ 阎瑞等：《40 年来中国人口分年龄死亡率与寿命水平的研究 · 中国生育节育抽样调查北京国际研讨会论文集》，中国人口出版社，1993 年版。

三、死亡率的稳定下降期（1966～1981年）

1966年5月至1976年10月是“文化大革命”时期。在这一时期，工农业生产有很大的反复。粉碎“四人帮”反革命集团后，各项事业开始走向正常。1978年12月，中国共产党召开了有历史意义的十一届三中全会，1979年提出了对国民经济进行“调整、改革、整顿、提高”的八字方针。农村实行各种形式的联产承包责任制，极大地调动了农民的生产积极性，使农业生产得到了迅速发展，农村出现了自合作化以来从未有过的大好形势。

1965年6月26日，毛泽东主席指示，把“医疗卫生工作的重点放到农村去”。毛主席的指示，对促进农村医疗网的建设，培养农村初级医务人员（“文化大革命”中称为“赤脚医生”）有重要作用。

1965年以后，死亡率继续稳步下降。到1981年，死亡率已下降到6.36‰。死亡率下降，除了死亡水平下降的作用外，年龄结构也起了重要作用。这是因为人口中，死亡率低的人口群体比例增加。有人做过这样的研究，比较1963年和1981年的总（粗）死亡率，如果保持1963年的年龄别死亡率不变，以1981年的人口年龄结构推算死亡率，则1981年的死亡率也能下降到7.48‰，能使1963年的死亡率下降2.56个千分点，占死亡率下降数的70%，换句话说，由于年龄别死亡率降低使总死亡率下降的作用只占到总死亡率下降的30%[①]。

这一时期的人口死亡率的详细情况，可以由以下一些重要的人口调查得知：①1973～1975年全国24个省（市、区）的死因调查；②1975年人口调查；③1978年人口调查。此外，1982年第三次全国人口普查，提供了1981年详细的死亡资料。

1973～1975年卫生部肿瘤防治研究所在全国29个省（市、自治区）8.5亿人口中进行了连续3年（1973～1975年）的全死因回顾性调查。根据调查结果，研究者选择了其中资料完整的24个省（市、自治区）（除湖北、甘肃、广东、广西和山东）累积的20亿人口资料，编制了分地区生命表和全国生命表，得到中国男性婴儿死亡率为48.93‰，平均预期寿命为63.62岁；女性婴儿死亡率为42.79‰，平均预期寿命为66.31岁[②]，并利用全死因方法研究常见疾病对人口预期寿命的影响。虽然这项调查还并不是严格意义上的概率抽样，调查结果中有些地区的预期寿命可能要高于实际情况，但它可以说是在第三次全国人口普查前内容最详细、范围最广的一项人口死亡调查，包括的内容如按地区、年龄、性别的死因分类资料，至今仍是国内公开发表最全面的资料之一。

---

① 袁永熙主编：《中国人口·总论》，中国财政出版社，1991年版，第152页。

② 戎寿德，黎均耀等：《我国1973～1995年居民平均期望寿命的统计分析》，《人口与经济》，1981年第1期，第24～31页。

1975 年的人口调查涉及 26 个省（区、市）的 48 个市、20 个市辖区和 117 个县共 9 957 万人口，占全国人口的 10.77%。其中，市调查 4 498 万人，县调查 5 459 万人。显然，1975 年调查市县的人口城乡比为 45.2∶54.8，同时县人口中还包括一部分镇人口，实际是 1∶1，而当年全国城乡人口比为 17.3∶82.7，因此 1975 年的人口调查并不能代表全国的情况。依据调查的部分市资料计算的市镇婴儿死亡率为 10.00‰，0 岁平均预期寿命为 69.65 岁；依据调查的部分县资料计算的县婴儿死亡率为 20.17‰，0 岁平均预期寿命为 67.19 岁。为推算全国的死亡状况，要对全国人口年龄和死亡人口年龄数字按比例调整重新计算。计算的结果，1975 年男性婴儿死亡率为 27.85‰，女性婴儿死亡率为 27.15‰，男性平均预期寿命为 65.34 岁，女性平均预期寿命为 67.08 岁。

1978 年调查是 1975 年的延续，涉及 23 个省市的部分市县，包括 17 个市、21 个市辖区、52 个县和两个镇。但调查的范围偏重于大城市和较发达的地区，调查虽经过调整，但计算的寿命指标仍然偏高。

1982 年我国进行了第三次人口普查。这次普查是新中国成立以来第一次全国范围内（在前两次，未调查西藏自治区）完全意义上的人口普查，首次获得了全国范围内的分年龄死亡数据。为保证调查的质量，在普查中以无锡为试点，采取多种措施对死亡人数进行核实。普查后，进行抽样调查，死亡漏报率为 0.44%，达到了很高的精度。婴儿死亡的漏报率可能略高一些。在原始死亡报告不调整的情况下，蒋正华运用自修正迭代方法，以 1982 年人口普查报告的 1981 年按性别、年龄和居住地（不包括西藏）死亡数据编制了 1981 年的全国和分省生命表。按计算结果，1981 年全国男性婴儿死亡率为 35.56‰，女性婴儿死亡率为 37.72‰，全国男性 0 岁平均预期寿命为 66.43 岁，女性 0 岁平均预期寿命为 69.35 岁。[①] 后来，黄荣清在编制全国人口死亡数据集中也在未加修正死亡数据的情况下计算了全国的生命表。与蒋正华不同的是，黄荣清认为第三次人口普查调查的范围虽然覆盖了中国大陆，即当时的 29 个省、自治区和直辖市及全部解放军，但公布的死亡人口数据是除西藏地区的 28 个地区的，同时未包括军人死亡的合计数。据黄荣清依据 28 个地区死亡人口汇总数据计算的 1981 年全国男性婴儿死亡率为 38.73‰，平均预期寿命为 66.21 岁；女性婴儿死亡率为 36.63‰，平均预期寿命为 69.14 岁。黄荣清进一步认为，如考虑到西藏人口死亡率较高，包括西藏在内的全国死亡率指标至少有 2‰的误差[②]。1986 年，周有尚等人对占全国人口 2.5% 的 62 个地区进行婴儿死亡抽样调查，计算所得调查地区的婴儿死亡率为 51.1‰。同时假定 1981～1986 年间婴儿死亡率没有发生变化的话，推算

---

① 蒋正华，张为民，朱力为：《中国人口平均期望寿命的初步研究》，《人口与经济》，1984 年第 3 期，第 14～20 页。

② 黄荣清：《中国 80 年代的死亡水平》，《中国人口科学》，1994 年第 3 期，第 1～11 页。

1981 年乡村及全国婴儿死亡率分别低估 43.7% 和 27%[①]。1991 年外国学者 Poston 利用周的结论，并对全国的县婴儿死亡率进行筛选，在排除明显存在误差的县婴儿死亡率后，将 1981 年全国婴儿死亡率调整为 55.2‰。这是对 1981 年中国婴儿死亡率的最高估计[②]。但多数中国学者认为根据经验和其他一些大规模的抽样调查，1981 年中国婴儿死亡率估计不会超过 50‰。因此大多数的中国学者在发表的婴儿死亡率研究成果中所使用的 1981 年全国调整死亡率以此为限，并徘徊在 40‰左右。

第三次全国人口普查（1982 年）时，中外学者一般都把注意力放在婴儿死亡率的漏报上。但第四次全国人口普查（1990 年）后，人们注意到普查时人口死亡漏报，不仅在婴儿死亡上，在其他年龄也同样存在。为此，有人重新对 1981 年的人口死亡水平进行估计，认为 1981 年中国人口的预期寿命，男性为 64.55 岁，女性为 67.47 岁。

在 20 世纪 80 年代前期，世界人口的粗死亡率为 10.6‰，预期寿命为 59 岁，发展中国家大约为 56.6 岁，发达国家为 73 岁。从上面的数字我们可以知道，不管哪种估计，在人口死亡水平上和发展中国家比，中国是佼佼者，但与发达国家相比，还有相当差距。

四、迈入人口低死亡率时期（1982～2010 年）

从 20 世纪 80 年代开始，我国的社会经济可以说步入了发展的“黄金时期”。国民经济持续快速健康发展，经济运营质量与效益迅速提高，综合国力进一步加强，人民生活不断改善。人民的医疗卫生条件得到改善，健康水平提高，人口死亡率继续下降。

继第三次全国人口普查后，我国成功举行了第四次全国人口普查（1990 年）、第五次全国人口普查（2000 年）和第六次全国人口普查（2010 年）。这三次人口普查提供了丰富的人口死亡资料。另外，人口死亡统计制度日益完善，卫生系统建立了城乡疾病监测网，并不时地公布有关信息。此外，国家计划生育委员会在 1988 年进行的 2‰妇女生育节育调查，也提供了许多人口死亡率的数据。

从总人口死亡率来看，自从 1977 年下降到 7‰以下后，三十多年来，一直在 6‰～7‰左右的水平上徘徊。这是因为在人口死亡率下降的同时，我国人口年龄结构中老年人的比例越来越高，抵消了由于人口死亡率下降而减少人口死亡发生的作用。类似的现象，如我国的邻国日本，人口死亡率也经历了二十多年（从 1966 年至 1992 年）6‰～7‰左右的徘徊期[③]。近年来，由于人口老龄化的作用，总死亡率略有上升，但也保持在 7‰以下。

按照 1990 年人口普查资料计算，1989～1990 年，中国人口的预期寿命为 70.06

---

① 周有尚，饶克勤，张德英：《中国婴儿死亡率分析》，《中国人口科学》，1989 年第 3 期，第 35～46 页。

② 达德利·鲍思顿：《中国婴儿死亡率模式》，翟振武主编：《人口数据分析方法及其应用》，外文出版社，1992 年版，第 122～136 页。

③ ［日］国立社会保障·人口问题研究所编：《人口统计资料集》，2001～2002 年版，第 41 页。

岁，男性的预期寿命为 68.35 岁，女性的预期寿命为 71.91 岁；婴儿死亡率为 27.33‰，其中男性为 25.49‰，女性为 29.38‰。①

但按照“四普”前后两次的人口生育调查的结果看，人口死亡率要高于普查结果，特别是婴儿死亡率，差别要更大一些。例如，按 1988 年 2‰人口生育节育的调查计算，1987 年，全国人口的预期寿命为 66.98 岁，男性为 65.63 岁，女性为 68.43 岁；婴儿死亡率，男女合计为 40.3‰，男性为 39.9‰，女性为 40.8‰。而 1992 年的调查计算，得到的人口预期寿命为 69.63 岁，男性为 68.35 岁，女性为 70.89 岁；婴儿死亡率，男女合计为 36.1‰，男性为 30.7‰，女性为 41.8‰。

1990 年普查时，把死亡人口划分为 3 个时期统计：普查时的前半年（1990 年 1 月 1 日至 1990 年 6 月 30 日），普查前半年至 1 年内（1989 年 7 月 1 日至 1989 年 12 月 31 日），普查前 1 年至 1 年半（1989 年 1 月 1 日至 1989 年 6 月 30 日）。人们在使用不同资料时发现结果有相当的差别，一般是靠普查时间越近，则死亡率越高，由此人们联想到人口普查的死亡漏报问题。对死亡漏报率的估计以及在修正基础上重估人口死亡水平，有不少研究。其中，黄荣清根据两次普查（1982 年和 1990 年）的人口存活率计算，得到两次普查（1982～1990 年）间，中国人口的预期寿命，男性为 65.67 岁，女性为 68.44 岁（关于 80 年代的估计数与 1988 年的生育节育调查结果非常接近。这个数字大概可以认为是 20 世纪 80 年代中国人口总体的死亡水平），而 1990 年人口的预期寿命，男性为 66.80 岁，女性为 69.43 岁。②

根据第五次全国人口普查资料的计算，2000 年，全国人口的平均预期寿命为 71.40 岁，男性的预期寿命为 69.63 岁，女性的预期寿命为 73.33 岁，婴儿死亡率为 26.27‰，其中男性婴儿死亡率为 22.12‰，女性为 31.22‰。按照过去的经验，一般来说，普查的死亡人口会有些漏报。把漏报部分考虑在内，我国人口的预期寿命已经超过了 70 岁。2010 年，全国人口的平均预期寿命估计在 73.5 岁左右，而婴儿死亡率已下降到 13.1‰。

按照联合国的统计，20 世纪 90 年代下半期，即 1995～2000 年，世界人口的预期寿命：男性为 62.9 岁，女性为 67.1 岁。其中，发达国家男性预期寿命为 71.1 岁，女性预期寿命为 78.6 岁；发展中国家男性预期寿命为 61.4 岁，女性预期寿命为 64.6 岁。2005 年，世界人口的预期寿命在 67 岁左右，发达国家为 77 岁左右。2010 年，世界人口的预期寿命在 69 岁左右，发达国家为 80 岁左右。我国目前的人口预期寿命高于世界人口的平均水平。和发达国家比，虽然尚有一定差距，但已经越来越接近了，如上海、北京等一些发达地区，已经相当于发达国家的水平。从我国目前的社会经济发展态势看，人民

① 由于普查时点为年中，死亡人口指普查前 1 年内的发生数，所以跨越两个日历年度。这里的数字见《中国死亡人口数据集》（黄荣清，刘琰编著，中国人口出版社，1995 年版，第 4 页）。

② 黄荣清：《关于中国人口死亡力与普查误差》，日本大学人口研究所研究系列 5，1996 年版。

群众的健康水平将进一步提高，人口死亡率还将以较快的速度下降。我们完全有理由认为，在不太长的时期内，中国的人口死亡水平将接近发达国家的水平。

第二节 城乡人口死亡水平差异明显

中国是一个典型的二元经济社会。城市集中了全国大部分社会资源，政府的各项政策向城市倾斜，城市居民享有较高的福利和较好的卫生医疗服务，所以城镇人口健康水平较高，人口死亡率较低，而农村则相反。本节将分别观察城镇和农村死亡率几十年的变动，比较和分析两者的差别和变动趋势。

一、城镇人口死亡率

在工业化和城市化初期，城市人口死亡率往往比农村人口高。这是因为在城市化初期，城市的基础设施（如上下水道、垃圾处理）的建设尚未引起人们足够的重视，而拥挤的城市环境（建筑物密集、人口密集）导致环境卫生较农村差，容易滋生传染病。一旦发生了传染病，由于人口密集，传染的速度也快，特别是当恶性传染病发生后，囿于当时落后的医疗技术条件，城市较农村往往有更高的死亡率。这时人们为了避免传染，往往躲避到人口较少的农村去。

由于科学技术的进步，如细菌、病毒的发现，抗生素、磺胺药和各种消炎药的发明和大量生产，预防疫苗接种的推广等，到 20 世纪 50 年代初，人们已经完全有能力控制那些严重危害人的生命的传染病了。新中国成立以后，政府就立即着手解决城市的失业问题，50 年代初，城市职工实行了公费医疗和劳保制度，由于生活和医疗都有了保证，城市居民的健康水平得到迅速的提高。李光荫根据北京市的人口死亡资料，编制了北京城区 1950 年及 1953 年生命表，求得 1950 年平均寿命，男性为 53. 38 岁，女性为 50. 22 岁；1953 年男性平均寿命为 61. 18 岁，女性为 60. 52 岁。这表明，短短几年，人口的平均寿命已有大幅度的提高。这虽然是一个市的情况，但从北京的变化也可窥见全国城市人口死亡变化的一斑。

从粗死亡率的变化看（图 4 - 2），50 年代初期，死亡率下降以后上升，到 1960 年达到峰值，达 13. 77‰，以后迅速下降，1963 年恢复到 1957 年时的水平，1965 年时下降到 6‰以下。以后 20 多年，中间除 1976 年由于唐山大地震死亡率一度上升至 6. 60‰外，其余年份一直在 5‰到 6‰之间徘徊。进入 21 世纪后，我国人口死亡率又进一步下降到 5‰以下。2010 年普查表明，城镇死亡率为 3. 87‰。

在第三次人口普查以前，一些大规模的、全国性的人口调查结果显示的城市人口死亡状况如下：

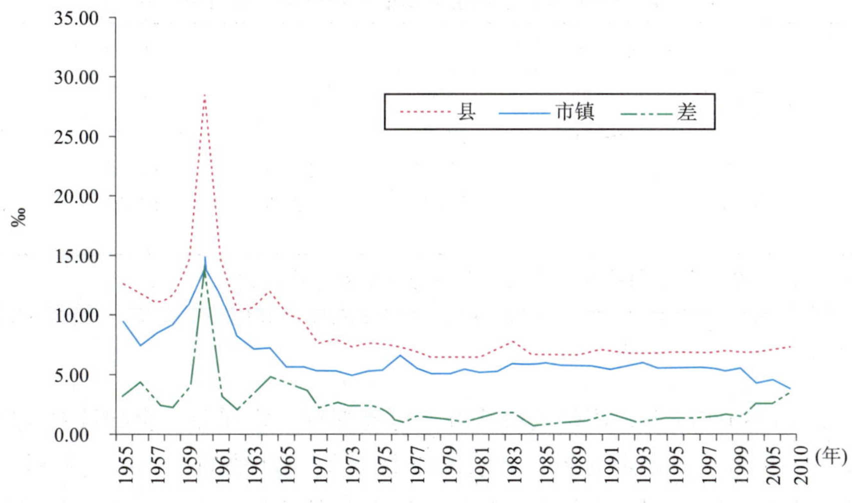

图 4－2　全国分城乡人口死亡率（1955～2010 年）

资料来源：[1] 1985 年以前数据来源于《中国人口年鉴 1986》（中国社会科学院人口研究中心编，社会科学文献出版社，1987 年版）。

[2] 1986～1999 年数据来源于《2004 中国卫生统计年鉴》（中华人民共和国卫生部编，中国协和医科大学出版社，2004 年版）。

[3] 2000 年数据来源于《中国 2000 年人口普查资料》（国务院人口普查办公室，国家统计司人口和社会科技统计司编，中国统计出版社，2002 年版）。

[4] 2005 年数据来源于《2005 年全国 1% 人口抽样调查资料》（国务院人口普查办公室，国家统计司人口和社会科技统计司编，中国统计出版社，2007 年版）。

[5] 2010 年数据来源于《中国 2010 年人口普查资料》（国务院人口普查办公室，国家统计司人口和社会科技统计司编，中国统计出版社，2012 年版）。

表 4－1　一些年份的城市人口的预期寿命与婴儿死亡率

年份	范围	预期寿命（岁）			婴儿死亡率（‰）		
		男女合计	男性	女性	男女合计	男性	女性
1957	市	63. 47	63. 60	63. 13	33. 19	32. 36	34. 1
1963	市	65. 82	65. 64	65. 99	33. 84	34. 48	33. 16
	镇	64. 73	64. 4	64. 9	32. 63	32. 74	32. 52
1975	市	69. 61	68. 31	70. 95	14. 12	14. 52	13. 7
1978	市	71. 27	69. 55	73. 09	9. 39	9. 74	9. 09

资料来源：中国人口情报资料中心编：《中国人口资料手册》，1986 年版。

1981 年以来，城镇人口死亡状况如下：

表 4－2　1981 年以来城镇人口的预期寿命与婴儿死亡率

年份	预期寿命（岁）			婴儿死亡率（‰）		
	男女合计	男性	女性	男女合计	男性	女性
1981	70.87	69.08	72.74	24.16	25.27	22.96
1989～1990	72.77	70.70	75.05	17.06	17.77	16.78
2000	76.11	74.01	78.35	12.34	10.69	14.24
2010	—	—	—	5.8	—	—

资料来源：[1] 2000 年及以前数据根据三次人口普查结果计算得到。

[2] 2010 年数据来自《中国卫生统计年鉴 2011》（中华人民共和国卫生部编，中国协和医科大学出版社，2011 年版）。

无论是人口抽样调查，还是人口普查，可能都有一定误差，会导致对实际的人口预期寿命有一些高估，对婴儿死亡率会有低估（但与其他的一些调查比较，城镇死亡人口的调查误差还是相当小的）。即使考虑了这些因素，城市人口死亡率的下降也是显而易见的。1957 年，城市人口的预期寿命已经超过了 60 岁，以后虽然有些反复，但到 70 年代上半期，估计人口预期寿命已超过了 65 岁（发达国家在 70 年代上半期的预期寿命为 71.4 岁），相当于发达国家 50 年代下半期的水平。到 80 年代中期，人口的预期寿命超过 70 岁。由第五次全国人口普查（2000 年）结果计算，1999～2000 年，我国市镇人口的预期寿命已达到 76.11 岁，若充分考虑了死亡漏报，以 75 岁左右来估计，则已经达到发达国家 90 年代下半期的水平。也就是说，我国城镇人口的死亡率水平，已经与发达国家的平均水平相当了（表 4－1、4－2）。

二、农村人口死亡率

由人口粗死亡率的变动看（图 4－2），农村人口死亡率一直高于城市。虽然总的趋势是下降的，但波动比城市大。在死亡率迅速下降期，在 1957 年达到了 11.07‰，之后开始上升，1960 年达到 28.58‰，然后开始下降，1961 年迅速下降到 14.58‰，1962 年进一步降到 10.32‰。以后死亡率虽有下降，但直到 1978 年以后，才降到 7‰以下。以后一直在 6‰～7‰浮动，中间还有若干年高于 7‰。

根据现有的一些重要的人口调查和三次人口普查，有关农村的人口死亡率的重要指标整理如下（表 4－3）：

表 4－3　农村人口的预期寿命与婴儿死亡率

年份	预期寿命（岁）			婴儿死亡率（‰）		
	男女合计	男性	女性	男女合计	男性	女性
1957	59.54	59.23	59.76	60.14	59.44	61.32
1963	60.89	60.68	60.98	92.77	92.93	92.61
1975	65.80	65.02	66.10	28.30	28.62	27.95
1978	67.99	66.66	69.34	23.50	23.50	23.50

续表

年份	预期寿命（岁）			婴儿死亡率（‰）		
	男女合计	男性	女性	男女合计	男性	女性
1981	66.95	65.56	68.36	40.27	41.23	39.23
1989～1990	69.18	67.59	70.91	29.92	32.43	27.66
2000	70.63	69.00	72.38	33.09	27.59	39.72
2010	—	—	—	16.0	—	—

资料来源：[1] 1957年、1963年、1975年、1978年的数据来源同表4－1。
[2] 1981年、1989～1990年、2000年、2010年的数据来源同表4－2。

由于普查前的几次人口调查都不是概率抽样调查，且调查往往选择容易调查到的地方，如交通便利的地方。而那些偏僻的地方又恰恰是死亡率高的地区，所以上面的数字，难免低估了农村人口死亡率。观察表4－3的数据可以知道，在1957年以前，农村人口的预期寿命在60岁以下。在1960年，农村人口死亡率高达25‰以上，则人口的预期寿命在45岁以下。1963年，预期寿命与1957年接近。到70年代中期，估计预期寿命超过了60岁。1978年的调查可能与实际有较大差距，我们弃之不用。1982年人口普查得到农村（县）人口的预期寿命为66.95岁，考虑到农村死亡人口有较大的漏报，当时的寿命估计不会超过65岁。按照2000年第五次全国人口普查结果，全国县人口的预期寿命为70.63岁，由于死亡人口的漏报肯定是存在的，但不知程度如何，所以按照经验，现在农村人口的预期寿命在68～69岁。

把表4－3的数字同表4－2、表4－1相比较，可以发现，在2000年普查以前，城乡人口的预期寿命的差距总是保持在3～4岁。当然，若考虑到农村死亡人口的漏报率要大于城市，这种差距还要大一些。一般来说，处于较高死亡率的人口，在相同的生活条件改善下，预期寿命的提高要快一些。但这里，城乡人口的预期寿命提高程度相同，则意味着城市人口的生活水平提高要比农村高。而更引人注目的是，2000年，城乡人口的预期寿命的差距超过5岁以上，高于过去的差距。这意味着现在我国城乡人口死亡率的差距不但没有朝缩小方向变动，反而是朝扩大方向变动。

第三节　地区间人口死亡水平差异大

我国地域辽阔，由于历史和自然条件等原因，各地区的社会经济发展非常不平衡，这种差别也反映到人口的死亡率上。下面，我们按照各地区在全国的地理位置，把大陆31个省（自治区、直辖市）划分为东、中、西部地区[①]，分别来看一下这3个地区人口死亡率的变动。需要说明的是，各地的死亡数据资料质量上有很大差别，完整程度也不同，在使用时必须有所留意。

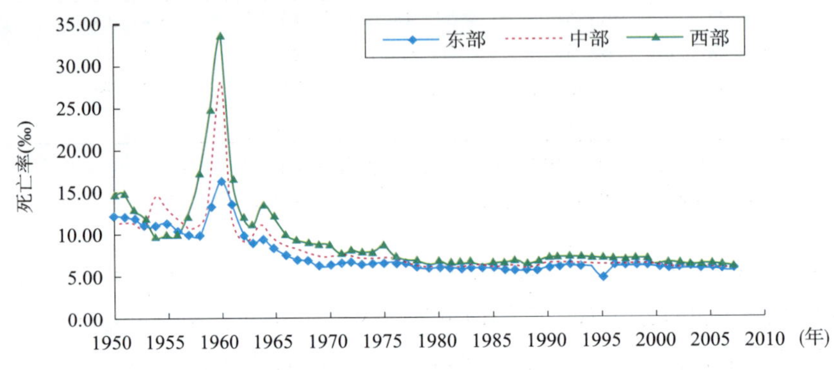

图4－3　中国东中西地区死亡率变动（1950～2007）

一、东部地区的人口死亡率

东部沿海地区是我国经济发达地区，这里有全国的政治、文化中心——北京，有老工业基地，商业金融中心，全国最大的城市——上海，与其他两个地区相比，本地区居民的收入较高，卫生保健条件也好。所以，人们的健康状况较好，死亡率较低。

从粗死亡率看（图4－3），在1957年已经下降到9‰以下。在1960年时死亡率曾一度升高至13.58‰，只相当于全国死亡率的一半左右。以后，死亡率不断下降，1962～1963年恢复到1957年的水平，1967年以后下降到6‰～7‰，1978年以后，维持在5‰～6‰的水平上，1990年以后，由于人口老龄化的作用，粗死亡率有所上升，目前在6‰以上。

在第三次人口普查以前，没有完整的各省（市、自治区）的分年龄人口死亡资料，所以无法算出人口的预期寿命。由1982年以来三次人口普查结果算得的人口预期寿命和婴儿死亡率如表4－4。

若不考虑死亡漏报，从1981年到2000年的20年间，婴儿死亡率下降了一半，预期寿命提高了近5岁。按照这个水平，东部地区现在的人口死亡率和全国城镇死亡率相当，已经达到和接近发达国家的平均水平了。

① 东部地区包括8省2直辖市市：北京、天津、辽宁、山东、上海、江苏、浙江、福建、广东、海南；中部地区包括9省2自治区：河北、山西、内蒙古、吉林、黑龙江、安徽、江西、河南、湖北、湖南、广西；西部地区包括6省1直辖市2自治区：重庆，四川、贵州、云南、西藏、陕西、甘肃、青海、宁夏、新疆。

表4-4　中国东部地区人口的预期寿命与婴儿死亡率

年份		预期寿命（岁）			婴儿死亡率（‰）		
		男女合计	男性	女性	男女合计	男性	女性
1981	均值	70.64	68.83	72.45	23.30	23.63	22.97
	标准差	1.35	1.46	1.41	6.50	5.48	7.70
1989~1990	均值	72.86	70.80	74.99	16.36	15.77	17.05
	标准差	1.39	1.54	1.38	6.10	5.22	7.26
2000	均值	75.42	73.35	77.60	11.59	9.95	13.68
	标准差	1.47	1.62	1.31	6.09	4.54	8.33

注：这里的均值是以省为单位的简单平均。表4-5和表4-6与此同。

从2000年第五次全国人口普查资料看，东部地区中人口预期寿命相对较低的山东省，也已达到73.92岁，而预期寿命最高的上海市，已经达到78.85岁。这个水平在发达国家中也可说是屈指可数的。

二、中部地区的人口死亡率

中部地区地处全国腹地，经济发展处于“中间”阶段，人口死亡率相当于全国的平均水平。

从粗死亡率的变动看（图4-3），中部地区的死亡率介于东部和西部之间。在死亡率迅速下降期，1957年，死亡率达到10.8‰，1960年上升至24.03‰，上升了1倍以上，略低于全国人口死亡率（不考虑各地死亡报告的误差），以后开始持续下降，1965年，降至低于1957年的死亡率，1978年以后，大致在6.5‰左右徘徊。

从1981年以来，婴儿死亡率下降了28%，2000年为24.19‰，预期寿命提高了4.28岁，2000年达到72.38岁。无论是粗死亡率、婴儿死亡率还是预期寿命，其水平和变化都和全国比较接近（表4-5）。

表4-5　中国中部地区人口的预期寿命与婴儿死亡率

年份		预期寿命（岁）			婴儿死亡率（‰）		
		男女合计	男性	女性	男女合计	男性	女性
1981	均值	68.10	66.79	69.45	33.38	34.44	32.26
	标准差	1.83	1.75	1.91	10.25	10.82	9.90
1989~1990	均值	69.59	68.04	71.30	26.83	24.31	29.74
	标准差	1.26	1.26	1.38	10.98	8.05	15.86
2000	均值	72.38	70.69	74.22	24.19	19.69	29.79
	标准差	1.16	0.86	1.57	10.35	5.91	16.82

在中部地区的各省区中，黑龙江省人口死亡率较低，2000年的人口预期寿命达到74.05岁。江西省在中部地区死亡率对要高一些，2000年的预期寿命为70.03岁。

从标准差来看，死亡率的内部差别不大。

三、西部地区的人口死亡率

大部分西部地区，从人们的生活和生产来说，环境比较严酷。西南多高原山地，缺少平坦土地；西北大漠荒野，严重缺水。由于自然环境和一些历史原因，这里的经济基础较差。无论是生活水平还是卫生医疗条件，西部都不如东部和中部，所以人们的健康水平较低，死亡率较高。

从粗死亡率的变动看，西部地区的死亡率总是在东部和中部之上。1957 年，西部地区的死亡率为 12. 2‰，1960 年上升至 32. 04‰，都高于全国人口死亡率，以后开始持续下降。1965 年，恢复至 1957 年的死亡率水平，到 1978 年，死亡率下降到 8‰以下，之后死亡率继续平稳缓慢下降。1997 年，死亡率下降到 7‰以下。

1981 年以来，婴儿死亡率下降了 43%，2000 年为 39. 41‰，预期寿命提高了 6. 23 岁，现在达到 69. 39 岁（这里都不考虑统计误差）。近 20 年，无论是从婴儿死亡率下降还是从预期寿命提高上说，其速度还是比较快的。

西部各省区的人口死亡率差别比较大，这从标准差的数值上就可以看出，西部预期寿命和婴儿死亡率的标准差高于东、中部。在西部各省、区中，西南的重庆市、四川省和西北的宁夏回族自治区，人口死亡率较低，2000 年的人口预期寿命达到 71 岁；而西南的贵州、云南、西藏，死亡率较高，2000 年的人口预期寿命仅为 65 ~ 66 岁，这也是我国人口预期寿命最低的 3 个地区。

表 4 – 6　中国西部地区人口的预期寿命与婴儿死亡率

年份		预期寿命（岁）			婴儿死亡率（‰）		
		男女合计	男性	女性	男女合计	男性	女性
1981	均值	63. 16	62. 41	63. 90	69. 36	73. 57	64. 88
	标准差	2. 24	2. 18	2. 39	24. 61	27. 20	21. 98
1989 ~ 1990	均值	66. 24	65. 05	67. 51	52. 04	53. 28	50. 78
	标准差	2. 80	3. 07	2. 64	22. 67	25. 87	19. 55
2000	均值	69. 39	68. 00	70. 96	39. 41	36. 58	42. 67
	标准差	2. 59	2. 51	2. 79	16. 86	14. 16	20. 30

注：1982 年第三次全国人口普查时，西藏未进行人口死亡调查，所以，1981 年的数据中不包括西藏。

四、人口死亡率的地区差别

从对以上 3 个地区的分析描述中可以知道，人口死亡率在我国的地区差别是非常大的。死亡率低的地区，如上海、北京，人口的预期寿命在 60 年代初已达到 65 岁①②，已经相当于西南的贵州、云南、西藏 3 个地区 2000 年人口的预期寿命。这 3 个经济落后地区的死亡率和国内最发达地区相差 35 ~ 40 年。若从国际比较，上海、北京的死亡率已经跨入了世界低死亡率行列，而我国落后地区的死亡率相当于世界的平均水平，为发达国家 50 年代前期的水平。

现在我们关心的是，从改革开放以来，我国的人口死亡率的地区差别是向缩小方向变动还是保持原状，或朝着扩大方向变动。

从比较表 4 - 4、表 4 - 5 和表 4 - 6 中发现，1981 年，中部地区人口预期寿命较东部要平均低 2. 54 岁，男性低 2. 04 岁，女性低 3. 00 岁；西部地区人口预期寿命较中部要平均低 4. 94 岁，男性低 4. 38 岁，女性低 5. 55 岁。到 1989 ~ 1990 年，中部地区人口预期寿命较东部要平均低 3. 27 岁，男性低 2. 76 岁，女性低 3. 69 岁；西部地区人口预期寿命较中部要平均低 3. 35 岁，男性低 2. 98 岁，女性低 3. 79 岁。就是说，在 80 年代，中部和西部的死亡率差别有所缩小，但东部和中部的差距反而有所加大。2000 年，中部地区人口预期寿命较东部要平均低 3. 04 岁，男性低 2. 66 岁，女性低 3. 38 岁；西部地区人口预期寿命较中部要平均低 2. 99 岁，男性低 2. 69 岁，女性低 3. 26 岁。这说明，在 90 年代，东部、中部、西部的人口死亡率差别有所缩小。从 1980 ~ 2000 年的变化看，西部的死亡率下降较快，所以和东部、中部的差距有所缩小，但中部与东部的差距并没有缩小。

地区人口死亡率的差别，其根本的和决定性因素是发展过程中的城乡差别。东部、中部和西部城镇死亡率的差别，其实并不很大。如 1989 ~ 1990 年，东部比中部，中部比西部，城镇人口的预期寿命的差距都没有超过 1 岁。而农村间的死亡率的差别就比较大。东部较中部，预期寿命高 2. 94 岁，而中部较西部，预期寿命高 3. 96 岁。所以，越是不发达地区，城乡差别就越大。东部城镇预期寿命，较农村高 1. 97 岁，而中、西部，城乡差距分别为 3. 14 岁和 6. 11 岁。

第四节　各民族人口死亡水平迅速下降但差异显著

我国是一个多民族的统一国家，除人口占大多数的汉族外，还有 55 个少数民族。少数民族大多居住在祖国的西部和内蒙古地区。在近代，新中国成立以前，少数民族和汉族一样，生活艰苦，饱受辛酸，处于高死亡状态。这可以从一些民族的人口数量变动上看出，如蒙古族、藏族等许多民族，人口长期处于负增长状态。个别地区的统

① 李慕真主编：《中国人口 · 北京分册》，中国财政经济出版社，1987 年版，第 134 ~ 135 页。
② 胡焕庸主编：《中国人口 · 上海分册》，中国财政经济出版社，1987 年版，第 134 页。

计及一些零星的调查数据也可证实，如伪“满洲医科大学卫生系”日籍教授三蒲运一在1940年以蒙古族农牧民为对象的一个社会调查中，得到的结果为：人口出生率为37.30‰，死亡率为44.20‰，婴儿死亡率为295‰，人口自然增长率为-6.90‰[①]。另据调查，东北地区朝鲜族在1931~1935年的人口死亡率为24.0‰[②]。川南叙永苗族在1943年的人口死亡率高达50.6‰。

新中国成立以后，每个民族作为祖国大家庭的一员，在建设自己家园的同时，不断提高自己的生活水平和健康水平。政府在改善少数民族地区的卫生医疗条件，普及卫生知识，推广新法接生，开展妇幼保健等方面，做出了很大的努力。改革开放以来，我国政府在开展内地省市对民族地区各项事业（包括医疗卫生）的支援，培养少数民族的医疗卫生专业人才等方面，加大了力度。这一切，都促使了少数民族人口死亡率的下降。

由于我国的经常性人口统计中无民族别的统计，在前三次（1953年、1964年、1982年）人口普查也未调查分民族人口的死亡状况，所以我们无法详细知道各少数民族人口的死亡率及其变化。但从各民族人口在新中国成立以来都有较快的增长的事实可以推测少数民族人口的死亡率在下降。另外，一些个别地区的调查也可佐证（表4-7）。

表4-7 一些民族人口死亡率的变动

单位:‰

年代	蒙古族	撒拉族	毛南族	新疆少数民族
50年代	17.9	—	14.7	19.4
60年代	12.7	20.4	13.9	9.4
70年代	5.9	12.9	11.5	8.3
80年代	3.8	6.9	7.1	10.8

资料来源：袁永熙主编：《中国人口·总论》，中国财政经济出版社，1991年版，第160页。

以下，我们主要根据1990年第四次全国人口普查、2000年第五次全国人口普查和2010年第六次全国人口普查资料，分析中国各民族人口的死亡状况。

一、各民族人口死亡率及其变动

从1990年第四次全国人口普查到2010年第六次全国人口普查的20年间，随着全国人口的死亡率水平不断下降，我国各民族人口死亡率水平也在稳步下降，健康素质持续提高。其中，少数民族人口死亡率由6.94‰降到5.34‰，下降了23%（同期

① 田雪原主编：《中国民族人口》，中国人口出版社，2002年版，第171页。

② 赵锦辉：《1949年前近40年中国人口死亡水平和原因分析》，《人口研究》，1994年第6期，第33~38页。

全国死亡率下降了 11%）。各少数民族人口处于低死亡水平的民族个数不断扩大，民族间的人口死亡率的差异也有所缩小。以下将详细分析 1990 ~ 2010 年三次人口普查的少数民族人口死亡变动状态。

根据 1990 年第四次全国人口普查资料计算，1989 ~ 1990 年，汉族人口的粗死亡率为 6.22‰，55 个少数民族人口的粗死亡率为 6.94‰。少数民族人口死亡率比汉族高 0.72 千分点。

若分民族看，人口粗死亡率小于 5‰的民族有 6 个，他们是锡伯族、乌孜别克族、仫佬族、赫哲族、满族、裕固族，其中锡伯族人口死亡率最低，为 3.81‰。粗死亡率在 5‰和 6‰之间有 8 个民族，6‰和 8‰之间有 21 个民族，8‰和 10‰之间有 8 个民族，大于 10‰的有 12 个民族，其中粗死亡率大于 12‰的有 6 个民族：珞巴族、佤族、独龙族、门巴族、布朗族、德昂族，其中珞巴族死亡率最高，达 14.80‰；其次为佤族，为 13.84‰。少数民族人口平均死亡率（以每个民族为单位的简单平均，以下所说的“平均”与此意义同）为 7.86‰，标准差为 2.60‰。

由 2000 年普查资料计算，汉族人口死亡率为 5.87‰，少数民族人口死亡率为 6.27‰，少数民族人口总死亡率较全国高出 0.37 个千分点，高出汉族 0.4 个千分点。分民族看，人口粗死亡率小于 5‰的民族有 10 个。粗死亡率在 5‰和 6‰之间有 13 个民族，6‰和 8‰之间有 20 个民族，有 12 个民族人口死亡率大于 8‰，其中两个在 10‰以上。少数民族人口平均死亡率为 6.51‰，标准差为 1.80‰。按照统计学的理论，55 个少数民族中的 68%，即 38 个民族在 6.51‰ ± 1.80‰，即（4.71‰，8.31‰）之间。人口死亡率小于 4.71‰的有 7 个民族，高于 8.31‰的有 10 个民族。

到 2010 年第六次全国人口普查时，全国各民族的人口死亡率都有了进一步的下降。汉族人口死亡率降至 5.59‰，少数民族人口死亡率下降幅度更大，降至 5.34‰。分民族看，人口粗死亡率小于 5‰的民族扩大到 23 个（其中赫哲族人口死亡率最低，为 1.87‰），人口粗死亡率在 5‰和 6‰之间有 14 个民族，6‰和 8‰之间有 13 个民族，有 5 个民族人口死亡率大于 8‰，其中两个在 11‰以上。少数民族人口平均死亡率为 5.56‰，标准差为 1.86‰。关于各个民族人口的总死亡率见表 4 – 8。

1990 ~ 2010 年，大部分少数民族人口的总死亡率有较大幅度的下降，但也有总死亡率上升的民族。从全国来看，1990 年全国人口的总死亡率从 6.28‰下降至 2010 年的 5.58‰，下降了 0.7 个千分点。汉族和少数民族分别下降了 0.63 个千分点和 1.6 个千分点。下降幅度均非常可观。2010 年人口死亡率的标准差比 1989 ~ 1990 年小，这说明各少数民族人口死亡率的差异有所缩小。

若分性别看，2010 年，全国男性人口死亡率为 6.30‰，女性为 4.82‰。其中，汉族男性死亡率为 6.30‰，女性为 4.85‰；少数民族男性死亡率为 6.23‰，女性为 4.41‰。少数民族男性平均死亡率为 6.61‰，标准差为 2.34‰，即 38 个少数民族在 4.27‰和 8.95‰之间。女性平均死亡率为 4.48‰，标准差为 1.51‰。各少数民族中男性的死亡率差异大于女性。

各少数民族中，男女死亡率差的平均值为2.13‰，标准差为1.15‰。从平均值与标准差之比来看，标准差是比较大的。绝大部分男性死亡率要高于女性，男性死亡率与女性死亡率差异最大的为珞巴族，达7.01‰。

二、各民族人口预期寿命及其变动①

总死亡率虽然从一个方面反映了人口死亡风险的大小，但它只是一个粗略的指标。由于死亡风险在不同年龄的人口群体中有很大差异，所以人口的年龄结构对总死亡率有很大影响。我们可以用一个更好的指标，即通过编制出的生命表，计算0岁平均预期寿命（简称平均预期寿命，预期寿命）来度量人口总体的死亡风险。

要编制出一个较为精确的生命表，需要死亡率具有稳定性，因此需要一定数量的人口来保证。我国各民族的人口数量差异很大。在少数民族中，人口多的超过了1 000万人，人口少的尚不足1万人。例如，2000年普查时，3万人左右及3万人以下的民族，有珞巴族、高山族、赫哲族等16个民族；3万~5万人口的民族，有普米族、阿昌族、塔吉克族。人口数量多的民族，编制生命表自然没有问题，人口少的就必须对原始数据进行一系列加工。本文在编制生命表时，所以严格说来，这些人口少的民族，特别是3万人左右及3万人以下的民族，预期寿命不是普查得到的直接结果，而是依据普查结果进行估计的数字，可能会有较大的误差，或者年度之间有较大的波动。在做人口死亡率对比分析时，我们必须留意。

1989~1990年，汉族人口的预期寿命为70.46岁，少数民族的预期寿命为66.24岁，两者的差为4.22岁。在少数民族中，分民族看，预期寿命在60岁以下的有12个民族（最低的为佤族，为50.80岁；其次为珞巴族，为52.52岁），在60~65岁的有16个，在65~70岁的有19个，在70岁以上的有8个民族（以锡伯族最高，为72.97岁；其次为京族，为72.94岁）。55个少数民族的预期寿命的平均值为64.09岁，标准差为5.44岁。

表4-8　各民族人口死亡率与预期寿命②

民族	死亡率（‰）			预期寿命（岁）	
	2010年	2000年	1990年	2000年	1990年
汉族	5.59	5.87	6.22	73.34	70.46
少数民族	5.34	6.27	6.94	69.03	66.24
蒙古族	4.15	5.70	5.83	68.55	66.43

① 由于无法获得2010年各民族的详细死亡资料，无法推算2010年各民族预期寿命。本部分只分析1990年和2000年各民族的预期寿命。

② 由于无法获得各民族普查前一年的平均人口，此处直接利用时点人口计算死亡率。

续表

民族	死亡率（‰）			预期寿命（岁）	
	2010 年	2000 年	1990 年	2000 年	1990 年
回族	4. 46	4. 95	5. 43	73. 36	70. 56
藏族	6. 23	7. 29	9. 00	66. 00	61. 66
维吾尔族	5. 25	6. 20	8. 70	68. 14	63. 43
苗族	5. 54	7. 04	7. 57	66. 52	64. 37
彝族	5. 99	7. 89	8. 52	63. 96	61. 74
壮族	5. 45	5. 98	6. 26	71. 94	68. 60
布依族	6. 60	7. 72	8. 72	65. 63	62. 74
朝鲜族	5. 65	6. 00	6. 94	73. 77	67. 61
满族	4. 50	4. 61	4. 56	74. 77	71. 98
侗族	6. 03	6. 79	6. 83	67. 96	66. 55
瑶族	5. 13	5. 93	7. 43	69. 62	65. 67
白族	6. 04	6. 56	7. 10	69. 15	66. 75
土家族	5. 42	6. 45	7. 03	70. 43	66. 81
哈尼族	6. 35	9. 15	10. 16	59. 04	57. 94
哈萨克族	4. 66	5. 19	6. 93	67. 39	62. 55
傣族	6. 05	6. 89	7. 59	66. 66	64. 81
黎族	4. 41	5. 17	6. 41	70. 36	66. 32
傈僳族	7. 18	9. 41	10. 39	59. 58	57. 98
佤族	7. 29	9. 73	13. 84	56. 80	50. 80
畲族	5. 75	6. 05	6. 02	72. 41	70. 35
高山族	2. 49	4. 28	6. 30	70. 43	70. 48
拉祜族	7. 53	9. 57	11. 99	56. 38	54. 36
水族	8. 45	6. 66	7. 46	67. 18	64. 25
东乡族	4. 23	5. 73	5. 99	67. 48	67. 40
纳西族	6. 24	7. 72	7. 98	67. 60	65. 74
景颇族	7. 18	8. 54	11. 09	60. 56	56. 91
柯尔克孜族	4. 72	5. 97	9. 87	67. 89	61. 04
土族	5. 74	5. 39	7. 29	67. 81	62. 39
达斡尔族	4. 14	6. 15	7. 25	66. 80	62. 58
仫佬族	3. 97	4. 97	4. 50	73. 21	72. 85
羌族	4. 96	5. 14	6. 32	72. 26	66. 96
布朗族	5. 61	8. 58	12. 38	60. 63	54. 70
撒拉族	3. 58	5. 34	6. 37	71. 67	66. 39
毛南族	5. 52	6. 50	5. 69	69. 35	68. 82
仡佬族	5. 65	7. 20	7. 28	67. 01	64. 47
锡伯族	3. 58	3. 77	3. 81	75. 61	72. 97
阿昌族	5. 11	6. 68	9. 41	66. 92	61. 11
普米族	5. 51	8. 22	8. 19	63. 52	63. 82
塔吉克族	4. 56	5. 79	10. 03	70. 18	62. 19
怒族	8. 63	8. 84	11. 73	62. 06	56. 80

续表

民族	死亡率（‰）			预期寿命（岁）	
	2010 年	2000 年	1990 年	2000 年	1990 年
乌孜别克族	2.84	3.50	4.37	74.48	71.18
俄罗斯族	3.70	3.99	5.22	75.11	68.48
鄂温克族	3.92	6.38	7.19	66.63	59.63
德昂族	6.86	8.19	12.05	67.00	54.62
保安族	4.18	5.24	5.69	71.94	68.09
裕固族	4.38	6.07	4.92	70.75	69.26
京族	6.60	2.91	5.22	77.58	72.94
塔塔尔族	4.78	3.50	5.76	69.53	66.63
独龙族	9.24	10.41	12.51	66.02	58.70
鄂伦春族	4.04	5.64	7.49	66.98	60.80
赫哲族	1.87	3.81	4.51	69.96	68.25
门巴族	11.27	10.03	12.41	64.01	56.48
珞巴族	11.95	8.85	14.80	68.99	52.52
基诺族	4.41	7.92	8.02	63.91	65.58

资料来源：根据《中国1990年人口普查资料》（国务院人口普查办公室，国家统计局人口统计司编，中国统计出版社，1993年版）、《中国2000年人口普查资料》（国务院人口普查办公室，国家统计局人口和社会科技统计司编，中国统计出版社，2002年版）和《中国2010年人口普查资料》（国务院人口普查办公室，国家统计局人口和社会科技统计司编，中国统计出版社，2012年版）算出。

由2000年普查资料计算，全国少数民族人口预期寿命为69.03岁，汉族为73.34岁，汉族较少数民族预期寿命高4.31年。各民族按预期寿命大小分组如表4－9。

从各个民族平均来看，55个少数民族预期寿命平均值为67.99岁，标准差为4.62岁，说明各民族预期寿命差别还是相当大的。预期寿命高的为京族（77.58岁）、锡伯族（75.61岁）、俄罗斯族（75.11岁）、满族（74.77岁）、乌孜别克族（74.48岁）、朝鲜族（73.77岁）、回族（73.36岁）等7个民族。他们的预期寿命较汉族要高。而预期寿命低的有拉祜族（56.38岁）、佤族（56.80岁）、哈尼族（59.04岁）、傈僳族（59.58岁）、景颇族（60.56岁）、布朗族（60.63岁）等6个民族。他们的预期寿命都在60岁或60岁以下。

与1990年相比，汉族人口预期寿命提高了2.88岁，少数民族提高了2.79岁，少数民族预期寿命提高的幅度要低于汉族。但若以55个少数民族进行简单平均，则少数民族预期寿命平均提高了3.90岁。就是说，大部分少数民族预期寿命提高的幅度要高于汉族。与1990年相比，少数民族预期寿命提高幅度在2.88岁以上的有32个民族。其中，珞巴族、德昂族达10岁以上，有15个民族提高了5～10岁。提高幅度在2.88岁以下的有23个，其中高山族、普米族、基诺族等3个民族略有下降。

表 4-9　按预期寿命大小对少数民族分组（2000 年）

预期寿命 e_0（岁）	民族个数	民　族
$e_0 \geq 70$	18	京、锡伯、俄罗斯、满、乌孜别克、朝鲜、回、仫佬、畲、羌、壮、保安、撒拉、裕固、高山、土家、黎、塔吉克
$65 \leq e_0 < 70$	26	赫哲、瑶、塔塔尔、毛南、白、珞巴、蒙古、维吾尔、侗、柯尔克孜、土、纳西、东乡、哈萨克、水、仡佬、德昂、鄂伦春、阿昌、达斡尔、傣、鄂温克、苗、独龙、藏、布依
$60 \leq e_0 < 65$	7	门巴、彝、基诺、普米、怒、布朗、景颇
$e_0 < 60$	4	傈僳、哈尼、佤、拉祜

若分性别看，2000 年少数民族男性预期寿命为 67.14 岁，汉族为 71.46 岁。男性以京族预期寿命为最高，达 75.55 岁，其次为锡伯族（73.82 岁）、满族（73.03 岁）。这 3 个民族的预期寿命较汉族（71.46 岁）高。除这 3 个民族外，预期寿命在 70 岁以上的还有 7 个民族，即共有 10 个民族。预期寿命较低的，在 60 岁以下的共有 9 个民族，其中以拉祜族最低，仅 55 岁。预期寿命在 67 岁以上，即接近或超过全体少数民族人口预期寿命的少数民族有 25 个，在 67 岁以下的有 30 个。

少数民族女性预期寿命为 71.10 岁，汉族为 75.33 岁。在 71 岁以上的少数民族共有 23 个，其中，有 13 个民族在 75 岁以上，超过了汉族。俄罗斯族最高，女性预期寿命达 78.79 岁，京族、赫哲族也超过了 78 岁。有 32 个民族的女性预期寿命在 71 岁以下。其中，在 65 岁以下的民族有 8 个，在 60 岁以下有 3 个，拉祜族（57.78 岁）、佤族（58.47 岁）、哈尼族（59.46 岁），以拉祜族的预期寿命为最低。

一般来说，女性的预期寿命要高于男性。少数民族男性预期寿命较女性低 3.96 岁，汉族为 3.87 岁。少数民族男女寿命差大于汉族。55 个少数民族，男女平均预期寿命差为 4.54 岁，其中，男女寿命差在 10 岁以上的有 3 个，高山族、俄罗斯族、独龙族，以高山族的差别最大，达 12.02 岁。寿命的性别差在 5～10 岁的有 19 个民族，性别差在 3～4 岁的也有 19 个；性别差在 0～3 岁有 11 个民族；有 3 个民族的女性预期寿命低于男性（基诺族、塔吉克族和东乡族）。

现在再来回顾分析一下前面粗死亡率增大的 6 个民族（2000 年与 1990 年相比）。除了普米族以外，与 1990 年相比，其他民族的预期寿命都有不同程度的提高，如满族，提高了两岁多。可见，这些民族人口的总死亡率提高，是由于人口老龄化引起的。普米族人口粗死亡率、预期寿命都略有下降，考虑人口死亡率的随机性和波动，可认为普米族的人口死亡率基本上没有变化。

通过对以上的分析我们可以知道，我国民族之间人口死亡率有很大的差别。一些民族，其人口死亡率已经赶上或接近发达国家的水平。而人口死亡率高的民族，不但高于世界平均水平，而且高于发展中国家的平均水平（20 世纪 90 年代下半期，世界人口的平均寿命约为 65 岁，发展中国家的平均寿命为 63 岁），只相当于 20 世纪 80

年代初期发展中国家的平均水平（56.6岁）。

通过分析发现，人口死亡率低的民族，基本上是城镇人口比例高的民族。如俄罗斯族、乌孜别克族是各民族城镇人口比例最高的两个民族，2000年的城镇人口比例分别为81.36%和68.43%（全国的城镇人口比例为36.92‰）。而其他几个人口死亡率低的民族，城镇人口的比例也都高于汉族。人口死亡率高的民族，无一例外，都是城镇人口比例低的民族。如拉祜族、佤族都是各民族中城镇人口比例最低的几个民族之一。2000年，拉祜族城镇人口比例为6.64%，佤族为9.77%。所以，少数民族人口死亡率的差别，反映出来的是社会经济发展程度上的差别，突出地表现在城乡差别上。

进一步观测可以发现，人口死亡率高的民族主要分布在我国西南地区，尤其是云南省的怒江、澜沧江流域。这是值得我们注意的。

第五节 中国人口死亡水平转变的贡献和启示

一、人口健康素质提升夯实社会发展基础

人口死亡是人口变动的决定因素之一。可以说，不了解人口死亡的规律，就不可能掌握人口变动的规律。而人口死亡研究的意义还不仅在于此。当国家确定"以人为本"和"以人的全面发展为中心"为发展目标时，人的健康长寿则被列为重要发展目标。这是因为健康长寿是人民群众共同的理想，关系到人民群众最根本、最直接的利益。因此，加强以改善民生为重点的社会建设，首要任务之一就是降低人口死亡水平，提高人口健康素质，提高人口预期寿命。

党和政府十分重视增强人口健康素质，自新中国成立起就加强卫生事业建设，不断完善医疗卫生保障制度，重视妇幼卫生保健事业。同时，我国社会经济快速发展为我国卫生事业发展提供了重要的物质保障和基础。

总的来说，新中国成立以来，在社会经济发展的推动下，在国家的重视下，我国人口的健康水平已有了很大的提高，已实现人口从高死亡率向低死亡率的转变，并且正在向世界人口死亡率最低的行列迈进。改革开放以来，我国城乡的协调发展，地区平衡发展和各民族共同发展，为改善人口整体健康素质，提高民生质量奠定了坚实的人口基础。

二、经验和启示

总结六十多年的发展历程，有如下经验和启示：

1. 发展是各项事业的保证。我们只有坚持经济建设为中心，坚持改革开放，不

断推进经济的发展，才能带动各项事业的进步。只有经济发展了，人民生活水平才能得到不断提高，卫生事业的发展才有坚实的基础，人民享受医疗卫生保健才有保障，人民的健康水平才会不断提高。

2. 社会制度对人口死亡率有很大的影响。中国之所以能在较低的经济收入水平下实现人口死亡率的较快下降，得益于国家重视公共卫生，长时期实行较为公平的收入分配，并向弱势群体倾斜的政策。因此，在今后包括医疗体制改革在内的社会改革中，如何在公平与效率之间找到平衡，促进城乡协调、地区平衡，实现各民族共同发展，使绝大多数人在经济发展中都能不断受益，使人口中的弱势群体能得到救助，对提高全民族的健康水平来说，是一项根本性的问题。我国城乡差别、地区差别、民族差别还比较大，这是值得注意的。

3. 经验证明，当经济发展到一定水平，文化因素对死亡率的下降作用，甚至比经济因素作用更大。因此，保持社会安定，促进社会和谐，提倡精神文明，提倡科学、健康的生活方式，对进一步降低人口死亡率有重要作用。

4. 当前，从我国人口总体死亡水平看，婴儿死亡率相对较高，女性儿童死亡率异常。所以，在加强妇幼保健，在全社会消除性别歧视方面，我们必须要做更大的努力。

5. 人类在不断进步，细菌、病毒也在发生变化。过去，天花、霍乱、伤寒、鼠疫等曾一度是人类的致命杀手，由于科学技术的进步，人类已经有防治的方法，但这并不表示人类就可一劳永逸了，旧的细菌病毒可能卷土重来，如过去一度销声匿迹的结核病现在有上升趋势。新的细菌、病毒也会产生，如艾滋病病毒、埃博拉病毒，以及 SARS 病毒，正严重地威胁着人类的生命，这些都提醒人类与疾病的斗争是不会结束的。重视科学进步、重视公共卫生，是人类健康不断提高的保证。

第五章　人口健康素质不断提高

人口的健康问题，是民生最为重要、最为基本的一个方面。健康是第一民生，它是关系到人民群众基本生存状态、基本发展能力和基本权益的基础性指标。所以提高人口健康素质是改善民生的重要工作内容和目标之一。新中国成立以来，党和政府就一直非常重视人民群众的身体健康问题，在这方面做出了巨大的努力。从新中国成立初期初步建立卫生防疫体系、开展爱国卫生运动、动员全国上下与传染病、地方病等作斗争到现在一系列的深化医疗卫生体制改革，以保证人人享有基本的医疗和保健，无一不是服务民生、提高人口质量和全民健康水平的体现。本章展现了新中国成立以来人口健康素质方面非常显著的提高过程，以此反映改善民生所取得的巨大成就。

第一节　人口生长发育水平显著提高

新中国成立以来，随着医疗技术水平的提高和人民生活水平的改善，人体的生长发育水平持续显著提高。但是由于缺乏锻炼、饮食不合理等原因，人口的生长发育方面仍然存在着运动素质和体能素质下降、肥胖等一些问题。

人体的生长表现为组织、器官、身体各部分以至全身形体的长短、大小和重量的增加。人体的发育是指功能的分化和不断完善，心理、智力和体力的发展。生长发育是在机体与外环境的相互作用下实现的。遗传决定生长发育的可能性，环境决定生长发育的现实性。我们常用形态指标（身高、体重、胸围等）、生理机能指标（血压、肺活量、初潮年龄等）和运动素质指标（反映机体爆发力、耐力和柔韧性的指标）来评价人群的身体素质生长发育水平。人体的生长发育有一定的规律性，各类指标之间有密切的联系。

成年前，人体的形态发育指标基本上都随着年龄的增大而有不同程度的增长，但各年间增长的速度和幅度不同。根据不同年龄阶段的增长速度和幅度，基本上可以分为匀速增长、快速增长（突增）、缓慢增长和相对稳定四个阶段。

婴儿出生后0~2岁形态发育出现第一次快速增长期，其后增长速度缓慢，经较长一段时间的匀速生长逐渐过渡到青春期。一般男孩7~11岁、女孩7~9岁处于这一阶段。这一阶段各形态指标各年龄组间的年增长速度极为接近，增长幅度的年龄间差别范围很小，呈匀速增长。男孩12~15岁、女孩10~12岁左右处于形态发育的快速增长阶段。各项指标的增长值均有大幅度的提高，呈现突增的趋势，尤以突增高峰年龄段最为显著。快速增长之后，男孩14~18岁、女孩13~18岁左右，形态发育指标进入缓慢增长阶段。男女孩的多数形态指标在19~21岁达到稳定阶段。

一、形态发育呈现出增长的趋势

从新中国成立初期到改革开放初期，同年龄学生的形态发育指标呈提高的趋势。上海市1960~1970年期间，男生身高平均增加1.47厘米，体重平均增加0.73千克；女生身高平均增加1.28厘米，体重平均增加0.55千克（表5-1）。浙江省的生长发育资料也显示，与新中国成立初期（1955年）相比，2005年同年龄组学生的身高均值有所增加。18岁组男生的身高增加5.26（171.15-165.89）厘米，体重增加6.58（60.85-54.27）千克；女生身高增加3.47（158.63-155.16）厘米，体重增加0.40（50.20-49.80）千克（表5-2）。

表5-1　1931~1985各阶段上海市学生生长发育情况表

单位：厘米、千克

年	发育情况	男		女	
		身高	体重	身高	体重
1931~1944	低潮	-7.2	-3.45	-5.7	-3.2
1944~1960	加速	4.4	2.06	4.0	2.43
1960~1970	减慢	1.47	0.73	1.28	0.55
1970~1985	稳定	2.02	1.32	1.60	0.79

资料来源：中国学生体质与健康研究组：《中国学生体质与健康研究》，人民教育出版社，1987年版，第818页。

表5-2　1955~2005浙江省学生平均身高

单位：厘米

年龄	1955年		1980年		2005年	
	男生	女生	男生	女生	男生	女生
7	117.24	116.27	119.87	119.12	125.74	124.34
10	128.89	129.15	133.63	133.96	140.65	141.92
13	144.78	144.62	149.94	150.76	161.06	156.49
16	161.88	153.72	165.42	157.17	170.12	159.36
18	165.89	155.16	167.13	158.12	171.15	158.63

表 5－2（续）　1955～2005 浙江省学生平均体重

单位：千克

年龄	1955 年		1980 年		2005 年	
	男生	女生	男生	女生	男生	女生
7	20.36	19.96	20.84	20.16	25.61	23.94
10	24.87	24.86	26.76	26.55	35.50	33.68
13	33.99	34.84	37.02	37.56	49.43	46.29
16	48.79	46.44	50.63	46.97	57.30	50.41
18	54.27	49.80	54.47	49.67	60.85	50.20

资料来源：[1] 中国学生体质与健康研究组：《中国学生体质与健康研究》，人民教育出版社，1987 年版，第 993，995 页。

[2] 中国学生体质与健康研究组：《2005 年中国学生体质与健康调研报告》，高等教育出版社，2008 年版，第 247，255，263，271 页。

改革开放以来，随着中国经济、社会的发展和城乡居民收入的增加，人们的膳食营养不断改善，儿童少年的生长发育开始呈现快速增长的趋势。对全国 16 个省会城市调查资料的分析显示，1979～1985 年，中小学生生长发育水平显著提高。形态指标身高、体重、胸围的增长幅度大、速度快。城乡男女学生各年龄组、各项指标均有大幅度增长。城市男生各项指标平均增长值明显高于女生；乡村男生亦明显高于女生；乡村男女生均明显高于城市男女生（表 5－3）。

表 5－3　1979～1985 年 16 个省会城市男女学生形态指标增长情况

单位：千克、厘米

	身高				体重				胸围			
	城男	城女	乡男	乡女	城男	城女	乡男	乡女	城男	城女	乡男	乡女
最大增长年龄（岁）	13	13	13	13	13	13	13	13	14	13	14	13
最大增长值	3.80	3.09	5.76	4.61	2.94	2.33	3.77	3.86	2.63	1.84	2.48	3.13
7～18 岁平均增长值	1.88	1.47	2.75	2.00	1.30	0.86	1.79	1.40	1.20	0.78	1.44	1.37

注：表中身高：厘米；体重：千克；胸围：厘米；最大增长年龄为均值增长幅度最大的年龄组；最大增长值为均值增长最大幅度；7～18 岁平均增长值为 7～18 岁均值增长算术平均数。

资料来源：中国学生体质与健康研究组：《中国学生体质与健康研究》，人民教育出版社，1987 年版，第 189 页。

1979～1985 年 7 年间，人体纵向生长快于横向生长，使学生体型发生相应的变化，主要表现为向“细长型”方面发展。身高是反映人体纵向生长的空间线形整体指标，而胸围则是反映人体横向生长的整体指标。由两个指标构成的艾里斯曼指数（胸围－1/2身高）不仅可以评价胸廓的发育程度，而且可以反映人体横向生长与纵向生长的比例关系。与 1979 年相比，1985 年 7～18 岁城乡男生艾里斯曼指数平均下降分别为 0.34 和 0.65，女生分别为 0.22 和 0.85。由体重和身高构成的布罗科指数［体重－（身高－100）］来看，与 1979 年相比，1985 年城乡 7～18 岁男生指数平均下降分别为 0.58 和 1.08，女生分别为 0.78 和 1.00。学生普遍存在“身长体轻”的特点。

随着中国经济的持续快速发展，1985～2005 年，中国城乡男女学生身高、体重和胸围继续快速增长，且在不同阶段不同指标的增长速度不同，城乡男女学生之间也存在明显的差异。

身高：1985～2005 年 20 年间，7～18 岁城市男生同年龄组身高增长幅度为 2.2～7.5 厘米，平均增长 4.9 厘米。按 10 年计算，平均增长 2.5 厘米，其中 1985～1995 年 10 年间平均增长 3.0 厘米，1995～2005 年 10 年间平均增长 1.9 厘米。农村男生身高增长幅度为 3.3～7.7 厘米，平均增长 5.7 厘米。按 10 年计算，平均增长 2.9 厘米，其中 1985～1995 年平均增长 3.5 厘米，1995～2005 年平均增长 2.2 厘米。城市女生同年龄组身高增长幅度为 1.6～5.5 厘米，平均增长 3.5 厘米。按 10 年计算，平均增长 1.8 厘米，其中 1985～1995 年平均增长 2.2 厘米，1995～2005 年平均增长 1.3 厘米。农村女生身高增长幅度为 2.0～7.1 厘米，平均增长 4.4 厘米。按 10 年计算，平均增长 2.2 厘米，其中 1985～1995 年平均增长 2.8 厘米，1995～2005 年平均增长 1.6 厘米。上述数字也显示，前 10 年身高平均增长速度都明显快于后 10 年，农村男女生的表现尤为突出。这表明在过去 20 年中，城乡男女学生身高增长和速度的变化特点是“前快后慢”，即在整体处于快速增长期的前提下，生长速度在逐渐放慢。

体重：1985～2005 年 20 年间，7～18 岁城市男生同年龄组体重增长幅度为 4.2～10.1 千克，平均增长 7.4 千克。按 10 年计算，平均增长 3.7 千克，其中 1985～1995 年平均增长 3.8 千克，1995～2005 年平均增长 3.6 千克。农村男生体重增长幅度为 2.9～7.1 千克，平均增长 4.8 千克。按 10 年计算，平均增长 2.4 千克，其中 1985～1995 年平均增长 2.3 千克，1995～2005 年平均增长 2.5 千克。城市女生同年龄组体重增长幅度为 2.5～6.9 千克，平均增长 4.5 千克。按 10 年计算，平均增长 2.3 千克，其中 1985～1995 年平均增长 2.5 千克，1995～2005 年平均增长 2.0 千克。农村女生体重增长幅度为 0.4～5.5 千克，平均增长 3.1 千克。按 10 年计算，平均增长 1.6 千克，其中 1985～1995 年平均增长 1.6 千克，1995～2000 年平均增长 1.5 千克。从城乡男女生 18 岁体重增长率的变化看，后 10 年增长速度高于前 10 年，即体重的增长速度表现出增快的特征，这一结果的出现可能与中国从 20 世纪 80 年代中期进入 90 年代，尤其是 1995 年后人民生活水平提高和营养状况不断改善有关。

胸围：1985～2005 年 20 年间，7～18 岁城市男生同年龄组胸围增长幅度为 0.3～5.8 厘米，平均增长 3.2 厘米。按 10 年计算，平均增长 1.6 厘米，其中 1985～1995 年平均增长 1.7 厘米，1995～2005 年平均增长 1.5 厘米。乡村男生胸围增长幅度为 -1.3～2.8 厘米，平均增长 1.0 厘米。按 10 年计算，平均增长 0.5 厘米，其中1985～1995 年平均增长 0.2 厘米，1995～2005 年平均增长 0.8 厘米。城市女生同年龄组胸围增长幅度为 1.7～4.7 厘米，平均增长 2.9 厘米。按 10 年计算，平均增长 1.5 厘米，其中 1985～1995 年平均增长 1.6 厘米，1995～2005 年平均增长 1.3 厘米。农村女生胸围增长幅度为 -0.5～2.9 厘米，平均增长 1.1 厘米。按 10 年计算，平均增长 0.6 厘米，其中 1985～1995 年平均增长 0.2 厘米，1995～2005 年平均增长 0.9 厘米。1985～2005 年胸围的变化特点呈现：城市学生“前快后慢”，农村学生“前慢后快”。

表 5-4 1985 年、1995 年和 2005 年间城乡男、女生身高每 10 年增长值

单位:厘米

年龄	城市男生		农村男生		城市女生		农村女生	
	1985~1995 年	1995~2005 年	1985~1995 年	1995~2005 年	1985~1995 年	1995~2005 年	1985~1995 年	1995~2005 年
7	2.5	1.8	3.1	1.8	2.4	1.4	3.1	1.4
8	2.7	2.6	3.0	2.7	2.7	2.0	3.4	2.1
9	2.9	2.3	3.2	2.7	3.0	1.9	3.5	2.6
10	3.2	2.4	3.4	2.7	3.2	2.0	4.2	2.6
11	4.0	2.2	4.1	2.6	3.7	1.8	4.6	2.5
12	5.1	2.4	5.5	2.2	4.1	0.9	5.0	1.6
13	5.0	1.4	5.4	1.9	2.3	0.6	2.6	1.0
14	4.2	1.6	5.2	2.0	1.5	0.9	2.3	1.2
15	2.8	1.8	3.9	2.3	1.5	0.8	1.6	1.1
16	1.8	1.6	2.5	2.0	0.9	0.8	1.4	1.1
17	1.1	1.5	1.7	2.1	0.7	1.0	1.0	1.2
18	0.6	1.6	1.5	1.8	0.4	1.2	1.0	1.0
7~18 岁平均增长	3.0	1.9	3.5	2.2	2.2	1.3	2.8	1.6

资料来源:中国学生体质与健康研究组:《2005 年中国学生体质与健康调研报告》,高等教育出版社,2007 年版,第 59 页。

表 5-5 1985 年、1995 年和 2005 年间城乡男、女生体重每 10 年增长值

单位:千克

年龄	城市男生		农村男生		城市女生		农村女生	
	1985~1995 年	1995~2005 年	1985~1995 年	1995~2005 年	1985~1995 年	1995~2005 年	1985~1995 年	1995~2005 年
7	1.9	2.3	1.2	1.8	1.7	1.6	1.2	1.3
8	2.3	3.3	1.4	2.4	2.0	2.2	1.4	1.8
9	2.9	3.5	1.6	2.7	2.4	2.4	1.6	2.3
10	3.7	4.1	1.9	3.3	3.0	2.8	2.2	2.6
11	4.6	4.3	2.7	3.2	3.9	3.0	2.9	2.7
12	5.5	4.6	3.6	3.5	4.4	2.2	3.4	2.1
13	5.8	3.4	4.1	2.6	3.3	1.5	2.3	1.5

续表

年龄	城市男生		农村男生		城市女生		农村女生	
	1985～1995年	1995～2005年	1985～1995年	1995～2005年	1985～1995年	1995～2005年	1985～1995年	1995～2005年
14	5.3	3.7	3.9	2.5	2.3	2.2	1.8	1.1
15	4.2	3.9	3.0	2.2	2.2	1.9	1.0	0.9
16	3.6	3.5	1.9	2.0	1.9	1.3	0.7	0.7
17	3.0	3.4	1.2	2.0	1.3	1.5	0.2	0.6
18	2.3	3.3	0.9	2.0	1.0	1.5	-0.1	0.5
7～18岁平均增长	3.8	3.6	2.3	2.5	2.5	2.0	1.6	1.5

资料来源:中国学生体质与健康研究组:《2005年中国学生体质与健康调研报告》,高等教育出版社,2008年版,第63,64页。

表5-6 1985年、1995年和2005年间城乡男、女生胸围每10年增长值

单位:厘米

年龄	城市男生		农村男生		城市女生		农村女生	
	1985～1995年	1995～2005年	1985～1995年	1995～2005年	1985～1995年	1995～2005年	1985～1995年	1995～2005年
7	0.9	1.7	0.0	0.8	1.0	1.0	0.0	0.5
8	1.2	2.3	-0.1	1.4	1.0	1.6	-0.1	1.2
9	1.6	2.4	-0.1	1.5	1.3	1.8	0.0	1.4
10	2.0	2.8	-0.1	1.9	2.0	1.9	0.5	1.6
11	2.7	2.6	0.5	1.9	2.7	2.0	1.1	1.8
12	3.1	2.7	1.0	1.8	2.9	1.2	1.4	1.3
13	3.0	1.3	1.1	0.7	2.1	0.8	0.4	0.8
14	2.5	1.1	0.9	0.5	1.6	1.1	0.3	0.5
15	1.7	1.1	0.5	-0.0	1.5	1.1	-0.1	0.4
16	1.1	0.6	-0.1	-0.3	1.3	1.0	-0.3	0.3
17	0.7	0.2	-0.8	-0.4	1.1	0.9	-0.6	0.3
18	0.4	-0.1	-0.9	-0.4	0.7	1.0	-0.8	0.3
7～18岁平均增长	1.7	1.5	0.2	0.8	1.6	1.3	0.2	0.9

资料来源:中国学生体质与健康研究组:《2005年中国学生体质与健康调研报告》,高等教育出版社,2008年版,第66,67页。

这一结果显示，生活在我国不同经济发展水平和地理环境的儿童青少年群体，在1985～2005年这20年的时间中，各项身体形态指标都有了明显的提高，表明我国城乡男女学生生长发育仍然处在“快速增长的长期趋势”时期。这一结果也反映了我国经济整体实力的增强和生活环境的极大改善对城乡男女学生生长发育水平提高产生了重要的影响。

维尔维克指数［（体重 kg + 胸围 cm）/身高 cm × 100］是将反映身体形态基本特征的身高、体重和胸围结合在一起，综合反映人体的充实度发育发达程度的指标。与1985年前相比，2000年中国城乡学生的维尔维克指数均有增长。身体质量指数（体重 kg/身高 $cm^2 \times 10^4$）又称为“体块指数”，主要用于评价机体身体成分和肥胖度。15年间我国城乡男女学生该指数值也有不同程度的提高。结果显示了，1985～2000年间15年的变化，我国城乡男女学生的身体发育匀称度有不同程度的改善，身体成分充实度也有不同程度的改善，由从“细长型”向“匀称型”转变的趋势（表5－7）。

表5－7　1985～2000年7～18岁学生平均维尔维克指数和身体质量指数增长值

性别	类别	维尔维克指数		身体质量指数	
		1985～1995年	1995～2000年	1985～1995年	1995～2000年
男生	城市	2.2	1.8	0.9	0.7
	乡村	0.0	0.6	0.2	0.3
	差值	2.2	1.2	0.7	0.4
女生	城市	1.7	1.3	0.7	0.4
	乡村	－0.2	0.5	0.1	0.1
	差值	1.9	0.8	0.6	0.3

资料来源：中国学生体质与健康研究组：《2000年中国学生体质与健康调研报告》，高等教育出版社，2002年版，第109，110页。

用身高增长速度最快的3个相邻的年龄组表示青春突增期。调查发现1985～2005年间中国学生的青春突增期有提前的趋势（表5－8）。

表5－8　1985年、1995年和2005年城乡男女学生青春突增期的变化趋势

单位：岁

类别	身高			体重			胸围		
	1985年	1995年	2005年	1985年	1995年	2005年	1985年	1995年	2005年
城市男生	12～14	12～14	11～13	12～14	12～14	12～14	12～14	12～14	12～14
乡村男生	12～14	12～14	12～14	12～14	12～14	12～14	12～14	12～14	12～14
城市女生	10～12	10～12	9～11	12～14	10～12	9～11	12～14	10～12	9～11
乡村女生	12～14	10～12	9～11	12～14	12～14	11～13	12～14	11～13	10～12

资料来源：中国学生体质与健康研究组：《2000年中国学生体质与健康调研报告》，高等教育出版社，2002年版，第140页。

以1985年制定的中国学生身高标准体重（身高/体重）的80%分位数（P80）为标准，将学生的营养状况分为以下7类：①重度营养不良：<0.6×P80；②中度营养不良：0.6×P80~0.7×P80；③轻度营养不良：0.7×P80~0.8×P80；④较低体重：0.8×P80~0.9×P80；⑤正常体重：0.9×P80~1.1×P80；⑥超重：1.1×P80~1.2×P80；⑦肥胖：>1.2×P80。调查结果显示，1995~2005年中国学生的营养状况有显著改善，城市男、女生的轻度营养不良检出率分别从3.99%和7.94%降为2.76%和5.74%。但乡村男女生几乎没有变化。各群体中度以上营养不良率的变化也很小。

1979年的调查结果显示，27个少数民族男、女学生各年龄组身高、体重的均值均低于汉族学生的城乡合并均值，也均低于汉族乡村学生的均值。大多数少数民族学生的生长发育水平落后于汉族学生，但各少数民族学生与本省汉族学生之间的差异普遍低于少数民族与全国汉族学生间的差异。这说明，少数民族学生生长发育水平虽然与遗传因素有关，但地域差异、经济发展水平等环境因素的作也是十分重要的因素。1985~2005年少数民族学生与汉族学生同步增长，少数民族学生的身高、体重和胸围等形态指标有明显增长。除个别民族外，7~18岁学生的营养不良检出率均有下降，但不同民族间的增长差异较大。

对中日学生1979年和2000年调查资料的比较分析显示，1979年中国城乡7~17岁学生各年龄组的平均身高均低于日本。但到2000年，中国城市学生各年龄组的身高已超过日本学生，乡村学生的身高绝对值虽与日本还有一定的距离，但差距小于1979年。1979~2000年，中国城乡学生身高体重的增长值均大于日本学生（表5-9）。

从1979年到2000年，中日两国学生的身高和体重突增期的年龄范围各自都有不同程度的提前。中国城乡男生1979年身高突增期普遍比日本晚1年。到2000年，中日学生的身高突增期都提前了1年，但中国城乡男女学生身高突增期依然落后日本1年，即中国城乡男女学生身高比日本学生推迟1年进入快速增长期。体重突增期的变化与身高相似，中国学生也比日本学生推迟1~2年进入突增期。结果提示，尽管中国学生身高和体重生长速度整体加速，但直到2000年，日本学生仍比中国学生优先进入突增期。这说明，尽管中国改革开放20多年综合国力大幅度提升，但在经济发展的整体水平、社会卫生保健水平、营养水平、社会生活环境和学校体育工作的开展等方面对体质的改善与日本还有一定的距离，使得中国学生生长发育的潜力尚未能得到充分发挥。

表 5-9 1979 年和 2000 年中日两国男、女生身高情况比较

单位：厘米

年龄	男生						女生					
	1979 年			2000 年			1979 年			2000 年		
	中国		日本	中国		日本	中国		日本	中国		日本
	城市	乡村		城市	乡村		城市	乡村		城市	乡村	
7	121.2	117.3	121.3	125.6	122.0	122.5	120.4	116.3	120.4	124.4	121.0	121.7
8	125.7	121.2	126.7	130.8	127.2	128.1	125.0	120.1	126.0	130.2	126.1	127.5
9	130.6	125.5	131.8	136.0	132.2	133.6	130.1	124.5	131.7	135.6	131.9	133.5
10	135.3	129.9	137.0	141.3	136.8	139.1	135.6	129.5	138.1	141.6	137.5	140.3
11	139.9	133.8	142.4	146.3	141.5	145.3	141.2	134.1	145.0	147.8	143.6	147.1
12	145.2	138.9	149.6	153.2	147.8	152.9	147.1	140.1	150.2	152.8	149.5	152.1
13	151.8	144.1	156.8	160.9	155.3	160.0	151.6	145.6	154.0	157.1	153.1	155.1
14	158.3	150.7	163.0	166.7	161.5	165.5	154.8	150.0	155.6	159.1	155.8	156.8
15	163.8	157.0	166.7	170.1	165.6	168.6	155.8	153.2	156.2	160.0	156.8	157.3
16	167.0	161.8	168.5	172.0	168.2	170.1	157.3	154.9	156.6	160.4	157.9	157.7
17	168.6	164.4	169.4	172.8	168.8	170.8	158.1	155.7	156.7	160.6	157.2	158.1

资料来源：中国学生体质与健康研究组：《2000 年中国学生体质与健康调研报告》，高等教育出版社，2002 年版，第 86 页。

二、生理机能发育有较大幅度提高

在 1979～1985 年期间，城乡学生的生理机能有较大幅度的提高，呼吸机能有明显改善，城乡男女学生肺活量的平均增长值均在 160ml 以上，城市男生高达 310ml 以上（表 5-10）。

表 5-10 1979～1985 年 16 个省会城市男女学生肺活量增长情况

单位：毫升

	城男	城女	乡男	乡女
最大增长年龄（岁）	14	13	17	13
最大增长值	312	161	305	206
7～18 岁平均增长值	179	89	175	106

资料来源：中国学生体质与健康研究组：《中国学生体质与健康研究》，人民教育出版社，1987 年版，第 191 页。

但 1985～2005 年 20 年间，儿童少年的身体机能出现了明显的负增长。反映身体机能的肺活量指标在 1985～1995 年 10 年间，7～18 岁城市男生平均降低了 65 毫升，1995～2005 年平均降低了 239 毫升。乡村男生 1985～1995 年间平均降低了 79 毫升，1995～2005年间平均降低了 233 毫升。城市女生 1985～1995 年间平均降低了 96 毫升，1995～2005 年间平均降低了 299 毫升。乡村女生 1985～1995 年间平均降低了 123 毫升，1995～2005 年间平均降低了 290 毫升。

城乡男生 18 岁肺活量均值在 1985 年存在 99 毫升（分别为 4 091 毫升和 3 992 毫升）的差异，到 2005 年扩大到 171 毫升（分别为 3 608 毫升和 3 437 毫升），而且城乡男生在 1985 ~2005 年间均存在一个明显的下降趋势。城乡女生肺活量均值的差异特点基本同男生，只是差异程度不同，同样存在城乡差异逐渐增大的趋势，但农村女生这一特点不明显。

城乡女生的月经初潮年龄显示，中国学生的生长发育处于加速趋势。1985 年中国城乡女生的月经初潮年龄分别为 13. 17 岁和 13. 83 岁。2005 年城乡女生月经初潮的平均年龄分别降至 12. 64 岁和 12. 73 岁。

中国科学院遗传研究所通过对近万名妇女的调查也发现，中国妇女绝经延迟。他们对内蒙古呼和浩特市 216 对汉族母女绝经年龄进行了回忆调查，发现女儿平均绝经年龄为 48. 89 岁，母亲平均绝经年龄为 47. 08 岁，女儿的平均绝经年龄比母亲的绝经年龄延迟了 1. 81 岁。用“现状法”对 2 240 名妇女调查的结果表明，妇女的实际绝经年龄还在继续延迟，呼和浩特市汉族妇女平均绝经年龄已达 50. 6 岁。他们还统计了 2 677 名在不同年份绝经的妇女绝经年龄，结果发现，1957 ~1965 年妇女绝经年龄为 46 岁左右，1966 ~1976 年为 48 岁左右，近年来则已延迟到 50 岁以上。用现状法调查了 4 425 名呼和浩特市蒙古族、回族妇女及附近农村妇女的绝经年龄发现，不同民族以及城乡妇女间绝经年龄没有明显差异，都在 50. 5 ~50. 8 岁之间。

三、部分运动素质指标有所下降

1985 ~2005 年 20 年间，中国儿童少年的身体素质指标和运动能力变化更加令人担忧。1995 ~2005 年间，中国城乡 7 ~18 岁男女生 50 米跑成绩有所下降，这显示学生的速度素质有所下降。反映男生力量素质的斜身引体/引体向上成绩，反映女生力量素质的仰卧起坐成绩和反映学生下肢爆发力的立定跳远成绩在过去 20 年间均呈现：前 10 年增加，后 10 年降低的趋势，特别是 2000 ~2005 年降幅最为明显，应引起足够的重视。反映耐力素质的男 1 000 米和女 800 米跑成绩在 20 年间均出现下降趋势，特别是从 1995 年开始，耐力素质的降幅最为明显（表 5 –11）。

表 5 –11 1985 ~2005 年中国城乡 18 岁学生的运动素质指标平均值

素质指标及单位	城市男生			城市女生			农村男生			农村女生		
	1985	1995	2005	1985	1995	2005	1985	1995	2005	1985	1995	2005
50 米跑（秒）	7. 5	7. 4	7. 6	9. 4	9. 2	9. 6	7. 7	7. 5	7. 6	9. 4	9. 2	9. 6
立定跳远（厘米）	224. 0	232. 1	227. 2	163. 7	173. 2	167. 0	217. 4	230. 2	–	163. 4	173. 0	168. 3
1000 米跑（秒）	239. 0	243. 4	261. 1	—	—	—	229. 8	234. 6	252. 1	—	—	—
800 米跑（秒）	—	—	—	244. 6	244. 7	261. 3	—	—	—	229. 0	231. 7	252. 5
引体向上（次）	8. 1	8. 3	4. 8	—	—	—	7. 7	9. 0	6. 1	—	—	—
仰卧起坐（次）	—	—	—	23. 7	34. 2	32. 2	—	—	—	21. 4	32. 7	29. 7

四、人口生长发育中存在的问题及原因

（一）城乡差异

因为历史的原因，农村学生的生长发育水平落后于城市学生。1985～2005 年间，除身高外，城乡学生的形态、机能和素质差异有逐渐扩大的趋势（表 5－12）。这既与城乡经济发展水平的差异有关，也与城乡教育水平、人口文化素质、家庭子女数有一定的联系。农村人口占中国人口的大多数。为全面提高中国的人口素质，必须采取针对性的措施，尽快提高农村人口青少年的生长发育水平和速度。

表 5－12　1985 年、1995 年、2005 年城乡 18 岁男女学生身高、体重和肺活量的均值差异

性别	类别	身高（厘米）			体重（千克）			肺活量（毫升）		
		1985 年	1995 年	2005 年	1985 年	1995 年	2005 年	1985 年	1995 年	2005 年
男生	城市	169.7	170.3	171.9	56.4	58.7	62.0	4091.0	3801.4	3608
	乡村	166.8	168.3	170.1	55.8	56.7	58.7	3992.0	3773.9	3437
	差值*	2.9	2.0	1.8	0.6	2.0	3.3	99.0	67.5	171
女生	城市	158.2	158.6	159.8	49.6	50.6	52.1	2827.0	2646.0	2331
	乡村	156.1	157.1	158.9	50.5	50.4	50.9	2837.0	2611.3	2237
	差值*	2.1	1.5	0.9	－0.9	0.2	1.2	－10.0	34.7	94

注：*差值＝城市－乡村

资料来源：根据《2005 年中国学生体质与健康调研报告》（中国学生体质与健康研究组，高等教育出版社，2008 年版）计算。

（二）生理机能和体能素质提高不尽理想

反映肺功能的肺活量虽然在 1985 年前有增加，但 1985～1995 年间呈现下降趋势。7～18 岁学生中 75% 年龄组的学生肺活量下降。2005 年与 1995 年相比，中国学生的速度素质、耐力素质、柔韧性素质、爆发力素质、力量素质等均有所下降，下降幅度明显。学生的耐力素质在 1995 年比 1985 年下降的基础上又有所下降。

学生生理机能和身体素质下降的主要原因是体育锻炼不足（锻炼时间和强度均不够）。2001 年 5～6 月对北京、长春、沈阳等部分中小学校的学生及家长的问卷调查显示，1/3 的学生每天平均体育锻炼时间不足 1 小时，而且一般学生的运动强度不足。学生选择不积极参加体育锻炼的前三位原因分别为怕累（52.5%）、没有自己喜欢的项目（48.6%）和没有养成锻炼的习惯（48.2%）。家长认为孩子不积极参加体育锻炼的前三位原因则分别为怕累（68.6%）、没有养成锻炼的习惯（35.6%）和没有场地和器材（35.2%）。由此可见，学生体育锻炼不足的原因有学校场地不足及与体育活动内容和时间安排上的问题，也与学生自身缺乏刻苦锻炼的意志有关。由于独

生子女的增多，学生中怕苦、怕累的思想较为普遍，在参加锻炼时避“重”就“轻”。社会对教育的偏见、对教学质量评估的片面理解而给学校带来的压力及一些学校本身存在片面追求升学率的做法也在很大程度上影响了学校体育活动的开展。随着社会生活节奏的加快及升学压力、社会竞争的加大，睡眠不足、精神紧张也是影响学生健康的不可忽视的原因。

（三）肥胖学生增多

肥胖学生明显增多，已成为城市青少年学生的重要健康问题。以体重超过身高标准体重百分之八十分位数的1.2倍为肥胖，与1995年相比，2005年7～22岁学生中的肥胖检出率，城市男生由5.1%上升为11.4%；城市女生由2.6%上升为5.0%；乡村男生由1.5%上升为5.1%；乡村女生由1.1%上升为2.6%。其中10～12岁小学生是肥胖检出率最高的人群，尤其是城市男生，肥胖检出率上升最快，由1995年的5.1%上升到了2005年的11.4%。学生肥胖人数的增多既与体育锻炼缺乏有关，也是营养科学知识的宣传普及滞后，热量、脂肪等摄入过多及食物结构的不尽合理有直接的关系。

总之，六十多年来中国人口的生长发育动态趋势说明，人口的生长发育与社会经济的发展密不可分。新中国成立后，中国城乡人口的发育指标均开始提高。改革开放后，随着中国社会、经济和文化事业的飞速发展，人口生长发育的速度更快，儿童少年的发育指标与发达国家间的差距已逐渐缩小。但应看到，中国人口的生长发育中还存在一些问题：城乡差异进一步扩大；生理机能和身体素质的发育相对滞后；与发达国家相比，人口生长发育的潜力尚无充分显示；社会发展后新的发育问题（如肥胖）逐渐增加。儿童少年是国家的未来和希望，人口的生长发育素质是人口素质的基础，也是国家发展的基础。有关部门应根据中国儿童少年的生长发育动态及存在的主要问题采取因地制宜的措施，不断促进中国人口素质的提高。

第二节　疾病模式由急性传染病为主转变为以慢性传染病及代谢性疾病为主

新中国成立以来的几十年里，不仅死亡模式发生了变化，影响人民健康水平的疾病谱也发生了巨大的变化。新中国成立初期，各种急慢性传染病、寄生虫病广泛流行，成为危害中国人民健康最严重的疾病。但是，到20世纪50年代末，中国就已经消灭或控制了严重影响人民健康和生命的一些烈性和急性传染病。进入20世纪80年代以来，影响人民健康的主要的疾病已转变为非急性传染病：如心脑血管疾病、恶性肿瘤等。进入21世纪以来，我国人民的健康又面临着新型传染病的侵袭。本节主要描述中国人口传染病、心脑血管疾病、恶性肿瘤的发病、患病以及残疾等伤病状况的发展趋势，从而揭示卫生事业所取得的成就和面临的新挑战。

一、传染病

（一）急慢性传染病防治工作成绩斐然

1. 烈性传染病得到消灭或控制。新中国成立初期，长期的战争给新中国留下一个烂摊子，天花、鼠疫、霍乱、回归热、斑疹伤寒、性病等烈性和急性传染病猖獗流行。1953 年鼠疫的发病率比 1950 年减少了 92.9%。1960 年开始，人间鼠疫在中国得到控制，同时消灭了天花，比全球范围内的灭绝提前了十多年。基本消灭了古典型霍乱，黑热病、回归热、斑疹伤寒等。

2. 消除和基本消除血吸虫病。“千村薜荔人遗矢，万户萧疏鬼唱歌”形象地说明了当时血吸虫病在中国流行情况。新中国成立初期，全国有 12 个省、市、自治区的 347 个县流行血吸虫病，现症病人 1 100 万人。为了消灭严重危害人民健康和生命的疾病，国家始终把除害灭病工作作为一项重要任务来抓，开展爱国卫生运动。到了 1958 年左右，中国大部分血吸虫流行疫区基本消灭了血吸虫病的高发态势。到 1995 年末 391 个血吸虫流行县中已有 278 个县达到消除和基本消除标准。1997 年以来，血吸虫流行县/区和患病人数呈上升势头，2001 年流行县/区比 1997 年增加 14 个；实有病人比 2000 年增加 12.6 万人。2008 年年底，全国血吸虫病流行县（市、区）450 个，比 2007 年增加 1 个；累计达到血吸虫病传播消灭标准的县（市、区）265 个；2008 年年底实有病人 41.3 万人，比 2007 年减少 10.3 万人；2008 年内治疗病人 52.0 万人。

3. 结核病发病率。结核病是与社会经济条件、医疗水平和生活劳动条件关系密切的一种疾病。新中国成立前，大城市患病率高达 5%。新中国成立后，首先在一些大城市建立了防痨机构，重点开展了城市团体防痨，随后在农村也进行了一些试点。到 20 世纪 60 年代，大城市患病率降到 2% 左右。儿童结核病在全国已基本控制。结核病的报告登记率和死亡率继续保持下降趋势。根据全国疾病监测调查报告，1995 年年末活动性肺结核病人登记率为 26.3/10 万，较 5 年前下降了 56.9%，较 10 年前下降了 65.5%。目前，我国是全球结核病高负担国家之一，结核病防控形势依然十分严峻。近年来，结核病疫情呈现了回升趋势。据估算，我国现有活动性肺结核病人 450 万，其中 80% 的结核病患者集中在农村地区，流动人口是易感高发人群。2007 年我国肺结核发病率为 88.55/10 万，死亡率为 0.28/10 万，病死率为 0.32%，相比 2000 年发病率增长了 50.6%，死亡率增长了 89.3%。为进一步加强全国结核病防治工作，遏制结核病的流行，保障人民群众身体健康，国家制定了全国结核病防治规划（2001 ~ 2010 年）。2001 ~ 2008 年我国共发现并治愈结核病患者 642 万例。这些政策与措施的实施，充分体现了我国卫生工作在可及性与公平性上的进步。

4. 全国法定报告传染病发病和死亡大幅度下降。自新中国成立至2000年以来，全国法定报告传染病发病和死亡在逐年大幅度下降，急性传染病发病率由新中国成立初期的2万/10万下降到1980年的2 076.17/10万，到2000年发病率已降到185.98/10万。从1980年到2000年，全国法定报告传染病发病率平均年下降11.3%。自2000年以后法定报告传染病发病率略有回升，到2008年发病率为268.01/10万（表5-13）。1994年基本消除了丝虫病；1995年以来，未再发现国内的脊髓灰质炎野病毒株；消灭麻风病的斗争已进入最后攻关阶段；2007年年底，1岁儿童计划免疫的"四苗"报告接种率均达到99%左右，有效地控制了麻疹、百日咳、白喉、脊髓灰质炎等传染病。

表5-13 全国法定报告传染病发病及死亡情况

时期	发病率（1/10万）	死亡率（1/10万）	病死率（%）
1980	2 076.17	3.07	0.15
1985	872.33	2.00	0.23
1990	292.22	1.15	0.40
1995	176.24	0.34	0.19
2000	185.98	0.26	0.14
2005	268.31	0.76	0.28
2008	268.01	0.94	0.35

资料来源：引自中国卫生年鉴2001~2008及《2009年中国卫生统计提要》（中华人民共和国卫生部，2009年）。

（二）性传播性疾病

性传播性疾病（STD/STI）是一组主要以性接触或类似性行为接触为主要传播途径的严重危害人群身心健康的传染性疾病。根据2008年全国105个监测点性病疫情状况构成报告，中国目前最常见的性病为梅毒（37.50%）、衣原体感染（20.69%）、尖锐湿疣（18.80%）、淋病（17.70%）、生殖器疱疹（5.30%）等。艾滋病感染和发病人数增加较快。

新中国成立前，中国性病流行猖獗，估计1949年全国约有1000万左右的性病患者。当年上海的性病患病率曾高达10%，梅毒的患病率城市达5%~10%，农村为0.5%~4%。新中国成立后，中国政府十分重视性病的防治工作，到1964年正式宣布基本消灭了性病。

20世纪80年代改革开放以来，随着国门的大开，商品经济大潮的冲击，人口流动增多，人们生活方式和思想观点有了改变。STD在中国从沿海向内地、从城市向农村呈逐步蔓延趋势。1985年全国STD/STI报告发病只有58 000人，发病率为0.56/10万，但到2000年报告发病人数猛增到859万人，发病率为68.91/10万。之后，发病人数和发病率略微下降，2004 年发病率为 62.42/10 万，是 1985 年的 111.48 倍（图 5－1）。1985 年 HIV/AIDS 全国报告发病人数分别为 5/492 人，到 2001 年报告发病人数猛增到 8 219/714 人。至 2001 年 12 月累积报告艾滋病感染者 30 736 例。2008 年报告 HIV 为 60 081 例，AIDS 为 14 509 例。截至 2008 年 12 月 31 日，历年累计报告 HIV/AIDS 302 788 例，其中 AIDS 62 104 例（图 5－2）。在中国，艾滋病流行仍然呈上升趋势。过去几十年中输血和吸毒是艾滋病感染的主要途径。在新的形势下，不安全的性行为是艾滋病新发感染的重要途径。艾滋病疫情地区分布差异大，部分地区艾滋病疫情十分严峻，艾滋病的危险因素广泛存在。

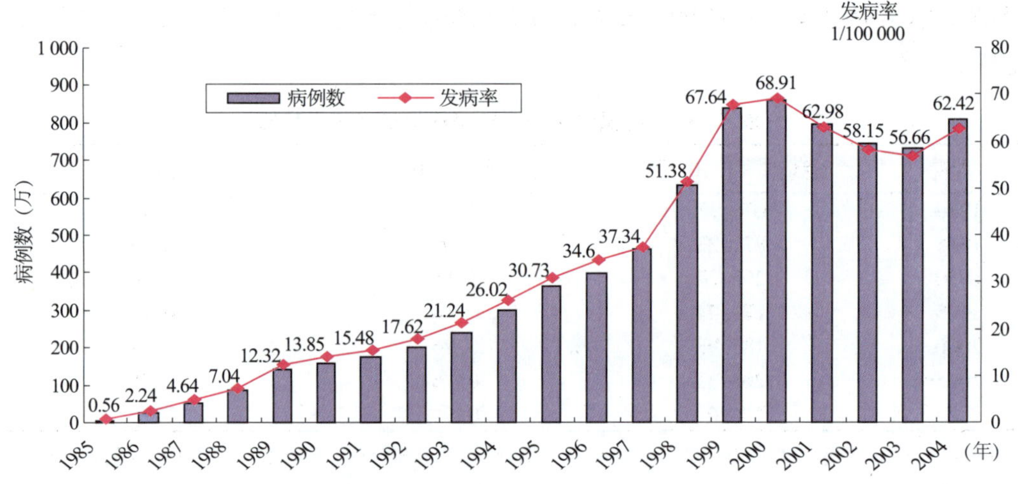

图 5－1　中国性病病例报告和发病率（1985～2004 年）

资料来源：中国 CDC 性病疾控中心。

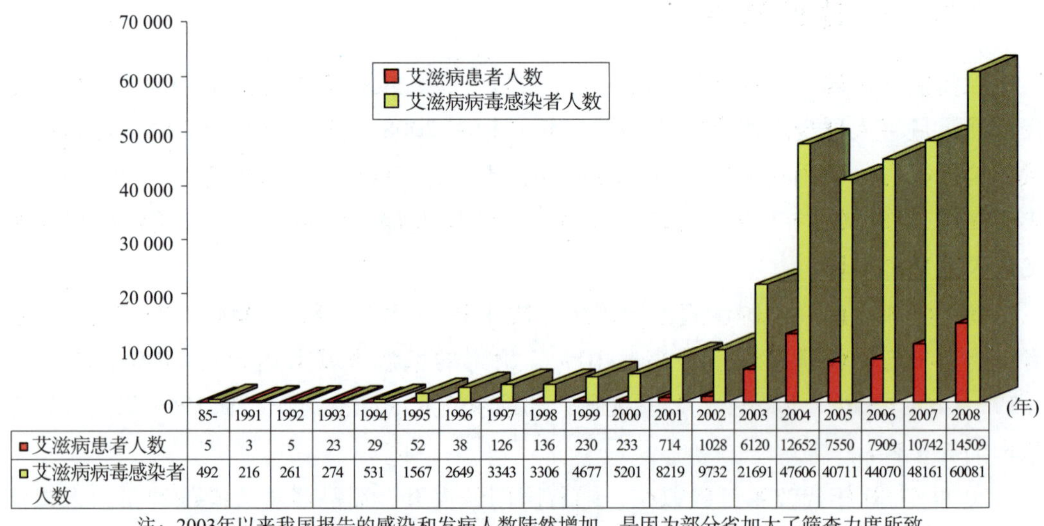

	85-	1991	1992	1993	1994	1995	1996	1997	1998	1999	2000	2001	2002	2003	2004	2005	2006	2007	2008
艾滋病患者人数	5	3	5	23	29	52	38	126	136	230	233	714	1028	6120	12652	7550	7909	10742	14509
艾滋病病毒感染者人数	492	216	261	274	531	1567	2649	3343	3306	4677	5201	8219	9732	21691	47606	40711	44070	48161	60081

注：2003年以来我国报告的感染和发病人数陡然增加，是因为部分省加大了筛查力度所致。

图 5－2　全国历年报告 HIV 感染者和病人数（1985～2008 年）

资料来源：引自中华人民共和国卫生部、联合国艾滋病规划署、世界卫生组织：《2009 年中国艾滋病疫情估计工作报告》。

(三) 新型传染病

1. 传染性非典型性肺炎(SARS)。传染性非典型肺炎即严重急性呼吸综合征(英文全称是Severe Acute Respiratory Syndromes,SARS),是一种因感染SARS相关冠状病毒而导致的以发热、干咳、胸闷为主要症状,严重者出现快速进展的呼吸系统衰竭,是一种新的呼吸道传染病,极强的传染性与病情的快速进展是此病的主要特点。2003年以来,在我国一些地区先后发生非典型肺炎疫情。根据国家卫生部疫情报告和国内有关资料数据表明,截至2003年5月27日,全国内地累计报告非典型肺炎临床诊断病例5 322例,全国内地非典型肺炎疑似病例合计为1 393例,死亡321例。据卫生部统计,2003年传染性非典型肺炎发病率为0.4/10万,死亡率为0.03/10万,病死率为6.55%。经过全国上下共同努力,防治传染性非典型肺炎工作取得了显著成绩,全国疫情进一步平缓。2005~2008年全国无非典型性肺炎病例报告。

2. 人禽流感。人禽流行性感冒,又称人禽流感,是由禽甲型流感病毒某些亚型中的一些毒株引起的急性呼吸道传染病。自2005年以来,截至2009年1月我国共发现并确诊人禽流感病毒A(H5N1)所致的病例32例,死亡20例。病例多为偶发散发,且以南方省份为主,农村病例多于城市病例。随着国家加大疫情监测,积极采取各种措施控制疫情,人禽流感疫情基本消除。

3. 手足口病。手足口病(Hand - foot - mouth Disease,HFMD)是由多种人肠道病毒引起的一种儿童常见传染病,是我国法定报告管理的丙类传染病。我国自1981年在上海发现本病,以后北京、河北、天津、福建、吉林、山东、湖北、广东等十几个省(市)均有报导。从2008年5月起,手足口病被列入《传染病防治法》规定的丙类传染病管理。截至2008年11月底,全国共报告丙类法定传染病发病159.0万例,其中:手足口病发病47.1万例;报告死亡182人,其中手足口病死亡128人。随着政府和卫生部门实施了有效防治措施,手足口病发病逐渐下降,疫情得到控制。

4. 甲型H1N1流感。甲型H1N1流感是猪的一种高度传染性急性呼吸道疾病,由一种或多种猪流感A型病毒引起,发病率往往较高。墨西哥和美国等在2009年发生的A型流感病毒疫情,属H1N1亚型猪流感病毒毒株,该毒株包含有猪流感、禽流感和人流感三种流感病毒的基因片断,是一种新型猪流感病毒,可以人传染人,但病死率很低。中国卫生部2009年4月30日发布2009年第8号公告,明确将甲型H1N1流感(原称人感染猪流感)纳入传染病防治法规定管理的乙类传染病。自四川省确认中国内地首例甲型H1N1流感病例,截至2009年7月6日我国内地共报告1 097例甲型H1N1流感确诊病例,已治愈出院793例,303例在院接受治疗,1例意外触电死亡。在政府和各级卫生部门的共同努力下,甲型H1N1流感在中国已经形成了卓有成效的防控体系并得到了有效的控制。

二、心脑血管疾病

广义的心脑血管疾病包括心脏和脑血管疾病。心脏病指高血压心脏病、冠心病、风湿性心脏病、肺心病、先天性心脏病、心肌炎等。脑血管疾病主要指脑卒中（脑出血、脑栓塞、脑梗死、蛛网膜下出血）。在心脑血管病中，对健康危害最严重的是肺心病、风心病、高血压心脏病、脑卒中和冠心病。

（一）心脑血管疾病

20 世纪 60 年代后期，心、脑血管疾病死亡率呈逐年缓慢增长。心脏病和脑血管疾病已经成为全国城乡的主要致死原因。2005 年中国总死亡人数为 942.7 万，其中心血管疾病占 33%。据卫生部 2008 年部分市县前十位疾病死亡率及死亡原因构成统计中，在对城市的调查中，心脏病和脑血管病的死亡率分别为 121.00/10 万和 120.79/10 万，分列第二位和第三位。对县的调查结果显示，心脏病和脑血管病的死亡率分别为 87.1/10 万和 134.16/10 万，分列第四位和第二位。随着社会经济的变革和人们生活方式的变化，心血管病常见危险因素明显增多，我国心脑血管病人数还将保持增长趋势并呈现年轻化趋势。

（二）高血压病

高血压既是一种疾病，又是其他心血管病的主要危险因素，高血压病可导致高血压心脏病及脑卒中。大部分国家约有 20% 的成年人受到影响，是值得引起关注的严重公共卫生问题。

中国 1959～1991 年 32 年间进行了 3 次全国 15 岁以上人群的抽样调查，临界和确诊高血压年龄标化患病率：1959 年为 5.11%，1979～1980 年为 7.73%（7.52%），1991 年为 13.58%（11.26%）。前 21 年间（1959～1980 年）实际患病率增加了 51.27%，后 11 年间（1980～1991 年）实际患病率增加 47.99%（年龄标化患病率增加 25.13%），其上升势头极为迅猛。目前，我国人群高血压患病率呈增长态势，2002 年成人高血压患病为 18.8%，比 1991 年增长 31%。估计目前全国有高血压患者两亿人，每 10 个成人至少有两人是高血压。部分北方地区成人高血压患病率达 30%，即每 10 个成人有 3 人是高血压。

中国高血压发病的地区分布特征是：①华北、东北地区属于高发及较高发地区；而西北及东南沿海各地则以属于低发及较低发区，可能的因素是体重指数（BMI，kg/m^2）、钠和钾的摄入差异以及气候差异；②城市患病率明显高于农村，除了体重指数外，可能的因素是城市人口所受的压力应激数量和应激强度较农村高。

高血压发病上升的趋势引起社会普遍关注，高血压发病正趋向于青年人群。浙江省心脑血管病防治办公室于 2003 年对全省 11 个市的城乡人群进行的高血压抽样调查资料，40 岁开始患病率明显增高（大于等于 20%），与浙江省 1980 年、1990 年高血压调查的 50 岁后患病率大于或等于 20% 的结果相比较，高血压的患病年龄有提前 10 年的趋势。

（三）脑卒中

中国属于脑卒中高发区，目前，我国脑卒中发病率呈缓慢上升趋势。1988 ~ 1989 年的结果显示：我国由北至南，发病率、患病率和病死率均呈明显的下降趋势。东部沿海地区高于西地区；男性高于女性；城市发病率高于农村，农村病死率高于城市。1990 年全国脑血管病调查组调查结果显示：我国脑卒中的世界人口标准化发病率是 115.61/10 万，患病率是 256.94/10 万，死亡率是 81.33/10 万。据北京卫生部门 1999 年统计数据显示，中国大陆的脑卒中死亡率为 137.72/10 万，排名仅次于肿瘤。据世界卫生组织估计，我国即使脑卒中发病率保持稳定，但由于自然人口增加和老龄化因素，脑卒中的年发病数将由目前的 180 万上升至 2030 年的 540 万。

（四）冠心病

中国冠心病年龄标化发病率虽然较低（<100/10 万），但正在重复工业化国家发展初期的发病趋势。我国冠心病发病率和死亡率在增加，近年来增加速度较明显。中国监测人群数据显示，自 1984 年到 1997 年 14 年内男性冠心病年龄标化发病率增加 67%，平均每年增加 2.1%，男女合计增加 1.7%。卫生部全国卫生统计年报资料（1980 ~ 2000 年）表明，自 1980 ~ 2000 年冠心病死亡年龄统计调整率在城乡均有增长，城市由 38.6/10 万升高至 71.3/10 万，农村则由 18.6/10 万增加到 31.6/10 万。我国冠心病发病率和死亡率有明显的地区差异，北方高于南方，城市高于农村。

（五）风心病

中国心血管病的流行比发达国家约晚 30 ~ 40 年，还存在着发达国家已很少见的肺源性心脏病（肺心病）和风湿性心脏病（风心病）问题。肺心病和风心病的发生均同呼吸道感染如慢性支气管炎和咽部链球菌感染有关，主要分布在较不发达地区，尤其是农村。

风湿热发病率高低直接反映风心病发病情况。风湿热的发病率在发达国家从 20 世纪初应用青霉素预防之前就开始下降，目前发病率已降至 5/10 万以下。中国也是如此，近几十年风湿热发病率和风心病患病率已明显下降。1980 年广东省学龄儿童风湿热检出率为 83/10 万，1986 ~ 1990 年的平均发病率为 20.28/10 万，与 1980 年相比，学龄儿童风湿热呈明显下降趋势。中国 1994 年对 6 省市近 27 万 5 ~ 18 岁的中小学生进行的风心病患病率调查表明：总患病率为 22/10 万，随年龄的增加而升高，农村高于城市，性别间无显著差异。随着社会经济状况的改善，风湿热和风心病的患病率在近30年来已有显著的下降，多见于5～15岁的儿童和青少年。

1975～1976年全国抽样调查表明：肺心病总患病率为4.69‰，北方高于南方，高原山区高于平原，农村高于城市，煤矿工人尤其是矽肺患者的患病率较高。1992年在北京、湖北、辽宁某些地区农民中调查了10万多人，肺心病的患病率为4.69‰，基本与前相似。

三、恶性肿瘤

恶性肿瘤是一组严重威胁人类健康和生命的疾病，不同部位肿瘤有100多种。近年来，无论是在发达国家还是在发展中国家，其发病和死亡都有不断上升的趋势。我国虽然是发展中国家，但已成为癌症大国。据世界卫生组织报告1996年全球癌症新发病例1 000多万人，中国约占20%。60多年来，在中国恶性肿瘤发病和死亡的显著特点是：①恶性肿瘤的发病和死亡总的来说呈上升趋势，成为第一位和第二位死因；②癌谱发生显著变化，并有明显的地区差异；③发达城市像上海等，恶性肿瘤发病趋势和癌谱正与西方发达国家接近。

中国癌症发病率和死亡率近几十年来呈上升趋势。癌症死亡率70年代为83.65/10万，90年代为108.26/10万，上升了29.42%。若城市及农村地区分别计算，城市癌症死亡率上升22.63%，农村癌症死亡率上升32.15%。根据全国卫生统计年报资料，1991～2000年城市居民中癌症死亡率上升了18.31%，达146.61/10万；农村居民中癌症死亡率上升了11.03%，达112.57/10万。2000年全国死亡人数731万，在近600万的慢性病死亡者中，其中死于肿瘤140余万、分别占总死亡人数的34.0%。据卫生部统计，肺癌（男女合计）及女性乳腺癌发病率及死亡率仅几十年来有着明显的上升。肺癌的死亡率已由1973～1975年的7.09/10万上升至2004～2005年的30.83/10万。2004～2005全国前五位恶性肿瘤死亡率分别为肺癌、肝癌、胃癌、食管癌和结直肠癌，男性前五位为肺癌、肝癌、胃癌、食管癌和结直肠癌，女性前五位分别为肺癌、胃癌、肝癌、食管癌和结直肠癌。其中2004～2005年城市恶性肿瘤死亡率前三位为肺癌、肝癌、胃癌，农村前三位为肝癌、肺癌和胃癌。

根据广州市恶性肿瘤流行趋势1997～2006年调查显示，广州市累计报告恶性肿瘤新发病例148 095例，其中男性79 942例，女性68 153例；死亡病例87 969例，其中男性50 396例，女性37 573例。10年恶性肿瘤平均粗发病率和标化发病率分别为232.82/10万和173.97/10万，男性分别为245.54/10万和194.54/10万，女性分别为219.50/10和155.87/10万。平均粗死亡率和标化死亡率分别为128.96/10万和103.50/10万，男性分别为143.14/10万和123.02/10万，女性分别为113.79/10万和85.78/10万。10年中，粗发病率、粗死亡率均呈上升趋势，而标化发病率和标化死亡率无明显变化，死亡发病比呈下降趋势。广州市男女合计发病率前五位肿瘤分别为肺癌、胃癌、肝癌、乳腺癌和大肠癌，死亡前五位分别为肺癌、胃癌、肝癌、食管癌和大肠癌。在发病前十位恶性肿瘤中，有七种肿瘤粗发病率呈显著上升趋势，其中肺癌、乳腺癌、大肠癌、胰腺癌年累计上升均在1倍以上。呈下降趋势的只有食管癌。有五种肿瘤标化发病率呈显著上升趋势，其中肺癌上升幅度最大，呈下降趋势的有食管癌、胃癌和肝癌。在死亡前十位恶性肿瘤中，有五种肿瘤粗死亡率呈显著上升趋势，其中肺癌上升幅度最大，呈下降趋势的有食管癌和胃癌。有两种肿瘤标化死亡率呈显著上升趋势，分别是肺癌和脑瘤，呈下降趋势的有食管癌、胃癌、乳腺癌、膀胱癌、肝癌和大肠癌。

研究表明上海市恶性肿瘤发病状况与西方发达国家相同，男女性恶性肿瘤的发病率有轻微的下降趋势，男性标化发病率由1972～1974年的247.5/10万下降到1992～1994年的215.2/10万，女性标化发病率由173.6/10万下降到154.0/10万。由于生活水平的提高，生活方式的现代化，饮食习惯特别是脂肪摄入的增加，发达国家常见的恶性肿瘤如女性乳腺癌，男女大肠癌等同样已成为上海市民常见的肿瘤之一。1972～1994年间上海市区男女性大肠癌的发病率增长了1倍左右，女性乳腺癌发病率增加了一半，已成为上海市女性最常见的肿瘤。男性前列腺癌在美国是男性最常见的肿瘤，在上海该肿瘤的发病率同样增长迅速，23年间增加了近1倍，估计这种趋势还会保持下去。与生活和饮食条件差有关的“穷病”，如食管癌、胃癌、肝癌则有较大幅度的下降，尤其是食管癌男女性发病率下降了近2/3左右，已退出上海市男女常见恶性肿瘤行列。

四、残疾现患率和残疾构成

各种急慢性疾病、遗传病、出生缺陷和各种残疾是影响人口健康素质的重要因素。当今全世界残疾人总数约有6.5亿，中国约有8 000多万残疾人。因此，积极开展残疾预防，有效进行残疾康复，是提高中国人口素质的一个重要内容。

残疾的定义是指由于先天和后天疾病、意外伤害等各种原因所致的人体解剖结构、生理功能的异常/或丧失，从而导致部分或全部丧失正常人的生活、工作和学习的能力，无法担负其日常生活和社会职能。残疾可分为视力残疾、听力/语言残疾、智力残疾、肢体残疾、精神残疾五大类。

（一）残疾总人数

1987年，中国进行了首次残疾人抽样调查。在29个省、自治区、直辖市中共调查了369 448户，1 579 316人。结果发现，有残疾人的家庭为66 902户，占总调查户数的18.11%，即中国居民平均每五户半人家就有一个残疾人户。调查确诊的各类残疾有77 345人，占调查人口1 579 316人的4.89%，也就是说每20人中就有1名残疾人。据此推算，全国约有各类残疾人共5 164万。在调查的五类残疾中，以听力/语言残疾患病率最高，为21.81‰，智力残疾、视力残疾、肢体残疾和精神残疾的现患率依次为12.68‰、10.08‰、9.16‰、2.47‰。在残疾程度上，除了精神病残疾以重度残疾为主外，其他均以轻度残疾为主。据估算，1996年全国残疾人总数已达6 000万人。2006年中国进行了第二次全国残疾人抽样调查。全国共调查了771 797户、2 526 145人。根据调查数据推算，全国各类残疾人的总数为8 296万人。按照国家统计局公布的2005年末全国人口数，推算出本次调查时点的我国总人口数为130 948万人，据此得到2006年4月1日我国残疾人占全国总人口的比例为6.34%。各类残疾人的人数及各占残疾人总人数的比重分别是：视力残疾1 233万人，占14.86%；听力残疾2004万人，占24.16%；言语残疾127万人，占1.53%；肢体残疾2 412万人，占29.07%；智力残疾554万人，占6.68%；精神残疾614万人，占7.40%；多重残疾1 352万人，占16.30%。与1987年第一次全国残疾人抽样调查比较，我国残疾人口总量增加，残疾人比例上升，残疾类别结构变动。

（二）残疾人口的城乡分布

根据1987年调查，中国残疾人分布存在着明显的城乡差别。这不仅表现在乡村残疾人的比例远远大于城镇残疾人，而且乡村的残疾的现患率也明显高于城镇（表5－14）。根据2006年调查，全国残疾人口中，城镇残疾人口为2 071万人，占24.96%；农村残疾人口为6 225万人，占75.04%。

表5－14　1987年市、乡、镇的残疾现患率

地区类别	调查人数	残疾人数	现患率（‰）
市	201 667	8 127	40.30
镇	257 806	11 570	44.88
乡	1 119 843	57 648	51.48
合计	1 579 316	77 345	49.00

五、出生缺陷

根据中国1987年进行的全国残疾人抽样调查结果推算，全国约有5 100多万残疾人和2 200多万各种遗传病患者，其中一部分致残原因是出生缺陷。出生缺陷中比重较大的是智力残疾。据卫生部全国妇幼卫生监测统计数据显示，2000～2007年，我国出生缺陷总数高达100万～140万人。

造成出生缺陷的原因很多。中国一些地区严重缺碘，碘营养不良儿童的智商明显低于正常值；在部分地区，食物中叶酸缺乏，造成神经管畸形高发；妇女孕期的贫血、营养不良、接触环境中的有毒有害物质、感染病毒、胎儿宫内缺氧以及遗传因素都可能造成胎儿大脑损伤、宫内发育迟缓和胎儿畸形。近年来，由于职业危害因素造成对女职工身体的损害，导致一些地区出生缺陷儿有上升趋势。在贫穷落后地区，近亲婚育导致的先天愚型和残疾发生率也尚未得到有效控制。

出生缺陷存在地区差异。总的来说，农村地区新生儿出生缺陷和残疾的发生率远远高于城市；神经管畸形的发生率南方就比北方低得多，南方人群发生率只是1.01‰，北方达到了4.11‰。北方最严重的3个地区，是陕西、山西和河北。山西每年光神经管畸形的发生率就是10.1‰。

20世纪90年代末，上海每年出生缺陷年发生率约在8‰~9‰，主要是唇腭裂、多指趾、神经管缺损、先天愚型等。7岁以下儿童现残率为9.68‰，其中智力残疾占首位，占53.2%，并有明显遗传倾向。通过婚检，发现不宜生育的对象中，因不听劝告再次怀孕分娩的婴儿出生缺陷发生率高出一般人群的近7倍。

我国从20世纪80年代中期在全国范围内开始对出生缺陷进行系统监测。据1986年10月至1987年10月期间全国出生缺陷调查表明，所调查的1 243 284例围产儿中，有出生缺陷者共16 172例，发生率为13.01‰，缺陷的种类达101种之多。排列前10位的为无脑儿、脑积水、开放性脊柱裂、唇裂、腭裂、心脏病、唐氏综合征等。据推算，中国每年约有30万个出生缺陷儿童降生。

近年来的出生缺陷检测结果表明，中国新生儿出生缺陷发生率在逐年下降。1986~1990年全国农村地区出生缺陷发病率为6.98‰，出生缺陷的发生率呈逐年下降趋势。对天津市1986~1997年出生缺陷进行了动态监测研究，结果发现1986年出生缺陷发生率最高为12.0‰，以后逐年有所下降，至1997年为7.5‰。1988~1992年中国神经管缺陷（NTD）发生率的变化趋势研究发现，NTD发生率由1988年25.3/万下降到1992年的18.0/万，5年下降了28.9%，年下降率8.2%，农村NTD下降幅度为30.5%，城市为26.7%；无脑畸形、脑膨出发生率分别下降了34.2%、48.5%；北方NTD下降幅度为30.5%，南方为27.8%。据中国出生缺陷监测中心对全国妇幼卫生监测结果显示：1996~2004年我国出生缺陷发病率呈上升趋势。先天性心脏病发生率有明显的上升，城市高于农村，南方地区明显高于北方地区，东部地区明显高于中西部地区，全国先天性心脏病发生率明显受经济、医疗技术和孕期保健等因素的影响；唇裂与唐氏综合征发生率没有明显的变化，但上海、浙江等省市的发生率明显高于全国，城市高于农村，这可能与诊断水平有关；而神经管缺陷发生率继续保持下降趋势，农村高于城市。

六、精神疾病

中国精神病患病率20世纪70年代为5.4‰，80年代初为10.54‰，到90年代末上升到13.47‰，精神卫生问题应当引起全社会的关注。近年来我国的精神残疾患病率正以每10年一倍的速度增长。目前，我国的精神疾病患者，已占总人口的30‰，其中重症患者占到10‰。国家疾控中心精神卫生中心提供的资料显示，近年来，我国公众中以焦虑等神经症和轻度精神障碍为代表的各种情绪问题日益突出，并呈逐年上升趋势，大多数是焦虑障碍和以抑郁症为主的心境障碍。随着我国社会经济的快速发展，城市化和人口老龄化进程的加快，以及竞争压力、失业、生活节奏变化等因素的影响，精神障碍对我国人民健康的危害越来越突出和严重。调查显示，我国人群中抑郁症、神经症、酗酒、药物依赖、自杀发生率均呈明显上升趋势；儿童行为问题，大、中学生心理卫生问题日渐突出；老年精神障碍如老年性痴呆、老年期抑郁症在老年人群中的比例逐年增高。

有关部门 1982 年对北京 16 所大学的调查表明，大学生因病休学的首要原因为肝炎、肺结核等各类传染性疾病，然后则是精神疾病。有焦虑不安、恐怖、神经衰弱和抑郁情绪等问题的大学生竟占学生总数的 16% 以上。对北京两万多名中学生进行的测试表明，有 1/3 的人存在各种各样的心理问题。

世界卫生组织统计表明中国约有 3 900 万人患有不同程度的抑郁症，而我国有关方面对全国抑郁症患病率的最低估计为 2%，即有 2 600 万抑郁症患者，直接和间接经济损失每年超过 640 亿元人民币。另对中国 12 个地区精神疾病流行病学调查显示，目前全国有严重精神疾病患者约 1 600 万人。有专家预测，进入 21 世纪后各类精神卫生问题将更加突出，到 2020 年神经精神疾病的负担将上升到疾病总负担的 1/4。主要表现为，社会阶层分化威胁城市人口心理；农民工在城市化中的心理问题加剧；中国老人与少年的心理状况堪忧。

第三节　死亡模式向死因以非传染性疾病为主的现代型转变

人口的出生和死亡都是自然界的新陈代谢现象。在一个国家或一个地区中，死亡率的高低在很大程度上取决于社会生产力发展水平。死亡率的高低直接依赖于社会经济条件，这些条件包括：医疗卫生和保健事业的发展，以及抵御各种传染病的条件；预防各种自然灾害的能力；物质和精神生活水平；劳动和休息的调节等。当这些社会经济条件变化时，死亡状况也随之发生变化。引起死亡的原因从生物学的表现可归结为两大类：一类为生理性死亡，即“老死”，这是由于蛋白质的硬化以致各器官组织不能维持新陈代谢，机体完全衰竭而死亡，是生命的自然终结；另一类是病理性死亡，即因严重疾病使重要生命器官发生不可恢复的损害，或急性的意外打击而引起的死亡。历史上灾荒、传染病和战争对人口死亡率有很大影响，引起大量的病理性死亡。这两类死亡原因均受社会条件的制约。

世界卫生组织把死亡原因（疾病）分为三大类。第一类为感染性疾病和母婴疾病，包括传染病、上呼吸道感染、肺炎、流感、产科疾病和围产期疾病；第二类为慢性非传染性疾病，即除去第一类疾病和意外死亡及不明原因疾病后的所有疾病，统计编码为 08～30、32～37（32 中除去 321 和 322）、42～44；第三类意外死亡多为外部原因。不明原因死亡不列入任何类别。新中国成立以来，我国人口的死亡原因发生了巨大的变化，由传染病、呼吸系统疫病等急性病逐渐变为肿瘤、心血管疾病等慢性病，死亡模式与发达国家越来越相似。

一、死因构成和顺位发生改变

（一）新中国成立之初的人口死因以传染病和呼吸系统疾病为主

新中国成立初期中国人口的死亡原因以传染病和呼吸系统疾病为主，新中国成立以后短期内主要死亡原因的死因别死亡率有了很大下降。1957 年部分城市的十大死亡原因的死因构成比：呼吸系统疾病，占总死亡的 16.86%；急性传染病，占 7.93%；肺结核（仅此一种疾病），占 7.51%，反映结核病对人民健康的巨大危害。其他死亡原因依次为消化系统疾病占 7.31%，心脏病占 6.61%，脑血管病占 5.46%，恶性肿瘤占 5.17%，神经系统疾病占 4.08%，损伤和中毒占 2.66%，其他占 1.98%。

（二）20 世纪 70 年代人口死因以心脏病为首

与新中国成立初期相比，20 世纪 70 年代中国人口主要死因别死亡率和死亡原因构成均发生了重大变化。根据 20 世纪 70 年代在全国范围内进行的死亡原因调查，1973～1975 年心脏病是中国人口的第一位死亡原因；死亡率是 129.11/10 万，其死亡人数占人口总死亡的 17.20%；第二位和第三位死因是呼吸系疾病和恶性肿瘤，分别占总死亡的 15.70% 和 10.28%。前三位疾病死亡总人数占总死亡的 43.18%。第四位死因是意外死亡，占总死亡人数的 9.40%；第五位死因是消化系疾病，占总死亡的 8.89%。前五位死亡原因共占死亡总数的 61.47%。然后依次是传染病、脑血管病、新生儿病、结核病和泌尿系疾病。前十位死因死亡人数共占总死亡人数的 92.12%。

20 世纪 70 年代男、女性主要死因基本相同。男、女性前三位死亡原因的顺序一致，但死亡率和各死因比重略有不同。女性心脏病和呼吸系疾病死亡率都高于男性，如女性心脏病死亡占总死亡的 19.23%，而男性略低一些，占 15.35%（表 5－15）。

表 5-15　1973~1975 年全国前 10 位死亡原因死亡率（1/10 万）和死亡原因构成比（%）

死亡原因	男			女			合计		
	率（1/10 万）	构成比（%）	序	率（1/10 万）	构成比（%）	序	率（1/10 万）	构成比（%）	序
心脏病	117.72	15.35	1	141.09	19.23	1	129.11	17.20	1
呼吸系病	117.52	15.33	2	118.20	16.11	2	117.85	15.70	2
恶性肿瘤	87.77	11.45	3	65.96	8.99	3	77.14	10.28	3
意外死亡	82.01	10.69	4	58.61	7.99	7	70.60	9.40	4
消化系病	72.60	9.47	5	60.62	8.26	6	66.76	8.89	5
传染病	64.08	8.36	6	63.40	8.64	5	63.75	8.49	6
脑血管病	59.73	7.79	7	64.55	8.93	4	62.57	8.34	7
新生儿病	50.98	6.65	8	41.51	5.66	8	46.36	6.18	8
结核病	46.01	6.00	9	40.44	5.51	9	43.29	5.37	9
泌尿系病	15.11	1.97	10	12.92	1.76	10	14.04	1.87	10

资料来源：周有尚等：《中国人口主要死因及平均预期寿命研究（1973~1975）》，同济医科大学卫生系。

（三）20 世纪 80 年代以来人口死因以恶性肿瘤和心脑血管疾病为主

进入 20 世纪 80~90 年代，中国人口死亡原因发生了新的变化，在向发达国家死因谱转变，但转变尚不完善。从全国情况来看，前几位的死亡原因为恶性肿瘤、脑血管病、心脏病、呼吸系病、损伤和中毒。按地区划分，中国目前人口死亡原因模式可分为三种：

第一种类型：由恶性肿瘤、心脑血管病、意外伤亡等由生活方式和行为为主引起的疾病在原因中占突出地位，这类地区婴儿死亡率低、平均寿命较高，主要是在大城市和沿海经济发达的农村地区。在这些地区中，恶性肿瘤、心血管病、脑血管病是最主要的死亡原因，而这三类疾病属于慢性病。2007 年在大城市以恶性肿瘤为第一位死亡原因，死亡率为 184.85/10 万，占总死亡的 28.84%，与 70 年代的 87.48/10 万比较，有明显增加；脑血管病是第二位死亡原因，死亡率为 120.02/10 万，占总死亡的 18.73%，与 20 世纪 70 年代的 87.61/10 万比较，也有较大增加；由于肿瘤增加的幅度较大，而使其处于死亡原因的第二位。第三位死亡原因是心脏病，由 20 世纪 70 年代的 120/10 万左右，下降为 114.20/10 万上下，恰好和呼吸系病相反，后者死亡率由 20 世纪 70 年代的 60/10 万上升为 78.92/10 万以上，可能和肺心病的重新归类有关。原来一些被认为是肺心病死亡而归入心脏病类的死亡，现被认为其原发病是肺气肿，则死亡原因归类时计入呼吸系病死亡中，因而导致心脏病死亡下降，呼吸系病死亡增加。其他各主要原因依次为损伤和中毒、消化系病等（表 5-16）所示。

表 5－16　2007 年大城市、中小城市、农村前十位主要疾病死亡率及死亡原因构成

顺位	大城市			中小城市			农村		
	死亡原因	死亡率(1/10 万)	占死亡总人数的(%)	死亡原因	死亡率(1/10 万)	占死亡总人数的(%)	死亡原因	死亡率(1/10 万)	占死亡总人数的(%)
1	恶性肿瘤	184.85	28.84	恶性肿瘤	168.23	28.21	恶性肿瘤	144.15	24.80
2	脑血管病	120.02	18.73	脑血管病	103.53	17.36	脑血管病	119.69	20.59
3	心脏病	114.20	17.82	心脏病	88.00	14.76	呼吸系统疾病	100.20	17.24
4	呼吸系病	78.92	12.31	呼吸系病	82.81	13.89	心脏病	86.01	14.80
5	损伤和中毒	33.59	5.24	损伤和中毒	41.37	6.94	损伤和中毒	52.07	8.96
6	内分泌病	25.01	3.90	其他疾病	21.37	3.58	消化系病	15.62	2.69
7	消化系病	18.44	2.88	消化系病	16.55	2.77	其他疾病	9.63	1.66
8	其他疾病	12.50	1.95	内分泌病	16.09	2.70	内分泌病	8.82	1.52
9	泌尿生殖系病	8.25	1.29	泌尿生殖系病	7.63	1.28	泌尿生殖系病	7.12	1.22
10	神经病	6.67	1.04	传染病 *	6.44	1.08	神经系统疾病	4.45	0.77

注：* 不含呼吸系结核。

资料来源：中华人民共和国卫生部编：《2007 中国卫生统计年鉴》，中国协和医科大学出版社，2007 年版。

第二种类型：人口死因谱由传染病和呼吸系病死亡为主向以心脑血管病和恶性肿瘤死亡为主转变，死亡模式正迅速发生变化，婴儿死亡率和各年龄别死亡率下降，平均寿命逐步提高。部分中、小城市和经济水平日益提高的广大农村的死亡原因谱属此类型。在中小城市中，恶性肿瘤已升至第一位死亡原因，如表 5－14 所示。2007 年中国中小城市第一位死亡原因是恶性肿瘤，死亡率为 168.23/10 万，占总死亡的 28.21%；其次是脑血管病、心脏病和呼吸系病，分别占总死亡的 17.36%、14.76% 和 13.89%；损伤与中毒是第五位死亡原因，占总死亡的 6.94%；传染病（不含呼吸系结核）排在第 10 位，说明传染病仍对人口死亡和健康起重要作用。

第三种类型：人口死因谱以传染病、呼吸系病和营养不良为主，其死亡模式是婴儿死亡率高、孕产妇死亡率高，平均寿命较低。死亡原因近年来也向恶性肿瘤和脑血管疾病逐渐转变。这些地区分布在经济欠发达的农村地区、边远地区、牧区和少数民族聚集地区。在这些地区，传染病和呼吸系病以及一些传统行为导致的意外事故死亡还起着重要影响。根据卫生部对这些地区的调查，传染病和呼吸系病等的死亡率是比较高的。如表 5－14 所示。

近年来，城市人群和农村人群的疾病模式都发生了转变，感染性疾病及母婴疾病死亡率持续下降，意外伤害的死亡率基本维持恒定，而慢性病死亡率稳步上升，死亡率的变化趋势直接导致了三大类疾病构成比的改变。这种变化在农村人群中表现得更为显著。1998 年与 1991 年相比，农村人群中感染性疾病及母婴疾病在总死因中所占比例下降4.9%，慢性病的比例上升了7.8%；而城市人群中感染性疾病及母婴疾病占总死因的比例仅下降了2.1%，慢性病占总死因的比例仅上升了2.7%。

总之，城乡居民的死亡模式仍具有差异。城市医疗保健网比较完善，感染性疾病、围产期疾病和产科疾病的死亡率远远低于农村。同时，城市居民由于较差的大气环境和不良的生活方式，肿瘤、心血管疾病等慢性病成为第一位的杀手，其死亡率高于农村。随着农村的发展，生活方式的转变，一些慢性病的死亡率上升幅度更大，肿瘤、心血管疾病的城乡差别日益缩小。但需注意，农村人群中一些传染病和母婴疾病仍是卫生工作的重点。

二、死因别死亡率

（一）三大类疾病死亡模式发生转变

在过去60年中，中国人口疾病死亡模式已发生了重大变化，传染病及母婴疾病的死亡率大幅度地下降，意外伤害的死亡率基本维持在恒定的水平，而慢性疾病死亡率迅速增加（图5－3）。进入21世纪，一方面中国人群的死亡疾病模式继续向发达国家的死亡疾病模式过渡，即传染病及母婴疾病的死亡率继续下降，但由于受到经济、医疗水平的限制，这类疾病仍然是一个重要的死因；另一方面，慢性病和意外伤害将成为严重的公共卫生问题。

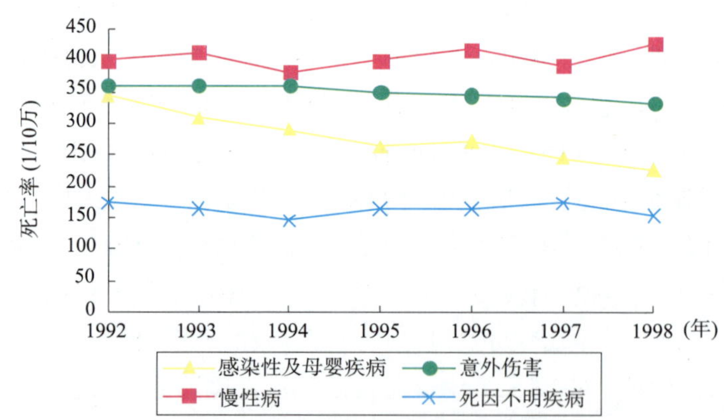

图5－3　1992～1998年全国疾病监测系统三大类疾病死亡率的变化趋势

资料来源：卫生部疾病控制司，中国预防医学科学院编：《1998年中国疾病监测年报》。

（二）感染性疾病、产科及围产期疾病死亡率显著下降

感染性疾病主要指传染性疾病（国际疾病分类第九版），以及肺炎、流感和上呼吸道感染。该类疾病的死亡率逐年下降，与1991年相比，1998年肺炎、肺结核、败

血症、病毒性肝炎、痢疾、破伤风死亡率均有不同程度的下降，肺结核、痢疾、败血症的死亡率下降幅度分别达到了 49%、73%、46%。

伴随传染病死亡率的显著下降，下降幅度不明显的肺炎死亡已成为感染性疾病死因中最突出的一个，2000 年我国人群肺炎死亡率达 15.04/10 万。在 2000 年全国疾病监测系统人群感染性疾病及母婴疾病的死因构成中，肺炎占 46%，围产期疾病占 20%，结核占 15%，其他传染病占 9%，病毒性肝炎占 5%，败血症占 4%，产科疾病占 1%。

支气管肺炎是感染性疾病的第一位死因。1998 年，监测地区共报告 1464 例死亡案例，死亡率为 16.50/10 万，校正后为 21.28/10 万。该疾病城乡差别很大。1998 年农村人群的死亡率是城市人群的 2.1 倍。从农村和城市人群支气管肺炎的年龄别死亡率，可以看出，支气管肺炎主要威胁婴幼儿和老年人。1998 年，5 岁以前和 60 岁以后的死亡人数共有 1 343 例，占支气管肺炎总死亡人数的 92% 以上。0 岁组的支气管肺炎的死亡率达到了 482.52/10 万，是婴儿时期的第一位死因。

总人群传染病的前四位死因分别是肺结核、病毒性肝炎、败血症、痢疾。1992 年至今，痢疾和破伤风的死亡率下降幅度较大；死因顺位列在前三位的传染性疾病，肺结核死亡率呈缓慢下降趋势，但病毒性肝炎和败血症的死亡率变化不大；病毒性肝炎的死亡率在 1996 年以前还时而低于败血症的死亡率，而近年来已成为传染性疾病的第二位死因。这表明，肺结核和病毒性肝炎的防治工作仍不容忽视，尤其是在农村。近年来，农村地区的传染性疾病死亡率虽有下降，但主要传染病的绝对死亡水平仍显著高于城市。因此，在慢性病和意外伤害成为主要公共卫生问题的同时，也应该看到，传染病仍没有得到完全的控制，医务工作者对此不能放松。

1998 年监测地区围产期疾病死亡率为 6.04/10 万，城市和农村人群的死亡率分别为 1.99/10 万、7.23/10 万，农村人群的总体死亡水平和分病种的死亡水平都远高于城市。无论城市还是农村，新生儿死于呼吸窘迫综合征的比例最大，城市和农村分别占 77.4% 和 63.1%。新生儿第二、第三死因是早产和产伤。

1998 年监测地区产科疾病全人群报告死亡率为 0.70/10 万，城市死亡率为0.15/10 万，而农村人群的死亡率为 0.86/10 万，是城市人群的 5.73 倍。与 1997 年相比，城乡之间的差距略有缩小（1997 年农村人群的死亡率是城市人群的 5.82 倍）。随着农村母婴保健工作的加强，产科疾病今后会得到进一步的控制，城乡差别有望进一步缩小。

（三）慢性病死亡所占比例逐年增加

随着中国人群疾病模式的转变，慢性病在总死亡中的比例逐年增加，已成为威胁中国人群健康的第一大类疾病。2006 年死因调查结果表明，脑血管病、恶性肿瘤是我国前两位死亡原因，分别占死亡总数的 22.45% 和 22.32%，第三位和第四位是呼吸系统疾病和心脏病，第五位是损伤和中毒。前五位的死亡原因累计占死亡总数的

85%。近年来随着经济的发展、生活方式的改变及农村城市化，城市和农村心脑血管疾病、肿瘤的死亡率持续增加。如图5－4所示，1994～1998年，心脑血管疾病的死亡率增加了19.7%，肿瘤的死亡率增加16.5%；而慢性呼吸道、消化道和泌尿生殖系统疾病的死亡率无明显变化。2006年第三次全国死因调查，慢性非传染性疾病死亡占总死亡的比例从20世纪90年代初的76.5%上升到82.5%。

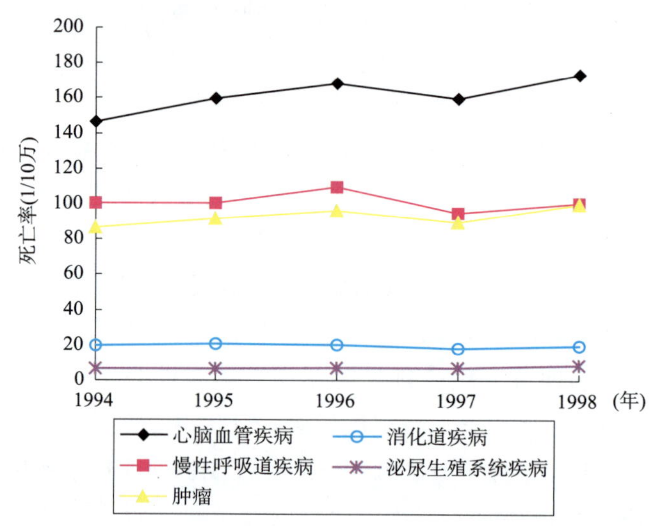

图5－4　1994～1998年全国疾病监测系统5种主要慢性疾病死亡率的变化趋势

资料来源：卫生部疾病控制司，中国预防医学科学院编：《1998年中国疾病监测年报》。

肿瘤是中国城市人口第一位死因，农村人口第二位死因。2000年中国城市人口恶性肿瘤死亡率为146.61/10万，农村为恶性肿瘤112.57/10万。肿瘤是中老年人群的主要死因。30岁以后男女性肿瘤的死亡率都逐渐上升，30～65岁年龄段肿瘤死亡人数占各年龄全部肿瘤死亡人数的45.4%。青壮年人群的因肿瘤早死，造成了潜在寿命损失年的增加。可见，肿瘤对社会、家庭及个人所带来的身体和经济方面的损失都是巨大的。

心脑血管疾病是威胁城市人口的第二位死因，农村人口的第三位死因。2000年中国城市脑血管病死亡率达到127.96/10万，农村达到115.20/10万。随着经济的发展和生活方式、饮食习惯的改变，该类疾病的死亡率逐年上升。心脑血管疾病中，脑血管病是第一位死因。1991～1998年全国疾病监测资料显示，脑血管病的死亡率呈上升趋势。与1991年相比，死亡率已上升了49.6%，平均每年上升6.2%，其在心脑血管疾病中所占的比例也由1991年的55.6%上升到了60.4%。这种上升趋势无论城市和农村，男性或女性均很明显，但农村人群的上升幅度更大，其脑血管病的死亡率与城市人群的差别日趋缩小。缺血性心脏病的死亡率也呈上升趋势，与1991年相比上升了56.6%，其在心脑血管疾病中所占的比例也上升了2.3%。高血压的死亡率近年来基本维持恒定，城市和农村人群的死亡率无明显差别。风湿热和风湿性心脏病死亡率呈下降趋势，与1991年相比，死亡率下降了36.1%，在心脑血管疾病中所占的比例也下降了3.6%。

慢性呼吸系统疾病是农村人群的第一位死因，是城市人群的第四位死因。2000年农村死亡率（142.16/10万）明显高于城市死亡率（79.92/10万），前者是后者的1.68倍。慢性呼吸系统疾病的死亡率近年来维持恒定，但是农村人群仍高于城市人群。

（四）意外伤害死亡问题凸显

意外伤害在现代社会中已成为一个严重的公共卫生问题，无论在城市或农村，意外伤害都是第五位死因。意外伤害在农村表现的更为严重。1998年农村人群和城市人群的意外伤害报告死亡率分别是58.79/10万、32.77/10万，前者是后者的1.79倍。城市和农村人群意外死亡的各种死因顺位也不相同，自杀和交通事故均是最严重的意外死亡。在城市，二者的死亡人数占全部意外死亡的41.5%，在农村占51.6%。二者在城市和农村人群中的相对重要性不同，城市人群中以交通事故为第一位的死因，而农村人群中自杀是第一位的死因（图5-5所示）。

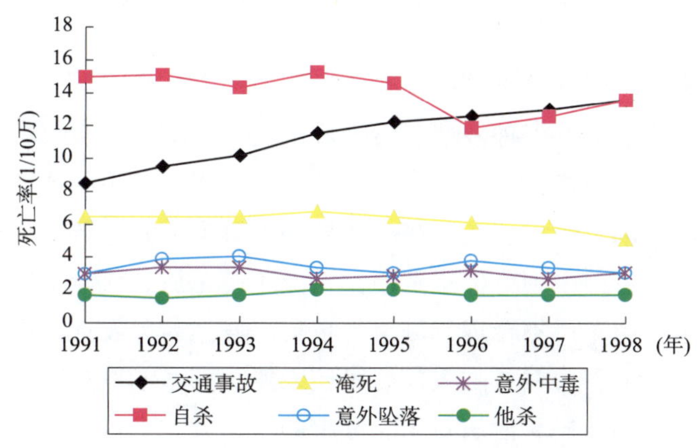

图5-5 1991～1998年全国疾病监测系统主要意外死亡变化趋势

资料来源：卫生部疾病控制司，中国预防医学科学院编：《1998年中国疾病监测年报》。

第四节 历史经验与未来的挑战

一、安定的社会环境和生活条件改善对身体健康提供了最重要的保障

新中国成立六十多年来，国民身体健康素质大为提高，民生状况得到了巨大的改善。已经基本消灭或控制了绝大多数烈性和急性传染病，慢性病防治工作也取得了一

些成效，各种恶性肿瘤的5年生存率有了很大的提高。究其原因，主要有以下几点：

第一，政府的正确政策，安定的社会环境，都为人民身体素质提高提供了良好的社会条件。

第二，社会的经济文化、人民的生活水平不断提高。这使人们的营养结构、健康意识都有了很大的进步。

第三，大力推行“人人享有初级卫生保健”和计划生育优质服务，推行婚前医学检查、产前检查、药物干预、食盐加碘、农村改水改厕。

第四，积极发展社会保障事业，确保了失业、医疗、养老和计生等方面的保险落实。

第五，医学科技的进步使得人们拥有更优良的医疗服务和健康的生活方式。

第六，开展全民健身运动，使体育事业的发展和增强人民体质结合起来，促进了全民身体健康素质的全面提高。

二、国家加大对卫生的投入和实施有效的健康教育是中国面临的新挑战

防病治病任务依然十分繁重。在一些传染病、地方病尚未得到完全控制，国际上出现新的传染病的情况下，多种慢性非传染病疾病如心脑血管病、肿瘤等，已日益成为严重威胁人民健康的因素；伴随工业化、城市化进程所发生的环境污染，职业性危害和营养失衡性疾病以及性病、艾滋病、意外伤害等呈上升趋势。

卫生投入不足。目前中国卫生总费用占国民生产总值的比例，在发展中国家尚属于中低水平；卫生资源布局不合理，城市与乡村、发达与欠发达地区的卫生条件存在相当大的差距，相当部分农村贫困人口居民还未能享有基本医疗服务。

一些先进、科学的防病、治病知识、健康的生活方式有待于加大力度向广大农村地区传播。

进入21世纪，我国国民的身体健康素质的进一步全面提高，将有赖于坚持“以人为本”、“人人享有基本保健”的基本路线和基本方针不动摇，深化卫生体制改革，开拓卫生事业发展道路，加大对农村偏远地区、弱势群体的卫生投入，在全国建立起适应社会主义市场经济和人民健康需求的、比较完善的卫生体制。

第六章　教育事业发展与国民科学文化素质提高

百年大计、教育为本。全面、协调、可持续的科学发展观强调以人为本，也就是说以人的发展为重点。人的发展不仅包括身体健康水平的提高、生活物质条件的改善，而且包括人自身文化素质的提升。这就需要以教育为抓手，发展教育事业，提高人民群众受教育水平，为人的全面发展打下了坚实的基础。对于整个社会来说，全面和谐氛围的构建，离不开公民素质的提高，也离不开教育事业的发展。

新中国成立以来，在教育科技基础非常薄弱的情况下，党和国家从各方面给予政策和物质支持。1977 年，邓小平同志在科学和教育工作座谈会上提出："我们国家要赶上世界先进水平，从何着手呢？我想，要从科学和教育着手。"当今国际竞争的实质是以经济科技实力为基础的综合国力的竞争，能否在科技发展上取得优势，增强经济和科技为基础的综合国力将最终决定该国在国际上的地位。"优先发展教育、建设人力资源强国"是以改善民生为重点的社会建设的重要方面，也是党和国家关注的重点。

教育和科技是提高国民素质、改善人民生活的重要手段，是民生建设中肯紧之处。中华民族自古以来就有重视教育的传统，是善于科学思考和发明创造的优秀民族。在古代，曾经培养造就了一大批世界一流的教育家、科学家、发明家、工匠和技师：有举世闻名的一代宗师孔子；有发明世界第一台地震仪的张衡；有早于外国一千年，将圆周率准确推算到小数点后七位数字的数学家祖冲之；有设计并建造了世界第一座大跨度单孔石拱桥的工匠李春；有世界最先发明活字印刷术的发明家毕昇；有倾毕生心血著成"东方医学巨典"《本草纲目》的医学家李时珍；有遍历五岳，问奇于名山大川，开世界石灰岩研究先声的地理学家徐霞客……正是这些古代教育和科技先驱者，为了中国人口素质的提高作出了卓越贡献。然而，16 ~ 17 世纪以后，随着资本主义的兴起，现代教育和科学技术在西方得到了迅速的发展，生产力水平发生了巨大的飞跃，中国却被抛在后面。究其原因，主要是中国几千年封建统治和自然经济抑制了新生产力的产生，闭关锁国的“天条”把先进的教育制度和科学技术拒于国门之外。帝国主义侵略虽然惊醒了一些中国的有识之士，意识到发展科学教育的重要性。但是，已沦为半殖民地、半封建社会的中国，在帝国主义、封建主义和官僚资本主义的三重压迫之下，科学教育事业几近停滞。中华人民共和国成立前的旧中国，共有高等学校205所，1912～1947年的35年间大学毕业生累计数只有21万人，平均每年仅6 000人。中学不到5 000所，小学29万所，分布也很不合理。各级各类学校在校生仅占全国总人口的5.6%。当时在全国大约5亿人口中，80%是文盲。科研机构到新中国成立前夕只有40来个，且残缺不全，科研人员不到1 000人。

新中国人口的教育科技素质就是在这种极其薄弱的基础上逐步发展的。60多年来，在政治经济发展的不同阶段中国人口教育科技素质的提高呈现出不同的特征。本章将新中国成立以来的教育、科技事业发展分为3个阶段，围绕人口教育科技素质的主要影响因素，描述和分析60多年来中国人口教育科技素质提高的历史进程。

第一节　教育事业的起步与受教育人口的迅速增加

人口教育科技素质与教育科技事业发展紧密相关。1949～1965年是中国社会主义教育科技事业调整发展、奠定基础时期。尽管在这期间有极左路线的干扰，但新中国成立后17年中国教育科技事业的发展成绩是显著的，人口教育科技素质的提高也取得初步成效。

一、新中国成立后17年教育科技事业的调整和发展

（一）改造旧教育

教育是科学技术进步和人才培养的基础，是提高人口教育科技素质的最基本途径。新中国成立后，党和人民政府对教育事业开展了积极而谨慎的工作。1949年12月在北京召开了第一次全国教育工作会议，讨论并确定了全国教育工作的方针、性质、任务、目的和有关政策。会后，对旧的教育进行了一系列调整和改革。

1. 收回教育主权。新中国成立之初，中国境内有外国教会办的高等学校20余所，中等学校500余所，初等学校1 100余所。中央人民政府对此问题的立场是：在一个独立民主的国家里，不允许外国人办学校，除非是他们的侨民自己设立而为教育他们的子女的学校，这也是世界通例。1950年抗美援朝战争开始以后，中美实际上已进入交战状态，中国政府命令将接受美国津贴的学校全部关闭。1953年后，在接办私立学校过程中，一并接收了外资津贴的中小学。

2. 接管整顿私立学校。新中国成立之初，除了依靠境外力量办的教会学校，尤

其是教会办的高等学校之外，采取了管而不接的政策。抗美援朝开始以后，从接管教会学校开始，进而将私立大学全部接管。1952 年起，针对各种不同情况，先后将中学和小学分批接管。这种从高等学校开始，然后中等学校，再后初等学校的接管工作，至 1956 年基本完成。

3. 改革学制。1951 年 10 月 1 日，政务院公布了《关于改革学制的决定》，这是新中国实行的第一个学制。首先，它充分保障了全国人民，尤其是工农劳动人民和工农干部受教育的权利和机会；第二，新学制将初等教育由 4 年初级小学和 2 年高级小学改为 5 年一贯制，有利于使劳动人民的子女能够受到完全的初等教育；第三，新学制的中等教育包含技术学校以及其他各类中等专业学校，适应了国家建设对于初、中级专业技术人才的需求。

4. 调整教育结构。根据国家建设和社会发展的需要，在中等教育阶段，增设了工业、农业、交通、运输等方面的技术学校，以及其他行业（贸易、银行、供销合作、艺术等）的中等专业学校。高等教育的调整体现在专业的设置和布局两个方面。调整的重点是加强工程类和师范类的院系，发展专门学院和专科学校，以培养各种专门人才和中等学校、高等学校的师资。具体的做法，一是对原有大学的院系加以调整，二是建立新的院校。在高等学校的地理布局上，1955 年开始加强了内地尤其是西南、西北地区高等学校的设置。

5. 改革教学。在教学改革方面，前苏联的教学思想发挥了很大作用，大学和中等专业学校受影响尤其大。主要表现在：按前苏联高校模式设置专业，统一教学计划和教学大纲；翻译前苏联教材；按前苏联教学组织形式设置教研室；学习前苏联教学环节的安排；学习前苏联学制，将部分高校学制延长至 5 年，除保留少数师专、医专外，理工科专科停止招生。

在新中国成立初期的 7 年左右时间里，通过改造旧教育，全国各级各类学校都得到了很大的发展。教育布局全面展开，学生人数迅速增长，形成了宏大的教育体系，为后几个五年计划有秩序地实施及以后社会经济的发展和建设成功地准备了人才，提高了人民的受教育水平。

（二）探索教育发展道路

从 1956 年中国共产党第八次代表大会召开到 1966 年“文化大革命”开始前的 10 年，是探索中国教育发展道路的 10 年。同这一时期社会主义建设的道路一样，社会主义教育发展道路也经历了一个曲折的过程。

1. 确定教育方针。1957 年，毛泽东在《关于正确处理人民内部矛盾的问题》中提出了我国的教育方针：“我们的教育方针，应该使受教育者在德育、智育、体育几方面都得到发展，成为有社会主义觉悟的有文化的劳动者。”① 这一教育方针不仅指出了教育工作务必达到的目的，而且也指明了青年一代发展的方向。

2. 教育“大跃进”。1958 年，在总路线的指引下，中央也给教育提出了大跃进的指标。1958 年 9 月，中共中央、国务院提出：全国在 3 ~ 5 年的时间内，基本上完成扫除文盲、普及小学教育、农业合作社中学和使学龄前儿童大多数都能入托儿所和幼儿园的任务；争取在 15 年左右的时间内，基本上做到使全国青年和成年，凡有条件和自愿的，都可以受到高等教育；再以 15 年左右的时间从事提高的工作。当时，一些工厂、人民公社、机关、街道宣布办起了高等学校、中等专业学校、农业学校、普通中小学、幼儿园，以及红专大学、劳动大学、市民学校等名目繁多的各种形式的学校。有的工厂、人民公社还宣布办成了从幼儿园到高等学校的“教育体系”、“教育网”，实现了“人人劳动、人人学习”的“共产主义教育制度”。1958 年 10 月 1 日《光明日报》报道：从 1 ~ 8 月，全国扫除文盲 9 000 万人，比 8 年来扫盲总数多 2 倍，全国 67% 的县市基本扫除了文盲；全国学龄儿童入学率已达 93. 9% ，87% 的县市基本普及小学教育；新建中学26 000余所，全国中学生比 1957 年增长 47% ；全国中等专业学校已达 6 000 余所，在校学生比 1957 年增长 220% ；新办高校 800 余所，全国已有高校千所以上；业余学校比 1957 年增长 5 倍半，学生达 5 000 余万人；许多省初步建立起自己的高等教育体系，很多省决定在 15 年内普及大学教育。现在看来，上述数字带有很大的浮夸成分。

3. 教育调整。1958 年的教育“大革命”盲目地破除了既有的教育规章制度，打乱了正常的教学秩序。1961 年中共八届九中全会提出了国民经济“调整、巩固、充实、提高”的方针，此后，教育工作按此方针进行了一系列的调整。一是压缩规模，合理布局；二是强调对知识分子的团结和使用；三是规范学校的管理。同其他行业一样，教育系统也制定了一系列教育工作的条例，如“高教六十条”、“中学五十条”、“小学四十条”等。

4. 教育改革。毛泽东于 1964 年春节召开教育工作座谈会并发表了著名的“春节谈话”。毛泽东对于教育的关心，主要是在阶级斗争的框架中，考虑中国坚持走社会主义道路的问题。1964 年后在防止资本主义复辟思想指导下，教育系统根据毛泽东“春节谈话”精神推行了教育改革。主要包括：推行“两种教育制度”，即全日制的学校教育制度和半工半读的学校教育制度；缩短学制，小学的基本学制为 5 年一贯制，中学为 4 年一贯制，设高等学校 2 年制预科等；改革课程，如推行“少而精、启发式”教学，将阶级斗争作为学校教育尤其是高等教育的一门主课，安排学生参加“四清”运动等。总起来看，新中国成立后 17 年党和政府对教育科技事业是十分重视的，在财力有限的情况下，合理安排了智力投资。据不完全统计，1950 ~ 1965 年

---

① 《毛泽东著作选读》下册，人民出版社，1986 年，第 780 ~ 781 页。

国家用于发展教育的事业费达到305.15亿元，占国家财政总支出的5.86%；同期国家用于教育的基本建设投资达到47.44亿元，占国家基建投资总额的2.07%。在国家财力的支持下，一大批新的教育机构和科研机构成立起来，成为培养科技人才和提高全国人口教育科技素质的基本阵地。

二、扫盲工作的显著成效

扫盲，即对不识字和识字少的人进行识字教育，使其具有初步的读、写、算能力。1949～1965年，是中华人民共和国成立后扫盲工作具有显著成效的阶段。

（一）扫盲标准、对象和任务

扫除文盲的标准包括两项内容：文盲个人脱盲的标准和基本扫除文盲单位的标准。关于文盲个人脱盲的标准，1953年11月中央扫除文盲工作委员会规定：干部、工人一般可定为认识2 000个常用汉字，能阅读通俗书报，能写二三百字的应用短文；农民一般可定为认识1 000个常用汉字，大体上能阅读最通俗的书报，能写农村中常用的便条、收据等。1956年3月中共中央、国务院《关于扫除文盲的决定》规定工人识字标准是2 000个左右；农民大约认识1 500个字，能够大体上看懂浅近通俗的报刊，能够记简单的账，写简单的便条，并且会做简单的珠算。关于基本扫除文盲单位的标准，1958年1月教育部规定：凡年龄在14～40岁的青壮年厂矿职工，非文盲达到其总数的85%，农民、城市居民和手工业合作社社员青壮年，非文盲达到其总人数的80%，就是基本上扫除文盲。关于扫除文盲对象的范围，1956年3月中共中央、国务院《关于扫除文盲的决定》作了规定：扫除文盲的对象以14～50岁的人为主，超过50岁的文盲如果愿意识字，欢迎他们参加学习；共产党员、共青团员、干部、青年和各条建设战线上的积极分子中的文盲，应该自觉地积极地参加学习，摆脱文盲状态。

（二）扫盲方法

在我国，扫除文盲是一项群众性工作。党和政府广泛动员社会各方面的力量，包括工矿企业、城市街道、农村基层组织、工会、共青团、民兵、妇联等群众团体和全日制学校广大师生等参加扫盲工作。做法是：学习时间由生产组织统一安排；解决教师问题的原则是“以民教民，能者为师”，动员识字的人教不能识字的人；教学辅导工作依靠全日制学校的力量来做；识字教材由地方教育行政部门组织力量编写；教学内容密切结合群众的生产、生活需要；教学方法多种多样，不拘一格。教学组织，因人因地因时制宜，有集中的班级教学，有分散的小组学习，还有“小先生”包教形式等。各种学习组织大都是业余学习，在农村一般是农闲多学，农忙少学，大忙放假。针对干部坚持业余学习困难较多的特点，许多地点采取短期集中脱产扫盲的方式。

（三）扫盲成效

由于各级党政领导和广大群众的努力，中华人民共和国成立后17年中扫盲工作取得显著成绩。20世纪50年代基本扫除了干部中的文盲，60年代基本扫除了职工中的文盲。

到1965年，全国共扫除文盲10 272万人，平均每年扫除604万人。1949～1965年历年扫盲人数见表6－1。

表6－1　1949～1965年扫盲人数

单位：万人

年份	扫盲人数	年份	扫盲人数
1949	65.7	1958	4 000.0
1950	137.2	1959	2 600.0
1951	137.5	1960	573.3
1952	65.6	1961	45.8
1953	295.4	1962	16.7
1954	263.7	1963	22.5
1955	367.8	1964	74.7
1956	743.4	1965	142.2
1957	720.8		

资料来源：《中国教育年鉴》编辑部编：《中国教育年鉴（1949～1981）》，中国大百科全书出版社，1984年版，第1037页。

1964年，我国大陆第二次全国人口普查结果，再次证明新中国成立十几年我国扫盲工作的重大成效。这次普查出的12岁及以上文盲半文盲人口26 340万人，占总人口的比率为38.11%，其中城镇人口文盲率20.18%，乡村人口文盲率40.54%。总文盲率由中华人民共和国成立前的80%下降到38.11%，年均下降2.8个百分点，速度显然是很快的。

该期全国文盲率的迅速下降，除了扫盲工作的成效外，还有另外两个因素起了重要作用。一是初等教育的发展。小学在校学生由1949年的2 439万人发展到1965年的11 621万人，学龄儿童入学率由1949年的20%提高到1965年的84.7%。17年间小学累计毕业7 000万人。这些人进入人口总体，降低了文盲人口比重。二是文盲人口的自然淘汰。人口的年龄组越高，文盲率也越高。17年中自然死亡的老年人口当中有80%以上的文盲，这就大大减少了文盲人口的绝对数量。

三、受教育人口的迅速增加

（一）初等教育人口

初等教育是使受教育人口打下文化知识基础和做好初步生活准备的教育，对象一般是6～12岁儿童。中华人民共和国成立以前，初等教育发展最好的年份1946年，全国小学在校学生数为23 68万人；学龄儿童入学率为20%左右。

1950~1951 年，中国农村土地改革后，农民群众迫切要求送子女上学。1951 年 8 月，教育部召开的第一次全国初等教育和师范教育会议提出了小学教育工作的目标：1952~1957 年争取全国平均有 80% 的学龄儿童入学；从 1952 年开始，争取 10 年之内全国儿童初等教育基本上达到普及。会议还确定五年内培养百万人民教师的奋斗目标，并制定了相应的措施。到 1952 年年底，小学在校学生由 1949 年的 2 349 万人增加到 5 110 万人，学龄儿童入学率达到 49.2%。

1953 年 11 月，政务院提出今后几年内小学教育在整顿巩固的基础上有计划有重点地发展的要求。1956 年 1 月，最高政务会议讨论通过的《1956~1967 年全国农业发展纲要（草案)》规定：从 1956 年开始，按照各地情况，分别在 7 年或者 12 年内普及小学教育。同年 5 月教育部提出了加速小学教育发展的措施，即在一般地区，根据需要和可能，增加小学的招生名额，并且对实施小学义务教育积极地进行准备。到 1957 年，小学在校学生发展到 6 428 万人，学龄儿童入学率达到 61.7%。

1958 年 9 月，中共中央、国务院发布《关于教育工作的指示》，提出“调动一切积极因素，鼓足干劲、力争上游、多快好省地扫除文盲，普及小学教育”，“全国应在三到五年的时间内，基本上完成扫除文盲、普及小学教育”。在“大跃进”的影响下，当年小学在校学生达到 8 640 万人，比 1957 年猛增 34.4%；学龄儿童入学率达 80.3%，比 1957 年猛升 18.6 个百分点。

1961 年 2 月，中共中央批转中央文教小组报告，提出文化教育工作必须贯彻执行“调整、巩固、充实、提高”的方针，普通教育要着重全面提高教育质量。1962 年 5 月，中共中央对教育部党组的批示进一步指出：1958 年以来，中国教育事业有了很大的发展，成绩是显著的；但是，由于发展过快，规模过大，超过了国民经济的负担能力，影响了教育质量的提高。经过调整，1962 年，小学在校学生数比 1958 年减少 19.9%，学龄儿童入学率下降 24.2 个百分点。

1963 年以后，普及小学教育再次被提上全国教育工作日程。1964 年 1 月，教育部召开的全国教育厅局长会议提出：要积极发展小学，特别是简易小学，解决贫下中农子女入学问题，逐步普及小学教育。同年 6 月 2 日《人民日报》发表社论，肯定了阳原县儿童都能到离家一里左右的学校上初小，到五里左右的学校上高小，全县学龄儿童入学率达到 90% 以上的经验。1965 年，全国又肯定了农村“半农半读”的教育方式，要求实行“全日制”和“半农半读”两条腿走路。1965 年，小学在校学生数达到 11 621 万人，比 1962 年增长 67.84%，学龄儿童入学率达到 84.7%，比 1962 年上升 28.6 个百分点。

总起来看，新中国成立后的 17 年全国小学教育发展是迅速的、健康的。1965 年与 1949 年相比，小学校数增长 3.9 倍，在校学生数增长 3.8 倍，毕业生数增长 9.3 倍（表 6－2)。第二次全国人口普查资料表明：1964 年全国共拥有小学程度人口 19 582 万人，每千人口中具有小学程度的人口全国平均为 281.9 人，其中城镇 349.5 人，乡村 270.8 人；就地区分布来看，华北区 312.4 人，东北区 346.2 人，华东区 260.8

人，中南区 302. 5 人，西南区 256. 6 人，西北区 229. 9 人。

表 6 - 2　1949 ~ 1965 年全国小学教育发展状况

年份	学校数（万所）	在校学生数（万人）	学龄儿童入学率（%）	毕业生数（万人）
1949	36. 68	2 439. 1	—	64. 6
1950	38. 36	2 892. 4	—	78. 3
1951	50. 11	4 315. 4	—	116. 6
1952	52. 70	5 110. 0	49. 2	149. 0
1953	51. 21	5 166. 4	50. 3	293. 5
1954	50. 61	5 121. 8	51. 5	332. 5
1955	50. 41	5 312. 6	53. 8	332. 9
1956	52. 90	6 346. 6	62. 6	405. 1
1957	54. 73	6 428. 3	61. 7	498. 0
1958	77. 68	8 640. 3	80. 3	606. 3
1959	73. 74	9 117. 9	79. 3	547. 3
1960	72. 65	9 379. 1	76. 4	734. 0
1961	64. 52	7 578. 6	63. 4	580. 8
1962	66. 83	6 923. 9	56. 1	559. 0
1963	70. 80	7 157. 5	57. 0	476. 8
1964	106. 60	9 294. 5	71. 1	567. 4
1965	168. 19	11 620. 9	84. 7	667. 6

资料来源：《中国教育年鉴》编辑部编：《中国教育年鉴（1949 ~ 1981）》，中国大百科全书出版社，1984 年版，第 1021，1024 页。

（二）中等教育人口

中等教育是在初等教育基础上继续实施的中等普通教育和专业教育。实施中等教育的学校为各类中等学校，普通中学为其中主要部分，担负着为高一级学校输送合格新生以及为国家建设培养劳动后备力量的双重任务。中等专业学校，包括中等技术学校、中等师范学校，担负着为国民经济部门培养专业技术人员的任务。

1949 年中华人民共和国成立时，全国初级中等学校在校学生总数为 95. 1 万人，其中初级中学占 87. 4%，初级中等专业学校（包括初级师范）占 12. 6%。高级中等学校在校学生总数为 31. 9 万人，其中高级中学占 65%，中等专业学校（包括中等师范学校）和技工学校占 35%。1949 年 12 月，教育部召开的第一次全国教育工作会议指出了全国中等学校中普通中学多、技术学校少，不能适应恢复发展经济需要的状况，要求在今后若干年内，中等教育应着重发展技术教育，以大量培养中级建设干部。到 1952 年，初级中等学校在校学生总数发展为 255. 9 万人，其中初级中学占 87. 1%，初级中等专业学校占 12. 9%；高级中等学校总数发展为 58. 2 万人，其中高级中学占 44. 7%，中等专业学校和技工学校占 54. 3%。

1955 年 7 月，第一届全国人大第二次会议通过的“一五”计划提出了国家将有计划地调整、扩大和开办各类中等专业学校，并充分地利用企业和机关的有利条件，训练培养各类建设人才的要求。1956 年 5 月，高教部进一步提出加速发展中等专业教育的具体措施，但当时中等教育的结构并未出现明显改善。1957 年，初级中等学校在校学生发展为 543.0 万人，其中初级中学占 99%，初级中等专业学校占 1%；高级中等学校在校学生增加到 169.6 万人，其中高级中学占 53.3%，中等专业学校和技工学校占 46.7%。

1958 年 3 月，教育部提出大力创办农业中学、工业中学和手工业中学。同年 9 月，中共中央、国务院在《关于教育工作的指示》中提出“普通教育与职业（技术）教育并举”的要求。在“大跃进”的形势下，初级中等学校在校生总数达到 981.1 万人，其中初级中学占 74.8%，初级中等专业学校、农业中学和职业中学占 25.2%；高级中等学校在校生总数达到 234.7 万人，其中高级中学占 50.2%，中专和技工学校占 49.8%。1961 年以后教育工作执行了“调整、巩固、充实、提高”的方针，农职中学和中等专业学校大幅度下降。到 1962 年，初级中等学校在校生总数为 646.3 万人，其中初级中学占 95.7%，初级中专、农业、职业中学占 4.3%；高级中等学校在校学生总数为 192.6 万人，其中高级中学占 69.5%，中等专业学校和技工学校占 30.5%。

1964 年 8 月，刘少奇作了“两种劳动制度、两种教育制度”的重要讲话。1965 年 3 月和 10 月，教育部先后召开全国农村半农半读教育会议和全国城市半工半读教育会议，此后半工（农）半读的中等学校迅速发展。1965 年，初级中等学校在校生总数发展为 1 170.9 万人，其中初级中学占 68.6%，农业、职业中学和初级中等专业学校占 31.4%：高级中等学校在校生总数发展为 279.37 万人，其中高级中学占 46.8%，中等专业学校、农业、职业中学和技工学校占 53.2%。

表 6－3　1949～1965 年全国普通中学教育发展状况

年份	高中			初中		
	学校数（个）	在校学生数（万人）	毕业生数（万人）	学校数（个）	在校学生数（万人）	毕业生数（万人）
1949	1 597	20.72	6.1	2 448	83.18	21.9
1950	1 541	23.80	6.2	2 472	106.69	23.4
1951	1 321	18.44	5.9	2 673	138.37	22.5
1952	1 181	26.02	3.6	3 117	222.99	18.5
1953	1 206	36.00	5.6	3 227	257.26	39.8
1954	1 249	47.80	6.8	3 543	310.87	57.6
1955	1 330	57.98	9.9	3 790	331.98	87.0
1956	2 029	78.41	15.4	4 686	438.06	78.5
1957	2 184	90.43	18.7	8 912	537.70	111.2
1958	4 144	117.88	19.7	24 787	734.14	111.6
1959	4 144	143.57	29.9	16 691	774.30	149.1
1960	4 690	167.49	28.8	17 115	858.52	142.2
1961	4 431	153.30	37.9	14 552	698.46	189.2
1962	4 434	133.91	44.1	15 087	618.89	158.4
1963	4 303	123.53	43.3	15 296	638.08	152.3
1964	4 149	124.68	36.7	15 065	729.35	138.6
1965	4 112	130.82	36.0	13 990	802.97	173.8

资料来源：《中国教育年鉴》编辑部编：《中国教育年鉴（1949～1981）》，中国大百科全书出版社，1984 年版，第 1000～1001 页。

总之，新中国成立后的17年中，中国中等教育的发展与初等教育一样迅速。1965年与1949年相比，普通中学数增长3.6倍，其中高中增长1.6倍，初中增长4.7倍；普通中学在校学生数增长8.0倍，其中高中增长5.3倍，初中增长8.7倍；普通中学毕业生数增长6.5倍，其中高中增长4.9倍，初中增长6.9倍。17年我国累计培养出初中毕业生1675.6万名，高中毕业生354.6万名，同时还培养出中等专业人员295.9万名，工业中学、农业中学以及各种职业中学毕业生63.2万人。（表6-3、表6-4）据全国第二次人口普查资料，1964年全国共拥有初中程度人口3235万人，高中程度人口912万人。每千人口中具有初中文化程度的平均46.7人，其中城市127.6人，乡村33.3人；每千人口中具有高中文化程度的13.1人，其中城镇53.9人，乡村6.4人。就地区分布看，1964年每千人口中具有初中文化程度的人口，华北区平均56.3人，东北区平均67.7人，华东区平均44.9人，中南区平均44.5人，西南区平均34.1人，西北区平均49.4人；每千人口中具有高中文化程度的人口，华北区平均15.0人，东北区平均19.1人，华东区平均13.5人，中南区平均11.2人，西南区平均10.5人，西北区平均15.3人。

表6-4 1949～1965年全国中等专业教育发展状况

年份	中等技术学校			中等师范学校			职业中学等		
	学校数（个）	在校学生数（万人）	毕业生数（万人）	学校数（个）	在校学生数（万人）	毕业生数（万人）	学校数（个）	在校学生数（万人）	毕业生数（万人）
1949	561	7.71	2.38	610	15.18	4.8	—	—	—
1950	500	9.78	2.20	586	15.94	5.29	24	0.44	—
1951	699	16.29	2.22	744	21.98	3.47	41	1.33	—
1952	794	29.04	4.08	916	34.52	2.74	51	1.88	0.01
1953	650	29.94	5.81	788	36.90	6.00	58	2.81	0.22
1954	557	30.00	7.17	632	30.80	9.78	87	5.11	0.42
1955	512	31.81	9.68	515	21.90	13.83	65	3.65	0.71
1956	755	53.85	7.47	598	27.34	9.89	56	3.17	0.04
1957	728	48.22	9.57	592	29.58	5.04	58	2.22	0.73
1958	2 085	108.35	10.13	1 028	38.63	8.97	20 062	200.75	2.20
1959	2 341	95.45	17.08	1 365	54.01	11.81	22 350	220.32	2.14
1960	4 261	137.74	16.31	1 964	83.85	10.47	22 623	230.94	15.09
1961	1 771	74.09	21.60	1 072	46.21	12.35	7 269	61.37	16.12
1962	956	35.27	15.91	558	18.22	14.58	3 721	26.70	4.53
1963	865	32.07	10.71	490	13.07	8.90	4 303	30.78	2.42
1964	1 125	39.73	10.30	486	13.43	6.17	15 108	112.34	4.94
1965	871	39.24	7.34	394	15.50	1.80	61 626	443.34	13.60

资料来源：《中国教育年鉴》编辑部编：《中国教育年鉴（1949-1981）》，中国大百科全书出版社，1984年版，第981～984，1017～1020页。

（三）高等教育人口

高等教育即建立在中等教育基础上的各种专业教育，一般分专科教育、本科教育和研究生教育。高等教育担负着培养包括科学研究人才在内的各种高级专门人才的任务。

新中国成立初期对旧有的高等学校进行了社会主义改造。据统计，1946 年全国有高等学校 207 所，在校学生 15.5 万人；1949 年有 205 所，在校学生 11.7 万人，且有一部分私立学校和接受外国教会津贴的学校。根据《中国人民政治协商会议共同纲领》规定的任务，首先对国民党政府遗留下来的高等学校进行了社会主义改造；其次是对全部接收外国津贴的教会大学，收回教育主权；分期分批地接办了私立高等学校并予以改造；再次是在老解放区干部学校的基础上举办革命大学、干部学校和学习苏联教育经验，创办社会主义新式大学（样板是中国人民大学和哈尔滨工业大学）。在高等教育的接管、恢复、初步改造之后，按照苏联办高等教育的经验，又先后进行了两次大的全国范围的院系调整。一次是在 1952 年下半年，另一次是在 1953 年。1954～1957 年间又进行了部分的院系调整。经过几次院系调整，中国的高等教育有了很大的发展，教学质量有了显著提高。同时，高等教育的布局也较以前合理，边远地区的高等教育得到了加强。但院系调整中的有些做法也出现偏差，如要求过高过急，盲目仿效苏联，对文科、政法、财经等专业人才的培养重视不够等。到 1957 年，全国有高等院校 229 所，设置专业 333 种，在校学生数达 44.1 万人。1957 年和 1949 年相比，高等教育招生人数增加了 4 倍。

1958 年，中共八届二次会议制定了“鼓足干劲、力争上游、多快好省地建设社会主义”的总路线，全国掀起了“大跃进”的高潮。在教育方面中共中央发出《关于高等学校和中等技术学校下放问题的意见》，提出除少数综合大学、某些专业学院和某些中等技术学校仍由教育部或中央有关部门直接领导外，其他高等学校和中等技术学校都可以下放，归各省、市、自治区领导；改变统一招生的制度，一般高等学校和中等技术学校，可以就地招生，某些综合大学和带有全国性的高等和中等专业学校，可以到外地设考区招生。同年 9 月，中共中央、国务院《关于教育工作的指示》又提出“以十五年左右的时间来普及高等教育”的高指标。这一年，高等学校由 1957 年的 229 所，猛增到 791 所，在校学生由 44.1 万人猛增到 66 万人。1959 年 8 月，中共八届八中全会通过了关于反对右倾机会主义的决议，11 月中央文教小组相应讨论制定了教育事业的长远发展规划，提出在“四五”计划时期，高等学校将发展到约占全国劳动力的 1% 的人（即 200 万人）在校学习。1960 年高等学校继续由 1959 年的 841 所增加到 1 289 所，在校学生也由 1959 年的 81.2 万人增加到 96.2 万人，比 1957 年的学生数 44.1 万人增加了 110.8%。由于速度发展过快，规模过大，与国民经济的发展，特别是与农业生产水平的发展差距过大，也超过了教育事业本身的发展条件，影响了教育质量的提高。

1961 年 1 月，中共八届九中全会制定了对国民经济实行“调整、巩固、充实、提高”的方针。是年 2 月，中共中央批转的中央文教小组《关于 1961 年和今后一个时期文化教育工作安排的报告》指出：高等学校要把提高质量摆到第一位；新建的高等学校必须调整；集中力量办好 64 所重点高等学校。次年召开全国教育工作会议讨论了高等学校和中等专业学校缩短战线、压缩规模、合理布局和通过调整工作集中提高教学质量等问题，提出进一步调整教育事业的意见。主要内容是：大幅度裁并高等学校，特别是专科学校；保留下来的高等学校要逐步缩小规模。经过调整，1965 年高等学校减少到 434 所，在校学生减少到 67 万人，分别为 1960 年的 34% 和 70%。

新中国成立后的 17 年中，中国高等教育在探索中发展。高等学校数增长 1.12 倍，在校学生数增长 4.79 倍，共培养大学毕业生 155.45 万人，培养研究生 14 792 人（表 6－5）。

表 6－5　1949～1965 年中国高等教育发展状况

年份	高校数（个）	在高校本专科学生数（万人）	本专科毕业生数（万人）	研究生招生数（人）	研究生毕业生数（人）
1949	205	11.65	2.14	242	107
1950	193	13.75	1.76	874	159
1951	206	15.34	1.87	1 273	166
1952	201	19.11	3.20	1 785	627
1953	181	21.22	4.81	2 887	1 177
1954	188	25.30	4.71	1 155	660
1955	194	28.77	5.45	1 751	1 730
1956	227	40.32	6.32	2 235	2 349
1957	229	44.12	5.62	334	1 723
1958	791	65.96	7.24	275	1 113
1959	841	81.19	6.98	1 345	727
1960	1 289	96.16	13.61	2 275	589
1961	845	94.72	15.13	2 198	179
1962	610	82.97	17.73	1 287	1 079
1963	407	75.01	19.88	781	1 512
1964	419	68.53	20.45	1 240	895
1965	434	67.44	18.55	1 456	1 665

资料来源：《中国教育年鉴》编辑部编：《中国教育年鉴（1949～1981）》，中国大百科全书出版社，1984 年版，第 965～971，964 页。

第二次全国人口普查表明，1964 年全国拥有大学程度人口 288 万人，每千人口中具有大学程度的平均为 4.2 人，其中城镇 25.2 人，乡村 0.7 人；就地区分布看，华北区平均 7.5 人，东北区平均 6.4 人，华东区平均 3.9 人，中南区平均 2.8 人，西南区平均 2.8 人，西北区平均 4.9 人。

四、科学技术队伍的发展壮大

中国人口科技素质的提高是与科学技术事业的发展同步进行的。新中国成立时，全国科学技术人员不超过5万人，其中专门从事科学研究工作的人员不足500人，专门的科研机构只有30多个。科技力量微弱而又缺乏组织，科研成果也少得可怜。新中国成立后，一些旅居国外的著名科学家如华罗庚、李四光等陆续回国，为发展祖国的科学技术事业效力。1949年11月，在北京成立了中国科学院，至1952年，已拥有包括多学科的31个研究所。广大自然科学工作者，开始了有组织、有计划的科学研究工作，取得了可喜的成绩。

中共中央于1956年1月召开的关于知识分子问题的会议，是号召全国人民向科学进军的动员令，对调动知识分子的积极性和提高全国人民的教育科技素质，产生了巨大影响。会上周恩来作了《关于知识分子问题的报告》。报告指出：在社会主义时代，比以前任何时代都更加需要充分地提高生产技术，更加需要充分地发展科学和利用科学知识。因此，我们要又多、又快、又好、又省地进行社会主义建设，除了必须依靠工人阶级和广大农民的积极劳动外，还必须依靠知识分子的积极劳动。① 报告还明确指出：我国知识界的面貌已经发生了根本变化，我国知识分子的绝大部分已经是工人阶级的一部分，并成为国家各方面生活中的重要因素。正确地解决知识分子问题，充分地动员和发挥他们的力量，为伟大的社会主义建设服务，已经成为努力完成过渡时期总任务的一个重要条件。当前的根本问题，就是我们的知识分子的力量，无论在数量方面、业务水平方面、政治觉悟方面，都不足以适应社会主义建设急速发展的需要；而我们目前对于知识分子的使用和待遇中的某些不合理现象，特别是一部分同志对于党外知识分子的某些宗派主义情绪，更在相当程度上妨碍了知识分子现有力量的充分发挥。我们必须加强领导，克服缺点，采取一系列有效措施，最充分地动员和发挥现有的知识分子的力量，不断地提高他们的政治觉悟，大规模地培养新生力量来扩大他们的队伍，以适应国家对于知识分子的不断增长的需要，这就是我们党目前在知识分子问题上的根本任务。② 报告提出了1956～1967年科学发展的远景规划，并向全党和全国人民发出了“向科学进军”的伟大号召。

在中共中央召开的知识分子问题会议精神的鼓舞下，中国数百万知识分子，为了改变中国科学文化落后的面貌，奋起直追，掀起了向科学进军的热潮，全国文化科学事业出现了繁荣景象。中国共产党采取正确政策，组织大批科学家投入了国家的各项科学研究工作，并卓有成效地争取海外科学家回国参加建设。许多知名科学家基于为民族复兴贡献力量的爱国心，放弃了国外优厚的工作、生活和学习条件，冲破重重阻

① 《周恩来选集》下卷，人民出版社，1984年版，第159～160页。

② 同①，第161页。

力，毅然返回祖国。他们中的许多人如钱学森、赵忠尧、李熏等，成了中国重要科学领域的开拓者和研究工作的组织者。中国原有的科学研究基础一般都很薄弱，许多重要的学科如动力学、采矿学、无机化学、遗传工程学等都还没有建立起来。到1954年中国科学院2071名研究人员中，副研究员以上的只有392人，科研力量和科研水平远不能适应国家要求。1955年6月，从全国优秀科学家中选了233位学部委员。与此同时，建立了研究生制度，设立了自然科学奖金，确立了学术职称，创办了《中国科学》和各学科的学报，并与苏联和东欧人民民主国家科学院建立了正式的合作关系，开展了国际学术交流，为中国以后科技人才的培养打下良好的基础。1956年3月，在国务院直接领导下，成立了科学规划委员会，集中了以李四光、竺可桢、茅以升、童第周、华罗庚、钱三强、钱学森、严济慈等为代表的优秀科学家200多人，经过半年多时间，制定了《1956到1967年12年全国科学发展远景规划纲要(草案)》。规划拟定了57项重大科学技术任务，将原子能的和平利用、无线电电子学、半导体技术、自动化技术、计算机技术、喷气和火箭技术等新兴科学技术列为发展重点。规划的主要任务在1962年提前五年完成，从而建立和发展了中国一批新兴科学技术领域，促进了一系列新兴工业部门的诞生和发展，对中国科技体系的形成起了决定性的作用。中国的科学技术在这七年时间里得到快速发展，缩小了与世界先进水平的差距。1958年，中国第一台电子管计算机试制成功，并在中国第一颗原子弹的理论设计和核爆炸问题研究中起了重要作用；1959年，半导体三极管、二极管研制成功；1964年，第一次核试验成功，第一枚自己设计制造的运载火箭成功发射；1965年，人工合成牛胰岛素在世界上首次获得成功。规划的顺利实施对中国的科研机构布局和科技队伍的培养起到了积极的推动作用。到1962年，全国科研机构已由规划伊始时的380个增加到1296个，这些机构遍布了各主要学科领域和技术领域；专业从事研究工作的科技人员从6万人发展到近20万人。之后，中国在1962年又制定了《1963年至1972年科学技术发展规划》，规划确定了重点科研项目374项，3 205个中心问题和1.5万个研究课题。这一规划对推动中国科技事业的持续发展起到了重要的历史作用。

随着知识分子政策的落实和科技事业的大发展，科技队伍迅速壮大。全国科技人员在1957年有120万人，1965年发展到230万人；专门科研人员在1955年有8 000人，1965年发展到12万人。科研机构在1955年有800多个，1965年发展到1 714个，形成了中国科学院、高等学校、产业部门、国防部门和地方科研机构五方面组成的科技大军。

第二节　教育事业受挫与受教育人口质量的下降

1966 年 5 月～1976 年 10 月的“文化大革命”，使党、国家和全国人民遭受到新中国成立后最严重的挫折和损失。在这十年中，教育科技领域成为“重灾区”，整个民族教育科技素质停滞不前甚至有所下降。

一、教育科技事业遭受的严重冲击

（一）学校秩序混乱

从 1966 年 6 月 1 日中央人民广播电台广播北京大学哲学系聂元梓等 7 人写的“全国第一张马列主义的大字报”之后，高等学校和中等学校先后不同形式、不同程度地乱了起来。同年 7 月，大中学校放假半年闹革命。此后，学校中打、砸、抢、武斗等事件层出不断。1967 年年初，尽管以中共中央、国务院、中央军委、中央文革小组名义发出了“复课闹革命”的通知，但没有收到实效。当各地各级成立了“革命委员会”这一新的权力机构以后，为了整顿学校，1968 年 7 月起，各级学校先后进驻了“军宣队”、“工宣队”或“贫宣队”，同时，种种教育革命也开始“试验”了起来。

“文化大革命”一开始，教育部的工作就陷于瘫痪状态。一直到“文化大革命”结束，全国大、中、小学的学制、课程、招生等，从未有过一个统一的章程。教育权实际上下放到各省、市、自治区。此外，种种教育改革的举措，始终处于“试验”状态，不断地在变。如果对“文化大革命”中的教育革命加以概括，这实际上是一场学校政治化的运动，完全取消了学校传播科学文化知识的功能。

（二）基本否定新中国成立十七年教育工作成绩

1971 年，由张春桥、姚文元一伙炮制的《全国教育工作会议纪要》出笼。《纪要》作出了分别针对教育部门各级党政领导和广大教师的“两个基本估计”。一个是，新中国成立后 17 年，在毛主席革命路线照耀下，教育方面也有一些进步，但是，由于一小撮叛徒、特务、走资派把持教育部门领导权，疯狂推行反革命修正主义路线，毛主席的无产阶级教育路线基本上没有得到贯彻、执行，教育制度、教学方针和方法几乎全是旧的一套。另一个是，原有教师队伍中，比较熟悉马克思主义并且站稳无产阶级立场的是少数；大多数是拥护社会主义、愿意为人民服务的，但是世界观基本上是资产阶级的。《纪要》还把所谓“全民教育”、“天才教学”、“智育第一”、“洋奴哲学”、“知识私有”、“个人奋斗”、“读书做官”等称为 17 年资产阶级统治学校的精神支柱，全盘否定中华人民共和国成立以后17年的教育工作。此后，这“两个基本估计”以及所谓“臭老九”的帽子，沉重地压在广大知识分子特别是教师头上。一大批学有专长、兢兢业业工作的专家、教授，大、中、小学的教师以及干部惨遭诬陷、打击，其中许多人被迫害致死，大多数教师在“资产阶级知识分子”帽子的压制下，接受名目繁多、没完没了的“再教育”、“思想改造”，精神压抑，经济困窘。1949年以后教育工作者苦心经营17年，已经具有一定规模的校舍、图书、仪器、设备遭受严重的破坏。更严重的是，“文化大革命”破坏了中华民族优秀的文化传统和尊师重教的良好风尚。“文化大革命”期间，高等学校、中等专业学校及部分中小学中断招生达4年之久，砍掉了106所普通高等学校，停办了大批中等专业学校，基本上撤销了半工半读学校和农业中学及其他职业中学，中等教育畸形发展，各级各类学校的教育质量严重下降。到了“文化大革命”后期，全国各地几乎没有一所学校的玻璃是完整无缺的，学生手中的课本无不充斥着空洞的政治口号，整整一代青少年丧失了接受科学文化教育的机会。

（三）科技事业遭到破坏

“文化大革命”开始后，林彪、江青等把学有专长的科技专家诬蔑为“死抱住洋框框不放，看不起群众，更看不起群众的实践经验，阻碍科学技术发展的资产阶级技术权威”，诬蔑中国千百万知识分子都是资产阶级知识分子，散布“自然科学基础理论是西方资产阶级科学家编造出来的”、“知识越多越反动”等谬论，声称“在短短几个月里，亿万工农兵、广大革命干部和革命知识分子，以毛泽东思想为武器，横扫盘踞在思想文化阵地上的大量牛鬼蛇神，把所谓的资产阶级的‘专家’、‘学者’、‘权威’、‘祖师爷’打得落花流水，使他们威风扫地”。实际上，“文化大革命”中受到打击的“资产阶级知识分子”绝大多数是各个不同层次、不同部门的学科、学术带头人和科研教学的业务骨干。据统计，“文化大革命”在山东省知识分子中即制造5.12万起冤假错案，7 004人被停发工资，5 146人被抄家，515人私房被挤占，51万人被整的材料装进本人档案，4 481人的入党、就业、转干受到影响。[①] 科技人员的积极性因此而受到严重挫伤，极大地影响了科技事业的发展。

“文化大革命”中，“四人帮”还利用手中的权力，撤销科技管理部门，瓦解科学研究机构，否定基础理论研究，下放科技人员，停止高等学校和科研部门研究计划，毁弃仪器设备和情报资料，科研工作基本处于无序状态。该期内科研拨款也大大减少。1965年，山东省科技三项费用共拨付900万元，其中包括国家财政拨款、山东省财政拨款、山东省经委拨款。1970～1976年山东省财政科技三项费用拨款均为零，山东省经委拨款也有所减少。1965年山东省科学事业费为331.9万元，1976年

① 山东省科学技术委员会编：《山东科技五十年》，山东科学技术出版社，1999年版，第42页。

为 319 万元。10 年不仅没有增长，反而减少 13 万元，其中 1968 ~ 1970 年每年 140 万元左右，不及 1965 年的 1/2。[①] 这些都对科技事业的发展和人口科技素质的提高产生了很大的负面影响。

二、一代新文盲产生

在各类学校停课闹革命、教育管理部门处于瘫痪的状态下，新中国轰轰烈烈的扫除文盲活动在"文化大革命"中基本停顿下来，这就导致一代新文盲的产生。据第三次全国人口普查资料，1982 年的 15 ~ 19 岁人口中有 1 177 万文盲半文盲，20 ~ 24 岁组有 1 065万文盲半文盲，25 ~ 29 岁组有 2 074 万文盲半文盲，30 ~ 34 岁组有 1 912 万文盲半文盲，35 ~ 39 岁组有 1 518 万文盲半文盲。1982 年 15 ~ 39 岁的青壮年文盲合计 7 746 万人。而 1982 年的 15 ~ 39 岁青壮年人口，有的是在"文化大革命"中出生的，大部分则在"文化大革命"中度过求学及扫盲的最佳年龄期，所以"文化大革命"中扫盲工作的停顿对之后表现出的相应年龄组大量文盲的存在有着直接的关系。

除了上面所谈及的文盲人口外，"一代新文盲"还包括在"文化大革命"中虽然取得某学校文凭但实际上并没有学到起码文化知识的青少年人口。尤其是"文化大革命"中、后期毕业后没有再升学的小学生，成为事实文盲的比例较高，估计有两三千万人之多。

三、受教育人口质量下降

（一）初等教育人口

1966 年 6 月"文化大革命"开始以后，各校先后停课搞运动。直到 1967 年 2 月和 10 月，中共中央、国务院几次发出通知，才陆续复课。1968 年 11 月，《人民日报》发表山东省嘉祥县马集公社教育组两名干部的一封信。信中建议所有农村公办小学下放到大队来办，国家不再投资或少投资小学教育经费，教师都回本大队工作，国家不再发工资，改为大队记工分。该报编者按语表示支持并号召就此建议展开"讨论"。在此以后，大批农村公办小学教师被强行下放回原籍，改拿工分，本人及其子女被转为农业户口。许多城镇中小学由工厂接办，上海、北京、沈阳等一些大、中城市将小学改为由街道办事处管理，小学教育事业遭受严重破坏。表 6 - 6 显示出，1966 ~ 1971 年连续 6 年小学生在校人数没有达到 1965 年的水平。"文化大革命"中、后期中央曾多次提出普及小学教育问题，随之小学教育较前有所发展。1971 年 8 月，中共中央批转的《全国教育工作会议纪要》提出：争取在第四个五年计划期间，在农村普及小学五年教育，有条件的地区，普及七年教育。小学在校人数自 1972 年开

① 山东省科学技术委员会编：《山东科技五十年》，山东科学技术出版社，1999 年版，第 42 页。

始增长，1976 年达到 15 005.5 万人，比 1965 年提高 29%。1966～1976 年期间全国共培养小学毕业生 16 520.3 万人。由于该期中学因大量发展而师资、校舍不足，小学的大批教师被调到中学，小学校舍、设备也被中学挤占，导致小学教学条件和教学质量下降，相当一批名义上的小学毕业生实际上处于文盲、半文盲状态。1974～1976 年统计的学龄儿童入学率为 93%～96%。但笔者根据 1982 年人口普查推算出的 7～12 岁学龄人口及学龄儿童在校人数计算出的学龄儿童入学率不足 85%，基本还是 1965 年的水平。

表 6－6　1966～1976 年全国小学教育发展情况

年份	学校数（万所）	在校学生数（万人）	学龄儿童入学率（%）	毕业生数（万人）
1966	100.7	10 341.7	—	900.5
1967	96.42	10 244.3	—	899.5
1968	94.06	10 036.3	—	1 428.5
1969	91.57	10 066.8	—	1 489.5
1970	96.11	10 528.0	—	1 652.5
1971	96.85	11 211.2	—	1 376.0
1972	100.92	12 549.2	—	1 414.9
1973	103.17	13 570.4	—	1 349.0
1974	105.33	14 481.4	93.0	1 521.0
1975	109.33	15 094.1	95.0	1 999.4
1976	104.43	15 005.5	96.0	2 489.5

资料来源：《中国教育年鉴》编辑部编：《中国教育年鉴（1949～1981）》，中国大百科全书出版社，1984 年版，第 1021～1024 页。

（二）中等教育人口

从统计数据看，“文化大革命”期间的中学教育有了快速发展。学校总数由 1965 年的 18 102 所增加到 1976 年的 192 152 所，11 年增长近 10 倍。在校学生数由 1965 年的 933.79 万人增加到 1976 年的 5 836.58 万人，11 年增长 5 倍以上，其中高中在校学生增长 10.3 倍，初中在校学生增长 4.4 倍。其间毕业的高中生为 2 287.6 万人，初中生为 8 161.9 万人，合计 10 449.5 万人（表 6－7）。但由于学校秩序混乱，师资、校舍不足，发展速度超越了当时的客观物质条件和教学管理水平，导致相当一批学校教学质量下降：高中毕业生不及初中生水平，初中毕业生不及小学生水平。

中等专业教育在“文化大革命”中发展较缓。中等专业学校数 1976 年为 2 443 所，比 1965 年仅增长 0.93 倍。在校学生数 1976 年为 68.99 万人，比 1965 年仅增长 0.26 倍。1966～1976 年全国共培养中专毕业生 167.63 万人（表 6－7）。由于中等专业学校以“学工”、“学农”代替文化课学习的倾向往往比普通中学更加严重，所以同样存在教学质量下降状况。

表 6-7 1966~1976 年全国普通中学教育发展情况

年份	高中			初中			中等技术学校			中等师范学校		
	学校数（个）	在校学生数（万人）	毕业生数（万人）	学校数（个）	在校学生数（万人）	毕业生数（万人）	学校数（个）	在校学生数（万人）	毕业生数（万人）	学校数（个）	在校学生数（万人）	毕业生数（万人）
1966	—	137.28	28.0	—	1 112.52	162.0	—	33.60	8.04	—	13.43	3.86
1967	—	126.46	26.8	—	1 097.24	186.4	—	22.37	11.81	—	8.41	5.22
1968	—	140.79	79.4	—	1 251.47	519.0	—	9.80	13.52	—	3.01	6.22
1969	—	189.14	38.0	—	1 832.35	361.4	—	2.32	8.18	—	1.52	2.10
1970	—	349.70	67.6	—	2 292.15	618.9	—	3.17	1.68	—	3.23	1.13
1971	—	558.69	100.4	—	2 568.92	835.0	955	9.80	3.80	636	11.96	5.10
1972	28 029	858.03	215.9	64 937	2 724.41	1 035.5	735	14.71	3.62	645	19.54	5.87
1973	29 365	923.28	349.4	67 959	2 523.15	1 129.4	1 058	26.43	3.80	737	21.82	8.40
1974	31 589	1 002.74	417.9	69 032	2 647.62	1 060.6	1 234	34.89	7.83	725	28.54	8.80
1975	39 120	1 163.68	447.0	84 385	3 302.43	1 047.7	1 326	40.50	13.33	887	30.23	12.44
1976	60 535	1 483.64	517.2	131 617	4 352.94	1 206.0	1 461	38.55	19.02	982	30.44	16.10

资料来源：《中国教育年鉴》编辑部编：《中国教育年鉴（1949~1981）》，中国大百科全书出版社，1984 年版，第 1000~1001，981~984 页。

（三）高等教育人口

1966~1976 年“文化大革命”期间，相对于初等教育和中等教育，高等教育受到的摧残和破坏更为严重。1966~1969 年，高等学校停止招生 4 年。1971 年 4 月，国务院召开的全国教育工作会议提出“要逐步改变院校布局不合理的状况”。全国对原有高等学校采取搬、并、迁、散等方法砍掉了 108 所高等学校，其中有不少是重点高等学校。很多学校的校舍被侵占，仪器设备、图书资料严重损失。到 1970 年全国在校高等学校学生只剩了 4.8 万人。从 1970 年开始，在少数高等学校进行招收工农兵学员试点工作，学制均改为 3 年。至 1976 年，在校学生规模仍未达到 1965 年的水平。1966~1976 年的 11 年中，高等学校仅毕业 103.3 万人，其中 67 万是 1965 年以前入学的（表 6-8）。在这期间，挂名大学的成人高等学校数和学员人数飞速增长。1968 年 7 月 21 日，毛泽东为《人民日报》将于次日发表的调查报告《从上海机床厂看培养工程技术人员的道路》写了“编者按”：“大学还是要办的，我这里主要说的是理工科大学还要办。但学制要缩短，教育要革命，要无产阶级政治挂帅，走上海机床厂从工人中培养技术人员的道路。要从有实践经验的工人、农民中选拔学生，到学校学几年以后，又回到生产实践中去。”这就是著名的“七·二一指示”或“七·二一道路”。同年 9 月，上海机床厂办起了全国第一所“七·二一工人大学”。很快地各地纷纷仿效。据教育部统计，到“文化大革命”结束的 1976 年，全国工人大学有 33 374 所，在校学生数为 148.5 万人。1966 年 5 月 7 日，毛泽东曾给林彪写了一封信，信中讲道："学生也是这样，以学为主，兼学别样，即不但学文，也可学工、学农、学军，也要批判资产阶级"，"学制要缩短、教育要革命，资产阶级知识分子统治我们学校的现象再也不能继续下去了。"这封信的内容被称为"五·七道路"。1968年10月，《人民日报》发表了关于黑龙江省柳河创办"五·七"干部学校的文章。此后，在走"五·七道路"的名义下，机关、学校、科研部门、文艺单位等纷纷去农村办起各自的"五·七干校"，农村地区也纷纷办起了"五·七"农民大学。据有关资料，吉林省在此期间举办"五·七"农民大学56所，山西省为254所，广东省有586所。总体来看，"文化大革命"期间虽然创造了各种名目的高等教育的形式，各类统计数字也很可观，但这些都是典型的泡沫发展的现象。无论从师资、学员的文化水平、设备或是学习的内容，都与高等教育相去甚远，所谓"大学"，有名无实，失去了高等教育的意义。

"文化大革命"影响了全国教育事业的正常发展。据教育部门统计，"文化大革命"期间至少为国家少培养100万名合格的大专以上毕业生和200万名以上的中专毕业生，造成各行各业尤其是科学技术事业发展较长时期的人才断档和紧张。这种人才损失是十分沉痛的，影响是长久的。

表6－8　1966～1976年全国高等教育发展状况

年份	学校数（个数）	在校学生数（万人）	毕业生数（万人）
1966	—	53.38	14.07
1967	—	40.89	12.48
1968	—	25.87	15.02
1969	—	10.86	15.01
1970	—	4.78	10.27
1971	328	8.34	0.59
1972	331	19.37	1.70
1973	345	31.36	3.01
1974	378	43.00	4.33
1975	387	50.10	11.90
1976	392	56.47	14.92

资料来源：《中国教育年鉴》编辑部编：《中国教育统计年鉴（1949～1981）》，中国大百科全书出版社，1984年版，第964～971页。

第三节　教育事业飞速发展与人口总体受教育水平大幅度提升

1976年10月粉碎"四人帮"后，"文化大革命"结束。1978年12月召开的党的十一届三中全会，开辟了改革开放和社会主义现代化建设的新时期。从此，中国走上一条建设有中国特色社会主义的康庄大道，中国人口的教育科技素质进入最好的历史发展时期。

一、科学教育事业发展的春天

（一）推翻“两个估计”

粉碎“四人帮”后，邓小平同志坚持解放思想、实事求是的思想路线，对新中国成立后的17年的教育工作进行了正确评价。1977年8月，邓小平在科学和教育工作座谈会上指出：“对全国教育战线17年的工作怎样估计？我看，主导方面是红线。应当肯定，17年中，绝大多数知识分子，不管是科学工作者还是教育工作者，在毛泽东思想的光辉照耀下，在党的正确领导下，辛勤劳动，努力工作，取得了很大成绩。特别是教育工作者，他们的劳动更辛苦。现在差不多各条战线的骨干力量，大都是新中国成立以后我们自己培养的，特别是前十几年培养出来的。如果对17年不做这样估计，就无法解释我们所取得的一切成就了。”① 这一评价，彻底打破了教育工作者思想上的枷锁。1979年3月，中共中央作出撤销“四人帮”炮制的《全国教育工作会议纪要》的决定，推翻了“两个估计”，为正确总结、评价中国社会主义教育科技事业的成就和问题，为教育科技发展奠定了思想基础。

（二）恢复高校入学考试

“文化大革命”10年，高考制度被废除了10年，国家出现了严重的人才断档。在1977年8月全国科学和教育工作座谈会上，邓小平明确表示：“今年就要下决心恢复从高中毕业生中直接招考学生，不要再搞群众推荐。从高中直接招生，我看可能是早出人才、早出成果的一个好办法。”② 不久，中共中央、国务院决定当年立即恢复高考。1977年冬天，570万考生走进了曾被关闭10年之久的考场。当年全国高等学校录取新生27.3万人；1978年，610万人报考，录取40.2万人。1977级学生于1978年春天入学，1978级学生秋天入学，两批招生仅相隔半年。此外，部分高等学校和科研机构也进行了研究生考试录取工作。恢复高考是拨乱反正的又一重要标志。人才选拔的公平、公正和科学原则的重新确立，改变了当时年轻一代沉闷、迷惘的精神状态，激发了亿万人民群众学科学、学文化、积极向上的生机和活力，整个社会的风气为之一新。

（三）召开全国科学大会和全国教育工作会议

1978年，全国科学大会和全国教育工作会议的先后召开，成为新时期科学教育

① 《邓小平文选》第2卷，人民出版社，1994年版，第49页。

② 同①，第55页。

事业大发展的里程碑。全国科学大会提出并明确了一些重大理论和实际问题：①明确了科学与教育在社会主义现代化建设中的地位，即“社会主义现代化，关键是科学技术现代化”，“科学技术人才的培养，基础在教育”；②重申了马克思主义关于“科学技术是生产力”的基本观点；③提出了向科学技术现代化进军，必须建设宏大的又红又专的科学技术队伍；④肯定了绝大多数知识分子是社会主义社会的劳动者，是工人阶级的一部分。全国教育工作会议对新时期教育事业发展提出的基本要求是：①提高教育质量，提高科学文化的教学水平，更好地为社会主义建设服务；②学校要大力加强革命秩序和革命纪律，造就有社会主义觉悟的一代新人，促进整个社会风气革命化；③教育事业必须同国民经济发展的要求相适应；④尊重教师的劳动，提高教师的质量等。上述两次重要会议为教育科技领域的“拨乱反正”、恢复和发展指明了方向。

（四）落实知识分子政策

1978 年 11 月，中共中央组织部发出《关于落实党的知识分子政策的几点意见》强调对知识分子要有正确估计，做好复查和平反冤案、假案和错案工作；要充分信任、放手使用知识分子；努力改善知识分子的工作条件和生活条件。根据这一精神，全国教育界和科技界数以万计的冤假错案迅速地被平反纠正，仅清华大学就平反了 1 800多起冤假错案。针对“文化大革命”期间技术职称评定停顿的情况，对“文化大革命”前确定和提升的教授、副教授、讲师、助教等，恢复职务，根据“坚持标准，保证质量，全面考核，择优提升”的原则，分期分批地进行了职称评定工作。在高等学校恢复教师职务的同时，教育部从批准北京市三名小学教师为特级教师开始，建立了中小学教师可以评高级教师的制度。知识分子的劳动得到政府和社会的充分肯定，大大地激发了他们从事教学和研究工作的积极性。

（五）确立教育科技优先发展的战略地位

随着党的十一届三中全会后国家工作重点的转移，党的十二大把教育确定为经济建设的战略重点之一，十三大把发展科学技术和教育放在经济发展战略的首要位置，十四大进一步把教育摆在优先发展的战略地位，十五大提出了科教兴国的重大发展战略，把提高全民族的思想道德素质和教育科学文化水平写入党的社会主义初级阶段的基本纲领。党的十六大和十七大以来，党中央更加重视教育，政府明确把实施科教兴国作为重要任务，并成立了国务院科教领导小组，对实施科教兴国战略进行具体规划和部署。这一系列重大决策和有力措施，提高了全党全社会对教育和科技的认识，极大地促进了教育科技事业的改革和发展。

二、青壮年文盲基本扫除

（一）扫盲新规定、新措施

针对“文化大革命”中扫盲工作基本停顿以及文盲人口年龄构成发生变化的状况，中国改革开放时期的扫盲重点一直放在基本扫除青壮年文盲上。据一些地区调查，在少年、青年、壮年中，文盲、半文盲占30%～40%，边远地区和少数民族地区达50%以上。1978年11月，国务院《关于扫除文盲的指示》指出：中央政府要求各地采取有效措施，分别于1980年、1982年或稍长一点时间内，基本上扫除少年、青年、壮年文盲。要求努力做到“一堵、二扫、三提高”：“一堵”是抓好普及小学五年教育；“二扫”就是把12～45岁的少、青、壮年文盲基本扫除，即非文盲人数达到85%以上；“三提高”就是对已经脱盲的，要采取多种形式继续组织学习，使他们进一步巩固和提高；同时还要求城市、工矿地区的扫盲步伐应快于农村，脱盲标准应识2000字，达到“四会”，即会读、会写、会用、会讲。

上述指示发布以后，扫盲工作一度得到推动。但由于改革开放初期百废待兴，扫盲尚没有被摆在突出位置，扫盲效果一时不够明显。1949～1965年的17年中，平均每年脱盲604万人。而1981～1988年的8年中，平均每年脱盲人数却只有256万人，其中的1987年、1988年甚至下降到150万人左右。于是，1988年2月国务院颁布《扫除文盲工作条例》，对扫盲的对象、标准、规划目标、政策措施进一步做了具体规定：凡15～40周岁的文盲、半文盲公民，除不具备接受扫盲教育能力的以外，不分性别、民族、种族，均有接受扫除文盲教育的权利和义务；鼓励40周岁以上的文盲、半文盲公民参加扫除文盲的学习；扫除文盲与普及初等义务教育应当统筹规划，同步实施；已经实现基本普及初等义务教育，尚未完成扫除文盲任务的地方，应在五年内实现基本扫除文盲的目标。《扫除文盲工作条例》除重申个人脱盲的标准和基本扫除文盲单位的标准外，同时强调扫除文盲实行验收制度和行政领导责任制。

国务院《扫除文盲工作条例》的颁布，为扫盲工作提供了法律保障。为了加快扫盲速度，1990年代进一步采取了一系列重要措施。第一，1990年1月，中央10个部门、团体联合召开了迎接国际扫盲年电话会议，提出了90年代平均每年扫除400万文盲的目标，并逐省逐年落实扫盲任务。第二，1992年党的十四大提出了到2000年年底全国基本上普及九年义务教育，基本扫除青壮年文盲的宏伟目标。第三，1993年中共中央、国务院颁发的《中国教育改革和发展纲要》提出到20世纪末全国基本扫除青壮年文盲，使青壮年中的文盲率降到5%以下。同年国务院修改了《扫除文盲工作条例》，加大了各级政府的职责，提出了扫盲工作验收制度的新标准。第四，1994年原国家教育委员会对实现扫盲目标提出了三步走的意见：第一步，经济、教育条件好，占全国人口33%的10个省（市），到1996年前使青壮年文盲率降到5%

以下。第二步，经济、教育条件比较好，占全国人口52%的14个省（区），到1998年使青壮年文盲率降到5%以下。第三步，经济、教育基础较差，占全国人口15%的6个省（区），到2000年使青壮年文盲率降到15%以下。西藏2000年以后达到第三步目标。第五，1994年国务院批准成立了有中央10个部委、团体组成的全国扫盲工作部际协调小组，共同检查推动扫盲工作。第六，建立检查、验收、评估督导和奖励制度。全国形成了国家检查评估省、省评估县、县评估乡的扫盲逐级评估检查制度。第七，多渠道解决扫盲经费。财政部和原国家教委联合下文，规定从农村教育费附加中拿出一定比例用于扫盲教育，地方教育部门列支一部分，乡村自筹一点。财政部拨出2 100万元多次表彰扫盲成绩显著的单位和个人。第八，国家、省、地、县教育行政部门设立了扫盲教育专门机构，乡镇配备了扫盲专职干部或教师，村委会负责文盲的组织动员，农村中小学教师承担扫盲教学工作。第九，扫盲教育的内容和学员的生产、生活需要紧密结合。多种形式办班扫盲，开发多种形式的扫盲教材和读物。

（二）扫盲的主要成就

经过改革开放30余年的艰苦努力，中国的扫盲工作取得了巨大成就。

1. 文盲数量、文盲率大幅度下降。由于普及小学教育和扫盲教育的共同发展，改革开放以来，中国人口中的文盲数量和文盲率不断下降。据1982年、1990年、2000年全国三次人口普查数据，1982～2000年的18年间，全国15岁及以上文盲人口由22 314万人减少到8 699万人，共减少13 615万人，年均减少756万人，比新中国成立后17年年均扫除文盲数604万人高25%。其中1982～1990年年均减少519万人，1990～2000年年均减少946万人，说明20世纪90年代是新中国成立后50年扫盲速度最快的时期。总文盲率（文盲人口占总人口比重）由1982年的22.23%下降到1990年的16.06%，2000年的7.00%，18年下降15.23个百分点。进入21世纪，国家进一步加大对九年义务教育的投入力度，把农村地区作为普及义务教育的重中之重，有效防止了新文盲的产生；建立了政府主导、社会参与的扫盲工作机制，平均每年减少文盲200万人。至2010年，我国文盲率已经低至4.08%，文盲人数仅为5 466万人。据世界131个国家有关数据的比较，中国目前的文盲率大大低于世界平均水平，已基本相当于中等收入国家的水平。

2. 青壮年文盲率下降迅速。中国扫盲教育的主要对象是青壮年。根据第三次、第四次、第五次、第六次全国人口普查数据计算，15～49岁青壮年文盲率1982年为23.47%，1990年为11.51%，2000年为2.67%，2010年为1.05%，实现了全国青壮年文盲率降到5%以下的宏伟目标。据教育部门统计，全国31个省（区、市）中，有北京、天津、上海、吉林、黑龙江、辽宁、广东、江苏、山东、浙江、山西、河北、福建、湖南、海南、河南、广西、湖北、安徽、江西、四川、陕西、重庆、新疆等24个省（区、市），已按期实现基本扫除青壮年文盲的目标，在全国2 800多个县

（区、市）中，已有 2 400 个县（区、市）将青壮年文盲率降到 5% 以下。大批脱盲者把所学的文化知识作为进一步学习的桥梁，继续学习科学技术知识，特别是各项实用技术，提高了认识、掌握和运用科学技术知识的能力，对于推进我国社会主义物质文明和精神文明建设起到了积极作用。

3. 妇女文盲下降幅度大。扫除妇女中的文盲是中国扫盲工作的一个重点。新中国成立初期，全国妇女人口中的文盲率在 90% 以上。据教育部门统计，通过近年的努力，全国共扫除妇女文盲 1.2 亿人以上，女童的入学率大大提高，妇女文盲率大幅度下降。妇女文化素质的大幅提高，对提高妇女地位起到了重要作用。根据第三次、第四次、第五次、第六次全国人口普查数据计算，2010 年青壮年妇女文盲率已经降至 1.47%，在各项文盲率中降幅最大。

4. 少数民族地区的扫盲教育成效显著。由于受经济、文化、地理、历史等多种因素的影响，中国少数民族聚居地区文化教育相对落后，文盲充斥的现象较为普遍，文盲率普遍高于全国平均水平。改革开放以来，国家实行了民族平等和对民族地区倾斜的政策，使民族地区的教育得到了空前的发展，文盲率大幅度下降。1982 ~ 2000 年，西藏自治区、宁夏回族自治区、新疆维吾尔自治区、贵州省、云南省、甘肃省文盲率下降的幅度快于全国 15.23 个百分点的平均水平。

5. 扫盲成就得到了国际社会的充分肯定。1984 年以来，中国参加了联合国教科文组织举办的国际扫盲奖评选活动，先后有 10 个单位获奖，其中有 6 个单位获大奖：1984 年四川省巴中县获“野间扫盲奖”；1985 年吉林省获“野间扫盲奖”荣誉奖；1986 年山东省五莲县荣获“娜杰达·克·克鲁普斯卡娅奖”；1987 年湖南省获得“野间扫盲奖”荣誉奖；1988 年贵州省松桃苗族自治县荣获“国际阅读协会扫盲奖”；1990 年河南省西平县获“娜杰达·克·克鲁普斯卡娅奖”；1991 年黑龙江省获“野间扫盲奖”荣誉奖；1992 年新疆维吾尔自治区荣获“野间扫盲奖”；1995 年全国妇联获“世宗国王奖”；1996 年宁夏回族自治区获“国际扫盲奖提名奖”；1999 年，黑龙江省安达市万宝山镇农民文化技术学校获“世宗王”荣誉奖；2000 年云南省获“世宗王”提名奖；2001 年甘肃省天水市获“世宗王”奖。这些奖励和荣誉不仅反映了我国扫盲教育取得了举世瞩目的成就，对世界扫盲行动也作出了重要贡献。2003 年，联合国教科文组织统计局公布的全球过去 10 年扫盲最新统计数据表明：在所统计的 40 个国家中，中国在扫盲教育方面取得的成绩最大。

三、人口平均受教育年限的大幅度提高

（一）初等教育人口

1. 初等教育的发展。1979 年 11 月，中共中央批转了湖南省桃江县委《关于发展农村教育事业的情况报告》。中共中央的批示指出：四个现代化，关键是科学技术现

代化。培养科学技术人才，基础是教育，而小学教育又是这个基础的基础。批示要求各级党政领导机关，要把普及小学教育当成一件大事来抓，一定要切实抓好。1980年12月，中共中央、国务院发出《关于普及小学教育若干问题的决定》，明确提出了80年代在全国基本实现普及小学教育的历史任务。要求各省、市、自治区，根据各地区经济、文化基础和其他条件的不同，进行分区规划，提出不同要求，分期分批予以实现。经济比较发达、教育基础好的地区，应在1985年前普及小学教育，其他地区一般应在1990年前基本普及。极少数经济特别困难、山高林深、人口稀少的地区，普及期限还可延长一些。之后，教育部制订了《全日制五年制小学教学计划(修订草案)》和各科教学大纲，编写、审定了各科通用教材或试用课本，颁发了《小学生守则》。各地初步调整了小学的领导体制，加强了小学教育的领导；提高了教师待遇，开展了教师进修；修缮和修建了校舍，改善了办学条件；健全了学校有关规章制度；建立了正常的教学秩序，教育质量逐步提高，小学教育事业有了较大发展。1985年全国小学有83.2万所，在校生为13 370万人。全国小学学龄儿童入学率为96%，巩固率为97%，应届毕业生毕业率为94%。经各省、自治区、直辖市人民政府教育部门的检查验收，达到普及初等教育标准的县（不包括市和市辖区）有731个，占全国总县数的37%。全国小学教职工为602万人，专任教师中，具有中师、高中毕业及以上学历的340万人，占61%。

自1986年始，中国的初等教育步入义务教育轨道。义务教育是指依照法律规定，适龄儿童和少年必须接受，国家、社会、学校、家庭必须予以保证的基础教育。凡宣布实施义务教育的国家或地方，均意味着政府向全社会公开承诺从此担负普及义务教育的主要责任，包括创建学校、输送教师、提供一定标准的日常教育费用等等；意味着社会各方面必须为实现普及义务教育的目标而协同努力；意味着承担义务教育的学校不分性别、出身、民族、种族向全体适龄儿童开放；意味着家长送子女入学，保护儿童受教育权益已成为一项公民必须履行的社会义务，而不再仅仅是个人行为。根据《中华人民共和国宪法》提出的原则和1985年5月《中共中央关于教育体制改革的决定》提出的任务，1986年4月第六届全国人民代表大会第四次会议通过了《中华人民共和国义务教育法》，并于当年7月1日开始执行。为了便于各地贯彻实施《义务教育法》，1986年6月国务院教育主管部门就“普及九年制义务教育的基本要求”、“分地区、有步骤地实施义务教育”、“免收学费和实行助学金制度”、“学校的设置、布局和办学标准”、“教育经费和基建投资”、“师资”、“管理体制”、“残疾儿童的义务教育”、“考核与监督”、“有关法律的责任”等方面提出了原则性的意见，国务院办公厅就此转发了通知。由于各地人民政府遵循《中华人民共和国义务教育法》的规定要求，从本地的实际情况出发，按地区、分阶段、有步骤地实施九年制义务教育，精心规划，创造条件，狠抓落实，初等教育进一步普及。1990年，全国小学学龄儿童入学率达到97.8%；小学生流失得到控制，流失率为2.4%；小学毕业生升学率达到74.6%。占全国人口91%的地区，按标准普及了小学阶段义务教育。2000年，全国小学学龄儿童入学率达到99.1%，2007年为99.5%，按标准普及小学阶段义务教育的地区进一步扩大。中国普及初等教育的另一个重要成绩是保证了女童和残疾儿童的入学。早在1996年，全国女童入学率就达到了98.6%。一向被认为入学比较难的贫困地区、少数民族地区的女童，1996年的入学率也达到了98%以上。2007年，全国有特殊教育学校1618所，为1978年的5.54倍，在校学生41.93万人，为1978年的13.52倍，残疾儿童入学率已近80%。他们不但学到了文化知识，还学习掌握一门生产技术，毕业后能够自食其力。1977～2010年全国普通小学发展状况（表6－9）。

表6－9　1977～2010年全国小学教育发展状况

年份	学校数（万所）	在校学生数（万人）	学龄儿童入学率（%）	毕业生数（万人）
1977	98.2	14617.6	96.5	2573.9
1978	94.9	14624.0	95.5	2287.9
1979	92.3	14662.9	93.0	2087.9
1980	91.7	14627.0	93.9	2053.3
1981	89.4	14332.8	93.0	2075.7
1982	88.1	13972.0	93.2	2068.9
1983	86.2	13578.0	94.0	1980.7
1984	85.4	13557.1	95.3	1995.0
1985	83.2	13370.2	96.0	1999.9
1986	82.1	13182.5	96.4	2016.1
1987	80.7	12835.9	97.2	2043.0
1988	79.3	13535.8	97.2	1930.3
1989	77.7	12373.1	97.4	1857.1
1990	76.6	12241.4	97.8	1863.1
1991	72.9	12164.2	97.8	1896.7
1992	71.3	12201.3	97.2	1872.4
1993	69.7	12421.2	97.7	1841.5
1994	68.3	12822.6	98.4	1899.6
1995	66.9	13195.2	98.5	1961.5
1996	64.6	13615.0	98.8	1934.1
1997	62.9	13995.4	98.9	1960.1
1998	61.0	13953.8	98.9	2117.4
1999	58.23	13548.0	99.1	2313.7
2000	55.36	13013.3	99.1	2419.2
2001	49.13	12543.5	99.1	2396.9
2002	45.69	12156.7	98.6	2351.9
2003	42.58	11689.7	98.7	2267.9
2004	39.42	11246.2	98.9	2135.2

续表

年份	学校数（万所）	在校学生数（万人）	学龄儿童入学率（%）	毕业生数（万人）
2005	36.62	10 864.1	99.2	2 019.5
2006	34.16	10 711.5	99.3	1 928.5
2007	32.01	10 564	99.5	1 870.2
2008	30.01	10 331.5	99.5	1 865.0
2009	28.02	10 071.5	99.4	1 805.2
2010	25.74	9 940.7	99.7	1 739.6

资料来源：[1] 国家统计局国民经济综合统计司编：《新中国五十年统计资料汇编》，中国统计出版社，1999 年版。

[2] 国家统计局编：《中国统计年鉴 2001》，中国统计出版社，2001 年版。

[3] 国家统计局编：《中国统计年鉴 2011》，中国统计出版社，2011 年版。

2. 初等教育人口的特征。据 1982 年、1990 年、2000 年全国人口普查资料、2005 年全国 1% 人口抽样调查资料和 2010 年全国人口普查资料，中国改革开放以来初等教育人口的发展变化主要显示以下特征：

（1）小学人口绝对量增长，相对量呈先升后降趋势。全国已受过及正在接受小学教育人口的绝对量由 1982 年的 35 535 万人，增长到 1990 年的 42 021 万人，2000 年的 45 191 万人，2005 年的 40 344 万人，2010 年的 35 721 万人。1982 ~ 1990 年增长 6 486 万人，1990 ~ 2000 年 10 年增长 3 170 万人，2000 ~ 2010 年减少 9 470 万人。每千人中的小学人口数，1982 年为 354 人，1990 年上到 372 人，2000 年下降到 357 人，2005 年进一步下降到 309，人 2010 年下降 287 人。前 8 年的上升，反映了小学教育普及的过程；后 15 年的下降，反映出学龄儿童减少及其在小学教育普及基础上接受更高层次教育人口比重增加的过程。

（2）女性小学人口增长幅度高于男性。1982 ~ 2005 年，女性小学人口由 15 075 万人增长到 18 891 万人，增长 20.20%；男性小学人口由 20 459 万人减少到 16 829 万人，减少 17.74%。说明女性人口普及小学教育的进程虽滞后于男性，但到了 20 世纪末期和 21 世纪初期，普及小学教育在女性人口中也已经基本实现。

（3）小学人口的年龄分布 6 ~ 14 岁少年组、15 ~ 39 岁青年组绝对数呈减少态势，40 ~ 59 岁成年组、60 岁及以上老年组绝对、相对数均呈增加态势。1982 ~ 2010 年，6 ~ 14 岁少年组小学人口由 14 996 万人减少到 93 675 万人，占同龄人口比重由 67.21% 增加到 73.00%；15 ~ 39 岁青年组小学人口由 13 931 万人减少到 5 771 万人，占同龄人口比重由 33.21% 减少到 10.6%；40 ~ 59 岁成年组小学人口由 5 354 万人增加到 11 752 万人，占同龄人口比重由 31.39% 减少到 30.10%；60 岁及以上老年组小学人口由 1 254 万人增加到 8 831 万人，占同龄人口比重由 16.36% 增加到 99.72%。少年组小学人口比重的提高、青成年组小学人口绝对量和比重的同时提高，是对普及小学教育和扫除文盲成果的一个有力证明。15 ~ 39 岁成年组小学人口绝对量和比重的大幅度降低，则表明该年龄组中等教育及高等教育人口的绝对和相对增加。

（4）小学人口的区域分布呈现较为复杂的变动态势，反映出不同省区市普及初等教育所处的不同阶段。从1982年到1990年各省区市千人中拥有的小学程度人口数来看，大体有三种类型：①小学人口在总人口中的比重在低水平上一直下降，如京、津、沪地区，1982年小学人口比重即大大低于全国平均水平，1990年、2000年、2005年、2010年进一步降低，北京、上海2010年不及全国平均水平的一半。说明此类地区早在1982年前就基本普及了初等教育，近十几年来主要进行普及中等教育的工作，2000年的小学人口基本由在校学生组成。河北、山西、辽宁、吉林、黑龙江、广东6个省的小学人口比重虽然高于前3个直辖市，但低于其他省区，且呈连续下降趋势，说明这些省普及初等教育的时间晚于三直辖市，但早于其他省区；②小学人口在总人口中的比重一直上升，如安徽、贵州、云南、西藏、甘肃、青海、宁夏、新疆8个省区，说明这类地区无论在20世纪80年代还是在90年代，都处于正在普及初等教育阶段。到2000年，大部分省区已经或即将度过这一阶段，但个别省区如西藏、青海、宁夏因小学人口比重尚未达到一定的水平，普及初等教育的任务还是很艰巨的；③小学人口在总人口中的比重先升后降，如内蒙古、江苏、浙江、福建、江西、山东、河南、湖北、广西、海南、四川11个省区，说明这类地区大体在80年代末90年代初即完成了普及初等教育任务，现已迈入普及中等教育阶段。

（5）小学人口分布在农林牧渔业中的人数最多，占同行业人口比重最高。1982年、1990年、2000年、2005年农林牧渔业中的小学人口分别为14 275万人、21 089万人、19 543万人、20 716万人，占本行业人口比重分别为37.16%、45.10%、43.12%、40.18%，二者均居各行业之首。1982～2005年其他行业小学人口比重都有大幅度降低，唯独农林牧渔业上升了3个百分点。这一方面与农林牧渔业人口在在业总人口中的比重最高有关，另一方面反映出农林牧渔业人口教育水平仍基本处于普及初等教育阶段。2005年，小学人口比重较高的行业还有建筑业（23.01%）、居民服务业（17.69%）、工业（16.04%）。同年小学人口比重较低的行业为金融业（1.40%）、教育业（1.84%）、科学研究综合技术服务业（2.40%）。小学人口的职业分布特征与上述行业分布特征基本吻合：小学人口在农林牧渔劳动者中人数最多，所占比重最高。

（二）中等教育人口

1. 中等教育的发展。改革开放以来，中国的中等教育处于调整阶段，主要方向是逐步压缩“文化大革命”中盲目膨胀起来的普通高中，恢复和发展中等技术专业学校和职业高中。1978年全国有初中11.31万所，普通高中4.92万所，布点分散，效益较差。从80年代开始，全国进行了中等学校布局调整，采取适度规模办学，对一些学校进行撤并，普通中学数量明显减少。到2007年共有普通初中5.91万所，普通高中1.57万所。与此同时，职业教育的比重不断加大。1979年，中国高中阶段教育的毕业生中，有普通高中毕业生 726.5 万人，而职业教育仅有中专毕业生 18.1 万人，技工学校毕业生 12 万人，约占当年高中段毕业生总数的 4%。加之高等学校招生规模较小，造成了千军万马过独木桥的局面，当年高中毕业生升学率仅有 3.8%。绝大多数青少年既不能升学，又没有就业所需的技能。30 多年来中等职业教育的发展，彻底改变了中等教育结构单一的局面。2007 年，全国中等职业学校（含职业高中、普通中专、技工学校、成人高中、成人中专）已达 1.58 万所，在校学生 1987.0 万人，占高中阶段在校学生的 43.89%（表 6－10、表 6－11）。职业教育培养的人才量大、面广、专业门类繁多，涉及第一产业、第二产业和第三产业服务的各类专业。在农村经济的发展中，职业学校毕业生发挥了科技示范和生产带头作用，提高了广大农民运用科技脱贫致富的能力。在第二产业，职业学校的毕业生多为应用型、工艺型的人才，是生产第一线的管理者、组织者和生产技术骨干，在把科学技术变成社会财富中起着重要的作用。在第三产业发展中，职业教育更占有不可替代的重要地位。据国家旅游局分析，全国涉外饭店近几年新增的第一线员工中 80% 以上是职业学校的毕业生。目前，中专学校 1/3 和职业高中 1/2 的专业设置是面向第三产业的，这对改变中国第三产业落后的局面，促进中国经济结构的调整起了积极的作用。

表 6－10 1977～2010 年全国普通中学教育发展状况

年份	高中			初中		
	学校数（所）	在校学生数（万人）	毕业生数（万人）	学校数（所）	在校学生数（万人）	毕业生数（万人）
1977	64 903	1 800.0	585.8	136 365	4 979.9	1 558.6
1978	49 215	1 553.1	682.7	113 130	4 995.2	1 692.6
1979	40 289	1 292.0	726.5	103 944	4 613.0	1 657.9
1980	31 300	969.8	616.2	87 077	4 538.3	964.8
1981	24 447	715.0	486.1	82 271	4 144.6	1 154.2
1982	20 874	640.5	310.6	80 775	3 888.0	1 032.1
1983	18 876	629.0	235.1	77 598	3 768.8	960.3
1984	17 318	689.8	189.8	75 903	3 864.3	950.4
1985	17 318	741.1	196.6	75 903	3 964.8	998.3
1986	17 111	773.4	224.0	75 856	4 116.6	1 057.0
1987	16 930	773.7	246.8	75 927	4 174.4	1 117.3
1988	16 524	746.0	250.6	74 968	4 015.5	1 157.2
1989	16 050	716.1	243.2	73 525	3 837.9	1 134.3
1990	15 678	717.3	233.0	71 953	3 868.7	1 109.1
1991	15 243	722.9	222.9	70 608	3 960.6	1 085.5
1992	14 850	704.9	226.1	69 171	4 065.9	1 102.3
1993	14 380	656.9	231.7	68 415	4 082.2	1 134.2
1994	14 242	664.9	209.3	68 116	4 316.7	1 152.6
1995	13 991	713.2	201.6	67 029	4 657.8	1 227.4

续表

年份	高中			初中		
	学校数（所）	在校学生数（万人）	毕业生数（万人）	学校数（所）	在校学生数（万人）	毕业生数（万人）
1996	13 875	769. 3	204. 9	66 092	4 970. 4	1 279. 0
1997	13 880	850. 1	221. 7	64 762	5 167. 8	1 442. 4
1998	13 948	938. 0	251. 8	63 940	5 363. 0	1 580. 2
1999	14 127	1 049. 7	262. 9	63 086	5 721. 6	1 589. 8
2000	14 564	1 201. 3	301. 5	62 704	6 167. 6	1 607. 1
2001	14 907	1 405. 0	340. 5	65 525	6 431. 1	1 707. 0
2002	15 406	1 683. 8	383. 8	64 661	6 604. 1	1 879. 9
2003	15 779	1 964. 8	458. 1	63 711	6 618. 4	1 995. 6
2004	15 998	2 220. 4	546. 9	63 060	6 475. 0	2 070. 4
2005	16 092	2 409. 1	661. 6	61 885	6 171. 8	2 106. 5
2006	16 153	2 514. 5	727. 1	60 550	5 937. 4	2 062. 4
2007	15 681	2 522. 4	788. 3	59 109	5 720. 9	1 956. 8
2008	15 206	2 476. 3	836. 1	57 701	5 574. 2	1 862. 9
2009	14 607	2 434. 3	823. 7	56 167	5 433. 6	1 794. 7
2010	14 058	2 427. 3	794. 4	54 823	5 275. 9	1 748. 6

资料来源：[1] 国家统计局国民经济综合统计司编：《新中国五十年统计资料汇编》，中国统计出版社，1999 年版。

[2] 国家统计局编：《中国统计年鉴 2001》，中国统计出版社，2001 年版。

[3] 国家统计局编：《中国统计年鉴 2011》，中国统计出版社，2011 年版。

表 6-11　1977～2010 年全国普通中等专业教育发展状况

年份	中等技术学校			中等师范学校			职业中学等		
	学校数（所）	在校学生数（万人）	毕业生数（万人）	学校数（所）	在校学生数（万人）	毕业生数（万人）	学校数（所）	在校学生数（万人）	毕业生数（万人）
1977	1 457	39. 1	17. 9	1 028	29. 8	16. 1	—	—	—
1978	1 714	52. 9	11. 9	1 046	36. 0	11. 3	—	—	—
1979	1 980	71. 4	7. 9	1 053	48. 5	10. 2	—	—	—
1980	2 052	76. 4	20. 1	1 017	48. 2	20. 9	3 314	45. 4	7. 9
1981	2 170	76. 1	36. 5	962	43. 7	24. 0	2 655	48. 1	9. 4
1982	2 168	63. 2	24. 2	908	41. 1	20. 4	3 104	70. 4	13. 1
1983	2 229	62. 8	23. 0	861	45. 5	14. 5	5 481	122. 0	21. 6
1984	2 293	68. 8	23. 8	1 008	51. 1	13. 8	7 002	174. 5	27. 8
1985	2 529	81. 1	26. 1	1 028	56. 2	16. 8	8 070	229. 5	41. 3
1986	2 741	100. 9	32. 1	1 041	61. 1	17. 5	8 187	256. 0	57. 6
1987	2 854	114. 6	38. 9	1 059	65. 1	18. 9	8 381	267. 6	75. 0
1988	2 957	122. 3	39. 2	1 065	68. 3	20. 4	8 954	279. 4	81. 0
1989	2 940	136. 8	36. 5	1 044	68. 5	22. 6	9 173	282. 3	86. 3
1990	2 956	149. 3	42. 8	1 026	67. 7	23. 4	9 164	295. 0	89. 3
1991	2 977	156. 7	49. 6	948	66. 1	24. 4	9 572	315. 6	94. 5

续表

年份	中等技术学校			中等师范学校			职业中学等		
	学校数（所）	在校学生数（万人）	毕业生数（万人）	学校数（所）	在校学生数（万人）	毕业生数（万人）	学校数（所）	在校学生数（万人）	毕业生数（万人）
1992	2 984	161. 6	50. 7	919	66. 6	23. 6	9 860	342. 8	96. 7
1993	3 046	174. 3	50. 7	918	72. 2	22. 8	9 985	362. 6	102. 5
1994	3 093	209. 8	50. 4	894	78. 4	22. 6	10 217	405. 6	107. 6
1995	3 152	241. 4	59. 4	897	84. 8	24. 5	10 147	448. 3	124. 0
1996	3 206	287. 4	73. 8	893	88. 0	28. 1	10 049	473. 3	139. 6
1997	3 251	334. 3	86. 3	892	91. 1	29. 4	10 047	511. 9	150. 1
1998	3 234	406. 0	98. 7	875	92. 1	30. 6	10 074	541. 6	162. 8
1999	3 147	425. 0	109. 3	815	90. 5	30. 9	9 636	533. 9	167. 8
2000	2 963	412. 5	119. 6	683	77. 0	31. 1	8 849	503. 2	176. 3
2001	3 470	134. 7	47. 7	570	66. 2	27. 8	7 802	466. 4	166. 5
2002	3 075	153. 0	45. 4	430	60. 1	22. 3	7 402	511. 5	145. 4
2003	2 970	193. 1	45. 3		48. 79	15. 97	6 843	528. 2	135. 5
2004	2 884	234. 5	53. 5		73. 35	23. 18	6 478	569. 4	142. 5
2005	2 855	275. 3	69. 0		69. 85	23. 21	6 423	625. 6	170. 0
2006	2 880	320. 8	86. 4		67. 89	22. 17	6 100	676. 2	179. 5
2007	2 995	367. 1	99. 7		69. 09	21. 22	6 191	740. 5	197. 7
2010	3 008	422. 1	121. 6				5 273	726. 3	230. 2

资料来源：[1] 国家统计局国民经济综合统计司编：《新中国五十年统计资料汇编》，中国统计出版社，1999 年版。

[2] 国家统计局编：《中国统计年鉴 2008》，中国统计出版社，2008 年版。

[3] 国家统计局编：《中国统计年鉴 2011》，中国统计出版社，2011 年版。

根据联合国教科文组织 1998 年发布的《世界教育报告》，1985 年世界在校中学生总数为 2. 92 亿人，1995 年增长至 3. 72 亿人，中国两个年份的中学在校生数为 5 170 万人和 6 380 万人。在中等教育毛入学率方面，世界平均水平在 1985 ~ 1995 年从 48. 5% 上升到 58. 1%，中国则由 39. 7% 上升到 66. 6%。而据中国政府公布的初中和高中的毛入学率数据折算，1995 年中国中学总和入学率约为 56% 左右。中国中等教育从低于世界平均水平近 10 个百分点，到接近世界平均水平，是改革开放以来中国中等教育发展取得突出成就的体现。但同时需要看到，中国与发达国家中等教育的整体水平还有很大差距。然而至 2007 年年底，中国初中阶段教育毛入学率由 1995 年的 78% 提高到 98%，高中阶段教育毛入学率由 1995 年的 34% 提高到 66. 0%，与发达国家的差距已大大缩小。

2. 中等教育人口的特征。据 1982 年、1990 年、2000 年全国人口普查资料和 2005 年全国 1% 人口抽样调查资料和 2010 年第六次全国人口普查资料，中国改革开放时期中等教育人口的发展变化主要显示以下特征：

（1）中等教育人口绝对量和相对量均呈增长态势。绝对量由1982年的24 473万人增长到1990年的35 327万人，2000年的57 088万人，2005年的61 555万人，2010年的70 482万人，28年增长188%，大大高于总人口增长幅度。其中高中程度人口由1982年的6 653万人增长到1990年的8 989万人，2000年的14 109万人，2005年的15 077万人，2010年的18 665万人，28年的增长幅度126.62%；初中程度人口由1982年的17 820万人，增长到1990年的26 338万人，2000年的42 989万人，2005年的46 478万人，2010年的51 818万人，28年增长幅度160.82%。每千人口中的中等教育人口由1982年的244人增长到1990年的313人，2000年的451人，2005年的475人，2010年的28年的增长幅度94.67%。其中每千人的高中程度人口由1982年的66人增长到1990年的80人，2000年的111人，2005年的116人，2010年的140人，28年的增长幅度112.12%；每千人的初中程度人口由1982年的178人，增长到1990年的233人，2000年的340人，2005年的358人，2010年的388人，28年的增长幅度117.98%。

（2）中等教育人口的性别差异迅速减小。1982～2010年，男性高中程度人口由4 100万人增长到10 400万人，增长1.53倍；女性高中程度人口由2 553万人增长到2010年的8 264万人，增长2.23倍。同期男性初中程度人口由11 171万人增长到27 903万人，增长1.49倍；女性初中程度人口由6 649万人增长到23 914万人，增长2.59倍。由于女性中等教育程度人口增长速度大大高于男性，中等教育人口的性别比发生了大幅度下降。高中程度人口性别比由1982年的174.25下降到1990年的155.80，2000年的129.15，2005年的131.24，2010年的125.86；初中程度人口性别比由1982年的168.01下降到1990年的153.71，2000年的124.05，2005年的119.67，2010年的116.68。

（3）各年龄组中等教育人口均呈增加趋势。1982～2010年，初中程度人口由1 936万人增加到3 342万人，在同龄人口中所占比重由8.68%提高到37.26%。后者反映出普及九年制义务教育所取得的成绩。同期15～39岁青年人口组高中程度人口由5 957万人增长到11 865万人，在同龄人口中所占比重由14.20%提高到21.83%；初中程度人口由13 977万人增加到27 391万人，在同龄人口中所占比重由33.32%提高到50.40%。该年龄组无论是高中程度人口还是初中程度人口在同龄人口中所占比重在诸年龄组中都是最高的。40～59岁成年人口组、60岁及以上老年人口组的中等教育人口也有较大幅度增加。

（4）中等教育人口的区域分布存在很大差异，但差异程度呈缩小趋势。1982年，每千人中拥有的高中和中专人口上海市最多，为203人；西藏最少，为12人；云南为28人；贵州为30人；上海市分别为西藏、云南、贵州的16.9倍、7.3倍、6.8倍。2005年，每千人中拥有的高中和中专人口北京市最多，为242人；西藏最少，为 19 人；云南为 57 人；贵州为 61 人；北京分别为西藏、云南、贵州的 12.7 倍、4.2 倍、4.0 倍。1982 年，每千人中拥有的初中人口北京市最多，为 291 人；西藏最少，为 36 人；云南为 102 人；贵州为 114 人；北京市分别为西藏、云南、贵州的 8.1 倍、2.9 倍、2.6 倍。2005 年，每千人中拥有的初中人口辽宁省最多，为 437 人；西藏最少，为 76 人；云南为 225 人；青海为 230 人；辽宁省分别为西藏、云南、青海的 5.8 倍、1.9 倍、1.9 倍。统计分析结果表明，1982 年、2005 年全国各省市自治区每千人中拥有的高中和中专人口的差异系数分别为 0.53、0.38，每千人中拥有的初中人口的差异系数分别为 0.31、0.22。这说明无论是高中程度还是初中程度人口，1982～2005 年各省区市间的差异程度均呈缩小趋势，同时说明，1982～2005 年各省区市每千人中拥有的高中和中专人口的差异大于每千人中拥有的初中人口的差异。

（5）中等教育程度人口分布较为集中的行业有所变化。从绝对量看，1982～2000 年，中等教育程度人口在绝大部分行业都有大幅度提高，但在各行业人口中所占比重的位次变化较大。1982 年高中教育程度人口所占比重较高的前三位行业依次是：地质勘探和普查业（56.83%），教育、文化艺术业（51.78%），金融保险业（45.10%）；2005 年高中教育程度人口所占比重较高的前三位行业依次是：电力、燃气及水的生产和供应业（38.21%），卫生、社会保障和社会福利业（36.54%），房地产业（33.06%）。1982 年初中教育程度人口所占比重较高的前三位行业依次是：商、饮、物资供销仓储业（41.72%），建筑业（40.15%），工业（39.90%）；2000 年初中教育程度人口所占比重较高的前三位行业依次是：居民服务业（56.30%），建筑业（56.15%），制造业（55.83%）。这种变化既与各行业中等教育人口增加的程度不同有关，也与各行业高等教育人口增加的程度不同有关。值得注意的是，1982～2005年尽管农林牧渔业的初中人口有了较大增长，但 23 年中高中程度人口在农林牧渔业的绝对量却没有任何增加，占本行业人口比重则由 5.44% 下降到 4.68%。

（三）高等教育人口

1. 高等教育的发展。1978 年以来，中国的高等教育进入了一个规模持续扩大的时期。各类高等教育在校生人数也快速增长，从 1998 年的 850 万人增加到 2010 年的 1 103 万人，年均增长 2.5%，其中本专研在校生从 643 万人增加到 3 416 万人，年均增长 35.94%。平均每 10 万人口中的高等教育在校生人数从 1998 年的 519 人增加到 2010 年的 2 189 人，增长 3.2 倍。高等教育扩招政策的实施，使得入学机会进一步扩大，高等教育毛入学率从 1990 年的 3.4% 提高到 2002 年的 15%，标志着我国的高等教育进入大众化发展阶段。2010 年，我国高等教育毛入学率已经达到了 26.5%，普通高中毕业生升学率达到七成以上。

中国的高等教育主要由普通高等教育、非普通高等教育、学位与研究生教育组成。普通高等学校是中国高等教育的主体。1978 年全国教育工作会议之后，教育部印发了《关于做好高等学校专业设置与改造工作的意见》，提出了新时期普通高等学校专业设置与改革的原则。针对高等学校的专业设置不规范且愈分愈细，愈分愈窄，1978 年发展到 810 种，1980 年突破 1 000 种的状况，从 1982 年开始，教育部首先从工程技术学科开始调整专业划分。1984 年修订了《高等学校本科专业目录》，将 1982 年高等工业学校设置的 664 种专业减少到 255 种，适当放宽了一些专业的业务范围，统一了专业名称。教育部还先后恢复理科、工科各学科的教材编审委员会的组织和工作，并逐步改为各学科教学指导委员会。这些委员会从 1979 年开始，在审定高校的专业目录、教学计划、教学大纲、教材建设计划以及教材的编审、出版中发挥了重大作用。与此同时，与文、理、工、农、医、财经、政法、外语等有关的各业务部委以及高等学校先后召开了各科类、各种形式的教学、教材工作会议，逐步审定并经教育部批准印发了各科类的教学计划、教学大纲，编审出版了大量教材。到 1984 年年底，编审出版教材达 6 000 余种，学校图书馆和实验室也得到了恢复和加强，高校的教学工作逐步走向正轨。1977 ~ 2010 年，全国普通高等学校由 404 所发展到 2 385 所，全日制在校学生由 62.5 万人增长到 2 231.8 万人，毕业生由 19.4 万人增长到 575.4 万人。31 年中全国普通高等学校共培养大学毕业生 4 645 万人（表 6 - 12）。

表 6 - 12　1977 ~ 2010 年全国高等学校发展和研究生培养状况

年份	高等学校			研究生	
	学校数（所）	在校学生数（万人）	毕业生数（万人）	在校学生数（人）	毕业生数（人）
1977	404	62.5	19.4	226	—
1978	598	85.6	16.5	10 934	9
1979	633	102.0	8.5	18 830	140
1980	675	114.4	14.7	21 604	476
1981	704	127.9	14.0	18 848	11 669
1982	715	115.4	45.7	25 847	4 058
1983	805	120.7	33.5	37 166	4 497
1984	902	139.6	28.7	57 566	2 756
1985	1 016	170.3	31.6	87 331	17 004
1986	1 054	188.0	39.3	110 371	16 950
1987	1 063	195.9	53.2	120 191	27 603
1988	1 075	206.6	55.3	112 776	40 838
1989	1 075	208.2	57.6	101 339	37 232
1990	1 075	206.3	61.4	93 018	35 440
1991	1 075	204.4	61.4	88 128	32 537
1992	1 053	218.4	60.4	94 164	25 692
1993	1 065	253.6	57.1	106 771	28 214
1994	1 080	279.9	63.7	127 935	28 047
1995	1 054	290.6	80.5	145 443	31 877

续表

年份	高等学校			研究生	
	学校数（所）	在校学生数（万人）	毕业生数（万人）	在校学生数（人）	毕业生数（人）
1996	1 032	302. 1	83. 9	163 322	39 652
1997	1 020	317. 4	82. 9	176 353	46 539
1998	1022	340. 9	83. 0	198 885	47 077
1999	1 071	413. 4	84. 8	233 513	54 670
2000	1 041	556. 1	95. 0	301 239	58 767
2001	1 225	719. 1	103. 6	393 256	67 809
2002	1 396	903. 4	133. 7	500 980	80 841
2003	1 552	1 108. 6	187. 7	651 260	111 091
2004	1 731	1 333. 5	239. 1	819 896	150 777
2005	1 792	1 561. 8	306. 8	978 610	189 728
2006	1 867	1 738. 8	377. 5	1 104 653	255 902
2007	1 908	1 884. 9	447. 8	1 195 047	311 839
2008	2 263	2 021. 0	511. 9	1 283 046	344 825
2009	2 305	2 144. 7	531. 1	1 404 942	371 273
2010	2 358	2 231. 8	575. 4	1 538 416	386 000

资料来源：[1] 国家统计局国民经济综合统计司编：《新中国五十年统计资料汇编》，中国统计出版社，1999 年版。

[2] 国家统计局编：《中国统计年鉴 2011》，中国统计出版社，2011 年版。

非普通高等教育主要由四个方面组成。第一，成人高等教育。20 多年来，成人高等教育的发展非常迅猛，已成为我国高等教育的重要组成部分。成人高等教育的任务，一是系统的学历教育，主要是对在职的具有中等文化程度和专业水平的人员，进行更高层次文化和专业教育或职业技术教育；二是对专科以上学历和中级以上职称的企事业技术人员和管理人员进行扩展知识、提高技能的继续教育；三是开展高等层次的单科及格证书教育、高等专业证书教育。成人高等教育在办学形式上，有普通高等学校办的函授、夜大学、干部专修科、教师班等；有独立设置的成人高等学校，如职工高等学校、农民高等学校、管理干部学院和教育学院等。2010 年，成人高校发展到 365 所，在校学生 536 万人，毕业生 197. 3 万人。第二，广播电视大学。1989 年，广播电视大学已在全国范围内形成了由中央广播电视大学、43 所省级广播电视大学、479 所地市广播电视大学分校、1 550 所县级广播电视工作站组成的覆盖全国的广播电视高等教育网络系统。2010 年全国网络本专科在校生达 453 万人。第三，社会力量所办学校举办的高等教育和学历文凭考试。2010 年，全国民办高校总数达到 676 所，自 2003 年以来，开始兴办民办机制的独立学院，到 2010 年已建成 323 个独立学院。全国民办普通本专科在校生人数从 1996 年的 1. 2 万人增加到 2010 年的 260 万人，年均增长 18. 6%，占普通本专科在校生总数的 13. 82%。2002 年以来，民办高等教育办学层次结构有所提高，本科在校生所占比例从2002年的8.6%提高到2010年的58.95%，超过专科在校生所占比例。第四，高等教育自学考试制度。这是具有中国特色的高等教育制度。自学考试制度的创立为愿意接受高等教育的每个中国公民提供了公平的机会，为鼓励“自学成才”开辟了一条新的途径。这项制度自1981年开始试点，1983年在全国推广。全国累计有4 800多万人参加了自学考试，850多万人获得了大专以上文凭。2000年是自学考试的最高峰，每年报考人数达1 400万人次。目前，自考已由初创时期的学历补偿，向面向农村、面向职业、以继续教育为重点的方向发展，进入学历教育与非学历教育共同发展的阶段。

学位与研究生教育制度作为高等教育的重要组成部分，其建立和完善既是高等人才培养事业发展的重要标志，又是保证和提高培养质量的重要激励机制。十年动乱之后，中国各条战线都出现了高层次专门人才严重匮乏、青黄不接的状况，学位制度的施行和研究生教育的恢复与发展，有力地缓解和改变了这一状况，极大地促进了经济建设和社会发展。截至2010年年底，全国在学研究生已达153.8万人，其中博士生25.9万人，硕士生127.9万人，当年毕业生38.3万人。1978～2007年国内共培养并授予了285万名博士、硕士学位（表6－12）。已经授予的学位，覆盖了哲学、经济学、法学、教育学、文学、历史学、理学、工学、农学、医学和军事学等学科门类。中国自己培养的学士、硕士和博士正在中国的经济建设和社会发展中发挥着越来越重要的作用，其中有相当一批已成为教育、科研和技术工作中的骨干，取得了一批重要的成果。据统计，普通高校具有研究生学位的教师比例由1985年的5.6%提高到2007年的47.3%，其中具有博士学位的教师比例由0.4%提升至11.3%。到2007年，普通本科院校具有研究生学位的教师比例已经达到57.9%，其中具有博士学位的教师比例达15.9%。普通专科院校具有研究生学位的教师比例也已达到23.4%。在中国研究生教育战线上，已凝聚并汇集了国内各学科领域的主要学术带头人和骨干，有力地提高了教学和科研水平，加快了实验仪器设备的更新速度。研究生，特别是博士生已成为中国科研队伍中一支不可缺少的、最具活力的生力军。为了促进各行业高层次专门人才的成长，促进经济、教育、科技和社会发展，我国从1985年开始，为未能接受研究生教育、但具有较高学术水平和专业技术水平的人员开辟了在职人员以同等学历申请硕士、博士学位的渠道。1998年，国务院学位委员会颁布了《关于授予具有研究生毕业同等学历人员硕士、博士学位的规定》。这一制度的建立，符合国家鼓励公民多渠道自学成才的一贯方针，极大地调动了广大在职人员钻研业务、刻苦学习、奋发向上的积极性。

尽管中国的高等教育取得了较快增长，但与世界各国比较高等教育仍是中国的弱项。目前中国的初等教育和中等教育已高于世界各国平均水平，高等教育却仍在世界各国平均水平以下。根据教育部统计资料，2010年中国高等教育毛入学率26.5%，仅比世界平均水平高出1.8个百分点，说明今后我国人口整个高等教育的进一步提高仍有很大空间。

2. 高等教育人口的特征。据1982年、1990年、2000年全国人口普查和2005年1%人口抽样调查资料及2010年第六次全国人口普查，中国改革开放时期高等教育人口的发展变化主要显示以下特征：

（1）高等教育人口的绝对量和相对量均呈高速增长态势，不仅大大高于总人口增长速度，而且大大高于初等教育和中等教育人口增长速度。绝对量由1982年的604万人增加到1990年的1 576万人，2000年的4 402万人，2005年的6 742万人，2010年的11 837万人，2010年比1982年增长18.60倍，前8年年均递增12.74%，后15年年均递增10.17%。每千人中的高等教育人口由1982年的6.0人，增加到1990年的13.9人，2000年的36.1人，2005年的52.0人，2010年的95.3人，2010年比1982年增长14.89倍。

（2）女性高等教育人口增长速度高于男性，但在高等教育总人口中所占比重仍然较低。1982～1990年，女性高等教育人口由156万人增长到1 687万人，增长9.81倍；男性高等教育人口由448万人增长到2 715万人，增长5.06倍。使女性高等教育人口在高等教育总人口中的比重由1982年的25.83%上升到1990年的30.33%。女性高等教育人口在高等教育总人口中的比重2000年进一步上升到38.32%，2010年上升到45.56%，男女差距趋于缩小。截至2010年，高等教育人口男女性别比仍高达119.47，大大高于中等、初等教育人口的同类指标。

（3）高等教育人口主要分布在15～39岁年龄组。1982年、1990年、2000年、2005年、2010年15～39岁年龄组的高等教育人口分别占高等教育总人口的55.63%、67.94%、73.51%、67.08%、74.83%。15～39岁年龄组高等教育人口占同龄人口的比重也多高于其他年龄组，2010年为9.53%，高于40～59岁组5.21个百分点，高于60岁及以上组7.10个百分点。反映出改革开放以来高等教育加快发展的成效。

（4）高等教育人口在各省市自治区的分布极不平衡。1982年，每千人中拥有的高等教育人口北京市最多，为49人；河南、云南两省最少，仅有3人；北京市是河南、云南两省的16.3倍。2005年，每千人中拥有的高等教育人口北京市仍然最多，为236人；西藏自治区最少，仅有8人；贵州省为30人；云南省为31人；北京市分别为西藏、贵州、云南的30.0倍、7.9倍、7.6倍。统计分析结果表明，1982年、1990年、2000年全国各省区市每千人中拥有的高等教育人口的差异系数分别为1.16、0.97、0.72，这说明各省区市高等教育人口分布的差异程度大大高于中等教育人口，同时说明1982～2005年各省区市每千人拥有的高等教育人口的差异程度呈缩小趋势。

（5）高等教育人口在各个行业都有大幅度增长，这既表现在各行业高等教育人口绝对量的大幅度增长，也表现在高等教育人口在同行业人口中比重的大幅度增长。但高等教育人口在行业间分布极不平衡：2005年，高等教育人口所占比重在50%以上的行业依次是：教育（65%），科学研究、技术服务和地质勘查业（57.67%），金融业（55.11%），公共管理和社会组织（54.20%），国际组织（50.60%）；高等教育人口所占比重在10%以下的行业依次是：农林牧渔业（0.23%），居民服务和其他服务业（3.48%），住宿和餐饮业（4.15%），建筑业（5.07%），制造业（6.38%），采矿业（6.92%），交通运输、仓储和邮政业（7.36%），批发和零售业（7.90%）。

（四）人口平均受教育年限

以上所有文盲、初等、中等、高等教育人口数及其所占比重等指标，形象地反映了1982～2005年全国及各省区市各种教育程度人口变动的状况，但它们却不能反映人口教育程度总的发展状况。为了便于对人口教育程度进行总体评价和比较，这里引入人口平均受教育年限指标。

1. 全国人口平均受教育年限。人口平均受教育年限的计算，关键是对各种文化程度人口受教育年限的确定。高等教育人口包括大专、本科、研究生毕业、肄业、在校生，根据各种高等教育人口实际受教育年限及其所占比重，这里确定高等教育人口平均受教育年限为15.5年。以同样的原则确定高中和中专人口平均受教育年限为11.5年，初中人口平均受教育年限为8.5年，小学人口平均受教育年限为5.5年，文盲人口平均受教育年限为1年。6岁及以上人口平均受教育年限计算公式如下：

6岁及以上人口平均受教育年限＝（高等教育人口数×15.5＋高中人口数×11.5＋初中人口数×8.5＋小学人口数×5.5＋文盲人口数×1）/6岁及以上人口总数

根据上述公式计算出全国1982年、1990年、2000年、2010年的人口平均受教育年限分别为5.15年、6.04年、7.23年、7.48年、8.38年。1982～2010年全国人口平均受教育年限提高3.15年。到2010年为止，全国人口平均受教育水平不到初中毕业，提高的潜力还是很大的。

2. 男女人口平均受教育年限。1982年、1990年、2000年、2005年、2010年全国男性人口平均受教育年限分别为5.87年、6.70年、7.71年、7.98年、8.7年，女性人口平均受教育年限分别为4.32年、5.35年、6.65年、6.97年、8.05年（表6－13）。说明女性人口教育程度一直低于男性，但二者差距呈缩小趋势。1982年女性人口平均受教育年限低于男性1.55年，1990年低于男性1.35年，2000年低于男性1.06年，2005年低于男性1.01年，2010年仅低于男性0.65年。这是中国妇女社会地位提高并且需要进一步提高的重要标志之一。

表 6－13　中国男女性人口平均受教育年限

单位：年

	1982	1990	2000	2005	2010
总人口	5.15	6.04	7.23	7.48	8.38
男性	5.87	6.70	7.71	7.98	8.70
女性	4.32	5.35	6.65	6.97	8.05

资料来源：根据1982年、1990年、2000年和2010年全国人口普查资料与2005年全国1%人口抽样调查资料计算。

3. 各省区市人口平均受教育年限。就进行人口普查的3个年份1982年、1990年、2000年和2005年进行1%人口抽样调查的情况来看，人口平均受教育年限居于各省区市前6位的均是北京、上海、天津三市和东北三省，位于后几位的以西部省区居多。其他省区人口平均受教育年限由于其间增长幅度的不同，在各省区市中的位次多有变化。值得一提的是浙江省的变化。浙江省1982年人口平均受教育年限为5.11年，在各省市自治区中居第17位；2005年人口平均受教育年限为7.18年，在各省区市中居第20位。23年间人口平均受教育年限所居位次后移3位，与该省的经济发展水平是很不相称的（表6－14）。统计分析结果表明，1982年、1990年、2000年各省区市人口平均受教育年限差异系数分别为0.18、0.17、0.14，显示出地区差距逐渐缩小的趋势，2005年差异系数0.16，地区差距较2000年有所扩大。

表 6－14　各省区市人口平均受教育年限

单位：年

地区	1982年	1990年	2000年	2005年	地区	1982年	1990年	2000年	2005年
总计	5.15	6.04	7.23	7.48	河南	5.01	6.09	7.31	7.54
北京	7.23	8.28	9.51	10.24	湖北	5.34	6.19	7.37	7.39
天津	6.64	7.50	8.54	9.10	湖南	5.46	6.24	7.36	7.54
河北	5.44	6.04	7.29	7.71	广东	5.59	6.36	7.63	7.90
山西	5.76	6.63	7.59	7.96	广西	5.27	5.94	7.13	7.21
内蒙古	5.30	6.27	7.40	7.80	海南	4.71	6.18	7.27	7.73
辽宁	6.31	7.04	7.98	8.28	重庆	—	5.97	6.88	6.97
吉林	5.97	6.83	7.80	8.02	四川	4.82	5.68	6.69	6.42
黑龙江	5.91	6.80	7.81	8.01	贵州	3.93	4.75	5.89	6.03
上海	7.19	7.90	8.86	9.59	云南	3.82	4.72	6.03	5.98
江苏	5.17	6.21	7.45	7.69	西藏	3.02	2.50	3.49	3.70
浙江	5.11	5.90	7.07	7.18	陕西	5.30	5.94	7.33	7.63
安徽	4.24	5.21	6.64	6.63	甘肃	4.24	5.05	6.27	6.48
福建	4.74	5.74	7.15	7.12	青海	4.33	5.04	5.96	6.49
江西	4.91	5.72	7.13	7.09	宁夏	4.52	5.45	6.73	7.06
山东	4.90	6.00	7.22	7.29	新疆	5.17	6.19	7.29	7.78

资料来源：根据1982年、1990年、2000年全国人口普查资料和2005年全国1%人口抽样调查资料计算。

4. 各行业职业人口平均受教育年限。1982 年、1990 年、2000 年平均受教育年限最长的行业都是科学研究综合技术服务业，2010 年平均受教育年限最长的行业是教育、文化艺术事业；历年平均受教育年限最短的行业都是农林牧渔业。2010 年，教育、文化艺术事业在业人口平均受教育年限为 13.96 年，金融保险业在业人口平均受教育年限为 13.57 年，科学研究综合技术服务业在业人口平均受教育年限为 13.56 年，相当于大专在校生水平；农林牧渔业在业人口平均受教育年限为 7.13 年，略高于小学毕业水平。就职业人口来看，1982 年、1990 年、2000 年平均受教育年限最长的职业都是专业技术人员，最低的都是农林牧渔劳动者。2000 年，各类专业技术人员平均受教育年限 12.54 年，党政群企事业单位负责人 11.74 年，办事人员和有关人员 11.65 年，商业服务工作人员 8.76 年，生产运输工人和有关人员 8.59 年，农林牧渔劳动者 6.34 年（表 6－15、表 6－16）。

表 6－15　各行业人口平均受教育年限

单位：年

行业	1982 年	1990 年	2000 年	2010 年
农林牧渔业	4.86	5.47	6.59	7.13
工业	7.70	8.54	9.06	9.37
地质勘探和普查业	8.83	9.70	11.04	11.21
建筑业	7.65	8.35	8.53	8.61
交通运输邮电通信业	7.59	8.43	9.32	9.64
商、饮、物资供销仓储业	7.90	8.19	8.88	8.93
住宅、公用事业管理和居民服务业	7.17	8.53	9.50	10.10
卫生体育和社会福利业	9.68	10.53	11.73	13.11
教育、文化艺术事业	10.63	11.42	12.76	13.96
科学研究综合技术服务业	10.98	12.09	13.25	13.56
金融保险业	9.48	10.82	12.71	13.57
党政机关和群众团体	9.21	10.63	12.14	13.14
其他行业	7.69	9.83	10.93	10.97

资料来源：根据全国 1982 年、1990 年、2000 年和 2010 年人口普查资料计算。2000 年和 2010 年数据为根据长表推算。

表6-16 各职业人口平均受教育年限

单位：年

行业	1982年	1990年	2000年
各类专业技术人员	10.44	11.36	12.54
党群众企事业单位负责人	8.65	10.46	11.74
办事人员和有关人员	9.13	9.14	11.65
商业工作人员	7.91	8.27	8.76
服务性工作人员	6.48	7.42	—
农林牧渔劳动者	4.80	5.57	6.34
生产运输工人和有关人员	7.48	8.13	8.59
不便分类的其他劳动者	9.03	9.67	8.25

注：2000年数据为根据9.5%抽样长表推算。

资料来源：根据《中国1982年人口普查资料》（国务院人口普查办公室，国家统计局人口统计司编，中国统计出版社，1985年版）、《中国1990年人口普查资料》（国务院人口普查办公室，国家统计局人口统计司编，中国统计出版社，1993年版）、《中国2000年人口普查资料》（国务院人口普查办公室，国家统计局人口和社会科技统计司编，中国统计出版社，2002年版）计算。

四、蓬勃发展的科学技术队伍

“文化大革命”使中国的科技事业横遭摧残。许多科研机构被撤销，大批科研人员遭受迫害，经过17年积聚起来的科技力量受到极大损失。粉碎“四人帮”后，特别是1978年全国科技大会的召开，迎来了科学技术大发展的春天，中国的科技事业和科技人才队伍从此进入了一个新的发展阶段。经过千万科技工作者的艰苦攻关，中国取得了举世瞩目的科技成果，国家科技实力大为增强。

（一）科技实力

早在“文化大革命”前，中国科技工作者就已开发了一批尖端技术，取得了以“两弹一星”、人工合成牛胰岛素结晶为代表的一批科技成果。改革开放以来，中国科技领域更是硕果累累，繁花似锦。在航天科学领域，我国不仅掌握了卫星回收和一箭多星等技术，还迎来了两座新的里程碑：由我国自主研发的“神舟”系列航天飞船的成功发射，特别是载人航天飞行的圆满成功，实现了载人航天工程的重大突破；而“嫦娥”一号成功探月之旅则标志着我国首次月球探测工程圆满成功，中国航天成功跨入深空探测的新领域。在信息技术领域，银河系列巨型计算机研制成功，量子信息领域避错码被国际公认为量子信息领域最令人激动的成果，纳米电子学超高密度信息存储研究获突破性进展，6 000米自制水下机器人完成洋底调查任务，每秒峰值运算速度10万亿次的高性能计算机曙光4000A系统正式启用，首款64位高性能通用CPU芯片问世。在生物科学领域，解决了亿万人吃饭问题的杂交水稻技术取得重大突破，首次完成水稻基因图谱的绘制，完成人类基因组计划的1%基因绘制图，首次定位和克隆了神经性高频耳聋基因、乳光牙本质Ⅱ型、汗孔角化症等遗传病的致病基因，体细胞克隆羊、转基因试管牛以及重大疾病的基因测序和诊断治疗技术均取得突破性进展。此外，三峡工程成功完成，水库蓄水成功、永久船闸通航、首批发电机组全部投产，许多指标都突破了世界水利工程的记录；青藏铁路全线通车，成功解决冻土施工的世界性难题；秦山核电站、大亚湾核电站成功建成并投入使用；材料科学、工程技术科学、地球系统科学、新能源技术、原子能技术、高能物理等各个新老学科均涌现出了一批较有影响、意义深远的重大成果。

基础研究是科学技术发展的根基，代表了一国原始创新的能力，对整个社会经济的持续发展也具有举足轻重的作用。过去 30 年，我国基础研究得到长足发展并进入跃升期，从量的扩张向质的提升转变，某些领域已处于世界前列。近年来，我国对基础研究的扶持力度不断加大，据统计，2007 年全国用于基础研究的经费支出为 174.5 亿元，是 1995 年的 9.7 倍；用于基础研究的人力投入达 13.8 万人年，是 1991 年的 2.3 倍。原始创新能力得到提升，在杂交水稻、高性能计算机、高温超导研究、人类基因组测序等方面都取得了重大突破，并涌现出了一系列具有原创性和广泛社会影响的研究成果。纳米科学、量子信息、生命科学等前沿领域的一批原始性创新成果在国际上产生了重要影响；重大疾病防治及创新药物发现、矿产资源勘探开发、节能减排、气候变化预测等重点战略需求领域的一批创新成果为经济社会可持续发展做出了重要贡献；化工、钢铁、铝材、聚合物材料、水泥、油气勘探开发等行业中的一些关键科学问题的解决取得了显著的经济和社会效益。近年来涌现出的北京正负电子对撞机上发现一个新粒子、精确测量银河系英仙座旋臂距太阳系距离、新型铈基金属非晶结构材料金属塑料研制成功、澄江动物群化石的发现、完成水稻第四号染色体全序列测序工作等基础研究成果，也表明我国的基础研究发展正处于一个比较活跃的创新阶段。

专利情况是反映创新能力和水平的重要指标。为保护知识产权，鼓励发明创造，促进技术交流，国家于 1985 年正式实施了《中华人民共和国专利法》。在该法实施二十多年来，我国知识产权保护环境明显改善，科技人员知识产权意识普遍提高，专利申请量和授权量逐年增加。至 2010 年年底，我国专利部门已累计受理国内专利申请 633.7 万件，授权专利 401.4 万件。其中 2010 年当年受理国内专利申请 122.2 万件，是 1986 年的 52.97 倍；其中技术含量较高的发明专利申请 39.1 万件，是 1986 年的 51.62 倍；发明专利所占比重为 32.0%。2010 年授予国内专利权 81.5 万件，其中发明专利 13.5 万件，是 1986 年的 1 493.4 倍；发明专利所占比重为 16.6%，比 1986 年提高了 13.4 个百分点。从国际比较来看，据世界各主要国家均为成员的《专利合作条约》（PCT 国际专利申请）显示，2007 年我国发明专利申请量达 5 456 件，排名从 1997 年的第 22 位跃升至世界第 7 位。

近年来，随着科研水平的不断提高，我国科技人员在国内外发表的论文数逐年增加，也迅速缩小了我国与世界先进水平的差距。2007 年国内中文科技期刊刊登的科技论文达 46.3 万篇，是 1990 年的 5.3 倍。而据国际上几种较有影响的主要检索工具收录的最新数字显示，《科学论文索引（SCI）》2006 年收录我国论文 8.91 万篇，是 1987 年的 18.3 倍，论文总量的世界排位从 1987 年的第 24 位跃升到 2007 年的第 5 位；《工程索引（EI）》2007 年收录我国论文 7.6 万篇，是 1987 年的 33.1 倍，世界排名从第十位升至第一位；《科学技术会议录索引（ISTP）》2007 年收录我国论文 4.3 万篇，是 1987 年的 24.3 倍，世界排名从第十四位跃居第二位。从论文引用情况看，从 2002 年到 2006 年共有 69.2 万篇 SCI 收录的我国科技论文被引用，是 1995 到 1999 年间累计量的 4.9 倍。

从总体上看，中国的科学技术发展已经初步具备了支撑经济社会发展和参与国际竞争的能力。

（二）科技人才队伍

前述科研成果的取得，是与党的十一届三中全会以来科研机构和科技人才的较快发展分不开的。政府部门、高等院校和大中型企业的科学研究和技术开发机构构成了中国科学技术体系的主体，成为开展科技活动的三大支柱。一支具有一定规模和水平的科技人才队伍逐步形成。

1. 科技人力资源总量。科技人力资源总量反映了中国科技人力资源的存量现状和未来科技人力投入的发展潜力。按照中华人民共和国科技部统计口径，2008 年中国科技人力资源总量达到4 600万人，比 2000 年增加 2 100 万人，增长 84%。其中大学本科及以上学历约为2 000万人，比 2000 年增长 100%。2008 年每万人口中科技人力资源数从 2000 年的 197 人增加到 337 人，增长 71%（表 6－17）。根据美国《科学与工程指标 2008》，2006 年美国具有大学学位的科学工程劳动力总量（相当于中国的本科及以上学历科技人力资源总量）为 1 700 万人；中国本科及以上科技人力资源总量已经赶上美国。中国科技人力资源总量的增长归功于高速发展的中国高等教育。根据历年教育统计数据，截至 2007 年年底中国大专及以上毕业生累计约 6700 万人，其中大学本科及以上学历毕业生约 2 650 万人，2000～2007 年年均增长速度分别达到 11.4% 和 12.0%。

表 6－17　中国科技人力资源总量（2000～2008 年）

	2000	2001	2002	2003	2004	2005	2006	2007	2008
科技人力资源总量（万人）	2 500	2 600	2 800	3 000	3 250	3 500	3 800	4 200	4 600
本科以上科技人力资源（万人）	1 000	1 050	1 100	1 200	1 300	1 450	1 600	1 800	2 000
每万人口中科技人力资源数（人）	197	204	218	232	250	268	289	318	337

资料来源：中华人民共和国科技部：《2008 年我国科技人力资源发展状况分析》，2009 年科技统计报告第 28 期。

2. 科技活动人员。为了实现建设创新型国家的科技发展目标，近年来中国科技人力投入呈现加速增长态势。中国科技活动人员数自2000年突破300万人后，2006年超过400万人，2008年达到496.7万人，比1991年增长1倍，比2000年增长54.0%。2008年从事科技活动的科学家工程师总数达到343.5万人，比2000年增加138.9万人，增长67.9%。科学家工程师占科技活动人员的比重达到69.2%。每万名劳动力中科学家工程师数上升到43.4人（表6－18）。

表6－18　全国科技活动人员基本情况（2000～2008年）

	2000年	2001年	2002年	2003年	2004年	2005年	2006年	2007年	2008年
科技活动人员总数（万人）	322.4	314.1	322.2	328.4	348.1	381.5	413.2	454.4	496.7
科学家工程师（万人）	204.6	207.2	217.2	225.5	225.2	256.1	279.8	312.9	343.5
占科技活动人员的比重（%）	63.5	65.9	67.4	68.7	68.7	64.7	67.7	68.9	69.2
每万名劳动力中科技活动人员数（人）	43.6	42.2	42.8	43.2	45.3	49	52.8	57.8	62.7
每万名劳动力中科学家工程师数（人）	27.7	27.8	28.8	29.6	29.3	32.9	35.8	39.8	43.4

资料来源：同表6－17。

2007年中国企业科技活动人员数量已达352.4万人，比上年增加36.3万人，占全国科技活动人员总数的73.2%；高等学校的科技活动人员为54.2万人，比上年增加3.3万人，占全国的比重为13.5%。研究机构的科技活动人员为47.8万人，比上年增加1.6万人，占全国的比重为13.2%。2000年以来，中国企业科技活动人员数量增长较快，研究机构科技活动人员受到院所改制的影响先逐年减少后止跌回升，而高等学校的科研力量则逐年增强。

3. 研究与试验发展（R&D）人员。R&D人员是建设创新型国家的核心力量。扩大R&D人员队伍规模是实现中国科技发展规划目标的前提条件，是我国政府采取的重要措施。自2000年以来，我国R&D活动人员的数量和质量有了很大提高，R&D人员总量保持高速增长趋势。2008年我国R&D折合全时人员总量为196.5万人年，比2000年增长1.13倍。目前，我国的研发人员总量居世界第二位，仅次于美国。

中国的R&D科学家工程师是指R&D人员中具有高、中级专业技术职务的人员和虽不具有高、中级专业技术职务但具有大学本科及以上学历或学位的人员。R&D人员中科学家工程师所占的比重是反映R&D活动质量和R&D人员素质的重要指标。2008年R&D科学家工程师为160.72万人年，比2000年增长两倍。随着大量高等教育毕业生投入R&D活动，中国R&D科学家工程师总量增长速度高于R&D人员的增长速度，使得中国R&D人员中科学家工程师所占的比重稳步提高，由2000年的70.3%提高到2008年的82%。

企业、研究机构和高等学校是中国R&D活动的三大执行部门。2008年，中国

R&D 人员在三大执行部门的分布情况是：企业及其他超过 2/3，研究机构和高等学校合计不足 1/3（表 6－19）。全国 R&D 人员的增长主要来自企业的贡献。2008 年，全国 R&D 人员比 2007 年增加了 22.9 万人年，仅大中型企业就增加了 16.2 万人年，占全部增量的 70.7%。2008 年全国 R&D 人员增长率为 13.3%，而大中型企业 R&D 人员增长率为 17.2%。从 R&D 人力投入看，企业已经成为中国 R&D 活动的主体。R&D 活动按其活动性质划分为三种类型：基础研究、应用研究和试验发展。2008 年中国 R&D 人员中，从事基础研究的人员为 13.81 万人年，占 7.9%；从事应用研究的有 28.60 万人年，占 16.5%；从事试验发展的有 131.21 万人年，占 75.6%。

表 6－19　R&D 人员按执行部门分布（2000～2008 年）

年份	合计		研究机构		高等学校		企业及其他	
	万人年	%	万人年	%	万人年	%	万人年	%
2000	92.2	100	22.7	24.6	16.3	17.7	53.6	58.1
2001	95.7	100	20.5	21.4	17.1	17.9	58.1	60.7
2002	103.5	100	20.6	19.9	18.1	17.5	64.8	62.6
2003	109.5	100	20.4	18.6	18.9	17.3	70.2	64.1
2004	115.3	100	20.3	17.6	21.2	18.4	73.8	64
2005	136.5	100	21.5	15.8	22.7	16.6	92.2	67.6
2006	150.2	100	23.2	15.4	24.2	16.1	102.8	68.4
2007	173.6	100	25.5	14.7	25.4	14.6	122.7	70.7
2008	196.5	100	25.9	13.2	26.7	13.6	143.8	73.2

资料来源：同表 6－17。

4. 各类专业技术人员。中国人口科技素质的提高，还表现在各类专业技术人员的大幅度增加上。按照我国历次人口普查口径，全国专业技术人员由 1982 年的 2 646 万人，增加到 2000 年的 4 015 万人，增长 0.96 倍。其中科学研究人员由 15 万人增加到 291 万人，增长 18.4 倍；工程技术人员和农林技术人员由 291 万人增加到 571 万人，增长 0.96 倍；飞机和船舶技术人员由 6 万人增加到 119 万人，增长 18.83 倍；医疗卫生技术人员由 461 万人增加到 608 万人，增长 0.32 倍；经济业务人员由 770 万人增加到 1 190 万人，增长 0.55 倍；法律工作人员由 18 万人增加到 52 万人，增长 1.89 倍；教学人员由 960 万人增加到 1 396 万人，增长 0.45 倍；文艺、体育工作人员由 51 万人增加到 516 万人，增长 9.12 倍；文化工作人员由 41 万人增加到 82 万人，增长 1 倍；宗教职业者由 3 万人增加到 12 万人，增长 3 倍。在数量增加的同时，专业技术人员的受教育程度也大幅度提高，如前所述，专业技术人员的平均受教育年限由 1982 年的 10.44 年增加到 2000 年的 12.54 年（表 6－20）。

据 2010 年人口普查资料，2010 年全国各类专业技术人员总数达到 4 853 万人，比 2000 年增长 20.9%。2000～2010 年 10 年各类专业技术人员增长的绝对量为 838 万人，说明经过新中国成立 60 多年的积累，我国各类专业技术人员在进入 21 世纪之后已进入快速发展的轨道。

表 6-20　四次人口普查的各类专业技术人员数

单位：万人

行业	1982 年	1990 年	2000 年	2010 年
合计	2 646	3 439	4 015	4 853
科学研究人员	15	20	29	48
工程技术人员和农林技术人员	291	451	571	1 037
科学技术管理人员和辅助人员	30	8	—	—
飞机和船舶技术人员	6	14	14	15
医疗卫生技术人员	461	458	608	674
经济业务人员	770	1 184	1 190	926
法律工作人员	18	37	52	63
教学人员	960	1 124	1 396	1 435
文艺、体育工作人员	51	48	516	1 069
文化工作人员	41	84	82	88
宗教职业者	3	12	12	13
其他	—	—	11	40

注：2000 年和 2010 年数据为根据长表推算，“科学技术管理人员和辅助人员”一项 2000 年及 2010 年普查未列入。

资料来源：根据《中国 1982 年人口普查资料》（国务院人口普查办公室，国家统计局人口统计司编，中国统计出版社，1985 年版）、《中国 1990 年人口普查资料》（国务院人口普查办公室，国家统计局人口统计司编，中国统计出版社，1993 年版）、《中国 2000 年人口普查资料》（国务院人口普查办公室，国家统计局人口和社会科技统计司编，中国统计出版社，2002 年版）、《中国 2010 年人口普查资料》（国务院人口普查办公室，国家统计局人口和社会科技统计司编，中国统计出版社，2012 年版）计算。

第四节　教育事业蓬勃发展　促进人口素质提高

我国人口教育科技素质的提高是中华人民共和国成立以来的辉煌成就之一，也是我党专注民生建设的辉煌成就之一。我国将在 21 世纪中期实现社会发展的第三步战略目标，即在全面建设小康社会的基础上，在新中国成立 100 周年的时候，将我国建设成为中等发达国家，使综合国力上一个新台阶，进而实现中华民族的伟大复兴。面对新时期的宏伟目标，提高人口教育科技素质不仅具有基础性和适应性，而且具有全局性和先导性。而科学发展观要求全面、协调、可持续地发展也是要求关注全民文化素质的提高，要求着重教育事业的发展。我国人口教育科技素质发展提高的实践，可以使我们得出以下几点结论：

一、将提高人口教育科技素质纳入国家发展战略，是经济社会发展的不竭动力，是社会主义民生建设的重中之重

我国是一个人口众多、自然资源缺乏、经济底子薄的发展中国家，同时，我国还

处于社会主义初级阶段，一系列棘手的问题和深层次的矛盾迫切需要提高人口教育科技素质来解决。尽管我国的经济建设取得了很大成就，但主要是依靠劳动力和资金的大量投入而取得的。这种粗放型的经济增长模式，是以牺牲环境和资源为代价的。只有全面提高劳动者素质，进一步提高其自我发展能力，推动科技进步和科技创新，我国经济才能改变传统的过度消耗物质资源的生产方式，获得可持续发展。国外经济学家的研究表明，一个人多受一年教育可使劳动生产率提高 30%，一个熟练工人学习培训一年，劳动生产率要比过去提高 1.6 倍。目前，世界经济一体化、政治多极化的趋势日益明显，综合国力的竞争日趋激烈，知识经济发展迅猛。知识经济的核心是现代科学技术，它以知识的生产、处理、传播、应用为基础，从而决定了必须投资于教育，培养和开发人的创新能力及掌握应用知识信息的能力。“发展知识经济，提高人口素质”已成为世界上许多国家的基本国策。许多国家都把科技和教育作为基本建设优先投资的领域，对国民经济中人力资本投资与物质生产投资的比例作了重大调整。我国目前面临着加快工业化、追赶知识化的双重任务，人口教育科技素质的提高必须承担起双重使命：既要着眼于提高整个民族的科学文化素质，使国民经济发展从整体上转到依靠科技进步和提高劳动者素质的轨道上来，从而提高整个国民经济的知识含量；又要努力培养一大批拔尖人才，追赶世界先进水平，为在世界激烈竞争的高科技领域中占有一席之地提供人才保障。我国在 20 世纪 90 年代后半期确立了科教兴国战略，表明国家在中华民族面向新世纪迎接新挑战时所表现出来的高度理智和伟大智慧，同时这也是保证我国国民经济持续健康快速发展的根本措施，是我国实现社会主义现代化，推动社会全面发展和民族复兴的必然选择。

二、全面落实知识分子政策，是营造人才辈出、人尽其才良好环境的基本保证

在新中国成立初期，基本上执行了符合当时国情的知识分子政策，大批旧的知识分子转变为社会主义现代化的建设者，新的知识分子一批一批地成长起来。与此相反，十年动乱时期，知识分子成为专政对象，许多人受到打击迫害，我国教育科技事业遭到严重的破坏，从而严重影响了人口文化素质的提高。中共十一届三中全会后，重新确立和认真落实知识分子政策，为他们平反昭雪，恢复名誉，提高他们的社会地位，改善物质生活条件，并实行了各种鼓励学习和创造发明的政策与措施，出现了学习热潮和知识分子奋发努力为现代化建设争做贡献的空前盛况。实践证明，尊重知识，正确对待知识分子，是迅速提高人口教育科技素质的强大动力。

面对知识经济时代的挑战，在知识分子中造就一大批优秀的创新人才，是实现知识创新、科技创新、缩短与发达国家差距的关键。而造成一种有利于优秀人才健康成长的宽松环境，则是培养创新人才的关键。为此，一方面要尊重人才，提高人才的待

遇，改善人才的工作环境和条件；另一方面要深化制度改革，建立一种有利于人才脱颖而出的人力资源管理体制和运行机制。包括适应社会主义市场经济体制的要求，改革计划经济条件下的人力资源管理体制，消除体制因素对人才的制约，最大限度地发挥人的作用；进行政府机构改革，转变政府职能，完善国家公务员制度；深化人事劳动制度改革，建立公开平等竞争择优的用人机制，大力推行劳动合同制和聘用合同制，建立和完善社会保障制度；贯彻按劳分配和按生产要素分配相结合的原则，探索技术、管理等生产要素参与分配的形式，加强知识产权保护；通过实施“百千万人才工程”、建立政府特殊津贴制度等措施，积极为高层次人才成长创造条件；发展完善人才市场体系，健全劳动与就业指导服务机构，规范人才竞争与流动秩序，促进人力资源的合理流动，使市场在人力资源的配置中起基础性作用。

三、大力开展人力资源开发的国际交流，应成为扩大对外开放的重要组成部分

人类的历史发展证明，不同民族、不同国家之间的交往不仅有利于世界的发展，也有利于交往国家本身的发展。中国的对外开放，不仅仅意味着吸引外资和引进国外技术，也包括疏通信息渠道，建设经济交往的桥梁，促进文化、教育的交流，乃至形成人才、资源、技术、信息、市场一体化的经济结构框架。中华人民共和国成立以来，除“文化大革命”时期外，国家一直重视出国留学生的派遣工作。1949～1965年主要是派往苏联，1978年以来，大大扩大了派遣国范围，中国留学生已遍及109个国家和地区。自改革开放至2008年年底，我国各类出国留学人员总数达139万人，留学回国人员总数达39万人。近几年，回国留学生人数增长率每年都在13%以上，并逐渐成为国家建设的重要力量之一。目前，教育部直属大学校长中的约80%、两院院士的81%、长江学者的95%、国家863计划首席科学家的约80%都有留学经历。另外，回国创办企业的留学生也越来越多。在全国创办的60多个留学人员创业园中，留学人员创办企业5 000多家，年产值逾100亿元。我国还接收来自167个国家和地区的留学生87万人次。同时，大力开展引进国外人才智力工作，积极吸引和聘用海外高级人才。尽管留学生中有相当大的比例学成之后仍留在国外，形成“人才外流”的局面，但是我国在付出了“智力损失”的代价之后，还会得到多方面的回报，越是从长远来看，这种回报越是丰厚。比如，充当中外政治、经济、科技、文化交流的桥梁；成为国际社会中支持中国的重要力量；带动大规模普通劳动者的劳务输出等。因此，应继续坚持“支持留学、鼓励回国、来去自由”的方针，向国外派遣留学生，鼓励留学人员回国服务或以适当方式为国服务。

四、要增强提高人口教育科技素质的整体能力和可持续性，必须加大经费投入

教育规模扩大和经费短缺的矛盾，一直是中国人口科技教育素质提高进程中遇到的难题。教育部、国家统计局、财政部联合发布的2007年全国教育经费执行情况统计公告显示，2011年，国家财政性教育经费占国内生产总值比例为4.87%。尽管这一比例较往年有了大幅度提高，但与实际需求相比，仍有很大的距离。农村教育经费短缺还非常严重，不光是教师工资问题，还有相当多的学校达不到基本的办学要求。我国的教育还有巨大的债务，其中包括义务教育上千亿元，高中阶段不止1 000亿元，高校有的数据是4 000多亿元。这么大债务就是表明投入不足。我们的大学扩招，普及九年义务教育，扩大高中招生，很大程度上是通过负债来实现的，相应的政府投入没有跟上去。另外，我国受教育人口的家庭教育负担远远高于国际平均水平。我们的总教育经费当中政府负担65%左右，但大多数国家，包括印度，总教育经费当中政府负担达75%以上，甚至接近80%。因此，要满足提高人口教育科技素质的需要，须继续努力提高政府教育拨款占GDP的比例，使其在近期达到4%后再确定渐进的更高目标。在积极发挥政府作用的同时，还应动员社会各方面力量，加大提高人口教育科技素质的投入，形成人力资源开发的合力。如继续鼓励民间投资流向教育事业；鼓励不同地区、不同部门开展合作，发展校市、校企“联姻”等合作形式，促进东西部人才开发对口支援；促进产学研结合，大力开展员工在职培训，培养高新技术和企业经营管理人才等经济建设急需的人才；促进高层次人才培养与科研活动相结合，建立博士后科研流动站和企业科研工作站，积极引导高层次人才向企业流动，提高企业的研究开发能力；鼓励教育学术界专家通过承担项目、联合培养人才和联合攻关等途径，与企业建立互利合作伙伴关系；发展高科技创业园区，为各类人才创新提供良好条件。

五、实现由单纯控制人口数量向统筹解决人口问题转变，必将促进我国人口教育科技素质的更快提高

新中国成立以来的实践告诉我们，人口众多是我国最大的国情。正是基于这一基本国情，我国制定了计划生育的基本国策并在控制人口数量方面取得了举世瞩目的伟大成就：实现了人口再生产类型由高出生、低死亡、高增长向低出生、低死亡、低增长的历史性转变，妇女总和生育率从实行计划生育前的5.8下降到目前的1.8左右，使我国13亿人口日推迟4年到来，有效缓解了资源、环境的压力，有力促进了经济发展、社会进步和民生改善，人民群众生活实现了由贫困到温饱再到总体小康的历史性飞跃。然而，进入21世纪以来，伴随着生育水平的持续下降，我国面临的人口问题出现多元化态势。在稳定低生育水平的前提下，21世纪上半叶将迎来总人口、劳

动年龄人口、老年人口高峰，人口发展处于数量、素质、结构、分布各要素相互交织、综合作用的历史时期。总的来看，人口数量问题仍然是长期制约我国经济社会发展的关键性问题之一；而从更长的时期看，人口素质、结构和分布问题将逐渐成为影响经济社会协调和可持续发展的主要因素。展望未来，在统筹解决人口问题的历史征程中，提高人口素质必将被摆在更为重要的位置上。中国人口教育科技素质持续快速提高，中国由人口大国转变为人力资源强国的局面也将会更早地出现在世人面前。

第七章 中国人口年龄性别结构变动及社会经济影响

新中国成立以来，中国的人口结构发生了历史性的转变。少儿人口比例持续下降，劳动年龄人口规模和比例不断上升，社会抚养负担减轻，人口红利优势明显。这些转变为促进我国社会经济发展和加强以民生为重点的社会建设奠定了坚实的人口基础，推动了社会经济长期繁荣发展，促进了人民生活水平和质量稳步提高。但与此同时，我国人口结构转变也凸显了一系列问题，如老龄化加速发展、劳动力结构老化、新进入劳动力市场的人口呈持续萎缩状况、出生性别比长期持续偏高等。这些问题如果不能得到及时有效地解决，将会削弱社会经济发展的活力和潜力，最终影响到民生建设和和谐社会建设。

本章分析我国人口的年龄结构和性别结构的变化，深入探讨其变化的过程、原因、现状和社会经济影响。年龄性别结构是最基本的人口结构，能够直观地反映人口基本状况和未来发展趋势。年龄性别结构的变动不仅会直接影响到整个人口规模、结构的变化，也会间接产生方方面面的社会经济影响，影响社会发展和建设。

年龄结构及其变化既是人口自身及社会经济变化的反映，也是决定未来人口发展趋势和社会经济发展的重要因素。一方面，年龄结构是影响人口自然变动和人口再生产速度变动的基本因素，研究人口年龄结构与出生、死亡的关系有利于了解人口再生产状况，掌握人口发展和变化的规律。同时，年龄结构反映了现在的人口状况和未来人口变动趋势，也是进行人口预测和制定人口规划的重要依据，是制定各项社会政策的关键因素。因此，分析人口的年龄结构对了解国家或地区的人口状况和把握人口与社会经济等方面的关系都具有十分重要的意义。

性别也是进行人口统计与分析的重要维度之一，是人的自然属性之一。性别不受社会经济过程的影响，由人的生理决定。研究人口的性别构成，有助于预测未来育龄妇女的规模及人口生育水平，把握人口的未来走势。在对人口的性别构成进行分析时，可以研究某一人口总体性别结构的现状和基本特征，也可以研究性别结构与人口出生、死亡、迁移变动的相互关系，同时还可以分析各种自然、社会、经济、政治等因素对人口性别构成的影响和人口性别结构对社会经济发展过程的影响等。

对我国人口年龄性别结构的准确把握有利于充分掌握人口发展现状，吸取历史经验，未雨绸缪，制定具有前瞻性和全局性的人口政策，统筹解决人口问题，实现人口健康发展，促进社会和谐进步。

第一节　人口年龄结构的变动历程

一、中国人口年龄结构变动概况

从1949年新中国成立到2010年长达60余年的时间里，中国人口的年龄结构发生了剧烈的变化，已经由年轻型人口转变为现在的老年型人口。在未来，年龄结构的变化还将继续，一些特征将继续保留或增强，一些特征将得到改变或减弱。人口年龄结构在改变自身的同时，也在改变着社会，给我国社会经济方方面面的发展提出了巨大挑战。

中国人口年龄结构发生的变化主要表现为少儿人口比例下降，劳动年龄人口比例和老年人口比例上升。其中，少儿人口比例从1953年开始经历了一个短暂的上升过程后持续下降，到2010年，降到16.6%，在1953年的基础上下降了近20个百分点（图7－1）。劳动年龄人口比例在1953～1964年间呈下降态势，之后不断上升，到2010年达到74.53%，在1953年的基础上增加了15个百分点，人口红利优势明显。老年人口比例变动趋势与劳动年龄人口比例一致，先降后升。2000年，中国65岁及以上老年人口比例达到7%，开始迈入老年型社会。此后，中国的老龄化程度不断加深，到2010年，65岁及以上老年人口比例上升到了8.87%。根据目前的年龄结构预测，中国的老龄化程度还会进一步加深（图7－1、表7－1）。

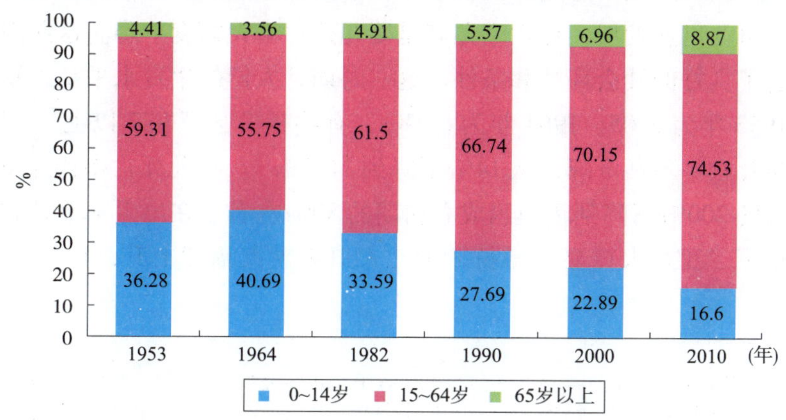

图7－1　六次全国人口普查的年龄结构

资料来源：国家统计局编：《中国统计年鉴2011》，中国统计出版社，2011年版。

中国人口的年龄结构变动有着深刻的社会、经济、政治原因，对我国社会经济发展产生了巨大影响。笔者将以六次全国人口普查数据为基础，分析新中国成立以来我国人口年龄结构变动的历史轨迹、背后的原因和深刻的社会经济影响。

表 7－1　六次全国人口普查的年龄结构

单位：%

	0～14 岁	15～64 岁	65 岁及以上
第一次全国人口普查（1953）	36.28	59.31	4.41
第二次全国人口普查（1964）	40.69	55.75	3.56
第三次全国人口普查（1982）	33.59	61.50	4.91
第四次全国人口普查（1990）	27.69	66.74	5.57
第五次全国人口普查（2000）	22.89	70.15	6.96
第六次全国人口普查（2010）	16.60	74.53	8.87

资料来源：同图 7－1。

根据第一次和第二次全国人口普查数据绘制的金字塔是“下宽上窄”的标准金字塔，显示我国的人口年龄结构是典型的增长型结构。第一次全国人口普查（1953 年）时，我国的 0～14 岁少儿人口比例为 36.28%，15～64 岁劳动年龄人口比例为 59.31%，65 岁及以上老年人口比例仅为 4.41%，结构比较年轻，按国际划分标准，属“成年型结构”[①]。由于少儿比例较大，整个社会的抚养负担较重，少儿抚养比高达 61.67%，总抚养比达到 68.61%。1964 年第二次全国人口普查时，少儿人口比例进一步上升，劳动年龄人口比例和老年人口比例下降，人口结构由“成年型”转变为“年轻型”。此时的社会抚养负担很重，总抚养比接近 80%（表 7－1、表 7－2）。

第一次全国人口普查到第二次全国人口普查经历了 11 年的时间，人口年龄结构发生了一定的变化，表现为人口年龄结构更加年轻化。这种变化与当时特殊的社会环境有关。

新中国成立以后，政局稳定，社会生产、生活秩序逐渐恢复，人们安居乐业。同时，医疗卫生事业迅速发展，死亡率尤其是婴儿死亡率大幅度下降。这些因素共同为人口增长创造了良好的社会环境和条件。这一时期，人们的生育水平高，总和生育率在 6 以上（1953 年为 6.05，1964 年为 6.18），有些年份甚至在 7 以上[②]。与此同时，同期的人口粗死亡率不断下降，从 14‰下降到 11.5‰[③]。婴儿死亡率快速下降，由新中国成立以前的 200‰下降到新中国成立初期的 80‰左右。在出生率上升和死亡率下降的共同作用下，我国人口显著增长，少儿人口规模大幅度上升，1953～1964 年净

① 年轻型人口的划分标准为：0～14 岁人口为 40% 以上，65 岁及以上人口为 4% 以下，老少比在 15% 以下，年龄中位数在 20 岁以下；成年型人口的标准依次为：30%～40%，4%～7%，15%～30%，20～30 岁；老年型人口的标准依次为：30% 以下，7% 以上，30% 以上，30 岁以上。

② 姚兴武，尹华编：《中国常用人口数据集》，中国人口出版社，1994 年版，第 144 页。

③ 国家统计局编：《新中国 55 年统计资料汇编》，中国统计出版社，2005 年版，第 121 页。

增人口 1.12 亿①，推动了人口年龄结构的年轻化（图 7－2、图 7－3）。

这一时期快速的人口增长为以后中国经济的快速发展积累了丰富的劳动力资源，奠定了中国经济起飞的劳动力基础。蔡昉等对中国改革开放以来经济增长的研究表明，中国总抚养比每降低 1 个百分点，导致经济增长速度提高 0.115 个百分点②。1982～2000 年间，总抚养比下降推动人均 GDP 增长上升 2.3 个百分点，对同期人均 GDP 增长贡献了 1/4 左右。

表 7－2　六次全国人口普查的抚养比

单位：%

	少儿抚养比	老年抚养比	总抚养比
第一次全国人口普查（1953）	61.17	7.44	68.61
第二次全国人口普查（1964）	72.99	6.39	79.37
第三次全国人口普查（1982）	54.62	7.98	62.60
第四次全国人口普查（1990）	41.49	8.35	49.84
第五次全国人口普查（2000）	32.63	9.92	42.55
第六次全国人口普查（2010）	22.27	11.90	34.17

资料来源：根据《中国统计年鉴 2011》（国家统计局编，中国统计出版社，2011 年版）数据计算。

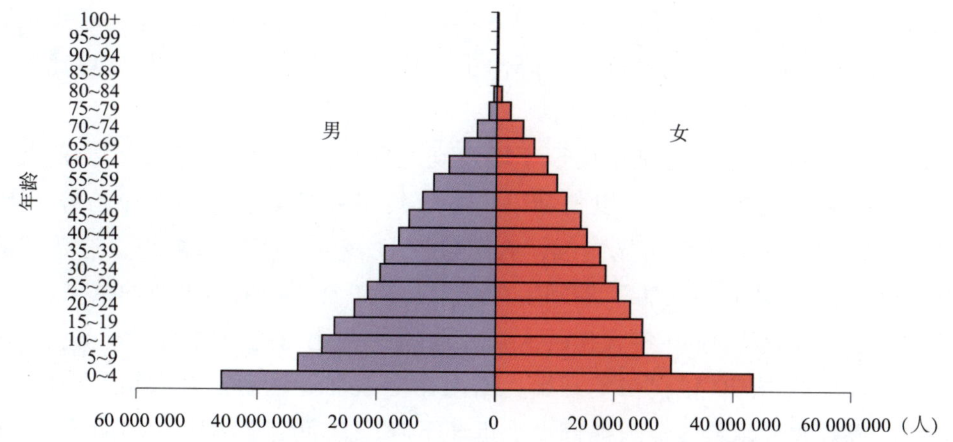

图 7－2　第一次全国人口普查（1953 年）全国人口年龄性别结构金字塔

资料来源：国务院人口普查办公室，国家统计局人口统计司编：《中国 1982 年人口普查资料》，中国统计出版社，1985 年版。

第二次全国人口普查到第三次全国人口普查历经了 18 年的时间，这一时期也是中国人口结构迅速变动的时期。与 1964 年相比，1982 年我国少儿人口比例下降了 7.1 个百分点，为 33.59%，劳动年龄人口比例和老年人口比例均有所上升，分别为

① 根据《中国统计年鉴 2011》（国家统计局编，中国统计出版社，2011 年版）公布的总人口数计算。

② Cai，Fang and Dewen Wang（2005），China' s Demographic Transition：Implications for Growth，in Garnautand Song（eds）The China Boom and Its Discontents. Canberra：Asia Pacific Press.

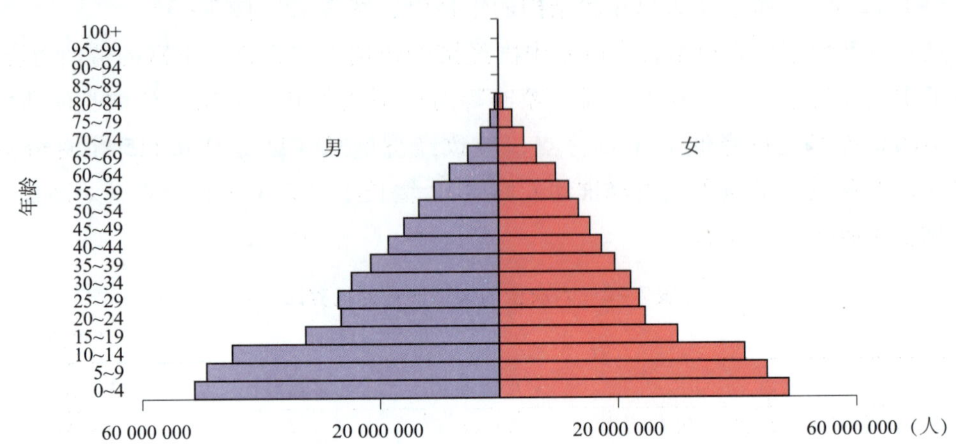

图7－3 第二次全国人口普查（1964年）全国人口年龄性别结构金字塔

资料来源：国务院人口普查办公室，国家统计局人口统计司编：《中国1982年人口普查资料》，中国统计出版社，1985年版。

61.5%、4.91%。人口年龄中位数达到22.9岁①。中国的人口年龄结构已经由年轻型向成年型转变，但总人口的年龄构成仍较为年轻。此时，社会抚养负担大幅度下降，少儿抚养比由72.99%降到54.62%，总抚养比由79.37%降到62.6%，老年抚养比略有上升，为7.98%。总抚养比的下降由少儿抚养比下降引起，老年人口比例和老年抚养比上升表明人口出现老龄化趋势（表7－1、表7－2）。

1982年全国人口年龄性别结构金字塔直观地反映了中国人口年龄结构的变动历程。以10～14岁年龄组为界，以上和以下各年龄组人口均呈逐渐缩减趋势。同时，金字塔上20～24岁年龄组明显内缩，人口规模显著少于相邻年龄组，这是"大跃进"运动以及"三年自然灾害"期间生育减少和非正常死亡增多导致的结果。

20世纪60年代末到80年代初的人口年龄结构变化与这一时期国家实行计划生育政策密切相关。从70年代初期开始，国家在全国推行计划生育政策，提倡"晚、稀、少"，成效非常显著。全国生育水平迅速下降，总和生育率从1964年的6.18迅速降到1972年的4.98，1982年进一步下降到2.86②；出生率不断降低，1964年是39.14‰，1972年降为29.77‰，1982年进一步降到22.28‰③；出生人口规模持续缩小，1963年出生人数高达2 954万人，到1980年，出生人数仅为1 779万人④。这些变化直接导致1982年金字塔底部人口规模急剧收缩。

---

① 田雪原：《人口年龄结构变动和宏观经济发展问题研究》，《中国人口科学》，1987年第1期，第7～14页。

② 姚兴武，尹华编：《中国常用人口数据集》，中国人口出版社，1994年版，第114页。

③ 国家统计局编：《新中国55年统计资料汇编》，中国统计出版社，2005年版，第121页。

④ 国家统计局人口和社会科技统计司编：《中国人口统计年鉴2000》，中国统计出版社，2000年版，第455页。

1982 年的人口年龄结构，既受到两次出生高峰的影响，也受到“三年自然灾害”的影响，同时还反映了计划生育的作用，各临近年龄组之间人数差异较大，年龄结构初步呈现不规则性（图 7 -4）。这一时期人口粗死亡率缓慢下降，但下降速度和幅度低于出生率。因此，1982 年的年龄结构在很大程度上由出生人口决定。

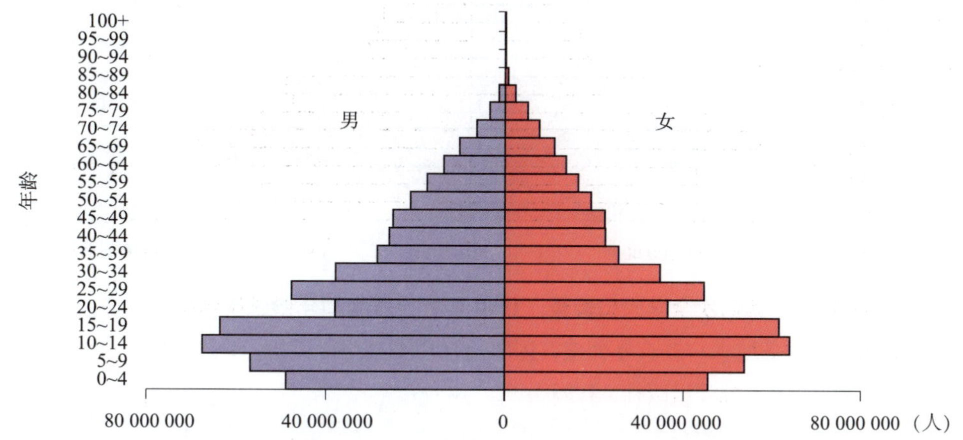

图 7 -4　第三次全国人口普查（1982 年）全国人口年龄性别结构金字塔

资料来源：国务院人口普查办公室，国家统计局人口统计司编：《中国 1982 年人口普查资料》，中国统计出版社，1985 年版。

1990 年第四次全国人口普查时，我国的人口年龄结构已经完全转变为成年型结构（图 7 -5）。少儿比例下降到 27.69%，劳动年龄人口比例上升为 66.74%，老年人口比例上升到 5.57%，老少比为 20%。随着少儿比例的下降，社会抚养负担也进一步减轻，总抚养比降到 50% 以下，短短 8 年下降了约 13 个百分点，但老年抚养比有所上升，由 7.98% 上升到 8.35%。年龄中位数达到 25.3 岁[①]。

1990 年的人口年龄性别结构金字塔形状并不规则，体现了计划生育政策因素和人口惯性的双重影响。以 20 ~24 岁为界，此上各年龄组人口规模呈递减趋势，是 70 年代以前未受政策干预人口自然增长的结果。而 20 岁以前的各年龄组人口呈现不规则变化，表现为：20 ~24 岁、15 ~19 岁、10 ~14 岁的人口规模依次递减，而10 ~14 岁、5 ~9 岁、0 ~4 岁人口规模依次递增，0 ~4 岁组人口规模明显大于其他两个年龄组。这样的变化特点体现了计划生育政策因素和人口结构的影响。70 年代由于计划生育政策的大规模推行使得出生人口规模不断下降，但 80 年代中后期受 60 年代中后期出生高峰的影响，出生人数上升。

这一时期人口死亡率基本稳定在 6.5‰ ~7‰的水平上，因此全国人口年龄结构的变动仍然主要受出生因素的影响。

① 王维国，徐勇，李秋影：《我国人口年龄结构变动对经济发展影响的定量分析》，《市场与人口分析》，2004 年第 6 期，第 1 ~8 页。

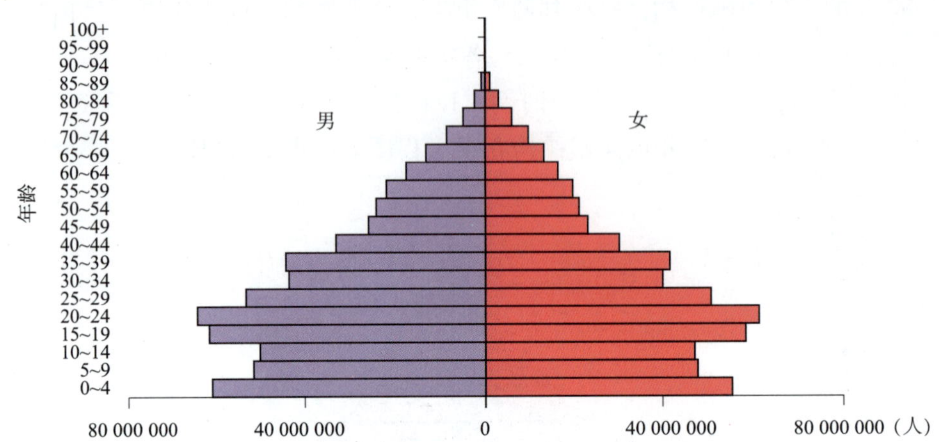

图7－5　第四次全国人口普查（1990年）全国人口年龄性别结构金字塔

资料来源：国务院人口普查办公室，国家统计局人口统计司编：《中国1990年人口普查资料》，中国统计出版社，1993年版。

1990～2000年是中国人口年龄结构发生迅速转变的10年，人口年龄结构在剧烈的变动中呈现不规则性。与1990年相比，2000年中国的少儿人口比例下降了约5个百分点，为22.89%，劳动年龄人口比例突破70%，老年人口比例达到7%，年龄中位数达到30.85岁①，中国人口年龄结构由成年型向老年型转变，开始步入老年型社会。

2000年中国人口年龄性别结构金字塔是不规则的金字塔，整体呈“蘑菇状”，30～34岁以下各个年龄组呈现出不规则的波动。这种不规则的变动既反映了以往年龄结构的影响，也体现了政策和社会经济发展的作用。10～14岁以下的年龄组呈逐渐递减趋势，这说明90年代以来出生人口规模在不断下降。根据国家公布的90年代以来各年的出生人数也可以看出逐年递减趋势。1990年，出生人口规模为2 391万人，此后的10年不断减少，1995年为2 063万人，1998年降到2 000万人以下，2000年降到1 771万人②。10～14岁及以上各年龄组是1990年以前出生的，年龄分布状况充分地显示了计划生育政策的作用和以往出生高峰的影响（图7－6）。

在人口死亡水平基本稳定的条件下，出生因素对全国人口年龄结构变动起着决定性的作用，90年代以来出生率和出生人口规模的下降直接导致金字塔底部人口规模的收缩。

80年代以来，在计划生育政策的推动和社会经济因素的影响下，中国的生育水平持续下降，从而推动了人口年龄结构的深刻变化，主要表现为少儿人口占总人口的比例不断下降，老年人口比例上升，中国的老龄化程度越来越高。人口年龄结构的变

① 王维国，徐勇，李秋影：《我国人口年龄结构变动对经济发展影响的定量分析》，《市场与人口分析》，2004年第6期，第1～8页。

② 国家统计局人口和社会科技统计司编：《中国人口统计年鉴2002》，中国统计出版社，2002年版，第203页。

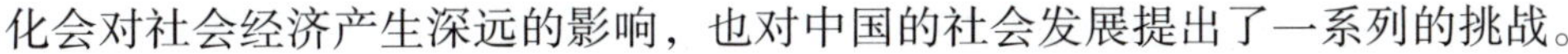

化会对社会经济产生深远的影响，也对中国的社会发展提出了一系列的挑战。

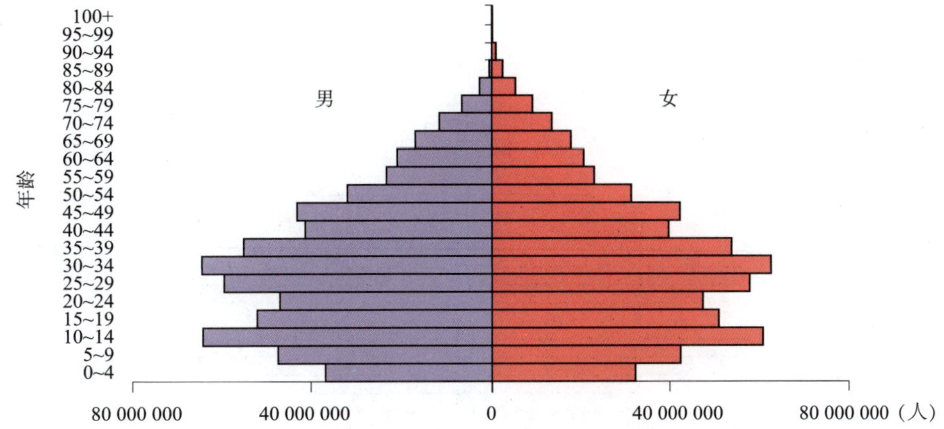

图 7－6　第五次全国人口普查（2000 年）全国人口年龄性别结构金字塔

资料来源：国务院人口普查办公室，国家统计局人口和社会科技统计司编：《中国 2000 年人口普查资料》，中国统计出版社，2002 年版。

2000 年之后，中国的人口年龄结构转变继续深化。少儿人口比例持续降低，2010 年为 16.6%，劳动年龄人口比例和老年人口比例继续升高，分别达到 74.53% 和 8.87%。社会抚养负担不断减轻，总抚养比在 2000 年的基础上降低了 8.4 个百分点，为 34.17%，少儿抚养比下降了 10.4 个百分点，但老年抚养比升高了约两个百分点。与 1953 年相比，总抚养比下降了一半，少儿抚养比下降了近 2/3，老年抚养比则有所上升。

进入 21 世纪以来，中国人口年龄结构变动的主要特点是老龄化加速。据第六次全国人口普查，我国 60 岁及以上老年人口规模达到 1.78 亿人，占总人口的 13.26%，65 岁及以上老年人口规模达到 1.19 亿人，占总人口的 8.87%[①]。与 2000 年相比，60 岁及以上老年人口的比重上升 2.93 个百分点，65 岁及以上老年人口的比重上升 1.91 个百分点[②]。2000～2010 年，我国老年人口的平均增长速度远远快于总人口，中国人口年龄结构正在加速老龄化。在这期间，我国总人口从 12.658 亿人增加到 13.397 亿人，增加 7 389 万人，年平均增长率为 0.57%。而 65 岁及以上的老年人口，从 8 810 万人增加到 1.19 亿人，增加 3 073 万人，年均增长率达 3.04%。

中国人口年龄结构的另一个特点是不规则性。1982 年第三次全国人口普查资料显示，人口年龄结构开始变得不规则。随着时间的推移，不规则程度在加深。2010 年人口年龄结构呈现明显的“三凸三凹”形状（图 7－7、图 7－8），极其不规则，相邻年龄组的人口规模往往差别很大。“三凸三凹”的形状分别是由 20 世纪 50 年代、

① 中华人民共和国统计局《2010 年第六次全国人口普查主要数据公报（第 1 号）》，2011 年。

② 同①。

60 年代和 80 年代的三次出生高峰和“三年自然灾害”、70 年代和 90 年代 3 个时期的出生低谷导致的。

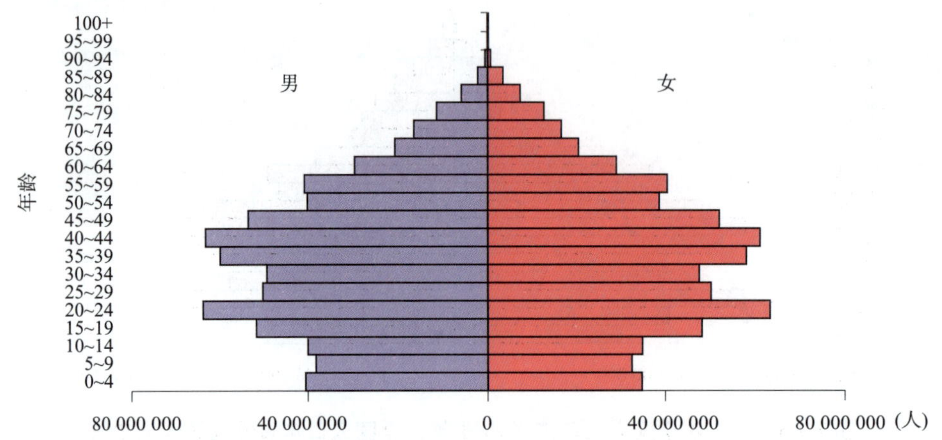

图 7－7　第六次全国人口普查（2010 年）全国人口年龄性别结构金字塔

资料来源：国务院人口普查办公室，国家统计局人口和社会科技统计司编：《中国 2010 年人口普查资料》，中国统计出版社，2012 年版。

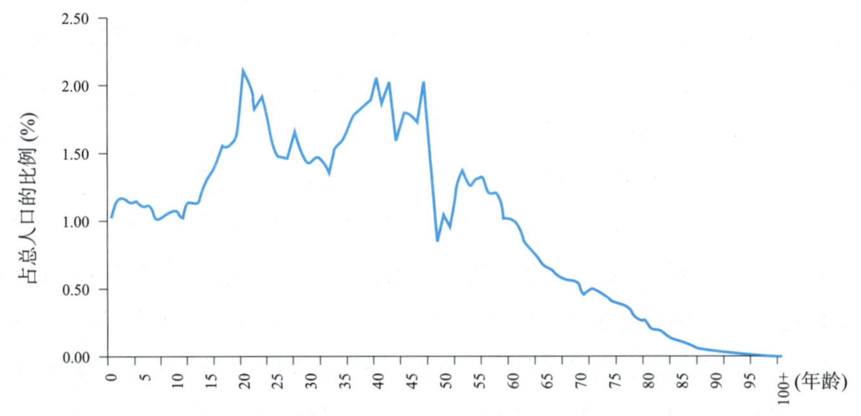

图 7－8　2010 年各年龄人口占总人口比例

资料来源：国务院人口普查办公室，国家统计局人口和社会科技统计司编：《中国 2010 年人口普查资料》，中国统计出版社，2012 年版。

二、三大段年龄人口历年变化情况

根据第六次全国人口普查数据绘制的金字塔是新中国成立以来中国人口年龄结构变动的全景图，反映了我国人口年龄结构变动的历史轨迹，也在一定程度上决定了未来人口发展走向。根据社会经济特征划分的三大段人口（少儿人口、劳动年龄人口和老年人口）在六次全国人口普查中比例的变动显示了中国人口年龄结构在不断老化。作为全国人口的重要组成部分，这三大段人口的规模和内部结构变动也具有重要的社会经济意义。

（一）少儿人口变动趋势

20 世纪 80 年代以前，我国 0～14 岁少儿人口规模持续攀升，由 1953 年的 2.1 亿人增长到 1982 年的 3.4 亿人，但上升速度慢于劳动力人口和老年人口，导致少儿人口总规模上升但比例却下降的现象。80 年代以后，不仅少儿人口占总人口的比例持续下降（从 1982 年的 33.59% 逐年下降至 2010 年的 16.6%），少儿人口的绝对规模也呈现不断下降的趋势。2000 年降到 3 亿人以下，2010 年仅为 2.22 亿人，与 1982 年相比绝对规模减少了 1/3。少儿人口规模缩减和比例下降的速度和幅度非常明显，其中 2000 年以来的下降速度快于 1982～2000 年的速度（图 7－9）。

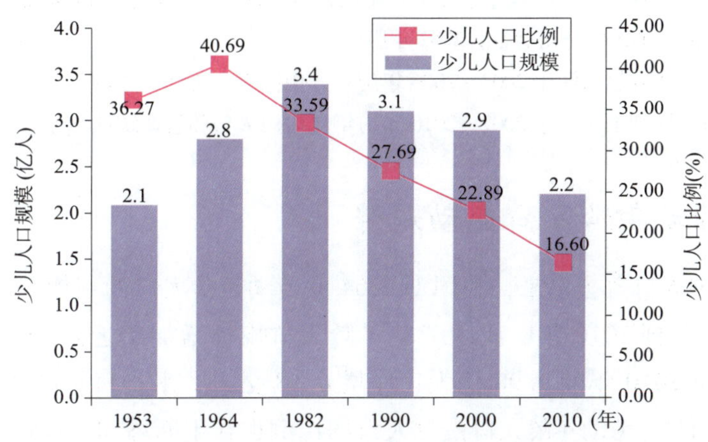

图 7－9　六次全国人口普查少儿人口规模和比例状况

资料来源：［1］国家统计局编：《中国统计年鉴 2011》，中国统计出版社，2011 年版。

［2］历次普查公报。

我国少儿人口规模和比例的变动与 1954 年以来历年出生人口数密切相关（图 7－10）。我国每年出生人口数量的波动性很大，形成了三次出生高峰。第三个出生高峰的峰值远远小于第二个高峰峰值。第三次出生高峰后出生人口数量的不断下降直接导致 2000 年、2010 年少儿人口规模的大幅度缩减。

如果不考虑死亡和国际迁移，少儿人口规模的下降直接影响未来每年进入劳动力市场的人口规模。少儿人口规模的持续下降将直接带来劳动力人口规模的缩减。少儿人口规模和比例的下降，也会间接地使老年人口比例上升，即底部老龄化。尽管少儿人口规模和比例下降，大大减轻了目前社会的少儿抚养负担，但是随着未来劳动年龄人口规模的减少和老年人口规模的扩大，整个社会的养老负担会不断加重。

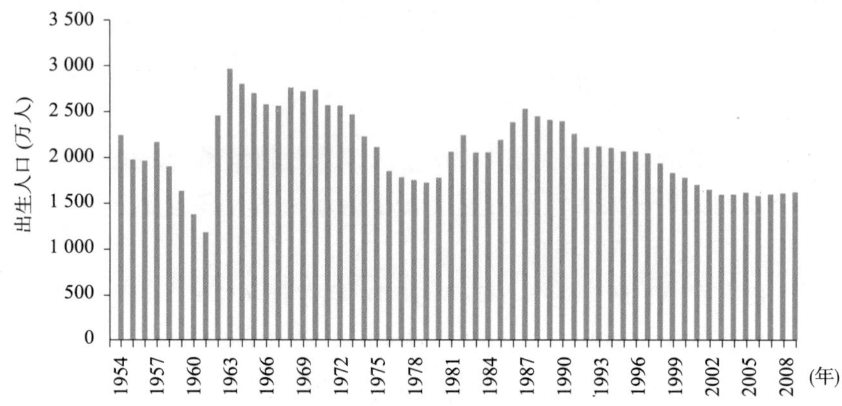

图 7-10　1954~2009 年我国出生人口数量

资料来源：[1] 1954~2001 年数据来源于《中国人口统计年鉴 2002》（国家统计局人口和社会科技统计司编，中国统计出版社，2002 年版）。

[2] 2002~2005 年数据来源于 2003~2006 年历年《中国人口统计年鉴》。

[3] 2006~2009 年数据来源于 2007~2010 年历年《中国人口和就业统计年鉴》。

（二）劳动年龄人口变动趋势

第一次全国人口普查以来，我国 15~64 岁劳动年龄人口的规模呈现不断增加的趋势。从 1953 年到 2010 年，我国劳动年龄人口规模增加了近两倍，从 1953 年的 3.4 亿人增加至 2010 年的 9.98 亿人，净增 6.58 亿人，平均每年增加 1 150 万左右（图 7-11）。同时，劳动年龄人口占总人口的比例也在不断增加，1953 年仅占总人口的 59.31%，2010 年攀升到 74.53%，增幅明显。在过去的 60 余年里，我国劳动年龄人口规模和比例不断增加，劳动力资源非常充裕，社会抚养负担较轻，为经济增长创造了有利的人口环境。这种生产性的人口结构为经济增长提供了动力，即人口红利。

在过去的数十年内，尤其是改革开放以来的 30 年，我国依赖规模庞大的劳动力资源促进了社会经济的快速发展。但是在劳动年龄人口总量增加的同时，我国劳动年龄人口本身的结构也在发生变化。

在 20 世纪 90 年代以前，我国劳动年龄人口的结构有年轻化趋势，表现为低劳动年龄人口（15~29 岁）占总劳动年龄人口比例上升，在 40% 以上，1982 年接近一半，而 50~64 岁劳动年龄人口比重持续减少。但 90 年代以来，伴随着劳动年龄人口规模和比重的上升，我国劳动年龄人口出现日益老化的趋势，高年龄劳动力比重不断增加，低年龄劳动力比重逐渐下降。2010 年，我国 15~29 岁劳动年龄人口占总劳动年龄人口的比例降到了 1/3，与 2000 年相比已出现下降趋势，而 50~64 岁劳动年龄人口比例则呈持续上升趋势。比较 1990~2000 年和 2000~2010 年劳动年龄人口变化可以看出，我国劳动年龄人口老化的速度在加快，20 世纪末的 10 年，高龄组劳动年

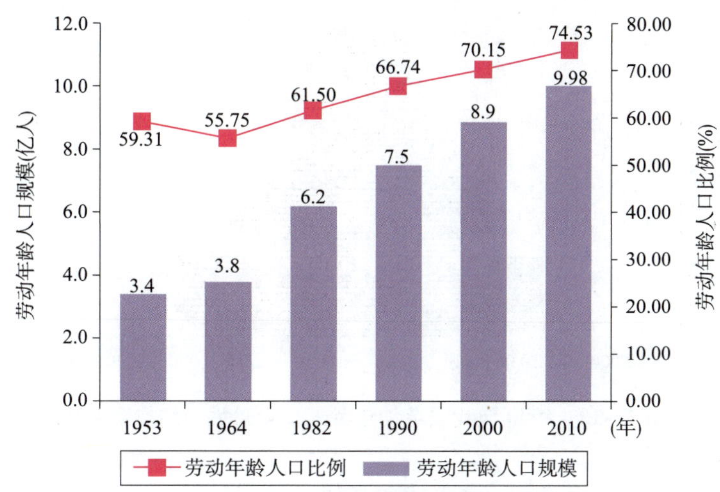

图 7－11　六次全国人口普查 15～64 岁劳动年龄人口规模及比例状况

资料来源：同图 7－9。

龄人口占总劳动年龄人口比重增加了 1.32 个百分点，而 21 世纪初的前 10 年，此比重增幅较大，上升了 4.6 个百分点。

表 7－3　六次人口普查我国劳动力人口年龄结构变动趋势

单位：%

年份	15～29 岁	30～49 岁	50～64 岁
1953	41.71	40.05	18.25
1964	42.48	40.15	17.36
1982	47.34	36.12	16.53
1990	46.41	37.51	16.08
2000	36.24	46.36	17.40
2010	33.08	44.89	22.04

资料来源：[1] 国务院人口普查办公室，国家统计局人口统计司编：《中国 1982 年人口普查资料》，中国统计出版社，1985 年版。

[2] 国务院人口普查办公室，国家统计局人口统计司编：《中国 1990 年人口普查资料》，中国统计出版社，1993 年版。

[3] 国务院人口普查办公室，国家统计局人口和社会科技统计司编：《中国 2000 年人口普查资料》，中国统计出版社，2002 年版。

[4] 国务院人口普查办公室，国家统计局人口和社会科技统计司编：《中国 2010 年人口普查资料》，中国统计出版社，2012 年版。

据 1990 年、2000 年和 2010 年全国人口普查资料绘制的我国 15～64 岁劳动年龄人口年龄性别结构金字塔（图 7－12、图 7－13、图 7－14），可以看出随着时间的推移，金字塔底部低年龄组劳动年龄人口规模明显收缩，而金字塔顶部高年龄组劳动年龄人口明显增多。这表明中国的劳动年龄人口年龄结构在不断老化。

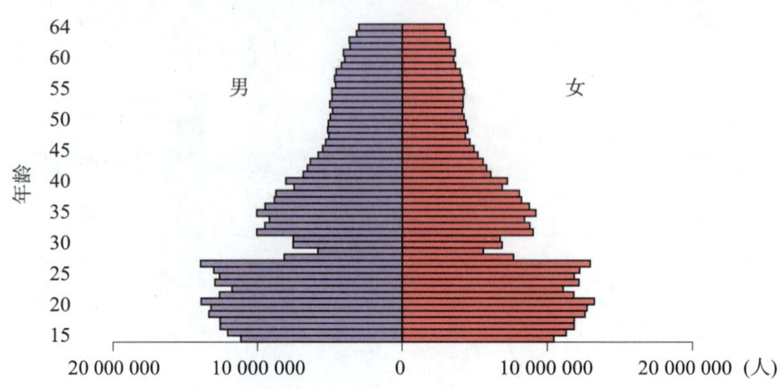

图 7－12　1990 年我国劳动年龄人口年龄性别结构金字塔

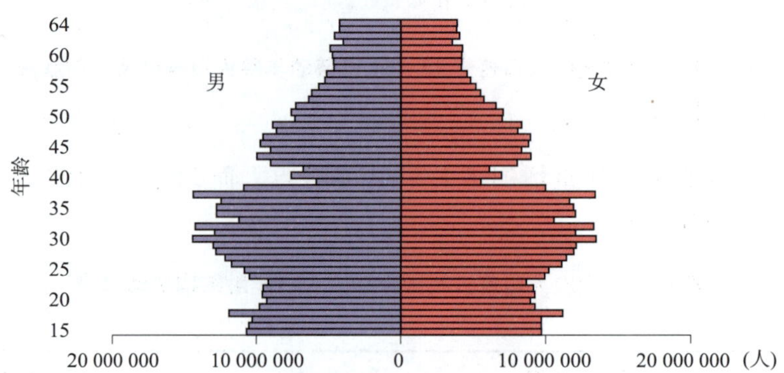

图 7－13　2000 年我国劳动年龄人口年龄性别结构金字塔

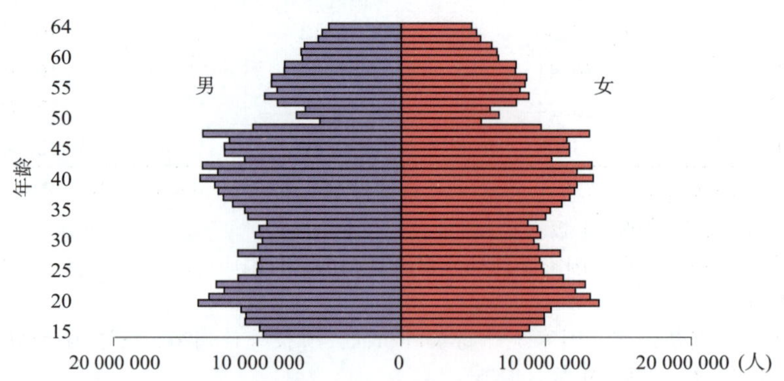

图 7－14　2010 年我国劳动年龄人口年龄性别结构金字塔

资料来源：[1] 国务院人口普查办公室，国家统计局人口统计司编：《中国 1990 年人口普查资料》，中国统计出版社，1993 年版。

[2] 国务院人口普查办公室，国家统计局人口和社会科技统计司编：《中国 2000 年人口普查资料》，中国统计出版社，2002 年版。

[3] 国务院人口普查办公室，国家统计局人口和社会科技统计司编：《中国 2010 年人口普查资料》，中国统计出版社，2012 年版。

据预测，在未来几十年里，劳动年龄人口老化的趋势将进一步延续。15～29 岁年轻劳动年龄人口的比重持续下降，2010 年我国 15～64 岁劳动年龄人口中 1/3 为 15～29岁的年轻劳动力，到 2025 年将会迅速下降至 23.5%。相应地，50～64 岁年老劳动年龄人口的比重则呈现不断上升的趋势，从 2010 年占劳动年龄人口总量的约 1/5，逐渐增加至 2050 年的 1/3 以上。

除年龄结构老化和每年新增劳动力数量减少外，我国劳动年龄人口总规模和比例均已处于峰值阶段，尤其是劳动年龄人口比例在未来会呈现持续下降的趋势。虽然我国目前劳动力规模依然庞大，但是在未来十几年后，这种人口优势将逐渐消失，劳动力供给的形势将发生重大改变。随着出生人数的不断减少，未来我国每年新进入劳动力市场的人口将不断减少，劳动力供给的补充能力持续下降。同时，伴随着劳动年龄人口结构的持续老化，每年新进入劳动年龄的年轻人口数量呈现出持续、迅速萎缩的态势，劳动力每年的新增供给逐年减少，使得劳动年龄人口结构的老化雪上加霜。

（三）老年人口变动趋势

与劳动年龄人口变动趋势一致，65 岁及以上老年人口规模与比重仅在 20 世纪 60 年代以前出现了短暂的回落，之后呈现不断上升的趋势。80 年代以来，我国老年人口规模翻升了一倍有余，从 1982 年的 4 950 万人迅速增加至 2010 年的 1.19 亿人，绝对规模增加了 6 900 万人左右。同时，老年人口占总人口的比重从不足 5% 上升至 2010 年的 9% 左右，增幅非常显著（图 7－15）。我国自 2000 年进入老龄化社会后，老龄化的加速发展趋势非常明显。21 世纪前 10 年，老年人口规模增加了 3 000 万人，以平均每年 300 万人的速度增长，按几何增长计算，年平均增长率达到 3.04%。

同时，我国 20 世纪五六十年代出生的人口陆续进入老年，2010～2040 年将是我国老年人口数量增长最快的时期。有学者预测，到 21 世纪中叶，我国 60 岁及以上的老年人口将达到 4.3 亿，占总人口的比例将达到 1/3，65 岁及以上的老年人口数将达到 3.2 亿人，占总人口的比例将达到 1/5 以上①。陈卫、乔晓春将这段时期归为中国的高速老龄化时期，预测结果显示这一时期的老龄化速度平均每 10 年提高 3.99 个百分点②。庞大的老年人口规模和老龄化的加速发展趋势将对我国的经济发展和社会建设带来巨大的挑战。

纵观我国老龄化发展历程，我国人口老龄化的特点是顶部老龄化和底部老龄化同时发生，这是由我国迅速而独特的人口转变过程决定的。1953～2010 年的几十年间，我国 0～14 岁少儿人口比例下降了一半以上，但是规模几乎没有变化。相反，65 岁及以上老年人口比例增加了 1 倍以上，而规模增加了 3.6 倍。顶部老龄化和底部老龄

① 杜鹏，翟振武，陈卫：《中国人口老龄化百年发展趋势》，《人口研究》，2005 年第 6 期，第 90～93 页。

② 陈卫，乔晓春：《中国人口老龄化：世纪末的回顾与展望》，《人口研究》，1999 年第 6 期，第 28～37 页。

化同时发生的特点使中国同时面临老年人口规模大和未来劳动力减少的双重问题。

在老年人口规模不断增大和老年人口比例持续攀升的情况下，老年人口内部的年龄结构也发生了巨大的变化，主要表现为高龄化趋势明显。2000 年以来，各年龄段人口突出表现为年龄越大增长越快的特点。

从 1953 年到 2010 年，中国 80 岁及以上老年人口规模从 190 万人迅速上升至 2 099万人（表 7－4），增加了 10 倍；占 65 岁及以上老年人口的比例不断上升，从 7.41%增长到 17.66%，增加了 10.25 个百分点；占总人口的比例也在持续攀升，从 0.33%增长到 1.57%。根据杜鹏等的预测，我国高龄老年人口将持续增长，到 2023 年，将增长到 3 000 万人，到 2053 年前后达到峰值，超过 1 亿人，高龄老年人占我国 60 岁及以上老年人口的比例也将达到 2053 年的 23%和 2100 年的 30%①。

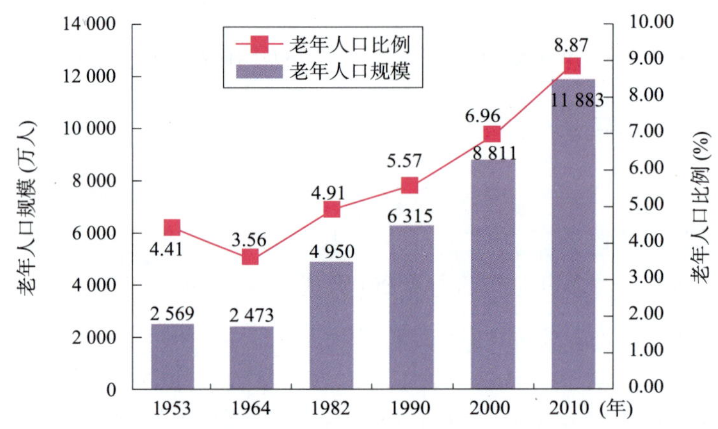

图 7－15　六次人口普查 65 岁及以上老年人口规模及比例变化

资料来源：国家统计局编：《中国统计年鉴 2011》，中国统计出版社，2011 年版。

我国人口高龄化趋势比老龄化趋势更为明显，80 岁及以上老年人口的增长速度快于整个老年人口群体的增长速度。从 1953 年到 2010 年，80 岁及以上高龄老年人口规模年平均增长率达到 4.3%，而同期 65 岁及以上老年人口年平均增长率为 2.72%。2000 年以来，我国的老龄化速度加快，高龄化速度更快。2000～2010 年，高龄人口规模年平均增长率为 5.76%，而老年人口规模年平均增长率为 3.04%。可见，老年人口内部结构的变化比总人口年龄结构的变化更为剧烈。

我国老年人口规模大，老龄化发展速度快，高龄化趋势明显，区域发展不平衡。这些特点无论是从当前还是从长远来看都给我国的社会经济发展形成了巨大压力，提出了严峻挑战。"未富先老"的沉重包袱使得我国面临的人口形势更为复杂，解决老龄化问题的任务也更为艰巨。

① 杜鹏，翟振武，陈卫：《中国人口老龄化百年发展趋势》，《人口研究》，2005 年第 6 期，第 90～93 页。

表7－4　我国老年人口高龄化发展态势

年份	65＋（万人）	80＋（万人）	80＋占65＋的比例（%）	80＋占总人口的比例（%）
1953	2 569	190	7.41	0.33
1964	2 473	182	7.37	0.26
1982	4 950	507	10.25	0.50
1990	6 315	769	12.19	0.68
2000	8 810	1 199	13.61	0.95
2010	11 883	2 099	17.66	1.57

资料来源：同表7－3。

第二节　人口年龄结构的区域差异

新中国成立以来，中国人口年龄结构整体上发生了很大的变化，主要是由年轻型人口结构转变为老年型人口结构。但考虑到影响人口年龄结构的3个最根本因素——出生、死亡和迁移存在很大的不同，不同地区之间的人口年龄结构存在很大差异。笔者将从城乡和省际两个方面分析中国人口年龄结构的区域差异。

一、中国人口年龄结构的城乡差异

由于社会经济发展水平、政策因素、文化环境等方面的不同，我国城市和农村的人口生育水平、死亡水平和死亡模式、迁移流动等方面存在巨大差异，从而也导致了我国城市和农村在人口年龄结构上存在一定差异。

总体而言，城镇和农村的人口年龄结构变动趋势与全国一致，即0～14岁少儿人口比例持续下降，劳动年龄人口比例不断上升，老年人口比例也不断升高，人口年龄结构趋于老化。但城镇和农村的人口年龄结构又存在很大差异，无论是现状还是历史变动过程，二者都呈现出很大的不同。

我国城镇的少儿人口比例一直低于农村，差距在5～9个百分点之间，这主要是由于城乡不同的生育政策和社会经济发展水平导致的生育水平不同引起的。城市地区长期提倡一对夫妇生一个孩子，并且社会经济发达，人们的生育意愿较低；而农村地区的生育政策具有多样性特点，大部分农村地区实行“一孩半”政策，一部分地区甚至是二孩或以上的政策，而且社会经济发展相对落后。政策和经济因素共同作用于人们的生育行为，使得城市的生育水平远低于农村的生育水平，反映在人口结构上则是城市少儿人口比例小于农村。不过，城乡之间少儿人口比例的差距在缩小，1982年相差8.69个百分点，到2010年，差距缩小为5.08个百分点。

1982年以来的四次普查数据结果显示（表7－5），城镇的劳动年龄人口比例始终高于农村地区，差异在7～9个百分点之间。2010年，城镇的劳动年龄人口比例已经接近80%，而农村劳动年龄人口比例刚突破70%。尽管农村的少儿人口比例始终高于城市地区，但劳动年龄人口比例却低于城镇。这主要是由于大量流动人口由农村流入城市导致的。城市具有较高的社会经济发展水平和更多的就业机会，吸引了大量的流动人口从农村流入城市，成为城市的常住人口。近三十年来，流动人口规模迅速膨胀，80年代中期以后，流动人口经历来了一个快速增长的过程，1982年仅为657万人，1987年为1 810万人，1990年达到2 135万人，2000年突破1亿人，2005年达到1.47亿人①，2010年我国流动人口已经达到2.21亿人②。短短30年的时间，流动人口规模增长了约33倍。流动人口主要是由农村流入城市，而且多以青壮年劳动力为主，因此城市的劳动年龄人口比例由于流动人口的增加而明显上升，而作为流出地的农村地区劳动力规模和比例则相应缩小和下降。

城乡人口年龄结构的另一个非常重要的差异是，农村的老龄化程度比城市更为严重。这同样是由于农村大量青壮年劳动力流入城市造成的。流动人口的流入增加了城市的劳动力人口，也使得劳动年龄人口占整个人口的比例上升；而农村的劳动力人口则相应减少，"空巢"老人增多，老年人口比例上升，老龄化程度加深。观察1982年以来的四次人口普查分城乡老龄化统计数据发现，城乡之间老年人口比例差距越来越大。1982年，农村老年人口比例高于城镇约0.5个百分点，2000年增加到1.1个百分点，2010年进一步扩大到2.3个百分点。可见，不仅农村的老龄化程度比城市更深，而且老龄化速度也快于城市地区。

表7-5 四次人口普查的城乡年龄结构差异

单位：%

年份	少儿人口比例		劳动年龄人口比例		老年人口比例	
	城镇	农村	城镇	农村	城镇	农村
1982	26.69	35.38	68.76	59.62	4.54	5.00
1990	22.33	29.59	72.57	64.67	5.10	5.74
2000	18.42	25.52	75.16	66.98	6.42	7.50
2010	14.08	19.16	78.12	70.78	7.80	10.06

资料来源：[1] 国务院人口普查办公室，国家统计局人口统计司编：《中国1982年人口普查资料》，中国统计出版社，1985年版。

[2] 国务院人口普查办公室，国家统计局人口统计司编：《中国1990年人口普查资料》，中国统计出版社，1993年版。

[3] 国务院人口普查办公室，国家统计局人口和社会科技统计司编：《中国2000年人口普查资料》，中国统计出版社，2002年版。

[4] 国务院人口普查办公室，国家统计局人口和社会科技统计司编：《中国2010年人口普查资料》，中国统计出版社，2012年版。

① 段成荣等：《改革开放以来我国流动人口变动的九大趋势》，《人口研究》，2008年第6期，第30~43页。

② 中华人民共和国国家统计局《2010年第六次全国人口普查主要数据公报（第1号）》，2011年。

人口年龄结构的差异也导致了城乡社会抚养负担的不同。三十年来，伴随着少儿抚养比的大幅度下降，城乡总抚养比都呈下降趋势，但农村的抚养负担始终重于城市。农村与城市抚养负担的差异是少儿抚养比和老年抚养比的不同导致的，其中少儿抚养比在城乡抚养负担差异中始终起着主要作用。农村的少儿抚养比一直远远高于城市地区，1982 年二者相差 20.52 个百分点。随着时间的推移，这种差距在缩小，到 2010 年农村的少儿抚养比高于城市 9.05 个百分点。与城乡少儿抚养比差异变化趋势不同的是，城乡老年抚养比差距呈扩大趋势。这意味着，在总抚养比的差异中，老年抚养比的贡献越来越大。1982 年，老年抚养比的城乡差异仅占总抚养比差异的 8%，到 2010 年，已经上升到 32%（表 7－6）。

表 7－6　四次人口普查的城乡抚养负担差异

单位：%

年份	少儿抚养比		老年抚养比		总抚养比	
	城镇	农村	城镇	农村	城镇	农村
1982	38.82	59.34	6.60	8.39	45.42	67.73
1990	30.77	45.76	7.03	8.88	37.80	54.63
2000	24.51	38.10	8.54	11.20	33.05	49.30
2010	18.02	27.07	9.98	14.21	28.01	41.28

资料来源：同表 7－5。

二、中国人口年龄结构的省际差异

改革开放以前，全国人口转变模式基本一致，年龄结构的波动与变化也基本一致。改革开放以后，随着各地社会经济发展差异的扩大，以及计划生育政策的区域化、多样化，人口变化的地区差异也逐步扩大。这种差异不仅影响区域社会经济发展的现状，而且是制约未来我国不同区域经济发展模式、速度等方面的重要因素。

（一）各省 0～14 岁少儿人口比例迅速下降，省际差异明显

90 年代以来，我国各省区市 0～14 岁少儿人口比例普遍不断降低。1990 年，除上海外，全国各个省区市的 0～14 岁少儿人口比例均在 20% 以上，其中有 22 个省少儿人口比重在 25% 以上，10 个省的少儿人口比重甚至在 30% 以上，西藏地区最高，达到 35.5%。但到 2010 年，全国大部分省的少儿人口比例均下降至 20% 以下，北京、上海、天津 3 个直辖市更是下降至 10% 以下（表 7－7）。

但同时也应该看到，虽然全国各省都经历了少儿人口比例的不断下降，各省之间仍存在很大差异，以 10%、20% 为界可以分为明显的三层。2010 年，北京、上海和天津的少儿人口比例已经降到了 10% 以下，而贵州、西藏、江西、广西、宁夏、河南、青海、新疆、云南、海南 10 个省区的少儿人口比例仍在 20% 以上，其中贵州省

最高，达到25.2%。其他18个省的少儿人口比例在10%～20%。

0～14岁少儿人口比重迅速下降，与我国生育率的变化密切相关。由于计划生育政策的实施以及社会经济的快速发展，人们的生育意愿不断下降，生育水平长期稳定在更替水平以下。生育水平的迅速下降，导致这些地区每年出生人口规模减小，致使少儿人口比例缩减。少儿人口比例省际之间的差异也主要是由各省的社会经济发展水平和生育政策差异决定的。如上海、北京等地区，社会发展程度高，人们的生育意愿较低，生育水平长期维持在1以下的水平。西藏、贵州等地区，社会经济发展水平低，农村地区实行二孩及以上或"一孩半"政策，这些地区生育水平要高于北京市和上海市。

表7－7　三次人口普查各省0～14岁少儿人口比例变动情况

单位:%

省份	1990年	2000年	2010年	省份	1990年	2000年	2010年
北京	20.2	13.6	8.6	湖北	28.5	22.9	13.9
天津	22.7	16.8	9.8	湖南	28.0	22.2	17.6
河北	—	22.8	16.8	广东	29.9	24.2	16.9
山西	28.2	25.8	17.1	广西	33.4	26.2	21.7
内蒙古	28.5	21.3	14.1	海南	33.1	27.5	20.0
辽宁	23.2	17.7	11.4	重庆	21.9	21.9	17.0
吉林	26.2	19.0	12.0	四川	22.7	22.7	17.0
黑龙江	26.6	18.9	12.0	贵州	30.3	30.3	25.2
上海	18.2	12.2	8.6	云南	31.7	26.0	20.7
江苏	23.8	19.7	13.0	西藏	35.5	31.2	24.4
浙江	23.3	18.1	13.2	陕西	28.9	25.0	14.7
安徽	28.4	25.5	18.0	甘肃	28.0	27.0	18.2
福建	31.5	23.0	15.5	青海	30.8	26.6	20.9
江西	31.8	26.0	21.9	宁夏	33.7	28.4	21.5
山东	26.6	20.9	15.7	新疆	33.1	27.3	20.8
河南	25.9	25.9	21.0				

资料来源：[1] 1990年数据根据1990年各省第四次全国人口普查主要数据公报计算。
[2] 2000年数据来源于《中国统计年鉴2001》（国家统计局编，中国统计出版社，2001年版）。
[3] 2010年数据来源于《中国统计年鉴2011》（国家统计局编，中国统计出版社，2001年版）。

（二）20世纪90年代以来各省劳动年龄人口比例不断上升，但不同省份存在较大差异

在全国层面上，我国劳动年龄人口的规模和比重在过去数十年内一直呈现不断增加的趋势，劳动力供给充裕。但是具体到各个省份，劳动年龄人口比例则存在较大的差异。

各省劳动年龄人口不仅在规模上呈现增加趋势，在相对比重上也不断上升。近

20 年，各省的劳动力供给相对充裕，劳动力人口比例不断增加，一些省份如天津、黑龙江和吉林等，20 年内劳动力人口比例上升幅度高达 10 个百分点，增幅十分明显（表 7－8）。2010 年，北京、天津和上海的劳动年龄人口比例均在 80% 以上；全国有 14 个省市地区的劳动年龄人口比例在 75% 以上，仅广西和贵州两个省区的劳动年龄人口比例在 70% 以下，但也大于 65%。各省的劳动人口比例数据还反映出，我国的劳动力资源在过去的 20 年内是非常充足和丰富的。

表 7－8　三次普查各省劳动年龄人口比例变动情况

单位：%

省份	1990 年	2000 年	2010 年	省份	1990 年	2000 年	2010 年
北　京	73.50	78.00	82.70	甘　肃	67.97	68.00	73.61
天　津	70.83	74.93	81.68	新　疆	63.04	68.17	73.04
上　海	72.40	76.30	81.25	青　海	66.18	69.05	72.78
黑龙江	69.62	75.68	79.72	湖　南	66.43	70.54	72.60
吉　林	69.32	75.19	79.63	海　南	61.51	65.95	72.20
内蒙古	67.54	73.37	78.34	宁　夏	62.77	67.15	72.11
辽　宁	71.10	74.49	78.27	四　川	69.90	69.90	72.08
浙　江	69.88	73.09	77.45	安　徽	66.20	67.03	71.84
湖　北	66.05	70.82	77.00	云　南	63.44	67.98	71.64
陕　西	65.90	69.10	76.76	重　庆	71.04	70.17	71.46
福　建	63.47	70.44	76.65	河　南	67.10	67.10	70.64
广　东	64.16	69.78	76.36	西　藏	60.10	64.30	70.53
江　苏	69.46	71.59	76.10	江　西	63.12	67.90	70.52
山　西	66.46	68.00	75.33	广　西	61.20	66.64	69.05
河　北	—	—	74.93	贵　州	63.92	63.92	66.21
山　东	67.20	71.12	74.42				

资料来源：同表 7－7。

但是，不同区域之间，劳动年龄人口比重存在明显差异。2010 年，北京常住人口中 15～64 岁的劳动年龄人口占 82.7%，处于全国最高水平。劳动年龄人口比例最低的地区是贵州省，15～64 岁人口仅占其总人口的 2/3 左右。北京、上海等地区由于具有较高的社会经济发展水平和更多的工作机会，吸引了大量的流动人口，吸收了丰富的劳动力资源。相反，作为流动人口的流出地，贵州等省的劳动力资源大量流出，导致该地区劳动力人口比例降低。大量青壮年劳动力人口的流动，在全国层面上优化了我国的劳动力资源配置；在区域层面上，对流入地，如北京、上海、广东等省市，增加了当地的劳动力资源供给，为其社会经济的快速发展提供了坚实的人力资源基础。但对于流出地，在一定程度上不利于这些地区的经济建设，削弱了经济发展的活力和潜力。

（三）各省65岁及以上老年人口比例逐渐加大，省际差异大

除劳动年龄人口和少儿人口结构发生变动外，各省的老年人口状况也发生了变化。1990～2010年间的20年间，各省的人口老龄化形势均在不同程度地加重，65岁及以上老年人口的规模和占总人口的比例不断增加，部分地区人口老龄化形势趋于严峻（表7-9）。1990年，我国大多数省份65岁及以上老年人口比例在7%以下，尚未进入老龄化社会（仅有重庆、四川、上海3个地区比例超过7%）。但到了2010年，这种形势发生根本性转变，大多数省份的老年人口比重均上升至7%以上，仅有5个省的老年人口比重仍维持在7%以下的水平。重庆、四川、江苏、辽宁、安徽和上海等地65岁及以上老年人口比例超过了10%，老龄化形势较为严峻。

表7-9　三次普查各省65岁及以上老年人口比例变动情况

单位：%

省份	1990年	2000年	2010年	省份	1990年	2000年	2010年
重　庆	7.03	7.9	11.56	河　南	6.96	6.96	8.36
四　川	7.45	7.45	10.95	黑龙江	3.78	5.42	8.32
江　苏	6.79	8.76	10.89	河　北	—	—	8.24
辽　宁	5.68	7.83	10.31	甘　肃	4.06	5	8.23
安　徽	5.41	7.45	10.18	福　建	5.07	6.54	7.89
上　海	9.4	11.5	10.12	海　南	5.41	6.58	7.8
山　东	6.2	8.03	9.84	云　南	4.9	6	7.63
湖　南	5.6	7.29	9.78	江　西	5.09	6.11	7.6
浙　江	6.83	8.84	9.34	山　西	5.39	6.2	7.58
广　西	5.42	7.12	9.24	内蒙古	4.01	5.35	7.56
湖　北	5.5	6.31	9.09	广　东	5.93	6.05	6.75
北　京	6.3	8.4	8.7	宁　夏	3.49	4.47	6.41
贵　州	5.79	5.79	8.57	青　海	3.07	4.33	6.3
陕　西	5.2	5.9	8.53	新　疆	3.91	4.53	6.19
天　津	6.46	8.33	8.52	西　藏	4.36	4.5	5.09
吉　林	4.52	5.85	8.38				

资料来源：同表7-7。

我国各省区市的人口老龄化程度存在较大差异。2010年65岁及以上老年人口比例在10%以上的有6个省份，其中重庆市的人口老龄化程度最高，达到11.56%。人口老龄化程度最轻的是西藏，仅为5.09%，广东、宁夏、青海、新疆和西藏5个省区的老年人口比例在7%以下（表7-9）。

不同省份之间老年人口规模也存在明显差异。2010年第六次全国人口普查数据显示，不同省份的老年人口规模差异较大，山东省65岁及以上老年人口规模最大，为943万人；海南、西藏、青海、宁夏等地区65岁及以上老年人口较少，在100万人以下（表7-10）。老年人口规模的不同，意味着各省面临的老年人口形势不同，人口老龄化问题的严峻程度不同，需要采用的应对策略也不同。

表 7－10　2010 年我国不同省份 65 岁及以上老年人口规模

单位：万人

省份	规模	省份	规模
北　京	171	湖　北	520
天　津	110	湖　南	642
河　北	592	广　东	704
山　西	271	广　西	425
内蒙古	187	海　南	68
辽　宁	451	重　庆	333
吉　林	230	四　川	881
黑龙江	319	贵　州	298
上　海	233	云　南	351
江　苏	857	西　藏	15
浙　江	508	陕　西	318
安　徽	606	甘　肃	211
福　建	291	青　海	35
江　西	339	宁　夏	40
山　东	943	新　疆	135
河　南	786		

资料来源：国家统计局编：《中国统计年鉴 2011》，中国统计出版社，2011 年版。

第三节　人口年龄结构变化的社会经济影响

人口年龄结构是人口结构的基础，它的状况和变动会对社会经济发展产生重大影响。这种影响主要由年龄结构的三个重要方面所致：一是年龄结构的不规则性；二是劳动力规模和比例的下降；三是人口老龄化的加速发展。

一、年龄结构不规则性的社会经济影响

我国人口年龄结构的不规则性从 1982 年就开始显现出来，到 2010 年为止，已经形成了典型的“三凸三凹”的不规则年龄结构。年龄结构中“峰谷”一旦形成将会由于人口惯性而不断被复制，如我国 20 世纪 60 年代的出生高峰带来了 80 年代后期的出生高峰，80 年代后期出生的人进入生育期，又会带来 2010 年前后新的小出生高峰。

年龄结构不规则对社会经济发展是极其不利的。一个不规则的年龄结构会影响到婚姻家庭、就业、教育、住宅、城市建设、和对产品、服务需求的满足，也关系到社会的安定和谐和民生建设。从长远看，社会经济的发展要求有一个良性的年龄结构。

不规则的年龄结构对社会经济发展所带来的影响主要表现在：①就业和就学人数时多时少，这样的波动使得就业结构和教育事业难以适应。每年就业岗位、生产资料和学校师资、教学设备等的调整，一般只能在一定的范围内，波动太大则会导致很多不适应。如在就业上，可能出现某些年份大批的待业和某些年份的供不应求；在教育方面，会出现某些年份学校的校舍、设备、师资不足，而某些年份又会出现校舍、教师闲置，不能充分利用，浪费人才和物资。②各年龄人数时多时少也会出现较为集中的结婚和生育高峰，这对医院、住房、妇婴保健和幼托事业等都将产生不均匀的压力。年龄人数差别大，在某种程度上也会造成男女婚配的困难。郭志刚曾对年龄结构波动对婚姻市场的影响进行了实证研究，证明了年龄结构对婚姻市场会产生巨大的影响①。夫大于妻的夫妇年龄差模式的存在使得人口年龄结构成为婚姻匹配的一个重要影响因素。由于1959～1961年“三年自然灾害”，出生人口数锐减，使得在此之前出生的男性人口和在此之后出生的女性人口处于婚姻拥挤之中。按照2～3岁的夫妇年龄差模式，中国1956～1958年出生的男性人口面临1959～1961年出生的女性人口的短缺，而1962～1964年出生的女性人口却面临着1959～1961年出生的男性人口的短缺。通过计算未婚比例发现，处于拥挤状态的人群的未婚比例确实要高于其他人群。如果年龄结构长期波动，婚姻拥挤持续下去，则会形成严重的社会问题。③不同年龄群体的消费需求不同，一个不规则年龄结构人口的需求较难满足，特别是随着时期的变化各类人群规模的大幅度转换会给整个社会的消费结构和产业结构带来很大压力。同时，社会的消费结构决定了产业结构相应的变化，产业结构的调整又可能导致结构性失业，加重就业压力②。

可见，不规则的人口年龄结构往往存在着较多的潜在问题，将产生很难预计的社会经济影响，一个有着既定结构的社会体制很难适应不规则人口演变所带来的冲击和挑战。

应对年龄结构不规则性带来的问题，主要有两个策略：一是充分研究人口年龄结构现状和它已经产生的和未来即将带来的问题，未雨绸缪，提前制定应对方案，调整相应的社会制度，调整和制定新的政策。二是通过政策手段适当干预和调整年龄结构，减轻年龄结构的影响。由一种畸形的年龄结构过渡到一种较为均匀的年龄结构，关键在于出生的相对均匀性，因此可以在出生高峰时期通过一定的措施尽量减少出生数量，在出生低谷时期鼓励生育。

二、劳动力变动的社会经济影响

我国的人口转变大大减轻了劳动力的抚养负担，提高了人口结构的生产性。我国

① 郭志刚，邓国胜：《年龄结构波动对婚姻市场的影响》，《中国人口科学》，1998年第2期，第1～8页。

② 陈卫，沈峥嵘：《我国人口年龄结构变动的政策意义》，《人口研究》，1990年第4期，第29～33页。

15～64 岁劳动年龄人口规模和比重的不断增加，为我国经济建设和社会发展提供了丰富的劳动力资源，促使我国经济以日新月异的速度飞快发展，国民生产总值不断翻升，在经济全球化的大背景下，在世界舞台上占据了越来越重要的位置。我国在社会经济发展上取得的举世瞩目的成就，与我国夯实的人口基础密不可分。

我国劳动年龄人口的总量不仅在过去的数十年内是逐渐增加的，在未来十几年中劳动年龄人口总量的供给也是稳定和充裕的。按照目前的发展趋势，在 2020 年之前，我国15～64岁劳动年龄人口的规模基本维持在 10 亿人左右，此后才开始出现逐渐下降的趋势，直至 2050 年，仍维持在 8 亿人左右的水平，劳动力的数量并不短缺，劳动年龄人口的数量优势仍将维持一段时间。我国目前仍处于第一次人口红利期，在这段时间内适时抓住我国人口优势，借助人口红利，继续推进我国社会经济的快速发展，是我国经济得以持续稳定发展的重要方面。

纵观我国人口结构现在以及未来的变动趋势，可以看出，目前我国总体劳动力数量依然相对充足，劳动年龄人口比例较高，但是这种状况在未来十几年内会发生较大的改变，劳动年龄人口总量逐渐缩减将成为一个长期趋势，人口红利即将消失。我国劳动力人口年龄结构已经开始老化，而今后这种老化的程度会继续提高。未来每年新进入劳动力市场的人口将逐渐减少，劳动力补充的后继性将受到挑战。同时，高等教育的发展进一步压缩了体力劳动力的供应。这些现象表明，劳动密集型产业兴旺的时代已经结束，我国已不具备通过大量的廉价劳动力实现经济飞跃的人口基础。而且，面对大量的农业剩余劳动力和城市地区的不充分就业和失业，在未来的人口红利时期，要为不断增长的高比例劳动力提供就业对中国经济发展也是一个严峻挑战。另外，由于人口流动，人口红利优势存在巨大的城乡不平衡性和区域不平衡性。这种失衡也将带来诸多社会问题，如农村地区和欠发达地区的养老问题、劳动力短缺问题等。

因此，仅仅依靠廉价劳动力保持经济发展的道路会越走越窄，要促进中国经济的持续健康发展，必须实现经济增长方式的根本性转变，依靠科技创新和进步，促进产业结构升级换代，尽早发展技术密集型产业。通过尽快提高劳动生产率和劳动力素质，实现我国经济社会发展的再一次飞跃，是我国未来持续发展的唯一途径。

三、老龄化的社会经济影响

在我国，庞大的老年人口规模、“未富先老”的基本国情以及快速的人口老龄化和高龄化发展趋势等因素，不同程度地放大了人口老龄化对经济、社会和文化发展的影响。它正与越来越多的社会、经济问题紧密联系在一起，并在与它们的相互作用中产生越来越大的影响。

首先，人口老龄化带来的最直接的问题就是养老问题。中国社会正处在转型过程中，经济发展水平与发达国家有一定差距，各方面社会制度也尚未完全成熟。在此背景下，面对快速的老龄化趋势和庞大的老年人口规模，我国的社会保障体系和养老服务体系不完善问题越来越急迫和突出。以养老金为例，在人口老龄化的形势下，养老金的现收现付制度是不能继续执行下去的，但体制转轨的成本巨大，同时为体现出社会保障再分配公平的宗旨，又不能完全转到基金积累制度上。这就需要探索一条适合中国国情的道路，合理积累和发放养老金，解决老年人的养老问题。再比如，在社会转型过程中，中国的家庭养老功能逐渐弱化，但机构养老又尚未被传统养老观念所接受，如何选择合适的养老方式也是解决老龄化问题面临的难题。因此，老龄化的快速发展给中国的社会保障体系和养老服务体系带来了巨大的压力。

其次，老龄化所带来的另一个问题是社会负担加重，社会经济发展受到冲击。老年人口规模和比例的上升意味着更加沉重的社会抚养负担和养老负担，不仅会对劳动力市场、储蓄、税收、投资消费和产业结构等形成冲击，而且从长远来看，老龄化使我国人口结构优势趋于减弱，将直接影响到未来经济增长的可持续性：①伴随着老年人口规模的上升，养老金、医疗支出、福利支出等各方面都会相应增加，社会负担日益加重。因此，老龄化程度的加深使得人均收入提高所带来的消费水平提高的速度将会减小①；②与人口老龄化相伴随产生的是劳动力的老化和劳动力资源供给不足，生产能力下降，制约劳动生产率的提高，减缓经济增长速度；③从长期趋势上看，由于老年人口的储蓄水平和实际收入相对较低，因此伴随着人口老龄化程度的加深，将会带来地区总储蓄水平的降低，这不仅会减少资本的积累，而且会对生产基金的积累产生消极影响，限制了社会扩大再生产，进而对经济发展产生不利的影响。

再次，我国老龄化过程中出现的一些新的特点如高龄化速度快、区域发展不平衡、“空巢”老人增多等也使得我国面临的老龄化问题更为复杂，形势更为严峻。高龄老年人群体面临的健康问题更多，需要的资金投入和其他服务也更多。目前在针对高龄老人养老方面的制度建设尽管在不断完善，但仍然存在很多问题，尤其需要关注。城乡之间、省际之间或发达地区与欠发达地区之间的老龄化程度差异也使得解决老龄化问题需要因地制宜，尤其要关注农村地区。农村地区养老保障体系不健全，但人口老龄化程度却很严峻，不健全的制度和严峻的问题之间的矛盾尚需要努力调和。“空巢”老人、失能老人等特殊群体的存在表明老龄化问题不单单是一个规模和比例上升的问题，而是一个复杂多面的问题。我国人口老龄化问题的复杂性和特殊性使得解决问题的道路非常艰难。

人口老龄化是社会发展不可逆转的趋势，应该明确我们的职责不是阻止老龄化的发生，而是解决好人口老龄化产生的问题。在我国“未富先老”的背景下，加快经

---

① 王金营，付秀彬：《考虑人口年龄结构变动的中国消费函数计量分析——兼论人口老龄化对消费的影响》，《人口研究》，2006 年第 1 期，第 29 ~ 36 页。

济发展、提高劳动生产率，是解决人口老龄化问题的根本途径。在2025年以前，我国劳动力资源比较丰富，劳动力结构相对年轻，负担轻，要抓住这段机遇期，充分发挥劳动力资源优势，促进经济持续快速发展，为解决老龄化问题奠定坚实的经济基础。在大力发展经济的同时，建立制度化的、稳定的和符合我国国情的社会保障体系和养老服务体系也是解决我国老年人养老问题的内在要求及必然趋势。

第四节　中国人口性别结构的变动

一、新中国成立初期人口性别结构变动

总人口性别比反映人口总体中男性与女性的比例构成。从全世界范围来看，各国总人口性别比大多在95～102之间变动，即使是特殊情况也很少低于90或高于105。我国的总人口性别比不仅高于世界上大多数国家，也高出正常范围。主要有两个原因：第一，我国出生婴儿性别比与世界其他国家相比偏高；第二，根深蒂固的重男轻女思想的影响，尤其是新中国成立前这种影响更为严重。我国曾存在女性死亡率高于男性死亡率的非正常情况，导致目前我国中老年组人口的性别比偏高，这些都会使得总人口性别比偏高。

根据1983年中国统计年鉴公布的历年分性别人口数据，计算我国1949～1953年历年年末总人口性别比分别为：108.16、108.07、107.99、107.90和107.55。数据表明新中国成立初期的数年内总人口性别比逐年下降，这是我国人口性别结构变动逐步趋于合理的综合反映。

1953年我国第一次人口普查的分年龄分性别人口状况，见表7－11所示。国际社会公认的总人口性别比值通常在95～102，人口性别比无论是低于95还是高于102都为异常。若是以此来判断我国1953年第一次人口普查时的总人口性别比105.99，属于偏高的异常范围。

分年龄人口的性别比是指某一年龄或年龄组以其女性人口为100的男性人口与女性人口之比。在一般情况下，由于各年龄的男性人口死亡率高于女性人口死亡率，因此从出生时开始随着年龄的增长，分年龄人口的性别比应该越来越低。在低年龄上性别比大于100，从某一年龄以后，性别比开始小于100，即男性人口开始少于女性人口。也有由于战争或者迁移等原因引起的分年龄性别比不正常的情况。

表 7-11　1953 年第一次全国人口普查全国分年龄分性别人口状况

年龄	男性（人）	女性（人）	性别比
0～4	46 104 886	43 170 240	106.80
5～9	33 264 941	29 510 596	112.72
10～14	29 082 491	24 707 743	117.71
15～19	27 072 984	24 653 803	109.81
20～24	23 718 199	22 606 396	104.92
25～29	21 711 735	20 604 268	105.37
30～34	1 959 5040	18 491 570	105.97
35～39	1 877 8517	17 502 857	107.29
40～44	1 645 4333	15 200 608	108.25
45～49	1 467 6352	14 084 045	104.21
50～54	1 243 5470	11 921 207	104.31
55～59	1 039 8207	10 161 827	102.33
60～64	8 006 104	8 494 082	94.26
65～69	5 400 767	6 374 478	84.72
70～74	3 308 199	4 507 616	73.39
75～79	1 368 411	2 224 077	61.53
80～84	473 106	955 331	49.52
85～89	101 114	254 036	39.80
90～94	14 276	41 627	34.30
95～99	3 085	8 750	35.26
100+	1 590	1 794	88.63

资料来源：国家统计局人口统计司编：《中华人民共和国 1953 年人口调查统计汇编》，国家统计局人口统计司翻印，1986 年版。

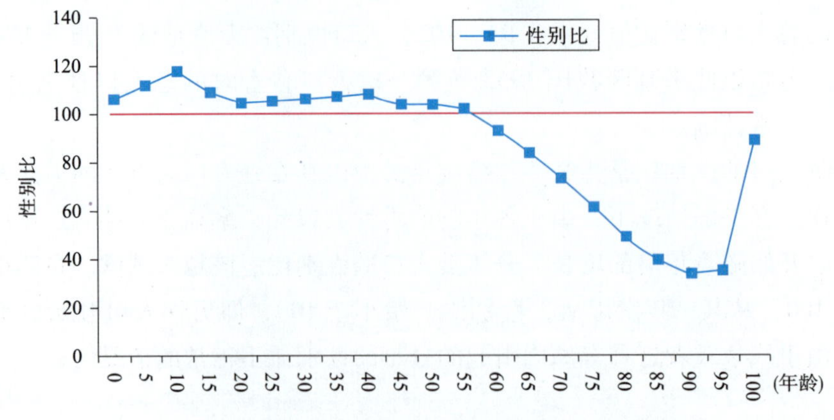

图 7-16　1953 年第一次全国人口普查分年龄人口性别比

第一次全国人口普查时，我国人口分年龄性别比波动性较强（图 7-16）。在 60

岁以下年龄组，分年龄性别比均高于100，其中5～19岁3个年龄组的分年龄性别比明显高于其他年龄组，10～14岁年龄组的性别比为117.71，严重偏高。60岁及以上老年人口的分年龄性别比均降至100以下，并随着年龄的增加先上升后下降。其中，60～94岁之间各年龄组，分年龄性别比由于男女死亡率的性别差异，呈现逐渐下降的趋势。在更高年龄组上，分年龄性别比出现回升趋势，95～104岁之间的3个年龄组，分年龄性别比依然低于100，但逐渐上升；105岁及以上的年龄组，波动非常剧烈，且基本大于100，125～129岁年龄组的性别比甚至高达240。100岁及以上高年龄组的性别比计算结果波动性很强的原因是高龄组的样本量较少。

二、20世纪50～60年代人口性别结构变动

1959～1961年“三年自然灾害”时期，我国人口死亡率受非正常因素影响而产生了“垂直”式的巨幅回升，最低的1961年也高达14.33‰，最高的1960年竟超过了1949年的20.00‰，为25.43‰。

根据1983年中国统计年鉴计算，1954～1959年历年年末人口性别比，分别为107.64、107.26、107.41、107.33、107.53和107.96；1960～1969年历年年末人口性别比，分别为107.39、105.94、105.31、105.63、105.20、104.85、105.05、105.00、105.01和104.84。由此可以看出，在1959～1961年困难时期，分性别死亡率差异导致男女死亡人口规模存在差异，引起人口性别比的相应波动。起初由于女性尤其是老年女性死亡率的巨幅回升大于男性，不仅使死亡人口性别比有所下降，而且分性别死亡人口的规模对人口性别比产生较大影响，从而导致1959年总人口性别比高于1958年。随后男性尤其是老年男性死亡率回升，反过来又大大超过了女性，致使1960年总人口性别比不仅低于1959年，而且还低于1958年。分性别死亡率的这种显著差异，使人口性别比受其影响加速向正常值域逼近。1961年总人口性别比继续下降，并首次跌破了106，降至106以下。三年困难时期之后，1962年人口死亡率恢复正常，而且继续了三年困难时期前的下降趋势，较1958年显著下降。伴随着死亡率的进一步下降趋势，此后多年人口性别比基本是呈下降趋势。1965年总人口性别比跌破105，降至104.85，并一直在105上下的水平波动。

1964年，我国进行了第二次全国人口普查，普查结果大陆总人口为694 581 759人，其中男性356 517 011人，女性338 064 748人，人口性别比为105.46，比1953年第一次全国人口普查105.99下降了0.53。总人口性别比的这种变动，间接地说明了新中国成立以后的分年龄性别比已发生了结构性的变化，人口的性别结构向合理转化迈出了较大步伐。1964年我国人口分年龄分性别人口数如表7－12所示。

表 7－12　1964 年第二次全国人口普查全国分年龄分性别人口状况

年龄	男性（人）	女性（人）	性别比
0～4	51 461 891	48 680 065	105.71
5～9	49 283 349	44 894 085	109.78
10～14	45 005 259	41 346 386	108.85
15～19	32 356 349	29 759 139	108.73
20～24	26 483 045	24 337 706	108.81
25～29	26 798 450	23 596 958	113.57
30～34	24 719 798	21 986 292	112.43
35～39	21 591 224	19 578 688	110.28
40～44	18 438 348	17 206 867	107.16
45～49	15 710 681	15 142 155	103.75
50～54	13 292 133	13 213 249	100.60
55～59	10 749 195	11 819 052	90.95
60～64	8 125 730	9 545 724	85.12
65～69	5 109 214	6 525 902	78.29
70～74	3 002 343	4 375 906	68.61
75～79	1 377 689	2 379 677	57.89
80～84	461 892	977 293	47.26
85～89	84 486	219 889	38.42
90～94	13 578	37 060	36.64
95～99	4 541	8 964	50.66
100＋	2 134	2 766	77.15

资料来源：国家统计局人口统计司编：《中华人民共和国第二次人口普查统计数字汇编》，国家统计局人口统计司翻印，1986 年版。

1964 年第二次全国人口普查分年龄人口的性别比相比 1953 年发生了明显变化（图 7－17）。55 岁以下年龄组的分年龄性别比均在 100 以上，其中 5～44 岁各年龄组的分年龄人口性别比明显高于 107，25～29 岁年龄组性别比为 113.57。55～59 岁年龄组性别比迅速下降至 90.95，比 1953 年 55～59 岁年龄组 102.33 低 11.38。60 岁及以上老年人口的分年龄性别比均在 100 以下，随着年龄的增加呈现先下降后上升的趋势，在图形上表现出明显的凹形。其中 55～94 岁分年龄性别比不断下降，男女人口之间的数量差异逐渐拉大，在 90～94 岁年龄组降至最低，为 36.64；在更高年龄组上，分年龄性别比仍维持在 100 以下，但呈现上升趋势，男性人口与女性人口的数量差异在缩小。

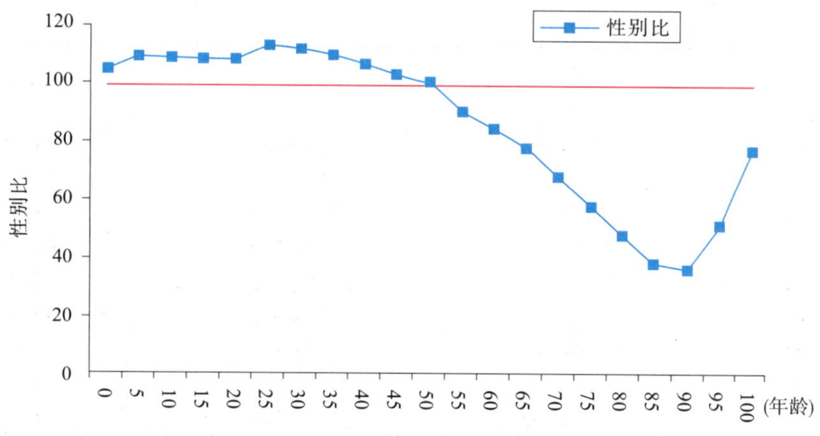

图 7－17 1964 年第二次全国人口普查分年龄人口性别比

三、20 世纪 70～80 年代人口性别结构变动

20 世纪 70 年代初，我国城乡普遍开始实施计划生育，严格控制人口增长。在 70 年代，我国的人口再生产，基本处在大多数群众历经教育普遍能接受的“晚、稀、少”的生育政策控制之下。伴随着政策环境的改变，我国人口的性别结构也发生了变化。

根据 1983 年中国统计年鉴计算我国总人口性别比，1970～1980 年期间历年总人口性别比分别为 105.90、105.82、105.78、105.86、105.88、106.04、106.15、106.17、106.16、106.00 和 105.98，基本维持在 106 左右的水平。

1982 年，我国实施了第三次全国人口普查。普查数据显示（表 7－13），全国除港澳台外 29 个省市地区及现役军人共 1 008 175 288 人，其中男性 519 433 369 人，占 51.5%；女性 488 741 919 人，占 48.5%，总人口性别比为 106.3。表 7－13 反映了 1982 年第三次全国人口普查（不包含现役军人）分性别分年龄人口数及分年龄人口性别比。

表 7－13 1982 年第三次全国人口普查全国分年龄分性别人口状况

年龄	男（人）	女（人）	性别比
0～4	48 983 813	45 720 548	107.14
5～9	57 026 296	53 709 575	106.18
10～14	67 837 932	63 973 025	106.04
15～19	63 804 581	61 561 763	103.64
20～24	37 880 114	36 482 906	103.83
25～29	47 746 258	44 817 624	106.53
30～34	37 930 244	35 027 993	108.29
35～39	28 565 678	25 655 951	111.34
40～44	25 827 570	22 610 373	114.23
45～49	25 073 117	22 330 214	112.28
50～54	21 528 986	19 286 515	111.63
55～59	17 493 925	16 400 402	106.67

续表

年龄	男 （人）	女 （人）	性别比
60～64	13 709 397	13 652 807	100.41
65～69	10 171 973	11 088 397	91.74
70～74	6 434 731	7 913 314	81.32
75～79	3 496 703	5 120 340	68.29
80～84	1 350 776	2 353 829	57.39
85～89	343 600	744 695	46.14
90～94	59 583	158 463	37.60
95～99	10 729	24 565	43.68
100+	1 135	2 716	41.79

资料来源：国务院人口普查办公室，国家统计局人口统计司编：《中国1982年人口普查资料》，中国统计出版社，1985年版。

1982年全国人口分年龄性别比与前两次人口普查相比出现了一些新的变化（图7－18）。0～29岁各年龄组的分年龄性别比基本在103～107范围内波动；30～54岁各年龄组的分年龄人口性别比相对较高，基本在110以上的水平上高位波动；65岁以后，分年龄人口性别比迅速下降至100以下的水平，在90～94岁降至最低37.60，随后在更高年龄组出现一个较小的回升波动。

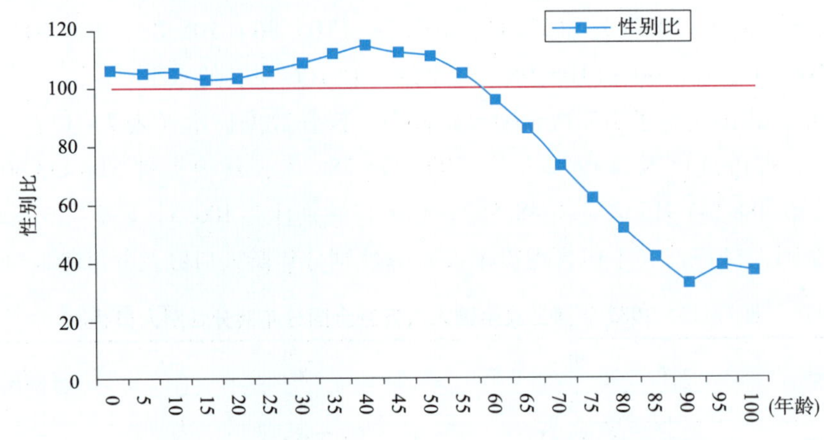

图7－18 1982年第三次全国人口普查分年龄性别比

四、20世纪80～90年代人口性别结构变动

根据2011年中国统计年鉴历年年末分性别人口数，计算1980～1989年我国总人口性别比（图7－19），结果发现，这10年内，总人口的性别比相比前10年略高，在106～107之间波动，1985年和1986年达到107的水平。

第四次全国人口普查数据显示，1990年大陆30个省、自治区、直辖市及现役军人人口中，男性为584 949 922人，占总人口的51.6%；女性为548 732 579人，占

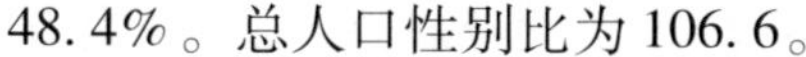
48.4%。总人口性别比为106.6。

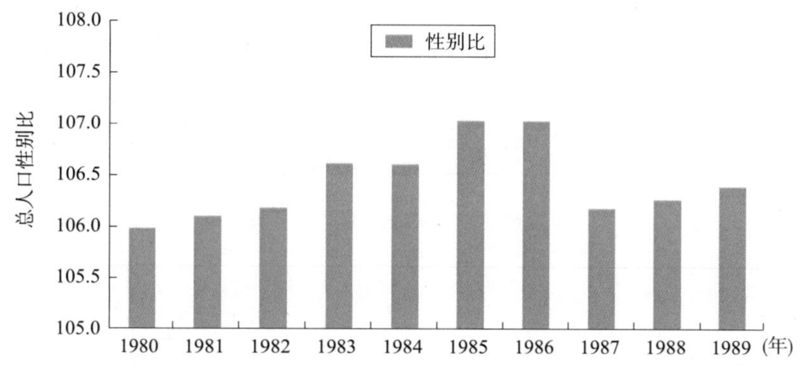

图7－19　1980－1989年我国总人口性别比

资料来源：国家统计局编：《中国统计年鉴2011》，中国统计出版社，2011年版。

表7－14　1990年第四次全国人口普查全国分年龄分性别人口状况

年龄	男性（人）	女性（人）	性别比
0～4	30 514 421	27 670 579	110.28
5～9	25 492 925	23 579 730	108.11
10～14	25 335 523	23 820 889	106.36
15～19	30 470 027	28 942 889	105.28
20～24	30 083 813	29 053 239	103.55
25～29	23 007 882	21 895 142	105.08
30～34	18 185 646	16 507 718	110.16
35～39	19 760 753	18 479 821	106.93
40～44	15 051 601	13 814 747	108.95
45～49	11 905 370	10 656 135	111.72
50～54	10 853 658	9 545 898	113.70
55～59	9 824 644	8 969 555	109.53
60～64	8 052 358	7 653 837	105.21
65～69	6 119 584	6 381 384	95.90
70～74	4 014 362	4 669 678	85.97
75～79	2 221 705	2 919 301	76.10
80～84	942 133	1 540 076	61.17
85～89	276 729	566 050	48.89
90～94	41 774	103 860	40.22
95～99	7 175	17 678	40.59
100+	810	2 355	34.39

资料来源：国务院人口普查办公室，国家统计局人口统计司编：《中国1990年人口普查资料》，中国统计出版社，1993年版。

从表7－14、图7－20可以看出，与以往历次人口普查结果不同，1990年第四次全国人口普查数据中0～4岁人口的性别比高达110.28，远高于前三次普查相同年龄组的性别比水平，这与我国80年代中后期出生性别比的升高趋势密切相关。随后略有下降，在 20 ~ 24 岁年龄组降至 103.55；25 ~ 54 岁年龄组上波动上升，升至 113.70；55 岁以上年龄组，分年龄性别比迅速下降，在 65 ~ 69 岁年龄组降至 100 以下，男性人口开始少于女性人口，在 90 岁上分年龄性别比下降至 40 左右。

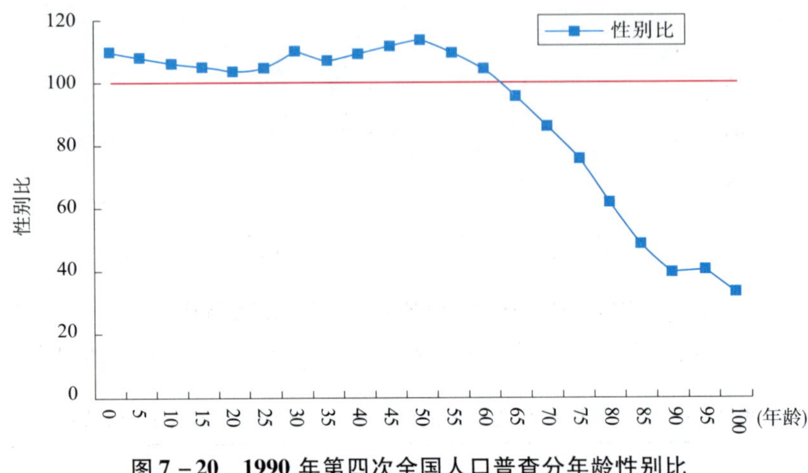

图 7 – 20　1990 年第四次全国人口普查分年龄性别比

五、20 世纪 90 年代人口性别结构变动

与以往相比，1990 ~ 1999 年我国总人口性别比相对较低。图 7 – 21 展示出这十年间我国总人口性别比的变动。在绝对水平上，1990 ~ 1999 年间我国总人口性别比在 103 ~ 106 之间波动，呈“凹”形，1996 年最低，总人口性别比仅为 103.34。

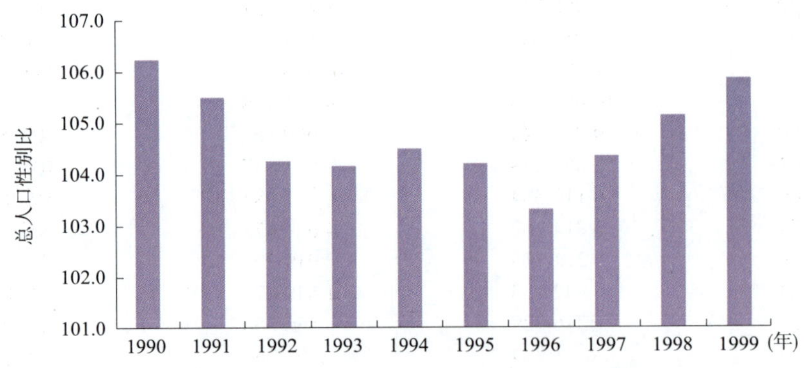

图 7 – 21　1990 ~ 1999 年全国总人口性别比

资料来源：国家统计局编：《中国统计年鉴 2011》，中国统计出版社，2011 年版。

根据 2000 年第五次全国人口普查数据（表 7 – 15、图 7 – 22）计算我国人口分年龄性别比，0 ~ 9 岁低龄组人口分年龄性别比处于较高水平，均在 115 以上。10 ~ 69 岁各年龄人口的分年龄性别比也在 100 以上，但均维持在 109 以下的水平。由于男女死亡率的差异，70 岁及以上年龄组人口的分年龄性别比出现迅速下降的趋势，降至 40 以下。

表 7－15　2000 年第五次全国人口普查全国分年龄分性别人口状况

年龄	男性（人）	女性（人）	性别比
0～4	37 648 694	31 329 680	120. 17
5～9	48 303 208	41 849 379	115. 42
10～14	65 344 739	60 051 894	108. 81
15～19	52 878 170	50 152 995	105. 43
20～24	47 937 766	46 635 408	102. 79
25～29	60 230 758	57 371 507	104. 98
30～34	65 360 456	61 953 842	105. 50
35～39	56 141 391	53 005 904	105. 92
40～44	42 243 187	38 999 758	108. 32
45～49	43 939 603	41 581 442	105. 67
50～54	32 804 125	30 500 075	107. 55
55～59	24 061 506	22 308 869	107. 86
60～64	21 674 478	20 029 370	108. 21
65～69	17 549 348	17 231 112	101. 85
70～74	12 436 154	13 137 995	94. 66
75～79	7 175 811	8 752 519	81. 99
80～84	3 203 868	4 785 290	66. 95
85～89	1 056 941	1 973 757	53. 55
90～94	229 758	553 836	41. 48
95～99	51 373	118 383	43. 40
100＋	4 635	13 242	35. 00

资料来源：国务院人口普查办公室，国家统计局人口和社会科技统计司编：《中国 2000 年人口普查资料》，中国统计出版社，2002 年版。

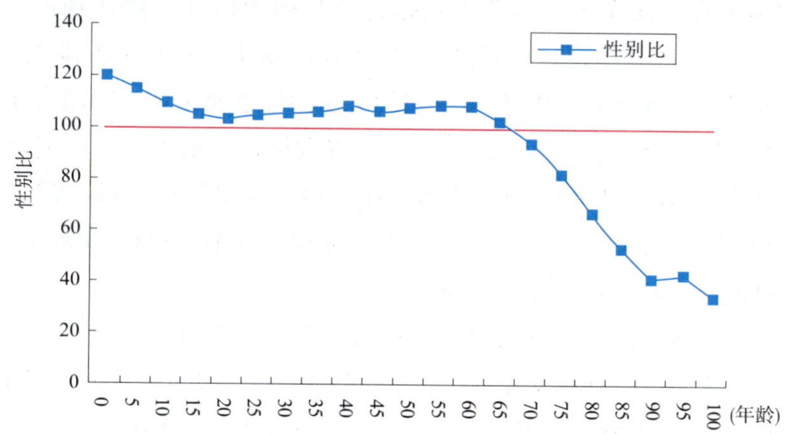

图 7－22　2000 年第五次全国人口普查分年龄性别比

90 年代以来，我国总人口的性别比虽相对较低，但是出生性别比迅速攀升，长期维持在较高水平，导致“五普”数据中 0～9 岁低龄组人口的年龄别性别比异常偏高，与前四次人口普查数据存在明显差异。

六、21 世纪以来人口性别结构变动

进入 21 世纪以来，我国人口的性别结构变动主要取决于 2001 ~ 2010 年历年出生人口及其性别构成。其他年龄的性别结构变动，主要取决于以往尚存人口的性别构成及其死亡率的性别差异。

根据 2011 年中国统计年鉴公布的历年年末分性别人口数（图 7 – 23），计算我国 2001 ~ 2010 年历年总人口性别比。与 1990 ~ 1999 年相比，进入 21 世纪的第一个 10 年，我国总人口性别比相对平稳，基本维持在 106 左右水平上，呈现不明显的“凸”形。2006 ~ 2010 年总人口性别比出现下降的趋势。

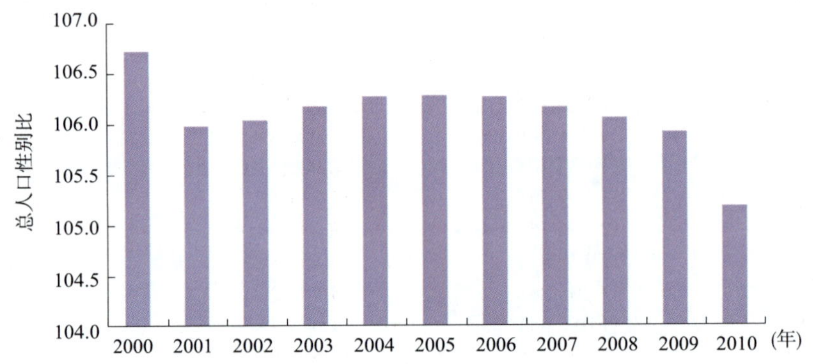

图 7 – 23　2000 ~ 2010 年我国总人口性别比

资料来源：国家统计局编：《中国统计年鉴 2011》，中国统计出版社，2011 年版。

根据 2010 年第六次全国人口普查数据计算我国人口分年龄性别比（表 7 – 16、图 7 – 24）。0 ~ 14 岁人口的分年龄性别比处于较高水平，均在 115 以上。对比 2000 年第五次全国人口普查数据中 0 ~ 9 岁人口的分年龄性别比发现，2010 年 10 ~ 19 岁人口的分年龄性别比下降非常明显。这与我国普查数据中低龄组人口的漏报密切相关，女性漏报比男性更为严重，而在下一次普查中，被“漏报”的人口“浮出水面”，性别比下降。20 ~ 69 岁年龄组人口的分年龄人口性别比基本在 100 ~ 105 波动，随后更高年龄组人口的分年龄性别比迅速下降。

分析历次人口普查的分年龄人口性别比可以发现，在过去的 60 多年内，我国人口的性别构成发生了一系列的变化。由于出生性别比出现失衡，低龄组人口的分年龄性别比较以往更高，而 20 ~ 50 岁青壮年人口的分年龄性别比则比 20 世纪六七十年代更低。同时，伴随着我国死亡水平的不断下降，男女两性的死亡率差异逐渐拉大，男性老人死亡更多，导致高龄老人性别比不断下降。人口性别结构的变动不仅是人口问题，也会引起一系列的社会问题，如婚姻挤压、高龄女性鳏寡老人照料等。同时，人口性别结构的变动对劳动力资源的供给也会产生影响，会间接影响到我国社会经济发

展的活力、潜力与可持续力。因此，人口性别结构的变化关系到社会的发展、稳定与和谐，是人口问题的重要方面。

表 7－16　2010 年第六次全国人口普查全国分年龄分性别人口状况

年份	男性（人）	女性（人）	性别比
0～4	41 062 566	34 470 044	119. 13
5～9	38 464 665	32 416 884	118. 66
10～14	40 267 277	34 641 185	116. 24
15～19	51 904 830	47 984 284	108. 17
20～24	64 008 573	63 403 945	100. 95
25～29	50 837 038	50 176 814	101. 32
30～34	49 521 822	47 616 381	104. 00
35～39	60 391 104	57 634 855	104. 78
40～44	63 608 678	61 145 286	104. 03
45～49	53 776 418	51 818 135	103. 78
50～54	40 363 234	38 389 937	105. 14
55～59	41 082 938	40 229 536	102. 12
60～64	29 834 426	28 832 856	103. 47
65～69	20 748 471	20 364 811	101. 88
70～74	16 403 453	16 568 944	99. 00
75～79	11 278 859	12 573 274	89. 71
80～84	5 917 502	7 455 696	79. 37
85～89	2 199 810	3 432 118	64. 09
90～94	530 872	1 047 435	50. 68
95～99	117 716	252 263	46. 66
100＋	8 852	27 082	32. 69

资料来源：国务院人口普查办公室，国家统计局人口和社会科技统计司编：《中国 2010 年人口普查资料》，中国统计出版社，2012 年版。

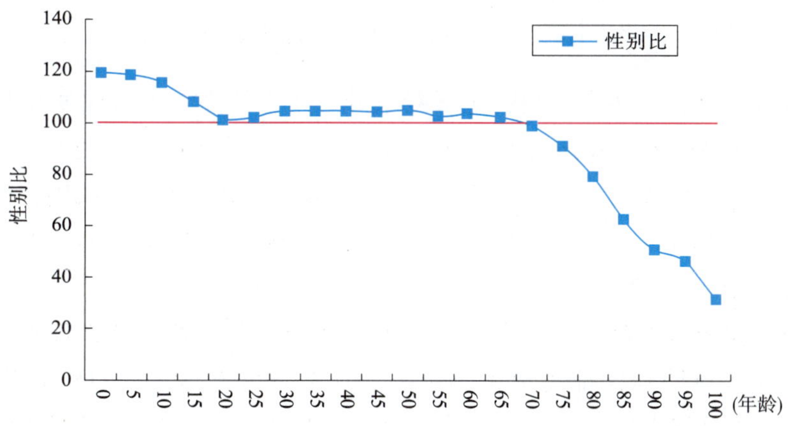

图 7－24　2010 年第六次全国人口普查分年龄人口性别比

第五节 出生人口性别比失常的原因、特点及后果

20 世纪 50 年代至 80 年代初期，我国出生人口性别比一直处于正常水平。根据 1988 年全国 2‰生育节育抽样调查数据，1955～1983 年我国出生人口性别比一直处于 104～107 的水平。从 80 年代中期开始我国出生人口性别比逐渐偏离正常水平，出现不断上升的趋势。图 7－25 展示了根据我国历年人口普查和人口抽样调查数据计算的出生性别比，图形清晰地反映出我国出生人口性别比的升高、偏高趋势十分明显，近年来更是在 120 左右高位运行。

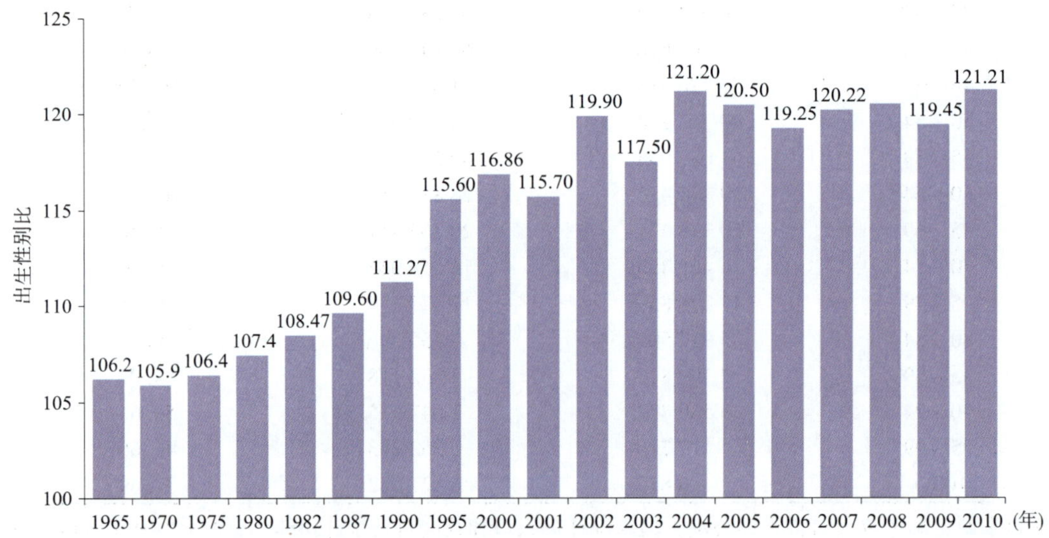

图 7－25 我国历年出生人口性别比

资料来源：1955～1975 年数据来自全国千分之二生育节育抽样调查，1982 年及以后数据来自国家统计局历次全国人口普查、1% 人口抽样调查、1‰人口抽样调查。

20 多年来，我国出生人口性别比不断攀升、严重偏高，失衡程度在时间和空间上都表现得越来越强烈。我国出生人口性别比升高、偏高趋势是伴随着生育率下降到更替水平及以下并且持续走低而出现的。从历次人口普查数据看，我国出生人口性别比从 1982 年的 108.5 上升到 1990 年的 111.3，2000 年上升至 116.9，2010 年为 121.2，大大超出正常范围的上限值。

我国第六次全国人口普查数据显示，2010 年除新疆和西藏外，各省、自治区和直辖市的出生人口性别比都高出正常范围，其中安徽省出生人口性别比甚至高达 131.1。全国 31 个省市自治区中，13 个地区的出生人口性别比在 120 以上，15 个地区的出生人口性别比在 110～120 之间。同时，普查结果表明，一胎出生性别比的失

常偏高形势也趋于严峻。全国 24 个省市地区的一胎出生性别比在 108 以上，其中 21 个地区的一胎出生性别比在 110 以上。一胎出生性别比的偏高逐渐从区域性问题向全国性问题转变。

一、我国出生人口性别比偏高的原因

我国人口出生性别比长期失衡、偏高，这种人口现象的背后蕴含着复杂的社会经济动因，是经济、文化、技术、政策等多方面因素综合作用的结果。

第一，我国当前正处于经济转轨、社会转型、人口转变的重要时期，这是我国人口出生性别比问题存在的现实基础和社会环境。经济发展水平、经济结构和相关的经济制度都对出生性别比产生影响。不过，经济因素对性别比的作用方向不是单一的，并不是所有的经济因素都导致或延续出生性别比的失衡。

第二，我国深受传统的家族制度和儒家生育文化影响，这是出生性别比失衡的文化土壤。正是父系、父权和从夫居住制度赋予了男性比女性更高的价值和社会地位，男性效用明显高于女性，导致了人们在生育行为中的男孩偏好。这样的生育文化传承了数千年，已经渗透到人们的思想中，根深蒂固，在短时间内难以逆转和改变，在行为上则表现为男孩偏好，导致我国出生人口性别比偏高。

第三，我国实施严格的生育控制政策，这种限制性的生育政策的推行对出生人口性别比失衡产生了一定的影响。我国实施的计划生育政策严格限制每个家庭能够生育的孩子数，在孩子数量被限制的前提下，以及“养儿防老”、“男孩偏好”等传统观念影响下，人们倾向于通过选择想要的孩子性别组合满足其生育愿望，导致我国出生人口性别比出现偏高、失常。

第四，迅速发展和便捷的胎儿性别鉴定技术和人口流产技术构成出生人口性别比失衡的技术条件。在不能够多生或者不愿意多生的情况下，人们为了满足对生育孩子的性别追求，能够在狭小的生育空间范围内实现自己的生育意愿，便会采用便捷且可及的技术进行性别选择。无论是出生之前的 B 超鉴定和性别选择性流产，还是出生之后的女婴漏报、瞒报都是导致（统计的）出生性别比失衡的直接原因。

第五，除了经济、文化、政策和技术等因素之外，父母亲的人口学特征、社会经济特征、家庭类型及居住模式等都与出生人口性别比存在直接或间接的关系。比如，出生性别比的失衡程度因父母的年龄、城乡居住地及民族而异，也因父母亲的教育、职业、收入不同而不同；同时，家庭结构和居住模式通过影响女性的社会和家庭地位及性别观念等，进而影响出生人口性别比。此外，我国的出生人口性别比虽已全面失衡，但失衡的程度、延续的时间在各地区之间存在很大差异。

二、我国出生人口性别比失衡的特点

纵观我国出生人口性别比的变化轨迹，可以看出我国出生人口性别比的失衡具有时间长、程度深、范围广等鲜明特点。

第一，延续时间长。在1980年以前，我国出生人口性别比失衡的现象时有发生（如50年代后期和1966年前后），但均属于个别年份的偶发现象。自20世纪80年代中期开始，我国出生人口性别比逐渐偏离正常范围，并持续失衡，在偏高的基础上不断升高，即便其间有所回落或略有波动，但整体失衡趋势并没有发生根本性改变。距今，我国出生人口性别比失衡已经长达20余年。

第二，失衡程度严重。我国出生人口性别比不仅长期处于偏高状态，延续时间长，而且失衡程度严重，尤其是90年代中期以来，全国出生人口性别比一直处于115以上的水平，在进入21世纪后仍然在较高的高水平上波动。

表7－17　1982～2010年我国出生人口性别比失衡的波及范围

出生性别比	1982年	1990年	2000年	2010年
<108（正常）	四川　江苏　江西　吉林　天津　湖南　辽宁　北京　湖北　内蒙古　贵州　甘肃　青海　宁夏　云南　新疆　上海　西藏　黑龙江	北京　上海　云南　西藏　青海　宁夏　新疆　贵州　黑龙江	新疆　西藏	西藏　新疆
108～110.9（轻度失衡）	广西　广东　河南　山东　山西　陕西　浙江　福建　河北	福建　天津　辽宁　山西　湖南　甘肃　湖北　内蒙古　吉林　云南	贵州　宁夏　内蒙古　云南　北京　青海　上海　黑龙江	内蒙古
111～115.9（中度失衡）	安徽	海南　江苏　山东　四川　广东　河北　安徽　陕西　江西	吉林　山东　天津　山西　辽宁　浙江　河北　重庆	上海　北京　青海　辽宁　四川　山西　云南　重庆　宁夏　天津　黑龙江　吉林
116～119.9（重度失衡）		浙江　广西　河南	四川　甘肃　江苏　福建　江西　河南	陕西　浙江　河北
>＝120（极度失衡）			陕西　湖南　广西　湖北　安徽　广东　海南	江苏　广西　湖北　山东　甘肃　福建　湖南　贵州　河南　江西　海南　广东　安徽

资料来源：[1] 1982～2000年数据来源于《胎次－激化双重效应：中国生育政策与出生性别比关系的理论构建与实证研究》（杨菊华，《人口与发展》，2009年第4期，第37～51页）。

[2] 2010年数据根据《中国2010年人口普查资料》（国家统计局编，中国统计出版社，2012年版）整理。

第三，波及范围广。我国出生人口性别比失衡不仅在时间上具有延续时间长的特点，在空间上具有波及范围广的特征。出生性别比严重失衡已经从一个区域性问题蔓延至全国，成为一个全国性的问题。根据历次人口普查数据，可以将全国各个省市地区按照出生性别比水平的高低划分为不同的类型。

从表 7 - 17 可以清晰地看出，在过去的 30 年内，我国出生人口性别比从正常地区多于不正常地区转变为不正常地区多于正常地区。1982 年全国 29 个省市自治区中，19 个省区的出生人口性别比均在正常范围内（低于 108），中度失衡的省区仅有 1 个，重度、极度失常的省区均没有。这种形势在 1990 年出现明显转折，出生人口性别比处于正常范围的地区仅剩下 9 个省市，3 个省区呈现重度失衡，但没有出生人口性别比在 120 以上的极度失衡地区。出生人口性别比失衡的严峻程度及范围在 2000 年进一步扩大，正常省区仅剩新疆和西藏，6 个省区重度失衡，7 个省区极度失衡。截至 2010 年，出生人口性别比失衡的情况仍然比较严重，综合治理出生人口性别比偏高问题的工作依然艰巨繁重。

三、出生人口性别比长期偏高的后果

出生人口性别比的长期偏高从宏观到微观上都将给我国带来严重的社会经济影响。性别比失衡的行为载体是个人和家庭，它不仅影响个人、家庭，而且通过个体和家庭对社会产生影响。

从个人层面看，性别比偏高将会对个体生命轨迹的正常演进产生影响，导致男女两性在人生发展的不同阶段遭遇不同的特殊问题，主要体现在婚姻、生活、就业以及健康等方面。出生人口性别比长期偏高，伴随着时间的推移，必然会产生大量的男性剩余，他们的婚姻和家庭构成将非常困难，尤其是较为偏远、落后的农村地区，女性向经济较为发达的地区流动、结婚，导致这些地区的男性更不容易找到适龄配偶、组成家庭。对于他们来说，没有家庭，没有妻子与孩子，生活就没有动力，没有干劲。老年阶段的生活受到的影响更为明显，对于非意愿独身的男性群体来说，他们将无法获得家庭对于个人老年生活的照料，从而影响其老年生活质量、健康状况。非意愿性独身还将导致个体情绪压抑，得不到正常宣泄，生理需求无法满足，不利于个体寿命的延长和生活质量的改善，甚至还会导致非理性行为的发生，成为社会稳定与和谐的潜在威胁因素。

从家庭层面看，出生人口性别比偏高将直接影响传统的家庭形式，削弱家庭的生育、抚育、养老等传统功能，威胁家庭的稳定与和谐。同时，出生人口性别比偏高可能造成或增加多种非传统的家庭形式，包括非意愿性男性单身家庭、早婚家庭、“老夫少妻”家庭、“老妻少夫”家庭、残损家庭、“童养媳”家庭或“未婚母亲”家庭、同性恋人群等。这些家庭形式已完全不具备传统家庭的生育、养育、养老、规避风险的能力，给社会安定埋下了不稳定的因素。另外，婚龄期性别比的长期失调容易引发婚外恋、同性恋、拐卖妇女、强迫婚姻、买卖婚姻、重婚、嫖娼、强奸、性侵犯等社会现象，将会增大家庭不稳定的风险系数，不利于家庭的稳定与和谐发展。

性别失衡对个人及家庭的影响将会演化到对宏观社会经济发展的威胁。在男多女少的人口格局中，大批男性游离于正常的婚姻家庭之外，找不到合适的配偶，得不到和谐的家庭生活，由此可能导致各种社会问题。一方面，由于这些男性大都是社会竞争中的“失败者”，他们容易走入歧途，做出对抗社会的过激行为；另一方面，男性之间为争夺资源和利益，可能爆发社会冲突与暴力事件。这都将破坏社会正常的伦理秩序，威胁社会的治安，损害社会的和谐与稳定。与此相对应，由于女性数量绝对不足，可能出现女性物化和商品化现象，童婚交换、买卖婚姻、拐卖妇女等封建丑恶婚姻现象将陈渣泛起，妇女和女童的权益将受到侵犯，对伦理道德的基本秩序、社会的和谐发展将造成巨大冲击；由于女性短缺，非婚性需求增加，卖淫嫖娼和性犯罪将难以消除，艾滋病和性病的传播和扩散对家庭、社会的健康发展将形成巨大威胁。

由于家庭的基本功能可能遭遇削弱，部分传统的家庭功能（如养小、养老）将会转移给社会，使社会的养老压力愈来愈大。单身男性老人无妻无子，日常生活无人照料，社会不得不完全承担起照料他们的责任。同时，他们与有家庭的老人相比，养老需求可能不同，需求更复杂。这势必对我国（尤其是农村地区）的社会养老体系、养老制度、公共支持系统提出严峻的挑战。

第六节 应对人口结构变化挑战 促进民生发展

人口作为社会的主体，它的每一个变化都会对社会经济的发展产生深远的影响。其中，人口结构的变化是重要的方面。人口结构的变化包括年龄结构的变化及性别结构的变化，直接影响人口在未来的发展趋势。自新中国成立以来，我国的人口年龄结构和性别结构都发生了明显的变化，实现了人口现代再生产类型的转变，人口环境发生改变，对国家和社会发展的影响和作用也发生了变化。

一、我国人口年龄结构的变化

中国的人口年龄结构发生了巨大的变化，从年轻型人口结构逐渐转变为目前的老年型人口结构。在20世纪70年代以前，我国人口属于典型的增长型人口，这一时期，人口出生率高，死亡率降低。随着70年代全面推行计划生育，我国的人口年龄结构开始发生不规则的变化。从1982年人口年龄分布可以看出，低年龄组人口规模大幅度下降，少儿人口比例下降，劳动年龄人口比例和老年人口比例上升，我国已经开始从一个典型的年轻型人口转变为一个不太成熟的成年型人口。在80年代，由于遭遇了第三次人口出生高峰的冲击，低年龄组人口规模有短暂的回升，但少儿比例继续下降的趋势已无法扭转。1990年第四次全国人口普查时，我国人口已经转变为一个成熟型的人口年龄结构。在人口死亡率比较稳定的情况下，随着生育率的持续降低，我国的少儿人口比例持续下降，而老年人口比例和劳动年龄人口比例则不断上升。2000年，我国65岁及以上老年人口比例占到总人口的7%，按国际标准正式步入老龄化社会。2000年以来，我国的人口转变继续进行，老龄化程度进一步升高，老龄化速度也在加快，我国面临“未富先老”的严峻挑战。

我国人口年龄结构也存在较大的区域差异，最明显的两类差异是城乡差异和省际差异，主要是由生育水平不同、死亡水平和模式各异以及迁移造成的。在这3个因素中，流动迁移又是最主要的因素。改革开放以来，我国的流动人口规模不断扩大，从农村流入城市，从欠发达地区流入发达地区，改变了流入地和流出地的人口年龄构成。目前，城市的人口年龄结构比农村年轻，发达地区比落后地区年轻。

面对人口年龄结构变动对社会经济发展产生的影响，应该采取以下策略：一是采取相关措施，适当调整年龄结构，如控制出生高峰时期的生育。充分研究人口年龄结构状况，制定相应的对策。二是应尽快完善社会保障制度，建立健全养老保障体系，尤其要关注农村地区的养老问题，迎接老龄化带来的挑战。三是调整产业结构，促进产业结构升级，提高劳动生产率，改变传统的完全依靠廉价劳动力发展经济的方式，走依靠科技和创新发展经济的道路。

二、中国人口性别结构的变化

伴随着社会经济的发展、女性家庭地位与社会地位的提高，尤其是医疗保健事业与卫生条件的极大改善，新中国成立后的10余年内，我国人口死亡水平大幅度下降，人口平均预期寿命大幅提高。其中少儿人口死亡水平尤其是婴儿死亡水平，更是急剧下降，而且女性下降的幅度大大高于男性，大大提高了少儿人口的存活概率尤其是女婴的存活概率，使少儿人口性别比较新中国成立以前有大幅下降。

少儿人口中低龄人口的分年龄性别比，在新中国成立后短短10多年时间内就降至合理值域范围。这是在没有人为因素干扰胎儿性别、出生性别比正常情况下，通过降低相应死亡水平尤其是降低女性死亡水平实现的。因此，可以说，始于20世纪60年代初期，少儿人口中低年龄段人口的分年龄性别比，基本上反映了具有自然属性规律的人口出生性别比，即出生人口性别比取值在理论正常值域内。在此后的20多年时间里，出生人口性别比及其之后的分年龄性别比，始终都在正常值域范围内变动。20世纪80年代中期以后，性别鉴定技术得到迅速发展，在可获得性别鉴定结果的技术条件下，部分农村性别偏好家庭进行胎儿性别选择，导致我国出生人口性别比逐渐出现了失衡、偏高，并持续升高的问题。

与其他国家相比，我国出生人口性别比的失衡具有时间长、程度深、范围广等特点，是复杂的社会、经济、政策、文化等多方面因素共同作用的结果。出生人口性别比长期偏高将引发一系列人口和社会问题，如婚姻挤压、社会安定、人口的健康发展等。我国政府对出生性别比失衡问题高度重视，并采取了一系列措施进行治理，取得了一定的效果。

三、积极应对人口问题，促进民生发展

在过去的数十年里，我国的人口性别年龄结构均发生了较大的变化。在短短的数十年时间内，我国人口完成了欧洲等发达国家花费了上百年时间才实现的现代人口转变，人口增长模式从新中国成立前的"高出生率、高死亡率、低增长率"过渡为"高出生率、低死亡率、高增长率"，随后又逐渐转向"低出生率、低死亡率、低增长率"，为我国社会主义经济建设提供了良好的人口环境。长达数十年的人口红利期、较低的社会抚养负担、大规模的廉价劳动力等因素成为推动我国社会经济快速发展的重要原因，而社会经济繁荣发展的成果为全国人民共同享有，明显提高了人民群众的生活水平和质量，增强了我国民生建设。但是，我国快速的人口转变过程也存在一些隐忧，尤其是伴随着人口计划生育政策的长期干预，在加快我国人口现代化转型、有效控制人口总量和增速的同时，也引起了一系列的人口问题，如人口老龄化、出生人口性别比失衡偏高等，对建设社会主义和谐社会造成不容忽视的影响。作为重要的民生问题之一的人口问题，在未来将会呈现更加复杂和多变的形势，更需要从"大人口"的角度、全局性的视角来解读人口问题，高度关注人口老龄化、出生人口性别比失衡等问题，实现我国人口的健康发展，为进一步促进以改善民生为重点的社会建设、以满足全国人民群众物质文化需求为目标的经济建设夯实人口基础，营造良好的人口环境。

第八章　人口地理再分布活跃　政策及经济因素主导作用日益显现[①]

中华民族的祖先在几千年前就开始在中国广袤的土地上劳作、生活、繁衍，并通过迁徙和流动，形成纷繁的人口地理分布形态。人口地理分布是人口发展过程在地理空间中的表现形式。作为一种社会经济现象，人口地理分布主要受到人们的物质生产方式、生产力发展水平以及生产布局特点的制约，而这一切在任何时候又都离不开一定的自然环境的基础。

胡锦涛总书记在党的十七大报告中指出："必须坚持统筹兼顾"，"统筹城乡发展、区域发展、经济社会发展、人与自然和谐发展……"可见，"统筹兼顾"是实现社会主义和谐社会的必经之路，而我国复杂的人口地理分布对社会经济建设产生了巨大的影响。如何使不同区域、不同自然条件下的人民群众共享改革开放成果，是新时期民生建设必须解决的问题。

新中国成立后我国人口地理分布的主要特点：一是人口集中于国土的东南半壁，人口分布极不平衡。著名地理学家胡焕庸 1935 年发表了题为《中国人口之分布》的论文[②]，第一次明确指出了我国人口分布的这一最显著的特点，文中提出的瑷珲（今黑河）——腾冲线，是体现从古至今中国人口分布地区差异性的一条最基本的分界线，其西北半壁地势高峻，气候干寒，占全国土地总面积 64%，1935 年人口仅占 4%，而东南半壁地势低缓，气候暖湿，比重分别为 36% 和 96%，二者的人口密度相差达 42 倍。二是人口地理分布主要受制于农业生产条件，体现出中国长期停滞于农业社会的典型特征。各地区的人口密度与垦殖指数、农业生产率和粮食产量关系非常密切，而非农业因素就全国范围而言，影响甚小，直到 1949 年按省区计算的全国人

① 人口地理分布包括地区分布和城乡分布两个方面，本章内容仅限于地区分布。此外，本章中有关各地区人口自然增长和人口迁移的数据，均为笔者根据多种资料作出的推算。

② 胡焕庸：《中国人口之分布》，《地理学报》，1935 第 2 期。

口集中指数，相对于粮食总产量和农业总产值，仍分别仅为0.088和0.101，在分布上已接近重合；对比之下，全国人口集中指数相对于工业总产值则高达0.376，充分显示出生产力的不发达状态。三是社会经济发展缓慢，人口再分布缺乏健康的活力。新中国成立，中国绝大部分人口为农民，他们终身被牢牢束缚在一小块土地上，产业转移规模极小，人口分布有时竟形同死水。生活的极度贫困、人口压力再加上频繁的天灾人祸，尽管也常常迫使丧失土地和生计的农民背井离乡，所引发的人口再分布有时也会达到很大的规模（典型的如清末民初对东北和内蒙古的大移民大垦荒），但缺乏健康的驱动力，社会成本是高昂的。

新中国成立后，社会经济环境的巨变促使人口地理分布在长期形成的基础上发生了一系列的变化，分布越来越合理，社会经济因素所起作用也在逐渐增加。根据不同时期人口分布的特点，可将我国人口再分布划分为四个阶段。

第一节　新中国成立初期人口再分布活跃

一、人口分布变动的基本态势及主要影响因素

1949年新中国成立后，经过3年恢复时期，于1953~1957年间顺利实施发展国民经济的第一个五年计划。与新中国成立前相比，我国的社会经济面貌发生了翻天覆地的变化。1958年全国农业总产值比1949年增长了0.9倍，工业总产值猛增了7.67倍。同时，人口也由54 167万人增至65 994万人，1958~1947年平均增长率达到2.22%。

（一）人口分布变动态势

1949~1957年人口与经济的发展速度均远远超过了以往的任何时期，并由此促成活跃的人口再分布。

根据人口再分布指数，可将本阶段分为前后两个时期，各设定为4年。前半期指1949~1953年，大部分属经济恢复时期，全国人口再分布指数为0.018；后半期指1953~1957年，基本上属第一个五年计划时期，全国人口再分布指数为0.009（图8-1）。

从图8-1可见，前半期中国的人口再分布十分活跃，人口再分布指数较后期超出近1倍。究其原因，主要是新中国成立初期整个中国的社会经济环境以及国际环境发生了巨大变化，出现了一系列与人口变动直接或间接有关的新因素，但不同地区之间的差异很大，这一态势不仅对人口的自然变动有很大影响，还引发了一系列不同类型的人口迁移，从而导致了较大规模的人口再分布。

从人口的自然变动来看，在新老解放区之间和城乡之间，以及在沿海、内地和边疆之间，差异十分明显。全国的大部分地区新中国成立后社会形势迅速得到稳定，经济逐步恢

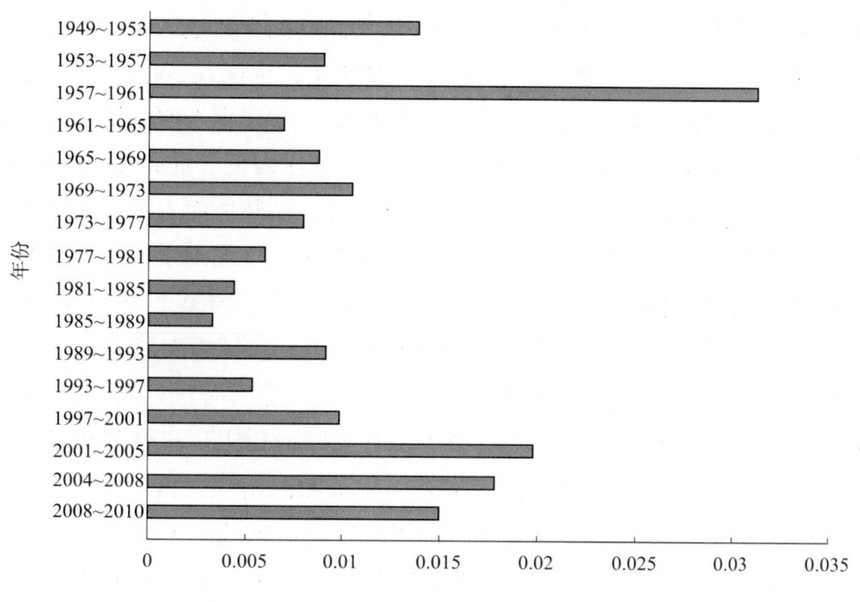

图 8-1 中国按省区计算的人口再分布指数

资料来源：[1] 1949~1981 年数据来自《全国各省、自治区、直辖市历史资料汇编》，中国统计出版社，1999 年版。

[2] 1982~2010 年数据引自相应年份《中国统计年鉴》（国家统计局编，中国统计出版社）。

复和发展，人民生活显著改善，由此促成人口出生率上升，死亡率下降，自然增长率大幅度提高。而另一些地区，由于解放较晚、匪患严重、地处边疆山区或原有基础太差等各种原因，恢复发展速度相对较慢，人口自然增长率提高的幅度明显小于前一类地区。例如，1950 年吉林省人口自然增长率高达 29.30‰，天津市为 22.64‰，对比之下，云南省仅为 13.49‰，新疆更低，为 10.17‰，从而导致不同省区人口数量比例的显著变化。

前半期不同地区之间人口迁移的规模也很大，这在一个社会大变动的时期是十分自然的现象。其类型除了由政府组织的干部和家属调动、工厂和工人迁移、救灾性移民等以外，由于土地改革实行的时间有先有后，以及政府尚未实施像后来那样的适当控制人口迁移的措施，故城乡居民的自发性迁移也占了很大的比重，吸引移民较多的除北京等大城市外，主要是一些解放较早或相对地广人稀的地区。

后半期全国人口分布态势与前半期相比有一定变化。在 1953 年，随着朝鲜战争结束和土地改革进入尾声，全国的社会环境更趋稳定，即使是一些解放较晚的地区，各项工作也逐步进入正轨，国家开始执行发展国民经济的第一个五年计划。在此大背景下，全国各地区人文发展的某些差异性因素有所减小，致使与前期相比，人口出生率和死亡率均有趋近平均数的倾向。据计算，1954 年全国各省区人口自然增长率的标准差为 7.16（千分点，未含西藏自治区，下同），估计前几年更大（缺完整统计），而 1957 年仅为 5.30，偏差明显减小，这一变动是造成后半期全国人口再分布指数大大低于前半期的重要原因。

我国由于人口基数大，历来人口迁移都不够活跃，除少数地区和少数时间外，人口变动一般均以自然变动占绝对优势，如 1954～1958 年，全国仅有很少几个省区迁移变动在人口总量变动中占半数左右，其中青海占 67%，新疆占 56%，黑龙江、内蒙古、宁夏分别为 53%、50%、46%，而其他省区该比重都比较低，北京仅为 30%；一些人口净迁出的省区，净迁出量远小于自然增长量。因此，就整体而言，在我国人口分布格局的变动中，各地区人口自然增长率的差异一般都是主导性的因素，50 年代也不例外。

后半期人口迁移仍相当活跃，一个重要的背景因素是国家于 1953～1957 年间实施了发展国民经济的第一个五年计划，开始了中国史无前例的大规模基本建设，1958 年掀起所谓“大跃进”的高潮，促进了人口的迁移。受当时国际形势影响，国内建设投资主要集中于北方和内地，如第一个五年计划限额以上厂矿建设单位合计有 2/3 分布在东北、华北、西北 3 个大区，而华东、华南和西南三大区只占 1/3；全民所有制单位固定资产投资，按人口平均计算，前者合计比后者超出 3 倍，其中浙江省、贵州省与辽宁省相比，差额竟达 13 倍。再加上北方与南方相比，长期以来一直相对地广人稀（如 1949 年江苏省的人口密度超出黑龙江省 14.4 倍，超出内蒙古自治区 65.6 倍），所有这些都强有力地促进了人口再分布。

（二）影响人口再分布的因素

总起来说，1949～1958 年我国人口增长较快，人口分布变动也比较明显，期内对人口再分布影响较大的因素，概括而言，主要有以下几点：一是新中国成立所导致的社会经济形势的巨大变化；二是人口发展人文环境的地区差异很大，包括历史基础、生产力水平、人地关系；三是国家在计划经济体制下开始大规模建设，受国际形势和优先发展重工业的方针指导，生产布局对北方和内地有较大的倾斜；此外，国家对开发边疆也比较重视；四是政府的户口管理制度逐步建立，对人口迁移流动的控制由宽松渐趋严格。

以上因素既制约了中国人口再分布的强度，又引导了它的基本方向。其特点：①向北方的倾斜；②自沿海的退缩。综合起来，就是人口由国家的东南半壁流向西北半壁，由原先人口压力较重、收入偏低的人口稠密地区流向压力较轻、收入较高的人口稀疏地区。

表 8-1　中国六大区占全国总人口比重的变动

单位：%

地区	1949 年	1958 年	1961 年	1970 年	1978 年	1990 年	2000 年	2008 年	2010 年
华北	11.0	11.5	12.2	11.6	11.4	11.6	11.7	11.9	12.4
东北	7.3	8.1	8.9	9.0	9.1	8.8	8.4	8.2	8.1
华东	31.2	30.6	30.2	29.8	29.4	29.2	28.9	29.0	29.5
中南	27.8	26.8	26.7	26.8	26.9	27.6	28.2	28.7	27.8
西南	16.9	16.8	15.4	16.0	16.3	15.8	15.4	14.8	14.7
西北	5.7	6.3	6.6	6.7	6.9	7.0	7.3	7.3	7.4

资料来源：2008 年取自各省区经济和社会发展统计公报，其余各年份取自《中国人口统计年鉴 2011》（国家统计局编，中国统计出版社，2011 年版）。

其间中国人口相对比重上升的省区大部分都位于北方，华北、东北、西北3个大区占全国总人口的比重均有所上升，合计比重由24.0%增至25.9%，增幅为1.9个百分点；其中位于最北部、紧连苏蒙边境的黑龙江、内蒙古和新疆三省区合计由3.9%升至4.7%，增幅为0.8个百分点，占了整个北方三大区增幅的一半以上，由此足见期内中国人口再分布对北方的倾斜度。而南方3个大区及其中的大部分省区，占全国的比重均有所下降，人口发展较迅速的只有一个省份，即江西省。1949年，不包括台湾、香港和澳门地区，中国大陆的人口分布重心位于东经113°47′20″，北纬32°20′47″，至1958年已到达东经113°50′，北纬32°28′17″，9年中向东大约仅移动了3′，向北则移动了将近8′。

从沿海与内陆地区的对比上看，期内地处沿海的河北、山东、江苏、浙江和广西等省区占总人口的比重下降，福建省和海南省持平，全部沿海11个省区合计比重由42.4%降至41.7%，表现出对人口分布趋近于海岸位置的一般规律的背离，当时的国际形势显然与此有密切关系。

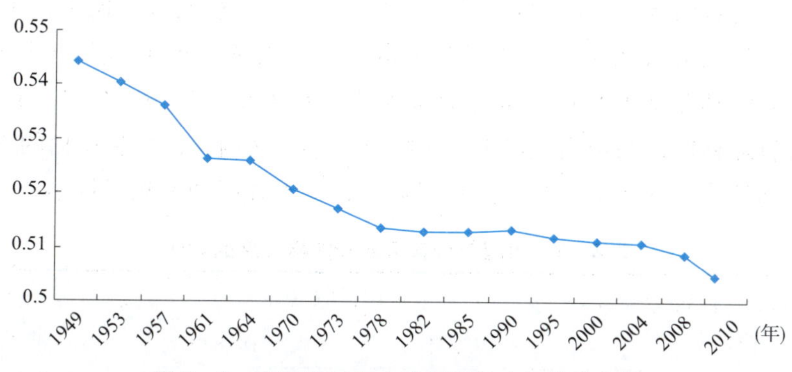

图8－2　中国相对于土地面积的人口集中指数

资料来源：[1] 1949～1989年数据来自《全国各省、自治区、直辖市历史统计资料汇编1949～1989》（国家统计局综合司编，中国统计出版社，1900年版）。

[2] 1990～2010年数据来自《中国统计年鉴2011》（国家统计局编，中国统计出版社，2011年版）。

上述期内，不包括3个老直辖市和西藏自治区，中国各省区人口增长率与1949年人口密度的相关系数为－0.58，表现为一定程度的负相关。这说明原先相对的人口稀疏区人口发展较快，这些地区待开发的自然资源丰富，人口压力相对较小，人均收入也较高；而人口稠密区开发历史久，人口压力大，人均收入较低，发展则较慢。一般说来，人口再分布的方向总是由贫穷地区流向富裕地区，由开发潜力小的地区流向潜力大的地区，上述变动特点显然是符合这一规律的。通过不长时间的演变，中国人口分布明显地趋于均衡化，相对于土地面积的全国人口集中指数1949年为0.545，此后连续下降，1958年已降至0.535（图8－2）。这表明在当时农业社会的背景下，高度依赖于土地粮食承载力的中国人口分布，得到了一定程度的改善。

二、人口分布变动较突出的代表性省区

（一）人口增长较突出省区

1949～1958年间，全国人口年均增长率为2.22%；31个省区中，18个高于平均增长率，人口比重有所上升。这些比重上升的省区连片分布于北方绝大部分地区，在南方仅作孤岛状分布，它们共同的特点是人均资源占有量大，收入较高，这一点在表8-2中可以看得很清楚。其中最突出的有：

——宁夏回族自治区。增长率居全国首位，比重由0.23%增至0.29%。其居民中有许多回民，自然增长率一向较高。新中国成立后，特别是1958年宁夏回族自治区成立，外省移民大量迁入，9年中净迁入约40万人，显然超过人口自然增长人数，进一步促成人口的高速度增长。

——内蒙古自治区。人口增长率居全国第二位，占总人口的比重由1.17%增至1.47%。该自治区解放较早，自然资源丰富，地广人稀，50年代属于战略大后方，进行了大兴安岭林业基地和包头重工业基地等一系列重点建设，1949～1958年吸引了180多万省际移民，在纯增人口中占了将近一半。区内人口增长迅猛的主要是东北部林区、东南侧农区和包头—呼和浩特工业区，广大牧区增速相对较小。

表8-2　中国部分省区部分指标排序的对比

排序	1949～1958年人口增长率（%）		人均国民收（元）				人均耕地面积（亩）	
			1952年		1958年			
1	宁　夏	61.4	辽　宁	405	黑龙江	211	内蒙古	11.1
2	内蒙古	59.7	黑龙江	367	辽　宁	196	黑龙江	8.9
3	黑龙江	55.2	新　疆	275	内蒙古	153	宁　夏	8.3
4	青　海	52.0	内蒙古	247	新　疆	153	吉　林	6.6
5	江　西	46.3	吉　林	213	吉　林	141	甘　肃	5.2
6	陕　西	38.4	山　西	193	河　北	111	山　西	5.0
7	新　疆	36.0	青　海	189	宁　夏	107	新　疆	5.0
8	辽　宁	34.3	湖　北	178	江　西	104	陕　西	4.5
18	安　徽	23.0	江　苏	138	安　徽	78	云　南	2.2
19	河　北	22.8	湖　南	137	湖　南	78	广　西	2.0
20	江　苏	22.0	山　东	117	河　南	76	贵　州	1.9
21	贵　州	21.3	四　川	115	陕　西	75	福　建	1.8
22	云　南	20.9	河　南	113	云　南	63	四　川	1.8
23	山　东	19.9	云　南	109	广　西	62	湖　南	1.7
24	河　南	19.1	贵　州	109	四　川	59	广　东	1.6
25	广　西	17.1	广　西	100	贵　州	56	浙　江	1.4

注：3个老直辖市和西藏未参加排序。

资料来源：国家统计局编：《全国各省、自治区、直辖市历史统计资料汇编》，中国统计出版社，1990年版。部分数据有增补。以下各表除另有说明者均同此。

——黑龙江省。增长率居第三位，比重由1.94%增至2.38%。该省自民国初期以来，一直是全国人口发展最快的省区之一，50年代继续保持这一增长势头。与内蒙古自治区一样，黑龙江省也具有解放早、资源丰富、地广人稀、地处战略大后方等特点，早在朝鲜战争之初，即从辽宁等地迁入了许多大工厂，第一个五年计划安排的限额以上项目之多，在全国范围内是少见的，加上大小兴安岭林业基地的建设和北大荒的大开垦（1954～1958年间，全省共开荒156万公顷），9年中净迁入200余万人，绝对数量居全国首位。

——北京市。新中国成立前是一个功能较单一的消费型城市。成为新中国的首都后，迅速发展为综合性的特大城市，除国家机关外，科学研究、高等教育、文化出版等事业非常发达，还兴建了许多工厂，干部、职工和学生因此大量迁入，人口增长率高居全国第四位。在1949～1952年，因人口基数相对较小，迁移增长占了绝对优势，此后即转为以自然增长为主。

——江西省。1949年占全国总人口2.52%，1958年达到2.91%，是黄河以南人口比重提升幅度最大的省区。其重要原因之一是该省在新中国成立前的数十年中，受战争、疫疠等因素影响，人口减少了将近一半，成为江南突出的人口低密度区。新中国成立后人口的快速增长，带有一定的恢复性质，附近各省人口的大量迁入也起了推波助澜的作用。

（二）低于平均人口增长率的省区

在上述期间内，全国有13个省区低于平均人口增长率，其比重下降。它们差不多都位于南方，或者人均资源占有量小，或者收入低，人口压力都相对沉重。这些省区在地理上可组合为以下几个区域，其中每一区域大体上都具有相似的人口变动特征。

——黄河下游，包括河南、山东、河北3省。其人口增长率在全国分别居倒数第三、第四、第七位，合计比重由22.7%降至21.5%。三省开发历史悠久，人口压力重，自然灾害多，长期以来一直是中国国内人口迁移的主要来源地之一。加上地处中原，兵家必争，在抗日战争和解放战争中人力物力损耗很大，进一步增大了经济困难和人口外流的强度。国家为开发边疆，并缓解人口压力，也在三省组织了一系列各种类型的人口迁移，仅1955～1958年就组织山东省前往黑龙江省的垦荒移民就多达38万余人，足见其规模之大。此外，各类自发性的人口迁移也持续不断，如由山东省流向东北，由河南省流向西北，由河北省流向北京、天津、内蒙古等。

——西南，包括西藏、广西、四川、贵州、云南五省区，其中西藏期内的人口发展速度为全国最低。过去几百年中，由于社会经济的和自然的多种因素，西藏人口一直处于病态的停滞萎缩状态。50年代虽然已经和平解放，但尚未进行民主改革，人口发展的基本环境没有大的变化，人口死亡率高达28‰左右，与内地相差很大，再加上人口外流，均造成人口总量增长缓慢，其速度尚不及全国平均数一半。期内广西、云南、贵州、四川（不含现重庆市）的人口增长率分别居全国倒数第二、第五、第六、第十一位，合计占总人口的比重由 17.4% 降至 16.8%。四省区大部分位于西南边疆少数民族地区，原有基础差，50 年代不属于国家重点建设地区，落后面貌一时难以改变（如广西 1950 年人均国民收入相当于全国国民收入平均数的 60%，1958 年仅为 58%），均抑制了人口发展速度，并促成人口外流。云南省和广西壮族自治区因人口死亡率高，期内自然增长率一直处于全国的下游。此外，四省区在抗日战争时均为后方，迁进不少外省人口，抗战胜利后包括新中国成立后，他们陆续返回，也有一定的影响。

——长江中下游，包括湖北、湖南、安徽、江苏、浙江五省。其共同特点是人口总量大，密度高，人口压力沉重。除武汉地区外，在 50 年代都不属于国家重点建设区，而 1949 年和 1954 年特大水灾的侵袭，更对人口与经济发展造成显著的不利影响。此外，人口迁出的规模也不小，如从安徽省、江苏省、浙江省迁往上海市，从湖南省迁至江西省、云南省、新疆维吾尔自治区等。

三、人口分布变动的社会经济效益

1949 ~ 1958 年的短短 9 年，我国人口分布的一系列变动，总的来说，都产生了良好的社会经济效益。

在此期间，我国人口再分布空前活跃，其强度之大是以往中国历史上所少见的。9 年时间里，我国大陆的人口分布重心向北偏东方向移动了 14.1 公里，年均达 1.6 公里，比过去近 2000 年间的年均 0.5 公里增加了两倍多。不少边疆地区的人口增长率都显著超过了第一次世界大战前后的高峰期，如近代以来全国人口发展最快的黑龙江省，在民国初期国内外移民大量涌入，1911 ~ 1936 年间年平均人口增长率为 3.68%，而 1949 ~ 1958 年间则达到 5%。内蒙古 1912 ~ 1937 年间年平均人口增长率为 2.66%，1949 ~ 1958 年间猛增至 5.34%。青海、宁夏、甘肃、新疆等省区的人口发展速度也超过了以往的任何时期。

通过大规模的人口再分布，使得历来地广人稀的边疆地区得到了开发，这无论在政治上还是经济上都具有重要意义。中国人口对于国土东南半壁的集中度在一定程度上有所减小，就全国而言，人口分布明显趋于均衡化，这对一个当时尚处于典型农业社会的国家来说，无疑有利于协调人地关系，缓解人口压力，促进农业生产力的发展。上述 9 年中，全国耕地总面积增长 14%，黑龙江和内蒙古则达到 30%，这两个省区新增的耕地按全国人口分摊，人均达 0.15 亩之多。黑龙江省东北边境的三江平原，面积 7.5 万平方公里，到新中国成立初许多地方仍是万古荒原，抚远、饶河、萝北等县人口密度仅在每平方公里 1 人上下。经过大移民大垦荒，至 1958 年建起几十个大型农场，不仅成为国家重要的商品粮基地，在巩固边防上也发挥了积极作用。

与人口高速增长区形成对照的是，在原先的人口稠密地区数以百万计的移民迁出，一些农业基础差、自然灾害频发的地区，人口迁出强度较大，如河南省的商丘、开封、新乡等地区，山东省的菏泽、聊城等地区。人口稠密区人口迁出对减轻人口压力、促进休养生息是有利的。

从1953年起，国家开始进行大规模的经济建设，在这个过程中人口再分布起了必不可少的保证作用。北京、黑龙江等重点建设地区，人口增长快，一大批骨干城市在原先工商业基础薄弱的地区迅速兴起。典型的如黑龙江省的齐齐哈尔市，新中国成立初仅16万人，市内无大工业，后从辽宁省迁来了第一机床厂、第二机床厂、车辆厂等一批大工厂，又新建了第一重型机器厂、北满钢厂、热电厂等多项重点工程，1957年人口已发展到57万人，成为中国北方重镇。又如内蒙古的包头市，新中国成立初人口仅8万人，随着包头钢铁公司、第一机械厂等重大项目的建设，移民大量迁入，1956年迁移增长率竟高达53%，即一年内迁入的人数相当于全市原有人口的一半还多，至1958年总人口已达60余万人。类似的还有兰州、宝鸡、银川、呼和浩特、洛阳、石家庄、伊春、佳木斯、鸡西等一大批城市，它们在分布上基本都具有偏向北方、偏向内地的特点，从而对中国的城市地理和工业地理产生很大影响，在一定程度上改变了旧中国工业布局和城市人口分布过于集中在东南沿海的畸形状态。例如，1949年黑龙江、内蒙古、青海、宁夏四省区的工业总产值合计仅略多于江苏省的半数，而到1958年即已超过了江苏省。很明显，上述变化既适应了当时的国际形势，也有利于改变落后地区面貌，促进区域经济的协调发展。

第二节　经济困难时期人口再分布不正常波动

一、“三年自然灾害”对不同地区经济形势的影响

20世纪50年代末至60年代初，由于重大的政策失误等原因，我国的社会经济发展遭遇了罕见的挫折，生产力水平大幅度滑坡。1962年与1959年相比，国民生产总值下降了32%。与1958年相比，1959年粮食产量减少15%，1960年、1961年两年更高达28%左右，从而造成了人口总量锐减等一系列的严重后果。应该指出，粮食生产在短时间内出现如此巨幅的下跌，除了前苏联、东欧国家和一些发展中的小国外，在现代世界上是十分罕见的。例如，近30年来美国在1986～1988年间也曾有连续3年的粮食减产，但最大跌幅不超过14%，且属于过剩下的减产；在人口多、幅员广的发展中国家中，印度和巴西粮食生产的最大跌幅为5%，印度尼西亚则仅为2%。就新中国自身而言，除了“三年自然灾害”时期外，粮食产量的最大跌幅亦仅为6.9%（1985年）。由此足以反映这次经济困难和粮食大减产的极端严重性。

虽然这次暂时经济困难是全国性的，但不同地区之间在影响程度和持续时间上仍有很大的差异。除安徽、湖北、广西、四川 4 省区早在 1958 年即已出现国民经济的下降外，大部分省区开始于 1959 年或 1960 年，并于 1961 年或 1962 年跌至谷底（仅河北、湖南两省直到 1963 年才见底）。其下降幅度以云南省的 18% 为最小，江西、江苏两省的 20% 次之，其他省区则普遍达到 1/4、1/3 到 1/2，辽宁省竟超过 60%。就全国而言，相对于工业、建筑业、交通运输业 50% ~70% 的巨大跌幅，农业生产仅下降了 26%。然而，“民以食为天”，粮食是人类生存发展最重要的物质基础，其产量及供应水平在当时情况下对中国各个地区的人口态势具有压倒一切的决定性影响。因此，以下着重从粮食产量变动和人均占有水平对除 3 个老直辖市和西藏以外的各个地区做一些分析。

表 8 -3　1960 年前后全国各省区粮食生产形势

地区	粮食产量变动（%）*	人均粮食产量（公斤）			地区	粮食产量变动（%）*	人均粮食产量（公斤）		
		1958 年	1961 年 *	变动			1958 年	1961 年 *	变动
河北	-29.3	226.3	156.4	-69.9	湖北	-25.6	318.1	231.8	-86.3
山西 *	-27.1	288.3	200.1	-88.2	湖南 *	-34.6	337.4	221	-116.4
内蒙古	-28.7	502.1	292.3	-209.8	广东 *	-16.6	292.4	235.8	-56.6
辽宁 *	-48.6	289.3	142.3	-147	广西 *	-15.1	270.5	227.2	-43.3
吉林 *	-25.4	418.2	256.5	-161.7	海南 *	-22.7	262.1	191.3	-70.8
黑龙江	-45.9	577.2	256	-321.2	四川	-48.6	442.5	176.6	-265.9
江苏	-19.9	267.4	212.9	-54.5	贵州 *	-39.8	309.6	186.7	-122.9
浙江	-17.1	311.4	248.9	-62.5	云南 *	-10	285.5	257.1	-28.4
安徽	-28.9	262.8	208.6	-54.2	陕西	-26.8	282.5	192.2	-90.3
福建	-27.4	302.5	204.1	-98.4	甘肃	-42.6	268	158.9	-109.1
江西 *	-8.5	352	304.2	-47.8	青海	-33.1	272.4	170.2	-102.2
山东 *	-32.3	227.1	157.1	-70	宁夏 *	-32.9	373.3	221.3	-152
河南	-45.9	258.5	142.3	-116.2	新疆	-11	344	249.9	-94.1

注：有 * 者为 1958 ~1960，无 * 者为 1958 ~1961，1960 或 1961 分别为这两类省区粮食产量的低谷年版。
资料来源：国家统计局编：《全国各省、自治区、直辖市历史统计资料汇编》，中国统计出版社，1990 年版。

粮食生产形势稍好的省区，包括江西、内蒙古、云南、吉林、黑龙江、新疆和浙江，人均粮食产量跌到谷底时仍达到 250 ~300 公斤，折合成品粮每人每天不少于 1 斤，大体上可以满足生理需求。1960 年前后这些省区的粮食生产也出现了下跌，但其幅度多小于全国平均数，其中江西、云南和新疆是除西藏外（不降反升）各省区中降幅最小的。黑龙江、内蒙古等降幅虽然不小，但原有基数大，暴跌后在国内仍居上游。上述各省区绝大部分都属于前一阶段农业生产发展较快的人口导入区，无论就增产粮食还是减轻其他地区人口压力而言，在经济困难时期都对国家作出了重要的贡献。

粮食生产形势较差的省区，包括广东、湖北、广西、宁夏、湖南、江苏、福建和山西，人均粮食产量跌到谷底时在 200～235 公斤，折合成品粮每人每天不足 1 斤，已出现明显的营养匮乏，其中部分地区达到严重的程度。上述省区原有的人均粮食产量在国内属中下水平，但 50 年代末、60 年代初农业减产的幅度一般略小于平均数，因而未成为“重灾区”。

粮食生产形势很差的省区，包括安徽、陕西、海南、贵州、四川、甘肃、山东、河北、河南和辽宁，除安徽外，人均粮食产量跌到谷底时仅为 142～192 公斤，折合成品粮每人每天远不足 1 斤，已属于全局性的严重营养匮乏。上述省区的农业生产在 1960 年前后都发生了暴跌。短短两三年内，四川和辽宁的粮食总产量下降了 48%，河南下降 46%，甘肃下降 43%，贵州下降 40%，已明显低于甚至大大低于战火纷飞的 1949 年，按人口平均计算则比 1949 年差得更多，均达到了非“大崩溃”三字不足以形容的程度。安徽与其他省区相比有一点特殊性。该省 1961 年人均粮食产量跌到谷底时为 208 公斤。但作为主粮的稻谷和小麦与农业生产连续大滑坡前的 1957 年相比，下降幅度极大，全赖甘薯等杂粮才减小了粮食总产量的跌幅。但甘薯营养价值不高，且折算为粮食产量时有一定的“水分”（1964 年前 4 折 1，此后为 5 折 1），因此粮食供应的困难与其他几省相比并不稍逊。

二、经济困难对不同地区人口自然变动和人口迁移的影响

暂时经济困难造成的最严重最直接的后果就是人口出生率锐降、大量的非正常死亡和人口总量的负增长。据《中国人口年鉴》数据，1959 年、1960 年、1961 年中国人口的自然增长率分别为 10.19‰、－4.57‰和 3.78‰，3 年总人口净减 135 万人，实际上如根据 1964 年第二次全国人口普查数据回溯，应分别约为 9.8‰、－26.6‰、－5.0‰，净减 1486 万人①，与 50 年代中期自然增长率 20‰～24‰的正常水平相比，负增长的态势十分明显。但此种变动在不同地区之间差异很大，据统计，50 年代中期全国人口自然增长率的省区差异相对于解放初期已显著减小，1957 年标准差仅为 5.8，但此后即逐年扩大，1958 年为 6.5，1959 年为 9.7，而 1960 年竟跃增至 20.6（图 8－3），正是这种差异成为影响期内全国人口分布格局的主要因素。

根据 1960 年前后人口自然增长率的变动情况，可以把除西藏以外的各个省、自治区直辖市分为以下几种类型：

一是自然增长率显著下降，但仍为正数。此类地区包括北京、上海、天津、山西、内蒙古、吉林、黑龙江、浙江、福建、江西、陕西和新疆，合计约占全国总人口 1/4。其自然增长率降至最低时除少数几省在 7‰上下外，一般都高于 10‰，与前期正常水平相比，大约降低了 1/2～2/3，人口出生率的下降和死亡率的升高均尚属温和。此类省区中的 3 个老直辖市在粮食供应上可能多少受到国家的一点“照顾”，其

① 许涤新主编：《当代中国人口》，中国社会科学出版社，1987 年版，第 9 页。

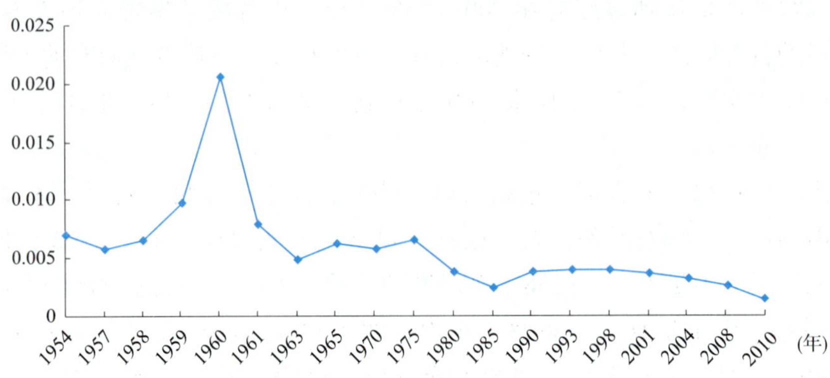

图 8－3 中国各省区自然增长率的标准差

资料来源：[1] 1954～1989 年数据根据《全国各省、自治区、直辖市历史统计资料汇编》（国家统计局编，中国统计出版社，1990 年版）整理。

[2] 1990～2007 年数据根据《人口和计划生育常用数据手册 2007》（国家人口和计划生育委员会发展规划司，中国人口与发展研究中心编，中国人口出版社，2008 年版）整理。

[3] 2008 年数据根据《中国人口统计年鉴 2009》（国家统计局编，中国统计出版社，2009 年版）整理。

[4] 2010 年数据来自《中国 2010 年人口普查资料》（国家统计局编，中国统计出版社，2012 年版）。

他省区大部分都拥有较充裕的土地承载力，人均占有的耕地面积和粮食产量在全国居于最前列。浙江、福建两省，有一定的经济实力，又毗邻江西这一相对的粮食富裕区，均增大了承受能力。

二是自然增长率大幅度下降，已接近零增长和负增长。此类地区包括河北、广东、江苏和宁夏，合计约占全国总人口 18%。其中宁夏类似于内蒙古和新疆，尚有一定的土地承载力的基础；其他三省均位于东部沿海，属经济大省，工业较发达，且毗连北京、天津、上海或香港，彼此之间有着千丝万缕的联系，这些因素均有助于减轻损失。

三是自然增长率巨幅下降，出现不同程度的负增长。此类地区包括其他十几个省区，其人口合计占全国 57%。这些省区的人口负增长一般持续约 1 年，湖南、广西、贵州和青海为两年，四川则长达 3 年。负增长的幅度以 1960 年安徽省的－57.2‰和四川省的－42.24‰为最大。当然，实际情况可能比这些统计数据（部分已经过调整）所反映的更严重。如安徽省，1953 年第一次全国人口普查的总人口为 3 004 万人，而 1964 年第二次全国人口普查结果 11 岁及以上人口只剩下大约 2 240 万人，11 年中的损耗率超过 25%，远远超过年均 1% 左右的正常损耗率，超出部分实际上都集中在 1958～1961 年间。由此推算，人口负增长率将比统计数高得多。当然其中包括了一部分省际迁出，但考虑到当时周边地区的情况（除江西省和浙江省外，安徽邻近各省全部出现负增长或零增长），迁出数不可能很大，大部分仍属于自然损耗。

三年的困难时期，不少地方生产力下降，引发了逃荒性人口迁移。据《中国人口统计年鉴》的数据，1959 年和 1960 年中国迁入人口和迁出人口合计的人口迁移总量分别为6 005 万人、6 515 万人，比正常水平的1957 年增加了670 万人和1 180 万人。全国旅客周转量的激增也反映出人口的大流动：经济“大跃进”的 1958 年为 572 亿人公里，而 1959 年、1960 年和 1961 年竟分别激增至 712 亿人、883 亿人和 1105 亿人公里，增加幅度依次为 25%、54% 和 93%，其中 1961 年的水平直到 10 年后才重新达到，由此足以反映经济大滑坡下人口迁移流动激增之不正常。

农民大量外流逃荒无疑增大了社会上的不安定因素，引起了政府各部门的高度重视，应对此问题的基本指导思想就是要对大量的外流逃荒的人口流动严加限制。1959 年 2 月发布的《中共中央关于制止农村劳动力流动的指示》要求：“在农民盲目外流严重的地区，必要时应在交通要道派人进行劝阻，对已经流入城市、工矿区而未找到工作的农民，应组织临时工作机构负责收容和说服动员，尽速遣返原籍”。为此，各地都普遍成立了劝阻农民盲目外流办公室、收容站、遣送站等，但直到 1962 年夏秋时节，部分地区农业生产形势稍有好转，农民外流强度才有所减弱。

由于户籍登记管理体制的不完善（尤其是在边远的农村和山区），以及一些地区为粉饰太平，把一部分死亡人口报为迁出人口①，因此有关三年困难时期各省区人口迁移的现有统计数据是不准确的。表 8 - 4 的数据来源于户籍统计，其中问题显然不少。然而，如要按这种推断对各个省区的自然增长和迁移增长进行逐项的修正，在定量上又缺乏足够的依据。因此，以下主要还是用户籍统计的数据对各省区的情况作一些分析，就大部分省区而言，误差应该说不会很大。

根据表 8 - 4 数据，1959 ~ 1961 的 3 年中全国有 18 个省区总人口保持增长，其中湖北、河北两省增幅很小，可以认为是零增长，其余省区基本上都属于前一阶段全国的人口高速增长区及主要的人口迁入区，它们的粮食生产或供应形势在全国范围内是比较好的（由于国家对商品粮的调拨和来自国外的进口，一个省的粮食产量和供应量并不相等），这一点通过表 8 - 3 与表 8 - 4 的对比可以看得很清楚。其中新疆、黑龙江、内蒙古、北京等省区市仍延续前 9 年的势头，人口大幅度增长，在全国范围内也显得非常突出。这几个省区的共同特点是人口自然增长率与前期相比下降相对温和，而人口的迁入则十分强劲。这与土地和经济承载力有关，由前期大移民引发的“链式迁移”也起了不小的作用。

据统计，新疆在上述 3 年中合计净迁入 96 万人，竟相当于 1958 年全自治区总人口的 16%，其中建于 1954 年的新疆军区生产建设兵团占了很大比重，兵团总人

① 翟松天主编：《中国人口·青海分册》，中国财政经济出版社，1989 年版，第 179 页。

口在1958年为38.5万人，到1962年已猛增至86.2万人，增量中大部分都属于外来移民。

表8-4　1959~1961年间全国各省区人口年均增长率排序

单位:‰

地区	纯增率	自然增长率	迁移增长率	地区	纯增率	自然增长率	迁移增长率
新　疆	70	13	55	浙　江	7	12	-4
黑龙江	67	19	46	河　北	4	6	-1
内蒙古	57	18	37	湖　北	3	8	-5
北　京	45	20	23	江　苏	-1	4	-5
吉　林	34	17	16	云　南	-3	3	-6
陕　西	28	14	13	广　西	-4	-2	-2
海　南	26	12	14	海　南	-10	1	-10
天　津	23	15	7	山　东	-10	-2	-7
福　建	23	12	11	湖　南	-15	-1	-14
上　海	21	19	2	贵　州	-16	-3	-13
江　西	19	12	7	青　海	-19	-8	-11
山　西	18	12	7	甘　肃	-25	-7	-19
宁　夏	18	4	13	西　藏	-38	—	—
广　东	12	9	3	四　川	-38	-31	-8
辽　宁	9	12	-3	安　徽	-43	-17	-27

资料来源：根据《全国各省、自治区、直辖市历史统计资料汇编》（国家统计局综合司编，中国统计出版社，1990年版）整理。

黑龙江省在1959~1961的3年中净迁入的人口合计高达236万人，数量之大在该省历史上也是空前的，对比之下，同期内全省自然增长仅为97万人。除了因粮食相对富余吸引了大量外省自发性的逃荒农民外（1959年仅流入哈尔滨市的外省农民就多达13万余人），国家为进行重点建设而组织的计划性移民规模也不小，这在当时的中国确是十分少见的。前往大兴安岭林区、北大荒各农场以及几大煤矿的移民也很多，仅牡丹江和合江两大农垦局在1959年就从山东省吸收了5万多名支边青年。

对内蒙古自治区的移民在1959年和1960年也达到了史无前例的高峰，两年净迁入共162万人，竟相当于自治区总人口的16%。期内包钢等重点工程进入了投产期，职工大量迁入，1960年包头市人口已接近百万人，比两年前猛增了0.5倍以上。而逃荒型农民流入的规模则更大，仅1959年和1960年上半年得到政府安置者即多达70万人。他们大部分来自河北、山西、山东、辽宁等省。进入1961年，由于政府对工业和基本建设开始实行大调整的方针，再加上农业显著减产，内蒙古的人口迁移出现了前所未见的大退潮，人口总量出现负增长，长达半个多世纪的大移民史就此画上了句号。

北京市在1959年和1960年建设强大的工业基地和科学技术中心，再加上新中国成立十年大庆等因素，人口也出现了高速度增长，两年增加了100万人，其中来自外省区的净迁移即多达70万人，明显超过以往任何一年。这种强劲势头明显脱离当时全国总的经济形势。1961年开始大调整后，北京市无论人口总量还是人口迁移都出现了负增长。

1959～1961年间，全国有12个省区人口总量减少，它们多是名列前茅的人口大省，从而对全国人口态势和人口分布格局产生深刻影响，其中负增长幅度最大的为安徽、四川、甘肃、青海和贵州省。

安徽省在上述3年中总人口共减少约460万，减幅超过13%，是全国最高的，其中又以阜阳、宿县、六安、巢湖、宣城等几个地区最为严重。据估计①，这一年约有近100万农民外出逃荒。以此推计，自然减耗在260万人以上，自然增长率低于－80‰（报表统计数为－57.2‰）。

四川省一向被称为“天府之国”，农产品相当丰富，直到1958年人均粮食产量在全国所有省区中仍高居第三位，粮、油、肉、果等大量外调。但此后农业生产即大幅滑坡，3年中粮食减产了一半，减幅是全国最大的，就在这种情况下，仍向外省调运粮食（1959年四川省粮食总产量比1958年暴跌三成，粮食收购量却增加20%），结果酿成大灾荒，且持续时间很长，致使人口遭到严重损失。

青海、甘肃两省在前一阶段移民大量迁入，人口发展速度位居全国之前列。从1959年起粮食连续几年大幅度减产，按人均计算跌到了全国最低水平，由此导致严重的负自然增长，移民也出现大退潮。如青海省1961年一年即净迁出37万余人（报表统计数，可能偏高），竟相当于全省总人口的15%。迁出人口中有很大一部分是前几年从外省区移入的农业垦荒型移民。由于在海拔3 000米的高原上不具备大规模垦殖的条件，很多地方种下庄稼连种子也收不回来，致使这类垦荒型移民基本上全部以失败告终，不仅虚掷了大量的人力物力，还严重破坏了草原生态环境。甘肃省在1960～1961年间也有几十万人迁出，除前期移民纷纷返回外，本省不少地方也有许多农民为逃荒而流向新疆、陕西、内蒙古等省区。此外，为解决城市人口缺粮问题，政府还动员干部职工到外省区“以工就食”，酒泉钢铁基地人差不多都走光了，兰州市也走掉1/10以上。到1961年年底，青、甘两省总人口分别比1959年下降了18.7%和9.4%，其中青海省的玉树自治州和黄南自治州，甘肃省的武都地区、张掖地区和甘南自治州跌幅更大。

贵州省在旧社会被称为“地无三尺平，人无三分银”，是中国突出的穷省，新中国成立后情况有很大改善，但从1959年起也遭遇到十分严重的经济困难。因底子薄，交通闭塞，更加重了损失，1961年总人口比1959年减少了7%。这些损失主要集中

① 郑玉林主编：《中国人口·安徽分册》，中国财政经济出版社，1987年版，第79页。

在遵义地区、毕节地区、黔东南自治州等地，其中湄潭县、金沙县等是全国突出的“重灾区”。

三、三年困难时期人口分布格局的变化

三年困难时期，我国各地区的人口再生产和人口迁移态势均发生了急剧变动，其幅度或强度远远超过了前一阶段。在一部分省区继续保持人口高速度增长的同时，另一部分省区却出现了大幅的负增长，地区差异迅速扩大。1949～1958 年，全国人口年均增长率最高与最低的省区之间相差 3.8 个百分点，而 1959～1961 年竟剧增至 11.5 个百分点。全国人口再分布指数达到了近几十年的最高峰值（图 8－1），比新中国成立初期增加约 1 倍，比 50 年代中期更增大了近两倍。这些都促使我国人口分布格局在短时间内发生了很显著的变化。导致这种显著变化的原因，既不是人口转变过程中受社会经济环境制约而出现的地区差异，也不是由生产力发展和产业结构调整促成的人口迁移和流动，因而可以认为是特殊背景下产生的一次不正常的波动。

期内人口分布格局变动最引人注目的特点，是中国的北方地区在前一阶段的基础上人口继续以较高速度增长，新疆、黑龙江、内蒙古、北京、吉林和陕西竟囊括了全国人口增长率的前六名。这 6 个省区占总人口的比重由 1958 年的 10.4% 锐增至 1961 年的 12.0%。此外，位于北方的天津、山西、宁夏、辽宁和河北等省区市比重也小有上升。期内另一片人口发展较快的地区位于国土的东南部，包括海南、福建、上海、江西、广东和浙江 6 个省市，1958 年它们合计占总人口 16.2%，1961 年已增至 17.0%。

位于以上北片和东南片之间的广大地区，在经济困难时期都承受了比较严重的人口损失，出现过一到几年的人口负增长，占全国总人口的比重均有所下降，如安徽省 1958 年占 5.2%，1961 年仅为 4.5%。

此期内，全国人口增长较快的地区主要位于北部尤其是东北部，以及东南部。因此，中国大陆人口分布重心出现了向着东北方的快速移动。1958 年该重心位于东经 113°50′，北纬 32°28′17″，而 1961 年已到达东经 114°，北纬 32°38′38″，短短 3 年时间内向东移动了 10′，向北移动了 10′20″，平均每年向东北方移动达 8.1 公里，速度比人口再分布相当活跃的 1949～1958 年的 1.8 公里快了 3 倍多。

与前一阶段一样，1959～1961 年对中国人口分布格局的变动起了基本制约作用的依然是土地的粮食承载力，其作用强度甚至变得更大了。这一点从相对于土地面积的全国人口集中指数上可以看得很清楚：1958 年该指数为 0.5310，1961 年降至 0.5238，年均下降速度比前 9 年快了 1 倍。人口再分布显著缩小了中国粮食生产的地区差异，除 3 个直辖市和西藏自治区外，1958 年各省区人均粮食产量的标准差为 83（公斤），而 1961 年仅为 44。所有这些都充分说明，此期内中国人口分布在前一阶段已明显趋于均衡化的基础上，又急切地走向更大程度的均衡化，以获得人与土地或粮食承载能力之间的最低限度的平衡，充分显示出生产力水平低下的农业社会的基本特

征。处在能否维持人的生理存在的这样一条临界线附近，其他影响人口分布的因素都是次要的。

第三节　政策因素主导时期人口分布重心呈内地化和边疆化

一、人口自然变动的地区差异有所扩大

1962～1978 年总的说是政治运动频繁、生产力发展缓慢的时期，尤其是“文化大革命”的发动使全中国遭到了一场持续时间长达 10 年的浩劫。经历了三年困难时期，中国的国民经济于 1962 年跌至谷底后通过一系列的政策大调整开始得到恢复，并在 1965 年重新达到 1959 年的水平。然而 1966 年“文化大革命”开始后，经济一直发展缓慢，并几度出现下滑。1976 年与 1965 年相比，国民生产总值年均增长率为 5.6%，而人均国民生产总值的增长率仅为 3.2%。若与 1959 年相比，则分别仅为 3.9% 和 1.8%，与先进国家的差距日趋加大。

（一）全国人口高速增长

与经济发展的缓慢形成鲜明对照的，期内大部分时间中国人口呈现高速增长。首先，三年困难时期后出现了持续 3～4 年的补偿性生育高峰，不少地方人口出生率达到了 60‰左右的人类生理极限，全国平均的自然增长率也达到了 28‰～33‰这一历史最高峰值。此后，“文化大革命”的爆发使全国许多地方长时间陷入事实上的无政府状态，并导致生育失控，平均自然增长率连续数年保持在 25‰左右的高水平上，人口压力日趋沉重，其突出表现就是直到 1977 年全国人均口粮亦仅相当于 1955 年的水平①。

以上背景对于中国的人口转变进程起了延缓的作用，但这一进程在不同地区之间的差异却明显地趋于增大。从各省区人口自然增长率的标准差来看，1957 年为 5.3‰，经三年困难时期显著增大后，到 1963 年缩小至 4.8‰，此后又有所增大，60 年代中期到 70 年代中期一直高达 6.3～6.5 个千分点。1957 年全国各省区自然增长率最高最低之间的差额是 22.4 个千分点，而 1970 和 1975 年则分别扩大至 31.3 个千分点和 25.2 个千分点。

导致上述省区差异明显增大的主要原因有以下几点：

1. 新中国成立初期的人口再生产形势。受不同的社会经济环境影响，新中国成

① 胡乔木：《按经济规律办事，加速实现四个现代化》，《人民日报》，1978 年 10 月 6 日。

立初各省区人口再生产形势的差异是不小的，如上海市自然增长率高达30‰～35‰，而新疆维吾尔自治区仅在10‰左右，在人口转变上明显属于不同的阶段。由于这一时期出生的人口到70年代将陆续进入婚育期，故表现出有较大差异的人口增长惯性。

2. 补偿性生育高峰的高度和宽度。三年困难时期各省区的人口损失有大有小，这一点与随后出现的补偿性生育高峰有着直接的关系。损失较小者，如上海市和内蒙古自治区，生育高峰的峰值较低，波幅也较窄；而损失较大者，如安徽、青海等省，则是峰值高，波幅宽，对随后若干年的人口再生产影响很大。

3. 计划生育的政策性差异。进入60年代，计划生育逐步提上了政府的政策层面。但在不同地区之间，无论政策要求，还是执行强度，差异始终都很大。1960年4月全国人大通过的《1956～1968年全国农业发展纲要》第29条规定："除了少数民族的地区以外，在一切人口稠密的地方，宣传和推广节制生育。"1962年12月中共中央、国务院发出的《关于认真提倡计划生育的指示》中进一步明确要求"在城市和人口稠密的农村提倡节制生育"。这种不同地区之间的政策性差异，在此后的很长时间里一直保持下来。再加上其他一些主客观因素，如民族结构、人口密度、生产力发展水平等，进一步加大了地区差异。

4. 人口迁移的不同影响。1962～1978年，中国人口迁移的基本方向一直是由东部沿海地区尤其是其中的城市，指向内地和边疆，不仅持续时间长，强度也比较大，从而直接影响到迁出区和迁入区人口的自然变动。典型的如上海市，人口自然增长率从1964年起直线下降，到70年代中期距零增长已是咫尺之遥，与大强度的人口迁出关系甚密。

（二）全国各省市人口自然增长率分类

正是以上这些因素交叉渗透的影响，使中国人口自然变动或人口转变进程的地区差异较50年代中后期明显有所扩大。据此，可将全国各省区划分为差异鲜明的三种类型（表8－5）：

第一类，其人口自然增长率大幅度下降，人口转变进程迅速，包括表8－5左侧从北京到吉林的9个省区，合计约占总人口29%。它们绝大部分都位于东部地区，工业化和城镇化水平居于全国的最前列，在三年困难时期的人口损失及其后生育高峰的影响均相对较小，但1963～1975年（1975年比1978年更能反映本阶段的特点）人口自然增长率的下降幅度仍高达60%～90%，显著超过其他省区，到70年代中期都已降至3‰～13‰的较低水平，在全国是最低的，率先进入了人口转变的中后期。期内影响这些省区人口自然变动的一个共同的重要因素是这些省区计划生育工作开始得早，且强度很大；同时，这些地区人口多为净流出，对增长率的影响也不小。

表 8－5　60 年代至 70 年代中期各省区市人口自然增长率的变动

单位：%、‰

地区	1963～1975 年人口自然增长率下降幅度	1975 年人口自然增长率	地区	1963～1975 年人口自然增长率下降幅度	1975 年人口自然增长率
北　京	90.3	3.41	陕　西	51.9	13.54
上　海	85.3	3.42	海　南	50.7	16.86
天　津	77.9	7.35	内蒙古	49.7	16.51
河　北	75.2	10.20	广　东	46.2	16.85
辽　宁	69.5	8.35	山　西	42.3	15.37
江　苏	61.4	12.05	四　川	45.6	20.28
湖　北	60.2	11.40	广　西	43.3	20.76
浙　江	59.8	13.18	福　建	40.7	22.29
吉　林	63.5	13.74	青　海	36.2	23.71
安　徽	61.6	16.45	宁　夏	29.0	28.60
河　南	57.7	15.09	贵　州	28.6	26.99
甘　肃	57.3	13.54	云　南	28.1	20.86
山　东	56.7	14.03	江　西	12.9	25.97
湖　南	57.9	16.70	新　疆	5.3	24.36
黑龙江	54.7	16.54			

注：西藏未列入。

资料来源：根据《全国各省、自治区、直辖市历史统计资料汇编》（国家统计局综合司编，中国统计出版社，1992 年版）整理。

第二类，人口自然增长率有中等程度的下降，包括表 8－5 中间从安徽到山西的 11 个省区，合计约占总人口 43%。在地理位置上它们大体上正位于第一大块的内侧，工业化和城镇化水平处在全国的中游，1963～1975 年人口自然增长率的下降幅度在 40%～60%之间，到 70 年代中期大约已降至 14‰～17‰。这两个指标在全国也属于中间水平。就期内影响人口自然变动的一些重要因素而言，属于第二大块的省区不仅彼此之间差异较大，而且一省内部也往往同时存在着几种因素影响力相互抵消的情况，不像第一大块那样，作用方向相同，容易形成合力。如黑龙江省，工业化和城镇化水平较高，对人口转变有促进作用，但外来移民的源源流入，又有所抵消。

第三类，人口自然增长率小幅下降，包括表 8－5 右侧从四川到新疆的 9 个省区，人口合计占全国 28%。它们大部分都属于西部的少数民族地区，生产力发展水平低，计划生育的政策力度小，再加上生育高峰和人口迁入的影响，使其人口转变相对滞后。1963～1975 年间人口自然增长率的下降幅度是全国最小的，如新疆仅为 5%，与东部沿海地区相差极大，到 70 年代中期这些省区的自然增长率均高达 20‰～29‰，处在全国的最下游，并由此形成长久的生育惯性，促成人口比重的持续上升。属于这一大块的福建、江西两省位于东部，不存在民族结构的因素，人口转变出现明显的滞后，看来很重要的原因就是计划生育工作的力度不够，成效不大。此外，江西省多年的人口净迁入，也有一定的影响。

二、人口迁移加快了内地边疆的人口发展速度

1962～1978 年是新中国人口迁移的低潮期。户籍统计中迁入迁出人口的合计数除 1962 年因前期外出人员回流、实行经济调整后开始大量下放城镇职工而达到 4 400 余万人外，其余年份一般仅在 2 500 万～3 500 万人，“文化大革命”高潮期的 1967～1969 年更只有 1 200 万人左右，均与 50 年代中期的 5 000 余万人相差很远，从而显著减小了中国人口再分布的活力。

人口迁移陷入低潮的原因主要是经济发展缓慢，计划经济体制的某些弊病显露无遗。在这种情况下，政府部门更加强化了对于人口迁移流动的控制。1962 年 4 月和 12 月公安部先后发出的《关于处理户口迁移问题的通知》和《关于加强户口管理工作的意见》，以及 1964 年 8 月国务院批转的公安部《关于户口迁移政策规定》，对此都反复作了明确规定。

但期内也进行了几次全国性的较大规模的人口迁移，其政策性和计划性都很强烈。一是适应“备战备荒”的要求在内地山区开始了“大小三线”的建设，移民大量迁入有关省区。二是“文化大革命”中各地搞了许多政治性的人口迁移，在其中规模最大的知识青年“上山下乡”运动中，迁移人数多达 1 700 万人。此外，尽管政府严加控制，由于农村经济长期萧条（1969 年全国人均农业国民收入比 1957 年低 12%），不少地方农民生活艰难，因此向着相对地广人稀地区特别是边疆地区的自发性人口迁移仍然保持一定的活跃度。

本阶段虽然人口迁移的总体规模和强度都不很大，但方向一直比较恒定，即始终由东部尤其是沿海地区迁往内地边疆，因此累加起来对全国人口分布格局的直接间接影响仍然是十分明显的。

表 8－6 反映了 1964～1982 年中国各省区的人口迁移态势，它是根据第二次和第三次全国人口普查数据及生命统计资料用留存法推算的，无疑比日常户籍统计具有更高的精确度。其时间跨度与本阶段小有不同，但所反映的基本态势是完全一致的。从表中可见，同前述人口自然变动一样，期内中国各省区根据人口迁移态势明显地也可以划分为三种类型：

第一类，净迁入率较高，明显地加快了人口总量的增长，包括表 8－6 中左侧由西藏到北京的 11 个省区。其中净迁入率居全国最前列的 7 个省区全部位于相对地广人稀的边疆，绝大部分属于少数民族地区；7 省区合计占中国土地总面积 60%，1964 年的人口比重尚不足 10%。从而非常清楚地反映出这一时期我国人口迁移主要的流向特征。

其间西藏的人口净迁入率在全国高居首位。主要是由于西藏自治区于 1965 年成

立，此后社会经济发展较快。为适应这一新形势，从内地陆续抽调了一批干部、职工援藏，加上其他性质的移民，共迁入十几万人。而西藏原有的人口基数很小，故迁移率较高。新疆、黑龙江、内蒙古和云南等省区在1965年前后和“文化大革命”中安置了大批外省区的“知识青年”，仅黑龙江省安置的“知识青年”就有40余万人。还有不少自发迁入的农民。虽然总的迁移规模和强度远不如1961年以前（净迁入率下降了九成左右，参见表8-4），但仍属于国内较重要的人口导入区。青海、湖北和贵州等省在当时属“三线”地区，有不少内迁工厂和新建的工程项目，人口迁入较多。如贵州省仅1964～1965年接受内迁工厂的职工和家属即达8万多人。安徽省在三年困难时期人口损失很大，生产有所恢复后，部分外流人员陆续返回，以后作为“小三线”和“知识青年”安置地，也接纳了不少外来移民。

表8-6　1964～1982年各省区的人口迁移态势

单位：‰、%

地区	年均净迁移率（‰）	净迁移人口占期内纯增人口比重（%）	地区	年均净迁移率（‰）	净迁移人口占期内纯增人口比重（%）
西　藏	0.73	40.9	广　西	0.07	2.6
新　疆	0.52	17.2	河　南	0.06	2.5
青　海	0.36	11.6	天　津	0.05	4.1
黑龙江	0.35	13.4	甘　肃	0.04	1.7
内蒙古	0.26	10.6	湖　南	0.03	1.2
宁　夏	0.23	7.1	江　苏	-0.03	-1.6
云　南	0.21	8.5	浙　江	-0.04	-2.1
安　徽	0.14	5.4	吉　林	-0.07	-3.7
湖　北	0.13	6.9	广　东	-0.07	-3.3
贵　州	0.09	3.4	福　建	-0.14	-5.7
北　京	0.08	7.1	上　海	-0.20	-38.8
陕　西	0.08	4.2	山　东	-0.20	-12.2
河　北	0.07	4.3	辽　宁	-0.20	-13.7
山　西	0.07	3.9	四　川	-0.31	-14.4

资料来源：杨云彦：《中国人口迁移与发展的长期战略》，武汉出版社，1994年版。

第二类，有少量的人口净迁入，包括表8-6中间从陕西到湖南的9个省区。它们全部位于国土的中部，在60年代中后期多属于“三线”地区，基本建设投资比重较大，陕西省和河南省第三个五年计划（1966～1970年）全民所有制单位固定资产投资额均超过江苏、浙江两省的总和。期内，在这一地带修建了纵贯南北的太原—焦作铁路、焦作—枝城铁路、枝城—柳州铁路，以及横向的湘黔铁路、襄渝铁路等，内迁或新建的单位很多，陕西省尤其突出，从而促成了人口的迁入。但由于农村的贫困，外流人口也不少，因此净迁入率是很低的。

第三类，人口净迁出，包括表8-6右侧从江苏到四川的9个省区，除四川省位于内地外，其余8省区全部属东部地区，人口稠密，其土地面积合计占全国1/10，人口比重却超过1/3。因濒临东部沿海，在当时的国际形势下，大部分省区长期未列入国家重点建设地区，不仅投资不足（1963～1978年间，江苏、浙江两省全民所有制单位固定资产投资额按人口分摊，不到全国平均数1/3），为了“支内”、“支边”，还陆续内迁了不少单位或职工，仅上海市此类移民每年即多达几万人至十几万人。辽宁省作为国家主要的重工业基地，内迁的规模也很大。此外，这些东部沿海省区，还是“上山下乡”的知识青年的最主要的来源地。虽然由于农村生活条件稍强于中西部贫困地区，因而吸引了一部分人口迁入，包括婚姻迁入，但总的来讲，上述地区在1978年以前仍一直是人口的净迁出区。

人口特别是青壮年的迁出，还从婚姻和生育的方面影响到人口的数量及增长率。如北京市就因为人口迁移的原因，造成1963～1965年和1973～1976年两个结婚数量和结婚率的低谷①，人口出生率随之也出现了同步的下降。当然，这一部分人口迁到外省区，由于迁移原因的特殊性和时代背景的特殊性，很多人并没有在迁入地结婚生育的意愿，因此基本上未出现生育同步迁移的现象，这与正常情况下相同年龄段的人口迁移是有区别的。

和东部省区不同，四川深处内陆，60年代中后期成为“三线”建设的“重中之重”，基本建设投资规模远远超过其他任何省区，接受内迁人员达40余万。但此种迁移造成了大量夫妻两地分居，再加上其他一些原因，因此其巩固率不高，进入70年代一部分人员又迁出了四川。进出相抵后，净迁移数并不大。而四川省内却存在着广大农村人口压力重、生活贫困的问题，且长期得不到明显改善，甚至还有每况愈下之势。1976年全国农民平均消费水平比1958年上升26%，四川省却下降了10%，其人均收入已退居全国最下游。正是这种日趋沉重的压力促使人口外流，其绝对数量和净迁出率在全国所有省区中均高居首位，川东川中丘陵山区尤其突出。值得注意的是，在外流人口中，婚迁的女性占了相当大的比重，她们的足迹遍及全国许多地方的农村。婚龄女性人口的大量迁出，既减小了四川省的人口总量，也抬高了同龄性别比，客观上抑低了人口出生率。

三、人口分布格局的变化及其评价

对照表8－5和表8－6，可以看到一个显著的特点，即除少数例外，1962～1978年人口自然增长率低、下降幅度大的省区，人口普遍净迁出；而人口自然增长率高、下降幅度小的省区，人口则普遍净迁入。这两种同向的作用力连续十几年叠加在一起，使中国人口分布格局发生了明显的变化，但变化的力度与50年代相比，已有所减弱。

---

① 李慕真主编：《中国人口·北京分册》，中国财政经济出版社，1987年版，第301页。

（一）人口再分布时期划分

根据全国按省区计算的人口再分布指数的变动，可以将这一时期划分为以下几个阶段：

1961～1965 年全国人口再分布指数为 0. 006 6，大大低于前十余年。此期属严重经济困难后的恢复期，建设规模很小，政府为克服困难，以“壮士断腕”的决心“下放”了几千万城镇人口①。但这种“下放”基本上只涉及一个省区内部的城乡人口迁移，对全省总人口及全国按省区计算的人口再分布指数影响不大。从政策因素上看，期内政府对非计划性即民间的人口迁移的控制愈加严格，加上从 1962 年起大力强调“以阶级斗争为纲”，随之在城乡普遍开展“社会主义教育运动”即“四清运动”，对人口迁移产生了很大的抑制作用。在人口自然变动方面，各省区都处在补偿性生育高峰，人口自然增长率的差异很小，1963 年其标准差仅为 4. 86，大大低于前期。所有这些均抑低了人口再分布指数。

1965～1969 年全国人口再分布指数为 0. 008 7，较前 4 年明显增大，期内“三线”建设大规模开始，不久“文化大革命”爆发，许多地方内乱连绵，客观上减弱了政府的控制力，所以这一阶段计划性的和自发的人口迁移都较前期活跃。此外，在度过补偿性生育高峰后，各省区受不同的社会经济环境影响，人口自然变动的差异逐渐增大，对人口再分布也有促进作用。

1969～1973 年全国人口再分布指数进一步增大至 0. 010 4。促升因素主要是知识青年“上山下乡”等较大规模的人口迁移事件。当此类迁移浪潮渐趋平伏后，人口再分布指数即显著下降，1973～1977 年仅为 0. 007 9。

（二）人口再分布特征

受较高的人口自然增长率和迁移增长率推动，期内中国人口再分布的主要方向是边疆地区和少数民族地区，宁夏、青海、新疆、黑龙江、贵州、云南、海南、内蒙古和西藏 1961～1978 年的人口增长率高居全国的前九位。它们合计占总人口的比重大幅度上升：1961 年为 12. 4%，1978 年已达 14. 0%。与 50 年代人口增长率领先的省区多位于北部相比，本阶段此类省区多位于西部，这无疑是一个引人注目的新特点。

期内中国人口再分布的次要方向是中部地区，它们占总人口的比重小有上升。其主要原因是区内大部分省区在三年困难时期皆属“重灾区”，人口损失大，比重显著下降，进入本阶段后出现一定程度的恢复性增长。安徽、甘肃、四川、湖南、重庆、河南等都具有这种性质。此外，由“三线”建设带动的人口迁移也起了一定的作用。

由于自然增长率较低，再加上人口净迁出，期内东部特别是临海省区的人口增长

① 冯同庆：《实际有惊但求无险》，《中国人力资源开发》，1995 年第 1 期。

率多处在全国的下游。其中上海、北京、天津、河北、辽宁、山东和江苏分列最末7位，17年中上海的年平均人口增长率仅为0.18%，与居全国第一位的宁夏的3.33%相差悬殊。1961年，上述7个省区合计占总人口27.8%，到1978年已降至25.2%，降幅是相当大的。位于内地的山西、陕西两省人口比重也略有下降，原因是它们在三年困难时期损失相对较小，恢复性增长的因素不像其他内地省区那样明显。

以上主要向着边疆的人口再分布态势，从省区的分析中可以看得很清楚。而如果从地市一级行政区进行分析，反映得就更清楚了。如果说50年代到60年代初我国人口向着边疆的人口再分布，是到达边疆省区的内地的话，那么本阶段则进一步推进到边疆的边疆。根据与本阶段在时间跨度上大体相近的第二次和第三次全国人口普查的资料，1964～1982年的18年间，中国边疆省区的人口增长率超过内地，更超过沿海省区，而在边疆省区内部，边境或偏远地区又显著超过偏于内地的核心地区。如黑龙江省，位于边境的大兴安岭、黑河和合江三地区的人口增长率大大超过省内其他地区，尤其是哈尔滨、齐齐哈尔两市所在的本省核心区域，其中大兴安岭地区高达9.5倍，在全国范围内也遥遥领先。同样的，位于边境的新疆维吾尔自治区博尔塔拉蒙古族自治州、塔城地区和阿勒泰地区增长率达1.3～1.5倍，内蒙古的呼伦贝尔盟和阿拉善盟达1.0～1.2倍，云南的西双版纳州和文山州达0.7～0.8倍，青海省的海西自治州达1.3倍，均显著超过本省区的其他地区。这些事实充分表明，我国人对于本国一切可以利用的地理空间的占有，已一步步走到了极限。

1978年，我国相对于土地面积的人口集中指数在经历了逐年的连续下降后，降到0.5136的历史新低点，比1961年降低了0.0124，显示我国人口分布在前一时期的基础上，又走向更大程度的均衡化。与前期一样，均衡化的基本动力还是对于土地和粮食承载能力的追求。到1978年，我国相对于第一产业增加值和粮食产量的人口集中指数也创下了显著低于新中国成立初期水平的新低。如果把3个老直辖市去除，人口分布与农业和粮食生产的分布已接近于完全重叠。

在以上对本阶段中国人口再分布方向的分析中，还有一个特征很值得引起注意，那就是这个方向十分明确地表现出对于我国最大城市和经济中心上海市在地理方位上的背离。期内上海市几乎从不间断地承受着大强度的计划性人口外迁，人口自然增长率迅速降至很低的水平，致使人口发展速度远远低于其他任何省区，其中心市区还出现了全国罕见的人口总量绝对减少。在全世界处于和平时期的所有发展中国家里，也从未有过先例。期内从全国范围来看，人口增长率最高的9个省区正是距离上海市最远的9个省区。实际上，在各省区与上海市的距离和人口增长率之间，确实存在着相当明显的正相关，即与上海市相距较远者，增长较快，比重上升；相距较近者，增长较慢，比重下降。据分析，把北京、天津两直辖市和三年困难时期人口遭遇严重损失的安徽省除外，其余各省区1961～1978年的人口增长率，和其省会与上海市的直线距离之间的相关系数竟高达0.670 6。如果把宁夏由直线距离更改为实际的铁路运输距离，则相关系数将进一步达到0.70以上。这毫无疑问是一种明确的正相关。

对于上述的正相关现象应该如何看待呢?

首先要指出的是，上海市代表着中国现代生产力的最高发展水平，从上海市到周边地区再到遥远的边疆，发展水平渐次降低。这种由历史因素形成的社会经济环境的梯度或差距是一个客观存在，到一定阶段必然会对人口转变进程产生深刻影响，并在人口的自然变动上反映出来。应该说，这一点是出现上述正相关现象的首要的原因。但也要看到，60~70年代特殊的政策背景对于我国人口转变进程的地区差异确也起了扩大的作用，使得正相关出现得竟然如此的明确。

其次，需要指出的是，对于生产布局、城镇化和人口再分布等重大国策，我国政府部门从50年代就逐渐形成了一种思路，并在60~70年代得到进一步的强化。总的说，就是适当控制沿海地区特别是大城市的发展，重点面向内地和边疆。这种指导思想的形成很显然是出于实现全国各个地区，包括少数民族地区社会经济协调发展的思考。这方面确实取得了显著的成效。此外还有适应当时复杂的国际形势的需要。但值得研讨的是，其中是否也包含了因忽视世界各国工业化的共同经验而产生的某种片面性。这些共同经验都要求在工业化进程中应该高度重视资本的集聚和人口的集聚，不断推进产业结构和劳动力结构向着非农化的调整，并在一定的阶段实行适当的区域发展不均衡战略，而我国在某种程度上看来是反其道行之了。我国虽致力于国家的工业化和解决粮食问题，但相当长的一段时间内，不仅工业发展的速度和效益不理想，粮食供应形势也迟迟得不到明显改善，人民生活水平长期停滞不前。其原因当然是多方面的，而上述片面性很可能也是其中重要原因之一。

1961~1978年间的人口再分布还改变了前十几年我国大陆人口分布重心一直向着东北方向移动的趋势，使之转向西北方。1978年该重心位于东经113°46′21″，北纬32°32′13″，与1961年相比，向北移动了6′25″，向西亦移动了3′39″。前文中曾经指出，50年代我国人口再分布的主要方向是向北，东北、华北和西北三大区人口相对比重都持续增大，其中东北尤为强劲，构成对我国大陆人口分布重心的主要牵引力。进入本阶段，西北地区仍一如既往地保持上升势头，而华北在60年代前半期，东北在60年代后半期，均出现了人口相对比重由升到降的历史性转折（表8-1），致使人口分布重心的移动方向转向西北。华北、东北人口比重下降的原因，主要是人口转变进程加速以及人口迁移规模大大减小，而隐含在这后面的背景因素则是经过长时期的人口膨胀之后，人口压力已经日趋沉重。对中国大陆人口分布重心产生向西拉力的另一个因素，是西南地区的人口相对比重经历了前一时期的大幅度下降后，在本阶段出现了带有恢复性的回升，“三线”建设的因素在其中也起了一定的作用。

除了移动方向由东北转向西北外，1961~1978年间中国大陆人口分布重心的移动速度与50年代相比显著放慢了，17年共向北偏西方向移动了12.9公里，年均移动仅0.76公里，尚不足50年代一半。这说明期内中国人口再分布的活力确实有所减弱。究其原因，毫无疑问主要是生产力发展的迟缓以及计划经济体制下的种种政策性制约。此外，随着人口总量的迅速膨胀，广大边疆地区的地广人稀在发展过程中已渐渐成为陈年往事，“棒打獐子瓢舀鱼”的美好时光一去不复返，对人口再分布的吸引力和承受力越来越小。尽管人口再分布仍在向着最边远最荒僻的地区顽强推进，但其容量毕竟是十分有限的。到70年代中后期，人口压力在全中范围内几乎已是无处不在了。

表8－7 1961－1978年间各省区人口增长率的排序

单位:‰

地区	增长率	地区	增长率	地区	增长率	地区	增长率
宁夏	74.4	西藏	57.7	湖南	46.5	江苏	36.7
青海	72.0	安徽	56.9	河南	46.3	山东	35.2
新疆	70.9	广西	56.7	重庆	46.3	辽宁	34.2
黑龙江	64.1	江西	56.5	广东	44.3	河北	31.7
贵州	64.0	甘肃	53.6	湖北	42.9	天津	23.2
云南	61.8	福建	52.7	浙江	41.7	北京	17.2
海南	60.6	吉林	51.1	山西	41.0	上海	3.1
内蒙古	58.9	四川	50.5	陕西	40.5		

资料来源：根据《全国各省、自治区、直辖市历史统计资料汇编》（国家统计局综合司编，中国统计出版社，1990年版）整理。

对于1961～1978年间我国人口分布格局的变动，可作如下小结：①使人口分布变动的主要因素是人口转变进程的地区差异扩大，且作用力与人口迁移同向；②人口再分布指数变动经历了低—高—低的几个阶段。60年代中期至70年代初受政策因素影响，人口再分布相对活跃；③人口再分布的主要方向是边疆地区，其次是中部地区，东部沿海地区的人口相对比重进一步减小，全国人口分布更趋均衡。相对于土地面积、第一产业规模和粮食产量的人口集中指数均降至新低点；④各省区的人口增长率和与上海市的距离有明显的正相关，显示出生产力发展水平及各种社会、政治因素对人口分布和人口变动的制约作用；⑤我国大陆人口分布重心由前期向东北方移动转向西北方，但移动速度显著放慢，表明我国人口再分布的活力有所减弱。

第四节 社会经济高速发展 人口分布活力再度显现

一、人口分布社会经济大环境的深刻变化

1978年后，我国进入了实行改革开放的新时期，迄今已30余年。与前期相比，全国的社会经济面貌在不长时间内发生了举世瞩目的巨大变化，对人口地理分布产生

深刻影响，使之出现了具有历史意义的新格局。

从人口分布的角度分析，上述社会经济的巨大变化主要表现在以下几个方面：

（一）生产力水平大幅度提高，产业结构发生显著变革

社会主义市场经济体制初步确立，人民生活实现了从贫穷到温饱再到小康的历史性跨越。所有这些既对人口再分布提出了强劲的经济需求，又为之提供了坚实的物质基础。

长期以来，我国人口分布一直受着低生产力水平和以农业为主的产业结构的制约，大部分人被牢牢束缚在土地上，这种状况不仅显著抑低了我国人口再分布的活力，还使得不断走向均衡化成为人口再分布的主要趋势。而改革开放后我国生产力水平的大幅度提高，一个突出表现就是工业化和城镇化快速发展，人均粮食占有量从20世纪70年代末的不足320公斤迅速增长到80年代末的360公斤，近十余年已达到400公斤上下。与此同时，农业占全部劳动力的比重相应地由70%以上下降至接近40%，农业占GDP的比重更由28%左右降至11%，由此从土地上解放出数以亿计的农村剩余劳动力，使之不仅可以而且也必须在产业和空间两个方面实行就业大转移。国际经验表明，这种大转移正是工业革命促使许多国家人口分布发生急剧变化的基本动因。

前已述及，从20世纪50年代中期起，我国在户籍等方面相当严格地实行了一系列旨在控制人口迁移和人口再分布的政策，这实际上是对当时落后生产力和生产方式的一种适应。很显然，在人均粮食占有量和工业化水平都较低的情况下，大规模的人口再分布是缺乏物质基础的，它不过是生存压力的无序转移，由此必然会对社会经济产生多方面的消极影响，这在不少发展中国家确是屡见不鲜的。而我国在很大程度上避免了此类现象的出现，虽然也有人口再分布活力过小等问题，但总的说来还是利大于弊的。

自改革开放促使生产力大发展以来，我国原先旨在控制人口迁移和人口再分布的户籍政策逐步有所松动，且幅度越来越大，这实际上是上层建筑对于迅速变革的经济基础的新的适应。当90年代初全国基本解决温饱问题，取消了实行多年的粮食计划供应后，控制人口再分布的最主要的一道铁闸便被打开了，在全国范围内随即涌动起人口迁移流动的大潮，其规模之大是过去根本难以想象的，不仅强有力地推动了生产力发展，也促使人口地理分布在不长时间内发生了一系列的显著变化。

（二）在全国社会经济高速发展的大背景下，区域差异出现了新格局

受结构因素和区位因素的双重影响，不同地区之间发展水平和发展速度的差距有所扩大。这种差距通过经济收入和就业容量等因素的作用，对人口再分布产生强大的推动力。

由于历史的和人文的多种因素，近代以来在我国的东部沿海、内地和广大边疆之

间出现了社会经济发展水平上的明显差距。1952 年除 3 个老直辖市外的其他省区人均 GDP 的最大最小值即相差达 3.1 倍。此后通过国家一系列经济政策包括生产布局政策的作用，这一差距到 1978 年已缩小至 2.8 倍，但近 30 年差距又逐步扩大，到 2008 年已达到 3.8 倍。1952 ~ 1978 年间，绝大部分省区 GDP 增幅都在 3 ~ 5 倍，差异不大，而 1978 ~ 2011 年间，大部分省区 GDP 增幅为十余倍，广东、浙江、福建等 3 省则高达 27 ~ 33 倍，差距比前一时期明显扩大。

与前一时期相比，中国经济发展地区差异新格局的突出表现是东部地区①特别是东南沿海地区在全国相对地位的大幅度提高，而广大的中西部地区则相对明显下降。1952 ~ 1978 年期间，三大地区占全国 GDP 总量的比重变化甚小，1978 ~ 2008 年间则出现了相当悬殊的高低落差：东部地区的比重大幅上升了 9 个百分点，中部和西部地区分别下降了 6 个和 3 个百分点，而且这一落差主要形成于人口迁移流动高潮迭起的 20 世纪 90 年代。相对于 GDP，三大地区占全国基本建设投资总额比重的变化更为引人注目：东部地区由第 3 个五年计划（1966 ~ 1970 年）的 26.4% 急升至 1996 年的 56.3%，从而与其他两大地区的显著下落形成了鲜明对照。

从省区来看，近 30 年位于国土东南部的沿海沿江各省区在全国经济中的相对地位普遍都有大幅度的提高，广东、浙江、福建、山东的 GDP 增长率在不包括 3 个老直辖市和西藏的所有 27 个省区中分列前 4 位，而此前 26 年它们仅依次排在第 20、第 16、第 13、第 8 位。期内相对地位出现下降的省区大部分位于中国的北方，一小部分位于西南：1952 ~ 1978 年间宁夏、青海、辽宁、陕西、广西、黑龙江、山西的 GDP 增长率在 27 个省区中分列前 1 ~ 7 位，而 1978 ~ 2008 年间则依次退居第 12、第 24、第 25、第 13、第 9、第 27、第 15 位。此外云南、甘肃和吉林的相对下降也很明显。

在任何时候，地区间经济发展的差异是推动人口再分布的最重要的因素之一。改革开放以来，我国区域经济发展态势的上述新格局及差异的扩大化，无疑也将对人口地理分布产生深刻影响。

（三）全国各地区人口转变态势的差异对人口分布的双重影响

经历了 30 多年的快速推进后，就全国而言，人口转变在我国已基本完成，但不同地区之间的差异仍然十分明显。就人口自然增长率而言，自上海市于 1993 年率先出现负自然增长后，东部地区其他一大批市县也相继进入零增长和负增长阶段，而与

① 本书中三大地区的范围仍按照 2000 年 12 月 27 日国务院发出的《关于实施西部大开发若干政策措施的通知》，其中东部地区包括北京、天津、河北、辽宁、山东、上海、江苏、浙江、福建、广东、海南等 11 个省市，中部地区包括山西、吉林、黑龙江、安徽、江西、河南、湖北、湖南 8 个省，西部地区包括其余 12 个省区。

此同时中西部不少地区人口自然增长率仍然偏高，迄今全国各省区人口自然增长率相差的最大值仍超过10个千分点，各县市人口自然增长率相差的最大值更接近30个千分点。

人口转变态势的这种差异对人口地理分布的影响有一点是与过去相同的，那就是自然增长率的不同直接关系到人口变动速率的高低，而另外有两点影响则是过去所没有或不甚明显，可以说是在本阶段才新出现的。

首先，我国人口自然增长率总的说来是西高东低。而如前所述，我国近30年经济发展地区差异的新格局却正好与此相反，也就是说，人口自然增长率相对较低，甚至为零为负数的地区，经济发展速度快，劳动市场容量大；人口自然增长率较高的地区，经济发展却相对缓慢，劳动市场容量较小，这就在人口与经济的协调发展上出现了矛盾，致使两类地区的人均收入和就业压力相差日渐悬殊。过去，在计划经济体制下，这种差异只能由各个地区自己内部消化；而在市场机制渐趋成熟的现阶段，这一压力差便很自然地形成了对于人口再分布的推动力，直接通过人口的迁移流动表现出来。毫无疑问，生产要素根据市场原则的这种重新配置或转移，既可以促进生产力发展，又有利于不同地区之间的相对协调。

其次，我国一些地区已踏入老龄化社会，且程度迅速加深，出现了不少与其他地区不同的人口经济现象或问题，如劳动力结构性缺口、大量高龄或病残老人需要照料等，客观上逐渐提出了通过人口迁移流动增加新鲜血液的需求。而另一些地区老龄化程度较低，青壮年人口总量十分庞大，按照市场原则对前一类地区实施补充，对社会经济的健康发展显然是很有利的。

二、人口分布格局变动的主要特点

1979年至今，在社会经济高速度发展的大背景下，中国人口地理分布相比前一时期发生了一系列引人注目的变化，除了史无前例的城镇化高潮外，这些变化主要表现在以下3个方面。

（一）人口再分布的活力显著增大

从反映人口分布变动强度的人口再分布指数来看，上述22年可分为对比鲜明的前后两个半期。前半期人口再分布指数逐渐下降（图8－1），即从1977～1981年的0.005 93降至1985～1989年的0.003 29，达到了新中国成立50年来的最低点；后半期人口再分布指数则迅速上升，进入21世纪已高达0.019上下，超过了新中国成立后除三年困难时期外的任何一个阶段。与过去相比，上述前半期在经济增长率大幅提高的情况下，人口再分布指数却逐期下降到最低水平，其原因是多方面的。首先，在20世纪60～70年代政策性的人口迁移及其回迁比较频繁，进入80年代此类人口迁移基本上全部平伏下来。其次，过去因生活困难，不少农民曾外流逃荒谋生。1979

年后全国农村实行家庭联产承包，把人和地紧密地挂上了钩，加上生活显著改善，极大地减少了农民的逃荒。虽然后来因劳动生产率提高解放出越来越多的农村剩余劳动力，但由于这一时期乡镇企业充分发挥了“蓄水池”的作用，农村剩余劳动力的转移基本上是“离土不离乡”。全国外出打工的农民在80年代初只有200多万人，直到1989年也仅增长到2 000余万人，且绝大部分不出省，对按省区计算的人口再分布指数影响甚微。第三，在70年代只有部分地区，主要是东部大城市，开始实行计划生育，而80年代这项工作已逐步在全国绝大部分地区推开，并迅速取得显著成效。加上年龄结构性因素的作用，促使一些省区的人口自然增长率出现断层式下降（如宁夏从1972年的32. 56‰降至1985年的13. 30‰）。而与此同时，原先一些自然增长率相对较低的东部省市却出现了补偿性的回升，致使全国人口自然增长率的省区差异大大缩小，其标准差在1985年前后降到了新中国成立50年中的最低点，从而显著抑低了人口再分布指数。

应该指出，人口再分布指数只能从某一个侧面反映出人口分布的变动。例如甲乙两个地区，甲人口自然增长率很高，乙很低，但甲地区的人口大量向乙地区迁移流动，这样的变动，人口再分布指数即难以真实反映。20世纪80年代在一定程度上就属于这种情况。

20世纪90年代，我国的人口再分布空前活跃，人口再分布指数比80年代中后期增大了好几倍。分析其原因，很重要的就是全国人口迁移流动的规模大大超过了前一时期。第五次全国人口普查数据显示，2000年与5年前相比，全国有3 400万人的常住地发生了跨省区的变动，比10年前的第四次人口普查增加了两倍；2000年全国流动人口总量为14 439万，其中跨省流动4 242万人，也比10年前有大幅度的增长。2010年全国人口普查显示，全国流动人口及其中的跨省流动人口又分别增加了7 763万人和4 345万人。此外，全国人口自然增长率的省区差异由于多种原因，其中包括人口流动以及年龄结构性因素的作用，在前一阶段显著缩小的基础上又有所扩大，对人口再分布指数也起了促升作用。

（二）人口分布长期均衡化趋势终止，主导制约因素转变

前文中已经指出，多年来，我国人口再分布的方向一直是从人口稠密地区指向人口稀疏地区，从开发历史悠久的地区指向新开发地区，导致人口分布均衡化。这种变化趋势归根结底是为了在小农经济生产方式下不断实现人和地，或者说人口与粮食供应能力的平衡。

自改革开放以来，我国的生产力高速度发展，产业结构和生产方式已发生重大变革。过去，粮食生产能力是制约一个地区人口规模及其增长率的基本物质前提，而进入新时期后，随着人均粮食产量的大幅度提高和人们的经济活动大量由第一产业向第二、第三产业转移，粮食生产能力对一个地区人口发展的影响力已明显减小，取而代

之的则是工商业发展区位。1978～2000年，我国按省区计算的相对于粮食产量的人口集中指数从0.064 5的低点上升至0.1 113，2008年再升至0.168 4；相对于第二产业增加值的人口集中指数则从0.268 4降至0.224 3，再降至0.208 9。这些清楚表明中国的人口分布模式已开始由农业社会向工业社会演化。

以上变化促使人口分布由分散重新走向集中，城镇化进程的空前加速就充分反映了这种新趋势。从省区或地区这样更大的空间层面上看，近30年我国人口分布均衡化的终止也很明显：按31个省区计算，相对于土地面积的全国人口集中指数曾长期下降，1949年为0.544 5，1978年已降至0.513 6，而此后就在略高于0.51的水平上稳定下来（图8－2）。而按2 300多个市县计算的人口集中指数则明显地由降转升（1990年为0.592 1，2000年为0.598 1）。这样的情况在我国的漫长历史中还是第一次出现。

（三）人口再分布的方向出现重大逆转

首先，在中国的三大地区之间，东部地区，特别是东南沿海地区，人口占全国的相对比重明显上升，从图8－4中可见，1953～1978年东部地区的人口增长率在东、中、西三大地区中是最低的，1978～2010年转变为最高，东部地区占全国总人口的比重因此由降转升：1978年为37.5%，2000年为38.9%，2010年已达45.96%，而中、西两大地区则均由升转降。其次，在中国的三大地形区之间，平原的比重上升，丘陵、山区的比重下降。1953～1982年间平原的人口增长率在三类地形区中是最低的，此后反转为最高，平原占全国总人口的比重因此由降转升：1982年为43.6%，2000年为45.3%；期内丘陵占全国总人口的比重略有下降，山区则大幅下降。早在80年代，全国就有几十个位于山区丘陵的县人口绝对减少。第五次全国人口普查数据显示，1990～2000年人口绝对减少的县市大幅度增加到约500个，其人口和土地面积均约占全国1/5，从大兴安岭、燕山、秦岭、大巴山经武陵山、南岭直至武夷山、天目山。我国几乎所有的主要山区在10年中人口减少5%、10%乃至更多的县市可谓比比皆是。中国的丘陵、山区目前与零自然增长尚有距离。在这种情况下，人口总量竟持续大幅减少，足见人口外流的强度之大。

以上两个变化体现了人口分布趋向沿海、趋向平原、趋向温暖湿润气候的一般规律。而在前一时期，由于种种主客观原因，我国人口再分布的基本方向与上述规律是有所背离的。

我国人口分布格局的大变动在各省区不同时期人口增长率和占全国总人口比重的对比中也可以看得很清楚。表8－8提供了各省区占全国总人口的比重及人口增长率排序的变动。从中可见，1978～2008年与1953～1978年相比，有12个省区人口增长率的排序上升，有19个省区下降。从中反映出前后两个阶段人口再分布的方向，据此可以勾画出中国人口分布变动的新格局。

1978～2010年与1953～1978年相比人口增长率排序下降的19个省区大致可以组

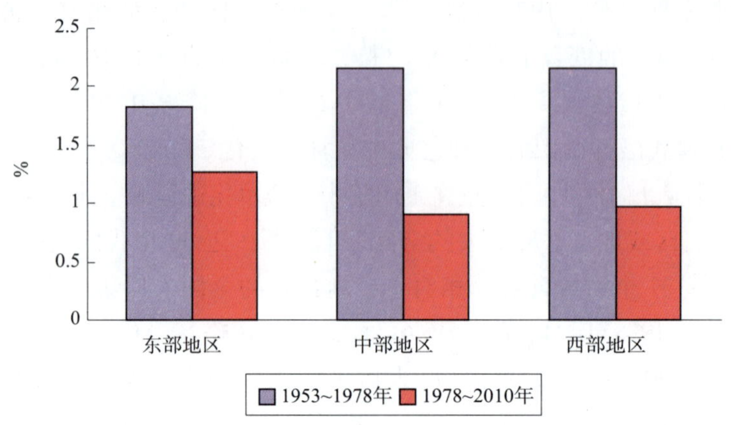

图 8－4　不同时期中国东、中、西三大地区人口年均增长率的对比（%）

资料来源：[1] 1953 和 1978 年数据来自《全国各省、自治区、直辖市历史统计资料汇编》（国家统计局综合司编，中国统计出版社，1990 年版）。

[2] 2010 年数据来自《中国人口统计年鉴 2011》（国家统计局综合司编，中国统计出版社，2011 年版）。

合为三大块：

第一块由黑龙江、吉林、内蒙古和辽宁 4 省区组成，它们都位于中国的东北部，上述前后两个阶段其人口增长率排序下降幅度之大在 15 个省区中分列前四位，前一阶段人口的高速增长和后一阶段的低速增长在全国范围内都是很突出的。四省区开发历史都不长，19 世纪以来通过大移民、大垦荒促使人口和经济呈现跳跃式的快速发展，新中国成立后的头 30 年中作为国家重点建设地区大体上仍保持这一势头，1953～1978 年间四省区合计占全国总人口的比重由 8.8% 大幅上升到 10.9%。但自进入实行改革开放的新时期后，国家的经济体制实行了大转轨，生产布局重心也有所转移，而上述四省区受重工业多、国有大企业多、资源性产业多等体制性和结构性因素影响，经济发展速度相对缓慢。1978～2010 年间黑龙江的 GDP 增长率在全国所有省区中是最低的，辽宁、吉林两省排位也较低，就充分显示出这一点。过去，内蒙古、黑龙江和吉林等省区余粮多，荒地多，森林煤矿多，人口容量较大，对外省自发外流的农民很有吸引力，而近 30 年来这种情况已有很大变化，移民不仅不再流入，反而有所流出。再加上 4 省区因城市发达、居民文化水平高等因素人口转变进程较快，目前已接近于零增长阶段，均促成了人口增长率的大幅度下降，到 2010 年 4 省区合计占全国总人口的比重已降至不到 10.02%，这种明显的下降势头在它们的全部人口发展史中还从来没有发生过。

第二块包括安徽、福建、河南、广西、海南、江西、湖南、湖北、贵州、重庆、四川 11 个省区市，它们在地理区位上正好夹在广东和上海—江苏两大经济高速增长区之间，经济发展速度和投资水平远不能与之相比，近似于两峰之间的低谷。受

“两峰”的强烈吸引，人口大量外流。共同构成了近30年全中国最主要的人口流出区。与前一时期相比，人口增长率在各省区中的排序均明显下降。

第三块包括陕西、青海、宁夏、新疆4个省区，都位于西北地区。在前一时期，移民大量迁入，自然增长又快，人口增长率在全国长期处于前列。近30年来，移民显著减少，甚至转为净迁出，人口增长率的排序因此有所下降，但其中新疆占全国总人口的比重仍有小幅上升。

表8-8　中国各省区占总人口比重及人口增长率排序的变动

地区	占全国人口比重%			人口增长率排序		
	1953年	1978年	2010年	1953~1978年	1978~2010年	变动
北京	0.87	0.89	1.46	16	3	13
天津	0.8	0.76	0.97	22	5	17
河北	5.77	5.28	5.36	27	12	15
山西	2.47	2.53	2.67	15	9	6
内蒙古	1.3	1.9	1.84	3	17	-14
辽宁	3.54	3.54	3.27	17	23	-6
吉林	1.95	2.24	2.05	7	20	-13
黑龙江	2.05	3.27	2.86	1	26	-25
上海	1.56	1.15	1.72	31	2	29
江苏	6.57	6.09	5.87	25	22	3
浙江	3.95	3.91	4.06	20	8	12
安徽	5.29	4.92	4.44	24	27	-3
福建	2.27	2.56	2.75	9	7	-2
江西	2.89	3.32	3.33	8	15	-7
山东	8.48	7.47	7.15	30	24	6
河南	7.62	7.38	7.02	21	25	-4
湖北	4.79	4.77	4.27	19	29	-10
湖南	5.73	5.39	4.90	23	28	-5
广东	5.15	5.29	7.79	14	1	13
广西	3.38	3.55	3.44	13	19	-6
海南	0.46	0.55	0.65	6	11	-5
重庆	3.11	2.75	2.15	29	30	-1
四川	8.12	7.38	6.00	28	31	-3
贵州	2.59	2.8	2.59	10	21	-11
云南	3	3.23	3.43	11	6	5
西藏	0.2	0.19	0.22	26	14	12
陕西	2.74	2.9	2.79	12	18	-6
甘肃	1.96	1.95	1.91	18	16	2
青海	0.29	0.38	0.42	5	13	-8
宁夏	0.26	0.37	0.47	4	10	-6
新疆	0.84	1.29	1.63	2	4	-2

资料来源：国务院人口普查办公室，国家统计局人口和社会科技统计司编：《中国2010年人口普查资料》，中国统计出版社，2012年版。

人口增长率排序上升的12个省市自治区可分为以下几种类型：

第一类是3个老直辖市。在20世纪60~70年代，其人口一直大量迁出，加上计划生育工作开展得最早，强度也最大，进入70年代自然增长率已大大低于其他省区。

自实行改革开放以来，三市作为全国最大城市，充分发挥出龙头、核心的巨大作用，人口迁移态势也发生了根本性的逆转，不仅前期迁出的移民陆续返回，还成为吸引全国人口迁移流动的“众矢之的”，净迁入率已多年在各省区中位居最前列。三市的人口自然增长率虽进一步下降，但降幅在各省区中相对较小，这些均促使三市人口增长率的排序大幅度上升。

第二类是以广东、河北、山东和江苏为代表的东部沿海省份，这些都是我国人口大省。在前一时期主要受国家生产布局政策的影响，其经济发展相对缓慢（1952～1978年间，江苏、广东两省的GDP增长率在全国各省区中分居倒数第五、第六位，其中第三产业增长率为倒数第一、第四位），人口也大量迁出。而进入新时期以来，这些东部沿海省区经济持续高速发展，其速度在全国显著领先，外来人口大量涌入，山东省和江苏省在省际迁移中由长期的净迁出逆转为净迁入，广东省的人口增长率更因巨量省际移民的迁入而一举跃居全国第一位。

第三类是西藏、甘肃等西部省区，其人口自然增长率因民族结构等因素偏高，部分省区还有省际的净迁入，人口增长率的排序因此有所上升。

总的说来，1978年以来，我国人口地理分布的变化既是社会经济环境巨大变革的产物，又对这种变革产生出强大的推动力，具有多方面的积极意义。最突出的就是在全国生产力大发展、产业结构和生产布局大调整的新形势下，较好地促进了人口与经济的协调发展。既为工业化进程中释放出的数以亿计的农村剩余劳动力开辟了实行产业转移的巨大空间，又充分满足了经济高速增长地区对劳动力的巨大需求。典型的如深圳特区，其人口发展速度之迅猛在世界范围也是罕见的，其中外来人口的比重即高达87%（2000年）。珠江三角洲上另一颗耀眼的明珠东莞市外来人口也占到78%。

应该看到，在20世纪50～70年代，中国出于当时特定国内国际因素下“备战备荒”的考虑，生产布局重点强烈地偏向于内地和边疆。但改革开放后，适应全球化大趋势和外资流入的需求，生产布局重点理所当然地移向东部沿海，而人口分布的变化在这个过程中很好地发挥了配合作用。很显然，如果没有源源不断的劳动力输入，“世界工厂”是不可能建成的。此外，人口再分布还为疏解人口压力，实现人口、资源、环境之间的相互协调创造了条件。近30年不少地区特别是生存发展条件较差的山区人口增长缓慢甚至持续减少，客观上减轻了人口压力，有利于休养生息，实现人口、经济发展与生态环境的良性循环。从促进控制人口数量、改善人口素质的目标来看，合理规模的人口再分布也是非常必要的，归根结底，这些都是有助于增强国家、民族的人口活力。

由于人口再分布规模的显著扩大及其方向的反转，在变动过程中也不可避免地会出现一些问题：有的地区人口流出强度过大，甚至全部流出，成了“无人区”①，妨

① 王继忠：《这里将成无人区》，《中国农民报》，1990年7月2日。

碍了社会经济的正常发展；而另一些地区则经历了长时间、大强度的人口流入，在人口管理、交通、就业和社会治安等方面也必然会产生种种新的矛盾。但“发展是硬道理”，只要加以必要的重视，上述各种问题在发展的过程中都是可以解决的。

第五节　人口再分布活力加强　地区差距值得关注

新中国成立后，人口地理分布呈现出变动相对缓慢，政策因素作用较大等特征，自然环境、政策因素对这些特征的形式产生了影响。而人口再分布活力，对促进社会经济可持续发展和民生改善有着重要的作用。

一、新中国人口地理分布的基本特征

（一）受多种因素制约，人口地理分布变动相对缓慢

人口地理分布是历史的产物。一方面，它随着生产力发展和生产布局的调整而处在不间断的演变过程中；另一方面，从总的看来，它又远不如后者变化得那么活跃，而是表现出极大的惰性。我国是一个历史悠久的文明古国，且人口总量庞大，分布稠密，1949 年新中国成立时已达 5.4 亿余人，平均每平方公里超过 56 人。再加上我国的自然条件存在着诸多局限性，许多地区不适宜大量居住人口。所有这些客观因素都决定了我国人口地理分布的变动不可能像一些新兴的或低密度的国家那样活跃。如我国的人口再分布指数大大低于美国（图 8－5），其中就包含了一定的不可比性。

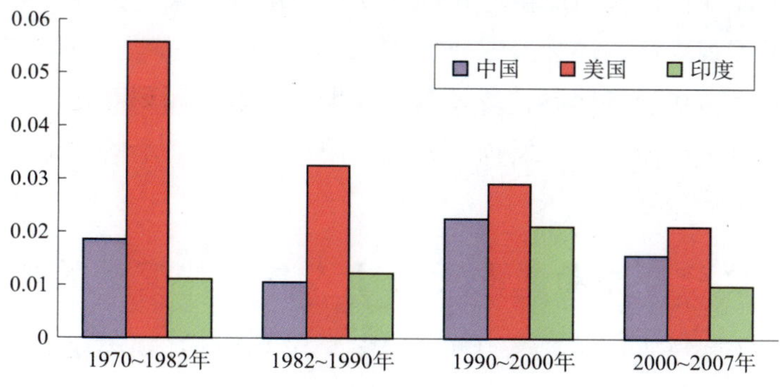

图 8－5　3 个国家人口再分布指数的对比

注：印度统计时间分别为 1971 年、1981 年、1991 年、2001 和 2007 年。美、印的数据取自两国人口统计网站。

但另一方面也应该看到，中国人口地理分布确实存在着变动相对缓慢的问题。这一点从中国和印度人口再分布指数的对比中可以看得很清楚。中印两国在历史基础、

人口特征和经济水平等方面有着很高的可比性，而且中国的平均人口密度显著低于印度。近几十年经济的发展速度又大大超过印度，在这种情况下中国的人口再分布指数有时反而较低，就充分反映出上述变动相对缓慢的问题。究其原因，主要就在于中国的人口再分布较多地受到了制度或政策性的制约与调控。

（二）政治和政策因素对人口地理分布具有强烈影响

中国作为一个社会主义国家，人口变动是社会经济发展计划的重要组成部分，因而受到政治和政策因素的强烈影响。在实行严格计划经济的时期，其力度和广度是几乎其他所有的国家都难以相比的。这种影响集中表现在以下几个方面：①计划生育政策存在区域差异，而成为导致不同地区人口自然变动出现明显差距的重要因素。②计划性生产布局在不断变化，随着国家经济建设重点的转移，不同地区之间出现了投资规模和发展速度的此消彼长，从而直接影响到对劳动力的需求及人口容量。③政府通过户口登记、生活资料和生产资料的供给等途径，直接或间接控制着全体居民的居住地及其迁移。此外，政府还直接组织了大量经济性和政治性的人口迁移。④中国多年来实行的是行政区经济体制，各省区市“分灶吃饭”，与人口密切相关的许多工作，如计划生育、医疗、教育、劳动就业、社会保障等，在很大程度上都以行政区划界，这对于跨省区的人口再分布无疑有一定的抑制。

上述政治和政策因素的影响，其积极的一面是减少了人口分布变动中可能存在的无序或盲目，有助于增大一定生产力水平下人口、资源与经济发展之间的区域协调程度，部分地避免或减缓了不少发展中国家在这一方面出现的问题和矛盾。但应该看到，这样做也很有可能会干扰人口分布按照自身规律实现的集聚或扩散，降低了它促进生产力发展的能动性以及适应生产布局变化的灵敏度。某些由政府组织的人口再分布，由于违背了客观规律，还会造成重大的人力物力上的损失。进入 90 年代中国逐渐确立了社会主义市场经济体制，政策因素发生了一系列深刻变化，人口再分布因此活力大增，在促进生产力发展上发挥了显著作用，也从另一个侧面反映出上述制度或政策性的制约的影响。

（三）人口分布格局主要受制于人口自然变动的地区差异

中国是世界上一个人口迁移率很低的国家，其中省际迁移率和省内跨市县迁移率大约分别仅相当于美国、日本的 1/7 ~ 1/9 和 1/3 ~ 1/4，即使与许多发展中国家相比，也明显偏低。而相对于人口迁移率，中国的人口自然增长率却比较高，且地区差异悬殊。世界上很少有其他国家像中国这样在一国之内并存着从典型的后期扩张到绝对衰减的几个人口转变阶段。按一级行政区计算，中国人口自然增长率的标准差目前在3‰左右，而美国和日本分别仅为2. 5‰和1. 3‰。中国自然增长率的最高值与最低值之间的差额虽已由前期的 25 个千分点缩小到现在的 11 个千分点，但仍显著超过美、日等国。其原因就在于中国无论自然环境和人文环境，还是生产力水平和产业结构，地区差异都非常大。美国51个一级行政区之间人均收入最高最低相差不到1倍；中国的省、直辖市和自治区之间相差却达5倍，即使去除3个老直辖市，也达到两倍多。为适应这种情况，我国政府在社会经济发展的不少领域，也实行了相应的差别政策。

以上特点造成中国人口分布格局主要受制于人口自然变动的地区差异，相比之下，人口迁移的影响力要小得多。当然，也有少数省区在某个时期人口迁移达到了与人口自然增长旗鼓相当的程度，如黑龙江、内蒙古、上海等，但就绝大部分省区而言，人口迁移无论是净迁入还是净迁出，其数量均远不能与自然增长相比。例如，新中国成立后近半个世纪人口迁移相对强度最大的北京市，净迁入量只占纯增人口的三成，新疆占1/4，黑龙江、内蒙古和天津不到1/5，西藏和青海约为1/9。其他人口净迁入的省区，如宁夏、陕西、云南、山西、广东、湖北等比重就更小了。在人口净迁出的省区中，强度最大的四川省的净迁出量约相当于纯增人口1/6，安徽为1/9，山东为1/10，辽宁、湖南、浙江仅约6%。相比之下，其他国家人口迁移在人口分布格局变动中的作用往往要大得多。如日本，战后经济高速增长期内人口迁移非常活跃。进入20世纪90年代，由于泡沫经济破灭、人口严重老龄化等因素，迁移率已显著下降，但全国仍有2/5的一级行政区净迁入率或净迁出率超过甚至大大超过自然增长率。在美国，尽管自进入后工业化社会以来人口再分布的规模已有所减小，而且巨大数量的国际移民对某些在国内迁移中为净迁出的地区起了填补作用，但迄今仍然有近半数的一级行政区以迁移变动占据优势，有几个州净移民竟占到纯增人口4/5左右。

一般说来，人口自然增长率的地区差异造成的是被动的人口再分布。一些省区人口自然增长快，相对比重不断上升；另一些省区人口自然增长慢，相对比重不断下降，全国人口分布格局逐渐发生变化。这种变动虽然也有其社会经济意义，但各省区之间生产要素的相互交换流通较少，就全国而言，显然缺少一种积极的变革因素。而迁移流动则是主动的人口再分布，具有多方面的积极意义，今后理应有更大的发展。

二、影响中国人口地理分布的主要因素

（一）自然环境

从古到今，中国的绝大部分人口始终分布于国土的东南半壁。若从黑龙江省的黑河向西南方云南省的腾冲画一条直线，该线东南一侧包括台湾省在内占全国土地总面积的43%，人口比重却超过94%，而西北一侧面积占57%，人口则不到6%，两边的平均人口密度相差达22倍，且长期以来没有大的改变，预计未来基本格局也不可能发生明显的变化。

造成中国人口分布这一最主要特点的原因就在于中国地理环境的地区差异，其中地

形条件和气候条件又起了基本的制约作用。表 8 –9 的数据充分反映了中国人口分布与自然条件与经济发展水平的关系。从中可见，中国绝大部分人口都分布在热带、亚热带以及温带湿润半湿润区，尤其是其中地形相对平坦的平原和丘陵，而这类地区基本上都位于国土的东南半壁，其人口密度要超过其他几类气候、地形区几十倍，甚至一两百倍。地形、气候对人口分布的作用主要表现在生物生产率的不同，进而决定了一个地区的土地人口承载潜力。据计算，我国亚热带（淮河以南）的平均承载密度为每平方公里 426 人，南温带（长城至淮河）为 279 人，而西北干旱区为 32 人，青藏高原区则仅为 4 人①。正是这种悬殊差异对我国人口分布产生了基本的制约作用。

表 8 –9 中国各大气候、地形类型区的人口和经济分布

气候、地形类型	土地面积（万 km^2）	1990 年（万人）	2000 年（万人）	增长率%	人/km^2	CDP/km^2 *	粮食/km^2 *	人均 CDP *	人均粮食 *
热带	8	1 605	1 831	14. 1	218. 3	156. 1	127. 7	88. 4	72. 3
亚热带	231	61 336	67 605	10. 2	292. 0	231. 8	211. 3	102. 6	93. 5
其中：平原	34	19 488	23 602	21. 1	696. 1	857. 6	392. 2	160. 1	73. 2
丘陵	57	21 377	22 862	6. 9	402. 7	262. 8	329. 0	84. 9	106. 3
山地	141	20 471	21 141	3. 3	150. 1	66. 8	118. 6	57. 7	102. 5
温带湿润半湿润	165	39 877	43 303	8. 6	261. 8	212. 5	232. 5	104. 9	114. 8
其中：平原	52	24 145	26 596	10. 2	507. 8	419. 7	485. 9	106. 3	123. 1
丘陵	62	9 190	9 909	7. 8	158. 3	144. 8	136. 8	117. 7	111. 2
山地	51	6 568	6 825	3. 9	135. 0	83. 5	90. 6	80. 8	87. 7
温带半干燥	113	7 196	7 940	10. 3	70. 4	34. 5	44. 1	63. 6	81. 2
温带干燥	172	2 172	2 618	20. 6	15. 2	9. 9	13. 0	84. 2	110. 9
高原	269	836	936	12. 0	3. 5	1. 6	1. 8	60. 4	65. 5
合计	960	113 048	124 261	9. 9	129. 4	100. 0	100. 0	100. 0	100. 0

注：* 以全国平均数为 100。

资料来源：[1] 1990 年数据根据《中国统计年鉴 1991》（国家统计司编，中国统计出版社，1991 年版）整理。

[2] 2000 年数据根据《中国统计年鉴 2000》（国家统计局编，中国统计出版社，2001 年版）整理。

新中国成立 60 多年来，生产力和科学技术的进步不可谓不大，但人口分布仅就东南、西北两部分的比例而言，则始终变动甚小，西北半壁比重仅有微幅的上扬。从社会经济角度考察，这种微幅上扬固然有其必然性，也产生了一些积极成果，但其生态代价也非常大。例如，新中国成立后，不少地区出于发展农业生产的愿望，以主观愿望代替科学，在干旱草原和高原上大规模移民垦荒，结果不仅生产效益甚低，还严重破坏了自然生态系统。近年来，我国整个西北半壁江山沙漠化、沙尘暴、水源枯竭等生态灾难愈演愈烈，其原因当然非出一端。然而科学界已经公认，人口增长过多过

① 中国科学院国情分析研究小组：《生存与发展》，科学出版社，1989 年版，第 130 页。

快产生的大规模滥垦滥伐滥牧是其中最主要的原因。这就非常明确地向人们提出了警示，人口的发展，包括实施人口再分布，都必须尊重自然规律，高度重视自然环境因素的作用，否则不仅难以实现可持续发展，还将产生严重的危害。

（二）民族因素

我国是一个多民族国家，少数民族虽然只占全国总人口 9.5%，但分布范围占 60%。其人文状况及所居住的地理环境均与汉族有较大差异，不仅人口转变进程和自然增长率差距很大，迁移流动也有不同的特点，成为影响全国人口分布总体格局的一个重要因素。

60 多年来，全国少数民族人口增长得比汉族快，而少数民族地区人口增长得也比汉族地区快。宁夏、新疆、内蒙古 3 个自治区 1949 ~ 2008 年人口增长率在所有省区中即高居第一、第二、第四位。此外，少数民族较多的青海、海南、云南等省人口增长率也较高。它们占全国总人口的比重均有明显上升，对人口分布重心向北向西的移动产生了不小的拉力。

少数民族地区人口比重的上升，主要是由于从 20 世纪 60 年代起少数民族人口的年均自然增长率一直高于汉族，1964 ~ 1982 年高 4.5 个千分点，此后仍大约高 3 个千分点。这种差距主要是不同的人文环境和不同的人口转变进程造成的。少数民族中计划生育政策相对宽松，甚至不实行计划生育，也有不小的影响。至于民族成分的更改，所影响的主要是所在地区的民族结构，与人口总量关系不大。但一部分人更改民族成分后，生育行为也可能有一些变化。

另一个导致少数民族地区人口比重上升的因素，是人口迁移。这里指的基本上是来自汉族地区的汉族移民。而少数民族对汉族地区的人口迁移，虽然随着经济文化的发展，比过去有很大的增长，但与前述汉族移民相比，数量仍然是很少的。由于移民的迁入，增多了自然增长的人数，也有不小的影响。

值得注意的是，汉族对少数民族地区的人口迁移规模虽大，但迄今受其明显影响的实际上只是一部分地区，其中主要的是内蒙古东部和南部，宁夏的北部，青海从海东地区到海西自治州的整个北半部，新疆的天山北麓和巴音郭楞州，以及云南的西双版纳州，而整个藏族聚居区，内蒙古牧区，以及新疆的伊犁、喀什、和田等地区和克孜勒苏州，汉族移民始终很少。

（三）经济因素

人口地理分布归根结底是一种社会经济现象，它的基本的制约因素是生产力发展水平和生产方式。而与生产力水平和地理环境密切相关的产业结构，以及不同时期生产布局的变化，对之也有影响。从世界历史来看，生产方式每发生一次划时代的变革，人口分布状况及其特点就会出现明显的变化。

新中国成立前是一个经济、文化落后的半殖民地半封建国家，产业结构以农业为主，小生产犹如汪洋大海，工业则非常薄弱，且高度集中在沿海少数大中城市。新中国成立后，特别是实行改革开放以来，中国的社会经济取得了伟大进步，但在世界上仍然是一个人口压力重、生产力水平不高的发展中国家。工业化和现代化还远未完成，农业在全体居民的经济活动中仍占了很大比重。受这些基础条件的影响，乡村人口相对分散的分布模式迄今仍占据绝对优势。由于产业结构的限制，大量人口被束缚在土地上，人口再分布缺乏强大的推动力。自然条件、土地的生物生产潜力和农业生产水平，简言之，一个地区能够提供给居民的食品数量，对人口分布的地区差异起着基本的制约作用。工商业地理区位的吸引力近十余年虽比过去显著增强，但总的来讲，仍只是一个次要因素。

耕地是土地资源中的精华，是粮食生产最基本的物质资料。我国的人口分布因此一直与耕地的分布及其生产率息息相关。据分析，2000 年 31 个省、区、市人口密度与 1996 年垦殖指数的相关系数为 0.604 4，已表现出一定程度的正相关。考虑到我国国土之辽阔，各地差异之悬殊，可以把不包括 4 个直辖市和近年受人口流入影响较大的浙江、广东、福建三省的其他所有省区按地理方位划分为南北两大组，则每一组的人口密度与垦殖指数之间将达到高度的正相关：北方 13 省区（河北、山西、内蒙古、辽宁、吉林、黑龙江、山东、河南、陕西、甘肃、宁夏、青海、新疆）相关系数 0.918 2；南方 11 省区（江苏、安徽、江西、湖北、湖南、广西、海南、四川、贵州、云南、西藏）相关系数 0.916 3。

以上特征从中国相对于各主要经济指标的人口集中指数中可以看得很清楚。据计算，2010 年中国相对于第一产业增加值和粮食产量的人口集中指数分别为 0.09 和 0.13，而相对于第二、第三产业增加值的人口集中指数则达到 0.21 左右。这说明中国人口分布主要受农业和粮食生产分布的吸引，第二、第三产业的作用力则远为次要。这一特征与发达国家正好相反，如美国，近年相对于农业净产值的人口集中指数为 0.28 ~ 0.29，而相对于制造业净产值的人口集中指数却仅在 0.1 左右。这就充分表明，就主要的制约因素而言，中美两国在人口分布上完全分属两种不同的模式。中国正处在由农业社会向工业社会演变的过程中；美国则早已进入后工业化阶段。生产力发展水平的悬殊差距必然会在人口分布方式上反映出来。

人口集中指数的变动也反映出改革开放前后的明显差异。中国相对于第一产业增加值和粮食产量的人口集中指数在实行改革开放的前夕降到了最低点，仅在 0.064 左右。去掉 3 个老直辖市，全国人口分布与粮食生产已近乎重叠。这说明绝大部分人都在忙于解决吃饭问题，充分显示出生产方式的落后性。实行改革开放以后，相对于第一产业增加值和粮食产量的人口集中指数明显趋于增大，表明中国人口分布已开始“摆脱”粮食生产，向第二产业靠拢。这无疑是工业化取得显著进展的一个标志。

新中国成立初期，中国相对于第二产业增加值的人口集中指数很高，1953 年仍在0.37以上，这是工业布局非常畸形的一个明证。旧中国77%的工业总产值集中在仅占国土面积12%的东部沿海狭长地带，上海、天津、沈阳、青岛等几个大城市在其中又占了大部分，而广大内地边疆工业均十分落后，许多地方基本上是一片空白。经过几十年的努力，这一状况在一定程度上有所扭转，但总的说来，工商业对人口分布的吸引力仍有待进一步地增强。

表8-10提供了2005年中国省区人口密度与多种自然、社会和经济因素的相关分析数据。从中可见，人口密度与国民收入和产业结构等有显著相关甚至高度相关。此外，地形特征等自然因素对人口分布影响也很大。从不同侧面反映出市场经济大发展的新形势下各种因素对人口地理分布的影响。

表8-10　2005年中国各省区人口密度（人/km^2）与主要影响因子的相关分析

相关因子（K）	线性相关系数	回归公式
1. 单位国土面积上的GDP（万元/km^2）	0.9728	$D=0.188K_1+183.69$
2. 人均GDP/万元	0.834 2	$D=394.08K_2-250.53$
3. 人均第二产业增加值/万元	0.830 9	$D=792.39K_3-211.83$
4. 人均第三产业增加值/万元	0.771 2	$D=628.57K_4-48.80$
5. 平原比重/%	0.7458	$D=14.45K_5-38.14$
6. 人均固定资产投资/万元	0.731 3	$D=883.24K_6-269.42$
7. 城镇人口比重/%	0.729 9	$D=24.28K_7-719.07$
8. 垦殖指数/%	0.589 9	$D=21.39K_8-140.34$
9. 二三产业占GDP比重/%	0.557 8	$D=41.71K_9-3206.3$
10. 单位国土面积食物*产量/（t/km^2）	0.5213	$D=2.815K_{10}+18.9$
11. 年平均温度/℃	0.269 6	$D=22.46K_{11}+105.39$
12. 少数民族比重/%	-0.368 9	$D=-8.65K_{12}+517.0$
13. 人均第一产业增加值/万元	-0.410 9	$D=-3\,268.1K_{13}+938.57$
14. 人口自然增长率/‰	-0.489 9	$D=-83.05K_{14}+841.42$
15. 人均食物*产量/t	-0.494 6	$D=-1189.3K_{15}+947.3$
16. 高原山地比重/%	-0.531 1	$D=-9.43K_{16}+847.61$

注：*各种食物的折算比例依次定为粮食、油料和水产品1，猪肉0.5，牛羊肉1.5，糖1.3。
资料来源：根据《中国统计年鉴2005》（国家统计局编，中国统计出版社，2006年版）整理。

三、增强人口再分布活力，促进社会经济可持续发展和民生改善

新中国成立后的60多年中，考察人口地理分布格局的变动，总的说来可以分为实行改革开放之前之后的两个时期。前半期受生产力水平和其他一些因素的限制，农业社会高度依赖土地粮食承载力的分散型人口分布模式占据了绝对优势。人口再分布既缺乏强劲的活力，又缺乏可持续性。而自改革开放以来，我国的生产力得到大发

展，社会主义市场经济体制日益健全，农民挣脱了土地和传统生产方式的束缚，在全国范围内涌动起人口迁移流动的大潮。种种事实表明，在土地的粮食承载力之外，工商业的地理区位已开始对我国人口分布产生越来越大的影响。传统的农业时代分布模式，已经朝着一个新的工业化模式演进。它既包括城乡的对比关系，也包括不同地区之间的对比关系。虽然这一转变迄今还只是初步的，但今后可望逐步加速。如何遵循市场经济规律，增强我国人口再分布的活力，并合理引导它的方向，以促进社会经济可持续发展，无疑是一个应予以高度重视的重大课题。

目前，我国正进一步深化改革。在未来几十年内，我国的生产力按人均计算将达到中等发达水平，数以亿计的农民将投身到非农产业的广阔天地中去，城镇化会有巨大发展，城乡人口迁移流动的规模将是以往任何时期都难以比拟的。在此过程中，生产布局面貌将发生一系列变化，沿海沿江肯定将进入世界新兴工业化地区的行列，内地和边疆通过西部大开发将缩小与先进地区之间的差距。未来几十年内我国的人口状况也将发生巨变，不少地区将步入老龄化社会的深化阶段，人口会长期保持负自然增长，而另一些地区则仍将保持一定的人口增长势头。所有这些都说明我国存在着进一步推进人口再分布的社会经济需求。在这种形势下，有必要加深对合理人口再分布重要的社会经济和民生意义的认识，坚决破除与市场经济原则相抵触的保守观念。要看到生产力发展及其对人口和劳动力的需求在地区之间的不平衡是始终存在的，人口再分布正是调节这种不平衡的重要杠杆，其合理发展无疑是建立社会主义市场经济的必要条件。还要看到，中国迄今仍然是一个人口分布相对凝固的国家，这种状况理应随着现代化进程逐步得到改善。

为了促进人口再分布，一些相关的体制性机制要不断在发展的过程中完善，如户籍登记管理制度、行政区经济体制等，以尽早在全国范围内建成一个统一的，能促进人口、劳动力和其他生产要素在计划流动和自由流动中达到最佳配置的社会环境和经济环境。

国家“十二五”发展规划提出要以科学发展观统领经济社会发展全局，探索符合区域特点的发展道路，要求根据资源环境承载能力、现有开发密度和发展潜力，统筹考虑未来我国人口分布、经济布局、国土利用和城镇化格局。规划将国土空间划分为优化开发、重点开发、限制开发和禁止开发四类主体功能区，按照主体功能定位调整完善区域政策和绩效评价，规范空间开发秩序，以期形成合理的空间开发结构。从全国范围来看，那些资源环境承载能力较强、经济和人口集聚条件较好的区域，要加快工业化和城镇化，承接来自其他地区的产业转移和人口转移，逐步成为支撑全国经济发展和人口集聚的重要载体。而那些资源环境承载能力较弱、大规模集聚经济和人口条件不够好的区域（大多分布在国土的中西部，尤其是其中的高原山区以及沙漠、草原），应坚持保护优先、适度开发、点状发展，引导超载人口逐步有序向外转移。国家“十二五”发展规划提出的上述精神，无疑对未来若干年中国人口分布格局的调整具有最重要的指导意义。

基于以上思路，展望未来几十年我国人口分布格局的演变，除了城镇化以外，还有两个主要趋势是完全可以预期的。

第一，东部沿海地区占全国总人口的比重将有所增大，中部地区将减小，西部地区仅有微幅上升。在各省区中，西藏自治区、广东省的增长幅度较大，新疆维吾尔自治区和海南省次之，而四川、重庆、浙江、辽宁 4 省市的增幅最小。

第二，山区占全国总人口的比重将减少，平原将增大。这一点与前一趋势有着很密切的关联。我国是一个多山的国家，山地丘陵占总面积 71%，人口占 55%，但在全国经济总量中，其比重却相当低，与平原的差距还在不断扩大。据统计，丘陵地区乡村人口人均粮食产量近年比平原低 1/10，山区则低 1/3，人均工业产值相差更大，不少山区工业化和城镇化还没有真正开始。广大山区除了在经济上陷于贫困外，生态环境也遭到一定程度的破坏，有的已出现生态危机。这种状况是由历史、自然、地理、社会、经济等多方面的不利因素造成的。应予以强调的是近几十年人口增长过多过快，超过了资源承载能力，无疑是最重要的原因之一。

因此，在未来社会经济发展包括西部大开发的进程中，应该高度重视山区人口合理再分布的问题。除了继续加强人口和计划生育工作外，还应针对广大山区人口超载，生态失衡，存在较多难以根本改善的不利条件的情况，适当调整山区与平原的人口比例，通过劳务输出、异地开发和人口迁移流动等多种途径，逐步、适度、有序地引导山区，特别是高、深、偏、远山区和石山区的剩余劳动力乃至部分人口向外部转移，以减轻人口压力，休养生息，促使人口、经济和生态环境早日走向良性循环。

从 20 世纪 80 年代初起，许多省区已在山区环境移民上做了大量的工作，累计迁移了数以百万计的人口。2001 年国家在内蒙古、宁夏、贵州、云南 4 省区又启动了“易地扶贫搬迁试点工程”，共有 40 万人通过异地搬迁摆脱了贫困。2005 年国家发改委发布了《关于易地扶贫搬迁试点工程的实施意见》，特别强调了“在自然条件极为恶劣、人类难以生存的地方，需要通过异地搬迁的办法从根本上解决这部分群众的脱贫和发展问题”。意见还对易地扶贫搬迁工作的指导方针、投资渠道、组织实施等方面作出了明确的规定。所有这些均从一个侧面勾画出未来我国人口再分布的大方向，进而对全面建设和谐社会，加速民生改善都有重要的意义。

第九章　人口迁移流动与经济社会发展[①]

人口的迁移与流动，是人口的三大变动之一。新中国成立以来，出生、死亡两大变动明显弱化，其地区差异地逐步减小，然而人口的迁移流动却日趋活跃。人口的迁移与流动一方面受经济社会发展的影响，另一方面也影响着经济社会的发展。而随着规模的进一步扩大，人口的迁移与流动正成为影响中国区域人口增长、分布的主导因素，构成中国人口变动与发展的重要内容。

人口现代化是中国社会主义现代化的组成部分，是实现我国经济社会发展、解决发展过程中的民生问题的重要方面。人口迁移和分布的现代化也是人口现代化的组成部分。这种人口要素的现代化可以表述为：与现代化、城市化相适应的人口大多数居住在生活方式较为现代化的城市，与此相适应，一部分人口由农业地区向工业、第三产业和发达地区迁移，一部分人口在乡镇工业现代化的基础上逐步向乡村、向小城镇集中，由农业向非农业流动，形成城镇人口所占比例越来越高的分布格局。

新中国成立以来，深受经济体制和经济社会发展影响的人口迁移与流动，也像中国的经济体制改革和经济社会发展一样，经历过颇多曲折，发生过重大变化，表现出比较明显的阶段性特征。各阶段的特征主要表现为：

第一阶段，大致为新中国成立到"一五"计划[②]期末的1957年之间。在这一时期，尚未建立户籍制度，人口可自由迁移，且主要以农村人口迁移为主。

第二阶段，基本为"二五"计划时期，即1958年到1965年期间。在这一时期，随着"大跃进"的暴涨、骤挫，人口迁移也潮起潮落，大量农村人口由农村涌入城

---

① 本章在分析人口迁移流动与经济社会发展、民生变化的关系时，所使用的相关迁移数据一般都仅限于调查时对迁移数据的定义而不再进行调整。另外，文中20世纪80年代以前有些未说明数据来源的数据或相关资料，一般均引自孙敬之主编的《中国人口》各省区分册；而且20世纪80年代以前所使用的迁移数据基本为户籍统计数据，20世纪80年代开始所使用的迁移数据主要来自此间进行的人口普查和人口抽样调查，由于二者调查统计口径不同，故相互之间基本无可比性。

② 即新中国成立以来制定的第一个"五年"发展计划，在此简称为"一五"计划。本章如果使用第N个"五年"计划，也将同本注，简称为"N五"计划，如称第六个"五年"计划时，简称为"六五"计划。

市又被“挤”出城市、回归农村的“U 型”迁移和被动迁移，成为当时人口迁移的一大特征。

第三阶段，大致从“三五”计划期首、“文化大革命”开始的1966 年到改革开放开始之前的1977 年。在这一时期，除汹涌澎湃、席卷全国的“红卫兵”“串连”大潮短期涨落以外，人口的经济迁移相对较弱，而以城市知识青年“上山下乡”和干部下放劳动、接受劳动改造和工农再教育的政治性城→①乡迁移成为人口迁移的主流。

第四阶段，即从开始改革开放的1978 年到21 世纪初期。这一时期大约历时30余年，尽管其间也经历过一些曲折和变化，但总的来看的确是改革开放带来了人口迁移与流动的春天。中国80 年代以来最引人瞩目的人口趋势是大规模的人口流动与迁移，从落后地区到发达地区，从内地到沿海，从农村到城镇，表现为全方位的宏大潮流，这其中又属农村到城镇的迁移最为突出。城乡人口迁移，农村剩余劳动力向城镇转移，是发展格局不可替代的组成部分。它通过人口与文化交流、人力资源的合理配置与调节促进城乡发展与融合，促进城乡的经济发展与社会民生建设。首先，改革开放把大量农民从土地上解放出来并迁向各级城市就业谋生形成巨大的“民工潮”，推动国内人口迁移空前活跃；其次，改革开放打开了“国门”，形成了出国留学、就业的出国大潮。“民工潮”、“出国潮”的兴起和涌动，是这一时期中国人口迁移发生重大变化的两大标志。另外，“上山下乡”知识青年、下放改造干部及“三线”建设移民在改革开放、拨乱反正中纷纷回流东迁、返城，以“三峡”移民为主的工程移民，也显示了这一阶段中国向市场经济体制转变、“以经济建设为中心”、积极推进现代化建设的发展态势。

新中国成立以来的人口迁移流动深受国内政治经济形势的影响，而人口的迁移流动也进一步推动着经济社会的变化和民生的发展。

第一节　新中国成立初期经济发展与人口自由迁移

中国人口迁移与流动的第一阶段，大致为新中国成立到“一五”计划期末的1957 年之间。在这一时期，我国从新中国成立起步，实现政权更替、恢复经济发展为当时首要任务。特别是在这一时期尚未建立独具中国特色、长期以来对中国人口迁移流动具有深刻影响的户籍制度，所以虽然存在一定有组织的计划迁移，但总的来看以农村人口的自由迁移为迁移主流。在此期间，伴随政权更替及经济恢复发展的有组织的计

① 本章在说明区域人口迁移时在迁出地与迁入地两区域之间所加的箭头符号“→”表示两区域之间人口迁移的流向。

划迁移和自由迁移主流，形成新中国成立以来第一个比较稳定的人口迁移活跃期。

由于受政权更替及经济恢复和发展的影响，我国这一时期的人口迁移在不同时间段也表现出不同的特点，大致可以划分为恢复时期和“一五”计划时期两个阶段。

一、恢复时期（1949～1952年）的人口迁移

这一阶段，我国在政治上推翻了旧制度，建立了新政权。在中国共产党和中央政府的领导下，社会渐趋稳定，经济得以迅速恢复和发展。在此背景下，主要形成了两方面的人口迁移。

（一）政权更替形成的人口迁移

新中国成立初期，伴随政权更替、“吐故纳新”，主要形成了两股人口迁移流：一是因政权更替“纳新”，即接管和建立新政权形成的人口迁移；二是政权更替“吐故”，即安置旧政权人员及居民返迁形成的人口迁移。

1. 接管和建立新政权形成的人口迁移。因为中国解放战争及新政权的建立，基本是从北向南、“由农村包围城市”逐步推进的，这就决定了随着解放战争及新政权建设的空间推进，形成了一股自北向南、主要由农村迁向城市的人口迁移。特别像北京、上海等大城市，大批干部迁移进城接管旧政权，建立新政权，形成较大规模的主要由农村迁向城市的人口迁移。如北京市在继1949年和1950年人口净迁出之后，从1951年开始转变为人口净迁入。其中，1951年迁入25.6万人，净迁入12.5万人；1952年迁入19.3万人，净迁入11.0万人①。上海市在1950年迁入56.7万人，1951年迁入人口进一步增加到100.4万人，迁入率分别为11.39%和19.22%②，也与此密切相关。

2. 旧政权人员的安置及居民返迁形成的人口迁移。由于政权更替、“吐故纳新”，新中国成立前留居城市的大批国民党军政人员、闲杂人员及一些居民，主要被安置返迁农村或自行返迁故里，形成与接管、建立新政权迁移人口（主要由农村到城市）相反的主要由城市迁向农村的人口迁移。如北京市1949年宣告新政权成立当年即迁出31.8万人，1950年迁出15.1万人，两年分别净迁出20.5万人和3.2万人；③ 上海市1950年也迁出62.3万人，净迁出5万多人。北京市和上海市的这些迁出人口，虽并非都是旧政权遣返人员，但无疑这类人员都占有较大的比例。特别是国民党中央政府所在地南京市，1949年4月底国民党溃败逃离时，残留了大量流散军人和失业人员，加上当时滞留的遭受水患之灾的山东、安徽等省的避难农民，估计约有30万人

① 八大城市政府调研机构联合课题组：《中国大城市人口与社会发展》，中国城市经济社会出版社，1990年版，第146页。

② 上海市统计局编：《上海市人口统计资料汇编：1949～1988》，中国统计出版社，1989年版，第49页。

③ 同①。

以上。随着新政权的成立，第二年（1950 年）即着手遣返，其中遣返安徽省五河、灵璧、凤阳等县和山东省济南、龟山等地的就多达 17 万人①。

（二）经济恢复和发展形成的人口迁移

新中国成立，百废俱兴，在中国共产党和中央政府的领导下，经济迅速恢复和发展，成为诱发人口迁移的重要动因。特别是中央政府还出台了《城市户口管理暂行条例》（中央人民政府公安部 1951 年 7 月 16 日公布），以“保障人民之安全及居住、迁徙自由”②，因此在当时形成了十分活跃的人口迁移。

由于新出台的《城市户口管理暂行条例》，不仅未限制人们的迁移行为，相反还给予保障，也就是说此间新政府实行的是自由迁移政策，所以当时除由政府组织的一些计划性迁移以外，更多的则主要是由经济恢复和发展形成的自发性人口迁移。

由于当时经济发展的重点在城市地区，所以主要由经济恢复和发展形成的自发性人口迁移基本以农村人口向城市迁移的乡→城迁移为主。上海市仅 1951 年就迁入人口 100.4 万人，净迁入 43.78 万人，净迁入率高达 8.38%，形成上海市自新中国成立以来的第一个人口迁入高峰。又如，天津市 1951 年仅通过招收职工即迁入 14.7 万人，其中约有 86.4% 迁入前为农村人口。

但是，在这一阶段，新政府也意识到组织计划移民的必要性，所以制定了一些相关政策法规，提倡和组织了一些主要由农村迁向农村的计划性人口迁移。

这一阶段出台的一些相关政策法规，主要有 1952 年 7 月 25 日中央政府颁发的《政务院关于劳动就业问题的决定》。该决定针对城市各种失业人员就业问题和城乡大量剩余劳动力充分就业等问题，提出了组织移民开荒的必要性。

1952 年 10 月 31 日，中央政府又就华北、华东、中南、西南农村中大量剩余劳动力的状况，提出《中央劳动就业委员会关于解决农村剩余劳动力问题的方针和办法》，将移民开垦作为八项措施的第一项。

在上述中央政府一系列政策、法规的调控、指导和组织下，形成了一股主要由东部沿海人口稠密地区迁向东北、内蒙古、西北等边远地区、以开垦拓荒为主要目的、具有明显组织计划性特征的农村人口迁移。如西北地区的新疆，历来是中国计划性垦荒移民的重要迁入地区，在 1949～1952 年间，共迁入 63.9 万人，其中农民最多，有 25.56 万人；其次是军人和干部，分别为 12.78 万人和 7.10 万人。从迁移原因来看，

---

① 杜闻贞主编：《中国人口·江苏分册》，中国财政经济出版社，1987 年版，第 145 页。

② 《城市户口管理暂行条例》，由中央人民政府公安部 1951 年 7 月 16 日公布，是新中国成立以来最早的由中央颁布的关于城市户口管理的法规。其第一条明确规定“为维护社会治安，保障人民之安全及居住、迁徙自由，特制定本条例。”该条例第五条对户口变动中迁出、迁入做出了如下具体规定：“凡迁出者，得于事前向当地人民公安机关申报迁移，注销户口，发给迁移证……”；“凡迁入者，须于到达住地三日内，向公安派出所申报入户。有迁移证者，应呈缴迁移证；无迁移证者，应补交其他适当证件。被解放之伪官兵，及释放之犯人，须持军事机关或人民司法机关、人民公安机关之证件，申报入户。”

无疑以“自流”迁入人口最多，约占35.57%，但“分配”、“支边”和“随迁”等属于计划性迁移的人口也分别占21.30%、2.84%、2.84%，合计约达27%的高比例①。内蒙古也是当时重要的人口迁入地区，在1950~1952年，全区净迁入43.67万人，年均14.56万人。但总的来看，由于新中国成立不久，中央政府的相关政策、法规也刚刚出台，所以新政府组织的计划性人口迁移也只刚刚起步，规模不大。

二、“一五”计划时期（1953~1957年）的人口迁移

在经过3年恢复之后，中国开始实施“一五”计划，明确以经济建设为中心，加快了经济发展的步伐，也迎来了新中国成立以来以东部沿海地区人口向黑龙江、新疆等东北、西北边疆省区迁移为主的第一个比较稳定的人口迁移活跃时期。

这一阶段的人口迁移，主要表现出以下几个特点：

（一）人口迁移十分活跃

表9-1显示，该期间每年中国人口迁移的总迁移率也普遍很高，几乎都在8%以上，其中1956年甚至高达9.42%，为新中国成立以来历年总迁移率最高的几个年份之一。从各省区人口净迁移来看，在1953~1957年期间，作为当时全国重要人口迁入地的黑龙江省、辽宁省和内蒙古自治区净迁入人口规模均超过100万人。

表9-1 改革开放前中国人口迁移基本状况（1954~1977年）

年 份	总迁移率（%）	年 份	总迁移率（%）
1954	7.33	1966	3.92
1955	8.17	1967	3.65
1956	9.42	1968	4.43
1957	8.37	1969	4.66
1958	9.65	1970	4.23
1959	9.02	1971	3.67
1960	9.84	1972	3.68
1961	6.15	1973	3.10
1962	6.71	1974	2.96
1963	3.98	1975	3.49
1964	4.04	1976	3.40
1965	4.53	1977	3.21

资料来源：严蓓：《新时期中国人口迁移》，湖南教育出版社，1999年版，第85页。

在这一阶段，中国人口迁移之所以如此活跃，不仅受经济快速发展及生产力地区布局调整的强力作用，也与政府的自由迁移政策密切相关。具体地说，这一阶段中国比较活跃的人口迁移，主要受以下几方面因素的影响：第一，中共政府仍实行自由迁

① 周崇经主编：《中国人口·新疆分册》，中国财政经济出版社，1990年版，第134，140页。

移政策，允许并鼓励人口自由迁移。如前所述，中央政府早在1951年7月就出台了《城市户口管理暂行条例》，1955年6月9日国务院全体会议第十一次会议又通过了《国务院关于建立经常户口登记制度的指示》。1951年的“条例”及1955年的“指示”都表明，当时中央政府对人口迁移几乎没有限制，仍实行自由迁移政策，允许城乡居民在城乡之间或城镇之间自由迁移。第二，中央政府在经过3年恢复之后，开始实施“一五”计划，大力推进工业化建设，加快国民经济的发展。而且为了改变旧中国工业偏集东部沿海的不合理布局，政府在大力推进工业化建设的同时，也有计划地组织东部沿海城市的工厂企业及其职工、家属按“建制”整体迁往内地和边疆地区。与此同时，还抽调了东部沿海城市的一大批工厂企业管理干部、技术人员到一些新兴工业城市和重点建设地区工作。第三，工业化的推进，工厂企业的发展和扩张，不断扩大着对劳动力的需求。为了满足大量新建、扩建工厂企业建设和发展的需求，除从农村招收大批农民进入城镇以外，还吸收了大量自发进入城镇的农民就业。第四，1952年10月，中央政府就在《中央劳动就业委员会关于解决农村剩余劳动力问题的方针和办法》中提出，要“有计划地向东北、西北、西南边远地区移民开垦”，并建议：“首先把从事农业的劳动改造队移到东北、西北地区去开垦……”根据中央政府的这些政策法规，国家开始组织东部沿海人口稠密地区向地广人稀的东北和西北地区的黑龙江、新疆、内蒙古等省区进行计划性集体移民（包括城镇青年、复员转业军人及闲散人员等），前往开垦荒地、发展农业。同时也允许和鼓励华北和东部沿海人口稠密地区的大批农民继续自发地沿着传统的迁移路线迁往东北、内蒙古、西北等边疆省区开垦拓荒，发展农业。以上这些原因，相互联系，共同作用，致使此间中国人口迁移十分活跃，迁移规模持续增长，形成新中国成立以来第一个比较稳定的人口迁移活跃期。

（二）工业移民和拓荒移民同时并举

1. 工业移民——主要向“三北”新建工业区迁移。在“一五”计划期间，我国政府为了加快工业化步伐，改变旧中国不合理的工业布局，不仅有计划地组织东部沿海城市的一些工厂企业迁往东北、西北、华北等内地和边疆地区，同时也加快了这些地区新建、扩建工业企业的建设和发展。随着东部沿海城市工厂企业向内地、边疆地区的转迁，使得大批职工及其家属随同企业成“建制”迁移。与此同时，政府还抽调了东部沿海城市的一大批工厂企业管理干部、技术人员志愿到新兴工业城市和重点建设地区支援那里的经济建设，形成了一股从沿海迁向内地、由城市到城市的城市人口的城→城迁移。为了适应国家新建、扩建工矿企业的建设和发展，政府也从农村招收了大批农民进城，并吸收大量自发进入城镇的农民就业，形成一股主要由农村迁向城市的农村人口的乡→城迁移。同时，1956年秋季以来，安徽、河南、河北、江苏等省灾区和非灾区的农民、复员军人及乡、社干部盲目外流现象严重，而且一般也基本都是流向“三北”地区的几个大城市与一些新建城市或工业建设重点地区。

作为“三北”内地和边疆等新工业重点建设和发展地区，则接纳和迁入了大量外来人口。如，全国“一五”计划时期共有156项重点工程，其中在陕西省就集中部署了20余项，致使陕西省仅1955年就净迁入人口达32.34万人；甘肃省兰州市的人口也从1953年的39.73万人增加到1959年的123.36万人，其中大部分迁入人口为兰州炼油厂、兰州化学工业公司等大型工矿企业的建设需要而至。内蒙古自治区也是当时一人口迁入大“户”，随着一批大中型工矿企业、国营农牧场和教育文化设施的兴建，人口迁入规模不断增大，在1953～1957年5年之间，净迁入人口达109.94万人，年平均21.99万人，其中1956年1年就净迁入34.81万人①。

2. 垦荒移民——主要向“三北”新垦荒地区迁移。垦荒移民的目的地，主要是黑龙江、新疆、青海、内蒙古等“三北”地区地广人稀的边疆省区，而其迁出地则主要为东部沿海人口稠密地区。如东部沿海地区人口规模大、密度高的山东省，历来就是向黑龙江等边疆地区迁出垦荒移民的重要省份之一，不仅大量自发性农村垦荒移民源源不断，而且也有政府组织的较大规模的计划性垦荒移民迁向这些地区。据不完全统计，仅就政府统一组织的计划性垦荒移民来看，全省组织的大规模的计划性垦荒移民从1955年开始，到1960年结束，前后持续了近6年之久，涉及70多个县市，共迁出约100多万人。

从垦荒移民主要迁入地来看，在1952～1958年间，由外省市迁入黑龙江省的垦荒人口达63 690户、379 755人，其中来自山东省的集体移民最多，达338 944人，约占黑龙江迁入外省移民总数的89%。另外，黑龙江省还接受了大量的自发性入迁移民，仅1955～1957年3年内，就安置外省自发流入灾农248 869人②，其中垦荒移民占有相当的比重。内蒙古自治区也是当时的一个主要移垦地区，1956年1年就分别从河北、山西、陕西等省迁入集体插社移民17 237人，青年垦荒队员2 442人，合计达19 679人。青海省1955年和1956年先后从山东、河南、河北、安徽、北京、天津等省市迁入移民69 728人，加上零星的外省移民共达74 592人。但截至1958年3月，这些移民中先后有22 408人返回原籍，约占移民总数的30%。此后不久，移民基本上都离开了安置地，说明当时政府组织的计划性农业移民返迁率还是相当高的③。

（三）自发性迁移与计划性迁移同时并存

从以上可以看出，在这一阶段，不管是工业迁移还是垦荒迁移，都是既有自发性

---

① 宋乃工主编：《中国人口·内蒙古分册》，中国财政经济出版社，1987年版，第164页。

② 熊映梧主编：《中国人口·黑龙江分册》，中国财政经济出版社，1989年版，第154～155页。需要说明的是，本文献给出的黑龙江省1955年接收的来自山东省的集体移民户数、人数均与前述另一文献给出的山东省1955年迁向黑龙江省的集体移民户数、人数不同，在此两者均按原文献列出，供读者参考。

③ 翟松天主编：《中国人口·青海分册》，中国财政经济出版社，1989年版，第185页。

迁移，又有政府组织的计划性迁移。已如上述，由于此间还没有出台户籍制度，政府允许自由迁移，人口迁移受区域经济发展水平、就业机会及耕地富裕程度等经济和自然因素的影响较大，所以总的来看当时以自发性迁移为主。

在政府组织的计划性人口迁移中，除前述一些迁移类型以外，还有一种比较典型，即根据劳动力就业招收调配制度进行调配的劳动力迁移。

在“一五”计划时期，政府为了适应大规模基本建设的需要，决定首先在建筑业尝试实行劳动力统一招收调配制度。从1955年开始，劳动力的统一招收调配又从建筑业扩大到工矿企业和交通运输部门。这是因为随着经济建设的迅速发展，“一五”计划时期新建、扩建的重点建设项目开始陆续竣工和投产，需要补充大量劳动力，而东部沿海城市劳动力盈余较多，技术力量也相对较强。为了缓解劳动力配置地区不平衡的现象，保证重点建设项目顺利进行，政府认为有必要并决定在各地区及国民经济各部门之间尝试建立劳动力招收和调配的统一管理制度。

表9－2 1955年和1956年部分地区间劳动力平衡调配计划

单位：人

1955年				1956年			
调出地区	人数	调入地区	人数	调出地区	人数	调入地区	人数
合计	18 922	合计	18 922	合计	60 974	合计	60 974
上海	9 806	甘肃	6 745	上海	38 026	甘肃	153 50
		兰州	117			陕西	22 326
		西安	3 000			山西	350
		太原	44	天津	10 000	内蒙古	10 000
济南	5 286	兰州	3 286	张家口	1 500	山西	1 500
		包头	2 000	山东	3 248	陕西	509
北京	14	大同	14			山西	940
天津	2 058	包头	2 000			铁路	1 799
		大同	58	江苏	8 200	河南	6 000
太原	124	大同	124			铁路	2 200
张家口	1 000	大同	1 000				
山东	634	兰州	132				
		西安	500				
		大同	2				

资料来源：何光主编：《当代中国的劳动力管理》，中国社会科学出版社，1990年版，第125页。

劳动力的统一招收和调配，不仅保证了重点建设地区和单位所需的劳动力，而且也解决了一些东部沿海城市和企业多余劳动力的出路问题。以后各个时期，有些重点建设地区和单位急需的劳动力，特别是技术骨干人员，一般仍由上级政府对各地区、各部门采取统一调配的办法加以解决。表9－2所示，为1955年和1956年中国部分省区之间劳动力的调配计划及人数。由此可以看出，在这两年内，上海、天津、山东、江苏等东部沿海大城市和人口稠密地区都是劳动力调出，而陕西、甘肃、内蒙古等西北及华北边疆地区都是劳动力调入，劳动力调配迁移的基本流向主要表现为由东部沿海经济较发达的人口稠密地区迁向西北、华北等内陆及边疆地区。

第二节　20世纪60年代经济社会变动导致人口迁移潮起潮落

中国人口迁移的第二阶段，基本为以“二五”计划时期（1958～1962年）为主的8年，即从1958年到1965年期间。在这一阶段，虽然在期初即1958年就出台了独具中国特色、长期以来对中国人口迁移产生深刻影响的户籍制度，但由于当时政府选择了超常的“大跃进”运动式的国家发展战略，导致经济发展及人口迁移严重失控。

根据“大跃进”运动及经济活动的暴涨、骤挫及与其密切相关的人口迁移潮起潮落的周期性发展特点，这一时期的人口迁移大致可以划分为以下两个阶段，各阶段的人口迁移在总体上也表现出明显不同的特征。

一、1958～1960年的人口迁移

1958～1960年的人口迁移，主要表现出如下特点：

（一）人口迁移超常活跃，乡→城迁移为迁移主流

在第一阶段特别是“一五”计划时期，我国经济迅速恢复和发展，取得显著成就。然而受当时对国际、国内形势的认识及决策水平的局限，中央政府决策层产生了尽快赶超帝国主义、早日实现共产主义的激进思想，选择并确立了以重工业为主的工业化路线和“大跃进”运动式的经济发展战略。以重工业为主的工业化和“大跃进”运动式经济发展战略的强行推进，使城市工业生产迅速扩张，劳动力需求急剧增长，由此诱发人口迁移高度活跃，并形成新中国成立以来规模空前、形势浩大的农村人口涌向城市的乡→城迁移大潮。1958年、1959年和1960年3年间，中国人口迁移的总迁移率都高达9.0%以上，形成新中国成立以来人口迁移的最高峰。

由于这一高度活跃的人口迁移，主要是由以推进重工业化为主的“大跃进”引起的，所以又以人口由农业、农村涌向非农业和城市的非农化、城市化迁移为主流。由于此，农业劳动力大量减少、比例下降，而第二、第三产业等非农业劳动力则迅速增加、比例提高。如1958年1年，全国第一产业劳动力比例陡降20多个百分点，跌至58.2%的水平，而第二、第三产业劳动力比例则相反猛升了17个和近6个百分点，二者所占比例分别提高到26.4%和15.4%。[①] 农村人口转向非农业、迁入城市，使城市人口猛增，城市化水平暴涨。据测算，在1958～1960年的3年间，农村人口向城市的迁移总数几乎每年都在1 000万人以上，“大跃进”开始的1958年甚至达到3 200万人。[②] 非农人口、城市人口的猛增，带来城市化水平的暴涨，1960年中国城市人口

① 王桂新：《中国人口分布与区域经济发展》，华东师范大学出版社，1997年版，第173页。

② 杨云彦：《中国人口迁移与发展的长期战略》，武汉出版社，1994年版，第114页。

比重已迅速提高到接近20%，形成新中国成立以来到20世纪80年代初期长达30余年城市化水平的高峰。①

（二）“支边”型及自发性人口迁移仍在持续发展

在“大跃进”运动带来人口由农业、农村涌向非农业和城市的非农化、城市化乡→城迁移大潮的同时，国家自50年代初期开始组织的计划“支边”型及传统自发性人口迁移也仍在持续进行。

1. 政府组织的计划“支边”型人口迁移。政府组织的计划“支边”型人口迁移，主要包括工业移民和垦荒移民两个方面。作为工业移民，东部沿海大城市等较发达地区继续派遣管理人员及技术人员支援内地和边疆地区建设。如上海市从1958年开始，不仅对来自外省市的人口迁入实行严格的控制，而且相反继续抽调大批职工及其家属支援外地建设。这类移民基本属由城市到城市的城→城迁移。另一方面，国家组织迁向边疆地区的计划性农业垦荒移民也仍在继续且呈加强趋势，部分移民地区甚至还制定了庞大的移民计划。如江苏省仅在1959～1960年间就组织了12万青壮年劳动力迁往新疆支边垦荒，而且随后又陆续迁出其家属4万余人。这些移民入疆后，为后来江苏省人口自流入疆起到了很好的“媒介”作用。② 新疆是当时接纳组织支边垦荒移民的主要地区。中央政府曾提出从国内人口密集的江苏省、安徽省、湖北省和上海市向新疆移民200万人的计划。1957～1960年由三省组织迁入新疆大约80多万人，其中从江苏省迁入59.6万人，约占新疆区际总迁移人口的26.7%。③

表9－3　1949～1976年按原因分的新疆区际迁入人口数

单位：万人

期间	合计	分配	支边	随迁	自流	其他
1949～1956年	169.61	44.87	15.20	26.41	77.22	5.97
1949～1952年	63.90	21.30	2.84	2.84	35.57	1.42
1953～1956年	105.71	23.57	12.36	23.57	41.65	4.55
1957～1966年	460.37	49.13	75.47	72.64	255.46	7.66
1957～1960年	223.50	24.03	64.88	36.05	93.74	4.81
1961～1962年	85.33	3.69	5.74	14.36	59.48	2.05
1963～1966年	151.54	21.41	4.85	22.23	102.24	0.80
1967～1976年	245.16	18.28	1.25	62.69	161.71	1.04
1967～1972年	155.97	14.51	1.25	41.96	97.64	0.42
1973～1976年	89.19	3.77	—	20.73	64.07	0.62

资料来源：周崇经主编：《中国人口·新疆分册》，中国财政经济出版社，1990年版，第140页。

① 王桂新：《中国人口分布与区域经济发展》，华东师范大学出版社，1997年版，第255～256页。
② 杜闻贞主编：《中国人口·江苏分册》，中国财政经济出版社，1987年版，第145页。
③ 周崇经主编：《中国人口·新疆分册》，中国财政经济出版社，1990年版，第140～141页。

2. 自发性人口迁移。伴随着政府组织的计划“支边”型人口迁移，自发性人口迁移也同时在继续进行。如内蒙古自治区在1957～1960年4年间，从区外自发流入人口1 010 779人，除劝返138 135人以外，其他872 644人均定居内蒙古自治区。其中，来自河北省348 579人，占39.95%；山东省114 618人，占13.13%人。[①] 在同一期间，新疆维吾尔自治区也自流迁入93.74万人，约占同期迁入人口的42%（表9－3）。另外，由于“大跃进”的失误及其所带来的农村人口迁移特别是强壮劳动力的流失，使农业生产受到很大影响。到1959年春，一些地方开始出现粮食紧张，后期甚至出现严重的饥荒，导致大量人口的非正常死亡，灾民纷纷离乡背井，投亲靠友，形成一股庞大的“灾害”避难性人口迁移流。在主要迁入地如黑龙江、内蒙古以及新疆等地，1960年出现了最大的一次人口净迁入高峰。而有些受自然灾害和“左”的路线严重干扰的地区，则经历了人口的大迁出。如1960年，山东、安徽和湖南3人口大省人口净迁出规模分别为114.4万人、86.7万人和53.1万人。

不难看出，“大跃进”所诱发的人口迁移主要是农村人口迁向城市的城市化乡→城迁移，而计划“支边”型及自发性人口迁移则主要表现为由东向西、向北的空间迁移模式，这一类人口迁移主要为以农业垦荒为目的的农村人口从农村到农村的乡→乡迁移，但也伴以工业迁移即从城市到城市的城→城迁移。

二、“二五”计划后半期和调整期（1961～1965年）的人口迁移

“二五”计划后半期和调整期（1961～1965年）的人口迁移，与“大跃进”时期的人口迁移比较，既发生了重大转变，又在某些方面表现出一定的继承性，其主要特点如下：

（一）大量城市人口离城返乡

“大跃进”运动的失误冒进，城市人口的异常暴增，自然灾害对农业、农村“雪上加霜”的打击，叠加一起的“天灾”、“人祸”终使中国经济一时陷于困境，于是在1961年，国家开始了对国民经济的大规模调整。1961年1月，中国共产党召开第八届九中全会，决定从1961年起，正式对整个国民经济实行“调整、巩固、充实、提高”的方针，大幅度地压缩基本建设，对工业实行关停并转，精简职工和减少城镇人口。同年5月的中共中央工作会议又决定城市各机关、企业、事业的职工，特别是1958年以来从农村招收的职工，凡是能够回农村的，都动员回农村支援农业生产。1962年5月，中共中央、国务院决定进一步精简职工和减少城镇人口，要求1957年

① 宋乃工主编：《中国人口·内蒙古分册》，中国财政经济出版社，1987年版，第174～176页。

以前来自农村的职工，凡是能够回乡的，也应当动员回乡。这样，在政府的强力干预下，使当时的人口迁移主流发生了以下两大转折性变化：

1. 超常活跃的城市化乡→城迁移大潮突然逆转为离城返乡的“反”城市化城→乡迁移。如北京市从20世纪60年代初期进行经济调整，大批20世纪50年代末招工进城的农民被动员返乡务农；上海市也根据“调整、巩固、充实、提高”的方针政策，在1961～1962年两年时间内即精简职工31万人，其中迁往市外大约11万人，大部分返回原籍，少量由政府部门统一安排①。因此，在“一五”计划期间的两个阶段（1958～1960年和1961～1962年），原来大量被招进或自发流入城市的农村劳动力纷纷离城返乡，回归原籍。在短短数年时间里，中国以农村人口迁移为主体的人口迁移主流，就完成了一个由农村迁向城市的城市化乡→城迁移逆转为由城市迁向农村的城→乡迁移的“U”型、被动回归迁移周期。这一短暂、庞大的“U型”、被动回归迁移，在中国以及世界人口迁移史上都是极具特色的，也可能是空前绝后的。

另外，在精简、返迁职工的同时，对于城镇新增长的劳动力，除了对大专院校及技工学校毕业生、复员退伍军人继续实行统一分配以外，对其他不能升学、需要就业的青年学生和社会闲散人员，也采取动员下乡的办法。从1962年起，国家就开始了有组织、有计划地动员城镇青年下乡。在50年代末、60年代初，安置城市青年下乡的方向主要是到国营农、牧、林、渔场。从1962年到1966年上半年，全国城镇知识青年“上山下乡”人数累计有129万人，其中插队87万人，占67%；到国营农场的有42万人，占33%。1966年下半年由于“文化大革命”，“上山下乡”工作就基本中止了。大起大落的归结“等于”没起没落。在城→乡迁移过程中，大量城市人口离城返乡、非农劳动力回归农业（村），造成人口、劳动力非农化和城市化水平大幅回落的“低度化”和“反”城市化变动。到1963年6月，全国即共减少职工1 887万人，减少城镇人口约2 600万人。这一“非农化”、城市化也如“大跃进”运动潮起、潮落一样几乎跌回到“大跃进”开始之前的水平。如第一产业劳动力比例重新回升到80%以上，第二、第三产业的劳动力比例也相应都跌回到10%以内；城市化水平也同样跌回到“大跃进”开始之前18%左右的水平，并由此开始了漫长的停滞发展时期②。

2. 超常活跃的城市化乡→城迁移大潮突然回落，转呈明显减弱的趋势。如第一节表9－1所示，由于农村人口向城市的迁移受到严格控制，使1961年的人口总迁移率由1960年的9.84%骤跌到6.15%，除1962年稍有恢复（到6.71%）外此后仍呈下跌趋势，到20世纪60年代中期已下跌到4%左右。如果说1961～1963年的人口总迁移率低是受经济困难影响的话，那么1965年全国总迁移率也仅为4.53%，则进一

① 胡焕庸主编：《中国人口・上海分册》，中国财政经济出版社，1987年版，第143页。

② 王桂新：《中国人口分布与区域经济发展》，华东师范大学出版社，1997年版，第173，255页。

步表明该阶段人口迁移量的萎缩和迁移强度的减弱。

毫无疑问，导致这一阶段人口迁移强度明显减弱的主要原因，首先在于1958年出台的户籍制度对农村人口向城市的迁移进行了严格的限制。1958年1月9日全国人民代表大会常务委员会第九十一次会议通过的《中华人民共和国户口登记条例》，对于农村人口向城市迁移做出比较严格的规定："公民由农村迁往城市，必须持有城市劳动部门的录用证明，学校的录取证明，或者城市户口登记机关的准予迁入的证明，向常住地户口登记机关申请办理迁出手续。"该条例是根据此前中共中央和国务院发出的"关于制止农村人口盲目外流的指示"在户籍管理上的反映。虽然中国的户籍制度在1958年初就已经出台，但由于当时恰遇"大跃进"运动，所以一时未能真正发挥出其对农村人口向城市迁移的控制作用。一旦认识到"大跃进"的危害，特别是"大跃进"所带来的农村人口涌向城市的乡→城迁移狂潮的社会、经济及民生问题以及对其加以控制的必要性时，户籍制度对农村人口向城市迁移的控制作用才得以真正发挥出来。正是主要由于户籍制度的控制作用，才使"大跃进"之后人口迁移量明显萎缩，迁移强度大幅度减弱。

直至改革开放30余年以后的今天，户籍制度仍然对农村人口向城市的迁移具有明显的控制作用。但需要说明的是，我国的户籍迁移统计资料主要是反映了户籍人口迁移的情况，因此以上所说统计资料所反映的人口总迁移率的降低只能说明当时户籍人口的迁移强度减弱了，但并不一定表明整个人口迁移活动有如此明显的减弱。事实上，这一时期我国农村人口由农村到农村的自发性迁移仍然相当活跃，并一直延续到20世纪60年代。如比较典型的有，吉林省1961～1962年自发迁入人口为21.1万人，其中86.6%流入了农村地区。

（二）"支边"型及自发性人口迁移呈加强趋势

尽管"大跃进"退潮形成城→乡迁移，政府组织的"支边"型及自发性人口迁移也仍然在持续进行，而且呈增强趋势。在一定意义上，政府组织的计划"支边"型及自发性人口迁移呈增强趋势，可以看做是"大跃进"所带来的人口迁移大潮回落的"补偿"，甚至是一种直接的后果。

关于政府组织的计划"支边"型人口迁移，流向基本与以前相同，主要是由东迁向西北、东北、华北的内地及边疆地区。从工业移民及农业垦荒移民来看，仍然是东部沿海较发达地区或人口稠密地区继续派遣职工及农民支援内地和边疆地区的建设。1958年8月，中共中央政治局扩大会议就作出《关于动员青年前往边疆和少数民族地区参加社会主义建设的决定》，认为劳动力不足是边疆和少数民族地区的社会主义建设的重大困难，为了使边疆和少数民族地区的社会主义建设事业能够同内地一样获得迅速发展，齐头并进，中央决定于1958～1963年间从内地动员570万青年到这些地区去。动员对象，主要是农村青年，必须是本人自愿、身体健康、家庭拖累不大的青年，也动员一些有生产经验的壮年劳动力，男女人数大致相等，各行各业人员要大致配套。这次“支边”行动，涉及地区之广，动员人数之多，社会影响之大，都是前所未有的。为了支持国家精简城镇人口的政策，各级干部和部分地区的城镇青年也自愿到边疆地区，支援边疆地区的社会主义建设事业。经过两年的努力，有17个省、自治区动员和接收安置支边青年及退伍军人99.7万人，另有随迁家属44.6万人。在“支边”青年中，有49.8万人安置在国营农场，21万人插入人民公社，28.9万人进入工矿、交通、文教等企事业单位。

这次“支边”迁移行动在“大跃进”运动的背景中进行。1960年，经济上的严重困难使得“支边”工作无法继续进行，已经到达边疆地区的移民也因安置措施不落实而大批返回原籍。到1961年年底，在前往“支边”的140多万“支边”青年和家属中，已有47万人返迁回流。1962年去甘肃、青海、宁夏3省区的25万“支边”人员只剩下9万人；其中河南去青海的8万农民在3 000米的高原建起23个农场，垦荒种地，结果连种子也没有收回，被迫全部返回原籍。

在“大跃进”运动受挫、国家组织的移民行动明显受其影响而基本停止以后，地区之间的劳动力流动、特别是东部沿海人口稠密地区农村劳动力向西北、东北、华北内地及边疆地区的自发性迁移并未停止。特别是在一些边疆地区，自发性人口迁移规模已经超过政府组织的计划性人口迁移。如表9－3所示，作为中国历来重要人口迁入区的新疆，在1961～1962年间，自发性迁入人口59.48万人，占同期全区迁入人口的69.71%；1963～1966年间，自发性迁入人口102.24万人，占同期全区迁入人口的67.47%。这两个时期自发性迁入人口的比重均明显超过“大跃进”期间的同一比重。可见在“大跃进”及其所带来的人口迁移大潮回落、政府组织的计划性移民行动基本停止以后，自发性人口迁移已成为当时人口迁移的重要形式。

（三）“三线”建设、饥荒避难与人口迁移

在此期间，不仅盲目搞起“大跃进”运动，而且基于当时对国际形势的错误判断，生产力布局及经济建设也偏离正常发展的轨道，盲目改变以按照战时要求部署，开始推进“三线”建设，把不少东部沿海地区大城市的工厂企业搬迁到所谓的“三线”地区，进“山”、“钻洞”，由此也揭开了中国“三线”移民的序幕。如上海市在1958～1965年间，就源源不断地迁出了23.86万职工和家属，支援内地的“三线”建设。其中，1958～1962年迁出20.22万人，占84.74%，目的地主要为陕西、甘肃、青海3省和华东地区的江西省；1963～1965年迁出3.64万人，占15.26%，迁出目的地除上述西北3省外，又增加了西南地区的云南、贵州和四川3省。[1]

西南地区四川、云南、贵州及内蒙古自治区等地都是当时被国家作为重点建设的

---

① 胡焕庸主编：《中国人口·上海分册》，中国财政经济出版社，1987年版，第142页。

大“三线”地区，河南、江西、安徽等省为国家重点建设的小“三线”地区。四川省作为中国重点建设的大“三线”地区之一，从1964年开始，即先后从云南、贵州、河北、广东、青海、北京、辽宁、安徽等省市调入大批工程技术人员以及随迁家属等约3万人。特别在20世纪60年代还先后从东北、华北、华东地区各省成“建制”迁入大批工厂、科研单位及大专院校，随迁职工达40万人，是新中国成立以后政府组织的最大规模的计划性省际人口迁移事件。但随着改革开放及对“三线”建设的重新认识，迁入的这些工厂企业、科研单位和大专院校及其职工、家属相当一部分从70年代开始先后返迁。①

另外，1960年前后，还发生了新中国成立以来第一次大规模的由饥荒避难引起的“被动”迁移—东部沿海一些人口稠密地区的饥荒灾民，纷纷涌向黑龙江、内蒙古、新疆等地广人稀的边疆地区避难迁移。但此后随着国民经济的调整、各地灾情及生产形势的好转，出逃避难的灾民陆续返回故里，形成当年饥荒避难“被动”迁移人口的大规模回流，使得一些原来的人口净迁入地区一时转变为人口净迁出地区，而一些原来的人口净迁出地区相反转变为人口净迁入地区。如1962年，内蒙古、黑龙江、新疆等一些原来的人口净迁入地区普遍转变为人口净迁出，而山东、湖南、安徽等一些原来的人口净迁出地区普遍转变为人口净迁入，就与此间大规模的饥荒避难迁移人口的返迁回流密切相关（表9－4）。

概括上述可以看出，这一阶段我国的人口迁移总体上主要表现出以下特点：

第一，与“大跃进”所带来的人口迁移主要是农村人口迁向城市的城市化乡→城迁移相反，“大跃进”落潮与国民经济调整及其影响下的人口迁移则主要转变为城市人口迁向农村的城→乡迁移模式。政府组织的计划“支边”型、自发性人口迁移，在迁移流向上没有什么变化，基本都还是主要表现为相同或相似的由东向西、向北的空间迁移模式，而且这一类人口迁移主要为以农业垦荒为目的的农村人口从农村到农村的乡→乡迁移，但也伴以工业迁移的人口从城市到城市的城→城迁移。

第二，“三线”建设所带来的计划性人口迁移，是这一阶段政府组织、多以“建制”形式迁移的重要类型。与政府组织的其他计划“支边”型及自发性人口迁移的空间模式一样，“三线”建设所带来的人口迁移也基本上表现为由东向西、向北的空间迁移模式，而且也属从城市到城市的城→城迁移。从表9－4也可大致看出，虽然各个地区的人口净迁移状况有一些变化，但总的趋势还是表现出人口由东主要向西、向北迁移，是这一阶段省际人口迁移的基本空间模式。

① 刘洪康主编：《中国人口·四川分册》，中国财政经济出版社，1988年版，第156页。

表 9－4　1957～1965 年间部分省区的省际人口净迁移人口

单位：万人

年份	内蒙古	黑龙江	新疆	山东	湖南	安徽
1957	15.0	24.3	10.8	－2.7	1.6	2.8
1958	30.0	53.2	13.9	－17.2	0.1	26.4
1959	56.2	82.1	29.4	－64.6	－1.4	12.9
1960	106.0	86.1	28.8	－114.4	－53.1	－86.7
1961	－43.7	－2.1	15.6	18.6	－9.4	－3.0
1962	－25.3	－33.7	－19.6	41.2	7.8	16.1
1963	1.0	－37.1	3.0	－18.0	1.8	15.5
1964	1.1	19.8	15.0	－39.1	0.6	1.4
1965	3.5	12.5	20.0	－35.8	－3.2	－4.3

注：本次调查样本地区包括北京、内蒙古、辽宁、吉林、上海、浙江、福建、江西、河南、湖北、青海、新疆等 12 个省区市。

资料来源：国家统计局人口统计司，公安部三局编：《中华人民共和国人口统计资料汇编 1949～1985》，中国财政经济出版社，1988 年版。

第三，1958 年政府出台的户籍政策，虽然在“大跃进”时期没有明显发挥什么作用，但自“大跃进”落潮、进行国民经济调整时开始，这一户籍政策及所建立起来的户籍制度就对人口迁移，特别是农村人口向城市迁移发挥了强有力的控制作用，使全国人口迁移强度减弱，转入低潮。这也是本阶段人口迁移的一个显著特点。

第四，随着户籍制度的建立，人口迁移转入低潮，特别是政府组织的“支边”型人口迁移明显减弱。但作为其补偿，自发性人口迁移却反呈增强趋势，甚至成为某些地区人口迁移的主要形式。

第三节　20 世纪 70 年代政治经济状况与人口非经济迁移

我国人口迁移的第三阶段，大致从“三五”计划期首、“文化大革命”开始的 1966 年到改革开放开始之前的 1977 年，以“文革十年”为主体，前后历时 12 年。在这一阶段，除汹涌澎湃、席卷全国的“红卫兵”“串连”流动大潮短期涨落以外，总的来看，由于主要受户籍制度以及以此为基础建立起来的二元社会体制的制约，人口迁移处于低潮阶段。如根据户籍统计，在期初的 1966 年，迁移人口为 1 400 万人，到 1967～1969 年进一步减少到 500 万～600 万人，成为新中国成立以来迁移人口最少的年份，在 1970～1976 年，也都大致稳定在 1 500 万～1 600 万人之间。[①] 从人口迁移

① 《跨世纪的中国人口》（综合卷）编委会编著：《跨世纪的中国人口》（综合卷），中国统计出版社，1994 年版，第 240 页。

来看，在此长达10余年的时间里，只有1968~1970年3年全国人口总迁移率略高于4.0%，其他年份均低于4.0%，1974年甚至降低到2.96%（表9-1）。

考察这一阶段的人口迁移类型，虽然有以发展经济为目的的人口迁移发生，如"三线"建设计划性迁移及自发性垦荒迁移，也都几乎贯穿始终，但迁移强度很弱。与此不同，以思想改造为目的的城市知识青年"上山下乡"和干部下放劳动、接收工农再教育的"反"城市化的政治性迁移则表现出较大的强度，成为这一时期中国人口迁移的主流。众所周知，历时10年的"文化大革命"又被称为"十年浩劫"。在这十年浩劫期间，中国经济社会发展受到严重破坏，甚至已到崩溃的边缘。长期以来深受户籍制度以及以此为基础形成的二元社会体制的制约，使人口迁移活力不足，陷于低潮，特别是城市知识青年"上山下乡"和干部下放劳动、接受工农再教育的城→乡迁移，都对中国的现代化进程及经济社会的发展造成主要影响。

一、以经济建设为目的的人口迁移

这一时期以发展经济为目的的人口迁移，主要包括由"三线"建设引发的人口迁移和同样主要由东迁向西北、向华北等边远省区的自发性垦荒迁移。

（一）"三线"建设计划性人口迁移

已如第二节所述，中国"三线"建设的实施，在内地"三线"建设地区工厂企业的新建和迁建，引发了主要由东部沿海地区城市向西北、西南及内蒙古自治区等"三线"建设地区的人口迁移。"三线"建设及其所引发的计划性人口迁移，始于1964~1965年，1969年、1970年达到高潮，几乎一直延续到改革开放之初。到改革开放以后的20世纪80年代，不少原来搬迁建设的"三线"企业又纷纷成"建制"或部分地向原迁出地回撤，职工及家属也相应随其返迁。据初步估计，"三线"建设所涉及的迁移人口达151.27万人之多。这些迁移人口的迁出、迁入，涉及除新疆、宁夏、青海和西藏以外的24个省区，可见其影响范围之广。

应该说，与"二五"计划时期比较，在"三五"计划期间（1966~1970年），"三线"建设更被置于首要地位，如在"三线"建设地区安排的投资占国家同期总投资的42.4%，计划施工的大中型项目有55.8%分布在"三线"地区。随着"三线"建设的全面展开，大批地处"一线"即东部沿海地区城市的工厂企业纷纷以整个建制或部分地迁往内地，其中以迁往西南"大三线"地区为主，也有不少迁往各地"小三线"建设地区。另一方面，为了支援新建"三线"项目，也先后从东部沿海较发达地区组织、抽调了大批干部、工人和技术人员。如上海市，在1966~1979年，为支援外地"三线"建设，共组织迁出26.24万人。[①] 江苏省从20世纪60年代到70

① 胡焕庸主编：《中国人口·上海分册》，中国财政经济出版社，1987年版，第146页。

年代中期，随着部分工厂向“三线”内迁，也约有 10 万名职工分别迁往湖南（湘东）、湖北（襄樊地区）、四川、贵州和安徽（皖南广德、宁国）等地。[①] 可以看出，“三线”建设所带来的人口迁移，乃属国家组织的一次较大规模的计划性工业移民，其流向主要是从东部沿海地区迁向内地特别是西南、西北地区和各地的小“三线”地区，是城市之间主要由东向西、由大城市迁向小城市的城→城迁移。

（二）自发性垦荒迁移

在这一阶段，户籍制度以及以此为基础形成的二元社会体制已十分完善，伴随户籍变更的人口迁移已受到严格的控制，所以伴随户籍变更的人口迁移，特别是农村人口向城市的城市化乡→城迁移更受到严格的限制。而且，这一阶段虽然主要处于“文化大革命”十年浩劫时期，但在已被户籍制度及二元社会体制分割开来、划入社会底层的农村地区，总有一些不“抓革命”、远离政治（或被政治抛弃）的人，他们为了“促生产”、求生存，不断地、默默地自发迁向东北、西北等土地资源相对丰富、生存条件较好的边疆地区，以实际行动支援边疆地区的建设。新疆、内蒙古自治区和黑龙江等中国北部边疆三省区，是当时中国自发垦荒移民选择迁入的三大省区。如新疆 1967～1976 年的 10 年共迁入自发性迁移人口 161.71 万人，占这 10 年间新疆区际迁入移民的 66.0%，其中 1973～1976 年则占区际迁入移民总数的 71.8%，可见其绝对量和相对量都是比较大的（表 9－3）。“文化大革命”时期，内蒙古自治区的自发人口迁入也形成了一个高峰。据有关部门统计，这 10 年期间该区自发净迁入人口约 24.6 万人，其中以来自辽宁、山东和河北省的较多（表 9－5）。

表 9－5　内蒙古自治区自发净迁入人口数及其迁出地（1966～1976 年）

单位：人、%

迁出地	合计	辽宁	山东	河北	山西	陕西	河南	甘肃	安徽	其他省区
净迁入人数	246 019	50 455	38 043	34 247	9 165	5 219	4 559	1 769	1 592	100 970
比例	100.00	20.51	15.46	13.92	3.73	2.12	1.85	0.72	0.65	41.04

资料来源：宋乃工主编：《中国人口·内蒙古分册》，中国财政经济出版社，1987 年版，第 177 页。

上述说明，尽管在此期间人口迁移已受到户籍制度的严格控制，也处“文化大革命”十年浩劫之中，但自发性人口迁移、特别是长期以来主要迁向东北、西北土地资源比较丰富的边疆地区的垦荒移民，仍然一直在持续地进行着，而且其规模相当可观，可达数百万人。已如前述，仅新疆维吾尔自治区 1967～1976 年 10 年间的自发性迁入人口数，就已超过全国“三线”建设涉及的人口迁移数，足见其迁移人口规模之一斑。

① 杜闻贞主编：《中国人口·江苏分册》，中国财政经济出版社，1987 年版，第 146 页。

二、以思想改造及拨乱反正为目的的人口迁移

主要以思想改造及拨乱反正为目的的人口迁移，包括城市知识青年“上山下乡”和干部下放接受再教育引发的城→乡迁移以及拨乱反正、反思和纠正“文化大革命”错误，使当年“上山下乡”知识青年和下放接受再教育的干部回归返城的乡→城迁移。第二节所说的由“大跃进”带来的人口迁移，主要是大量农村人口由农村涌入城市又被“挤”出城市、回归农村的乡→城→乡“U型”迁移。这一“U型”迁移仅历时三五年时间。尽管从效果来看是“适得其反”，但从出发点和目的来看则属经济型迁移。与此相比，“文化大革命”期间城市知识青年“上山下乡”和干部下放接受再教育所引发的人口迁移，虽然也是一次大规模的回归、“U型”迁移，但二者之间却有明显不同：一是迁移主体不同，“大跃进”时期的迁移主体主要是农村人口，而“文化大革命”时期“上山下乡”或下放接受再教育的迁移主体主要是城市人口；二是“U型”迁移的方向不同，“大跃进”时期的迁移主流方向是乡→城→乡“U型”迁移，“文化大革命”时期“上山下乡”或下放接受再教育形成的人口迁移主流方向则是城→乡→城“U型”迁移；三是回归、“U型”迁移的周期不同，“大跃进”时期的“U型”迁移周期仅历时三五年时间，而“文化大革命”时期“上山下乡”或下放接受再教育的“U型”迁移周期则长达数年甚至达10余年之久；四是迁移动因及目的不同，“大跃进”诱发的人口迁移至少在主观上主要以推进工业化、发展经济为目的，应当为一种经济迁移，而“文化大革命”时期“上山下乡”或下放接受再教育所形成人口迁移，则主要以推行思想革命化、改造世界观为目的，应属一种政治迁移。

（一）全国性的城→乡逆向迁移

城市知识青年“上山下乡”并非“文化大革命”的产物。“上山下乡”的提法，早在20世纪50年代中期就已出现。当时动员城市知识青年“上山下乡”是以农村合作化运动和城市解决失业问题为背景的，其基本出发点是试图把解决城镇失业问题同改变农村落后状况结合起来。很明显，当时提出的城市知识青年“上山下乡”迁移应属一种经济迁移。但“文化大革命”的兴起则完全改变了“上山下乡”的性质和方向。在“文化大革命”开始的1966年下半年到1968年夏季的两年多时间里，学校基本停课，大学不招生，工厂基本不开工，“上山下乡”也基本处于停顿状态，“老三届”初高中毕业生近千万人滞留城市（镇）无事可干。于是，1968年4月，一些大中城市开始恢复中断了两年的“上山下乡”工作。同年12月，《人民日报》引述了毛泽东的指示：“知识青年到农村去，接受贫下中农的再教育，很有必要。”随后即在全国范围内掀起一个城市知识青年“上山下乡”的高潮。在当时的政治背景下，“上山下乡”已改变了原有的就业内涵，而成为“接受再教育”、改造世界观的政治运动。“上山下乡”所形成的人口迁移也从原来的经济迁移转变为一种更具政治意义

的人口迁移。总的来看，从历史的角度考察，城市知识青年“上山下乡”的城→乡迁移，作为经济迁移，从20世纪50年代开始，1962年形成较大规模；“文化大革命”开始即转变为政治迁移，并遍及各地、形成全国性高潮，1969年达到最大规模，为267.38万人，其次是1975年，为236.86万人。从1962年到1979年间，全国参与“上山下乡”的知识青年累计达1 776.48万人[①]。其中“文化大革命”期间即在1967～1976年间，全国参与“上山下乡”的知识青年估计可达1 500万人左右。[②] 也就是说，城市知识青年“上山下乡”虽然开始于50年代，但真正形成政治性“上山下乡”迁移大潮则是在“文化大革命”期间。

城市知识青年“上山下乡”、干部下放接受再教育形成的全国性城→乡逆向迁移，改变了当时中国城市人口的正常增长趋势，把城市化进程导向反城市化轨道，形成了又一次城市人口几乎不增、城市化水平不升反降的逆城市化“中国奇观”。如中国城市人口1966年为13 313万人，到1972年增加到14 935万人，6年时间年增率为1.93%（计1 622万人），而同期全国总人口年增率则为2.64%，比城市人口年增率高0.71个百分点；1966年城市化水平为17.86%，到1972年则下降为17.13%，6年时间下降了0.73个百分点。

（二）全国性“U”型乡→城迁移[③]

进入20世纪70年代，“文化大革命”高潮将过、渐近尾声，城市知识青年“上山下乡”和干部下放改造的相关政策开始有所松动，而且已有部分下放改造干部因工作需要陆续返迁，少数“上山下乡”知识青年也开始通过推荐上大学、“顶替”招工或病退等原因陆续回城。1976年粉碎“四人帮”之后，进一步拨乱反正，纠偏改错，各项工作都逐步走上正轨，特别是1977年开始恢复大学招生考试，为大批“上山下乡”知识青年打通了回归返城的重要渠道。“上山下乡”知识青年和下放改造干部或通过“顶替”招工、或通过高考入学等渠道，离乡返迁回城，重新开始自己的学习或工作生活，从而完成了自己“上山下乡”、回归返城的城→乡→城“U型”迁移历程。

城市“上山下乡”知识青年和下放改造干部的回归返城，造成了当年一些主要迁出地和迁入地人口迁移规模及人口增长的超常变动，特别像北京、天津、上海3个直辖市，还因此而形成了一次人口迁入高峰。如上海市在1968～1976年跨省区“上山下乡”迁出的60.16万人，到1982年年底已有将近一半按政策返迁上海。知识青

① 李德滨：《当代中国移民基本经验》，《人口研究》，1995年第2期，第57～60页。

② 杨云彦：《中国人口迁移与发展的长期战略》，武汉出版社，1994年版，第112页。

③ 从全国来看，“上山下乡”知识青年和下放改造干部的回归返城从20世纪70年代初期即已开始，大致延续到70年代末期基本结束。因此按照本章人口迁移阶段的划分，“上山下乡”知识青年和下放改造干部的回归返城迁移横跨1966～1977年和1978～2000年两个迁移阶段。但考虑这一人口迁移在时间上主要发生在前一阶段，而且也为了保持对这一人口迁移过程的完整描述和两节之间文字篇幅的相对平衡，故对在时间上跨出本节迁移阶段，如到80年代初期有关“上山下乡”知识青年和下放改造干部的回归返城迁移仍放在本节介绍。

年返沪几乎都集中在改革开放初期的1978年、1979年和1980年3年。特别是1979年，知识青年返沪达到顶峰，导致该年上海市净迁入人口26.49万人，形成新中国成立以来的第3次人口净迁入高峰①。上海知识青年“上山下乡”的迁出高峰是1969年，而其回归返城的高峰是改革开放初期的1979年，据此可以认为，上海乃至全国城市知识青年“上山下乡”、回归返城的“U型”迁移周期大致历时10年之久。

而从对城市“上山下乡”知识青年当年接纳、现在迁出的主要地区来看，则形成了一次人口大迁出。如黑龙江省，从70年代初起就有知识青年开始回归返城。据1979年统计，北京知识青年返迁9.8万人、天津返迁6.2万人、上海返迁15.9万人、四川返迁0.1万人，可见当时原来接纳的40多万知识青年，已有32万人约占80%回归返城②。迁入内蒙古自治区的外省市知识青年，也从1971年开始通过升学、参军、招工、病退等途径迁往他省或回迁原籍。到1979年年底，迁向北京、天津、上海3市及其他省区的知识青年共71 829人，占当年迁入总数的72.83%。表9－6所示大致反映了这一时期中国城市知识青年“上山下乡”、回归返城“U”型迁移的总体情况。可以看出，自1970年开始已有400余万人迁离农村。知识青年、下放干部离乡回城的高潮形成于1975～1979年，此间每年迁离农村、回归返城的人数呈持续增加趋势，到1979年达到高潮，当年离乡返城多达395.4万人。③

表9－6　1962～1981年中国城市“上山下乡”知识青年的迁移变动情况

单位：万人

年　份	“上山下乡”人数	调离农村人数	年末实际在乡人数
1962～1981年累计	1 776.5	1490.5	
1962～1966	129.3		
1967～1968	199.7		
1969	267.4		
1970	106.4	401.4（1962～1973年累计）	
1971	74.8		
1972	67.4		
1973	89.6		533.2
1974	172.5	60.4	681.5
1975	236.9	139.8	757.3
1976	188.0	135.3	809.7
1977	171.7	103.0	863.7
1978	48.1	255.3	641.9
1979	24.8	395.4	246.9

注：由于统计中有重、漏、差错等原因，“上山下乡”人数减去调离人数不等于年末实际在乡人数，各阶段、年份的累计数与第一行的累计数也不相等。

资料来源：国家统计局社会统计司编：《中国劳动工资统计资料1949～1985》，中国统计出版社，1987年版。

① 胡焕庸主编：《中国人口·上海分册》，中国财政经济出版社，1987年版，第150页。

② 熊映梧主编：《中国人口·黑龙江分册》，中国财政经济出版社，1989年版，第157页。

③ 李德滨：《当代中国移民基本经验》，《人口研究》，1995年第2期，第57～60页。

从全国来看，此间城市“上山下乡”知识青年和下放改造干部回归、返城迁移的途径（或原因）主要有以下两个方面：

第一，高考入学返城。如上所述，1976年粉碎“四人帮”，1977年开始恢复大专院校的招生考试。因为大专院校基本都分布在各类城市，北京、上海等跨省区迁出“上山下乡”知识青年较多的大城市，更是我国大专院校高度集中的地方，所以恢复大专院校的招生考试，正为一些渴望离乡返城、志愿入读大学的知识青年开辟了途径，创造了条件。如北京、上海等城市，当时大专院校每年的招生人数一般都在数千人左右，其中相当一部分都是原来从这些城市“上山下乡”迁向内地及边疆地区的知识青年。可以说，城市“上山下乡”知识青年通过高考入学、离乡返城，是“文化大革命”结束拨乱反正期农村人口向城市迁移的一种具有重要意义的特殊形式。

第二，落实政策返城。高考入学，仅是一部分城市“上山下乡”知识青年离乡、返城的途径，还有一部分“上山下乡”知识青年及下放干部则主要是通过落实政策等途径离乡返城。1976年粉碎“四人帮”、宣告“文化大革命”结束以后，当时的一项重要工作就是“拨乱反正”、落实政策。其中之一就是调整和落实相关政策，“解放”当年受“文化大革命”干扰迫害、驱赶出城的“上山下乡”知识青年和下放改造接受再教育的干部，允许他们通过“子女顶替”、恢复职务、安排工作等多种方式回归返城，从而为一大批“上山下乡”知识青年和下放改造干部创造了条件，使他们得以陆续返迁回城。

城市“上山下乡”知识青年和下放改造干部的返迁回城的直接结果，一方面，即使在农村人口向城市迁移受户籍制度严格控制、城市人口计划生育成效显著好于农村的情况下，也仍然使城市人口得到较快的恢复性增长，城市化水平也得到较大幅度的提高。到1982年，中国城市人口增加到21 131万人，与1972年相比，10年时间年均增长率为3.53%，比同期全国总人口年增率1.54%高近两个百分点；城市化水平1982年为20.79%，比1972年提高了3.66个百分点。另一方面，就是使部分内地和边远省区由原来知识青年“上山下乡”和干部改造下放时期的人口净迁入地区转变为该阶段的人口净迁出地区，原来的人口净迁出地区相反转变为人口净迁入地区。

第四节　改革开放后人口迁移与民生迅速发展

第四阶段，即从开始改革开放的1978年到21世纪初期（大致到2010年前后）。这一时期历时30余年，尽管其间也经历过一些波动和变化，但总的趋势是随着改革开放的推进和由计划体制向市场经济的转变，以户籍制度为核心的二元社会体制明显弱化，产业变动、城市化进程以及国民经济增长空前加速。与此同时，深受这诸多因素影响和制约的人口迁移，也自新中国成立以来进入一个全新的发展阶段：“民工潮”

和“出国潮”蓬勃兴起和涌动，是这一时期我国人口迁移空前活跃、迅速发展的两大重要标志。总的来看，这一时期的人口迁移与流动，主要表现出如下一些特征。

一、人口迁移逐步趋强并渐显高度活跃态势

改革开放以来，我国的人口迁移并不是一开始就是十分活跃和平稳发展的，而是伴随着改革开放的不断深入和经济的快速、持续发展而逐步趋强并渐显高度活跃态势。概而观之，可大致划分为以下几个阶段（表9－7）。

表9－7　改革开放以来中国省际迁移人数及迁移率的演变

年份	总人口（万人）	迁移人数（万人）	迁移率（‰）
1982	100 072	94. 86	0. 95
1987	107 507	204. 57	1. 90
1990	112 704	1 106. 54	9. 82
1995	119 850	1 038. 38	8. 66
2000	125 786	4 241. 86	33. 72
2005	129 988	4 994. 79	38. 43
2010	133 450	8 587. 63	64. 35

资料来源：[1] 总人口为当年年初（上一年年末）数，来源于《中国统计年鉴2011》（国家统计局编，中国统计出版社，2011年版）。

[2] 省际迁移人数根据1987年、1995年和2005年1%人口抽样调查和1990年、2000年和2010年人口普查资料得到。

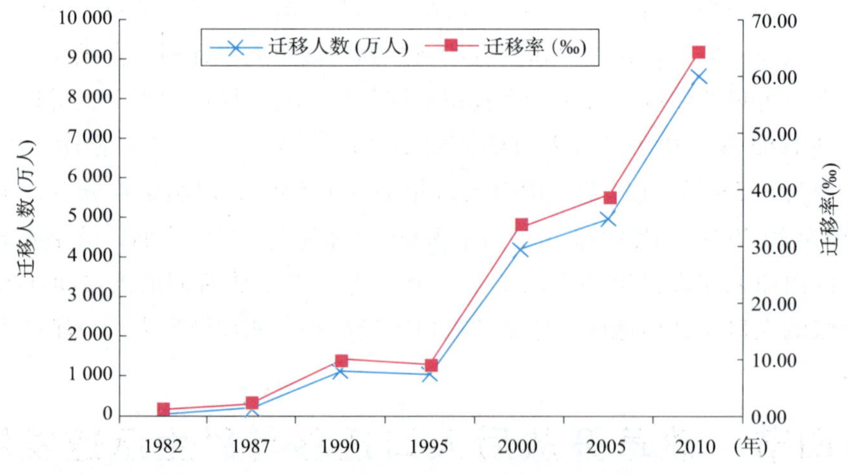

图9－1　改革开放以来省际迁移人数及迁移率的演变

资料来源：根据表9－7。

（一）平稳发展期（1978～1983年）

改革开放以来，我国人口迁移的第一阶段自1978年到1983年。在这一阶段，由于改革开放刚起步不久，尚处“摸着石头过河”的初期探索阶段，改革开放的推进

以稳妥为主。因此，在这一阶段的人口迁移，除受当时对“文化大革命”拨乱反正的影响，主要有如“三线”移民返迁及“上山下乡”知识青年回城等带有一定补偿、回归性质的人口迁移表现比较活跃以外，在整体上仍主要承接过去的发展趋势，基本没有大起大落，发展相对比较平稳。

自1978年启动的改革开放，是首先从农村地区开始的。农村地区的改革开放，实行家庭联产承包责任制，促进了人民公社制度的解体，将原来“一个人的活儿个人干”转变为“有几个人的活用几个人干”，由此把大量的农村隐性过剩劳动力从土地上解放出来，形成了规模巨大、几乎可无限供给的农村剩余劳动力迁移“资源”。根据农业部门的调查，1985年大多数农村地区的剩余劳动力占农村劳动力总数的30%～50%，绝对规模在1亿人以上，如果再加上被抚养人口，则总数可达两亿人。①

如此巨大规模的农村剩余劳动力出路何在？当时城市就业制度的改革尚未触及，横断于城乡之间的户籍制度以及以此为基础建立起来的二元社会体制也仍被视为不可侵犯之“物”，农村剩余劳动力向城市迁移的大门仍然关而闭之，农村劳动力向城市迁移继续受到严格的控制。如1981年，国务院发出的《关于严格控制农村劳动力迁向城市和农业人口转为非农业人口的通知》规定：第一，在城市地区严格禁止雇佣农村劳动力；第二，万不得已必须雇佣来自农村的劳动力时，须得到国务院批准；第三，在国家计划中需要增强人员的情况下，要首先雇佣城市的待业青年；这样还不足时需得到各地人民政府的批准。同时还强调，城市临时雇佣的农村劳动力必须全部迁回农村，以强化户籍和粮食的管理。可见尽管改革开放已经开始，但政府对农村人口向城市迁移的严格控制仍如同改革开放之前。在这种情况下，作为农村经济发展能量的积聚和释放，终于在原有社队企业的基础上爆发了乡镇企业的发展。中央政府也频频发文，大力推动乡镇企业的发展，并积极鼓励农村剩余劳动力向乡镇企业转移。苏南地区率先创造的“离土不离乡”、“进厂不进城”的农村剩余劳动力转移模式，成为当时中国农村劳动力“就地转移”的主流模式。乡镇企业也相应成为当时吸纳农村转移劳动力的巨大“蓄水池”。因此，在这一时期，改革开放及经济的发展并未带动人口迁移同步增长。我国的人口迁移，除受改革开放初期对“文化大革命”拨乱反正影响，自1978年以来连续两三年，主要由“三线”建设移民返迁及“上山下乡”知识青年回城形成一定补偿、回归性人口迁移表现比较活跃以外，在整体上仍主要延续改革开放以前的基本趋势呈平稳发展态势，人口迁移量大致保持在1 400万～2 300万人之间②。省际迁移人口和迁移率基本都分别在100万人和1‰以下。

① 刘铮等著：《我国沿海地区小城镇经济发展和人口迁移》，中国展望出版社，1990年版，第21页。

② 《跨世纪的中国人口（综合卷）》编委会编著：《跨世纪的中国人口（综合卷）》，中国统计出版社，1994年版，第240页。

（二）渐趋增强期（1984～1994 年）

随着改革开放的深入和农村经济的发展，农村剩余劳动力被越来越多地解放出来，作为农村剩余劳动力转移“蓄水池”的乡镇企业已难以容纳，农村剩余劳动力“离土不离乡”、“进厂不进城”、囿于农村的“就地转移”、“就地流动”模式正待突破。改革开放以来乡镇企业的发展，已有效地加快了集镇及小城镇的建设。与此同时，为了适应经济发展的需要，国家对人口迁移特别是农村剩余劳动力转移、流动的控制开始有所缓和。1984 年 10 月《国务院关于农民进镇落户问题的通知》出台，规定“除县城外的各类县镇、乡镇、集镇，包括建制镇和非建制镇，全部对农民开放”，“凡申请到集镇务工、经商、办服务业的农民和家属，在集镇有固定住所、有经营能力或在乡镇企业单位长期务工的，公安部门应准予落常住户口，及时办理入户手续、发给《自理口粮户口簿》，统计为非农业人口”。这项新政策，放宽了农民迁移进镇的标准，为农村剩余劳动力迁移进镇创造了一定的条件，是新中国成立以来对户籍制度及农民就业政策的首次重大改革。

在这一阶段，改革开放也已由农村发展到城市，城市的“保障就业或安置就业”制度开始受到冲击，劳动力市场的初步建立，快速的城市建设和经济发展，已创造并提供了农村劳动力入迁、就业的竞争机会和“空间”容量，使农村剩余劳动力向城市迁移、就业成为可能。国家又相继出台了一些以促进农村劳动力流动、到城镇就业为目的的各种政策，并加强了对城镇外来劳动力的管理。如 1986 年 7 月，国务院同时颁布了《国营企业实行劳动合同制暂行规定》和《国营企业招用工人暂行规定》，允许国营企业招收农村劳动力。于是，步步深入的改革开放，给人口迁移，特别是农村人口向城市的迁移流动注入了巨大的启动力，激发长期受计划经济体制及城乡分割制约所形成、集聚起来的迁移流动“势能”得以释放，推动农村剩余劳动力开始由原来的“离土不离乡”、“进厂不进城”、囿于农村的“就地转移”、“就地流动”模式，向“离土又离乡”、“进厂又进城”、走出农村的“异地转移”、“异地流动”模式转变，并由主要向小城镇迁移流动逐步发展到向各级城市甚至特大城市迁移流动，表现在迁移流动规模及强度上即呈渐趋扩大、增强态势。由于此间先后出台了《国务院关于作好劳动就业工作的通知》及国家计委等部门的《关于“农转非”政策管理工作分工意见的报告》等政策规定，对农村劳动力向城镇的迁移流动，实行了一定的控制和管理，在一定程度上缓和了农村劳动力向城市迁移流动的过快增长，因而使这一阶段农村劳动力的迁移流动基本保持稳定发展、渐趋增强的趋势。

（三）高度活跃期（1995～2010 年）

1992 年邓小平发表著名的“南巡讲话”以后，我国进一步加大了改革开放的力度。由此所带来的东部沿海地区城市开发及经济建设高潮的兴起，以及外企、外资的大举进入，都有力地刺激了东部沿海地区城市经济的高速增长，创造了丰富的劳动就业机会。而且伴随改革开放的发展，城市住房、粮食及日常生活用品供给的市场化，逐步解除了没有户籍的外来人口在城市就业、生活的后顾之忧。特别在进入20世纪90年代后期，已建立40余年的十分稳固的户籍制度继1984年进行首次重大改革之后，又开始了新一轮的改革。如公安部于1995年就向国务院上报了《小城镇户籍制度改革试点方案》，1997年6月国务院批转了这个试点方案并在有关省市进行了为期两年的试点；上海、广州、厦门等一些大城市也自行出台了类似“蓝印户口”、“居住证”制度等一些新政策，初步打开了农村人口入迁居住的大门；一些经济比较发达、改革力度较大的省区更是根据自身实际，开始对户籍制度进行大胆的改革。如浙江省在全国率先开展户籍制度改革，近年来在拆除户籍藩篱、打破城乡壁垒方面屡有“大手笔”。据有关部门2001年年底统计，此前三年多来，浙江省城镇净迁入人口达190余万人，其中仅2001年以来即达到66万多人。甚至一些省区已开始考虑取消农业户口、非农业户口的划分，实行统一登记为“居民户口”的城乡户口登记管理一体化改革。数十年改革开放、经济发展效果的积累，进入20世纪90年代后期，由于在地区、城乡之间显著的经济收入差异及就业机会的推、拉作用下，中、西部地区人口向东部沿海地区及农村人口向城市地区的迁移流动规模急剧膨胀，使人口迁移进入高度活跃期。1995年，省际迁移人数和迁移率分别为1 038多万人和8.66‰左右，到2000年短短数年即分别迅速增加到4000多万人和33‰以上，均增加3倍左右。根据2010年第六次全国人口普查的结果，我国省际迁移人口已达8 587.63万人，迁移率上升到64.35‰。

二、农村人口的非户籍乡—城迁移始终为迁移主流

我国是一个发展中国家，至今人口仍以农村人口和农业户籍人口为主体，到2000年第五次全国人口普查时，全国农村人口和农业户籍人口仍分别占总人口的63.08%和75.27%。这就决定了我国迁移人口也同样以农村人口和农业户籍人口为主体。正如以上所说，率先开展的农村经济体制的改革，把大量的农村隐性剩余劳动力从土地上解放出来，形成了规模巨大、几乎可无限供给的农村剩余劳动力潜在的迁移“资源”。在城市改革开放、人口迁移控制政策逐步缓和、城乡—区域经济发展差异等多种因素的共同作用下，这些潜在的迁移“资源”即参与迁移活动，转变为现实的迁移流动人口。如表9－8所示，改革开放以来迁移人口中，农村迁出人口一般都占迁出总人口的60%以上，显示了农村迁出人口为中国迁移人口的主体特征。当然，根据该表也可看出，农村迁出人口所占比例呈下降趋势。1982～1987年间，其比例为68%左右，此后渐趋下降，到1995～2000年，已大约下降到59%，十余年时间下跌了近10个百分点。这主要是因为随着农村人口的大量迁出、城市化水平的逐步提高，农村人口的比例趋向下降，作为农村迁出人口的“潜在”资源不断减少。而且随着城市改革开放的深化，城市人口的迁移活动也日渐活跃起来，这也在一定程

度上影响了农村迁出人口相对比例的下降。但到 2000 ~ 2005 年，城市经济的快速发展及城市化的进一步推进，又使农村迁出人口比例达到 60% 以上。

表 9 – 8 改革开放以来农村、城镇迁移人口的演变

期 间	迁出入	农村（县）		市、镇		农村迁向市镇人口	
		万人	%	万人	%	万人	%
1982 ~ 1987	迁出	2076. 02	67. 99	977. 24	32. 00	1 545. 19	74. 43
	迁入	721. 50	23. 63	2 331. 69	76. 37		
1985 ~ 1990	迁出	2 130. 11	62. 48	1 279. 00	37. 52	1 671. 82	78. 48
	迁入	590. 47	17. 30	2 822. 29	82. 70		
1990 ~ 1995	迁出	1 985. 55	59. 75	1 337. 43	40. 25	1 194. 71	60. 17
	迁入	948. 96	28. 56	2 374. 02	71. 44		
1995 ~ 2000	迁出	7 316. 24	58. 70	5 148. 17	41. 30	5 065. 50	68. 96
	迁入	1 710. 94	11. 85	1 2728. 14	88. 15		
2000 ~ 2005	迁出	9 143. 59	61. 32	5 767. 47	38. 68	7 337. 34	80. 25
	迁入	2 328. 41	15. 62	12 582. 65	84. 38		
2005 ~ 2010	迁出	15 339. 69	62. 98	9 015. 68	37. 02	12 840. 19	83. 71
	迁入	3 130. 02	12. 85	21 225. 36	87. 15		

资料来源：根据 1987 年、1995 年、2005 年 1% 人口抽样调查和 1990 年、2000 年和 2010 年人口普查资料计算。

由表 9 – 8 还可以看出，改革开放以来，约占中国迁移人口 60% 以上的农村迁出人口，又主要选择迁入了城市。除 1990 ~ 1995 年以外，农村迁出人口选择迁向城市的比例几乎都高达 70% 以上。中国迁移人口的主体——农村迁出人口，又绝大部分选择迁向城市，由此所形成的乡→城迁移，构成了改革开放以来国内人口迁移的主流。加之日趋活跃的城市人口迁移，使中国迁移人口选择迁向城市的比例，呈明显上升趋势。到 1995 ~ 2000 年，迁移人口选择迁向城市的比例已直逼 90% （88. 15% ）。因此可以说，改革开放以来我国的人口迁移，与城市化是密切联系在一起的；人口迁移是城市化的重要形式之一，日趋活跃的人口迁移，必定推动和加快中国城市化的发展。

由于直到 20 世纪末，我国的户籍制度并未进行根本性改革，城市居民社会保障制度还是一个很强的封闭系统。城市社会保障“资源”的稀缺性，城市居民的“本地”权益及下岗、失业劳动力的再就业保护等问题，都构成了农村迁入人口成为城市居民，特别是城市非农业户籍居民的巨大障碍。所以，虽然人口迁移已极为活跃，农村人口和农业户籍人口是人口迁移流动的主体，但他们还基本都是未伴随户籍的迁移。他们人迁入城市就业、生活，而户籍仍在农村，成为典型的城乡人户分离人口。他们与城市本地居民的重要区别之一就是不能享受城市居民的社会保障和医疗保障制度。所以，在一定意义上说，农村迁出人口或农业户籍人口为中国人口迁移流动的主体，也就意味着未伴随户籍的迁移流动，即“非”户籍人口迁移流动为我国人口迁移流动的主流。[1] 这一特征，在一定程度上也可以从人口调查的人、户（籍）分离情况得以说明。如根据 1982 年人口普查，“居住本县、市（区）半年（或一年）以上，户口在外、县市”和“居住本县、市（区）不足半年（或一年），离开户口登记地半年（或一年）以上”，即人与户分离的“两款”人，约占当时总人口的 0.66%，到 1990 年人口普查时，“两款人”的比例已上升到 1.91%，到 2000 年人口普查时，这一比例已进一步骤然上升到 11.62%，到 2010 年进一步上升到 16.58%。这说明随着时间的推移和改革开放的进展，尽管农村迁出人口比例有下降倾向，但人、户分离的迁移流动或未伴随户籍变更的迁移流动却反呈急剧增强趋势。20 世纪 90 年代后期人口迁移流动的高度活跃，主要是未伴随户籍变更的人口迁移流动、即“非”户籍人口迁移流动的高度活跃。另外，从以下“务工经商”理由对人口迁移，特别是对省际人口迁移影响的显著增大也说明了这一点。

很明显，在我国独特的户籍制度和以农村人口及农业户籍人口为主体的条件下，改革开放以来的人口迁移流动，形成了以农村迁出人口为主体、城镇迁出人口为辅和以未伴随户籍变更的“非”户籍人口迁移流动为主流、户籍人口迁移流动为辅的迁移流动的“二元”特征。农村迁出人口集中选择迁向城市的“非”户籍乡→城迁移，构成了改革开放以来我国人口迁移的主流及其“非完全”迁移特征，也构成了我国“非完全”城市化这一城市化发展的重要形态。

三、迁移原因及机制发生了重大转变

虽然改革开放以来我国的人口迁移与流动明显受改革开放进程特别是户籍制度及城市居民社会保障制度等体制性因素的制约，但伴随着改革开放的不断深入，人口迁移流动原因及机制仍然发生了重大转变。这一转变主要表现为影响原因逐步由以社会原因为主转变为以经济原因为主、发生机制逐步由以计划组织为主转变为市场调节占主导地位。

（一）迁移原因的变化

首先从人口迁移的单项原因考察。改革开放以来，对人口迁移流动影响最大的“首位原因”在 20 世纪 80 年代初期为“工作调动”，受该原因影响而迁移的移民比例约为 20%；自 80 年代后期开始则转变为“务工经商”，受其影响而迁移的移民比例在 80 年代后期和 90 年代后期分别上升为 25% 和 30% 以上；进入 21 世纪初期 10 年，该比例进一步提高到 45%。特别对省际人口迁移来说，受“务工经商”这

---

[1] 随着改革开放的深化，户籍制度的“衍生”权益逐渐减少，城市人口对户籍的概念已有所淡化，在发生迁移行为时未必很在乎户籍问题，不伴随户籍变更的迁移行为也时有发生，所以这也在一定程度上强化了我国人口未伴随户籍变更迁移流动的主流特征。

一“首位原因”影响而迁移的移民比例竟分别急剧上升到30%、65%和75%左右（表9-9、表9-10）。这说明随着时间的推移及改革开放的进展，不仅影响人口迁移流动的“首位原因”发生了变化，而且“首位原因”对人口迁移、特别是省际人口迁移流动的影响亦明显增强。

表9-9　改革开放以来中国原因别迁移人口比例的变化

单位：%

期间（年）	工作调动	分配录用	务工经商	学习培训	投亲靠友	拆迁搬家	退休退职	随迁家属	婚姻迁入	其他
1982~1987	20.57	5.10	8.24	8.72	13.27	—	2.60	19.78	15.76	5.96
1985~1990	11.87	6.03	25.12	12.14	9.84	—	1.56	10.44	13.94	9.06
1995~2000	4.28	3.11	30.73	11.66	5.02	14.52	—	12.85	12.02	5.03
2000~2005	2.91	0.74	43.07	3.45	8.40	9.95	—	14.87	8.45	8.07
2005~2010	3.85	—	45.12	11.42	4.21	9.30	—	14.17	4.83	6.39

资料来源：根据1987年、1995年、2005年1%人口抽样调查和1990年、2000年、2010年人口普查资料计算。

表9-10　改革开放以来中国原因别省际迁移人口比例的变化

单位：%

期间（年）	工作调动	分配录用	务工经商	学习培训	投亲靠友	拆迁搬家	退休退职	随迁家属	婚姻迁入	其他
1982~1987	19.89	5.26	8.57	9.02	13.35	—	2.54	18.68	15.54	6.15
1985~1990	15.06	4.53	29.46	8.38	10.39	—	1.48	10.86	13.66	6.18
1995~2000	2.67	1.55	64.75	6.30	5.02	0.79	—	9.25	5.48	4.18
2000~2005	1.16	0.21	73.36	1.44	6.53	0.54	—	9.99	4.00	2.76
2005~2010	2.48	—	74.68	4.40	3.26	0.86	—	9.29	2.56	2.47

资料来源：同表9-9。

表9-11　改革开放以来中国原因类型别省际迁移人口比例的变化

单位：%

期间（年）	经济型			社会型	其他
	小计	计划型	市场型		
1982~1987	33.72	25.15	8.57	59.13	6.15
1985~1990	49.05	19.59	29.46	44.77	6.18
1995~2000	68.97	4.22	64.75	26.84	4.18
2000~2005	74.73	1.37	73.36	22.50	2.76
2005~2010	77.16	2.48	74.68	20.37	2.47

资料来源：根据表9-9。

由于“工作调动”迁移基本属城镇人口的“专利”和伴随户籍变更的迁移，“务工经商”迁移则主要为农村人口及未伴随户籍变更的迁移。这些未伴随户籍变更迁移流动到城镇“务工经商”的农村人口又被称为外来人口或农民工。所以“务工经商”迁移人口的显著增多，不仅进一步说明了上述农村人口及其未伴随户籍变更的迁移流动为迁移主体和主流的事实，而且也从一个方面反映了随着改革开放的推进，“民工潮”的蓬勃兴起和发展。

如果把迁移原因“工作调动”、“分配录用”和“务工经商”归类为经济原因，把“学习培训”、“投亲靠友”、“拆迁搬家”、“退休退职”、“随迁家属”和“婚姻迁入”归类为社会原因，则在80年代前期影响人口迁移流动的原因明显以社会原因为主，受社会原因影响而引发的省际迁移人数几乎占迁移总数的60%；而经济原因的影响显然小得多，引发的省际迁移人数只大约占迁移总数的34%。随着改革开放的不断深入，社会原因的影响逐渐减弱，经济原因的影响明显增强。1985～1990年，社会原因引发的省际迁移人口比例约下降到45%，经济原因形成的省际迁移人口比例相反上升为50%。特别在进入21世纪初期10年，社会原因引发的省际迁移人口比例已下降到约21%以下，而受经济原因对省际人口迁移的影响已进一步增强，影响的迁移人口比例已超过77%，为社会原因引发迁移人数的3.78倍以上（表9－11）。这也说明，随着改革开放的进展，我国人口的迁移已越来越演变为以受经济原因影响为主导的经济型迁移，因而与经济发展的关系越来越密切，对经济发展的作用越来越明显。

（二）迁移机制的变化

人口迁移流动原因的变化，在一定意义上也反映出人口迁移流动机制的变化。如表9－11所示，如果根据经济原因影响人口迁移的计划性和市场化特征，进一步把“工作调动”和“分配录用”作为组织计划性迁移，把“务工经商”作为市场自发性迁移，则可以明显看出，在经济原因形成的人口迁移中，属于组织计划性省际迁移人口的比例在80年代初期约为25%，80年代后期大致下降到20%，1995～2000年下降为4%左右，到2005～2010年进一步下降到2.48%。与此相反，属于市场自发性的省际迁移人口在80年代前期仅占8%左右，80年代后期即大致上升为30%，到2005～2010年则进一步迅速增长到74%以上。这显示人口迁移流动机制的变化与改革开放的进展基本是一致的，即随着改革开放的进展及改革力度的增大，人口迁移流动机制也相应发生了重大转变，由改革开放初期的计划组织为主转变为市场自发占明显主导地位。进一步说，尽管以户籍制度为基础的城乡二元社会体制仍严重制约着农村迁城人口获得城市居民的户籍，但已不能控制脱离户籍的“非完全”城市化的人口迁移，或换言之，脱离户籍的“非完全”城市化的人口迁移，已基本转变为市场化“行为”，并主要遵循市场经济规律发展。

四、人口迁移流动的城乡—区域模式出现新的变化

由前述可知，在经济体制改革之前，主要受计划经济体制、生产力平衡布局及政治意识形态等多种因素的制约和影响，人口主要由东部沿海地区向中西部地区迁移、由城市向农村迁移，曾为很长一段时间我国城乡—区域人口迁移的主流模式。实施改

革开放以来，随着由计划经济向市场体制的转变，我国城乡—区域人口迁移模式发生了重大逆转：人口主要由中西部地区向东部沿海地区迁移、由农村向城市迁移，成为改革开放以来我国城乡—区域人口迁移的基本模式。①

在改革开放、逐步由计划经济向市场体制转变的条件下，由于主要受自然环境结构及区域经济发展差异的影响，我国城乡、区域经济发展相对稳定的总体格局，决定了改革开放以来农村人口主要向城市迁移、中西部地区人口主要向东部沿海地区迁移的基本模式没有发生根本性变化。但由于改革开放的进展及改革力度的增大，人口迁移原因及机制逐步转变为以经济原因和市场机制为主，人口迁移的流向选择越来越趋向理性，特别由于改革开放以来区域经济发展及差异变化的新动向，使人口迁移流动的城乡—区域模式也出现了一些新的变化。

（一）人口迁移城乡模式的变化

人口迁移城乡模式的变化，主要表现为农村迁出、迁入人口的比例逐渐下降，城市迁出、迁入人口的比例明显上升，迁移人口越来越选择向城市迁移集中。前已述及，由于随着农村人口的大量迁出、城市化水平的逐步提高，农村人口的比例趋向下降，作为农村迁出人口的“潜在”资源不断减少；城市改革开放的深化，也使城市人口的迁移活动日渐活跃起来，从而造成农村迁移人口比例的下降和城市迁移比例的上升。如表9－8所示，在改革开放初期的1982～1987年，农村迁出、迁入人口分别占67.99%和23.63%，到2000～2005年，两比例已分别下降为61.32%和15.62%。与此相反，城市迁出、迁入人口的比例则由1982～1987年的32.00%和76.37%上升为2000～2005年的38.68%和84.38%。特别是农村迁出人口，约有80%选择迁向城市。农村迁出、迁入人口的比例逐渐下降，城市迁出、迁入人口的比例明显上升，说明人口迁移与城市化密切相关，活跃的人口迁移促进了城市化的发展。特别是20世纪90年代后期至21世纪初期我国人口迁移流动的高度活跃（即农村人口向城市迁移流动的城市化乡→城迁移的高度活跃），使选择迁向城市的移民比例直逼90%。尽管这种活跃的乡→城迁移及其所形成的城市化形态具有“不完全”性特征，但在一定意义上，这样的人口迁移流动，也仍将加速中国城市化的进程，促进中国经济社会的发展。

（二）人口迁移区域模式的变化

改革开放以来人口迁移区域模式的变化，主要表现为以下两个方面：

第一，人口向东部沿海地区的集中化迁移流动趋势愈益增强。如表9－12所示，在20世纪80年代，东、中、西三地区迁出人口比例还大致相当，各占三成左右，但到90年代则出现明显变化，东部沿海地区迁出人口比例显著减小，中部地带迁出比

① 王桂新：《中国の人口移動と経済開発》，《統計》［日］，1994年第12号。

例迅速增大，西部地带迁出比例基本稳定。与此相反，从迁入人口比例来看，三地区从80年代以来即存在很大差异，开始大约五成多集中选择迁入东部沿海地区，近五成大致均分迁入中、西部地区。此后，选择迁入东部地区的人口迅速持续增加，到90年代后期其所占比例即超过76%，进入21世纪，该比例进一步提高到80%以上；而选择迁入中、西部地区的人口比例则呈下降趋势，尤以中部地区最甚，21世纪初期10年二者所占比例已分别下降为6%和12%左右。东、中、西三地区迁出、迁入人口比例的反向变化显示，改革开放以来，中国省际迁移人口的流向表现出显著的"向海性"特征。这一特征，使迁移人口向东部沿海地区的集中化趋势越来越明显。另外，还有一个不太明显但却很有意义的变化，就是与20世纪80年代比较，90年代以来，中、西部地区迁移人口的分布发生了逆转：迁出人口比例，中部地区超过西部地区；迁入人口比例，西部地区超过中部地区。如西部地区的新疆维吾尔自治区，90年代后期的人口迁入率已高居全国第四位。这一变化的意义在于，它显示了90年代以来实施的西部大开发战略已初见成效，西部地区已呈人口迁入的相对集中化趋势。

表9－12　改革开放以来省际人口迁移的东、中、西三地带差异

迁移变量	期间	1982～1987（年）	1985～1990（年）	1990～1995（年）	1995～2000（年）	2000～2005（年）	2005～2010（年）
迁出人口比例（%）	合计	100.00	100.00	100.00	100.00	100.00	100.00
	东部地带	31.76	33.08	26.29	18.51	22.04	18.80
	中部地带	34.83	31.39	38.74	46.95	46.49	49.10
	西部地带	33.41	35.54	34.97	34.54	31.47	32.10
迁入人口比例（%）	合计	100.00	100.00	100.00	100.00	100.00	100.00
	东部地带	52.02	54.58	65.05	76.41	81.13	81.42
	中部地带	24.65	23.99	14.71	9.06	8.08	6.45
	西部地带	23.33	21.42	20.25	14.53	10.79	12.12

注：本章所说三大地带，是指中央政府提出西部大开发战略以后新划分的三大地带，其中东部地带包括北京、天津、河北、辽宁、上海、江苏、浙江、福建、山东、广东、海南11个省、直辖市；中部地带包括黑龙江、吉林、山西、安徽、江西、河南、湖北、湖南8个省；西部地带包括重庆、四川、贵州、云南、广西、西藏、陕西、甘肃、青海、宁夏、新疆、内蒙古共12个省、自治区、直辖市

资料来源：同表9－9。

第二，人口迁入集中化趋势珠江三角洲后来居上，势压长江三角洲。如表9－13和表9－14所示，向东部地区越来越集中化的迁入人口，又主要表现为向泛长江三角洲（包括上海、江苏、浙江）和泛珠江三角洲（广东）越来越强势的集中①。到2005～2010年，选择迁入该两三角洲的迁移流动人口已接近5 000万人，占全国迁移人口的比例由80年代前期的20%左右猛增到57%以上。从两三角洲来看，选择迁入

① 这里所指的长江三角洲和珠江三角洲，均为泛三角洲的概念，即长江三角洲包括上海、江苏、浙江三省市，珠江三角洲包括广东省，而且为称谓方便，有时将二者简称为长三角和珠三角。

长江三角洲的迁移流动人口在80年代前期尚为珠江三角洲的3倍以上，后差距不断减小，到90年代前期二者已基本接近。但进入90年代后期，选择迁入珠江三角洲的迁移流动人口猛增，一跃反超长江三角洲，几乎达迁入长江三角洲迁移流动人口的1.7倍。对泛长江三角洲来讲，在90年代后期，上海、江苏、浙江两省一市的迁入人口均有明显增长，但从其所占比例来看，则只有浙江省的迁入人口比例迅速上升、"一枝独秀"，上海、江苏两地则或衰减或稳定不前。在人口迁移流动机制市场化程度比较高的情况下，迁移流动人口对迁移流向的选择，是对区域发展活力及经济增长趋势的反映。因此，以上迁移流动人口的集中化趋势说明，至少在90年代后期，珠江三角洲的发展势头明显超越长江三角洲。而在长江三角洲，浙江省的发展势头又明显超上海、江苏两地。到2005～2010年，我国省际迁移人口选择长江三角洲的比例已明显超过珠三角的比例，其比例超出7.78个百分点。而且，在长江三角洲中仍以选择迁向浙江省的移民增长及贡献最大。这显示进入21世纪，我国区域人口迁移重心及经济增长重心已开始出现由南向北、由珠江三角洲向长江三角洲转移的新趋势。

表9－13　泛长江三角洲与珠江三角洲地区省际人口迁入趋势的变化

单位：万人

区域	迁入人数					
	1982～1987（年）	1985～1990（年）	1990～1995（年）	1995～2000（年）	2000～2005（年）	2005～2010（年）
两三角洲合计	126.57	305.00	410.11	1829.19	2692.80	4967.80
长三角（小计）	96.85	179.25	215.48	679.09	1155.23	2818.02
上海	37.19	66.55	72.05	216.78	307.14	897.70
江苏	47.45	79.11	96.83	190.84	334.11	737.93
浙江	12.21	33.59	46.60	271.47	513.98	1182.40
珠三角（广东）	29.72	125.75	194.63	1150.10	1537.57	2149.78

资料来源：同表9－9。

表9－14　迁入人口占全国迁移人口的比例

单位:%

区域	1982～1987（年）	1985～1990（年）	1990～1995（年）	1995～2000（年）	2000～2005（年）	2005～2010（年）
两三角洲合计	20.22	27.56	38.49	56.67	61.44	57.85
长三角（小计）	15.47	16.2	20.22	21.04	29.91	32.81
上海	5.94	6.01	6.76	6.72	7.95	10.45
江苏	7.58	7.15	9.09	5.91	8.65	8.59
浙江	1.95	3.04	4.37	8.41	13.31	13.77
珠三角（广东）	4.75	11.36	18.27	35.63	31.53	25.03

资料来源：同表9－9。

五、两种不可忽视的重要人口迁移流动类型：工程移民与“出国潮”

如前所述，改革开放以来，人口迁移流动在日趋活跃的同时，其类型也十分丰富。如除以上所述由“务工经商”等原因形成的农村人口迁向城市的乡→城迁移，及由“工作调动”、“毕业分配”等原因形成的城市人口在城市之间的城→城迁移等组织计划性及自发性人口迁移以外，国内人口迁移还有三峡工程移民等工程性移民和国际迁移（出）的出国潮等重要类型。农村人口迁向城市的乡→城迁移和城市人口在城市之间的城→城迁移，都已基本包含在以上根据六次人口普查所考察的人口迁移流动之中，而六次人口普查的资料却未必能很好地反映三峡工程移民和国际迁移（出）的“出国潮”，所以在此再对三峡工程移民和国际迁移（出）的“出国潮”做一简单补充性考察。

（一）“三峡”移民——规模空前的工程移民

新中国成立以来，国内人口迁移除以上所说各种人口迁移类型以外，还有一种非常重要的迁移类型——因工程建设项目而形成的工程移民。与通常所说的国内人口迁移不同，工程移民主要是一种非志愿或计划性移民。这类移民主要是由于水库、交通、城市基础设施等工程建设而产生的。据估计，新中国成立以来全国因工程建设而形成的非志愿移民总数在4 000万人以上，这些非志愿移民对中国工程建设及经济发展作出了重大贡献。

新中国成立以来的工程移民，以水库及水电站的建设移民为主。根据国家水利部门统计，新中国成立到20世纪90年代初期40多年间，全国一共建坝86 000余座，淹没耕地3 000万亩，移民1 000多万人，有19个省移民超过10万人。其中，山东省151万人，湖南省10万人，湖北省93万人，河南省92万人，广东省69万人。从1949～1991年所建的377座大型水库、水电站，共造成水库移民608.2万人。其中，移民超过10万人的有6座，即浙江省新安江水电站移民29万人，山东省东平湖水库移民28万人，河南省三门峡水库移民40万人，湖北省丹江口水库移民39万人，湖南省柘溪水库移民14万人，广东省新丰江水库移民12万人。①

长江为中国第一大江，新中国成立以来的水库、水电站的建设，有不少都是围绕长江水系建设的。特别是在1993年，国家作出上马建设三峡工程的决定，并于1994年12月14日决定三峡工程正式开工。三峡工程是中国、也是全世界迄今为止最大的水利枢纽工程。其总库容之大、占地面积之广，不可避免地带来大面积的移民和大规

① 杨云彦：《中国人口迁移与发展的长期战略》，武汉出版社，1994年版，第139页。

模的移民工程。根据设计规划，在三峡工程的实施、完成过程中，与之关联的移民工程将在2009年三峡工程竣工时同步完成，自1980年代开始试点到完成前后历时20余年，整个三峡地区将最终迁出移民113万人，其中包括农村移民50多万人。可见三峡工程移民规模之大，历时之长，实为中国甚至全世界工程移民之最。与三峡工程的土木工程不同，移民工程乃涉及人的工程，因而难度更大，任务更重，被认为是三峡工程中难度最大、也最让人牵肠挂肚的“重中之重”。

三峡库区移民既有库区内的短距离搬迁，又有库区以外跨省区的远距离搬迁。在开始很长一段时间，三峡移民以库区内搬迁为主。这样虽然使库区居民免受离乡背井之累，但也造成了库区人口密度过高、影响生态环境、不利库区移民生活的矛盾。为了解决这些矛盾，国务院在1999年对三峡库区移民政策做出重大调整，扩大了三峡库区移民跨省区的远距离搬迁安置规模，决定将三峡库区的12万多农村移民外迁安置，其中将约7万人安置到上海、广东、安徽等11个经济较为发达的沿海、沿江省市，4.5万人安置到重庆市和湖北省的非库区地区。按照计划，在这12万多三峡外迁移民中，以重庆市迁出最多，达10万人左右。

三峡工程的建设，得到了全国各地的积极响应；三峡移民工程的开展，更得到了全国各地的大力支援。特别是东部沿海经济比较发达的省市，纷纷敞开大门欢迎三峡移民前往落户。

根据三峡工程“分期蓄水、连续移民”的建设方针，三峡移民工作从1993年开始全面展开，过去10年平均每年移民6万多人。截至2001年年底，全国已累计安排287亿元资金用于三峡移民，到2002年7月底，三峡工程搬迁安置水库移民进一步增加到64.6万人，约占全库区规划动迁移民总数的一半。其中约有14万农村移民被外迁安置到全国24个省市。

通过各方面的通力合作和努力，移民安置工作进展顺利，截至2008年年底，重庆库区共搬迁安置移民113.8万人，其中外迁移民16.16万人，截至2010年，三峡工程累计搬迁安置移民约130万人，其中，各类外迁安置19万多人，已基本完成计划目标。

（二）国际迁移——“出国潮”的兴起与发展

尽管直到现在，相对于中国庞大的人口规模及国内人口迁移规模，人们还是普遍认为：中国的国际人口迁移完全可以忽略不计。单就规模而论，也许如此。但若从新中国成立、尤其自改革开放以来国际人口迁移从无到有、由弱趋强的发展势头，特别是国际人口迁移对中国推进改革开放及现代化建设的重大意义，则不能不引起人们的高度关注。

应该看到，1978年开始实施的改革开放，不仅引发了大规模的国内人口迁移流动大潮，而且也“对外开放”，打开了新中国成立以来几乎一直关闭的中国人口国际迁移的大门，催生了中国人口国际迁移——“出国潮”的兴起。对外改革开放的进展，经济全球化的拉动，正在推动着中国人口国际迁移的持续发展。

改革开放以来中国人口国际迁移（出），主要有出国留学、家庭团聚、劳务输出、婚姻及技术移民等多种形式或途径，迁出人口迅速增长，规模不断扩大。根据1982年、1990年、2000年和2010年全国人口普查对“原住本县、市，现在国外工作或学习，暂无户口”的人所进行的调查可知，1982年（调查时点）中国大陆“原住本县、市，现在国外工作或学习，暂无户口”的人有5.69万人，约占当时总人口的0.006%；1990年即增加到23.70万人，约占当时总人口的0.02%；2000年进一步增加到75.67万人，约占当时总人口的0.06%；2010年为195.50万人，约占总人口的0.15%，绝对数比2000翻一番还多，显示改革开放以来中国大陆的出国留学或工作人数呈迅速增长态势，谓之形成“出国潮”实不为过。根据1990年人口普查，这些“原住本县、市，现在国外工作或学习，暂无户口”的人，主要来自上海、北京、福建、广东4省市。其中上海6.6万人，占27.99%；北京5.0万人，占20.65%；福建3.0万人，占12.48%；广东1.9万人，占7.88%。到2000年第五次全国人口普查时，这些“原住本县、市，现在国外工作或学习，暂无户口”的人，各地区均比1990年有较大增长，其中，云南、福建两省分别达22.00万人和13.34万人，二者合计约占全国三成左右。2010年人口普查结果显示，这些“原住本乡、镇、街道，现在国外工作学习”的人中，有36.8万人来自福建省，其次为吉林省，有28.24万人，浙江省排第三，有16.6万人。

表9－15、图9－2也显示，1978年改革开放以来，中国出国留学人数呈迅速增长趋势。在1978年改革开放之前，中国出国留学人员尚不过千人，此后迅速增加，到1993年即跨越1万人大关，到2000年进一步迅速增长到近4万人；2001年即翻了一番，达8万人以上；2002年又一步跨越10万人大关，达12.5万人以上；到2010年进一步增长到28.47万人。

中国出国人员去向遍及世界各地，但主要以欧美、日本、澳大利亚等发达国家及东南亚国家或地区为主。总的来看，去欧美的主要以深造为主，去日本、澳大利亚的以攻读语言和打工为主。

自20世纪80年代末期特别是90年代以来，不少早先随“出国潮”出国留学的人员已学成归国，形成出国留学人员的回归迁移（表9－15、图9－2）。1978年到2010年，中国出国留学人员已近63万人学成回国，而且回国人数逐年增加。在2010年1年就有13.48万人各类留学人员回国，相比2009年同比增长24.47%，是2008年的近两倍。这些留学回国人员，已在各条战线上发挥着重要作用。教育部及地方政府也纷纷出台优惠政策，吸引和支持优秀留学人员长期回国工作或短期回国服务。留学人员不仅带回来高新技术，也带回了先进的管理经验，缩短了中国和发达国家的差距。

表 9-15 1957 年以来中国出国及回国留学人数

单位：人

年份	出国留学人员	学成归国留学人员	年份	出国留学人员	学成归国留学人员
1957	529	347	1995	20 381	5 750
1962	114	980	1996	20 905	6 570
1965	454	199	1997	22 410	7 130
1975	245	186	1998	17 622	7 379
1978	860	248	1999	23 749	7 748
1980	2 124	162	2000	38 989	9 121
1985	4 888	1 424	2001	83 973	12 243
1986	4 676	1 388	2002	125 179	17 945
1987	4 703	1 605	2003	117 307	20 152
1988	3 786	3 000	2004	114 682	24 726
1989	3 329	1 753	2005	118 515	34 987
1990	2 950	1 593	2006	134 000	42 000
1991	2 900	2 069	2007	144 000	44 000
1992	6 540	3 611	2008	179 800	69 300
1993	10 742	5 128	2009	229 300	108 300
1994	19 071	4 230	2010	284 700	134 800

资料来源：国家统计局编：《中国统计年鉴 2011》，中国统计出版社，2011 年版。

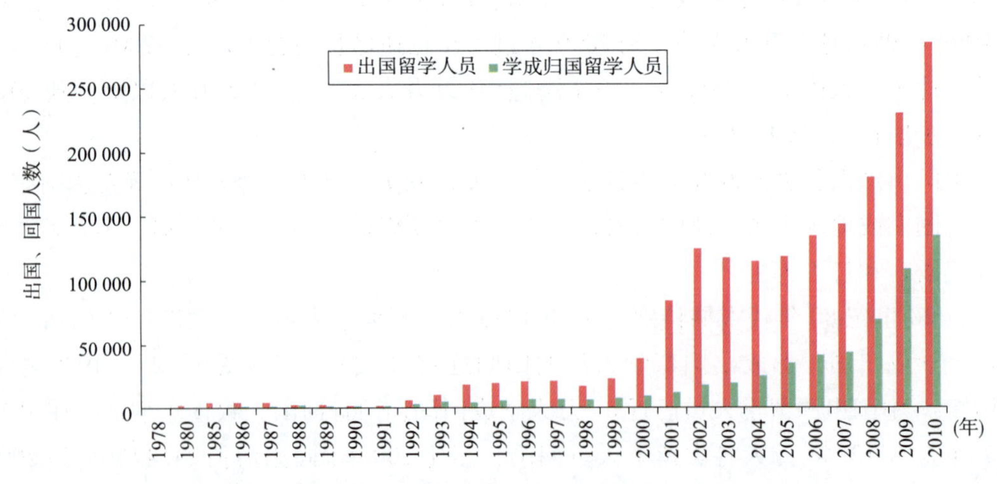

图 9-2 1978 年以来中国出国及回国留学人数（人）

资料来源：根据表 9-15。

国际劳务人员输出也是改革开放以来“出国潮”的重要组成部分。从新中国成立到改革开放之前，中国政府组织的劳务输出几乎为零。1978 年开始的改革开放也打开了劳务输出的大门，使劳务输出人员逐年增多，但到 1987 年仍只有 6 万多人。进入 20 世纪 90 年代，劳务输出人员进一步迅速增长。1992 年即突破 10 万人大关，突增至 13 万人以上。此后即大幅度跳跃性增长，1994 年、1997 年、2000 年、2007 年即分别跨越 20 万人、30 万人、40 万人和 70 万人大关，到 2010 年已达 84.66 万人（表 9－16）。

中国劳务人员的输出地区，在 20 世纪 80 年代还主要是局限于发展中国家或地区，进入 90 年代，开始向发达国家转移。目前，中国劳务输出正朝着多国家、多领域、多层次方向发展。截至 2010 年，中国劳务合作及劳务输出人员已遍及全球 180 多个国家和地区。[①] 可以预料，基于中国富足的劳动力资源，随着对外改革开放、经济联系的加强及全球化的推进，中国的劳务输出队伍必将继续扩大，从而促动劳务输出"出国潮"的进一步发展。

表 9－16　1987 年以来中国国际劳务输出人数

单位：万人

年份	对外承包工程	对外劳务合作	合计
1987	3.13	3.19	6.32
1988	3.00	3.98	6.98
1989	2.40	4.31	6.71
1990	2.18	3.61	5.79
1991	2.15	6.83	8.98
1992	2.54	10.56	13.10
1993	3.42	13.09	16.51
1994	3.83	18.43	22.26
1995	3.84	22.59	26.43
1996	3.88	24.66	28.54
1997	4.78	28.55	33.33
1998	6.11	29.08	35.19
1999	5.53	32.65	38.18
2000	5.56	36.93	42.49
2001	6.00	41.47	47.47
2002	7.85	41.04	48.89
2003	9.40	42.97	52.37
2004	11.47	41.94	53.41
2005	14.48	41.87	56.35
2006	19.86	47.52	67.38

① 国家统计局贸易外经统计司编：《中国贸易外经统计年鉴 2011》，中国统计出版社，2011 年版。

续表

年份	对外承包工程	对外劳务合作	合计
2007	23.60	50.51	74.11
2008	27.16	46.71	73.87
2009	32.69	45.03	77.72
2010	37.65	47.01	84.66

资料来源：国家统计局贸易外经统计司编：《中国贸易外经统计年鉴 2011》，中国统计出版社，2011 年版。

第五节　流动蓄活力　迁移促发展

人类社会发展及人口迁移的历史，特别是中国改革开放前后人口移动的事实，可以向人们提供很好的经验和借鉴。人口问题的本质是发展问题，人口迁移流动问题作为人口问题的一个重要组成部分，直接关系着社会主义现代化建设，关系着社会安全，关系着民生发展。目前，我国正经历着一个非常关键的时期，也是经济社会结构将发生深刻变化的重要阶段。许多国家的发展进程表明，在这一阶段，如果搞得好，经济社会继续向前发展，顺利实现工进化、现代化；如果搞得不好，往往出现贫富悬殊、失业人口增多、城乡和地区差异拉大、社会矛盾加剧等问题，导致经济社会发展长期徘徊不前，甚至出现社会动荡和倒退。因此，从以往人口迁移流动的历史中吸取经验教训就显得尤为重要。另一方面，通过考察人口流动迁移和经济社会发展的关系，也能够帮助我们对今后我国人口流动迁移的趋势进行估计。

一、经验、教训与改革

（一）没有人口迁移，就没有现代化的发展

人类社会的发展和现代化的历程说明，工业化和城市化是现代化的两个重要方面，而使工业化和城市化成为可能的人口学动因主要就是人口迁移。在一定意义上可以说，没有人口迁移，就没有工业化和城市化，也就不可能实现现代化，不可能实现民生的快速发展。工业化、城市化和现代化的历史，既是人口迁移的历史，也是民生发展的历史。

（二）人口迁移必须遵循理性决策和市场规律

人口迁移对实现现代化至关重要，这一点毫无疑问。但人口迁移必须遵循市场规律也绝不能忽视。违背市场规律的人口迁移，不仅不能促进现代化的进程，相反却会阻碍现代化的发展。如在改革开放以前，国家发动的“大跃进”移民、“三线”移民

以及城市知识青年“上山下乡”、干部下放改造等大规模计划性人口迁移，是违背客观现实和市场规律的人口迁移。改革开放以后，逐步向遵循理性决策和市场规律方向发展的人口迁移和流动，已成为推动我国经济社会发展和现代化进程的重要动力，更从正面有力地证明了这一点。

（三）改革开放以来人口迁移对现代化发展的推动作用已初现其效

就正常迁移而言，有迁移，比没有迁移好；大迁移，比小迁移效益高。我国经济体制改革以来的人口迁移，尽管尚处转轨过程中，也还存在一些这样那样的问题，但在整体上对激发社会活力、加快经济发展和现代化进程的作用却已有目共睹。如已促进了生产要素的优化配置与劳动产出效率的提高，缓和与满足了城市地区劳动力结构性不足的矛盾和经济迅速发展对劳动力的需求，“U型”迁移和资金流转已形成农村发展新的经济增长点，加快了城市化的发展进程和城市化水平的提高，抑制和缩小了区域经济发展水平及收入差距的扩大，对控制人口增长、改善区域人口结构、实现人口合理再分布发挥了重要作用①。经济体制改革以来，人口迁移对我国现代化发展的推动作用已初现其效。

（四）进一步深化改革，推动人口迁移健康、持续发展

尽管改革开放已取得很大成就，户籍制度等阻碍人口迁移的制度性障碍已开始缓解，人口迁移已逐步向遵循理性决策和市场规律的方向发展，但也不能不看到，户籍制度以及以此为基础的二元社会体制等制度性障碍还依然存在。这些制度性障碍对人口迁移的制约作用还十分明显。如城乡劳动力市场还呈明显分割状态，农村人口向城市的迁移还受到很大的控制，即使已迁居城市的农村人口仍被作为“外来人口”或“民工”而难以成为真正的城市居民。特别是户籍制度以及以此为基础的二元社会体制40余年的“统治”和影响，已深深地“扎根”社会中而不能轻而易举地革除。所以，这就决定了今后还必须进一步深化改革。通过不断地改革，革除户籍制度以及以此为基础的二元社会体制等制度性障碍，努力创造良好的制度环境和市场条件，以保证人口迁移的健康、持续发展，使人口迁移在推动我国现代化进程、早日建成“小康社会”的发展过程中发挥更加积极的作用。

二、21世纪人口迁移流动趋势展望

我国是世界第一人口大国。人口数量增长，被视为中国的主要人口矛盾。经过几

① 王桂新：《中国农村劳动力乡—城迁移与区域发展》，《华东师范大学学报》（社科版），1998年第4期，第62～70页。

十余年计划生育的努力，出生率已得到有效控制而呈稳定下降趋势。而与此相比，我国农村还有数以亿计的剩余劳动力有待转移，城市化的发展也还明显滞后。因此在未来二三十年，我国人口的迁移、分布及城市化的推进，将可能逐步取代人口数量增长而上升为主要人口矛盾。历史是一面镜子。根据人口迁移“潜力”及经济体制改革前后人口迁移的转换和发展，展望我国未来人口迁移前景，可以推断：至少在21世纪前二三十年，相对人口增长得到有效控制而减缓，人口迁移则将更趋活跃，并成为推动我国现代化发展的重要“引擎”。具体地说，我国未来人口迁移将主要呈现以下发展趋势①。

（一）人口迁移将更趋活跃

改革的不断深入，将会把中国进一步推向市场经济。因此，计划经济时期形成的户籍制度、就业体制等一系列制度和政策将会逐步改革，分隔地区和城乡的“篱笆”、“围墙”将会彻底拆除，人人平等、公平竞争、尊重个人选择的市场迁移机制将会建立完善起来。人口迁移本身具有“连锁”迁移规律：一部分人的迁移，可以引发另一部分人的迁移；迁移过的人口，更容易发生第二次、第三次（甚至更多）迁移。这些，都将使未来人口迁移更加活跃。预计到21世纪二三十年代，我国人口迁移年总迁移率超过3%，省际迁移率将超过1%甚至更高。

（二）经济落后地区人口向经济较发达地区迁移

西部地区人口向东部沿海地区迁移，仍将是未来二三十年区域人口迁移的主流。区域人口迁移的这一基本格局，自经济体制改革以来几乎什么没有什么变化，未来二三十年也不会发生大的变化。但在这一基本格局下，将可能发生如下一些“局部”性变化：一是由于“极化”效应，未来人口向东部沿海地区的迁移可能会更加“集中化”，特别是向长江三角洲和珠江三角洲地区的“集中化”。二是由于“平衡”效应，迁向东部沿海地区的人口，可能会由过去迁向少数几个省市转向迁向更多省市的“多元化”迁移。三是选择向一些自然资源丰富或新的重点开发地区的人口迁移将会有所增强。未来区域人口迁移的这些发展动向，将有利于实现中国人口合理再分布，促进区域人口与资源、环境、经济、社会相互协调和可持续发展。

（三）农村人口将加速向城市迁移，推动中国城市化进入一个新的加速发展阶段

未来二三十年，农村人口将加速向城市迁移，并成为城市人口增长的主要来源。

① 王桂新：《人口迁移，将成为推动中国现代化发展的重要“引擎”》，《人口研究》，2000年第1期，第33～35页。

农村人口向城市的迁移将呈多元化特征，既有向大城市迁移的，也有向中小城市迁移的，还有新建城市、“就地”转移的。农村人口向城市迁移的加速，将使城市数量增多，规模扩大，质量提高，推动中国城市化进入加速发展阶段。城市化的滞后发展将得以改善，并反过来促进中国产业结构的调整和升级，扩大消费需求，拉动经济增长。到21世纪二三十年代，中国将可能出现多个常住人口达2 000万人的特大型城市，形成以此为“龙头”和核心，大、中、小城市有机结合的城市体系，城市化水平有望达到60%。

（四）区域、城乡人口迁移将形成主流与逆向副流相辅相成、同时并存的双向迁移模式

根据拉文斯坦的人口迁移理论，人口迁移在形成主流的同时，也将形成逆向副流。中国经济体制以来的人口迁移，就存在主流和逆向副流。随着未来人口迁移规模和强度的增大，人口迁移逆向副流的形成将更加明显，即在区域、城乡人口迁移过程中，既形成由西向东、由农村向城市的迁移主流，也存在由东向西、由城市向农村的逆向迁移副流。主流与逆向副流相辅相成、同时并存的双向迁移模式，将进一步加快人流、物流、资金流、信息流的流动、交换、反馈和传播，有利于缩小地区之间的差异，促进地区经济增长和现代化进程的平衡发展。

（五）人口迁移的主体将主要是受教育水平较高且具较高素质的人口

因而活跃的人口迁移将形成高强度、高质量、高能量的“三高”人口迁移流。一方面，户籍制度、就业体制等二元社会体制的彻底改革，将创造人人平等、尊重个人选择的公平竞争环境，有利于受教育水平较高、适应能力较强、敢于挑战求新的具有较高素质的人发挥优势，参入迁移和竞争；另一方面，随着教育的发展和普及，未来人口的受教育水平将有一个普遍的提高。所以在未来迁移人口中，受教育水平较高、适应能力较强的具有较高素质的人口将占有更高的比重，从而也使未来的人口迁移在规模和强度增大的同时，质量和能量也将明显提高。因此，这将使未来人口迁移形成更强大的“引擎”，对推动中国现代化的加速发展，促进民生建设都将发挥更大的作用，创造更高的效益。

第十章　社会发展与城市化道路

城市是人类社会文明发展和进步的产物。城市化一般是指人口不断向城市地区聚集和农村地区转变为城市的过程，是社会经济发展的必然结果，是社会进步的重要体现。城市的发展，必然带来现代文明和生活方式的传播，同时城市化有力地促进了社会生产力的提高，有利于商品经济发展和人口就业。伴随着城市化的发展，人民生活水平不断提升、生活质量得到明显改善，对于构建社会主义和谐社会、实现社会主义现代化建设的宏伟目标具有强劲的推动作用。

城市的建设与发展是基于满足最广大人民群众根本利益的出发点和落脚点，也是我们党和政府一切工作的出发点和落脚点。自新中国成立以来，尤其是改革开放以来，我国城市化进入快速发展阶段。城市的大力发展有力地促进了我国社会经济的发展，极大地改善了城市居民的生活环境。同时，我国城市化的发展，伴随着农村剩余劳动力从农业向非农产业的不断转移，让农民参与到城市建设和城市经济发展中，不仅提高了农民的生活水平和素质，也让他们享受到城市文明发展带来的成果。由此可见，城市化的进程也是我国人民群众生活水平不断提高的过程，是最终实现城乡统筹发展和一体化进程的重要阶段，是改善民生的重要途径。

我国的人口城市化是在复杂的政治经济形势推动下波折前进的过程。按照城市化的发展速度及特征，可以将这一过程划分为五个阶段：平稳时期（1949～1957 年）；虚涨与挫折时期（1958～1965 年）；停滞时期（1966～1977 年）；加速时期（1978～1992 年）和高速时期（1993～2010 年）。由于历史和政策等多方面的原因，我国的城市化进程长期落后于工业化和现代化的步伐。沿海与内地的经济发展、地理环境差异决定了我国城市化和城市体系的空间格局，使得不同区域之间的城市化水平具有明显的差异。

第一节　国民经济快速恢复推进城市建设

一、政治经济形势

（一）经济恢复与土地改革

新中国成立初期我国的政治经济形势十分复杂。新民主主义的新中国政权虽然诞生了，但由于帝国主义的长期侵略和掠夺，国民党的腐朽统治，以及长期的战争影响，整个国民经济千疮百孔。同时国际上以美国为首的西方列强拒绝承认新中国，并企图以政治孤立、军事包围和经济封锁的政策，把新中国扼杀在摇篮里。

新中国面临的首要任务就是尽快恢复国民经济。中央政府加强对经济的直接控制，发挥人民银行的控制功能，集中财政、扩大税基，有效制止了战时延续而来的极度通货膨胀，国民经济得以迅速稳定。由于国家财力所限，加上抗美援朝的影响，1949～1952 年新中国成立初期很少新建大型工业项目，经济建设的重点是重建在战争中遭受严重破坏的工厂、铁路和城市，使东北工业基地和沿海中心城市逐渐恢复经济功能，从而使国民经济在稳定中得到发展。

与此同时在农村开展了土地改革运动，到 1953 年春，除部分少数民族地区外，新中国解放区土地改革基本完成，全国 3 亿多无地或少地的农民无偿分得 4 700 万公顷土地和大量生产资料，并开始了农业合作化的最初尝试，到 1952 年年底全国 40% 的农户参加了互助组。土地改革解放了农村生产力，有力地促进了农业的恢复和发展，中国农村大地开始焕发勃勃生机。

从 1949 年到 1952 年短短 3 年的时间内，我国不仅实现了恢复国民经济的目标，工农业生产有了明显的发展，而且还支撑和打赢了抗美援朝战争。1952 年，全国工农业总产值达到 827.2 亿元，比 1949 年增长了 77.5%，比历史上最高年增长了 20%，工业在国民经济中的比重有了相当的提高，人民物资文化生活得到了初步改善。

（二）社会主义改造与建设

随着社会秩序的安定和国民经济的恢复发展，中央政府着手制定国民经济发展的中长期计划。1955 年正式公布了国民经济发展的第一个五年计划（1953～1957 年），核心内容：一是通过合作化开展农业、手工业和资本主义工商业的社会主义改造；二是通过重点工程建设推动国家工业化。

由于担心小农经济的存在会产生资本主义，所以当时提出了集体化先于机械化的方针，在一再加快的节奏中于1956年基本完成了合作化。这种激进的合作化过程在当时是不切实际的，在很大程度上违背了农民的心愿，加之在投资方面事实上的重工轻农，严重损害了农业基础，导致了1955年的粮荒和长期的农产品供给紧张，客观上影响了工业化和城市化的步伐。

在农村推行合作化的同时，城市也开展了对工商业和手工业的社会主义改造。1952年，全民所有制、集体所有制、私营经济和公私合营企业、个体经济的从业人员分别占城镇从业人员的47.8%、0.9%、15.8%和35.5%。1956年基本完成生产资料的社会主义改造后，私营经济基本上被消灭了，城镇个体从业者由1953年的近900万人减少到16万人，国家也因此背上了安排所有城镇劳动力就业的沉重包袱。

与不切实际地追求纯而又纯的所有制改造相比，“一五”时期的经济建设，特别是工业化的成就依然是主要的。工业由新中国成立初的重建为主转向新建为主，集中力量建设由苏联帮助中国设计和建设的156项骨干工程以及限额以上的694个大中型建设项目（实际完成921个）。“一五”期间国家对基本建设的总投资达493亿元，超过原定计划427.4亿元的15.3%。加上地方和企业的自筹资金，全国实际基本建设投资总额达588亿元，新增固定资产达492亿元，相当于1952年年底全国拥有固定资产总值的1.9倍。施工的工矿建设单位达1万个以上，限额以上的有921个，比计划新增227个，到1957年年底全部投产的有428个，部分投产的有109个，初步建成了中国工业布局的骨架。整个“一五”期间，中国的国民收入年均增长8.9%，人民物质生活水平得到极大改善，健康水平不断提高，人口平均预期寿命由1949年的36岁增加到1957年的57岁[①]。

二、城市化的基本特征

（一）城市数量、城镇人口规模稳健增长

国民经济的迅速恢复以及“一五”计划的顺利实现，有力地推动了这一时期中国人口的城市化进程，特别是“一五”期间的骨干工业项目基本建在城市，或形成了新的城市，使城市数量和规模不断增长。

1947年全国设市城市仅有69个，其中台湾省9个，大陆60个[②]。新中国成立初期，经过建制调整，1949年年底全国设市城市增加到136个。此后的8年中建制市的数量稳步增长，到1957年增加到178个，比1949年增加42个，平均每年增加5个。与此同时，城镇人口规模也在迅速增加，由1949年的5 765万人快速增长到1957

---

① R. 麦克法夸尔，费正清编，谢亮生等译：《剑桥中华人民共和国史（1949～1965年）》，中国社会科学出版社，1998年版，第162页。

② 周一星：《城市地理学》，商务印书馆，1995年版，第107页。

年的 9 949 万人，平均每年增长 7.1%。城市化水平（不包括台湾省，下同）由 1949 年的 10.6% 提高到 1957 年的 15.4%，平均每年提高 0.65 个百分点（图 10－1）。

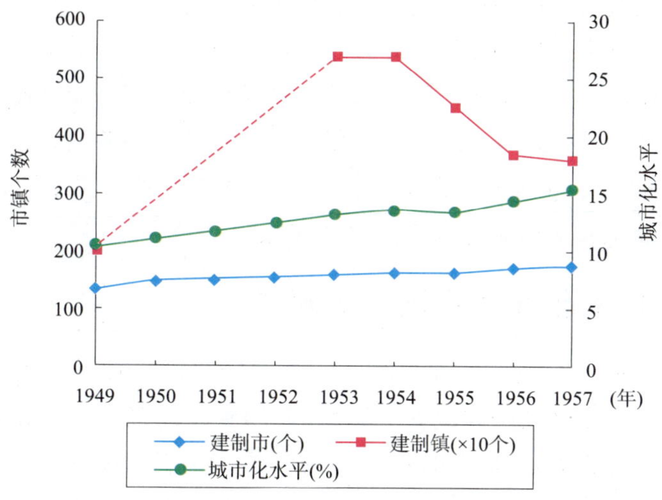

图 10－1　1949～1957 年中国城市化水平与市镇数量变化

资料来源：[1] 国家统计局编：《中国人口统计年鉴 1988》，中国展望出版社，1988 年版。

[2] 国家统计局综合司编：《中国城市统计年鉴 1986》，新世界出版社，1986 年版。

在这一阶段，农村人口向城市地区的迁移是促使城市人口增长的主要因素。虽然这一时期的城镇人口自然增长率高于农村人口自然增长率，平均高达 3%，但在城镇人口增长的总量中，人口自然增长仅 1 641 万人，占总增量的 39.2%；机械增长2 543 万人，占总增量的 60.8%。

新中国成立初期的快速城市化从根本上改变了旧中国留下的破败城市形象。随着经济建设的大规模开展，许多城市都设立了专门的城市建设机构，仅华北地区就有北京、天津、包头、大同、太原、石家庄、唐山、邯郸与张家口九个城市在 1952 年 10 月成立了城市建设委员会，成为首批设立城市建设委员会的城市。城市建设委员会与计划委员会分工，专职领导城市规划设计和监督检查城市的一切建设工作，并设立了规划设计、监督检查等专门机构。1954 年 11 月，中国成立国家城市建设委员会，负责城市建设与管理，提出城市建设的方针和重点，协助对市、镇建制进行调整，编制城市建设规划，指导生产设施和生活设施的统一配套建设等。

在城市数量不断增加、城镇人口规模不断攀升、城市建设机构不断完善的同时，城市居民的生活也在不断改善。在就业方面，城市人口的失业问题显著减轻。1949 年全国城镇失业人口 474 万人，失业率高达 26.3%。“一五”建设时期，国家结合经济建设，解决了 237.8 万城镇失业人员就业，到 1957 年城市失业人口下降到 200 多万人，失业率降至5.9%①，比1949年减少了20.4个百分点。在城市生活设施建设方面也取得较大成绩。全国建起了1亿平方米的职工宿舍，改善了城市职工住房条件。通过建设，改造了一批城市给排水设施和公共交通设施。在教育文化、医疗卫生等方面城市建设也有了迅速的发展。在城市地区注重并成功开展了禁烟、禁娼、禁赌活动，打击了旧城市中遗留下来的流氓恶势力，城市建设各方面迅速发展，人民生活水平不断改善，社会治安良好，城市建设呈现出一片欣欣向荣的景象。但是，在当时的城市建设中还是更加重视生产设施，轻视生活设施，强调“变消费中心为生产中心”的城市建设观念，生活服务设施普遍“欠账”。

（二）大中城市的增长快于小城市

新中国成立初期，我国仿效前苏联“重重轻轻”的工业发展道路，一是限制消费，扩大投资，投资率从新中国成立前的5%猛增到超过20%；二是基本建设资金大半集中投向工业部门，农业部门的投入不足8%；三是工业投资集中投向生产资料生产部门，特别是冶金、化工、煤炭、石油、机械制造等重工业部门；四是基本建设投资集中投向骨干工程，其中前苏联援建的156项重大工程吸收了一半左右的工业投资。

这些规模大、结构重的工业项目多以大中城市为依托，或者自身就具备了形成大中城市的骨架，导致这一时期城市的发展具有规模选择性：大中城市得到了快速发展，小城市发展非常缓慢。1949～1957年全国设市城市数量增长了31%，其中特大城市、大城市和中等城市的个数都增加一倍以上，但是由于以重工业为导向的工业化政策牺牲了农业的利益，制约了小城镇的发展，导致小城市仅增加了8%（表10－1）。

表10－1　1949～1957年不同规模等级城市数量变动

规模等级	城市个数		
	1949年	1957年	增加倍数
合计	136	178	0.31
特大城市	5	10	1.00
大城市	8	18	1.25
中等城市	17	36	1.12
小城市	106	114	0.08

资料来源：顾朝林：《中国城镇体系——历史·现状·展望》，商务印书馆，第199页。

① 当代中国丛书编辑部编辑：《当代中国的劳动力管理》，中国社会科学出版社，1990年版，第50页。

（三）城市发展的空间格局趋于均衡

“一五”时期前苏联援建的重点项目的分配布局十分重视区域均衡，强调通过这些工程项目带动内地的长期发展。当时的项目选址原则包括：基本不放在1949年前建立起来的沿海工业城市；投资中心转向华北、西北和华中的新工业中心；为西南地区的发展打好基础。

这样的工业布局有力地推动了武汉、兰州等内地中心城市的成长，并产生了一大批新的中心城市。至1957年年底全国实有设市城市178个，比1949年增加了30.9%，平均年递增5个新城市。以东、中、西来划分，东部地区净增城镇10个，中部地区净增17个，西部地区净增11个。对比3个地带的人口总量，中西部的城市增长显著快于东部，改变了旧中国工业与城市过分偏于沿海的不合理布局，促进了城镇体系的均衡布局。

（四）配给制度和户籍制度逐步成为城市化的制度障碍

1951年7月16日，中央人民政府公布了《城乡户口管理暂行条例》，要求凡在城市的居民，均需向公安机关申报户口，居住地变更需申报户口迁移。由于没有严格的制度约束，城乡人口可以自由迁移，新城市设立或旧城改造，需要从农村招收大量人员，客观上促进了新中国成立初期的人口城市化。

但是农民的过量盲目流动引起了城市中的物质供给、就业和社会安全问题，1953年、1954年、1957年国家三次发文劝阻或防止农村人口盲目流入城镇。1955年6月9日，国务院公布了《关于建立经常性户口登记制度的指示》，要求在1953年第一次人口普查的基础上，建立更为严格的经常性户口登记制度，农村人口的自由迁移自此逐渐受到限制。

与此同时，为了缓解当时城市粮食等生活物质的供给紧张，城市实施农产品的凭票定量供应，也在一定程度上限制了农民向城市的迁移。从1952年起城市逐步开始了大规模的经济建设，城镇人口增长较快，粮食市场从1952年秋开始出现紧张局面。私商积极抢购，农民特别是有余粮的农民贮粮观望，销量看涨，市场粮价大幅度上涨。为了保证城镇居民粮食等基本消费品的供应，国家采取紧急措施，开始对粮棉油等重要农副产品实行统购统销，1955年起在城市中通过发放证券限量配给，农业户口的农民没有这些供应券，即使流入城市也很难长期停留，成为城市化的又一制度障碍。

第二节 城市化水平涨落波动

一、政治经济形势

（一）“大跃进”

由于“一五”时期出现了农业和工业严重的不平衡增长，农业产值的年均增长率为3.8%，只相当于工业的五分之一。决策层在农业发展问题上出现了急躁情绪，并且进一步夸大合作化对农业发展的作用，在不到半年的时间内全面推行人民公社制度，以推动农业生产“大跃进”。这股“大跃进”延伸到工业，1958年的积累率由1957年的24.5%激增到33.9%，1958~1960年平均每年兴建大中型企业1500多家，超过“一五”期间五年的建设总量①。大量的农村劳动力在秋收季节放弃农业投入到大炼钢铁运动，使农业蒙受巨大损失。

1959年7~8月召开的庐山会议，由纠正“左倾”冒进演变为针对彭德怀等人的反“右”，从而使中国1959年的国民经济计划指标从已经调整压缩的基础上又重新提高。1959年基本建设投资上升为344亿元，积累率高达43.9%，使“大跃进”演变为一场空前的经济灾难。

“大跃进”运动从1958年夏持续到1960年冬，不但没有加速发展生产力，相反却极大地破坏了生产力。1960年农业产值比1958年下降24.5%，并导致此后两年工业的严重衰退。1962年轻工业产值比1959年减少35.2%，重工业产值比1960年下降58.5%。

（二）大饥荒

1959~1961年我国连续几年遭受大面积的自然灾害，粮食产量大幅度下降，平均每年减产1 000万~2 000万吨。而城镇数量和规模的增加，加大了城镇对粮食的需求，迫于粮食压力，政府不得不在有限的农业产量中增加统购粮数量，增幅达22.3%②，大大超过了农村的实际负担能力，农村饥荒加重。1960年，主要农产品人均产量低于50年代初期的水平，人均油料产量甚至接近1949年的水平。人民生活水平急剧下降，因基本生活物质资料缺乏，死亡人数增加，农村地区死亡水

① R. 麦克法夸尔，费正清编，谢亮生等译：《剑桥中华人民共和国史（1949~1965年）》，中国社会科学出版社，1998年版，第386页。

② 钟水映：《人口流动与社会经济发展》，武汉大学出版社，2000年版，第112页。

平明显高于城市。

（三）大调整

1961 年 1 月，中共八届九中全会确立“调整、巩固、充实、提高”八字方针，但是实质性的调整阶段从 1962 年年初的“西楼会议”开始。当时提出的调整重点之一就是从人力、物力、财力各方面切实加强农业。1963 年农业总产值增加 11.6%，粮食产量增加 1 000 万吨；1965 年粮食总产量恢复到 1957 年水平，但是由于总人口增长很快，人均粮食产量还是略有下降。与此同时工业也得到了恢复和发展，1963 ~ 1965 年轻、重工业产值年均增长率分别为 27% 和 17%。

二、城市化的基本特征

（一）“大跃进”带来了城市化的虚涨

“大跃进”时期中国城市化的特点是城市发展失控，脱离了基本经济国情，具有很大的盲目性。工业尤其是重工业高速发展，为了配合经济上的狂热，各地放宽城市人口管理制度，纷纷大量招工，有的城市甚至在车站设立招工点大批接纳农村劳动力，激起新中国成立以后第一次“民工潮”。这股潮流一直延续到其后的大饥荒时期，这时民工进城已经不再是缘于城市就业岗位的召唤，而是农村粮荒的外推。

大批农村劳动力涌入城市，导致城镇人口猛增，城市的发展处于失控状态。从 1957 年到 1960 年，全国城镇职工人数由 3 101 万人猛增到 5 044 万人，增幅达 62.7%；同期城镇人口由 9 949 万人增加到 13 073 万人，平均每年增加 1 000 多万人；城市化水平由 15.4% 上升到 19.7%，平均每年提高 1.4 个百分点，这个时期是新中国成立以后增长最快的时期之一①。与此同时，乡村劳动力规模不断缩减，从 20 566 万人减少到 19 761 万人，减少了 3.9%。城市和乡村劳动力规模的一增一减，说明大批农村人口向城镇转移，成为城镇人口（图 10－2）。

这一时期增加的 3 124 万城镇人口中，人口自然增长量只占 26.6%，机械增长占 73.4%，主要是农村向城市的人口迁移和城镇建制的增加。1957 年后中国城市数目仍迅速增加，1961 年全国设市城市突破 200 个达到 208 个，这也是 20 世纪 60 年代达到的最高数量。建制镇的数量也有较快增长，由 1957 年的 3 596 个增加到 1961 年的4 429个，平均每年增加 200 余个。估计这一期间因建制变化增加的城镇人口 250 万人，占城镇人口增量的 8.0%；由农村向城市的迁移量达 2 046 万人，占 65.4%。

① 苏少之：《1949 ~ 1978 年中国城市化研究》，《中国经济史研究》，1999 年第 1 期，第 35 页。

这一时期的快速城市化，前半段是由群众运动式的工业化推动的，后半段则是由农村饥荒推动的。它既缺乏坚实的现代工业支撑，又缺乏牢固的农业基础，是不可能持久的虚涨。

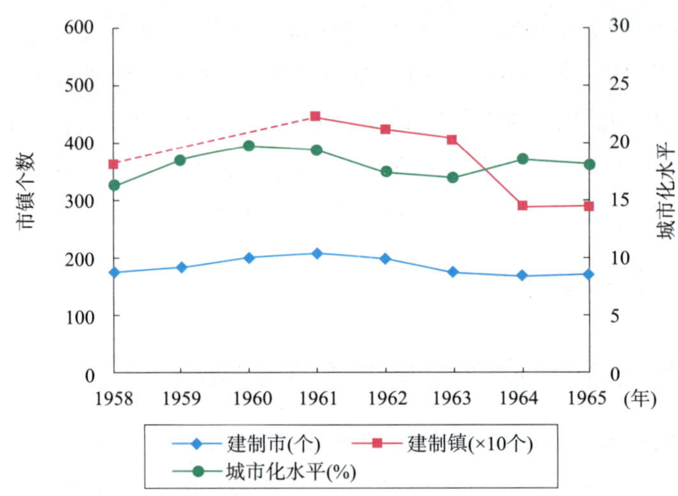

图 10－2　1958～1965 年中国城市化水平与市镇数量变化

资料来源：同图 10－1。

（二）政策调整导致城市化“缩水”

从 1961 年开始贯彻“调整、巩固、充实、提高”八字方针，国家决定缩短基本建设战线，压缩工业生产建设的规模，停建、缓建、关闭了一大批建设项目和工业企业单位，并且明确要求精简城市职工、减少城镇人口。1961 年中央要求在 1960 年年底的 1.29 亿城镇人口的基础上，在 3 年内必须减少城镇人口 2 000 万人以上，各级机关裁并机构、减少层次，减少现有人员 1/3～1/2，要求各机关、企事业单位的职工，特别是 1958 年以来从农村招收的职工，凡能回农村的，都要回去①。与此同时，城市开始小规模地动员知识青年“上山下乡”，到 1966 年上半年全国累计有 130 万城镇知识青年响应号召下放农村。

从 1961 年城镇人口数量开始下降，一直到 1964 年才有所回升。与 1960 年相比，1963 年城镇人口减少了 1 427 万人，全国共减少职工 1 887 万人，向农村迁移城镇人口 2 600 万人。城镇人口占全国人口的比重由 1960 年的 19.7% 缩水回落到 1963 年的 16.8%，3 年下降 2.9 个百分点，每年平均下降近 1 个百分点。1963 年城市数目降到 174 个，估计由于建制变化而减少的城镇人口有 220 万人。如果考虑到人口自然增长

① 陈潮：《中国县市政区沿革手册》，中国地图出版社，1991 年版，第 43 页。

的因素，这一时期由于把城镇人口下放农村而减少的人数更高，超过 1957～1960 年从农村迁移到城镇的人数。

国民经济走出谷底进入恢复性的增长阶段后，城镇人口又开始增长。1964 年城镇人口增加了 1 340 万人，城市化水平上升到 18.4%，比 1963 年增加 1.6 个百分点；1965 年增长势头放缓，只净增近 100 万人，城市化水平微降到 18.0%。

1964 年城镇人口的大幅度增长可能有统计上的问题。1964 年全国人口的自然增长率为 3.78%，城镇的自然增长率低于农村，不到 3%，据此计算，当年全国城镇人口的自然增长应不超过 350 万人，要达到净增 1 340 万人的水平，必须机械增长近 1 000 万人。1964 年国民经济虽然进一步好转，投资规模也在扩大，但国家宏观经济政策仍继续贯彻调整的方针。没有资料能证明当年招收了大量的农村人口进城。据国家统计局提供的数字，1964 年城市职工仅增加了 230 万人，这些职工即使是全部从农村招收，与 1000 万人也还有很大的差距。再考虑到这一年在调整市镇建制时，按照新的建制标准，撤销了一些不够条件的市镇建制（其中设市城市数目由 1963 年的 174 个减少到 169 个），因此，也不可能是由于建制的变动造成城镇人口的大量增加。另据《中国人口统计年鉴 1990 年》，1960～1966 年城镇人口占全国总人口比重变化的基本情况是：1960～1965 年城市人口占全国人口的比重逐年下降，到 1966 年这种趋势才得到抑制，从当时的经济发展形势来看，这组数据更为可信。

1963 年的市镇设置标准提高也影响了城市人口数量和城市化水平的变动。1963 年 12 月 7 日，国务院颁布《关于调整市镇建制、缩小城市郊区的指示》，总的指导思想是压缩城镇人口规模，减少就业压力；严格掌握 10 万人口指标从严设市；强调市的郊区应尽量缩小，市总人口中农业人口比重一般不应超过 20%；将设镇的人口下限提高到 3 000人。1964 年 1 月，中共中央、国务院发出了《关于动员和组织城市知识青年参加农村社会主义建设的决定》。到 1964 年年底，建制市由 1961 年年底的 208 个减少到 169 个，撤销市建制 39 个。1963 年城镇设置标准的提高，使 1964 年建制镇的数量陡减 1 145 个，人口陡减 459 万人。这些在一定程度上加大了城市化水平“缩水”的强度。

（三）城市数量先涨后落，中小城市变化最剧烈

在“大跃进”时期城市化的整体波动，使不同等级的城市都经历了先涨后落的变化过程，但不同规模等级城市的变化幅度有所差异，中小城市人口增长幅度最大，并且在困难时期人口减少幅度也最大，这次城市化高潮衰退的损失也以中小城市最突出。大城市（包括特大城市）由 1958 年的 30 个增加到 1961 年的 37 个，1965 年降为 29 个，变幅为 21.6%；中等城市由 1958 年的 36 个增加到 1963 年的 52 个，然后两年内迅速回落到 43 个，变幅高达 44%；20 万人以下的小城市由 1958 年的 110 个增加到 1961 年的 138 个，1965 年降到 99 个，变幅高达 40%。中小城市由于自身经济基础的脆弱性，在外部环境不利的情况下，往往难以发挥区域经济的核心作用，城

市功能弱化，对城镇职工的需求减少，引起城市化的波动（表10－2）。

表10－2　1958～1965年不同规模等级城市数量变动

规模等级	城市个数		
	1958年	1965年	增加倍数
合计	176	171	－0.03
特大城市	11	13	0.18
大城市	19	16	－0.16
中等城市	36	43	0.19
小城市	110	99	－0.10

资料来源：顾朝林：《中国城镇体系——历史·现状·展望》，商务印书馆，1996年版，第199页。

（四）内地省区城市化水平大幅度涨落波动

1958～1963年，除个别地区外，绝大多数地区都经历了一个城镇人口由大幅度增加到大幅度减少的过程。1958～1960年城镇人口增加31.4%，1961～1963年城镇人口下降了10.9%。波动的幅度在沿海和内地之间有很大的差别，基本的趋势是内地省区的波动幅度显著高于沿海省区。

“大跃进”时期的工业建设仍然偏重于内地省区，由此带动了内地省区城镇人口的大幅度增长。在1957～1960年间增加的城镇人口中，60.8%属于内地省区。可是由于内陆地区存在种种结构缺陷，特别是粮食生产的波动性大，根本无法承受突然增加的大量城镇人口。在“大跃进”后的困难时期中出现人口负增长的12个省、自治区，其中10个在内地省区（按当时的行政范围，广西属于内地）。在这种情形之下，内地省区在调整时期不可避免地出现比沿海更大幅度的城市化缩水。

以全国平均水平为参照，可以把各省区划分为四种类型：

1. 1958～1960年城镇人口增加速度高于全国平均水平、1961～1963年城镇人口下降速度高于全国平均水平的有：河北、山西、内蒙古、江苏、浙江、安徽、江西、湖北、贵州、陕西、青海、宁夏、新疆，共13个省区，基本在长江流域和长江以北。

2. 1958～1960年城镇人口增加速度低于全国平均水平、1961～1963年城镇人口下降速度高于全国平均水平的有：山东、河南、湖南、四川、云南、甘肃，共6个省，大体在我国的中部。

3. 1958～1960年城镇人口增加速度高于全国平均水平、1961～1963年城镇人口下降速度低于全国平均水平的有：北京、吉林、黑龙江、福建、广东，共5个省市，集中在东北和东南沿海，大部分属于经济相对发达地区。

4. 1960年比1957年城镇人口增加速度低于全国平均水平，与此同时1963年比1960年城镇人口下降速度低于全国平均水平的有：天津、辽宁、上海、广西，共4个省区市，除广西壮族自治区外，都是经济相对发达的地区，城市化过程相对稳定。

（五）城乡之间的人口迁移受到更为严格限制

为了稳定城市社会秩序和适应当时供给不足的社会经济状态，1958 年 1 月 9 日第一届全国人民代表大会常务委员会第九十一次会议通过了《中华人民共和国户口登记条例》，严格控制农业人口迁往城市。《户口登记条例》规定，公民由农村迁往城市，必须持有城市劳动部门的录用证明、学校的录取证明，或者城市户口登记机关的准予迁入的证明，方可向常住地户口登记机关申请办理迁出手续。同时规定，公民因私事离开常住地外出、暂住的时间超过 3 个月的，应当向户口登记机关申请延长时间或者办理迁移手续，既无理由延长时间又无迁移条件的，应当返回常住地。

条例施行之初并不严格，事实上就在 1958 年，为了“大跃进”的需要不得不从农村大量招工，结果使城镇人口在 1958 ~ 1960 年间迅速提高 4 个百分点。但是在“大跃进”后，《户口登记条例》成为遣返此前大量招用的民工的主要法律依据，此后这一制度又被管理部门的有关规定逐渐细化，使得城乡之间的迁移变得日益困难。

第三节　城市化发展停滞

一、政治经济形势

（一）“文化大革命”时期

1966 年 5 月 ~ 1976 年 10 月是中国社会主义发展进程中的“文化大革命”时期，这场“革命”给党、国家和各族人民带来严重灾难。

“文化大革命”给中国社会经济发展带来了前所未有的灾难：工农业生产停滞不前；大批城市官员、职工和知识分子政治上蒙冤受辱；号召知识青年到农村去，“接受贫下中农的再教育”。加之国际局势日益恶化，“要准备打仗和三线建设”思想的提出和实施，使更多的人力和物力撤离城市，转向了偏远山区，投入到“三线建设”。这一时期由于政治运动盛行，城市发展受到人为限制，备战工作压倒一切，全国城市经济衰落，城市人口长期在低水平徘徊。

（二）经济大混乱

“文化大革命”前夕，中国国民经济正处于上升发展的时期，然而“文化大革命”的发生，对国民经济的发展造成了极大的冲击和破坏。“全国大串联”大大加重了交通运输的负担，许多物资积压运不出去，生产指挥系统不能正常工作，工业生产、基本建设、商业流通、金融电信都不同程度上受到影响。不过，当时的混乱主要集中在文教和党政机关。1966 年各项生产建设事业仍取得了较好的成绩，工农业总产值 2 534 亿元，比上年增长 13. 4%，但经济增长的潜力已经受到严重的制约。1967 年和 1968 年，由于“文化大革命”的进一步发展，全国出现“打倒一切”、“全面内战”的严重混乱局面，致使经济管理结构基本上处于瘫痪状态，出现国民经济形势急剧恶化的后果。工农业生产大幅度下降，1967 年工农业总产值为 2 306 亿元，比上年下降近 10%；1968 年下降为 2213 亿元，在 1967 年的基础上又下降 4. 2%。其中，工业总产值 1967 年 1 382 亿元，1968 年再次下降为 1 285 亿元；农业总产值 1967 年为 924 亿元，1968 年为 928 亿元，比上年略有提高。

经过两年的政治大动荡，1969 年中国社会局势暂时处于相对稳定状态，武斗之风逐渐平息，这就在客观上有利于社会秩序、生产秩序、工作秩序的逐步恢复，经济开始回升。1969 年，工农业总产值为 2 613 亿元，比上年增长 23. 8%，但主要工农业产品的产量多数还没有达到 1966 年的水平。1970 年，国家又采取了一系列措施，主要是稳定农业的政策，内地建设铺开，加快地方“五小”工业的发展，促进下放企业的经济体制改革，使 1970 年经济获得了较大的发展。1970 年工农业总产值 3 138 亿元，比上年增长 25. 7%，超过了 1966 年的水平。尽管如此，由于“左”的指导思想仍占统治地位，加上林彪、江青一伙人的破坏，经济发展中仍然存在着建设规模偏大、积累率过高、经济结构不协调、经济效益普遍下降等问题。1971 ~ 1975 年仍处于经济的调整和缓慢增长期，其中 1974 年“批林批孔”运动在全国范围内展开，使国民经济遭到严重的干扰和破坏，工农业总产值只完成了计划的 95. 6%，仅比上年增长 1%。1975 年 2 月，邓小平同志开始主持中央日常工作，经济形势出现了好转，1975 年全国工农业总产值比上年增长 11. 9%。从 1975 年 11 月以来，硬把邓小平主持中央工作以来采取的政策和措施说成是“右倾翻案风”，把各方面工作进行的整顿，说成是“复辟”。结果使国民经济的发展再度遭受挫折。1976 年工农业总值为 4 536亿元，仅比 1975 年增长 1. 7%。

由于十年“文化大革命”中经济工作指导思想的失误，国民经济濒临崩溃，人民生活水平长期得不到改善。据估计，仅 1974 ~ 1976 年，由于“四人帮”的破坏，与国民经济正常情况相比，工农业总产值损失 1 000 亿元，财政收入减少 400 亿元。城市人口的增长和城市经济的发展受到了极大的制约。

二、城市化的基本特征

（一）经济发展缓慢，知青“上山下乡”，城市化水平“板结”

1977 年中国有城市 188 个，仅比 1965 年增加了 17 个。1966 ~ 1977 年的 12 年间，中国的城镇人口只增加了 3 356 万人，城市化水平长期“板结”在 17% ~18%之间，也就是说城市与农村人口以基本相同的速度增长，基本上都是自然增长，城乡之间的迁移流动被限制在最低限度（图 10－3）。

城市化停滞不前的第一个原因是经济原因。农业基础薄弱，1976 年农业总产值按可比价格换算，比 1965 年增长 35.3%，年均递增 2.8%，其中粮食总产量年均递增 3.6%，而同期全国人口却增加了 30.8%，以年均 25.7‰的速度增长。农业发展长期停留在一个低水平上，农业劳动生产率长期徘徊不前，从政府到农民本身都存在着对农业特别是对粮食的担心，这种担心把农民牢牢地束缚在土地上。事实上，1972 和 1977 年，国家两度实行过抽调大量农村劳动力进城的举措，但是农业劳动力人数减少，导致粮食总产量和人均产量的下降，农业劳动生产率并没有提高，反而出现了下滑。工业发展缓慢，1976 年工业总产值为 3 185 亿元，按可比价格计算，比 1965 年增加了 172.6%，年均增长 9.5%。不可忽视的是工业的发展是建立在压低消费支出的生产资料高积累基础上，人民生活水平长期得不到提高，1976 年人均粮食消费量为 191.5 公斤，比 1956 还要少 4 公斤。1966～1976 年全国全民所有制职工工资不但没有提高，反而平均降低了 4.9%。

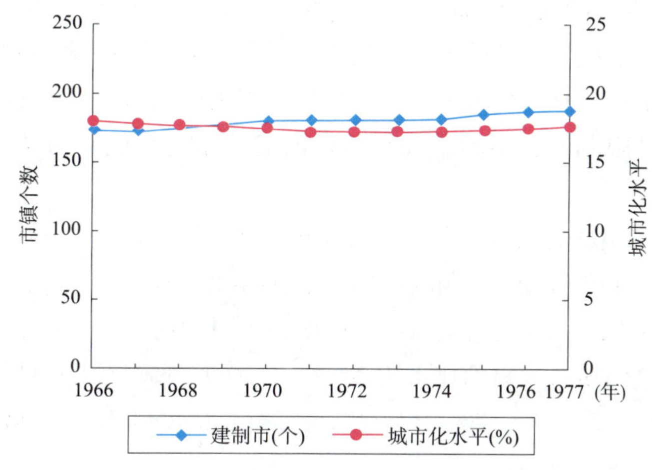

图 10－3　1966～1977 年中国城市化水平与城市数量变化

资料来源：同图 10－1。

城市化停滞的第二个原因是国家限制非公经济，削弱了城镇的就业吸纳能力。1964 年，城镇个体劳动者一度达到 227 万人，占城镇从业人员的比重高达 4.9%。在“文化大革命”期间，城镇个体经济被视作资本主义的温床受到严厉的限制，个体劳动者受到歧视，许多人被强制性地动员到农村安家。到 1978 年全国城镇只剩下个体劳动者 15 万人，占城镇从业人口的比重不到 0.2%。这种单一的所有制结构和单一的就业渠道严重地限制了城镇就业岗位的增加。“文化大革命”结束时大批知识青年返城，到 1978 年年底城镇积累的待就业人员达到 1 500 万人，使就业问题雪上加霜。

城市化停滞的第三个原因是城市知识青年“上山下乡”。由于政治动乱影响了经济发展，城市越来越无法安排新增劳动力的就业，所以从60年代中期起，政府便不断鼓励城市知识青年“上山下乡”，“接受贫下中农再教育”，还安排干部下放劳动。10年城镇共有1 600万个知识青年“上山下乡”，其中有800万人后来通过招工、参军、上学离开了农村，但仍有近800万人留在农村，直到“文化大革命”以后才获准返城。同期城镇全民所有制和集体所有制企业职工只增加了2 700万人，其中在城镇招收1 300万人，在农村招收了1 400万人，与“上山下乡”迁移抵消后，城市人口的净机械增长微乎其微。

（二）城市规模结构“头重脚轻”

在工业化和城市发展的过程中，一方面原有的城市规模不断扩大，大中城市的数量不断增多；另一方面由于城乡分隔，商品经济萎缩，劳动密集的小型工业发展不足，小城镇趋于衰落，中小城市的发展无以为继，数量减少，形成了城市结构头重脚轻的格局。从相关资料可以看出，1977年中国城市数量为188个，只比1965年多17个，而20万人口以上的城市增加了23个，20万人口以下的城市却减少了6个。说明大中城市主要是在小城市的基础上发展起来的，而在大中城市发展的同时，新形成的小城市的数量却不多，且数量大大减少。这样，当大中城市因规模不断扩大，人口增加受到各方面条件限制时，小城市和小城镇的发展不足，就成为城市化进程的严重障碍。

1977年，全国100万人口以上的特大城市有15个，50万～100万人口以上的大城市有24个，大城市和特大城市占城市总数的20.8%，人口占全国城市人口的62.5%。其中100万人口以上的城市占全国城市人口的比重为38%；50万～100万人口的城市人口占全国城市人口的比重为24.5%；20万～50万人口的城市人口占全国城市人口的比重为22.7%；20万人口以下的城市人口占全国城市人口的比重为14.8%。

在此期间，小城镇受到更大的冲击。由于1961年城镇建制调整，到1965年全国建制镇已减少到2902个。城镇工商业者被斗，小商贩被作为“资本主义的尾巴”加以打击，集市贸易被禁止，经济一片萧条。小城镇住宅破旧，公共设施简陋，文化教育事业难以维持，有些甚至和农村相差无几。从70年代中后期起，由于一些地区兴办“五小”工业和社队企业，才给小城镇的发展重新带来一些生机。到1978年，全国建制镇仅有2850个，几乎是一县一镇（表10－3）。

表 10-3　1966～1977 年不同规模等级城市数量变动

规模等级	城市个数		
	1966 年	1977 年	增加倍数
合计	173	188	0.09
特大城市	13	15	0.15
大城市	18	24	0.33
中等城市	46	56	0.22
小城市	96	93	-0.03

资料来源：［1］顾朝林：《中国城镇体系——历史·现状·展望》，商务印书馆，1996 年版，第 199 页。

［2］国家统计局综合司编：《中国城市统计年鉴 1986》，新世界出版社，1986 年版。

（三）受“三线建设”影响，城市空间布局仍偏重内地

20 世纪 60 年代中期开始的“三线建设”，在原来工业和城市发展落后的大西南地区建设了一批新兴的工业基地和城市。著名的大型工业基地有四川省的攀枝花钢铁工业基地，湖北省的十堰汽车工业基地，贵州省的六盘水煤炭工业基地等。这些工业基地在发展中逐步形成了工业城市。一些西南地区原来工业基础薄弱的城市经过这个时期的建设，工业逐渐发展壮大，成为重要的工业城市。与国家主导下集中、大型化的工业建设相适应，在城市建设的过程中，中西部地区大中城市得到了较快的发展。但均衡化只是一种表象，实际上中西部城市的发展是以东部地区城市的衰落为代价的。从 1976 年与 1965 年的城市对比资料来看，西部地区城市由 30 个增加到 38 个，所占比例由 16.6% 增加至 18.2%；中部地区城市由 72 个增加至 83 个，所占比例基本没变；东部地区城市由 79 个增加到 88 个，所占比例由 43.6% 降为 42.1%①。

（四）城市基础设施受到冲击破坏，欠账严重

在“文化大革命”初期，政治动乱对城市建设造成严重的冲击和破坏。城市建设机构受到冲击，城市规划被废弃，城市建设“见缝插针”、乱搭乱盖，影响了交通，破坏了城市布局，恶化了城市环境，给城市的长期发展造成严重的障碍。“破四旧”的狂潮对城市文化古迹和园林的破坏更是空前的。在 70 年代初期后，社会秩序和经济秩序有所恢复，城市建设工作也重新开展起来，但成效有限。

在城市建设中由于强调缩小城乡差别，常常削弱城市特征，压低建设标准，甚至要求消灭工业特征，不建城市，工业基地向农村看齐，对城市公用设施、文化服务建设长期投入不足，以致到 20 世纪 80 年代初积累了巨大欠账。具体表现为：城市住宅

① 顾朝林：《中国城镇体系——历史·现状·展望》，商务印书馆，1996 年版，第 197 页。

紧张，市政公用设施和文化教育、医疗卫生设施严重不足，环境污染严重，直接影响着城市的发展和人民的生活。

（五）户籍管理制度更加严格，城城迁移受到限制

1966～1976 年城市化水平停滞，政府严格执行户籍管理制度，控制农村人口向城市转移，大大缩小了农业户口转变为非农业户口的渠道，农村劳动力向城市转移主要局限于城市大中专院校录取学生、复员转业军人、婚迁、城市郊区征用农民土地安排农民转向城市就业以及落实政策返城等，多为非经济因素转移。1977 年，国务院批转公安部《关于处理户口迁移的决定》，基本原则是限制行政级别低的城镇人口向行政级别高的城镇迁移，充分显示了以户籍制度为核心的城乡隔离体制（本质是阻止农民进城）的作用，使中国城乡形成了典型的“二元经济”与“二元社会”。

（六）统计制度遭受破坏，城镇人口统计资料缺失

“文化大革命”期间，由于政治、经济秩序处于混乱状态，城市管理工作无序，使统计工作遭到重大挫折。统计机构被撤销，统计队伍被解散，大量统计资料散失。1967～1976 年间，各种专业统计年报停止整理编印，只编印综合性统计资料，国家统计报表中断，甚至国家统计局也于 1969 年 12 月被撤销后并入国家计委，改组为国家计划革命委员会生产组，只留 14 人进行统计工作。统计人员岗位责任制被破坏，有些负责人借口统计数字为政治服务，随意修改数字，严重地影响了数字的真实性，也削弱了统计的监督作用。因此城镇统计资料残缺不全，缺乏确凿的统计资料可查，许多城乡人口迁移的数据也只能通过其他资料间接获取。

第四节　政治经济发展重回轨道　推动城市化加速发展

一、政治经济形势

（一）中共十一届三中全会召开

“文化大革命”结束后，我国面临着拨乱反正、摆脱长期“左倾”思想束缚、尽快扭转政治经济领域混乱局面的艰巨任务。虽然中共十一大在揭批“四人帮”、宣布“文化大革命”结束、动员全党建设社会主义现代化强国等方面起了积极作用，但它没能从根本上完成拨乱反正和制定新时期正确路线、方针的任务。1978 年 12 月召开的党的十一届三中全会，标志着党和国家历史性的重大转折。在这次会议上，中共中央对党历史上“左”的错误和新中国成立以来许多历史遗留问题进行了认真的清理，

在思想上、政治上、组织上恢复和重新回到了马克思主义的正确路线，开展了全局性的拨乱反正，及时地把全党工作的重点和全国人民的注意力转移到社会主义四个现代化建设上来，为随后的经济体制改革和国家领导体制改革奠定了基础。

（二）农村经济体制改革

1. 建立与完善农业生产责任制。中共中央十一届三中全会指出，中国经济管理体制的一个严重缺点是权力过分集中，于是在1979年年初开始探索以“农业生产责任制”为基础的农村经济体制改革。1980年8月，中共中央下发了《关于进一步加强和完善农业生产责任制的几个问题》的重要文件，强调应当把改善经营管理、贯彻按劳分配、加强和完善农业生产责任制，当做进一步巩固集体经济、发展农业生产的中心环节来抓紧抓好。到1983年年初，全国实行不同形式的农业生产责任制的农村达93%，农业生产责任制调动了农民的生产积极性，促进了农业生产的发展和农业劳动生产率的提高。同时政府提高了农副产品的收购价格，使中国农业出现了持续六年的高速增长，农民的收入迅速增加，农业剩余劳动力大量涌现，并开始逐步向非农产业转移、向城镇转移。

2. 乡镇企业异军突起。农业生产的发展促进了非农产业的发展。由于80年代初期，国营企业改革相对滞后，社会总需求大于总供给，生活消费品和部分生产资料供应短缺，为农村乡镇企业的发展提供了市场机遇。加之国家实行一系列扶助乡镇企业发展的政策，使农村乡镇企业异军突起。1979～1988年间，乡镇企业总产值从493.07亿元增加到6 495.66亿元。乡镇企业成为吸纳农业剩余劳动力的主要渠道。农村非农产业劳动力占农村劳动力总数的比例，从1978年的9.2%上升到1988年的19.4%，增长10.2个百分点。与此同时，全国农业劳动力从1978年的28 373万人增加到1988年的32 308万人，而农业劳动力占全社会劳动力的比例，则从1978年的70.5%下降到1988年的59.3%，下降11.2个百分点①。这是继1958年“大跃进”以后农业剩余劳动力又一次大规模向非农产业转移。

（三）城市经济体制改革

农村经济的迅速发展，打破了原有的二元制经济结构模式，掀起了农村城市化潮流。与此同时，中共中央开始逐步探索城市经济体制改革的道路。1978年10月，四川省的部分企业率先进行了扩大企业自主权的改革尝试；1981年和1982年，工业企业普遍推行了经济责任制；1980年，在400多个工业企业中进行了“以税代利、独立核算、自负盈亏”的改革，并从1983年6月开征国营企业所得税；同时在流通体制、计划和财政体制等领域开始了改革尝试。1984年10月，中共十二届三中全会通

① 陈廷煊：《城市化与农业剩余劳动力的转移》，《中国经济史研》，1999年第4期，第118～125页。

过了《关于经济体制改革的决定》，系统地总结了新中国成立以来特别是中共十一届三中全会以来经济体制改革的经验，并提出和阐明了加快以城市为重点的经济体制改革思路，标志着城市经济体制改革在全国范围的全面展开。除了对上述企业自主权、税收制度、价格体系与价格管理体制等领域的改革继续深入外，对于所有制结构调整、市场机制在经济发展中的作用、劳动工资制度等领域的改革也有了新的突破。

（四）对外开放

由于80年代初期，我国采取了劳动密集型产业优先发展的策略，新型城市吸纳劳动力的能力迅速增加，中小城市迅速发展，大城市人口的比重大幅度下降。城市的功能逐步健全，服务性产业迅速发展，城乡之间的联系日趋紧密，城市现代化的辐射功能增强，城乡共同发展的格局开始形成。1980年8月，五届全国人大常委会第十五次会议批准《广东省经济特区条例》，决定在广东深圳、珠海、汕头设立经济特区，同时又批准福建的厦门也建立经济特区。1984年4月，进一步开放大连、秦皇岛、天津、青岛、烟台、连云港、上海、南通、宁波、温州、福州、广州、湛江、北海等14个沿海城市。1988年，海南省设立经济特区。随着开放沿海城市、创办经济特区等发展战略的正式实施，促进了沿海一些城市的崛起，诸如深圳、珠海等城市迅速发展成为大城市。

随着工业化向外向型发展，城市的发展也更趋于开放性，已形成沿海到内地渐次推进的全方位、多层次的城市化开放格局，某些中心城市在城市化过程中逐步具有了世界性和国际化的特征。

二、城市化的基本特征

（一）城市化水平直线上升

从1978年开始，中国的城市化进入了加速发展的时期，1992年达到了27.63%的水平，比1978年增加了9.71个百分点，平均每年增加0.69个百分点，与“文化大革命”时期的城市化停滞形成鲜明对比（图10-4）[①]。

这一时期的城市化加速发展来自多方面因素的共同推动。首先是农村经济的迅速发展。随着农村经济体制改革的顺利实施，中国农业得到了迅速的发展，1992年农业总产值达到9 085亿元，比1978年增长5.5倍，农业总产值平均每年增长39.3%。农业摆脱了以粮为纲的单一结构模式，农、林、牧、副、渔业全面增长，不仅为解决温饱问题奠定了基础，而且实现了农产品由定量分配到敞开供应的转变。农村经济的

① 丁金宏：《论中国人口城镇化水平与机制——基于1990年人口普查的分析》，《中国人口科学》，1993年第1期，第16~23页。

发展为城市化奠定了基础，同时农村剩余劳动力的大量增加，也提高了来自于农村的城市化推力。

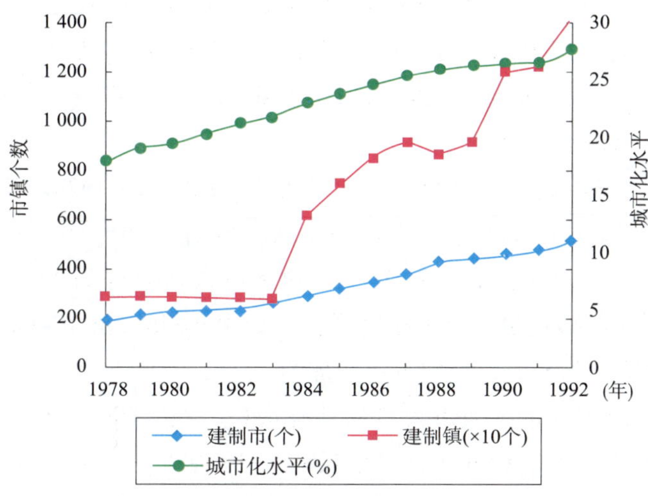

图 10－4　1978～1992 年中国城市化水平与市镇数量变化

资料来源：［1］国家统计局编：《中国人口统计年鉴 1993》，中国统计出版社，1993 年版。

［2］1978～1987 年建制镇数据来源于中国社会科学院人口与劳动经济研究所《中国人口年鉴 2011》（《中国人口年鉴》编辑部，2011 年版）。

［3］1987～1989 年建制镇数据来源于《制度创新与中国农村城镇化》（孔祥智，中国经济出版社，2001 年版）。

［4］1990～1992 年建制镇数据来源于《建制镇人口规模的演变》（罗宏翔，《人口学刊》，2001 年第 1 期，第 61～65 页）。

其次是农村乡镇企业的迅速发展。1992 年乡办与村办工业总产值为 8 957.07 亿元，占整个国民经济的 24.2%。如果将农村合作经营工业与乡村个体工业产值计算在内，村镇工业总产值可占到整个国民经济的 32.5%。农村乡镇企业的发展，一方面促进了农村经济的发展，另一方面伴随着乡镇企业的发展而大量涌现的小城镇，本身也是具有中国特色的乡村城市化的重要表现形式。

（二）实施新体制，放宽县改市、乡改镇条件

1982 年，中共中央以 51 号文件发出了《改革地区体制，实行市领导县体制的通知》，1982 年年末首先在江苏省试点，1983 年开始在全国试行。1984 年 11 月 22 日，国务院批转民政部《关于调整建镇标准的报告》，放宽了建镇设置的标准，规定凡县级地方国家行政机关，均应设置镇的建制；总人口在 20 000 人以上的乡、乡政府驻地非农业人口超过 2 000 人的可以设镇，总人口在 20 000 人以下的乡、非农业人口在

10%以上的可以设镇。1986年4月19日，国务院批转民政部《关于调整设市标准和市领导县条件的报告》，第一次在市镇建制中加入经济指标，规定总人口在50万人以下的县，驻地所在镇非农业人口在10万人以上、常住人口中农业人口不超40%、年国民生产总值在3亿元以上的，可以撤县设市；总人口在50万人以上的县，驻地所在镇非农业人口在12万人以上、常住人口中农业人口不超40%、年国民生产总值在4亿元以上的，可以撤县设市。

新政策推动了城镇数量的外延发展。设市城市数量由1978年的193个增加到1992年的517个，增长了1.68倍，平均每年新增城市23个。在1984年建制镇政策调整之前，镇的数量一度下滑，1983年全国建制镇数量只有2 786个，比1978年减少64个。1984年建制镇数量开始大幅度增长，到1992年突破10 000个，达到10 587个，比1983年增长了2.8倍，平均每年增加867个。

新的市镇设置政策促进了城市人口的外延增长。在1978～1994年间，城市非农业人口增长11 180万人，其中属于建制增长的4 419万人，属于城市内部增长的6 761万人。在城市内部增长中，1978年以前原有城市增长4 920万人，1978年以后新设城市增长1 841万人。换言之，在全部增长的城市非农业人口中，新设城市的建制增长占39.5%，新设城市的内部增长占16.5%，两者合计56.0%。也就是说，新设城市的人口增长成为我国城市人口增长的主体。

新设城市的城市内部人口增长速度远远高于原来的城市。在1978年以前已经建市的城市在1979～1992年间的城市非农业人口平均年增长率远远低于改革开放以来设置的城市的非农业人口平均年增长率，这说明新设城市的人口增长势头比较强劲。

（三）城镇规模结构发生变动，中小城镇迅速发展

从1978年到1992年，全国中小城市迅速发展，大城市人口比重大幅度下降，城市的功能逐步健全，服务性产业迅速发展，城乡之间的联系日趋紧密，城市现代化的辐射功能增强，城乡共同发展的格局开始形成。在1978年中国只有193个城市，到1992年城市数目增加到517个，城市数量增长了167.9%。其中1978年大、中、小城市分别为40个、59个、92个，各占20.7%、30.6%、48.7%，到1992年大、中、小城市分别增加到62个、140个、315个，各占12%、27%、61%。与此同时城镇总人口从17 245万人增加到32 372万人，城镇人口增长了87.7%。中国的城市化正在以空前的势头发展（表10－4）。

在这一时期，小城镇的发展也越来越受到重视。农村经济体制改革的成功，释放和激活了农村社会生产力，极大地促进了农村经济的发展，直接带动了全国范围的小城镇发展。据统计，这一时期小城镇人口在整个城镇人口中的比例，由1977年的5.4%稳步上升至1983年的6.1%。1984年后城镇人口的统计口径发生变化，1984年小城镇人口在整个城镇人口中的比例为13.0%，而1987年则上升为22.4%，上升了

9.4 个百分点。

表 10－4　1978～1992 年不同规模等级城市数量变动

规模等级	城市个数		
	1978 年	1992 年	增加倍数
合计	193	517	1.68
特大城市	15	32	1.13
大城市	27	30	0.11
中等城市	59	140	1.37
小城市	92	315	2.42

资料来源：［1］顾朝林：《中国城镇体系——历史·现状·展望》，商务印书馆，1996 年版，第 199 页。

［2］国家统计局城市社会经济调查总队编：《中国城市统计年鉴 1993～1994》，中国统计出版社，1994 年版。

（四）产业结构的升级扩大了城市就业机会

改革开放以来，尤其是从党的十四届四中全会以来，中国产业结构摆脱了改革开放以前“农业基础薄弱、工业畸形发展、服务业水平低下”的局面，通过优先发展农业和轻工业，加强基础产业、基础设施建设，大力发展第三产业等一系列政策和措施，我国产业结构逐渐趋于合理，并向优化和升级的方向发展。三大产业增长速度的不同导致了产业结构的明显变化。三大产业增加值在宏观经济总量中的比例关系，由 1978 年的 28.1∶48.2∶23.7 变为 1989 年的 25.0∶43.0∶32.0。

1978～1984 年是我国产业结构升级的第一个阶段，是经济从“文化大革命”的严重破坏中得到恢复、农村改革全面展开的时期。这个时期产业结构变动的显著特点是第一产业占国民生产总值的比重迅速上升。1984 年，第一产业的比重达到 32%，比 1978 年的 28% 提高了 4 个百分点。同期第二产业下降了 5 个百分点，第三产业只上升了 1 个百分点。这说明我国农村和农业改革极大地解放了农业生产力，推动了第一产业的发展，反映了资源配置向第一产业的倾斜，使得工农业比例不协调的状况得到极大改善。在工业化的过程中，第一产业的比重迅速提高是举世罕见的一种现象，这是为纠正第一产业发展不足的偏差而产生的一种暂时情况。按当年价格计算这一时期产业增加值的年均增长率，第一产业达到 14.5%，超过二产 10% 和三产 12.7% 的速度。但是，由于这种结构变动具有补偿性和暂时性，从 1985 年开始，第一产业的比重逐步下降。在这个时期，纺织轻工等消费品工业也取得了很大发展，满足了市场需要，但重工业处于调整之中，因此，第二产业的比重下降较多。

1985～1992 年是产业结构升级的第二阶段，是中国非农产业较快发展的时期。第三产业的比重从 28% 左右上升到 34% 左右，达到历史的最高点。同时，第二产业比重保持在43%左右，而第一产业下降6个百分点。这个时期资源配置的最大特点是劳动力大量转移到第三产业，推动了第三产业的发展。从总体上看，这个时期第三产业的发展也带有补偿发展不足、调整比例关系的特征。20世纪80年代中期，我国国民生产总值比1980年翻了一番，农业和消费品工业的发展基本解决了人民生活温饱问题。这时，就业的压力和第三产业发展不足的矛盾日益突显出来，社会资源的配置逐步转向第三产业，促进了第三产业的发展，按当年价格计算的增加值年均增长率第三产业为20%，第二产业为17%，第一产业为14.5%。在这个时期，第三产业的就业人数增加3 400万人，而第二产业只增加2 500万人。到1994年，第三产业就业人数在总量上超过第二产业。

第三产业的快速发展，标志着人们物质生活和精神生活的需求领域不断扩展，并日趋多样化，随之伴生了一系列新的生活理念、新的鉴赏对象和新的审美情趣。城市生活需求的多样化促进了城市第三产业的发展，拓宽了城市就业渠道，对农村劳动力的吸纳能力增强。

我国的文化产业伴随着改革开放的不断深入逐步发展，并随着国家大力推进第三产业发展而迅速壮大起来。改革初期，一些文化单位率先进入市场开展经营活动，部分文化单位试行企业化经营，使文化产品和服务的社会生产属性逐步显现。进入90年代，党和政府明确提出建立社会主义市场经济体制，大力发展包括文化产业在内的第三产业，文化领域面向市场的改革步伐明显加快，文化产业开始进入快速发展时期。1990～1998年，全国文化系统文化产业的增加值由12.1亿元增加到83.7亿元，增长了6倍；文化产业机构由6.8万个增加到9.2万个，增长了35%；从业人员由49.5万人增加到72.1万人，增长了46%。与此同时，社会所办的文化产业发展更加迅猛。1990年社会所办的文化产业在总量上还远远小于文化系统，但到1998年，社会所办的文化产业的机构总数已经是文化系统的2.7倍，从业人员为1.5倍，所创增加值为1.5倍。包括文艺演出市场、电影电视市场、音像市场、文化娱乐市场、文化旅游市场、艺术培训市场、艺术品市场等在内的文化市场体系初步建立。

（五）城乡迁移政策有所松动，流动人口大量涌现

党的十一届三中全会后，对人为遏制城市化的危害性的认识日益加深，政府开始逐步放松对人口迁徙的严格控制。首先终止了荒谬的逆向运作，结束了知识青年“上山下乡”运动，解决了落实政策人员、返城知青和精简下放干部、职工在城市落户的问题。“农转非”的控制指标，由不超过当地非农业人口1.5‰，调整为2‰。仅1984年到1988年的5年中，“农转非”人口累计达4 679万人。1984年1月1日，中共中央在《关于一九八四年农村工作的通知》中指出：越来越多的人离开耕地经营，转入小工业和小集镇服务业，“是一个必然的历史性进步”，“各省、自治区、直辖市可选若干集镇进行试点，允许务工、经商、办服务业的农民自理口粮到集镇落户”。

同年10月国务院发出《关于农民进集镇落户问题的通知》，规定：凡申请到集镇（指县以下集镇，不含城关镇）务工、经商、办服务业的农民和家属，在城镇有固定住所和经营能力，或在乡镇企事业单位长期务工的，公安机关应准予落常住户口，发给《自理口粮户口簿》，统计为“非农业人口”；粮油部门要做好加价粮油的供应工作，可发给《加价粮油供应证》。

截至1986年年底，在不到3年时间里，全国办理自理粮食户口多达163万余户，计454万余人。此外，各地还陆续自行办理了集资性“农转非”。1992年8月，公安部代拟了《关于实行当地有效城镇居民户口制度的通知》，征求各方面意见；从10月开始，广东、浙江、山东、山西、河北等十多个省先后以省政府名义下发通知，并着手试行；对办理了当地有效城镇居民户口的居民，按城镇常住人口进行管理，统计为“非农业人口”；在某些大城市实行“蓝印户口”制度，逐步将大城市自理口粮农业户口纳入蓝印户口的管理范围①。

农业的发展一方面造就了越来越多的农村剩余人口，另一方面也解除了长期困扰城市发展的城市农产品供应紧张问题，与户口制度相关联的粮油棉供应票证越来越失去作用，为农民流动创造了条件。与此同时，城市基础建设、产业升级以及居民生活水平提高，使得一些基础行业，如建筑、采矿、纺织、环卫等普遍存在招工困难，产生了对农业剩余劳动力的需求。所以从80年代初期开始，大量的农村剩余劳动力冲破户口制度的限制，流入城市寻找就业机会，形成了第二次民工潮。与“大跃进”年代的第一次民工潮相比，这次潮流具有更加强大而稳固的动力基础，因而数量更宏大，时间更持久。

1978～1988年，全国城市劳动力增加了4 753万人，城市劳动力占全社会劳动力的比例，从1978年的23.7%上升到1988年的26.3%。据中国1986年74城镇人口迁移抽样调查资料显示，自1978年以来流动人口规模呈扩展的态势，80年代最大的一次迁移流动发生在1984～1985年。值得注意的是，中国经济经历了前期的大发展之后，在1989～1991年进入治理整顿的新阶段，受经济周期波动的影响，已转移的农业剩余劳动力向农业回流。在城镇建筑和服务行业的一部分农村劳动力回到农村，一部分乡镇企业关、停、并、转，已转移的劳动力又回到农业生产。3年间，城市劳动力占全社会劳动力比例不仅没有提高，反而有所下降，从1988年的26.3%下降到1991年的26.1%。1991年乡镇企业开始进入回升阶段，情况开始有所好转。

（六）城市化区域差异加大

20世纪80年代以来，我国在实行“控制大城市规模”的城市发展方针的同时，将对外开放的重点放在东部沿海地区，政策和措施明显向东部沿海城市倾斜，从而加

① 殷志静：《中国户籍制度改革》，中国政法大学出版社，1996年6月第1版，第11～15，30页。

快了东部沿海地区的城市化和大城市的发展。相比之下，中、西部地区的城市化速度相对较慢[①]。1978～1992 年，全国新设城市 321 个，其中东、中、西部各有 148 个、113 个、60 个，这一时期城市数量的增加在很大程度上是受到经济发展刺激的结果。而在经济发展相对落后的广大中西部地区，新设城市的数量落后于东部，在一定程度上也是受到经济发展水平的制约。从这些新设城市在设置市时的人口规模来看，59.9% 的新设城市在设市时的市区非农业人口不足 10 万人，34.3% 的新设城市在设市时的市区非农业人口在 11 万～20 万人之间，5.8% 的新设城市在设市时的市区非农业人口超过 20 万人。虽然人口规模并不是设置城市的唯一标准，不过从新设城市在设市时的市区非农业人口规模来看，表现出明显的空间特征。新设城市在设市时的市区非农业人口规模不足 10 万人的比重在东部是 50.7%，在中部是 54.5%，在西部更高达 59.9%[②]。从南北差异来看，1978 年后南方城市人口增长快于北方。

第五节　政治经济体制改革促使城市化高速发展

一、政治经济形势

（一）政治经济格局更加开放

1992 年 1 月 18 日至 2 月 21 日，邓小平先后视察武昌、深圳、珠海、上海等地，发表了重要谈话，其中心思想就是坚持党的基本路线不动摇，抓住有利时机，加快改革开放的步伐，集中精力把经济搞上去，把有中国特色的社会主义事业推向前进。1992 年后，中国逐步加快了中西部地区对外开放的步伐，一批陆上边境口岸城市、长江沿岸城市、内陆地区省会城市开始享受沿海开放城市的优惠政策[③]。

中共十四届三中全会确定中国国有企业改革的方向是建立现代企业制度，标志着中国的微观经济体制改革由过去的让利放权、利改税、责任制、两极分离等政策性调整阶段转到以产权制度改革为主要内容的制度创新阶段。对外开放的力度增强，改革的范围和规模进一步扩大。从 1991 年到 1995 年，中国进出口贸易年均增长 19.5%，2010 年中国对外贸易额在世界贸易中的排序由 1978 年的第 32 位跃升到第 2 位。1995 年年末国家外汇储备是 730 多亿美元，2010 年年末，国家外汇储备余额高达 2.85 万亿美元，国际支付能力增强。从 1994 年以来，外商在中国直接投资每年都在 300 亿

---

① 王放：《论中国城市规模分布的区域差异》，《人口与经济》，2001 年第 4 期，第 9～14 页。

② 李若建：《改革开放以来新设城市对城市人口的影响研究》，《西北人口》，1997 年第 4 期，第 11～13 页。

③ 周一星，曹广忠：《改革开放 20 年来的中国城市化进程》，《城市规划》，1999 年 12 期，第 8～14 页。

美元以上，虽然 1998 ~ 2001 年实际使用外商直接投资额有所减少，但 2002 ~ 2010 年又逐年增加，在 2010 年已经达到 1 088.21 亿美元（图 10 - 5）。对外开放的扩大，促进了国内经济发展，推动了经济体制改革，增强了我国与各国政府和人民之间的交往，也推动了各级城市的发展。

在建立社会主义市场经济体制的过程中，中国宏观经济体制改革迈出了实质性步伐，金融、财政、税收体制开始实施重大改革，市场在资源配置中的基础性作用明显增强，市场经济体制中的宏观调控体系框架初步建立，为国民经济和社会发展注入了新的活力。

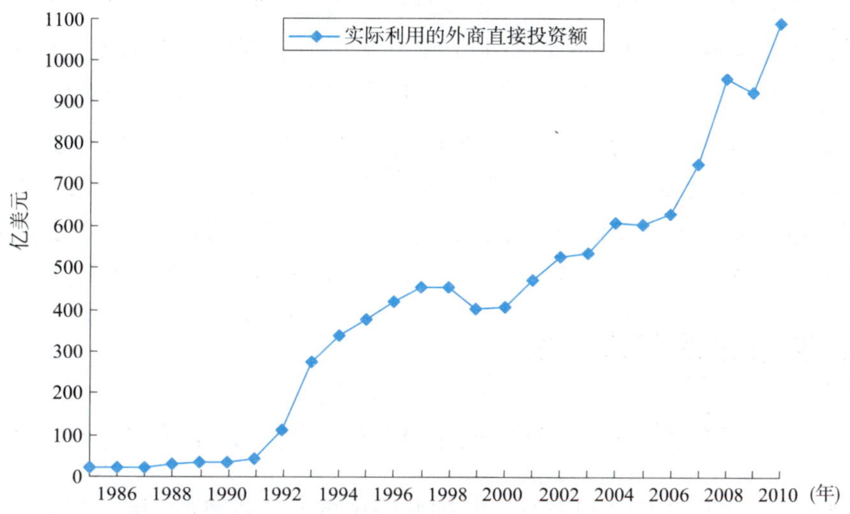

图 10 - 5　中国历年实际利用外商直接投资额

资料来源：国家统计局编：《中国统计年鉴 2011》，中国统计出版社，2011 年版。

（二）社会主义市场经济制度初步确立

1984 年 10 月，中共十二届三中全会第一次明确提出社会主义经济是公有制基础上的有计划的商品经济，这是社会主义经济理论在计划和市场问题上的第一次重大突破。1987 年“十三大”提出社会主义有计划商品经济的体制应该是计划与市场内在统一的体制。中共十三届四中全会后，提出建立适应有计划商品经济发展的计划经济与市场调节相结合的经济体制和运行机制。特别是 1992 年邓小平南巡讲话中，又进一步深刻地阐述：“计划多一点还是市场多一点，不是社会主义和资本主义的本质区别。计划经济不等于社会主义，资本主义也有计划，市场经济也不等于资本主义，社会主义也有市场。计划和市场都是经济手段。”

中共十四大将我国的经济体制改革目标，确立为建立社会主义市场经济体制。这不仅是对中国特色社会主义理论的一次重大突破和发展，而且为中国经济步入加速发展的“快车道”铺开了路轨。十五大指出，公有制实现的形式可以而且应当多样化；非公有制经济是中国社会主义市场经济的重要组成部分；允许和鼓励资本、技术等生产要素参与收益分配。

（三）经济所有制形式多样化

1952 年我国内地共有 6 种所有制形式，到 1978 年基本上减为全民所有制和集体所有制两种，1978 年以后，中国社会劳动者的所有制类型又重新朝着多样化的方向变化。在 1986 年的统计资料中，社会劳动者的所有制结构又重新呈现出多种成分并存的局面，所有制形式达到 10 种。总的趋势是社会劳动者所有制构成中公有制劳动者的比重已大大降低，其中全民所有制职工和集体所有制劳动者的比重由 1978 年的 99.96% 降至 36.9%①，甚至低于 1952 年的水平；城乡个体劳动者和家庭承包制农民的比重则上升为 62%。到 1991 年所有制形式已增至 11 种。1997 年 9 月，中共十五大明确指出：“非公有制经济是社会主义市场经济的重要组成部分。”此后各地政府又制定了一系列鼓励非公有制经济发展的政策、措施，极大鼓舞了私营企业从业人员的创业热情，非公有制经济规模不断扩大，成为推动城市化的重要力量之一。

二、城市化的基本特征

（一）城市化持续快速增长，但是依然滞后于工业化步伐

据 2000 年第五次全国人口普查，我国城市化水平已达到 36.09%，接近发展中国家的平均水平。与第四次全国人口普查相比，90 年代我国的城市化水平上升了 9.86 个百分点，平均每年上升近 1 个百分点；而 1980 年代城市化水平平均每年上升 0.7 个百分点，说明 90 年代中国的城市化水平在加速增长②。进入 21 世纪，伴随着国家户籍制度、社会保障等一系列改革，城市化发展进一步加速，至 2010 年第六次全国人口普查，我国城市化水平已达到 49.68%，十年间年均增加 1.36 个百分点，增速明显提高（图 10－6）。国家统计局抽样调查数据显示，2011 年我国的城市化率已经超过 50%，达到 51.3%。按照我国目前的城市化速度预测，2020 年中国的城镇人口将达到 8 亿～9 亿人，至 2025 年达到 10 亿人左右，城市化水平接近 70%。

城市化高速发展的主要因素是经济持续增长的推动作用。1992 年后，我国经济出现了持续的高速增长。1992～2007 年，全国乡镇企业总产值从 9 581.1 亿元增加到 84 127 亿元，增长 344.5%。乡镇企业就业人数也大幅度增加，从 1992 年的 10 625 万

---

① 谢立中：《当代中国社会结构变迁》，《南昌大学学报》，1996 年第 2 期，第 14～22 页。

② 黄扬飞，丁金宏等：《1990 年代我国人口城市化水平的区域差异模式研究》，《人口研究》，2002 年第 4 期，第 72～80 页。

人，增加到2010年的15 893万人，增长49.6%①。从1992年到2009年，农村非农产业劳动力占农村劳动力的比例从22.3%上升到52.4%，一半以上的农村劳动力从事非农产业生产活动；农业劳动力占农村劳动力的比例从77.7%下降到47.6%；农业劳动力占全社会劳动力的比例从1992年的58.5%下降到2009年的28.6%②。

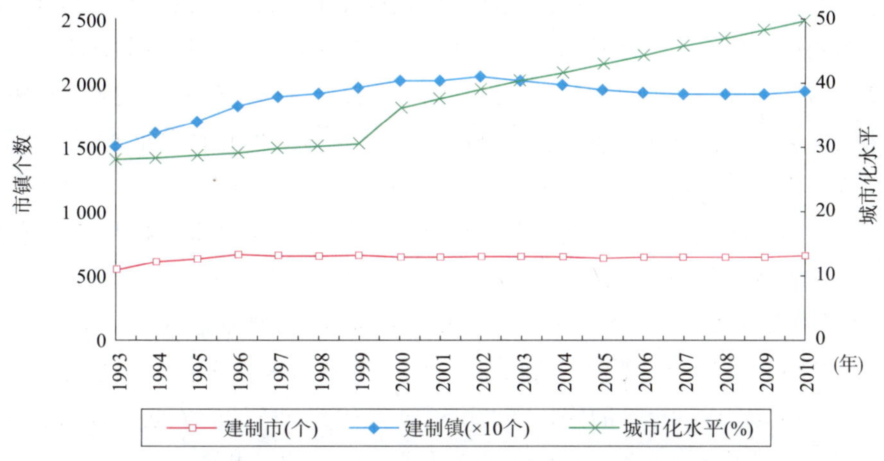

图10－6　1993～2010年中国城市化水平与市镇数量变化

资料来源：[1] 1993～1999年的城市化水平是根据1990年的基数和历年的统计调整得到的，2000年是根据第五次全国人口普查计算的，2000年的激增是统计口径差别的反映，1993～2000年间更真实的变化过程可能是平滑线性增长。2000～2010年数据来源于《中国统计年鉴2011》（国家统计局编，中国统计出版社，2011年版）及《中国城乡建设统计年鉴2010》（中华人民共和国住房和城乡建设部编，中国计划出版社，2011年版）。

[2] 建制市数据来源于《中国城乡建设统计年鉴2010》（中华人民共和国住房和城乡建设部编，中国计划出版社，2011年版）。

[3] 建制镇数据来源于国家统计局历年《中国统计年鉴》。

第三产业的进一步发展提高了城市化的内在质量，提高了城市人民的生活水平。随着市场化改革的不断深入，城市就业和日用消费品供应日益步入商品化轨道，福利保障制度也开始向社会化方向转轨。

但是中国的城市化水平仍然滞后于工业化。由于中国城市人均GDP是按城市户籍人口为基数统计的，而工业生产的GDP有很大一部分是乡镇企业和进城打工的农民生产的，把乡镇企业和进城打工农民生产的GDP都算在城市人口身上，就掩盖了进城农民和乡镇企业农民对工业生产和经济增长的贡献，使经济统计上反映的城市化滞后表现得更为突出。此外，由于城镇人口统计资料的混乱以及流动人口估算的偏

① 国家统计局编：《中国统计年鉴2011》，中国统计出版社，2011年版。

② 根据《中国农业统计资料2010》（中华人民共和国农业部编，中国农业出版社，2011年版）数据计算。

差，城镇人口也不同程度地存在着低估。

（二）在县改市、乡改镇的热潮中城镇数量继续快速增长

1993年5月17日，国务院批转民政部《关于调整设市标准的报告》，新的设市标准强调了分类指导的原则，按不同的人口密度划分设市的人口标准与经济指标。报告提出了地级市的设置标准：市区从事非农业的人口25万人以上，其中市政府驻地有非农业人口20万人以上，工农业总产值30亿元以上。设立县级市的标准按照人口密度的不同，分为三类：人口密度在每平方公里400人以上的县，驻地非农业人口不低于12万人，县总人口中从事非农生产的不低于30%，并不少于15万人，全县工农业总产值不低于15亿元；人口密度在每平方公里100～400人的县，驻地非农业人口不低于10万人，县总人口中从事非农生产的不低于25%，并不少于12万人，全县工农业总产值不低于12亿元；人口密度在每平方公里100人以下的县，驻地非农业人口不低于8万人，县总人口中从事非农生产的不低于20%，并不少于10万人，全县工农业总产值不低于8亿元。1993年城镇建制标准的修订，使市镇设置有了更科学的依据，特别是考虑了人口密度指标，体现了城镇作为人口密集的非农业居民点的根本属性。

总体而言这一标准较此前有所放宽，因而再一次推动市镇数量的快速增加。1993年当年城市个数由517个增到570个，增加了53个，是新中国成立以来城市增加最多的1年。1993～1996年增加了96个，平均每年增加32个。1997年国家暂停市改县政策，这种势头才得到抑制，2010年城市数量为657个（表10－5）。建制镇的数量迅速增加，从1992年的10 587个增加到2002年的20 600个，几乎翻了一番，平均每年增加1000多个，但是2002年以后，建制镇的数量又有所下降，2011年为19 683个[①]。

表10－5　1992～2010年城市数量变动

年份	城市数量	年份	城市数量
1992	517	2002	660
1993	570	2003	660
1994	622	2004	661
1995	640	2005	661
1996	666	2006	656
1997	668	2007	655
1998	668	2008	655
1999	667	2009	654
2000	663	2010	657
2001	662		

资料来源：中华人民共和国住房和城乡建设部编：《中国城乡建设统计年鉴2010》，中国计划出版社，2011年版。

① 中华人民共和国民政部编：《中华人民共和国行政区划简册2011》，中国地图出版社，2012年版。

（三）跨省区的人口城乡流动加剧

1998 年 7 月，《国务院批转公安部关于解决当前户口管理工作中几个突出问题意见的通知》提出：①今后实行婴儿落户随父随母自愿政策，对以往出生并要求在城市随父落户的未成年人，可以逐步解决其在城市落户问题。②放宽解决夫妻分居问题的户口政策，对已在填补空白的配偶所在城市居住一定年限的公民，应根据自愿的原则准予在该城市落户。③男性超过 60 周岁、女性超过 55 周岁，身边无子女需到城市投靠子女的公民，可以在该城市落户。④在城市投资、兴办实业，购买商品房的公民及其直系亲属，凡在城市有合法固定的住所、合法稳定的职业或者生活来源，已居住一定年限并符合当地政府有关规定的，可准予在该城市落户。文件要求各省、自治区、直辖市政府结合本地发展情况和综合承受能力，制定相应的具体政策，并强调对于在城市落户的人员，不得收取城市增容费及相关费用。这是 1978 年以来户籍制度改革迈出的最大的一步。

1992 年和 1993 年跨省迁移分别占农村剩余劳动力迁移的 17. 1% 和 19. 4% ，形成了跨地区流动的“民工潮”。1993 年全国民工流动总量为 2 000 万人，1994 年上升到 2500 万人。农村剩余劳动力转向城镇就业的规模越来越大，1992 年和 1993 年分别达到 698 万和 1 544 万人。转移到城市的劳动力常居城市的比例也趋于上升。

北京、上海、广州等沿海开放城市是流动人口的主要流入地。2000 年第五次全国人口普查显示，上海的流动人口总量是 387 万人，相当于常住人口的 1/4；2010 年上海流动人口约 900 万人，占常住人口 1/3 以上。

随着时间的推移，流动人口在城市的平均滞留时间不断延长，返回率越来越低。他们的身份也在转变，逐步成为实质上的城市常住人口，从而促进了中国农村人口的城市化①。

根据 2006 年农业普查数据显示，2006 年农村劳动力转移速度达到 6. 4% 。根据这次抽样调查资料推算，2006 年全国农村剩余劳动力转移到第二、第三产业的人数占农村劳动力总数的 29. 2% ，按可比口径比 1996 年提高了 23. 6 个百分点，转移速度迅速上升。1997 年从非农返回到农业的劳动力占农村劳动力总数的比重为 0. 6% ，比上年下降 1 个百分点；1997 年净转移劳动力占农村劳动力总数的比重为 5. 8% ，比上年上升两个百分点。这表明农村剩余劳动力转移数量增加，而且趋于稳定，返回率下降。当年农村剩余劳动力转向外省的占 30. 1% ，上升了 2. 7 个百分点；在本省内转移的占 22. 4% ，比上年下降 0. 5 个百分点；转移到国外的为 1. 4% ，有所减少。

---

① 陈小明：《民工潮与中国城市化》，《社会科学》，2000 年第 8 期，第 55 ~ 59 页。

（四）城镇等级体系趋向完善

自20世纪90年代以来，我国中小城市逐渐由快速发展转为平稳发展，城镇体系建设趋于完善。城市数量的增加主要出现在1992～1996年间，1996年后城市数量增加缓慢，再加上行政区划调整的影响，甚至出现了城市数量减少的现象，但由于城市人口的持续增长，各级城市平均规模持续增大，1996～2007年特大城市由34个增加到119个，大城市也由44个增加到118个，仍显现出城市化加速发展的强劲势头。

进入20世纪90年代，农村剩余劳动力向城镇的转移仍表现在向小城镇转移方面。东部发达地区的乡镇企业在80年代初步发展起来的基础上，开始向规模经营发展，通过建立“乡镇工业小区”、“乡镇工业城”、“农民商城”等形式，创建新的小城镇，使农村非农产业向小城镇集聚，开创了农村工业化与农村城市化的同步发展。

截止到2011年，全国乡镇共有41 636个，其中建制镇为19 522个。由于乡镇企业的发展，山东已有1 000多万农民进入小城镇。苏南地区每个小城镇容纳的人口已从过去的几百人、几千人增加到现在的平均两万人以上。这一时期东部地区小城镇的人口增长有一半以上是机械增长，中、西部地区也有三成以上是机械增长。

（五）大都市区、城市带逐步成形

90年代人口城市化的另一特点就是都市圈和城市带的出现，主要表现在东部沿海地带城市密集的区域和以内陆特大中心城市为核心的平原或盆地区域，其中形态结构较为完整、内部经济功能协作性较强、人口与经济都达到了一定规模的都市圈有3个，一个是以上海为中心，南京、杭州为次中心的长江三角洲城市带，一个是以北京、天津为中心的环渤海都市圈，另一个则是以广州、香港、深圳、珠海为中心的珠江三角洲城市带。这3个城市群好比3个巨大的增长极，集聚效应十分明显。

此外，以沈阳、大连、哈尔滨、长春为中心的东北都市圈，以武汉为中心的长江中游都市圈，以重庆、成都为中心的长江上游都市圈，以西安为中心的关中平原都市圈，以贵阳为中心的贵州高原都市圈，也都达到了一定的规模，并成为区域经济增长的核心。

（六）城市化区域差距进一步加大

1993～2010年间，城市化区域差距发生了根本变化。从各省区城镇人口占全国城镇人口比重变动来看，改革开放以前增长缓慢的沿海省区，如山东、广东、广西、河北、江苏、浙江等，1992年后都成了城镇人口百分比增幅较大的省区，而城镇人口增长较慢、城镇人口百分比下降的省区，除京、津、沪3个直辖市和辽宁省外，却全是改革开放以前增长最快的内陆省区，如黑龙江、内蒙古、吉林、青海、新疆。如果把城市中的暂住人口也包括进去，则所有沿海省市城镇人口的实际增长速度将更快。

从新增城市数量来看，东部地区城市增加速度明显快于西部。1992～2007年全国新增143个城市，其中东部新增74个，中、西部分别新增44个、25个，分别占51.74%、30.77%和17.48%。城市发展的地区差异不仅体现在城市数量变化上，城市规模的地区差异也在显著拉大。

第六节　中国人口城市化的基本特征及启示

一、人口城市化的基本特征

（一）城市化起点低，发展呈不规则阶段性

我国的城市化是建立在农业不发达、工业规模小且分散的二元经济结构基础之上的，加之城市化发展进程中政策的失误，城市化的波折过程是必然的。我国城市化有两次明显的低谷期：一是城市化水平从1960年的19.7%降至1963年的16.8%，城市化水平呈现陡降趋势，短短3年内下降了2.9%，是整个城市化过程中波动最大的时期；二是城市化水平从1964年的18.4%降至1972年的17.13%，城市化长期呈缓慢降低的趋势，时间持续8年之久，城市化水平降低1.07%。此外，从个别年份来看，1955年和1991年城市化低于上年，都是由于经济结构调整造成的。从城市数量的变化来看，城市数量曲线呈现两次高峰，其中1961年城市数达到208个，主要是由于"大跃进"中盲目扩大工业建设造成城市数量增加；1997年全国城市668个，城市数量达到第二个峰值，这完全是由城市建制政策的调整造成的。改革开放以来，城市化发展呈加速趋势，降低了市镇设置的标准，城市数量迅速增加，但到1996年，国家针对"整县改市"模式中存在的问题，停止审批新的"县改市"，而与此同时某些县级市改为地级市的一个区，造成市总数的减少。

（二）城市化区域与规模发展不平衡

我国的城市化不仅在空间格局上发展不平衡，在规模结构上也存在发展差异。由于历史的原因，中国东、中、西部三大区域的经济发展水平一直是不平衡的，城市化水平和城市密度呈东高西低、东密西疏、由东向西递减分布的特征。2010年，东部城市数量占全国城市总数的39.88%，而且大城市、特大城市较集中，例如北京、上海、天津等城市均在东部地区；中部城市数占全国总数的34.55%；西部城市数占全

国城市总数的25.57%，且大城市较少、城市首位度较高①。

从我国城市发展的整个历程来看，城市空间分布呈现“先西后东”的发展趋势。在1949~1978年期间，我国共新设城市90个，其中只有15个是位于东部沿海地区，46个位于中部地区，29个位于西部地区。截至1978年，我国城市数量增长到193个，其中69个位于东部沿海地区，占全国城市总数的35.8%；84个位于中部地区，占43.5%；40个位于西部地区，占20.7%。与1949年相比，东部沿海地区在城市总数中所占比重下降，而中部地区和西部地区所占的比重上升，尤其是西部地区上升幅度最大。在1978~1996年期间，中国共新设城市474个，其中230个分布在东部沿海地区，占48.5%；161个分布在中部地区，占34.0%；位于西部地区的只有83个，占17.5%。由于东部沿海地区的城市增长速度快于中部地区和西部地区，所以在全国城市总数量中，东部地区城市所占的比重又上升了，而中部地区和西部地区城市所占的比重却下降了。1978年以后，三大地区城市人口的增长也表现出与城市数量增长相同的趋势。

（三）城市化率从滞后到超过工业化率

由于我国的城市化建立在旧中国半封建半殖民地的经济基础之上，农村占主导地位的自然经济一直占有较大比重，因而初期城市化就落后于工业化进程，在随后的城市发展中，城市化落后于工业化的趋势不仅没有得到改善，反而被强化。1952年工业化初期，中国城市化落后于工业化5.1个百分点。其后在中央计划经济体制之下，从原苏联引进大量的技术和设备，工业化水平迅速提高，但城市化始终进展缓慢。而且在“变消费城市为生产城市”的影响之下，城市第三产业长期被忽视和抑制，使大部分城市变成了功能不全、结构失调的单纯的工业基地。城乡隔离政策阻止了乡村人口进入城市，企图以此维持农业的发展并减轻对城市基础设施的压力，妨碍了城市的正常发展。到20世纪六七十年代，工业建设布局的调整使工业进一步远离城市，工业化与城市化的差距进一步扩大，到1978年城市化已落后于工业化26.4个百分点。改革开放30年来，城市产业结构和城乡之间的要素流动均有所改善，工业化与城市化的差距不断缩小。尤其在进入21世纪后，城市化与工业化之间的差距进一步缩小。2003年，城市化率为40.5%，超过工业化率0.1个百分点；2005年城市化率为43.0%，比工业化率高1个百分点。城市化水平开始稳定超过工业化水平。

（四）政府行为主导城市化进程

我国城市化的两次波动都是由于政府人为地限制城市的发展造成的，诸如政府通过户籍管理将城乡差别制度化，长期实施低消费、高积累的工业化战略，导致产业结构失衡，城市服务功能发展萎缩，城市化水平大起大落。自1957年到改革开放期间，

---

① 国家统计局编：《中国城市统计年鉴2011》，中国统计出版社，2011年版。

单一的所有制形式，造成城市发展投资主体单元化，使城市化极大地依赖于政府的投资①。改革开放以来，所有制由国有、集体为主向“主体多元化”转变；财税体制由“统收统支”向“分灶吃饭”、“财政包干”的“分税制”转变；流通体制由“一统天下”向多元化发展；城市化运动由国家自上而下的推动向自上而下推动与自下而上的自发运动相结合趋势发展。这些改革和变化有利于城市生产要素的流动和城乡关系的变化，促进了城市化进程。

国家政策的制定和调整对城市化进程的作用十分巨大。新中国成立以来，直接影响城市化进程的政策主要是人口户籍管理政策和设市、设镇标准的变化。前者限制了人口的自由流动，在城乡之间人为设置一道屏障，减缓了城市化进程；后者则使城市数量和人口经常发生波动，不能真正体现我国城市化的真实水平。特别自1983年全国实行“市管县”体制以来，城市人口急剧增加，出现了城市化水平的虚假膨胀，导致目前评估中国城市化水平口径不一，说法各异。但也应注意到，随着市场经济体制的建立，尤其是90年代以来，出现了城市投资主体多元化的倾向，政府行为对城市化的影响正在减弱。

二、人口城市化的启示

（一）城市化要与国民经济发展相适应

纵观中国城市发展历程，不论“一五”时期的城市化，还是改革开放以来的城市化过程，城市化的健康发展都是以经济的健康发展为依托的。“大跃进”时期的城市化只有量的扩充，没有质的提高，必然导致城市化的倒退。从中可以得到启示，只有建立在经济快速发展基础上的城市化才是有效的和持续的。

（二）人口城市化的区域选择必须做到均衡与非均衡的统一

由于我国自然、历史与社会经济条件的差异，城市化的东、中、西地区差异是不可避免的。在城市化过程中，如何选择优先发展的区域涉及公平和效益的关系问题。东部地区城市体系完善，城市的积聚效应和辐射功能较强，但城市土地资源有限，人口密度偏高；中、西部地区城市体系中大城市和特大城市数量较少，城市规模偏小，再加上城市分布比较分散，所以城市的聚集作用和辐射作用较弱，城市之间在生产环节上的配套和分工协作较差。优先发展城市基础较好的东部地区，不利于西部地区的城市化，不利于全国城市体系的整体优化。但如果单纯强调发展西部城市，对于大中城市相对集中的东部地区难以有效发挥集聚效应。因此，城市化发展要做到均衡与非

① 陈甬军：《政府在城市化进程中的作用分析》，《福建论坛》（经济社会版），2001年第9期，第16～20页。

均衡的辩证统一。

（三）城市化要构筑在合理的城市规模体系基础上

围绕制定城市发展方针，对于城市规模大、中、小的争论由来已久。从我国城市发展过程来看，改革开放前的20年，抑制中小城市的发展，城市化对经济发展的拉动作用有限，大城市的功能不仅没有得到加强，反而有所削弱。改革开放以来，国家实施了“严格限制大城市的发展规模、积极发展中小城市”的城市发展方针，中小城市增加较快，但它在土地利用的非集约化、工业积聚的非规模化、技术传播的滞后化等领域的劣势越来越突现出来，与此同时，大城市的规模集聚效益得不到有效发挥。90年代后期，国家也越来越认识到大城市在经济发展中的积极作用，强调走城市化道路，特别是加快大城市的发展，拉动经济的发展。由此看来，合理的人口城市化过程应该建立在合理的城市规模体系上。大城市是经济发展的核心，对经济集聚的规模效益显著，而中小城市是大城市经济扩散到区域的桥梁和纽带，是城市化由近域推进到广域扩展的基点。

（四）应提高政府制定城市发展政策的科学性

城市化过程伴随着经济发展过程而产生，但其自身又有规律性。我国目前仍处于市场经济的初级阶段，而且作为发展中的社会主义国家，我国经济在今后的很长时间内都将采取一种赶超的模式，社会主义国有资产在城市集中等实际条件都直接造成了中国城市发展的政府推动型模式。所以，中国的城市化异于西方城市化的一个重要特征，就是“政府推动”的因素大于“自然演变”的因素，即政府行为在城市化进程中起着关键的、不可替代的作用。这就增加了中国提高城市发展决策科学性的紧迫感。在中国城市化进程中，应大力强化土地利用管理，提高城市规划的法律效力，加强政府对城市建设的参与力度和对城市化发展的调控强度。政府应通过制定相关的法规和政策，引导城市和产业的空间发展方向；通过城市规划的真正实施，调控城市和区域的土地利用结构；尽可能应用新技术和新的管理手段，提高政府决策部门的管理水平，以推动中国城市化进程的健康发展。

（五）建立统一的城镇人口统计口径

城镇人口的实质内涵是居住在城市或集镇地域范围之内，享受城镇服务设施，以从事第二、第三产业为主的特定人群，既包括城镇中的非农业人口，又包括在城镇从事非农产业或城郊农业的农业人口，其中一部分是长期居住在城镇、但人户分离的流动人口。由于城镇的实体地域范围是在不断变化的，对其范围内的人口进行统计缺乏可操作性，因此中国城镇人口统计主要依托城镇行政建制和户籍统计。如何建立一种具有连续性、科学性和可比性的城乡人口统计口径，从一开始就是伴随中国城市化研究的一个重要课题。为避免概念上的混乱，应尽快建立不同空间尺度相互衔接的城市地域概念，形成规范概念表述：市中心—城市建成区—城市地区（城市实体地域概念）—城市经济统计区（类似于国外的大都市区）—城市行政地域（含辖县）。在这一概念框架下，根据不同的需要选取不同范围的城镇人口数据。

我国城市化的发展是曲折与辉煌并存的过程，与发达国家城市化的发展相比更加迅速和独特。以往城市化的迅速发展，在宏观上提升了我国社会经济的活力，促进了我国产业结构的升级调整，在微观上切实改善了我国人民群众的生活环境和生活质量。2011 年，我国城市化水平达到 51.3%，意味着全国一半以上的人口在城市地区生活，这是我国城市化进程中具有重要意义的分水岭。在未来的城市发展与规划中，应该吸取以往城市化进程中取得的宝贵经验和深刻教训，推动城市健康、有序、良性发展，推进城市和农村一体化进程建设，让农村居民与城市居民共同享有社会主义现代化建设的精神和物质成果，努力实现党的十七大提出的“改善民生”的战略目标。

第十一章 中国人口婚姻状况的变动历程

婚姻是人民生活中的重要组成内容，也是人民幸福生活的构成因素。婚姻关系的缔结，婚姻生活的进行是与老百姓生活息息相关的重要事件。构建社会主义和谐社会的基本要求就是要以解决人民群众最关心、最直接、最现实的利益问题为重点。婚姻家庭作为社会关系的基本组成元素，其和谐稳定与否，直接关系到社会的和谐与稳定，也关系到人民群众对社会建设的满意程度。在人口学中，婚姻是被作为人口运动的一个重要特征进行研究的（婚姻是影响人口再生产的重要因素，婚姻对人口死亡、迁移也有不同程度影响）。1949 年以来，我国人口婚姻状况发生较大变化。人口结婚率由新中国成立初期较大波动态势转变为 20 世纪末和 21 世纪初较平稳的中等水平，平均初婚年龄和晚婚率有较大程度提高；离婚率在 50 年代中期略微上扬之后，在 20 世纪 60 ~ 80 年代的近 30 年间一直处于较低水平，但 90 年代开始逐渐上升；60 余年中丧偶人口及终身不婚人口比重始终较低且变化较小。

第一节 结婚状况变动趋势与特点

一、结婚率的变动趋势

（一）粗结婚率在波动中趋于稳定

结婚率是反映人口婚姻状况的重要指标。在纵向考察一国一地区人口结婚状况变动时，往往用粗结婚率①反映其变动趋势。据有限的统计资料，1949 年以来，我国人

① 粗结婚率是一定时期内的结婚数目与同期年平均人口（或年中人数）之比，通常用千分比表示，其中含初婚和再婚。目前国际通用的结婚率是指结婚对数与总人口之比，中国国家统计局历年公布的结婚率是结婚人数与总人口之比。本章沿用中国国家统计局的数据及计算方法。

口结婚率总的趋势呈上升态势，自 50 年代至 70 年代波动性上升后，80 ~ 90 年代进入一个较高平台并趋于稳定。据有关调查统计资料①，50 年代结婚率全国平均为 10. 89‰，60 年代平均为 9. 44‰，70 年代为 11. 56‰，80 年代平均为 16. 44‰，90 年代平均为 15. 46‰，2000 ~ 2007 年平均为 14. 14‰（图 11 - 1）。

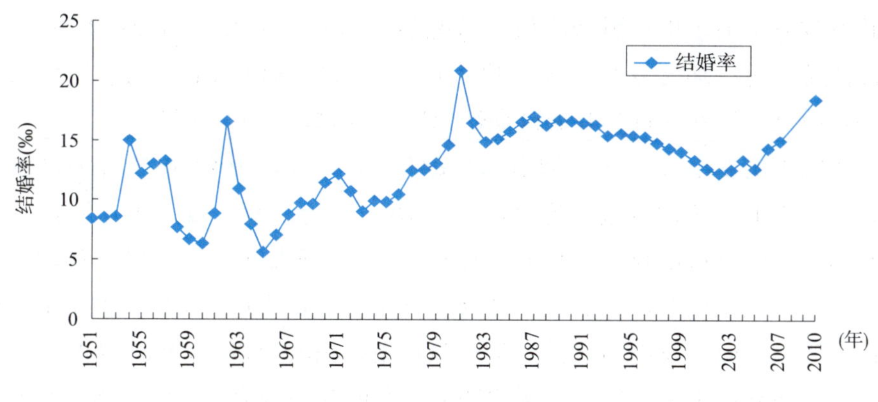

图 11 - 1　1951 ~ 2010 年中国人口结婚率②

注：本图未包括台湾省数据。

资料来源：[1] 1951 ~ 1977 年结婚率根据《中国人口》北京、天津、陕西、山西、青海、吉林、甘肃、河南、湖南、上海、江苏等省分册数据整理。

[2] 1978 ~ 1984 年结婚率参见《中国社会统计资料 1990》（国家统计局社会统计司编，中国统计出版社，1990 年版，第 36 页）。

[3] 1985 ~ 2010 年结婚率根据《中国统计年鉴 2001》、《中国统计年鉴 2008》和《中国统计年鉴 2011》（国家统计局编，中国统计出版社，2001，2008，2011 年版）整理。

1951 年以来，我国人口结婚率有过几次较大的波动，（从图 11 - 1 可见，50 年代中期的 1954 年是五十年代的一个结婚高峰②）。笔者认为，按照当时中央人民政府将 1953 年 3 月作为贯彻婚姻法宣传月的史实及一些史料记载，50 年代中国人口结婚率的高峰年应在 1953 ~ 1954 年，60 年代初期的 1962 年，70 年代初期的 1970 年，80 年代初期的 1981 年，均为这一时期人口结婚率波动的峰谷。但是 1954 年、1962 年和 1970 年的峰值，即便为当时所处那个年代的高峰年，它们在 50 年的发展中亦只相当于 80 年代的平均水平。60 年中人口结婚率的第一高峰年是 1981 年，峰值为 20. 87‰。

50 年代中期人口结婚率的迅速增长与 1950 年颁布实施的《中华人民共和国婚姻法》及其后贯彻婚姻法运动有十分密切关系。1950 年 4 月，中央人民政府委员会第

---

① 参见《中国人口》北京分册、天津分册、陕西分册、山西分册、青海分册、吉林分册、甘肃分册、河南分册、湖南分册、上海分册、江苏分册，中国财政经济出版社；国家统计局编：《中国统计年鉴 2001》，中国统计出版社，2001 年版。

② 有些文献由于统计资料不完整，将 1952 年作为 50 年代结婚率的高峰年，见《中国人口・湖南分册》（毛况生主编，中国财政经济出版社，1987 年版，第 337 页）。

七次会议通过了《中华人民共和国婚姻法》，并于同年5月1日实行。其后，中央人民政府政务院及最高人民法院、司法部曾连续发出通告和指示，要求各地认真宣传贯彻执行并进行必要的检查。1951年9月26日，中央人民政府政务院发出《关于检查婚姻法执行情况的指示》。同日，最高人民法院、司法部亦发出《关于认真执行〈中央人民政府政务院关于检查婚姻法执法情况的指示〉的通知》。1951年10月31日，最高人民法院、司法部又发布《关于检查司法干部处理婚姻案件的思想作风及对于干涉婚姻自由杀害妇女的行为开展群众性司法斗争的指示》。1953年2月1日中央人民政府政务院再次发出《关于贯彻婚姻法的指示》，规定1953年3月为贯彻《婚姻法》运动月。至此，全国掀起宣传贯彻《婚姻法》的高潮。仅就山东省而言，据民政部门和司法部门资料记载，当时全省有60多万干部参加宣传婚姻法运动，从省到县均成立了由法院、检察院、妇联、民政、报社、监委共同组织的贯彻婚姻法检查委员会，山东省人民政府发出的《关于贯彻执行婚姻法的布告》（1951年9月）印发张贴到村，各地还利用报纸、广播、图片展览、座谈等各种形式，结合本地有教育意义的典型案例进行宣传。在当时，从中央到地方，都将是否正确贯彻执行新婚姻法，上升到较高的政治高度，将“党员是否执行婚姻法作为整党内容之一”①。中央人民政府政务院在1951年关于检查婚姻法执行情况的指示中严肃指出，每个干部均应认识到能否认真坚决的执行婚姻法，能否采取严肃负责的慎重态度，解决婚姻案件，保护妇女的合法利益，能否积极支持群众（特别是被压迫的妇女群众）反封建婚姻制度和反封建思想的正义斗争，能否在处理本身的婚姻时，以身作则地遵守婚姻法，这些都是自己政治上是否愿意彻底反对封建主义的严重考验，也是能否严格的遵守人民政府法令的严重考验②。据福建省史料记载，1953年3月婚姻法运动月后，婚姻登记率大大提高，1954年申请结婚登记上升到115 276对，比1952年增加5倍，其中男女双方完全自愿批准登记的114 650对，占申请结婚总数的99.4%。

60年代初，结婚率出现波动性高峰，其原因一是由于当时自然灾害，一些人将结婚作为谋生手段；二是在1960年、1961年较低的结婚率后，出现一种补偿性结婚。据山东省档案记载，1960年以后，由于放松了婚姻法的宣传教育、群众生活发生困难等原因，部分地区出现了不够法定结婚年龄而结婚、养童养媳、借婚姻索取财物、弃夫另嫁等现象。据山东省馆陶、单县、嘉祥3个县不完全统计，在1961～1962年1年半的时间内，不够法定年龄而早婚的就有764人；费县、莒县、沂南3个县发现童养媳64人，她们年龄一般在10岁左右，较大的也只有十四五岁。这些地方借婚

① 山东省民政厅：《山东省1952年贯彻婚姻法情况报告》，第46卷，山东省民政厅档案，永久，952年。

② 山东省民政厅：《关于当前贯彻执行婚姻法中存在的问题和今后意见的报告》，山东省民政厅档案，永久，1962年337卷。

姻关系索取财物，多者竟达现款四五百元，粮食七八百斤[①]。青海省的史料也有同样记载，“60年代初，主要在三年自然灾害期间，早婚率上升、姑舅亲、童养媳和内流外流人口中临时性的婚姻先后出现。这些情况虽在1964年后逐渐减少，但影响是深刻的”[②]。甘肃省的资料记载，在1962年和1963年，甘肃省人口结婚率分别达到22.2‰和20.7‰，是新中国成立以来该省结婚率最高年份[③]。

70年代初的人口结婚率的波动主要与“文化大革命”的发展进程有关。据吉林省资料记载，1970～1979年的10年间，1970年和1974年是两个高峰年，分别为16.5‰和17.5‰。产生这种现象的原因，主要是因为“文化大革命”中历年积累下来的要结婚的人数较多，不仅有适龄青年、大龄青年，还有因各种原因需要再婚、复婚的人一下子都集合到一起[④]。

80年代初的人口结婚率迅猛增长与1981年新修改《婚姻法》正式实施有直接关系[⑤]。据福建省史料记载，“1981年因执行新婚姻法废止了地方规定的晚婚年龄，申请结婚登记人数达到192 584对，是新中国成立以来最高年份”。山东省的有关资料显示，1981年上半年济南市共登记结婚42 876对，相当于1980年上半年的2.5倍。其中，农村结婚女性在23周岁及以上的占65.1%，大大低于1980年同期同一指标98.9%的水平[⑥]。

2000年以来，中国人口结婚率出现由低向高的攀升，由2001年的12.61‰快步攀升至2007年的15.01‰，基本恢复至20世纪90年代中期水平。这一时期，可谓中国人口婚姻活动较为活跃时期，表现其一是2000～2010年每年再婚者均在100万人以上，2010年为最高，达到281.10万人，为1985年（50.5万人）的5.62倍。其二，初婚人数也有较大增长，2010年比1985年全国初婚人数增长了36.9%，由1985年的1 607.6万人增至2010年的2 200.9万人[⑦]。

（二）结婚率的地区差异较小

在我国，人口结婚率在大多数省份的地区差异不是太大。虽然曾在某些时期出现地区差异较大的现象，但总体而言，除个别省份外，地区差异基本在平均值水平上下波动。据不完整资料记载，1956年全国8个省市人口结婚率的平均值为12.94‰，其

---

① 山东省民政厅：《关于当前贯彻执行婚姻法中存在的问题和今后意见的报告》，第337卷，山东省民政厅档案，永久，1962年。

② 翟松天主编：《中国人口·青海分册》，中国财政经济出版社，1989年版，第308页。

③ 苏润余主编：《中国人口·甘肃分册》，中国财政经济出版社，1988年版，第342页。

④ 曹明国主编：《中国人口·吉林分册》，中国财政经济出版社，1988年版，第299页。

⑤ 该婚姻法1980年9月通过，1981年1月1日正式实施，见《中华人民共和国婚姻法（1980年9月10日第五届全国人民代表大会第三次会议通过）》，载于《中国人口年鉴1985》（中国社会科学院人口研究中心编，中国社会科学出版社，1986年版）。

⑥ 张心侠著：《论人口与计划生育》，山东省新闻出版局，1995年版，第107页。

⑦ 国家统计局编：《中国统计年鉴2011》，中国统计出版社，2011年版。

最大与最小偏差值为6.83个千分点①；1982年全国30个省、市、自治区人口结婚率的平均值为17.63‰，最大与最小偏差值为26.03个千分点；1990年全国30个省、市、自治区人口结婚率平均值为16.05‰，最大与最小偏差值为15.40个千分点；2000年全国31个省、市、自治区人口结婚率平均值为12.79‰，最大与最小偏差值为15.63个千分点（表11－1）。

表11－1　中国东部、中部、西部人口结婚率差异比较

单位：年、‰

西部	1982	1990	2000	2010	中部	1982	1990	2000	2010	东部	1982	1990	2000	2010
四川	14.68	19.71	11.29	17.78	黑龙江	20.36	16.17	11.81	16.12	辽宁	23.61	19.46	12.87	14.72
贵州	6.57	12.78	15.85	21.56	吉林	22.6	18.68	12.86	16.24	河北	19.58	14.65	14.09	20.85
云南	11.57	16.1	14.52	8.65	内蒙古	19.01	14.79	12.79	16.42	天津	30.72	17.58	12.27	13.39
西藏	10.5	5.49	3.12	8.65	山西	20.51	14.69	9.99	20.20	北京	14.84	17.19	11.51	14.07
陕西	18.06	15.99	11.27	18.58	河南	15.86	17.36	14.3	21.56	山东	19.22	15.9	14.88	19.30
甘肃	15.19	15.95	9.98	11.09	安徽	22.9	16.58	16.44	21.89	江苏	14.91	15.71	13.36	19.29
青海	11.96	13.6	13.33	10.66	湖北	16.13	15.14	11.74	19.94	上海	32.6	15.94	10.74	11.29
宁夏	19.05	15.74	12.71	18.96	湖南	17.47	18.06	11.9	19.33	浙江	18.32	17.84	16.42	15.86
新疆	22.34	20.89	18.75	24.16	江西	12.74	17.75	14.21	16.18	福建	11.37	20.73	14.18	20.69
广西	13.92	16.71	14.19	22.86	海南		8.5	9.69	26.02	广东	13.71	15.66	12.74	16.42

资料来源：[1] 1982年数据根据《中国人口年鉴1989》（中国社科院人口研究中心编，经济管理出版社，1990年版）。

[2] 1990年、2000年、2010年数据根据《中国统计年鉴1991》、《中国统计年鉴2001》、《中国统计年鉴2011》（国家统计局编，中国统计出版社，1991，2001，2011年版）整理。

综观新中国成立以来，中国人口结婚率变动历史，呈如下特点：

1. 人口结婚率波动受宏观婚姻政策调整及政治、经济因素变动影响较大。60年中三次结婚高峰，其中两次与婚姻法的修改有关，一次与自然灾害有关。

2. 结婚率波动呈周期性，其主要人口学原因是与人口再生产周期性密切相关，人口结婚率的波动造成人口出生率的波动，而人口出生率的波动又形成周期性的婚龄人口结婚高峰。

二、人口初婚状况

（一）平均初婚年龄逐渐升高

1. 女性人口平均初婚年龄显著增加，城镇地区提升幅度大于农村。1949年以来，中国女性人口平均初婚年龄发生较大变化，从1949年平均18.57岁，提升至2005年

① 1956年8个省市结婚率分别为：湖南（12.76‰）、北京（10.15‰）、天津（16.98‰）、陕西（11.87‰）、青海（12.79‰）、甘肃（12.57‰）、河南（11.90‰）、山东（14.48‰），出处见《中国人口》丛书各省分册。

23.49 岁（表 11 -2），提升 4.92 岁。50 年代平均初婚年龄均值为 19.02 岁，60 年代均值为 19.81 岁，70 年代均值为 21.59 岁，80 年代均值为 22.13 岁，90 年代均值为 22.90 岁，2000 ~2010 年均值为 23.48 岁。其中 70 年代平均初婚年龄提升幅度最大，其均值比 60 年代提升 1.78 岁（70 年代平均初婚年龄较高原因，主要是“文化大革命”后期，大批城镇大龄青年婚配所致）。

60 多年来，城镇女性平均初婚年龄的提升幅度大于农村。2010 年与 1949 年比较，城镇女性平均初婚年龄提升 4.93 岁，而同期农村女性平均初婚年龄则提升 4.11 岁。表 11 -2 中可见，城镇女性在 60 年代即达到 22.10 岁的平均水平，而农村女性在 90 年代平均初婚年龄均值也只有 21.98 岁，表明在女性平均初婚年龄提升上，城镇要早于农村 30 年。

表 11 -2　1949 ~2010 年全国城乡女性人口平均初婚年龄

单位：岁

年份	全国	城镇	乡村	年份	全国	城镇	乡村	年份	全国	城镇	乡村	年份	全国	城镇	乡村
1949	18.57	19.16	18.44	1966	19.86	22.86	19.44	1983	21.80	23.90	21.20	2000	23.17	24.06	22.45
1950	18.68	19.41	18.52	1967	20.03	22.73	19.57	1984	21.70	23.60	21.20	2001	23.17	24.15	22.41
1951	18.69	19.43	18.54	1968	20.17	22.62	19.73	1985	21.70	23.40	21.20	2002	23.20	24.26	22.40
1952	18.94	19.75	18.76	1969	20.29	22.45	19.94	1986	21.80	23.20	21.30	2003	23.33	24.44	22.47
1953	18.94	19.85	18.71	1970	20.19	22.38	19.89	1987	21.90	23.40	21.50	2004	23.38	24.56	2.47
1954	19.00	20.12	18.72	1971	20.29	22.80	19.96	1988	21.90	23.60	21.50	2005	23.49	24.09	22.55
1955	19.07	20.28	18.81	1972	20.56	23.23	20.22	1989	22.00	23.90	21.60	2006	23.59	24.93	22.49
1956	19.19	20.51	18.87	1973	20.95	23.48	20.66	1990	22.00	23.60	21.70	2007	23.54	24.97	22.49
1957	19.23	20.40	18.90	1974	21.38	23.79	20.99	1991	22.20	23.60	21.90	2008	23.63	25.09	22.56
1958	19.15	20.77	18.78	1975	21.74	24.13	21.36	1992	22.60	23.80	22.20	2009	23.71	25.11	22.61
1959	19.35	20.81	19.01	1976	22.30	24.61	21.90	1993	22.67	23.44	21.55	2010	23.89	25.07	22.77
1960	19.57	21.25	19.24	1977	22.57	24.99	22.11	1994	22.73	23.60	21.80				
1961	19.70	21.46	19.40	1978	22.83	25.10	22.41	1995	22.93	23.94	22.05				
1962	19.61	21.49	19.27	1979	23.12	25.40	22.64	1996	23.20	23.19	22.03				
1963	19.58	21.49	19.25	1980	23.05	25.19	22.54	1997	23.39	24.34	22.57				
1964	19.55	22.04	19.17	1981	22.82	24.71	22.28	1998	23.57						
1965	19.74	22.57	19.30	1982	22.66	24.93	22.07	1999	23.67						

资料来源：[1] 1949 ~1982 年数据见《全国千分之一人口生育率抽样调查分析》（北京经济学院人口经济研究所，1983 年版）。

[2] 1983 ~1992 年数据见《1992 年中国生育率抽样调查数据集》（蒋正华主编，中国人口出版社，1995 年版）。

[3] 1993 ~1997 年数据根据《1997 全国人口与生殖健康调查数据集》（蒋正华主编，中国人口出版社，2000 年版）整理。

[4] 1998 ~2001 年数据见《人口和计划生育常用数据手册 2004》（国家人口和计划生育委员会发展规划司，中国人口与发展研究中心编，中国人口出版社，2005 年版）。

[5] 2005 年数据见《2005 年全国 1% 人口抽样调查资料》（国家统计局编，中国统计出版社，2007 年版）。

[6] 2000 ~2004 年和 2006 ~2010 年数据见《中国 2010 年人口普查资料》（国家统计局编，中国统计出版社，2012 年版）。

表 11－3 1949～2010 年全国城乡男性人口平均初婚年龄

单位：岁

年份	全国	城镇	乡村	年份	全国	城镇	乡村	年份	全国	城镇	乡村	年份	全国	城镇	乡村
1949	20.97	21.80	20.70	1966	22.94	25.83	22.22	1983	24.00	26.00	23.50	2000	25.11	25.98	24.46
1950	21.34	22.31	21.02	1967	22.96	25.80	22.19	1984	23.80	25.60	23.40	2001	25.17	26.16	24.45
1951	21.65	22.73	21.31	1968	22.80	25.24	22.12	1985	23.60	25.30	23.20	2002	25.23	26.31	24.48
1952	22.13	22.84	21.84	1969	22.69	24.97	22.05	1986	23.60	25.30	23.10	2003	25.38	26.52	24.55
1953	22.17	23.24	21.82	1970	22.65	24.81	22.07	1987	23.60	25.20	23.20	2004	25.45	26.63	24.58
1954	22.05	23.29	21.72	1971	22.75	25.00	22.11	1988	23.70	25.40	23.20	2005	25.86	26.31	25.05
1955	22.20	23.51	21.76	1972	22.93	25.47	22.30	1989	23.60	25.70	23.10	2006	25.68	26.99	24.62
1956	22.40	23.72	21.96	1973	23.28	25.73	22.69	1990	23.80	25.60	23.40	2007	25.64	27.02	24.61
1957	22.46	24.03	21.96	1974	23.48	25.87	22.88	1991	23.80	25.50	23.30	2008	25.69	27.07	24.63
1958	22.39	23.88	22.01	1975	23.90	26.08	23.35	1992	24.30	25.80	23.90	2009	25.68	27.00	24.58
1959	22.56	24.18	22.10	1976	24.17	26.20	23.68	1993	23.99	24.82	23.51	2010	25.86	26.92	24.79
1960	22.86	24.06	22.73	1977	24.33	26.25	23.82	1994	24.15	28.96	23.69				
1961	22.85	24.16	22.44	1978	24.44	26.50	23.94	1995	24.42	25.16	23.97				
1962	23.77	24.19	22.45	1979	24.68	26.72	24.15	1996	24.60	25.41	24.09				
1963	22.61	24.16	22.18	1980	25.00	26.30	24.50	1997	24.85	25.67	24.30				
1964	22.65	24.67	22.21	1981	24.70	25.90	24.20	1998	25.04	25.84	24.52				
1965	22.82	25.56	22.19	1982	24.40	25.70	23.90	1999	25.01	25.92	24.36				

资料来源：[1] 1949～1979 年根据《全国生育节育抽样调查全国数据卷（合计）、（城市市区）、（农村）》（国家计划生育委员会编印，中国人口出版社，1990 年版）整理。

[2] 1980～1992 年根据《1992 年中国生育率抽样调查数据集》（蒋正华主编，中国人口出版社，1995 年版）整理。

[3] 2005 年数据见《2005 年全国 1% 人口抽样调查资料》（国家统计局编，中国统计出版社，2007 年版）。

[4] 1993～2004 年和 2006～2010 年数据见《中国 2010 年人口普查资料》（国家统计局编，中国统计出版社，2012 年版）。

2. 男性人口平均初婚年龄不断提升。中国男性人口平均初婚年龄也有较大提升，从 1949 年的 20.97 岁提升至 2010 年的 25.86 岁，提升 4.89 岁。50 年代全国男性人口平均初婚年龄的平均值为 22.14 岁，60 年代为 22.90 岁，70 年代为 23.66 岁，80 年代为 24 岁，90 年代为 24.4 岁，2010 年达到 25.86 岁（表 11－3）。

城镇男性平均初婚年龄提升幅度略大于农村。2010 年与 1949 年比较，城镇男性平均初婚年龄提升了 5.12 岁，而同期农村男性平均初婚年龄提升了 4.09 岁。表 11－3 可见，城镇男性平均初婚年龄在 50 年代中期即达到农村男性 70 年代中期水平，表明城镇男性平均初婚年龄提升要早于农村 20 年。

（二）早婚率大幅度下降

1. 女性人口早婚率不断下降。本章研究的早婚人口是指 19 岁以下初婚人口，其在当年全部初婚人口中的比重，为早婚率。中国是一个女性人口早婚习俗沿袭多年的国家。新中国成立后，早婚习俗有所改变，但较缓慢。据对1988年国家计生委组织的全国生育节育抽样调查数据分析，就全国而言，女性人口早婚率由1949年70%降到20%以下，大约用了25年。就城镇而言，女性人口早婚率由1949年66.3%的水平降到20%以下，大约用了17年。就农村而言，女性人口早婚率由1949年的71.2%降到20%以下，大约用了41年（在1990年时我国农村人口早婚率还在24.1%的水平上）（表11－4）。

表11－4　1949～2010年全国城乡女性人口早婚率

单位：%

年份	全国	城镇	乡村	年份	全国	城镇	乡村	年份	全国	城镇	乡村	年份	全国	城镇	乡村
1949	70.0	66.3	71.2	1966	56.1	21.7	62.7	1983	25.6	3.9	33.4	2000	15.4	8.3	14.1
1950	64.7	63.4	65.1	1967	52.3	15.2	61.8	1984	23.7	3.8	31.4	2001	15.3	7.8	13.8
1951	66.3	62.0	67.7	1968	51.5	19.6	59.6	1985	21.4	4.3	27.9	2002	14.8	7.4	13.2
1952	65.8	58.1	68.3	1969	47.5	20.2	55.7	1986	21.2	3.4	27.1	2003	13.9	6.5	12.3
1953	67.4	57.1	70.1	1970	47.9	18.9	54.9	1987	20.0	2.5	25.9	2004	14.5	6.4	13.0
1954	66.6	56.4	69.9	1971	48.8	16.8	56.4	1988	18.8	2.6	24.2	2005	15.4	7.0	13.8
1955	67.9	55.0	71.8	1972	43.7	13.9	50.9	1989	20.4	6.7	24.2	2006	14.7	6.1	13.6
1956	66.3	52.3	71.0	1973	35.4	10.2	41.7	1990	20.4	5.7	24.1	2007	14.9	6.1	13.6
1957	64.9	49.9	68.4	1974	29.8	8.2	36.3	1991	15.6	5.1	18.6	2008	14.3	5.6	12.9
1958	64.5	47.8	68.7	1975	22.7	7.0	28.9	1992	14.7	5.5	17.2	2009	13.2	5.4	12.0
1959	64.7	42.6	69.9	1976	19.2	3.2	24.2	1993	11.0	4.3	13.2	2010	10.9	5.2	10.0
1960	61.1	38.3	66.3	1977	15.3	3.0	19.9	1994	10.2	3.5	12.1				
1961	58.4	37.0	62.9	1978	13.2	3.1	17.1	1995	6.9	1.9	8.3				
1962	56.7	30.0	62.4	1979	12.5	1.4	16.9	1996	7.6	3.7	8.7				
1963	60.2	32.7	65.8	1980	15.2	2.0	21.0	1997	5.1	2.1	5.9				
1964	62.0	31.9	67.5	1981	19.3	2.0	27.4	1998	14.1	7.5	12.78				
1965	61.6	25.1	68.6	1982	27.0	3.9	36.1	1999	14.7	7.4	13.27				

资料来源：[1] 本表早婚率指当年19岁以下年龄初婚人数与当年全部初婚人数之比。

[2] 1949～1988年数据根据《1988年全国生育节育抽样调查全国数据卷（合计）、（城市市区）、（农村）》（国家计划生育委员会编印，中国人口出版社，1990年版）整理。

[3] 1989～1997年数据根据《1997年全国人口与生殖健康调查数据集》（蒋正华主编，中国人口出版社，2000年版）整理。

[4] 1998～2010年数据根据《中国2010年人口普查资料》（国家统计局编，中国统计出版社，2012年版）整理。

2. 男性人口早婚率持续快速下降。表11－5可见，1949～2010年的60多年间，中国男性人口早婚率有了大幅度的持续的快速下降。就全国而言，男性人口早婚率由1949年的41.7%降到20%以下，大约只用了18年的时间。就城镇而言，男性人口早婚率由1949年的35.5%降到20%以下，大约只用了6年的时间。就农村而言，男性人口早婚率由1949年的44.0%降到20%以下，大约用了22年的时间。无论城乡，男性人口早婚率的下降均快于女性人口。

表11－5　1949～2010年全国城乡男性人口早婚率

单位:%

年份	全国	城镇	乡村	年份	全国	城镇	乡村	年份	全国	城镇	乡村	年份	全国	城镇	乡村
1949	41.7	35.5	44.0	1965	20.8	5.3	25.4	1981	5.2	0.5	7.7	1997	4.9	2.3	4.4
1950	38.0	28.3	40.9	1966	18.7	4.3	23.3	1982	8.6	0.7	12.5	1998	4.9	2.6	4.5
1951	36.7	29.1	39.7	1967	18.0	3.9	23.6	1983	8.7	1.2	11.9	1999	5.2	2.5	4.7
1952	31.9	23.6	34.7	1968	17.3	3.9	22.0	1984	8.1	1.1	11.2	2000	5.4	2.6	4.8
1953	30.9	20.7	34.2	1969	17.0	4.9	21.8	1985	8.0	1.2	10.6	2001	5.0	2.3	4.4
1954	31.2	18.8	34.0	1970	17.2	3.9	21.7	1986	7.6	1.1	9.8	2002	4.9	2.1	4.2
1955	29.5	15.4	34.1	1971	16.2	4.0	20.2	1987	8.0	1.1	10.7	2003	4.4	1.8	3.8
1956	27.5	12.4	33.1	1972	14.7	4.4	18.0	1988	7.8	0.8	10.4	2004	4.5	1.7	3.9
1957	26.0	11.3	30.7	1973	11.5	2.0	14.3	1989	7.1	0.7	10.0	2005	5.0	1.9	4.4
1958	25.3	9.7	29.5	1974	9.1	2.0	11.7	1990	7.1	1.2	8.8	2006	5.0	1.7	4.5
1959	23.8	10.0	28.4	1975	6.9	1.3	9.0	1991	6.7	1.7	8.4	2007	5.3	1.8	4.7
1960	21.8	8.4	26.3	1976	5.2	1.2	7.0	1992	5.0	0.0	7.3	2008	5.3	1.7	4.7
1961	21.4	8.4	25.4	1977	3.8	0.7	5.0	1993	7.2	4.1	6.9	2009	5.0	1.8	4.5
1962	19.9	7.3	24.0	1978	3.5	0.6	4.8	1994	6.4	3.7	6.1	2010	4.1	1.8	3.7
1963	21.3	8.4	25.2	1979	2.7	0.4	3.8	1995	10.2	3.4	5.4				
1964	22.1	7.0	26.3	1980	2.8	0.8	5.5	1996	9.4	2.9	4.7				

资料来源：[1] 本表1949～1988年数据根据《1988年全国生育节育抽样调查全国数据卷（合计）、（城市市区）、（农村）》（国家计划生育委员会编印，中国人口出版社，1990年版）整理。
[2] 1989～1992年数据根据《1992年全国生育率抽样调查数据集》（蒋正华主编，中国人口出版社，1995年版）整理。
[3] 1993～2010年数据根据《中国2010年人口普查资料》（国家统计局编，中国统计出版社，2010年版）整理。

另外，男性人口早婚率比之女性较早进入低平台区。就全国而言，男性早婚率在70年代中期即进入10%以下的低平台区且再无出现较大反弹。就城镇而言，在50年代末即进入10%以下低平台区且持续30多年未有大的反弹，在1992年甚至出现早婚率为零的现象。就农村而言，在70年代中期进入10%以下低平台区，但在80年代中期略有反弹。

（三）晚婚率持续升高

1. 女性人口晚婚明显增多。本章所指晚婚是23周岁以上初婚者，其占当年全部初婚人数的比重为晚婚率。

中国女性人口晚婚状况在新中国成立以来有了十分显著的变化。就全国而言，晚婚率由1949年的6.6%上升至1997年的52.4%，上升约6.9倍。就城镇而言，晚婚率由 1949 年的 9.3% 上升至 1997 年的 74.7%，上升 7.0 倍。就农村而言，晚婚率由 1949 年的 6.0% 上升至 1997 年的 46.7%，上升 6.8 倍。在城镇，女性人口晚婚率由新中国成立初期的 10% 以下上升至 50% 以上，大约用了 23 年；但在农村 1949 ~ 2010 年的 60 多年间，女性人口晚婚率几乎全未达到 50% 的水平，只有 2006 年达到 50%（表 11 -6）。这表明，在中国农村女性人口晚婚行为向被广泛接受乃至社会规范的转变，是一个十分缓慢的过程。

表 11 -6　1949 ~ 2010 年全国城乡女性人口晚婚率

单位：%

年份	全国	城镇	乡村	年份	全国	城镇	乡村	年份	全国	城镇	乡村	年份	全国	城镇	乡村
1949	6.6	9.3	6.0	1966	12.2	44.3	7.7	1983	30.0	64.1	20.2	2000	47.8	61.2	47.4
1950	7.2	12.5	6.1	1967	12.6	43.1	7.5	1984	24.1	53.2	16.6	2001	47.5	62.4	46.7
1951	6.8	14.1	5.3	1968	13.2	40.5	8.4	1985	21.9	46.6	15.1	2002	47.5	63.1	47.3
1952	7.6	13.8	6.2	1969	14.1	38.7	10.0	1986	25.2	49.0	18.2	2003	48.4	64.7	47.7
1953	7.0	12.9	5.6	1970	13.8	40.1	10.1	1987	29.0	55.0	22.0	2004	48.2	64.6	47.3
1954	7.6	16.4	5.4	1971	14.0	46.1	9.9	1988	29.4	58.0	21.5	2005	49.7	66.4	49.4
1955	6.6	13.9	5.0	1972	16.3	50.7	11.8	1989	30.5	60.2	22.7	2006	51.7	70.4	50.0
1956	8.2	17.1	5.9	1973	20.1	55.8	15.2	1990	29.0	52.8	23.4	2007	49.3	68.9	48.4
1957	8.0	16.7	5.6	1974	24.5	61.7	18.6	1991	31.8	53.4	26.2	2008	49.4	69.1	48.3
1958	8.0	20.2	5.3	1975	31.0	68.4	25.0	1992	36.5	58.1	30.2	2009	49.8	68.7	48.5
1959	9.3	20.5	6.7	1976	38.9	77.1	32.2	1993	38.3	62.0	30.6	2010	52.4	68.5	49.9
1960	11.0	26.1	8.1	1977	42.2	81.4	34.9	1994	42.4	69.1	34.7				
1961	11.5	26.5	8.9	1978	48.0	84.0	41.4	1995	45.6	71.4	38.5				
1962	10.7	27.7	7.6	1979	52.9	88.8	45.3	1996	47.0	70.2	40.3				
1963	10.4	29.2	7.1	1980	45.6	73.3	37.1	1997	52.4	74.7	46.7				
1964	10.4	35.1	6.6	1981	44.1	68.9	36.0	1998	49.2	62.3	48.3				
1965	12.0	41.0	7.4	1982	36.9	66.5	26.9	1999	48.3	62.1	47.8				

资料来源：[1] 1949 ~ 1980 年数据见《全国千分之一人口生育率抽样调查分析》（北京经济学院人口经济研究所，1983 年版）。

[2] 1980 ~ 1992 年数据见《1992 年中国生育率抽样调查数据集》（蒋正华主编，中国人口出版社，1995 年版）。

[3] 1993 ~ 1997 年数据见《1997 年全国人口与生殖健康调查数据集》（蒋正华主编，中国人口出版社，2000 年版）。

[4] 1998 ~ 2010 年数据根据《中国 2010 年人口普查资料》（国家统计局编，中国统计出版社，2012 年版）整理。

2. 男性人口晚婚显著增加。本章涉及的男性人口晚婚状况亦指 23 周岁以上初婚者。表 11 -7 可见，中国男性人口晚婚状况亦有十分显著的变化。就全国而言，男性晚婚率由 1949 年的 31.0% 提升至 50% 以上，大约用了 24 年。就城镇而言，男性晚婚率由 1949 年的 36.9% 提升至 50% 以上，大约只用了 4 年时间，且晚婚率最高时达到 95% 以上。就农村而言，男性晚婚率由 1949 年的 28.8% 提升至 50% 以上，大约用了近30年时间，而且在80年代中期又出现回落为50%以下的现象。

表11-7 1949~2010年全国城乡男性人口晚婚率

单位：%

年份	全国	城镇	乡村	年份	全国	城镇	乡村	年份	全国	城镇	乡村	年份	全国	城镇	乡村
1949	31.0	36.9	28.8	1965	46.3	78.2	38.4	1981	75.5	93.8	68.9	1997	66.9	78.8	66.5
1950	33.2	40.8	30.7	1966	47.3	80.6	38.7	1982	68.8	91.1	61.6	1998	68.3	79.9	67.8
1951	36.6	44.1	33.6	1967	48.0	82.6	38.4	1983	61.6	91.0	52.8	1999	68.0	79.9	67.7
1952	38.8	46.2	35.9	1968	46.4	77.8	37.4	1984	52.0	86.9	42.4	2000	68.6	80.1	68.3
1953	39.8	51.0	36.6	1969	45.8	73.4	37.3	1985	46.6	80.8	37.5	2001	68.8	81.2	68.6
1954	37.6	50.2	33.7	1970	45.7	74.7	38.6	1986	49.7	82.2	41.5	2002	69.1	81.8	69.1
1955	37.4	51.3	32.6	1971	46.2	76.1	38.1	1987	51.6	85.6	42.3	2003	69.8	82.9	69.5
1956	41.1	57.4	36.2	1972	48.5	79.7	40.8	1988	52.7	86.4	43.6	2004	69.3	82.6	68.8
1957	42.8	61.6	35.7	1973	53.3	82.9	45.9	1989	53.3	80.5	45.5	2005	70.3	83.4	69.9
1958	40.7	58.8	36.0	1974	57.4	88.1	49.3	1990	54.8	78.4	48.3	2006	71.9	85.9	70.9
1959	43.3	62.7	37.2	1975	63.7	87.3	56.6	1991	54.6	80.6	47.0	2007	69.9	84.8	69.5
1960	47.0	64.3	41.9	1976	69.0	91.0	62.5	1992	59.2	84.5	52.0	2008	69.3	84.2	62.5
1961	47.4	68.1	41.4	1977	72.2	91.4	66.3	1993	56.2	69.2	55.5	2009	68.6	82.9	67.5
1962	46.9	67.8	42.1	1978	74.2	93.2	68.1	1994	58.9	71.5	58.7	2010	70.4	81.9	68.8
1963	44.0	65.6	38.9	1979	77.1	95.7	71.6	1995	62.1	73.9	61.7				
1964	45.0	67.4	38.7	1980	76.5	94.0	71.2	1996	64.3	76.6	64.0				

资料来源：[1] 本表1949~1988年数据根据《全国生育节育抽样调查全国数据卷（合计）、（城市市区）、（农村）》（国家计划生育委员会编印，中国人口出版社，1990年版）整理。

[2] 1989~1992年数据根据《1992年全国生育率抽样调查数据集》（蒋正华主编，中国人口出版社，1995年版）整理。

[3] 1993~2010年数据根据《中国2010年人口普查资料》（国家统计局编，中国统计出版社，2012年版）整理。

三、人口再婚状况

（一）再婚比不断攀升

我国人口再婚状况的分析指标，由于相关资料获取不同而出现多种指标。在80年代出版的《中国人口》丛书的各省分册中，再婚比的计算方法，有再婚人数与当年结婚人数之比，有再婚人数与已婚人数之比，亦有再婚人数与总人口之比。国内学者在表述再婚率的概念时，也出现口径不一致的问题。如马瀛通在其《人口统计分析学》一书中的表述是："再婚率的计算，其分母应是丧偶、离婚的这部分人……年内每千名丧偶、离婚中的再婚数，便是再婚率。"① 沈益民在其编著的《近三十年世

① 马瀛通：《人口统计分析学》，红旗出版社，1989年版，第343、399页。

界人口普查和人口概况》一书中也表示了上述基本相同的观点[①]。但杨德清在其《计划生育学》一书和刘洪康在其《人口手册》一书中则表示不同的观点，均认为“再婚率是指再婚者人数占全部已婚者人数的比重”[②]。

在实际的数据分析中，由于年度丧偶人数和已婚人数数据获得有较大难度，因此许多学者往往采用年度再婚人数与结婚人数之比作为再婚比的方法进行比较分析。本章进行的再婚比研究，即是再婚与结婚之比的计算方法。

据目前所能搜集到的统计调查资料，新中国成立以来，人口再婚比总体呈下降趋势，尽管在 20 世纪 90 年代末略有回升，但均未超过 50 年代初的水平。以北京市为例，《中国人口·北京分册》记载，再婚者在结婚登记中所占比重，以新中国成立初期为最高。如前门区 1951 年时高达 32. 35%，1953 年为 30. 88%；海淀区当时也达到 21. 19%。60 年代后，再婚在结婚登记中所占比重开始下降，1963 年为 14. 48%，1973 年为 7. 73%，1974 年为 15. 52%，1975 年为 10. 36%，1976 年为 6. 20%，1977 年为 4. 01%，1979 年为 2. 53%，1980 年为 2. 25%，1981 年为 1. 96%，1983 年为 3. 51%，1984 年为 3. 98%[③]；1990 年和 2000 年，北京市人口再婚比分别达到 9. 58% 和 14. 72%[④]。云南省的史料亦记载，1953 年该省华坪、呈贡两县及个旧市再婚人数占结婚人口的比重为 27. 81%，至 1979 年该省这一比重降至 5. 11%[⑤]，至 2000 年又降至 4. 37%，总体呈下降趋势[⑥]。

就全国而言，改革开放以来的三十多年，人口再婚比由 1981 年的 2. 20% 缓慢上升至 2010 年的 11. 33%，开始有了一些波动（图 11 - 2）。

自新中国成立以来，人口再婚比以 50 年代较高，主要原因是新中国成立后第一部新婚姻法的颁布实施，摧毁了旧婚姻制度的束缚，多年守寡的妇女在新婚姻法的保护下纷纷再婚组建新的家庭。据湖南省史料记载，在 1952 年上半年，即有 10 224 位寡妇再婚[⑦]。在福建省，1950 年 5 月至 1952 年年底，寡妇再婚的也有 5 076 人。另据北京市前门区的有关史料，1953 年再婚男女中，因丧偶再婚的占 42. 19%[⑧]。

50 年代再婚比高的另一原因是离婚再婚者较多。许多省市的资料均表明，50 年代初期是离婚率的高峰期，其离婚人口大多是青壮年人口。这部分人大多在离婚后按照婚姻自主原则又重新结婚。据北京市前门区 1953 年的资料，当年再婚者中属离婚再婚的占 55. 80%。在再婚的 530 名妇女中，34 岁以下的占 72. 26%，其中 15 ~ 19 岁

① 沈益民：《近三十年世界人口普查和人口概况》，群众出版社，1983 年版，第 493 页。
② 杨德清：《计划生育学》，江苏人民出版社，1984 年版，第 204 页。
③ 李慕真主编：《中国人口·北京分册》，中国财政经济出版社，1987 年版，第 307 ~ 308 页。
④ 根据国家统计局编：《中国统计年鉴 2001》表 22 ~ 38 整理，中国统计出版社，2001 年版。
⑤ 邹启宇，苗文俊主编：《中国人口·云南分册》，中国财政经济出版社，1989 年版，第 399 页。
⑥ 同③，第 307 ~ 308 页。
⑦ 毛况生主编：《中国人口·湖南分册》，中国财政经济出版社，1987 年版，第 341 页。
⑧ 同③，第 308 页。

组占4.33%，20～24岁组占22.26%，25～29岁组占28.30%，50岁及以上组仅占3.20%[①]。表明在那一时期许多人离婚的目的就是为了按照个人意愿重新获得幸福美满婚姻。

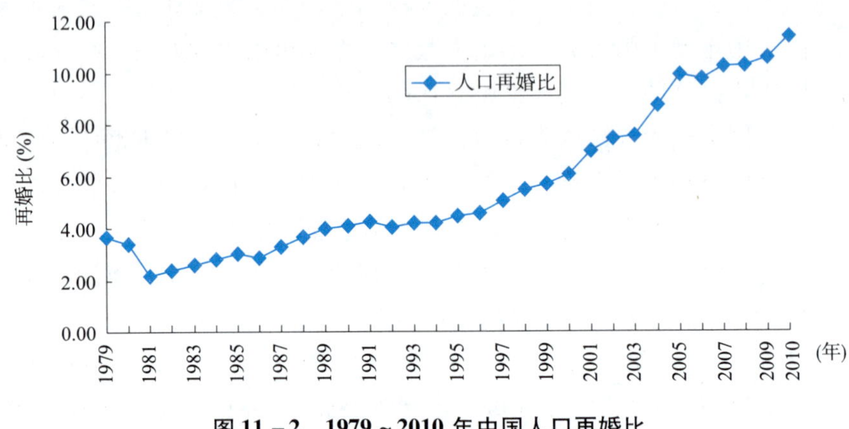

图11－2　1979～2010年中国人口再婚比

资料来源：[1] 本表1979～1992年数据根据《中国婚姻数据集》（冯方回编，中国人口出版社，1996年版）整理。

[2] 1993～2007年数据根据《中国统计年鉴2008》（国家统计局编，中国统计出版社，2008年版）整理。

[3] 2008～2010年数据根据《中国统计年鉴2011》（国家统计局编，中国统计出版社，2011年版）整理。

（二）再婚比地区差异大

中国人口再婚比的地区差异较大。据民政部门提供的20世纪80年代、90年代各省、自治区、市资料分析，再婚比的地区差异大致可分为三类，一类在15%以上，二类在5%～15%区间，三类在5%以下。再婚比最高地区即一类地区是新疆，80年代和90年代均值分别为27.10%和24.26%。其次是京、津、沪3个直辖市和东北3省，以及河北、四川、青海等省，为二类地区。在90年代京、津、沪3市再婚比均值分别为11.83%、10.19%和12.19%，辽、吉、黑3省分别为8.56%、7.04%和8.14%，河北、四川、青海3省分别为5.20%、5.21%和6.34%。再次是全国其他大部地区，为三类地区。（表11－8）。

2000年以来，各省、自治区、直辖市人口再婚比发生较大变化，均呈现再婚比水平较大幅度攀升。2007年的数据表明，全国各省区市人口再婚比均在5%以上，改变了20世纪90年代有19个省份再婚比均值为5%以下的状况，许多省份再婚比攀升均在1倍以上，如安徽、福建、海南、江苏，20世纪90年代再婚比均值分别为1.8%、

① 李慕真主编：《中国人口·北京分册》，中国财政经济出版社，1987年版，第308页。

2.0%、2.1%和2.9%，至2007年分别攀升至7.6%、8.7%、7.4%和12.6%。值得一提的是，20世纪90年代，全国各省区市只有新疆人口再婚比达到15%以上，至2007年进入15%以上区间水平的已有7个省份，2010年达到9个。

表11－8 不同时期分省市人口再婚比

单位:%

年份	人口再婚比		
	5%以下	5%～15%	15%以上
90年代均值	安徽（1.8）福建（2.0）海南（2.1）广东（2.5）江苏（2.9）甘肃（2.9）江西（3.0）贵州（3.1）河南（3.2）广西（3.2）湖北（3.2）内蒙古（3.8）宁夏（4.0）云南（4.2）浙江（4.3）山西（4.4）陕西（4.5）山东（4.5）湖南（4.6）	河北（5.2）四川（5.2）青海（6.3）吉林（7.0）西藏（8.1）黑龙江（8.1）辽宁（8.6）天津（10.2）北京（11.8）上海（12.2）	新疆（24.3）
2007年		黑龙江（13.0）江苏（12.6）吉林（12.0）内蒙古（11.5）青海（11.2）山东（10.4）陕西（10.3）浙江（9.9）河北（9.4）福建（8.7）湖南（8.2）云南（8.1）贵州（8.0）安徽（7.6）宁夏（7.6）湖北（7.6）海南（7.4）西藏（7.4）山西（7.0）江西（6.6）广东（6.3）甘肃（5.6）河南（5.5）广西（5.2）	新疆（26.9）上海（24.7）重庆（19.6）北京（18.0）天津（17.5）辽宁（17.5）四川（16.0）

续表

年份	人口再婚比		
	5%以下	5%～15%	15%以上
2010年	江西（3.6）河南（4.7）	河北（9.6）福建（14.8）海南（6.6）青海（8.3）山西（6.2）山东（10.8）贵州（7.7）宁夏（12.5）黑龙江（14.2）湖南（10.6）云南（8.1）江苏（9.3）广东（7.6）西藏（7.7）浙江（12.1）广西（6.4）陕西（10.8）甘肃（5.2）	北京（19.5）重庆（24.1）天津（20.7）四川（16.3）内蒙古（16.9）新疆（26.3）辽宁（21.6）上海（23.1）安徽（20.2）

资料来源：[1] 90年代各年份平均值，根据《中国婚姻数据集》（冯方回编，中国人口出版社，1996年版）整理。
[2] 1993～1999年数据根据相应年份《中国人口统计年鉴》（国家统计局编，中国统计出版社，1994～2000年版）整理。
[3] 2007年数据根据《中国统计年鉴2008》（国家统计局编，中国统计出版社，2008年版）整理。
[4] 2010年数据根据《中国2010年人口普查资料》（国家统计局编，中国统计出版社，2011年版）整理。

人口再婚比地区差异的主要原因是地区婚姻文化的差异。在传统婚姻文化比较深重的地区，离婚人口及丧偶人口再婚往往要受到方方面面的限制；而有些地区则较少受传统的儒家婚姻文化影响，再婚比较自由。对此青海省的史料曾有诠释：在青海省为了繁荣民族人口，宗教和习俗均不禁再婚。……因而妇女在族内再婚，也较为自由。汉族妇女则不同，她们在新中国成立前还受着“从一而终”的礼教束缚，再婚的自由为男子垄断。青海省妇女是农村的主要劳力，在农业生产上不完全依附男子，所以对再婚并不都认为是奇耻大辱。

第二节　未婚和终身不婚状况变动趋势与特点

未婚和终身不婚是人口婚姻状况中一种十分重要的婚姻现象。本章利用1988年国家计划生育委员会组织的全国生育节育抽样调查的一些基础数据，通过年龄移算，包括初婚人口年龄后推转换为未婚人口等方法，推算出1953年、1964年和1979年全国人口的未婚状况和终身不婚状况。

一、未婚状况

据史料记载，20世纪20年代中国人口的未婚和已婚比例大约是4∶6。据当时政府内务部户口统计，1916年直隶、奉天、吉林、山西、河南、新疆、浙江、江苏、江西、湖北10省未婚人口占总人口的35%，已婚人口占总人口的65%。1912～1920年京师（即北京）9年间平均未婚人口占总人口的47%，已婚人口占53%。20世纪40年代末部分地方政府和民间学者的调查统计资料，在安徽等12个省15岁以上人口中未婚人口比重为18%～19%，已婚人口比重为72%～71%；在南京、上海、北平（北京）、青岛、汉口、西安六大城市15岁以上人口中，未婚人口和已婚人口比重分别占25.37%和67.42%（不包括丧偶和离婚人口）[①]，详见表11－9。

表11－9　1946～1947年中国部分地区15岁以上人口的婚姻状况

地区别	15岁以上人口总数	未婚（%）	已婚（%）	丧偶（%）	离婚（%）
安徽等12省	85 526 580	17.54	72.39	9.82	0.25
南京市	792 106	29.40	64.82	5.77	0.01
上海市	3 270 556	25.48	67.01	7.45	0.06
北平（北京）市	1 324 306	26.56	66.07	7.37	<0.01
青岛市	586 652	21.82	69.76	8.43	<0.01
汉口市	516 668	17.41	71.19	11.30	0.10
西安市	501 146	27.55	71.16	1.29	－
六城市总计	6 991 434	25.37	67.42	7.17	0.04

资料来源：马侠：《婚姻·家庭·人口》，辽宁人民出版社，1987年版。

新中国成立以来，我国人口未婚比与新中国成立前的40年代相比有了一定程度的提升，其发展轨迹大致可以分为两个阶段：1953～1979年为上升阶段，1982～1998年为缓慢回落阶段。表11－10可见，1953年未婚比为24.37%，1964年为25.62%，1979年为29.63%，成为新中国成立60年来未婚比的高峰值；其后，缓慢下降，1995年为最低点，未婚比18.23%；1997年后又开始缓慢提升，2000年达到20.25%，之后又略有下降，2007年为19.23%。

新中国成立以来人口未婚比变动的基本特征是：

（一）未婚比变动比较平稳

从新中国成立至现在，我国人口未婚比的变动一直是在18%～29.7%的区间波动，最高值与最低值相差大约在10个百分点。在50～70年代的30年间，未婚比在24.37%～29.63%的区间波动，波动范围在5个百分点之内。至八九十年代，人口未婚比由1990年的25.13%下降至1995年的18.23%，下降6.9个百分点。2000年以来，基本稳定在19.50左右的水平。这样的变动轨迹表明人口未婚比基本比较稳定。

① 马侠：《婚姻·家庭·人口》，辽宁人民出版社，1987年版，第10～11页。

表 11－10　新中国成立以来部分年份全国 15 岁及以上人口婚姻状况

单位：%

年份	未婚			有婚配			丧偶			离婚		
	合计	男	女	合计	男	女	合计	男	女	合计	男	女
1953	24.37	29.96	18.75	—	—	—	—	—	—	—	—	—
1964	25.62	32.76	17.88	—	—	—	—	—	—	—	—	—
1979	29.63	34.27	24.68	—	—	—	—	—	—	—	—	—
1982	28.57	32.71	24.22	63.68	61.93	65.52	7.16	4.45	10.00	0.59	0.92	0.25
1984	29.34	33.62	25.05	63.27	61.20	65.34	6.88	4.42	9.36	0.51	0.76	0.25
1985	28.91	33.05	24.74	63.81	61.92	65.72	6.77	4.26	9.29	0.51	0.76	0.25
1986	28.20	32.27	24.07	64.67	62.86	66.51	6.63	4.14	9.15	0.50	0.74	0.26
1987	27.05	30.95	23.04	65.90	64.22	67.70	6.50	4.08	9.01	0.50	0.75	0.25
1990	25.13	28.95	21.10	68.18	66.42	70.03	6.10	3.80	8.53	0.59	0.83	0.34
1995	18.23	20.42	15.65	78.94	76.65	81.66	2.09	1.98	2.24	0.73	0.95	0.45
1997	19.53	23.09	15.94	73.63	72.19	75.08	6.02	3.69	8.38	0.82	1.04	0.59
1998	19.33	22.83	15.80	73.72	72.35	75.09	6.06	3.70	8.45	0.89	1.12	0.66
2000	20.25	23.69	16.72	73.27	71.75	74.82	5.58	3.44	7.78	0.90	1.12	0.68
2002	19.50	22.85	16.10	73.63	72.35	74.92	5.85	3.57	8.18	1.02	1.23	0.81
2003	19.59	22.90	16.23	73.61	72.34	74.89	5.73	3.49	8.00	1.08	1.27	0.88
2004	19.54	22.53	16.53	73.67	72.71	74.63	5.73	3.49	7.97	1.07	1.26	0.87
2005	19.17	22.47	15.91	74.10	72.80	75.39	5.74	3.53	7.91	0.99	1.20	0.79
2006	19.39	22.62	16.19	73.70	72.46	74.93	5.86	3.64	8.06	1.05	1.28	0.82
2007	19.23	22.35	16.13	73.79	72.62	74.94	5.88	3.68	8.08	1.10	1.34	0.85
2008	18.95	22.10	15.80	74.00	72.82	75.19	5.90	3.70	8.10	1.15	1.38	0.92
2009	18.76	22.00	15.52	74.18	72.85	75.51	5.83	3.65	8.00	1.23	1.49	0.97
2010	21.60	24.69	18.48	71.33	70.37	72.31	5.69	3.40	8.00	1.38	1.54	1.22

资料来源：[1] 本表 1953～1979 年数据根据《全国生育节育抽样调查全国数据卷（合计）》（国家计划生育委员会编，中国人口出版社，1990 年版）年龄移算整理。

[2] 1982～1986 年数据见《中国人口·总论》（袁永熙主编，中国财政经济出版社，1991 年版，第 398 页）。

[3] 1987 年根据《中国婚姻数据集》（冯方回编，中国人口出版社，1996 年版）整理。

[4] 1990 年数据根据《中国 1990 年人口普查资料》（国务院人口普查办公室编，中国统计出版社，1993 年版）整理。

[5] 1995 年数据根据《全国 1% 人口抽样调查资料 1995》（全国人口抽样调查办公室编，中国统计出版社，1997 年版）整理。

[6] 1997～2007 年根据相应年份《中国统计年鉴》（国家统计局编，中国统计出版社，1998～2008 年版）整理。

[7] 2010 年数据来自《中国 2010 年人口普查资料》（国家统计局编，中国统计出版社，2011 年版）。

（二）男性人口未婚比高于女性

表 11－10 可见，1953 年我国人口未婚比男性高于女性 11.21 个百分点，1964 年男性高于女性 14.88 个百分点，1982 年男性高于女性 8.49 个百分点，1990 年男性高

于女性 7.85 个百分点，2000 年和 2010 年男性分别高于女性 6.97 个和 6.21 个百分点。随着时间的推移，男女未婚比差距逐步缩小。

男女未婚比差距逐步缩小的原因主要是男性未婚比的下降幅度大于女性。从 1949～2010 年，男性未婚比下降了 5.27 个百分点，而同期女性未婚比下降了 0.27 个百分点。

（三）25 岁以下青年人口中未婚比逐渐增高

20 世纪 20～30 年代，我国人口婚姻状况的一个突出特点是 20 岁及以上青年人口已婚较多，未婚较少。男孩和女孩在 10～14 岁就开始婚嫁，60% 以上的男性在 10～24岁期间陆续完婚，50% 的女性在 10～19 岁期间陆续完婚。20～24 岁年龄组中，女性未婚比仅有 5% 左右，男性未婚比在 35% 左右[①]（表 11－11）。

新中国成立后，各个年代 15～19 岁、20～24 岁年龄组中的人口未婚比，无论男女，均呈递增态势。2005 年 15～19 岁组人口未婚比，男性为 99.71%，比 1953 年提升 13.42 个百分点，女性为 98.65%，比 1953 年提升 35.01 个百分点；20～24 岁组人口未婚比，男性为 78.85%，比 1953 年提升 36.81 个百分点，女性为 57.36%，比 1953 年提升 45.37 个百分点（表 11－12）。

表 11－11　1929～1931 年中国分年龄和性别比的人口婚姻状况

单位：%

年龄	未婚				已婚				丧偶				离婚			
	男		女		男		女		男		女		男		女	
	南方	北方	南方	北方	南方	北方	南方	北方	南方	北方	南方	北方	南方	北方	南方	北方
10～14	99.3	96.8	98.3	96.2	0.7	3.2	1.7	3.8	0.0	0.0	0.0	0.0	各年龄组离婚百分比未超过 0.3		各年龄组离婚百分比未超过 0.05	
15～19	78.3	69.1	50.6	44.3	21.4	30.6	49.0	55.4	0.4	0.3	0.3	0.3				
20～24	31.3	36.5	6.5	3.7	66.7	61.5	91.7	94.7	1.9	2.0	1.8	1.6				
25～29	14.1	21.7	0.5	0.4	82.6	75.2	96.3	96.4	3.3	3.1	3.2	3.1				
30～34	7.7	11.5	0.1	0.0	87.5	84.7	95.5	95.2	4.8	3.8	4.4	4.8				
35～39	5.1	10.0	0.2	X	88.4	84.5	91.7	91.3	6.5	5.5	8.1	8.7				
40～44	3.9	7.9	0.2	X	87.2	84.5	85.6	86.3	8.9	7.6	14.2	13.6				
45～49	2.9	6.8	0.2	0.0	85.0	81.6	75.6	77.8	12.1	11.6	24.2	22.2				
50～59	2.0	4.6	0.1	X	78.9	78.8	58.2	63.6	19.2	16.6	41.6	36.4				
60～69	1.3	3.3	0.0	0.0	67.7	67.9	32.6	43.8	30.9	28.8	67.4	56.2				
70～79	1.3	0.8	0.0	0.1	47.7	49.7	13.4	20.1	50.9	49.5	86.6	79.8				
80 岁及以上	1.8	3.0	0.0	0.0	22.8	22.2	3.6	4.8	75.4	74.7	96.4	95.2				

注：本表中“X”为 0.05 以下。

资料来源：马侠：《婚姻·家庭·人口》，辽宁人民出版社，1987 年版，第 15 页。

① 马侠：《婚姻·家庭·人口》，辽宁人民出版社，1987 年版，第 15 页。

表11－12的数据还表明，在新中国成立初期的1953年，女性人口约40%在15～19岁即退出未婚行列进入已婚行列，男性人口约60%在20～24岁组退出未婚行列进入已婚行列。而在2005年，女性人口40%退出未婚行列的年龄组是在20～24岁，男性人口70%退出未婚行列进入已婚行列的年龄组是在25～29岁。2005年与1953年相比，无论男女，半数以上的人口退出未婚行列进入已婚行列的年龄均推迟了5岁。这一变化表明，60多年来我国人口早婚现象乃至童婚现象已基本消除。

表11－12　中国未婚人口年龄、性别状况

单位：%

年龄	1953年		1964年		1982年		1990年		2000年		2005年		2010年	
	男	女	男	女	男	女	男	女	男	女	男	女	男	女
15～19	86.29	63.64	94.67	76.01	99.09	95.62	98.20	95.32	99.72	98.75	99.71	98.65	99.4	97.89
20～24	42.04	11.99	50.04	15.74	71.98	46.45	62.45	41.35	78.65	57.46	78.85	57.36	82.44	67.55
25～29	16.55	3.04	21.55	1.82	23.59	5.27	16.71	4.29	24.68	8.67	29.56	12.71	36.29	21.62
30～34	4.21	1.06	6.01	0.48	8.86	0.68	7.16	0.64	7.45	1.35	9.71	2.13	12.62	5.35
35～39	2.89	0.70	3.51	0.40	6.79	0.28	5.73	0.30	4.12	0.51	4.82	0.65	6.44	1.76
40～44	2.67	0.48	2.84	0.33	5.71	0.19	5.17	0.24	3.82	0.29	3.31	0.35	4.15	0.75
45～49	2.03	0.37	2.59	0.42	4.37	0.18	5.07	0.18	3.96	0.21	3.29	0.25	3.12	0.44
50～54	3.66	0.37	2.41	0.39	2.97	0.21	4.48	0.17	4.13	0.19	3.51	0.18	3.21	0.30
55～59	3.12	0.26	2.10	0.43	2.97	0.21	3.54	0.18	4.25	0.15	3.55	0.18	3.43	0.25
60～64	2.25	7.41	3.15	0.29	2.54	0.29	2.45	0.28	4.03	0.15	3.91	0.16	3.54	0.24
65岁及以上	0.00	0.00	5.40	1.58	2.54	0.29	2.45	0.28	2.75	0.23	2.89	0.18	3.11	0.42
50岁及以上	4.21	0.58	2.44	0.42	2.77	0.28	3.24	0.09	3.63	0.19	3.37	0.18	3.29	0.32

资料来源：［1］表中1953年、1964年根据《全国生育节育抽样调查数据卷（合计）》（国家计划生育委员会编，中国人口出版社，1990年版）年龄移算整理。

［2］1982年、1990年、1995年、2000年、2005年根据各次人口普查数据和人口抽样调查数据整理。

［3］2010年数据根据《中国2010年人口普查资料》（国家统计局编，中国统计出版社，2012年版）整理。

（四）未婚比地区差异逐渐缩小

据有关史料记载，20世纪30～40年代，我国人口未婚比的地域差异较大。1937年山东省邹平县调查，其人口未婚比为33.85%，而云南省环湖区1944年调查，其人口未婚比达到43.26%；浙江省1932年调查其人口未婚比为43.0%；福建省（1936年）为46.3%；江苏省句容县（1943年）为48.46%；云南省呈贡县（1940年）为39.92%①。

① 马侠：《婚姻·家庭·人口》，辽宁人民出版社，1987年版，第10页。

20 世纪 80 年代，我国人口未婚比与 30 ~ 40 年代相比，整体有了大幅下降，且地域差异逐步缩小。1982 年男性人口未婚比东、中、西部平均值分别为 33. 16%、32. 42% 和 31. 69%；女性未婚比东、中、西部平均值分别为 25. 25%、24. 45% 和 23. 62%。无论男女，东、中、西部地区未婚比的差异不足两个百分点。

20 世纪 90 年代至 2010 年，全国地区间人口未婚比差异略有加大。2010 年我国东、中、西部男性人口未婚比平均值分别为 24. 7%、24. 4% 和 26. 7%；女性人口未婚比平均值分别为 19. 6%、18. 1% 和 19. 4%。无论男女，东、中、西部地区差异在 5 个百分点左右（表 11 - 13）。

二、终身不婚状况

终身不婚率是指某人口一年内 50 岁及 50 岁以上未婚者与同龄人口之比。本节利用 1988 年国家计划生育委员会组织的全国生育节育抽样调查基础数据，通过年龄移算主要是初婚人口年龄后推转换为未婚人口等方法，推算出 1953 年、1964 年全国人口终身不婚状况。同时，根据 1982 年、1990 年、2000 年全国人口普查数据和 2005 年 1% 人口抽样调查数据，对全国人口不婚状况做一纵观 60 余年的大体轮廓分析。

表 11 - 10 和表 11 - 11 可见，在 20 世纪 20 年代末 30 年代初，中国人口不婚率男性为 1. 6%，女性为 0. 03%[①]。新中国成立后，男性人口和女性人口不婚率均呈逐步下降态势。2005 年与 1953 年相比，男性人口不婚率由 1953 年的 4. 21% 下降至 3. 37%，下降 0. 84 个百分点；女性人口不婚率由 1953 年的 0. 58% 下降至 2005 年的 0. 18%，下降 0. 40 个百分点。

表 11 - 13　中国东、中、西部人口未婚比差异比较

单位：%

	省	1982 年		1990 年		2000 年		2007 年		2010 年	
	（区市）	男	女	男	女	男	女	男	女	男	女
东部	辽宁	31. 82	26. 54	23. 92	19. 77	14. 42	18. 15	19. 22	13. 98	21. 6	16. 4
	河北	30. 70	23. 25	24. 20	23. 86	18. 90	17. 82	21. 51	16. 14	22. 7	18. 5
	北京	33. 08	27. 69	25. 88	26. 66	20. 33	18. 10	26. 06	22. 84	24. 7	24. 2
	天津	32. 58	27. 96	21. 85	21. 46	17. 32	16. 62	21. 50	18. 42	28. 1	20. 8
	上海	34. 23	26. 88	22. 37	22. 58	16. 92	13. 61	21. 82	17. 12	23. 7	19. 1
	山东	31. 59	24. 67	26. 64	22. 40	18. 08	20. 94	20. 12	14. 93	21. 2	16. 5
	江苏	31. 76	23. 18	25. 29	19. 05	13. 68	17. 94	19. 98	14. 52	21. 7	16. 5
	浙江	34. 62	23. 80	28. 80	22. 96	15. 79	19. 53	20. 86	13. 51	22. 3	16. 1
	福建	33. 68	22. 65	29. 68	27. 68	20. 45	20. 37	22. 73	17. 20	26. 1	19. 8
	广东	37. 58	25. 90	34. 62	33. 94	29. 90	25. 18	31. 90	25. 72	34. 7	27. 9
	平均	33. 16	25. 25	26. 31	24. 04	18. 58	18. 83	22. 57	17. 44	24. 7	19. 6

① 马侠：《婚姻 · 家庭 · 人口》，辽宁人民出版社，1987 年版，第 15 页。

续表

	省（区市）	1982年 男	1982年 女	1990年 男	1990年 女	2000年 男	2000年 女	2007年 男	2007年 女	2010年 男	2010年 女
中部	黑龙江	30.40	25.86	26.76	20.57	15.11	21.30	17.76	12.63	20.7	16.2
	吉林	31.56	26.45	25.35	21.48	15.77	19.83	19.16	14.08	21.9	16.9
	内蒙古	33.60	25.66	30.07	23.78	17.00	22.54	19.30	14.76	21.6	15.8
	山西	30.53	21.65	28.33	22.66	15.32	19.82	22.57	17.19	25.3	19.8
	河南	32.61	24.63	28.76	22.85	16.55	22.04	22.85	17.28	22.5	16.7
	安徽	35.09	24.78	31.65	22.16	14.56	23.43	19.86	15.07	22.5	16.4
	湖北	32.98	25.50	28.07	22.35	14.32	20.35	22.64	16.33	24.7	11.6
	湖南	33.06	23.27	29.63	24.27	14.57	20.35	22.72	14.46	24.0	16.8
	江西	31.94	22.24	30.76	22.36	13.11	21.84	20.04	13.27	24.9	18.0
	海南	—	—	33.52	32.33	21.90	22.96	31.89	20.37	32.3	23.1
	平均	32.42	24.45	29.29	23.48	15.82	20.15	21.88	15.54	24.4	18.1
西部	陕西	31.88	23.93	28.16	23.22	15.40	19.84	21.82	15.46	27.3	20.4
	甘肃	31.00	22.73	30.26	23.32	15.55	22.26	24.53	18.02	26.4	20.2
	新疆	29.64	20.80	32.76	27.36	19.14	23.72	25.98	18.72	25.5	18.8
	四川	32.75	22.25	31.29	19.71	10.98	22.27	19.17	12.40	23.2	16.2
	贵州	30.71	23.54	32.48	24.55	14.46	24.80	23.02	15.67	23.9	15.9
	云南	30.89	23.56	30.76	25.50	16.11	22.81	24.69	15.72	25.7	16.5
	广西	35.40	25.93	33.86	31.97	19.84	23.61	28.52	17.97	28.6	18.8
	宁夏	31.26	24.61	30.23	23.76	18.30	23.82	22.51	16.95	22.6	17.7
	青海	31.70	25.21	33.92	25.21	17.42	25.10	22.18	15.51	25.8	18.7
	西藏	—	—	35.67	37.47	31.27	30.10	37.46	28.46	37.4	30.8
	平均	31.69	23.62	31.94	26.21	17.85	23.83	24.99	17.49	26.7	19.4

资料来源：1982年、1990年、2000年、2010年根据相应年份人口普查资料整理。2007年数据根据《中国统计年鉴2008》（国家统计局编，中国统计出版社，2008年版）整理。

新中国成立以来人口不婚率的变化特点是：

（一）人口不婚率变动很小

表11－12可见，新中国成立以来，无论男女，人口不婚率一直在一个较窄区间变动。男性人口不婚率1953年、1964年、1982年、1990年、2000年、2005年、2010年分别为4.21%、2.44%、2.77%、3.24%、3.63、3.37%和4.16%，最高与最低差值仅为1.44个百分点。女性人口不婚率上述年份分别为0.58%、0.42%、0.28%、0.09%、0.19%和0.56%，最高与最低差值仅为0.49个百分点。这表明60多年来人口不婚率变动很小，不婚率一直较低。

（二）城乡人口不婚率差异较小

1982年第三次全国人口普查资料显示，城乡人口不婚率差异较小。市、镇、县男性人口不婚率分别为 1.70%、1.75% 和 3.06%；女性不婚率分别为 0.43%、0.44% 和 0.25%。

1990 年第四次全国人口普查资料显示，男性人口不婚率市、镇、县分别为 1.66%、1.74% 和 3.84%，县高出市、镇 1 倍以上；女性不婚率市、镇、县分别为 0.27%、0.31% 和 0.21%，其最高与最低差值 0.10 个百分点。这表明无论城乡，女性人口不婚者在 90 年代已经极少。

城乡人口不婚率存在差异主要是农村男性人口不婚问题，造成这种现象的原因主要是农村经济条件较差。据贵州省史料记载，在少数民族地区曾流行“七牛聘礼制”，聘礼要相当 7 ~ 9 条牛的价值，最贫困的地区也要 50 ~ 100 银元。一些家庭比较贫困的男性，由于无力支付这笔彩礼，只好打光棍，终身不婚①。山东省沂水县妇联 80 年代中期的调查报告提供的资料表明，在沂蒙山区男性青年婚配十分困难，431 个村 25 ~ 45 岁的男性未婚人数有 9 355 人。由于库区、边远山区经济收入低，饮水困难，交通不便等原因，山里姑娘不愿在当地受苦，平原姑娘更不乐意嫁到山区来，男青年找媳妇普遍困难。许多家庭被迫转亲换亲（即用姐妹换媳妇）；家中没有姐妹的，再好的青年也难找媳妇。据调查统计，贫困村的光棍汉约占应婚青年的 20% 以上，并且在已成婚的家庭户中，转亲换亲的占 50% ~ 60%②。

（三）不婚率省际差异明显

根据 1987 年 1% 人口抽样调查分省份性别分年龄人口婚姻状况资料，首次算出 1987 年中国东、中、西部人口不婚率状况（表 11 - 14）。

表 11 - 14　1987 年中国东、中、南部人口不婚率差异比较

单位：%

东部	男	女	中部	男	女	西部	男	女
辽宁	2.13	0.05	黑龙江	1.58	0.06	陕西	2.00	0.10
河北	4.98	0.05	吉林	1.98	0.05	甘肃	1.15	0.33
北京	1.98	0.22	内蒙古	4.65	0.09	新疆	1.30	0.07
天津	2.55	0.28	山西	3.26	0.01	四川	3.42	0.44
上海	0.95	0.46	河南	4.27	0.06	贵州	1.14	0.19
山东	3.49	0.06	安徽	3.44	0.10	云南	1.34	0.95
江苏	2.52	0.25	湖北	2.13	0.13	广西	3.48	0.26
浙江	3.55	0.15	湖南	1.98	0.14	宁夏	1.09	0.00
福建	4.41	0.27	江西	1.57	0.07	青海	2.93	2.18
广东	4.46	0.58						
平均	3.10	0.24	平均	2.76	0.08	平均	1.98	0.50

资料来源：本表根据 1987 年 1% 人口抽样调查数据计算整理，见《中国人口年鉴 1989》（中国社会科学院人口研究所编，经济管理出版社，1990 年版）。

① 潘治富主编：《中国人口 · 贵州分册》，中国财政经济出版社，1988 年版。

② 山东省妇联权益部档案：《沂水县妇联调查报告》，1985 年 9 月 9 日。

表 11－14 提供数据表明，东、中、西部男性人口不婚率差异不太明显。然而，若分省观察，则差异比较明显。当年调查 28 个省、自治区、直辖市中，男性不婚率最高为河北省（4.98%），最低为上海市（0.95%），相差 4.03 个百分点。就女性人口不婚率而言，东、中、西部分别为 0.24%、0.08% 和 0.50%，西部最高，东部次之，中部最低。若分省观察则差异较为明显，女性不婚率最高为青海省（2.18%），最低为宁夏回族自治区（为 0.00%），青海为宁夏的两倍略强。

第三节 离婚水平变动趋势与特点

离婚是指婚姻关系法律上解除。我国的离婚率的变动基本是比较平稳的，也是比较低的。

一、粗离婚率的变动趋势

（一）粗离婚率先降后升

粗离婚率是指年度内某人口每千人中的离婚数目（人数或对数）[①]。沈益民在其《近三十年世界人口普查和人口概况》一书中也持同样的观点。杨德清等在《计划生育学》中表明离婚率是年内离婚人数与年平均人口数之比。1988 年 8 月，民政部召集有关专家、学者以及从事婚姻统计的实际工作者，专题研究了计算离婚率的方法问题，并形成一致意见：离婚率 = 年内离婚人数/年平均总人口 × 1000‰[②]。国家统计局历年《中国统计年鉴》刊载的离婚率均是离婚人数与年平均人口之比，因此，本节出于与国家统计局数据一致且获取资料方便，均采用离婚人数与年平均人口数之比的公式计算粗离婚率。这一指标由于计算所需的基础数据较为容易获得，所以通常用粗离婚率这一指标来反映不同历史时期人口离婚状况的变动特点和趋势，并进行横向比较。

新中国 60 多年来，人口离婚率的变动统计表明，全国人口离婚率的变动基本是比较平稳的，也是比较低的。根据《中国人口》丛书一些省份记载[③]及1979～2007 年国家统计局在历年《中国统计年鉴》公布的数据整理，50 年代全国人口离婚率平均为 3.00‰，60 我年代平均为 1.46‰，70 年代平均为 0.50‰，80 年代平均为 0.95‰，90 年代平均为 1.69‰，2000～2007 年平均为 2.39‰，60 多年基本走势呈现由高向低

① 马瀛通：《人口统计分析学》，红旗出版社，1989 年版，第 398 页。

② 李荣时：《对中国人口离婚状况的初步分析》，《中国人口科学》，1993 年第 6 期。

③ 1950～1978 年数据根据天津、北京、湖南、青海、甘肃、河南、福建、四川、新疆、宁夏、山东等省份《中国人口》丛书各省分册整理。

而后略有抬高的格局。60 多年中以 50 年代中期离婚率为最高，在其后的几十年中虽然有些起伏但均未达到 50 年代中期的高度。(图 11－3)。

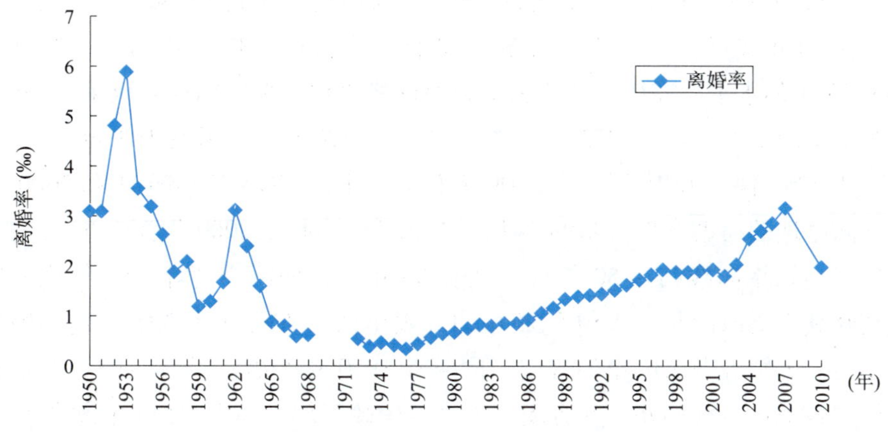

图 11－3　1950～2010 年中国人口离婚率

资料来源：[1] 本图中 1950～1977 年离婚率根据《中国人口》北京、天津、陕西、山西、青海、吉林、甘肃、河南、湖南、上海、江苏各省分册整理。

[2] 1978～1984 年离婚率参见《中国社会统计资料 1990》(国家统计局社会统计司编，中国统计出版社，1990 年版)。

[3] 1985～2007 年离婚率根据《中国统计年鉴 2008》(国家统计局编，中国统计出版社，2008 年版) 整理。

[4] 2008～2010 年数据来自《中国统计年鉴 2011》(国家统计局编，中国统计出版社，2011 年版)。

对新中国成立 60 多年人口离婚率的基本估计，亦可从法院系统审理离婚案件的变动情况予以印证。以山东为例，山东省法院提供的 1950～1999 年各级法院初审离婚案件收案统计数字表明，以每万人离婚案件收案数为指标进行分析，这 50 年中，以 1952 年和 1953 年为最高，每万人离婚案件收案数分别为 10.40 件和 12.90 件；以 1977 年为最低，每万人离婚案件收案数仅有 1.08 件；90 年代尽管离婚人数和离婚案件绝对数日益增多，但就每万人离婚案件收案数分析，仍低于 1952 年和 1953 年的水平：1997 年、1998 年、1999 年分别为 8.13 件、8.60 件和 8.49 件 (表 11－15)。

其他一些省市散见的史料也反映出新中国 60 多年中一些省市人口离婚案件及离婚率以 50 年代的 1953 年为最高的基本格局。《福建省志・民政志》记载，在 1950～1995 年间 (缺 1958～1977 年)，以 1954 年申请离婚的为最多，有 33 920 对，全省每万人申请离婚的达 25.33 对，同年准予离婚 23 921 万对，每万人平均为 17.86 对。整个 80 年代和 90 年代前半期，在民政部门和法院申请离婚的均未超过两万对。90 年代后期，1997 年开始突破一年批准离婚案件两万件 (为民政和法院合计数) 的水平，达到 21 508 对，在其后的 2000 年达到 28 787 对，但这两个年份该省每万人离婚对数也只有 6.45[①] 对和 8.29 对[②]，均未达到 1954 年 17.86 对/万人水平。

江苏省的有关离婚案件的史料也表现出与上述几省同样的变动趋势。在 1950 ~ 1982 年的 30 多年间，每万人离婚案以 1953 年为最高，达到 13.40 件/万人；其后逐年下降，在 70 年代每万人离婚案均在 0.50 件左右徘徊；80 年代初有所提升，但远未达到 1953 年的水平。安徽省的相关史料也同样表现出新中国成立以来以 1953 年离婚案件为最多的基本特点。1953 年全省法院判决与调解的离婚案为 4.46 万件，高于 1952 年（3.77 万件）和 1954 年（2.09 万件）[③]，同样也高于 1999 年和 2000 年民政和法院共同办理的离婚案件（1999 年该省为 3.76 万对[④]，2000 年为 3.63 万对[⑤]）。

人口粗离婚率曲线凸显 50 年代中期和 60 年代初期两个高峰。50 年代人口离婚率出现高峰其主要原因是，1950 年颁布的《婚姻法》在许多条款中对包办婚姻、重婚纳妾、买卖婚姻等做出废止的规定。同时在 1950 年婚姻法及其后的贯彻婚姻法运动中，全国各地司法、妇联、共青团、工会、民政等部门大力宣传并积极维护婚姻当事人婚姻自由的合法权益，对许多包办婚姻、买卖婚姻及重婚纳妾婚姻的解体起到十分重要的作用。山东省法院的资料记载，"为更好地贯彻执行婚姻法，全省从省到县均成立了贯彻婚姻法检查委员会，省法院、省检察院及妇联、民政、报社、监委共同组织了婚姻法检查组"，"全省各级人民法院共抽出 500 名左右的干部参加了基点试验和宣传婚姻法办公室工作。在运动末期，有的地区还组成婚姻法庭，有的进行巡回就审……随着婚姻法宣传贯彻的不断深入，各地受理的婚姻案件也逐步增多……1951 年全省共收婚姻案件 40 029 起，比 1950 年上升 35.6%。"另据山东省民政厅 1951 年的档案记载，"本年度 1 ~9 月全省共收民事案件 38 950 起，其中婚姻纠纷26 215起，占民事案 64%。在婚姻案件中，以离婚与解除婚约为最多，在城市占 93%，在农村占 98%，而提出离婚的绝大多数又是女方，离婚的主要原因是旧婚姻制度的包办、强迫、买卖以及虐待、早婚等"[⑥]。

① 国家统计局编：《中国统计年鉴 1998》，中国统计出版社，1998 年版。

② 国家统计局编：《中国统计年鉴 2001》，中国统计出版社，2001 年版。

③ 郑玉林主编：《中国人口·安徽分册》，中国财政经济出版社，1987 年版，第 307 页。

④ 国家统计局编：《中国统计年鉴 2000》，中国统计出版社，2000 年版。

⑤ 同②。

⑥ 山东省民政厅：《山东省一年来执行婚姻法的总结与今后继续贯彻执行的意见（草稿）》，山东省民政厅档案，永久，1951 年 34 卷。

表 11－15　山东法院系统初审离婚案件收结情况

年份	收案数（件）	每万人离婚案收案（件）	年份	收案数（件）	每万人离婚案收案（件）	年份	收案数（件）	每万人离婚案收案（件）
1950	25 811	5. 56	1967	14 712	2. 47	1984	20 270	2. 65
1951	36 493	7. 71	1968	7 360	1. 21	1985	20 606	2. 68
1952	50 210	10. 40	1969	—	—	1986	22 930	2. 95
1953	63 522	12. 90	1970	9 881	1. 53	1987	26 086	3. 31
1954	39 447	7. 81	1971	10 486	1. 60	1988	29 972	3. 74
1955	33 356	6. 45	1972	10 622	1. 59	1989	36 767	4. 49
1956	31 670	6. 03	1973	10 985	1. 62	1990	40 613	4. 82
1957	32 043	5. 96	1974	10 244	1. 49	1 991	—	—
1958	26 260	4. 84	1975	10 415	1. 49	1992	—	—
1959	23 188	4. 32	1976	9 212	1. 31	1993	—	—
1960	23 355	4. 50	1977	7 679	1. 08	1994	—	—
1961	39 199	7. 44	1978	8 609	1. 20	1995	—	—
1962	36 713	6. 77	1979	9 469	1. 31	1996	—	—
1963	32 191	5. 76	1980	12 396	1. 70	1997	72 489	8. 13
1964	26 566	4. 74	1981	15 917	2. 15	1998	75 991	8. 60
1965	25 063	4. 39	1982	17 531	2. 34	1999	75 413	8. 49
1966	15 233	2. 60	1983	17 683	2. 33			

资料来源：山东省数据根据山东省法院民民庭提供的数字整理。

福建省民政部门的有关资料也记载了 50 年代初该省贯彻婚姻法时期离婚案件的具体情况。“从 1950 年 5 月至 1952 年年底，……申请离婚的有 15 735 对，经审查批准其离婚的 14 411 对（占申请离婚总对数的 91. 6%），其中由妇女提出离婚的有 8 991起（主要原因，相当一部分是父母包办、买卖婚姻或长期受丈夫虐待，也有是姑嫂换婚、等郎配等），占批准离婚数的 62. 4% ……1954 年批准离婚登记的为23 921 对，经调解不离的 5 084 对，转人民法院处理的 4 915 对。通过《婚姻法》广泛深入的宣传也打破了闽东部分山区的‘典妻’、‘租妻’婚姻恶俗”。

50 年代中期，军人、干部的离婚案件虽然在当时较为突出，但并不占多数。据山东省民政厅的档案记载，1954 ~ 1955 年两年来，济南市共处理婚姻纠纷案 1 527

件，其中涉及军人的婚姻纠纷案48件，占婚姻纠纷案的3.14%①。另据山东省人民法院的资料记载，国家自新中国成立初期就提出要保护革命军人的婚姻。1950年《婚姻法》第十九条明确规定："现役革命军人与家庭有通讯关系的，其配偶提出离婚须得革命军人的同意。"在那一时期，人民法院受理的军人婚姻案件主要是革命军人的家庭因与军人失去联系及得不到军人经济上的帮助等原因提出离婚案件，其他情况较少。

（二）各省人口离婚率处于较低水平，差异不大

全国各省、自治区、市人口离婚率的地区特点主要表现为：其一，人口离婚率的地区差异正在逐步缩小，1982年全国人口离婚率最低的西藏自治区（0.28‰）和最高的新疆维吾尔自治区（8.29‰）二者差值为8.01个千分点；2010年全国人口离婚率最低省份和最高省份仍然是西藏（0.67‰）和新疆（4.51‰），但二者差值降为3.84个千分点。其二，大多数省份人口离婚率一直保持在较低水平，虽然略有增长，但增长幅度非常缓慢，且呈现组群式变动倾向。2010年与1982年相比，有20个省份人口离婚率从0.99‰以下组群式移动到1.00‰~1.99‰及以上区间（表11-16）。

表11-16　分地区人口离婚率

单位：‰

年份	人口离婚率				
	0.99以下	1.00~1.99	2.00~2.99	3.00~3.99	4.00以上
1954		北京（1.90） 四川（1.69）	甘肃（2.50）	天津（3.81） 河南（3.83） 山东（3.48） 福建（3.57）	青海（4.89） 宁夏（5.40）
1982	天津（0.79） 河南（0.68） 湖北（0.69） 湖南（0.77） 广东（0.69） 广西（0.73） 四川（0.60） 贵州（0.80） 云南（0.77）				

① "济南市贯彻婚姻法运动委员会办公室两年来贯彻婚姻法工作总结"，山东省民政厅档案，长期，1955年142卷。

续表

<table>
<tr><th rowspan="2">年份</th><th colspan="5">人口离婚率</th></tr>
<tr><th>0.99 以下</th><th>1.00～1.99</th><th>2.00～2.99</th><th>3.00～3.99</th><th>4.00 以上</th></tr>
<tr><td>1982</td><td>西藏（0.28）
陕西（0.88）
甘肃（0.76）
宁夏（0.99）
河北（0.91）
上海（0.92）
江苏（0.47）
浙江（0.55）
安徽（0.47）
福建（0.50）
江西（0.69）
山东（0.56）</td><td>北京（1.17）
山西（1.52）
内蒙古（1.00）
辽宁（1.13）
吉林（1.18）
黑龙江（1.32）
青海（1.58）</td><td></td><td></td><td>新疆（8.29）</td></tr>
<tr><td>1990</td><td>江苏（0.77）
安徽（0.82）
福建（0.82）
江西（0.93）
山东（0.89）
广东（0.81）
西藏（0.64）
海南（0.81）</td><td>天津（1.52）
河北（1.19）
山西（1.51）
内蒙古（1.68）
浙江（1.03）
河南（1.09）
湖北（1.20）
湖南（1.21）
广西（1.03）
四川（1.49）
贵州（1.32）
云南（1.30）
陕西（1.48）
甘肃（1.23）
宁夏（1.50）</td><td>北京（2.62）
辽宁（2.87）
上海（2.44）
青海（2.45）</td><td>吉林（3.11）
黑龙江（3.07）</td><td>新疆（7.39）</td></tr>
<tr><td>2000</td><td>西藏（0.92）</td><td>河北（1.58）
山西（1.44）
江苏（1.50）
浙江（1.85）
安徽（1.21）
福建（1.66）
江西（1.17）
山东（1.35）
河南（1.40）
湖北（1.57）
湖南（1.70）
广东（1.10）
广西（1.28）
贵州（1.47）
云南（1.69）
陕西（1.77）
甘肃（1.49）
海南（1.00）</td><td>天津（2.67）
内蒙古（2.73）
四川（2.42）
青海（2.58）
宁夏（2.19）</td><td>北京（3.85）
辽宁（3.85）
吉林（3.74）
上海（3.80）</td><td>黑龙江（4.06）
新疆（5.72）</td></tr>
</table>

续表

年份	人口离婚率				
	0.99 以下	1.00～1.99	2.00～2.99	3.00～3.99	4.00 以上
2007		山西（1.91）	青海（2.99）	天津（3.97）	新疆（7.78）
		甘肃（1.68）	河北（2.85）	内蒙古（3.94）	重庆（6.53）
		海南（1.57）	福建（2.78）	浙江（3.56）	吉林（6.08）
		西藏（1.03）	陕西（2.67）	湖南（3.34）	黑龙江（5.60）
			山东（2.61）	江苏（3.32）	辽宁（5.38）
			贵州（2.44）	湖北（3.25）	上海（5.05）
			安徽（2.43）	宁夏（3.17）	北京（4.49）
			河南（2.40）		四川（4.11）
			江西（2.35）		
			云南（2.27）		
			广西（2.23）		
			广东（2.00）		
2010	西藏（0.67）	山西（1.23）	北京（2.37）	吉林（3.43）	新疆（4.51）
		广西（1.54）	湖北（2.03）	黑龙江（3.60）	
		安徽（1.82）	天津（2.37）	重庆（3.93）	
		海南（1.04）	湖南（2.13）		
		福建（1.66）	河北（2.04）		
		贵州（1.82）	四川（2.72）		
		江西（1.46）	内蒙古（2.31）		
		云南（1.50）	辽宁（2.94）		
		山东（1.76）	上海（2.08）		
		陕西（1.72）	江苏（2.04）		
		河南（1.42）	浙江（2.09）		
		甘肃（1.29）			
		青海（1.43）			
		广东（1.23）			
		宁夏（1.91）			

注：离婚率的计算口径是离婚人数与总人口之比。

资料来源：[1] 1954 年数据源于《中国人口》丛书上述省份分册。

[2] 1982 年数据根据《中国人口年鉴 1989》（中国社会科学院人口研究所编，经济管理出版社，1990 年版）整理；并根据《中国常用人口数据集》（姚新武等编，中国人口出版社，1994 年版）整理。

[3] 1990 年数据根据《中国统计年鉴 1991》（国家统计局编，中国统计出版社，1991 年版）整理。

[4] 2000 年数据根据《中国统计年鉴 2001》（国家统计局编，中国统计出版社，2001 年版）整理。

[5] 2007 年数据根据《中国统计年鉴 2008》（国家统计局编，中国统计出版社，2008 年版）整理。

[6] 2010 年数据根据《中国统计年鉴 2011》（国家统计局编，中国统计出版社，2011 年版）整理。

二、离婚人口的基本特征

（一）离婚年龄重心后移

据山东社会科学院人口研究所的学者对山东省济南市、济宁市、临沂县（现改为市）、掖县（现改为莱州市）人民法院1953年、1964年、1979年、1982年办理的离婚案卷调查①，1953年离婚者离婚时点年龄分布为：其中19岁以下占5.53%，20～29岁占57.69%，30～39岁占27.20%，40～49岁占7.69%，50～59岁占1.20%，60岁以上占0.70%。1964年离婚者离婚时点年龄分布为：19岁以下占5.56%，20～29岁占53.70%，30～39岁占29.63%，40～49岁占8.80%，50～59岁占1.85%，60岁及以上占0.46%。1979年离婚者离婚时点年龄分布为：19岁以下占0.00%，20～29岁占43.06%，30～39岁占45.83%，40～49岁占7.64%，50～59岁占1.39%，60岁及以上占2.08%。1982年离婚者离婚时点年龄分布为：19岁以下占0.19%，20～29岁占57.87%，30～39岁占33.33%，40～49岁占7.30%，50～59岁占1.12%，60岁及以上占0.19%。1982年与1953年比较，19岁以下和60岁以上年龄组比重出现下降，30～39岁年龄组比重有所上升。在这两个年份中，离婚者离婚年龄均以20～29岁组为最高，均超过50%以上。四川省离婚案件调查资料记载，50～70年代四川省离婚人口年龄构成也同样呈现年轻型变化：1953年男性和女性20～29岁组的比重分别为49.58%和52.03%，而1982年20～29岁男性和女性比重已分别上升至50.64%和54.36%（表11－17）。

表11－17　1953～1982年若干年度四川省部分地区离婚人口年龄构成

单位：%

年龄组	1953年		1964年		1979年		1982年	
	男	女	男	女	男	女	男	女
15～19	5.80	16.63	0.50	11.90	0.00	0.55	0.34	5.70
20～24	28.23	31.10	26.10	35.70	3.31	17.68	11.41	22.15
25～29	21.35	20.62	29.16	22.65	37.57	44.75	39.03	32.21
30～34	14.65	14.00	20.35	16.50	25.99	17.68	23.17	23.15
35～39	11.00	9.39	12.02	7.29	17.13	10.50	12.08	5.70
40～44	7.30	4.25	5.00	3.65	9.39	4.99	6.04	4.70
45～49	3.95	1.97	3.84	1.54	3.31	1.10	4.20	2.01
50～54	2.21	0.60	2.65	0.28	1.10	1.65	0.03	2.68
55～59	0.78	0.24	0.38	0.19	1.10	0.00	1.01	0.00
60～64	1.14	0.18	0.00	0.00	1.10	1.10	1.34	0.68
65～69	0.12	0.00	0.00	0.00	0.00	0.00	0.34	0.34
70以上	0.12	0.00	0.00	0.00	0.00	0.00	0.00	0.00
不详	3.35	1.02	—	—	—	—	1.01	0.68
合计	100.00	100.00	100.00	100.00	100.00	100.00	100.00	100.00

资料来源：刘洪康主编：《中国人口·四川分册》，中国财政经济出版社，1988年版，第292页。

① 本次离婚案卷查阅及整理由山东社会科学院人口研究所鹿立进行，1953年查阅208件案件，1964年查阅108件，1979年查阅72件，1982年查阅267件。

据国内学者80年代初和80年代末90年代初十区（县）调查①，80年代初，男性离婚者离婚时点年龄分布为：15～19岁比重占0.18%，20～29岁占43.69%，30～39岁占33.11%，40～49岁占13.64%，50～59岁占5.53%，60岁及以上占3.85%；女性离婚者离婚时点年龄分布为：15～19岁占2.47%，20～29岁占54.61%，30～39岁占28.36%，40～49岁占9.39%，50～59岁占3.13%，60岁及以上占2.05%。80年代末90年代初，男性离婚者离婚时点年龄分布为：15～19岁比重占0.00%，20～29岁占29.10%，30～39岁占47.37%，40～49岁占13.86%，50～59岁占6.35%，60岁及以上占3.32%；女性离婚者离婚时点年龄分布为：15～19岁占0.39%，20～29岁占41.80%，30～39岁占41.07%，40～49岁占10.80%，50～59岁占4.49%，60岁及以上占1.45%。无论男性或女性，其离婚年龄分布均呈由向20～29岁集聚转为向30～39岁年龄组集聚的倾向。同时还表现出，无论是80年代初或90年代初，女性离婚年龄均低于男性（该项调查显示，80年代初男女平均离婚年龄分别为34.4岁和31.2岁；80年代末90年代初男女平均离婚年龄分别为35.8岁和33.2岁）。

（二）离婚原因发生明显变化

新中国成立以来，离婚人口主要离婚原因发生较大变化，离婚原因的转变反映着人民生活和时代发展的变迁。在50年代，大多数离婚者离婚原因是对不平等婚姻的一种反抗，其中多是属包办婚姻，或是配偶一方重婚纳妾、配偶久无音信或不同居，或配偶系反动分子等。据济南市人民法院1952年档案记载，在其当年终结的844件离婚案件中，其中由于“感情不和或感情破裂”（实则包办婚姻）离婚的占54.64%，“对方通奸或重婚纳妾”的占8.62%，“对方久无音信或不同居”的占7.94%，“对方系反动分子”的占6.58%，“对方生理缺陷或有恶疾”的占3.85%，“生活困难”占2.27%，“虐待或遗弃”占1.59%，“对方妨害人身自由或组织参加社会活动”的占0.68%，“其他”占13.83%。

60～80年代，因包办婚姻离婚的比重日益降低，因“家庭琐事、经济纠纷”和“互相猜疑、感情不和”导致离婚的比重日益增高。据山东社会科学院人口研究所的学者对山东省济南市、济宁市、临沂县（现改为临沂市）、掖县（现改为莱州市）人民法院1953年、1964年、1979年、1982年办理的离婚案卷调查，1953年、1964年、1982年因包办婚姻离婚的比重逐步降低，分别为29.8%、21.3%和9.7%；同期因家庭琐事经济纠纷离婚的比重逐渐升高，分别为5.8%、18.5%和43.1%。同时，在80年代因“一方受虐待”和“一方外出长期不归、下落不明”导致离婚的现象基本消失。②

---

① 曾毅：《中国八十年代离婚研究》，北京大学出版社，1995年版。

② 1953年查阅208件案件，1964年查阅108件，1979年查阅72件，1982年查阅267件。

90 年代初，离婚人口离婚原因又有较大变化。据北京大学人口研究所的一项调查，在 90 年代初，离婚人口离婚原因是以“性格志趣不同”比重为最高，达到 42. 89%。其后依次为“家庭矛盾”（18. 00%），“草率结婚”（10. 74%）、“其他”（7. 87%）、“生活作风”（7. 39%）、“病残”（5. 45%）、“性生活不协调”（7. 45%）、“一方犯罪”（2. 92%）①。在该项调查中，将“第三者插足”归类为“生活作风”。

“第三者插足”问题在 80 年代和 90 年代导致的离婚案逐渐增多并引起社会关注。据北京某区的调查，由第三者插足引起的离婚案，1982 年占总数的 14%，1983 年占 30%，1988 年达到 40% 左右。另据上海市徐汇区调查，随机抽出的 633 件离婚案中，一方或双方有生活作风问题的占 35. 4%②。但据山东省高级人民法院 1983 年的情况报告，山东的第三者插足离婚案比重远远低于北京市和上海市，1981 年受理的第三者插足离婚案占离婚案总数的 11. 75%，1982 年为 13. 65%，1983 年 1 ~ 9 月底为 15%。从城乡所占比例看，市区高于地县，市区约占 20% 以上，地县约占 15% 以下③。90 年代这一问题开始得到缓解。据济南市历城区人民法院 1991 年对 815 件离婚案调查，其中因重婚和第三者插足导致离婚的仅占 14. 6%；而因家庭生活矛盾导致离婚的占 61. 1%；因婚姻基础差、夫妻性格差异大、婚后无感情离婚的占 22. 7%；因患有疾病导致离婚的占 4. 05%④。

进入 21 世纪，随着市场经济和社会经济活动更加活跃，离婚也更折射出时代变迁的特点。这一时期离婚的原因主要为：其一，农民工家庭离婚案件大量增加。在外出打工较多的省份，农民工家庭离婚的数量愈来愈多。据湖北省十堰市竹山县统计，2004 年、2005 年、2006 年，全县受理各类离婚案件，农民工离婚案件分别占同期离婚案件的 41. 25%、45. 33%、55. 23%。黑龙江省北安市通北法庭 2007 年审理的农村离婚案件中，外出打工人员离婚率占 74%，且 2008 年上半年较之 2006 年和 2007 年同期相比亦有上升趋势。其二，青年人流行的“闪婚”、“网婚”导致的离婚。闪婚，是指男女双方从相识、相恋到结婚只经历很短的时间，亦即快速结婚，又称婚姻速配。“网婚”是指通过互联网结识结婚的婚姻。网婚和闪婚是 21 世纪初在我国出现的新型的婚姻模式。有学者研究，当下青年人对以下几种婚姻形式的接受度分别为：闪婚 48. 8%，隐婚（假性单身）52. 5%，网婚 44. 1%，不婚 62. 7%。以北京市为例，2006 年，北京共有 24 952 对夫妻办理离婚登记，其中有 1/5 婚姻关系维持不到 3 年；1/3 在结婚 5 年内离婚；结婚不到 1 年就离婚的有 970 对，有 52 对离婚的夫妻结婚还不到 1 个月。在这些离婚夫妻中，“80 后”占了相当大的比例。

---

① 曾毅：《中国八十年代离婚研究》附录，北京大学出版社，1995 年版。

② 同①，第 96 页。

③ “山东省高级人民法院关于第三者插足破坏婚姻家庭案件的情况报告”，［83］鲁法民字第 329 号。

④ 山东省济南市中级人民法院《法院工作简报》第 42 期，1991 年 9 月 14 日。

第四节　丧偶状况变动趋势与特点

丧偶是指结婚后配偶一方死亡而另一方尚未再婚的人。一定时期丧偶人口的多少，反映了这一时期丧偶人口重新进入有配偶生活的状况，同时也间接反映出已婚人口死亡率的高低。新中国成立60多年来，中国人口丧偶率呈逐渐下降趋势，尤其女性人口丧偶率有了较大幅度下降。

一、丧偶率的变动趋势

（一）丧偶率逐步降低

丧偶率是指15岁及以上人口每百人中丧偶人口的比重。据有关史料记载，1946年至1947年间，中国城市人口丧偶率为7.17%，农村为9.82%[①]。新中国成立后，随着人民生活水平和健康水平的提高，人口死亡率降低以及人们婚姻观念的改变，人口丧偶率逐步降低。1982年人口普查，全国人口丧偶率为7.16%；1990年及2000年人口普查，丧偶率分别降为6.10%和5.58%，2010年为5.69%（表11－18）。这表明新中国成立60多年来中国人口丧偶率呈逐渐下降趋势。

表11－18　分地区人口丧偶率

单位:%

年份	人口丧偶率				
	4.00以下	4.01～5.00	5.01～6.00	6.01～7.00	7.00以上
1982			辽宁（5.39） 黑龙江（5.60） 吉林（5.88） 内蒙古（5.45） 新疆（5.16） 宁夏（5.03） 青海（5.95） 北京（5.59） 天津（5.78）	上海（6.68） 山西（6.88） 陕西（6.80） 甘肃（6.61）	河北（7.11） 山东（7.41） 江苏（7.32） 浙江（7.21） 福建（7.60） 广东（7.96） 河南（7.71） 安徽（7.50） 湖北（7.57） 湖南（7.38） 江西（7.45） 四川（7.95） 贵州（7.30） 云南（7.32） 广西（7.66）

① 马侠：《婚姻·家庭·人口》，辽宁人民出版社，1987年版，第11页。

续表

年份	人口丧偶率				
	4.00 以下	4.01 ~5.00	5.01 ~6.00	6.01 ~7.00	7.00 以上
1990		北京（4.95） 黑龙江（4.79） 内蒙古（4.76） 新疆（4.46） 宁夏（4.16） 青海（4.97）	辽宁（5.03） 吉林（5.08） 天津（5.49） 山东（5.83） 陕西（5.86） 甘肃（5.44）	河北（6.11） 上海（6.37） 山东（6.30） 江苏（6.46） 浙江（6.43） 福建（6.52） 广东（6.69） 河南（6.34） 安徽（6.16） 湖北（6.44） 湖南（6.38） 江西（6.18） 海南（6.09） 四川（6.51） 贵州（6.00） 云南（6.10） 广西（6.55）	西藏（7.31）
2000	新疆（3.78） 宁夏（3.72）	辽宁（4.98） 北京（4.22） 黑龙江（4.63） 吉林（4.81） 内蒙古（4.44） 广东（4.58） 海南（4.90）	河北（5.27） 天津（5.05） 上海（5.19） 山东（5.66） 浙江（5.74） 福建（5.64） 山西（5.05） 河南（5.62） 安徽（5.99） 湖北（5.94） 陕西（5.42） 甘肃（5.43） 贵州（5.25） 云南（5.50） 青海（5.13）	江苏（6.18） 湖南（6.26） 江西（6.09） 四川（6.80） 广西（6.10） 西藏（6.90）	
2007		内蒙古（4.89） 新疆（4.78） 山西（4.66） 广东（4.41） 宁夏（4.09） 北京（4.01）	浙江（5.89） 江西（5.86） 云南（5.83） 辽宁（5.68） 山东（5.65） 上海（5.64） 黑龙江（5.48） 海南（5.40） 天津（5.36） 吉林（5.33） 河南（5.28） 河北（5.19）	贵州（6.72） 福建（6.62） 湖北（6.61） 安徽（6.57） 江苏（6.56） 湖南（6.49） 陕西（6.32） 广西（6.24） 甘肃（6.10） 青海（6.08）	四川（7.63） 西藏（7.46） 重庆（7.26）

续表

年份	人口丧偶率				
	4.00 以下	4.01～5.00	5.01～6.00	6.01～7.00	7.00 以上
2010	北京（3.82）	天津（4.73） 新疆（4.68） 内蒙古（4.79） 上海（4.30） 广东（4.15） 海南（4.99） 宁夏（4.06）	河北（5.15） 福建（5.41） 山西（5.01） 江西（5.68） 辽宁（5.72） 山东（5.89） 吉林（5.50） 河南（5.66） 黑龙江（5.44） 云南（5.93） 江苏（5.87） 甘肃（5.98） 浙江（5.02） 青海（5.64）	安徽（6.34） 湖北（6.07） 湖南（6.68） 广西（6.82） 贵州（6.90） 西藏（6.71） 陕西（5.64）	重庆（7.24） 四川（7.22）

资料来源：本表根据 1982 年、1990 年、2000 年、2010 年各次人口普查资料整理。

（二）人口丧偶率地区差异不明显

与人口未婚比、人口离婚率、人口再婚比的地区差异比较，人口丧偶率的地区差异较小。1982 年，28 个省、区、市中人口丧偶率差值为 2.93 个百分点；1990 年，30 个省、区、市中人口丧偶率差值为 3.15 个百分点；2000 年 30 个省、区、市中人口丧偶率的差值为 3.18 个百分点，2010 年其差值为 3.40 个百分点。总体观察，全国各省份人口丧偶率的地区差异是在整体下降趋势中的差异。表 11－18 可见，1982 年全国 28 个省份中有 15 个省份人口丧偶率位于 7.00% 以上的区间，1990 年全国 30 个省份中有 17 个省份人口丧偶率位于 6.01%～7.00% 的区间，而至 2010 年全国 30 个省份中有 14 个省份人口丧偶率位于 5.01%～6.00% 的区间，有 8 个省份人口丧偶率位于 5.00% 以下的区间。情况表明在近 30 年中几乎每 10 年就有半数以上的省份人口丧偶率下降 1 个百分点左右。

二、丧偶人口的基本特征

（一）丧偶人口年龄分布逐渐向老年组推移

有关史料及 1982 年、1990 年、2000 年、2010 年人口普查和 2005 年 1% 人口抽样调查提供的数据表明，新中国成立以来，丧偶人口的年龄状况逐渐向老年组推移。

20世纪20年代末及30年代初，男性人口分年龄组的丧偶人口比重，自30～34岁组始即达到4.0%以上（为4.8%），50～59岁组丧偶人口比重达到19.2%①。1982年、1990年、2000年、2005年和2010年这一状况发生较大变化。2010年男性人口丧偶比达到4.00%以上的年龄组移至60岁以上组（为7.95%），比20年代末30年代初向后推移了6个5岁年龄组，比1982年向后推移了3个5岁年龄组。

女性丧偶人口年龄状况的变动趋势与男性基本相同。20世纪20年代末30年代初，女性人口丧偶比例出现4%以上年龄组也是在30～34岁组，1982年这一状况出现在45～49岁组，2010年后移至55～59岁组（表11－19）。

表11－19　分年龄组的丧偶人口状况

单位:%

年龄组	1982年		1990年		2000年		2005年		2010年	
	男	女	男	女	男	女	男	女	男	女
15～19	0.00	0.00	0.01	0.01	0.00	0.00	0.00	0.00	0.00	0.00
20～24	0.05	0.05	0.07	0.07	0.03	0.05	0.02	0.04	0.01	0.02
25～29	0.24	0.15	0.22	0.19	0.16	0.20	0.10	0.16	0.03	0.07
30～34	0.63	0.47	0.47	0.39	0.37	0.45	0.26	0.39	0.09	0.17
35～39	1.25	1.21	0.89	0.84	0.61	0.87	0.51	0.84	0.18	0.36
40～44	2.28	2.84	1.66	2.13	1.08	1.72	0.84	1.60	0.38	0.75
45～49	4.00	6.12	2.90	4.71	1.85	3.18	1.49	3.01	0.63	1.41
50～54	—	—	4.93	9.54	3.26	6.43	2.63	5.24	1.23	2.66
55～59	8.44	17.12	8.12	17.07	5.39	11.91	4.50	9.72	2.04	4.46
60岁及以上	26.97	58.13	23.6	51.44	18.45	41.68	16.74	37.97	7.95	18.94

资料来源：本表根据1982年、1990年、2000年、2005年、2010年各次人口普查资料整理。

（二）女性丧偶多于男性

中国丧偶人口的性别特征十分明显。20世纪20年代末30年代初，无论南方或北方，40～44岁组至60～69岁组的各年龄组人口中，女性丧偶比均为男性的两倍左右（表11－11）。出现这种性别差异主要与女性丧偶人口再婚较难有关。据1935年山东省邹平县调查，是年全县丧偶人口中男性为5234人，女性为10 157人，女性近乎男性两倍②。其原因，据有关史料记载，在山东省许多地方，寡妇再婚要受到非议，“女子既嫁，不幸而夫亡，多守节。间有再醮者，亦为乡里所不齿”③。

新中国成立60多年来，丧偶人口的性别差异仍然比较明显。主要表现在60岁及以上年龄组中男女丧偶比的性别差异较大。1982年该年龄组男女人口丧偶比分别为26.97%和58.13%，女性为男性的2.16倍；1990年该年龄组男女丧偶比分别为

① 马侠：《婚姻·家庭·人口》，辽宁人民出版社，1987年版，第15页。

② 吴顾毓：《邹平实验县户口调查报告》，中华书局，1937年版。

③ 林修竹：《山东各县乡土调查录》，商务印书馆，1920年版。

23.60%和51.44%，女性为男性的2.18倍；2000年该年龄组男女丧偶比分别为18.45%和41.68%，女性为男性的2.26倍；2005年该年龄组男女丧偶比分别为16.74%和37.97%，女性为男性的2.27倍；2010年该年龄组男女丧偶比分别为7.95%和18.94%，女性为男性的2.38倍。这种现象的主要原因：其一，男性人口丧偶比的下降速度大大快于女性。2000年与1931年相比，全国60岁及以上男性丧偶比下降30多个百分点，下降了六成多，而同期同年龄组女性丧偶比只下降了不足五成。其二，历史原因造成的较大的性别差异在相当长的时期内难以消弭。20年代末30年代初，中国老年女性丧偶比呈较高比重，50～59岁女性人口丧偶比在南方达到41.6%，在北方达到36.4%；60～69岁年龄组丧偶比在南方达到67.4%，在北方达到56.2%；70～79岁年龄组丧偶比，在南方达到86.6%，在北方达到79.8%；80岁及以上人口丧偶比，在南方达到96.4%，在北方达到95.2%（表11－11）。这种分性别丧偶人口年龄状况的基本格局，一直延续至新中国成立后颁布的新婚姻法保障寡妇再嫁，才逐渐减少了女性人口丧偶比。

丧偶人口的性别差异还表现在平均丧偶年数方面。据北京大学人口研究所1998年进行的“中国高龄老人健康长寿研究”提供的数据表明，研究调查各年龄组高龄丧偶人口中，女性平均丧偶年数均高于男性40%～65%。80～84岁组中，平均丧偶年数男性为16.64年，女性为23.90年，高出男性7.26年；85～89岁组中，男性为16.81年，女性为27.60年，女性高出男性10.79年；90～94岁组中，男性为19.42年，女性为31.29年，女性高出男性11.87年；95～99岁组中，男性为23.00年，女性为34.83年，女性高出男性11.83年；100～105岁组中，男性为26.87年，女性为40.15年，女性高出男性13.28年①。

（三）文化程度影响丧偶人口再婚

表11－20提供的数据表明，20世纪80年代至21世纪初，不同文化程度人口丧偶比发生了一些变化：无论男女大学文化程度丧偶比均呈下降趋势，其男性丧偶比由1982年的1.19%下降至2010年的0.49%，女性丧偶比由1982年的2.07%下降至2010年的0.68%，均下降了六成多。同时，高中以下各类文化程度人口丧偶比均有不同程度增加，尤以文盲半文盲人口丧偶比增加幅度最大。其男性丧偶比由1982年的12.58%增至2010年的22.05%，增加9.47个百分点；女性丧偶比由1982年的19.03%增至2010年的38.27%，增加19.24个百分点。以上均表明低文化程度女性丧偶人口再婚概率明显低于高文化程度人口。

① 郑真真：《中国高龄老人丧偶和再婚的性别分析》，《人口研究》，2001年第5期。

表 11－20　各类文化程度人口丧偶比

单位：%

文化程度	1982 年		1990 年		2000 年		2005 年		2010 年	
	男	女	男	女	男	女	男	女	男	女
大学	1.19	2.07	0.8	1.54	0.7	1.19	0.66	1.05	0.49	0.68
大专	—	—	0.6	0.89	0.52	0.85	0.67	1.11	0.58	0.97
中专	—	—	0.73	1.26	0.78	1.33	—	—	—	—
高中	0.56	0.43	0.61	0.6	0.73	1.15	0.83	1.49	0.90	1.74
初中	1	0.55	0.93	0.74	1.16	1.25	1.28	1.57	1.51	2.24
小学	4.04	2.11	4.12	2.62	5.86	5.78	6.59	7.32	8.32	12.22
文盲半文盲	12.58	19.03	14.71	23.12	17.69	30.14	17.75	29.37	22.05	38.27

注：1982 年“大学”包括大学肄业或在校。

资料来源：本表根据 1982 年、1990 年、2000 年、2005 年、2010 年各次人口普查资料整理。

（四）人口丧偶比职业差异不明显

表 11－21 提供的数据表明，我国各类职业人群丧偶比的差异较小。1982 年男性各类职业人口丧偶比最高与最低差值仅为 3.2 个百分点（最高是服务性工作人员，丧偶比为 4.01%，最低是办事人员和有关人员，为 0.81%）。1982 年女性各类职业人口丧偶比最高与最低差值为 3.67 个百分点（最高亦是服务性工作人员，为 4.70%，最低是各类专业技术人员，为 1.03%）。2000 年各类职业人群丧偶比差异进一步缩小，男性各类职业人群丧偶比最高与最低差值降至 2.63 个百分点（最高是农林牧渔劳动者，为 3.01%，最低是国家机关、党群组织、企事业单位负责人，为 0.38%），女性各类职业人群丧偶比最高与最低差值为 2.91 个百分点（最高是农林牧渔劳动者，为 3.72%，最低是各类专业技术人员，为 0.81%）。

表 11－21　各类职业人群丧偶比

单位：%

职业类别	1982 年		1990 年		2000 年		2010 年	
	男	女	男	女	男	女	男	女
各类专业技术人员	1.10	1.03	0.74	0.93	0.54	0.81	0.41	0.69
国家机关、党群组织、企事业单位负责人	1.02	4.22	0.64	2.74	0.38	1.57	0.34	1.13
办事人员和有关人员	0.81	1.47	0.61	1.21	0.81	1.04	0.66	0.74
商业工作人员	2.06	2.77	1.32	1.83	0.77	1.57	0.62	1.45
服务性工作人员	4.01	4.70	2.97	2.59	0.77	1.57	—	—
农林牧渔劳动者	3.30	2.55	2.91	2.62	3.01	3.72	3.11	4.49
生产工人、运输工人和有关人员	0.94	1.30	0.56	0.76	0.50	0.84	0.61	1.08
不便分类的其他劳动者	1.33	4.00	0.59	0.69	1.57	2.10	1.09	2.07

资料来源：本表根据 1982 年、1990 年、2000 年、2010 年各次人口普查资料整理。

另外，如上所述，由于有些职业人群丧偶比快速下降，有些人群丧偶比变动较慢，使得某些职业人群丧偶比突显。如 1982 年丧偶比较高的“服务性工作人员”，在整个 80 年代和 90 年代其丧偶比快速下降，2000 年与商业人员一并下降至男 0.77%，女 1.57%；而农林牧渔劳动者丧偶比在整个 80 年代和 90 年代基本未变，从而成为 2010 年各类职业丧偶比最高的人群。

第五节　中国人口的婚姻挤压状况

夫妻年龄差及婚姻挤压（又称婚姻拥挤）是男女人口婚配是否平衡在人口领域的重要表现。由于人口出生性别比及人口年龄结构的非均衡发展以及夫妻年龄差偏好常常引发男女人口婚配失衡及婚姻挤压，人口学将之作为十分重要的人口婚姻现象进行研究。新中国成立以来夫妻年龄差的基本格局为夫大于妻，但平均夫妻年龄差呈下降趋势；80 年代初曾一度出现婚姻拥挤现象，但其后得到缓解。

一、夫妻年龄差的变动趋势

（一）夫妻年龄差逐渐缩小

夫妻年龄差是指丈夫年龄与妻子年龄之差。夫妻年龄差的不同模式，既是不同婚姻文化的反映，从中也传递着婚姻拥挤程度的信息。

新中国成立以来有关夫妻年龄差的全国性调查及统计资料均较少。据国内学者的研究结果，在我国北方大城市（北京市），平均夫妻年龄差呈下降趋势，50 年代为 3.10 岁，60 年代为 2.86 岁，70 年代为 1.90 岁，80 年代为 1.24 岁，90 年代（至 1995 年）为 1.66 岁[①]。

表 11－22 表明，无论在 1982 年、1987 年或 1990 年，大多数夫妻均是丈夫年龄大于妻子年龄，夫大于妻的比重 1982 年为 72.83%，1987 年为 70.48%，1990 年为 70.01%。表明在 20 世纪 80 年代及 90 年代初，中国男女婚配的年龄模式仍是以夫大于妻为主。1990 年与 1982 年相比，夫妻年龄差较大组的比重呈下降趋势，丈夫年龄大于妻子 10 岁及以上组、5～9 岁组、4 岁组、－4 岁组、－5～－9 岁组、－10 岁及以上组比重均程度不同有所下降；而同时夫妻年龄差较小组的比重呈上升趋势，如夫妻年龄相同组比重由 10.37% 上升至 12.95%，丈夫大于妻子 1 岁组由 11.88% 上升至 13.90%。表明在这一期间男女婚配的年龄模式开始向夫妻年龄差逐渐缩小的趋势发

① 邓国胜，郭志刚：《婚姻拥挤研究——兼论中国生育率下降的代价》，中国社会科学院人口研究所编：《中国人口年鉴 1999》，中国人口年鉴编辑部，1999 年版，第 100 页。

展。而这一趋势说明婚配男女可以在与自己年龄相仿、年龄跨度较小的区间找到配偶。

在我国影响夫妻年龄差的主要因素有：

1. 夫妻年龄差偏好。夫妻年龄差偏好是长期以来社会形成的夫妻年龄差规范。尽管法律上对夫妻年龄差并没有限制，任何可婚男女都可以与自己年龄相差很大或很小的异性结婚，但事实上一定时期一定地区大多数人往往偏好某一约定俗成的婚配模式（参见表 11－22）。在我国北方，许多地区认同妻大于夫的婚配模式，“女大三，抱金砖”，正是这种婚配模式的真实写照。山东省的史料记载，在济南近郊的章丘县（现改为章丘市），“男子结婚，多在十五岁左右。每喜娶长妇。盖因男子弱冠，往往出外经商，娶妇为照料家事计，竟沿成此习也”① 当然，在我国许多地方，也存在着夫大于妻的婚配模式。

表 11－22　1982 年、1987 年和 1990 年夫妻年龄差

单位:%

丈夫年龄大于子年龄	1982 年	1987 年	1990 年
10 岁及以上	6.32	5.05	4.43
5～9	23.18	21.25	19.33
4	9.20	9.07	8.63
3	10.56	11.04	10.83
2	11.69	12.90	12.89
1	11.88	11.17	13.90
0	10.37	12.49	12.95
－1	7.07	7.75	8.00
－2	4.27	4.57	4.49
－3	2.50	2.36	2.29
－4	1.29	1.11	1.07
－5～－9	1.46	1.12	1.04
－10 岁及以上	0.22	0.12	0.14

资料来源：[1] 邓国胜，郭志刚：《婚姻拥挤研究——兼论中国生育率下降的代价》。
[2] 中国社会科学院人口研究所编：《中国人口年鉴 1999》，中国人口出版社，1999 年版，第 105 页。

20 世纪 80 年代以来，随着改革开放的不断深入，人们的婚姻文化及夫妻年龄差偏好均不同程度地发生了变化，愈来愈多的人愿意选择与自己年龄相仿的异性作为配偶。据国内学者 1995 年进行的“中国婚姻质量”研究成果数据表明，在 90 年代中期，夫妻年龄差的差距呈继续缩小态势，夫妻年龄相同或丈夫大 1～3 岁的比重已达 56.8%，高出 1990 年同类人群 6.2 个百分点（其他分组为：妻子年龄大于丈夫 3 岁以上的占 1.8%，大于丈夫 1～3 岁的占 12.2%，丈夫年龄大于妻子 4～6 岁占 20.8%，大于妻子 6 岁以上的占 8.4%）。同时，研究还表明，无论城乡，夫妻年龄差与婚姻质量均呈负相关关系，它对婚姻稳定的作用值在城市为－0.024，在农村为

① 林修竹：《山东各县乡土调查录》，商务印书馆，1920 年版。

-0.005①。由此，越来越多婚姻当事人的夫妻年龄偏好发生变化。

2. 政策因素。1950年颁布实行并在1980年修订的《婚姻法》中，均对男女最低法定结婚年龄作出具体规定。1950年《婚姻法》第四条规定，“男二十岁，女十八岁，始得结婚”，1980年修订的《婚姻法》第五条规定，“结婚年龄，男不得早于二十二周岁，女不得早于二十周岁”②。其后，许多地方还实行女23周岁、男25周岁始得结婚的晚婚规定。这些法律法规，均按夫大于妻两岁的婚配年龄模式规定结婚夫妇最低法定结婚年龄，一定程度上造成夫妻年龄差并造成夫大于妻两岁的基本模式。

3. 历史事件影响因素。夫妻年龄差具有弹性变动的特点。当由于战争、自然灾害或其他历史事件引发正常的婚配失衡时，往往通过扩大夫妻年龄差的途径达到婚配平衡。在新中国成立以来，50年代和60年代的夫妻年龄差为最高，而这一时期正值抗美援朝、土地改革、“反右”以及自然灾害严重时期。这些历史事件严重影响了城乡人口正常的婚配秩序，使得许多人不得不通过扩大夫妻年龄差的途径寻找配偶。以男女平均初婚年龄差计算，全国50年代平均为3.11岁，60年代平均为3.09岁，其中1962年达到4.16岁（表11-2、表11-3），为新中国成立以来最高的年份③。

（二）夫妻年龄差的基本特征

1. 文化特征。中国社会科学院人口研究所1991年组织的《当代中国妇女地位抽样调查》数据表明（表11-23），全国城乡按妻子文化程度划分的夫妻年龄差，城市中以不识字文化程度组的夫妻年龄差较大，夫大于妻4岁及以上的比重为34.29%；夫妻年龄差最小的以大学专科和大学本科比重最高，夫与妻同龄或夫大于妻1岁的比重分别为40.84%和49.61%。这表明，文化程度愈高，夫妻年龄差愈小。农村中以中专文化组的夫妻年龄差较大，夫大于妻4岁以上比重达到39.02%；夫妻年龄差较小的人群以初中比重为最高，夫与妻同龄或夫大于妻1岁的比重为36.40%。另外，在城市，初中及以上各文化程度者中，均是以夫与妻同龄或夫大于妻1岁比重为最高；在农村，高中以下及大学专科文化程度者中，均是以夫与妻同龄或夫大于妻1岁比重最高，大学本科文化程度者中夫妻年龄差较大的比重较高，夫大于妻4岁及以上比重高达33.33%。

---

① 徐安琪，叶文振：《中国婚姻质量研究》，中国社会科学出版社，1999年版，第230，283，285页。

② 中国社会科学院人口研究中心编：《中国人口年鉴1985》，中国社会科学出版社，1986年版，第65页。

③ 邓国胜，郭志刚在《婚姻拥挤研究——兼论中国生育率下降的代价》一文中认为，在人口分析中常常只能以容易获得的男女平均初婚年龄差，甚至男女平均单身年数差替代平均夫妇年龄差。据对北京市1995年1%人口抽样调查资料分析，各年代平均夫妇年龄差和平均初婚年龄差呈现较为一致的变动趋势，两者的相关系数高达0.95（见《中国人口年鉴1999》，1999年版，第100页）。

表 11－23　1991 年城乡按妻子文化程度划分的夫妻年龄差

单位：岁、%

文化程度	城市					农村				
	合计	<0	0～1	2～3	4＋	合计	<0	0～1	2～3	4＋
不识字	100.00	1.43	38.57	25.71	34.29	100.00	21.46	30.22	24.68	23.63
识字很少	100.00	3.70	26.27	36.30	33.33	100.00	20.60	35.88	27.21	16.31
小学	100.00	11.03	30.46	23.50	35.01	100.00	19.89	34.37	25.45	20.29
初中	100.00	10.13	31.66	30.61	27.60	100.00	21.68	36.40	24.27	17.66
高中	100.00	11.71	34.43	29.69	24.18	100.00	25.33	31.56	27.59	15.52
中专	100.00	12.44	34.34	27.72	25.49	100.00	17.07	24.39	19.51	39.02
大学专科	100.00	14.33	40.84	26.02	18.81	100.00	16.67	35.71	21.43	26.19
大学本科及以上	100.00	11.81	49.61	25.72	12.86	100.00	0.00	8.33	58.33	33.33

资料来源：本表根据《当代中国妇女地位抽样调查资料》（中国社会科学院人口研究所编，万国学术出版社，1994 年版）整理。

2. 生育特征。表 11－24 提供的数据表明，夫妻年龄差不同的夫妇其生育子女数量也不同：随着夫妻年龄差增加，生育 1 孩的比重逐步降低。在城乡夫妻年龄差为 0～1岁组、2～3 岁组、4 岁及以上组生育 1 孩比重分别为 75.77%、72.61% 和 62.85%；在农村上述各分组生育 1 孩比重分别为 48.32%、45.94% 和 44.17%，均呈逐级降低态势。同时，随着夫妻年龄差增加，生育 2 孩和 3 孩的比重却在增加。在城市，夫妻年龄差为 0～1 岁组、2～3 岁组和 4 岁及以上组生 2 孩的比重分别为 19.68%、21.07% 和 26.98%，生 3 孩的比重分别为 4.55%、6.32% 和 10.17%；在农村上述夫妻年龄差分组中生 2 孩的比重分别为 35.91%、36.10% 和 36.76%，生 3 孩的比重分别为 15.77%、17.96% 和 19.07%。

表 11－24　1991 年城乡按夫妻年龄差划分的生育子女状况

单位：%

夫大于妻年龄差	城市				农村			
	合计	1 孩	2 孩	3 孩	合计	1 孩	2 孩	3 孩
<0	100.00	74.19	20.90	4.91	100.00	48.07	38.55	13.38
0～1	100.00	75.77	19.68	4.55	100.00	48.32	35.91	15.77
2～3	100.00	72.61	21.07	6.32	100.00	45.94	36.10	17.96
4＋	100.00	62.85	26.98	10.17	100.00	44.17	36.76	19.07

资料来源：本表根据《当代中国妇女地位抽样调查资料》（中国社会科学人口研究所编，万国学术出版社，1994 年版）整理。

二、婚姻挤压

婚姻挤压又称“婚姻拥挤”、“婚姻剥夺”，是指由于年龄别性别比、特殊历史事件等一些因素干扰，一些男性或女性失婚。当未婚男性过剩、未婚女性短缺时，称为男性婚姻拥挤；当未婚女性过剩、未婚男性短缺时，称为女性婚姻拥挤。

新中国成立以来，全国可婚人口的婚姻挤压是男性挤压型，这一态势从1950年起持续几十年，其中以70年代中期和80年代初期最为严重。国内学者认为，1950～1990年间中国近40年历史上的婚姻挤压是男性挤压型，而且起伏波动很大。第一时期，1950～1960年，婚姻挤压的较低水平波动时期，其婚姻挤压指数平均值为0.009。第二时期，1960～1970年，婚姻挤压的第一次高水平波动时期，婚姻挤压指数的平均水平为0.019，波峰在1965年，达到0.034。第三时期，1970～1980年，婚姻挤压的第二次更高水平的波动时期，婚姻挤压指数平均水平为0.036，波峰值在1974年，为0.054。第四个时期，1980～1987年，婚姻挤压回归到较低水平的波动，但这次的波动水平显著于1950～1960年的低水平波动①。另有学者通过分年龄组性别比及男大女两岁性别比的计算，对1953年、1964年、1982年、1990年和2000年几个年度婚姻挤压进行描述性分析，认为1953年中国婚姻状况存在一定的男性婚姻挤压，但情况不严重，15岁以上各年龄组同龄人口性别比未超过110；1964年中国婚姻状况存在较严重的男性婚姻挤压，15岁以上各年龄组有3个5岁年龄组同龄人口性别比超过110；1982年这种婚姻挤压更为严重，有4个5岁年龄组同龄人口性别比超过110；1990年有3个5岁年龄组同龄人口性别比超过110；2000年婚姻挤压略有缓解，虽然未有分年龄组同龄人口性别比超过110，但除60～69岁、70～74岁外，其他各个5岁年龄组性别比均在105以上②。

从1982年、1990年、2000年和2010年几次人口普查数据分析，80年代初是全国人口婚姻挤压较严重时期。1982年在20～50岁分年龄组人口中，非婚姻状况人口（包括未婚、丧偶、离婚）性别比，有3个年龄组超过800（31岁组为828.1，32岁组为832.0，34岁组为839.6），有3个年龄组超过700（29岁组为781.5，30岁组为785.0，33岁组为784.9），性别比在200以下的仅有8个年龄组。在20～49岁的30个年龄组中，平均每岁年龄组性别比为438.3。90年代初至90年代末，人口婚姻挤压的状况得到逐步缓解，1990年分年龄组非婚姻状况人口性别比峰值最高为641.9，在20～49岁的30个年龄组中，平均每岁年龄组性别比为370.9。2000年非婚姻状况人口各年龄组性别比峰值最高为349.0，平均每岁年龄组性别比为238.5，远远低于1982年的水平（表11－25）。2010年情况又有较大改观，20～33岁年龄组非婚姻状况性别比较2000年有显著降低。而34岁以上则有提高趋势，可能是性别比峰值随时间在队列上移动。从长期来看，婚姻挤压问题将不断得到改善。

① 郑维东，任强：《中国婚姻挤压的现状与未来》，《人口学刊》，1997年第5期，第38页。

② 陈友华等：《中国婚姻挤压研究与前景展望》，《人口研究》，2002年第3期，第56页。

表 11－25　非婚姻状况人口分年龄性别比

年龄	1982 年	1990 年	2000 年	2010 年	年龄	1982 年	1990 年	2000 年	2010 年
20	120.7	126.2	113.5	111.0	35	669.5	578.9	299.0	361.7
21	127.0	147.0	124.8	116.4	36	615.4	550.6	267.3	371.7
22	164.4	169.6	140.4	122.6	37	582.1	522.6	247.8	387.5
23	204.8	206.6	159.1	130.0	38	471.2	479.8	236.5	401.3
24	262.1	254.2	187.7	138.6	39	475.7	424.2	215.8	391.8
25	340.2	314.9	224.0	149.9	40	404.4	385.8	218.4	378.2
26	433.9	381.3	264.3	162.6	41	383.1	350.5	225.1	365.5
27	567.4	429.7	298.9	176.1	42	344.1	318.3	236.1	339.0
28	687.4	462.6	328.6	190.5	43	284.4	287.7	220.5	310.3
29	781.5	464.3	341.7	206.0	44	263.0	259.1	206.0	287.3
30	785.0	553.8	349.0	221.5	45	220.5	235.6	204.9	258.6
31	828.1	608.3	346.2	251.0	46	193.6	218.5	187.5	231.6
32	832.0	641.9	335.7	272.5	47	179.2	199.5	181.5	213.1
33	784.9	609.3	342.5	302.7	48	164.1	183.6	169.5	183.9
34	839.6	596.3	328.0	331.4	49	139.9	166.2	154.0	169.6

注：包括未婚丧偶离婚。

数据来源：本表数据来自 1982、1990、2000 和 2010 年各次人口普查资料。

第六节　中国婚姻向现代型转变特色明显

综观 1949 年以来我国人口婚姻状况各个侧面的变动，总体是处于传统型向现代型的转变，许多指标值处于发展中国家前列水平，但仍有一些指标值变动迟缓，带有深重的中国经济文化的历史特色。

一、总体趋势

20 世纪中叶至 20 世纪末，世界各国人口婚姻状况的变动趋势以及中国所处的历史阶段是：

（一）人口未婚比呈现由高向低再由低向高“U”型趋势

人口未婚比由高向低阶段，是民众生活由贫困转向温饱的阶段，越来越多的人有经济能力成家立业；人口未婚比由低向高阶段，是人们婚姻观念和婚姻模式由传统型向现代型的转变时期，越来越多的人推迟初婚年龄以至采取独身的生活方式。这些婚姻观念和价值取向的变化，导致人口未婚的再次升高，但后一阶段的“高”与前一阶段的“高”有着本质不同。在 20 世纪 70～80 年代，男性未婚比 30% 以上的国家，除低收入国家如几内亚（37.2%）、利比里亚（33.9%）、墨西哥（37.4%）、智利

(39.1%)、哥伦比亚（47.8%）外，即是高收入国家如法国（30.2%）、瑞典(33.6%)[①]。在这一期间，印度（23.8%）、伊朗（27.0%）、埃及（24.2%）男性人口未婚比均在25%左右，处于“U”型的底部。中国在80年代初属人口未婚比30%以上低收入国家水平，但2010年人口未婚比降至21.30%，相当印度、伊朗、埃及70年代的水平。

（二）人口有偶率呈现“∩”型变动趋势

以男性人口为例。男性人口有偶率低于60%的国家有：利比里亚（29.2%）、墨西哥（50.6%）、智利（54.2%）、哥伦比亚（43.0%）；男性人口有偶率高于70%的国家有：印度（70.0%）、伊朗（70.0%）、埃及（72.1%）；男性人口有偶率位于60%～70%区间的国家有：美国（62.6%）、法国（64.1%）、大不列颠（英格兰、威尔士）(69.4%)、日本（67.3%)[②]。这一期间印度、伊朗、埃及处于“∩”型的顶部。中国在80年代初属人口有偶率低于60%或相当60%的水平，2010年男性有偶率升至70.37%，相当印度、伊朗、埃及70年代的水平。

（三）人口离婚率呈现由低向高缓慢上升趋势

1950～1997年近50年间，发达国家和发展中国家人口离婚率均呈上升趋势。美国人口离婚率由1950年的2.47‰上升至1995年的4.44‰，上升近1倍；加拿大人口离婚率由1950年的0.39‰上升至1995年的2.62‰，上升5倍多；日本与中国一衣带水，在传统婚姻文化方面与中国有着许多相近之处，但日本人口离婚率在60多年中发生较大变化，由1950年的0.93‰上升至1997年的1.79‰，上升近1倍。一些中等发达国家如新加坡、韩国，在近20年间人口离婚率也有较快增长，新加坡人口离婚率由1980年的0.7‰上升至1997年的1.25‰，上升近1倍；韩国同期人口离婚率上升1倍多[③]。一些发展中国家如委内瑞拉、墨西哥等，近几十年中虽然人口离婚率一直处于较低水平，但总体趋势呈缓慢上升态势。中国人口离婚率在近20年间虽然也呈上升趋势，但总体处于较低水平，属发展中国家向中等发达国家继而向发达国家发展进程中的第一阶段。需要说明的是，50年代中期中国人口离婚率虽一度达到1‰以上水平，但那一时期离婚率属受各种因素刺激的人口离婚率，不代表正常情况下人口离婚率水平。

① ［苏］G. U. 乌尔拉尼斯主编，魏津生等译，《世界各国人口手册》表68，四川人民出版社，1982年版。

② 同①。

③ 此处离婚率为“离婚对数/年均总人口”。1950～1975年数据见《世界人口》（邬沧萍主编，中国人民大学出版社，1983年版，第270页）。1980年数据见《中国人口统计年鉴1991》（国家统计局编，中国统计出版社，1992年版）。1997年数据见《中国人口统计年鉴2000》（国家统计局编，中国统计出版社，2000年版）。

（四）人口平均初婚年龄呈现大幅提升态势

1993 年，世界发达国家女性平均初婚年龄已高至 28 岁左右。其中，丹麦已达 29.2 岁，比利时 28.3 岁，瑞典 28.3 岁，芬兰和法国分别为 27.3 岁和 27.0 岁。这些国家女性平均初婚年龄比 1973 年大约提升了 3～5 岁不等，其中比利时提高幅度最大，提升了 5.2 岁①。在此期间，中国女性平均初婚年龄由 20.9 岁提升至 22.7 岁，提升 1.8 岁，提升幅度明显低于发达国家。这一阶段中国女性平均初婚年龄基本接近发达国家 70 年代初的水平。到了 2010 年，中国女性平均初婚年龄为 23.89 岁，可以表明，随着中国现代化的进程，中国女性人口平均初婚年龄还将进一步提升，接近或达到发达国家水平。

二、主要影响因素

综观 60 多年来我国人口婚姻状况的变动特点，可以认为，我国人口婚姻状况的变动，在社会主义市场经济制度建立之前，主要受制于法律因素及传统婚姻文化因素的影响；在社会主义市场经济制度建立之后，主要受制于市场经济因素及现代婚姻文化因素的影响。50 年代前期和 80 年代初期，人口结婚率和离婚率形成 60 多年中两个较高的高峰，即是法律因素（婚姻法的贯彻实施）直接作用的最好例证。而在 60 多年中，尽管政府一再提倡和鼓励晚婚，但人口早婚率几十年一直保持较高水平。这说明传统婚姻文化根深蒂固制约着人们的婚姻行为，其作用在比较闭塞的农村地区，往往大于法律因素。另外，就我国人口婚姻状况的地区差异而言，南北传统婚育文化差异的影响实际上大于经济差异。如人口结婚率的差异、早婚率的差异以及晚婚率的差异等，均显示出南北方差异大于东、中、西部差异。

三、主要规律

新中国成立以来的 60 多年中，我国人口婚姻状况的变动呈现许多内在的规律性。

一是当宏观因素干扰较少时（如宏观人口婚姻政策的直接调整，全国性政治运动的全面展开，全国性的自然灾害等），人口结婚率以及相关的平均初婚年龄等的变动主要受人口的文化教育程度、职业状况的影响；当宏观因素干扰较重时，人口结婚率等一些相关婚姻指标的变动主要受宏观性因素的影响，包括宏观计划生育政策的影响。

二是人口结婚率等婚姻指标值变动，有较强的补偿性。每一次结婚率高峰之后必

① 1993～1994 年数据见 Population Bulletin of The United Nations：Below Replacement Fertility，Table 7，Special. Issue Nos. 40/411999。1973～1974 年数据见《世界人口与经济的发展》（林富德等编，中国人民大学出版社，1980 年版，第 127 页），其为平均结婚年龄。

然有低谷出现。这种低谷的持续时间一般取决于高峰的持续时间。

三是人口婚姻挤压的解决往往是通过扩大夫妻年龄差。这种人口问题解决主要靠人口自身调节，不是靠政策。50 年代前期、60 年代前期以及 70 年代后期我国人口都曾形成程度不同的婚姻挤压，但最终都通过婚姻人口自发地提高平均初婚年龄和扩大夫妻年龄差的方式予以解决。

四是人口平均初婚年龄的提高不是一蹴而就的。它受制于各种因素影响，如宏观婚姻政策，婚姻挤压的程度，婚姻人口的文化教育程度、职业层次，以及市场经济的开放程度。20 世纪 70 年代末 80 年代初，中国男女人口平均初婚年龄在形成一个高峰之后又出现近乎 10 年的较长时期的回落，仅用文化因素和经济因素的变动予以诠释，难以解释清楚。希望靠一两个变量调整就能促使平均初婚年龄稳步提高，也是不现实的。对此应有清醒认识。

五是人口婚姻政策的调整直接影响人口结婚率继而影响人口出生率。新中国成立以来，几次生育高峰都与结婚率高峰，与婚姻政策的调整有密切关系。这种由于政策变动造成出生人口以及人口年龄结构不均衡发展的现象，希望通过更理性的方式予以解决。

可以看到的是，婚姻政策直接影响到人民生活的满意程度，直接影响到我国的人口数量与人口年龄结构，不仅对社会建设的成果产生影响，亦对我国经济社会的长期发展、和谐社会的建设产生影响。

第十二章　家庭的现代化发展趋势

家庭是社会的基本单位。绝大多数的人都生于家庭之中，在家庭的抚育下，长大成人，然后结婚成家。或许他们形成了一个新的家庭，或许使原有的家庭延续下去。到了晚年，人们在家庭中养老送终。个人的一生基本上都是在家庭中度过，随着年龄的变化，在家庭中扮演一定的角色，反过来家庭也对于个人的生活产生重要影响。因此，个人的生活也反映出家庭状况的特征。所以家庭是民生的基本依托单位，也是改善民生工作的重要关注点。改革开放以来，我国的家庭发生了一场“静悄悄的革命”，家庭小型化和核心化的趋势不断明显，而人口流动性增加和老龄化水平不断提高的大背景又使家庭的养老功能逐步削弱。这些现象是现代化过程中的常见现象，是时代进步的体现，许多发达国家都比我国更早地经历了这些问题。认识和分析这些变化，提出有效的应对之策，是民生工作应关注的重点问题。

家庭是历史的产物，家庭的结构、规模要适合和反映社会、经济、政治、文化、宗教等方面的需要和影响，同时也受到地理环境和人口自然发展的影响。有关家庭的观念在不断地变化，家庭的特征也随社会发展而变化。

家庭的变迁反映着社会经济的变迁，并且还体现着人口发展的阶段特征。家庭在一定时期中又是一个相当稳定的社会基本群体单位，反过来，家庭的稳定有助于社会的稳定。家庭功能的良好发挥有助于社会的发展和人民生活质量的提高。

家庭研究的困难之一在于缺乏量化资料。因为家庭的定义立足于婚姻血缘关系，但是在空间上却可能是分裂的。家庭在空间上的分裂造成家庭资料取得的困难，一方面家庭与人口普查的基本单位户并不完全吻合，另一方面只从血缘和婚姻定义的家庭也比较难于进行数据的收集与分析。为了解决研究问题和出于实用的目的，户在很大程度上被作为家庭的代表或近似指标。

家庭与户虽然是两个不同的概念，然而两者之间有较大的重合。在中国历史上，户就作为纳税、征兵、劳役、生产、消费等很多方面的统计单位，历史资料比较丰富。民国时期的户口统计中的户既包括普通家庭户，也包括其他非家庭的公共户①。例如 1928 年的户口统计曾把户分为普通户、船户、寺庙户和公共处所户，四者比重分别为 99.28%、0.19%、0.22% 和 0.31%。普通户即家庭户，船户是那些江湖河港地带从事打鱼和水上运输的人口，世代栖息舟船，实际也是普通家庭户。这两部分家庭户合在一起约占总户数的 99.47%。所余寺庙和公共处所户仅占 0.53%，非家庭户在总户数中的比重是很小的。

1949 年中华人民共和国成立以来，人口管理同样是以户口的形式进行的。公安部门所公布的许多统计资料都是基于户籍管理制度取得的。此外，人口普查也是以户为单位进行登记的。新中国成立以来，已经分别在 1953 年、1964 年、1982 年、1990 年、2000 年和 2010 年进行过全国人口普查，并且在 1987 年、1995 年和 2005 年还进行了普查之间的全国 1% 人口抽样调查，积累了十分丰富的统计资料。

我国 1982 年人口普查办法明确定义家庭户为“有家庭成员关系的人口，或者还有其他人口，居住并生活在一起的，作为一个家庭户；单身居住的，也作为一个家庭户。”同时将集体户定义为“没有家庭成员关系，单身居住在机关、团体、学校、工厂、矿山、工地、人民公社、农场、公司、商店、医院、托儿所、敬老院、寺院、教堂等单位内集体宿舍的人口以及监狱、劳改和劳教场所的人口，一个单位作为一个集体户。上述单位分支机构集体宿舍的人口、单位驻地以外的集体宿舍的人口，作为另一个集体户。”② 以后各次普查，基本上沿用了类似的定义。

根据我国 1982 年人口普查的汇总结果，集体户户数在总户数中只占 0.49%，集体户人口只占总人口的 3.27%；1990 年人口普查总户数中集体户所占比例为 0.61%，集体户人口所占比例为 3.00%；2000 年人口普查总户数中集体户所占比例为 3.06%，总人数中集体户人口所占比例为 5.18%；2010 年人口普查总户数中集体户所占比例为 3.78%，集体户人口所占比例为 6.96%。这说明绝大多数人口在家庭户中生活，绝大多数的户是家庭户。从我国的具体情况看，由于家庭户户数和人口占总户数和总人口的绝大部分，因此即使采用笼统的户资料也可以大体反映家庭户方面的变化，如果直接应用家庭户的数据来研究当代家庭规模、结构及其发展趋势则更有效。

家庭与户既有差别又有重合。户与家庭的区别在于它侧重于人们生活单位的空间位置，作为一户的首要条件是共同生活起居，而不注重其中的婚姻血缘关系。这样一来，在一户的不一定是一家，而一家人也可能不在一户。对家庭所做的社会学和人口学的研究，多数是以户或家庭户资料为基础。如果从婚姻关系、亲属关系、家庭网络等方面研究家庭，单纯使用家庭户资料不够，还必须有专门设计的家庭调查。但是从生育子女、

① 马侠：《家庭规模和结构的发展变化》，《当代中国的人口》，中国社会科学出版社，1988 年版，第 343 ~374 页。

② 国务院人口普查办公室和国家统计局人口统计司：《第三次全国人口普查办法》，《中国 1982 年人口普查资料》，中国统计出版社，1985 年版，第 584 ~585 页。

赡养老人、生产消费、日常生活等方面研究家庭，家庭户资料的有效度很高。因此，本章主要是通过户和家庭户的资料来反映新中国成立以来的家庭发展变化历史。

第一节　家庭核心化和小型化的发展趋势

家庭户的特征错综复杂，但是可以归纳为几种主要类别划分，并通过其类别分布的变化来反映历史变迁。这些类别划分的特征根据包括户内的关系结构、户内的人数、户内的代数。

社会学通过对户内的婚姻和血缘亲属关系对家庭进行分类，通常把家庭划分为五类①：单身家庭指当时只有一人生活的家庭；核心家庭指一对夫妇（含一方去世、离婚的）及其未婚子女所组成的家庭；主干家庭指一个家庭中有两代以上，而每代只有一对夫妇（含一方去世或离婚）的家庭；联合家庭指一个家庭中至少有两代人，且同一代人中有两对或两对以上夫妇（含一方去世或离婚）以上的家庭；其他类型家庭指上面四种类型以外的家庭。

上述五种类型中，核心家庭、主干家庭以及联合家庭是社会学家庭分类中的典型类别。严格地说，单身家庭不是群体，不构成家庭，应该称之为单身户。因此，核心家庭是各种家庭模式中最简单的组合形态，在此基础上组合复加形成主干家庭与联合家庭。所谓其他类型家庭则是一些非典型的复杂情况。

此外，社会学和人口学都通用的家庭（户）分类方式还有：按照户内人数划分的分类，按照户内代数划分的分类。这两种分类方法简单明了，容易操作，在关于家庭（户）的人口统计和社会调查中被广为应用，有关资料比较多。

近些年来，无论从家庭户的结构来看，还是从其规模来看，家庭核心化和小型化的发展趋势都日益明显。

一、按户内亲属关系结构的类别比例的分布及其变化

无论户籍管理，还是人口普查的人口统计中，都不包括按户内亲属关系结构划分的类别比例。只有一些社会调查提供了这种家庭类别划分的比例分布数据。这些社会调查的规模都相对较小，覆盖区域也比较狭窄，其结果实际上很难推断到全国家庭发展的总体情况，不同调查的结果之间也缺乏可比性。

中国社会科学院人口研究中心的七省地农村的调查和中国社会科学院社会学研究所于 1998 年所进行调查的结果（表 12－1），说明几十年来核心家庭所占的比重日益增多，联合家庭所占比重逐渐减少，而主干家庭比重相对比较稳定。但是 20 世纪 80

① 刘英：《中国城市家庭的发展与变化》，《中国婚姻家庭研究》，社会科学文献出版社，1987 年版。

年代初时，主干家庭的比例相对于20世纪三四十年代来说有比较明显的增加，而90年代末又比80年初有所降低，大致回到了原来的水平。

表12－1 农村家庭结构的变迁

单位：%

家庭关系结构类型	结婚时娘家婆家家庭结构 1930～1940年	调查时家庭结构 1980～1981年	1998年
核心家庭	31.90	36.38	55.89
主干家庭	42.48	54.09	43.45
联合家庭	21.62	3.42	0.33
单身及其他家庭	4.00	6.09	0.33
总计	100.00	100.00	100.00
案例数量	1 050	525	900

资料来源：[1] 1930～1940年和1980～1981年数据引自中国社会科学院人口研究中心的七省地农村的调查结果①，并加以类别合并。
[2] 1998年数据引自五地调查数据中的青浦、太仓和宜宾三地农村样本数据汇总结果。②

1983年“中国五城市婚姻家庭研究”调查和1993年“中国七城市婚姻家庭研究”调查提供了一些关于中国城市家庭结构变迁的资料（表12－2）。可以看出，城市中核心家庭比例在50～80年代初有所增加，但是在80年代以后有略微降低。而主干家庭比例在50～70年代期间有所降低，但80～90年代反而有所提高。联合家庭、单身及其他类型家庭的比例在新中国成立60多年中基本上都处于减少趋势。

表12－2 城市家庭结构的变迁

单位：%

家庭结构	不同结婚年代的家庭类型比例					
	1949年以前	1950～1965年	1966～1976年	1977～1982年	1983年	1993年
核心家庭	53.05	52.20	63.66	68.42	66.41	64.97
主干家庭	20.91	21.15	18.29	20.15	24.29	25.28
联合家庭	8.17	6.06	3.90	3.12	2.30	2.19
单身及其他家庭	17.87	20.58	14.15	8.31	7.00	7.67
总计	100.00	100.00	100.00	100.00	100.00	100.11
案例	3 257	3 153	1 717	1 732	4 385	5 616

资料来源：[1] 1983年以前各年数据引自1983年“中国五城市婚姻家庭研究”（北京、天津、上海、南京、成都）调查中调查对象回顾的结婚时婆家与娘家家庭结构两表案例数合并后计算③。
[2] 1983年数据系该次调查时调查对象的家庭结构④。
[3] 1997年数据引自1993年“中国七城市婚姻家庭研究”调查（北京、上海、成都、南京、广州、兰州、哈尔滨）数据整理。⑤

① 马侠：《家庭规模和结构的发展变化》，《当代中国的人口》，中国社会科学出版社，1988年版，第359页。

② 沈崇麟，杨善华，李东山主编：《世纪之交的城乡家庭》，中国社会科学出版社，1999年版，第68页。

③ 仇立平：《城市家庭结构变动模拟实验报告》，《中国婚姻家庭研究》，社会科学文献出版社，1987年版，第143页。

④ 刘英：《中国城市家庭的发展与变化》，《中国婚姻家庭研究》，社会科学文献出版社，1987年版，第85页。

⑤ 沈崇麟，杨善华：《当代中国城市家庭研究》，中国社会科学出版社，1995年版，第39页。

二、按户内人数和户内代数的类别比例分布及其变化

1982 年、1990 年、2000 年和 2010 年四次全国人口普查都提供了按户内人数和户内代数分布的家庭户数，使我们得以更全面准确地比较家庭户数中的结构变化。表 12 – 3 提供了有关统计结果，还提供了 1931 年金陵大学美籍教授卜凯在 22 省的调查结果①作为历史情况的对比。

表 12 – 3　按户内人数分类的家庭户比例

单位：%

	1931 年	1982 年	1990 年	2000 年	2010 年
一人户	2. 5	8. 0	5. 5	8. 3	14. 5
二人户	8. 3	10. 1	9. 5	17. 0	24. 4
三人户	15. 4	16. 1	20. 8	29. 9	26. 9
四人户	19. 0	19. 5	24. 1	23. 0	17. 6
五人户	17. 9	18. 4	19. 3	13. 6	10. 0
六人户	13. 0	13. 1	10. 7	5. 1	4. 2
七人户	8. 8	8. 0	5. 5	1. 8	1. 4
八人⁺户	15. 1	6. 9	4. 7	1. 2	1. 0
合计	100. 0	100. 0	100. 0	100. 0	100. 0

马侠曾经将 20 世纪 80 年代家庭户按户内人数的分布比例与可得到的 20 世纪 30 ~ 40 年代的相应数字作过比较②。他指出，人口多（七人及以上）的家庭户所占比重在几十年来有了大幅度的下降，人口少的户所占比重却有了增加。一些回顾性社会调查（如中国五城市婚姻家庭调查、中国社会科学院人口研究中心在七地生育史调查）的结果也显示出同样的趋势。

通过比较，我们看到在 1982 年以前家庭户按户内人数的分布趋势是向三人户、四人户和五人户集中。在 1982 年和 1990 年这三种类型都处于比例最大的前三位。1982 年时它们的合计比例为 53. 9%，然而到 1990 年时却一跃提高到 64. 2%，增加了 10 个百分点以上。到 2000 年和 2010 年时，五人户比例不但没有增加，反而明显减少，并且已经退出前三位，而二人户比例则排在前三位。因此，应该说 20 世纪最后 10 年中家庭户按户内人数的分布是在向二、三、四人户集中。这两个年份处于前三位的三类户类型所占的合计比例从 1990 年的 54. 4% 提高到 2000 年的 69. 9%，2010 年仍为 68. 9%，与 1990 年相比增加了近 15 个百分点。并且，家庭户向更小规模集中的趋势仍在继续，一人户和二人户的比例进一步提高，而四人户和更大规模户的比例都在减少。

① 马侠：《中国家庭户规模和家庭结构分析》，《人口研究》，1984 年第 3 期。

② 同①，第 46 ~ 53 页。

表12－4提供了1982年、1990年、2000年全国人口普查，2005年全国1%人口抽样调查和2010年全国人口普查的家庭户按户内代数分类比例。在这五次普查及调查中都是二代户所占的比例最高。然而很值得注意的是，一代户的比例在1990～2000年期间显著上升了8个百分点，并且在之后的仅仅十年中又提高了12个百分点。而二代户比例则有相应幅度的下降。此外，三代以上户所占比例在整个期间比例大体维持不变，只有很小的波动。这说明改革开放以来小型家庭户日益发展，并且有加速趋势，然而多代同堂家庭在社会中的地位依然是比较稳定的。

表12－4　按户内代数分类的家庭户比例

单位：%

户类型	1982年	1990年	2000年	2005年	2010年
一代户	13.77	13.53	21.70	29.35	34.18
二代户	67.46	68.02	59.32	52.69	47.83
三代$^+$户	18.76	18.45	18.98	17.96	18.00
合计	100.00	100.00	100.00	100.00	100.00

以上这些家庭分类结构比例实际上都是以家庭户为分析单位的统计。它们提供了不同年代的家庭测量，反映出家庭结构的变化。但是，家庭是由个人组成的。家庭变化反映人口内部的分化组合变化，并且人口的发展变化本身对家庭结构也产生很大的影响。

下面，本节将着力于量化地测量家庭规模及其变化，并力图以社会经济变化和人口变化来解释家庭方面产生的变化。

三、平均户规模的发展变化

平均户规模及平均每户中拥有的人数，即通过总人数除以总户数计算得到。这是使用最普遍的家庭测量指标。新中国成立60多年来拥有十分完全的全国的人口数和户数统计，根据这两个指标的基础数据便可以计算出各个年份的平均户规模。这些基础数据在表12－5中提供。表中还提供了历次全国人口普查统计的平均家庭户规模。图12－1描绘了平均户规模的变化动态。

图12－1中的曲线是根据公安年报户籍统计的人口数和户数所计算出来的平均户规模。实际上，公安户籍统计中与人口普查一样是有家庭户和集体户之分的，然而所公布的公安户籍统计资料中的人口数和户数都未区别这两种口径，因此图中曲线所代表的平均户规模只是用公安户籍统计的总人口除以总户数所得到的平均数，其中混入了集体户人口和集体户户数的扰动影响，并不能十分贴切地反映家庭户的变化。

自从1982年全国人口普查以来，已经又在1990年、2000年和2010年进行了三次人口普查，都发表区别家庭户和集体户的人口数和户数，并且提供了家庭户的平均户规模。此外，还分别在1987年、1995年和2005年进行过两次普查间的全国1%人口抽样调查，也都提供了有关家庭户的详细统计数字。这些人口普查和人口抽样调查所提供的平均家庭户规模数字，能够更好地反映我国改革开放以来的家庭变迁，避免了集体户的人口和户数的扰动，因此在表 12－5 中同时提供了这一渠道的统计结果，可以将它们与同年份的公安户籍统计的笼统的平均户规模做一比较。

（一）平均户规模变化的两个阶段

如果忽略图 12－1 中平均户规模曲线在 1960 年左右出现的下凹，那么新中国成立 60 年来平均户规模的变化可以分成两大阶段，分界点是 1973 年。前一段总体趋势是平均户规模的扩大，后一段是平均户规模持续缩小。

其中，在平均户规模的扩大阶段中，1960 年到 1962 年的情况很特别，一反扩大趋势发生突然下降。这与当时面临的经济困难及其有关政策相联系，但这个下降不是趋势性的，一旦局面缓和过来，平均户规模又回到上升趋势上去了。对于这一时期社会经济与人口、家庭发展的特殊情况将在后面专门讨论。

1974 年以后平均户规模才开始持续下降，图中显示出这种下降趋势再未有过逆转。其实这只是由于平均户规模这一统计指标是个比较粗糙的指标，因而不能揭示 20 世纪 80 年代和 90 年代中家庭变迁中所发生的更复杂的情况。到 2000 年以后，平均户规模则明显呈阶梯式骤降。

从图 12－1 中平均户规模曲线与出生率曲线的比较可以看出，我国家庭户规模的大趋势实际是由出生率水平决定的。在新中国成立后的前 14 年里，家庭户规模由于出生水平很高（其实还受死亡率迅速下降影响）处于扩张过程。其间，由于 60 年代初的自然灾害的影响，这种趋势受到了短期的干扰，变得不太明显。图中在两条曲线上各自加上无自然灾害的假设虚线后，便可以更容易地看出家庭户规模变化趋势其实是与出生率由 35‰以上的高水平下降到 25‰时发生了逆转，从 1974 年开始下降，并且伴随低水平的出生率一直在缩小。

图 12－1 中通过一些菱形的点显示了严格按家庭户口径统计的人口普查的平均户规模水平，其中较小的菱形点代表普查间 1% 人口抽样的统计。在新中国成立后较早年代它们与公安户籍统计的笼统的平均户规模之间还比较吻合，但是随着时间的推移，两者之间开始出现比较明显的差别。

国家统计局公布的数据表明，在 1982 年时中国平均家庭户规模为 4.51 人，在 1987 年已降到平均每户 4.15 人，而在 1990 年时已经是 3.93 人，突破了新中国成立以来一直处于 4 人以上的局面。2000 年时已经降到 3.59 人，到 2005 年又下降到 3.13 人。

一般而言，集体户的规模明显大于家庭户的规模，因此笼统计算的平均户规模会大于严格按家庭户口径计算的平均户规模。然而，在 1987 年和 1990 年，我们却看到平均家庭户规模高于笼统的平均户规模。这一情况不仅反映两种渠道统计口径的差异，其实也揭示了20世纪80年代家庭户一些特殊的变化，对此也将在后面专门论述。进入20世纪90年代以后，我国社会、经济、人口都发生了一系列重大变化，这不能不对家庭产生影响。我们看到图中的平均家庭户规模又重新降到笼统的平均户规模之下了，并且差距越来越大。比如，2000年公安户籍统计的平均户规模为3.59人，而人口普查统计的家庭户规模却只有3.44人。其中的差距不仅来源于是否区别家庭户和集体户不同，还来源于另一种统计口径上的不同。公安户籍统计是按人口的户籍所在地统计的，而人口普查却是按人口的常住地统计的（居住或离开户籍地半年以上便在现住地登记）。由于20世纪90年代现实中已经存在大量事实上的人口迁移，然而很多迁移者由于种种原因并未办理户口随迁，于是户籍统计很难反映这种人口迁移和家庭分化的现实。而普查统计则并不拘泥于户籍的限制，因而能够更好地反映人口和家庭的生活现状。

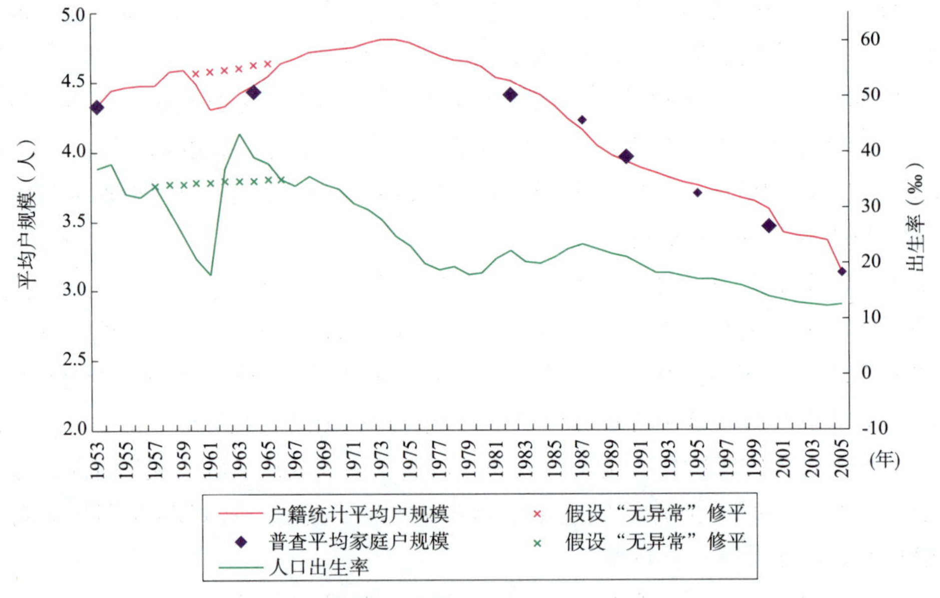

图12－1　我国平均户规模与出生率的变化

资料来源：[1] 1954～1994年各年总人口和总户数来自《中国人口统计年鉴1995》（国家统计局人口与就业统计司编，中国统计出版社，1995年版）。

[2] 1995年及以后各年总人口和总户数引自《中国人口统计年鉴2001》（国家统计局人口和社会科技统计司编，中国统计出版社，2001年版）。

[3] 2001～2005年家庭户平均规模引自《人口和计划生育常用数据手册2006》（国家人口和计划生育委员会发展规划司，中国人口与发展研究中心编，中国人口出版社，2007年版）。

[4] 1999年及以前的出生率引自《中国人口统计年鉴2001》（国家统计局人口和社会科技统计司编，中国统计出版社，2001年版）。

[5] 2000～2005年出生率为国家统计局人口变动调查结果引自《人口和计划生育常用数据手册2006》（国家人口和计划生育委员会发展规划司，中国人口与发展研究中心编，中国人口出版社，2007年版）。

[6] 普查平均家庭户规模均为历次全国人口普查或1%人口抽样调查公布统计结果。

表 12-5　新中国成立以来人口和户数的基本资料

年份	户数（万）	人数（万）	平均户规模	年份	户数（万）	人数（万）	平均户规模
1953	13 579	58 796	4. 33	1983	23 000	10 2495	4. 46
1954	13 553	60 266	4. 45	1984	23 476	103 475	4. 41
1955	13 754	61 465	4. 47	1985	24 134	1045 32	4. 33
1956	14 048	62 828	4. 47	1986	24 927	105 721	4. 24
1957	14 431	64 653	4. 48	1987	25 834	107 240	4. 15
1958	14 420	65 994	4. 58	1988	26 933	108 978	4. 05
1959	14 661	67 207	4. 58	1989	27 888	110 676	3. 97
1960	14 746	66 207	4. 49	1990	28 830	113 274	3. 93
1961	15 307	65 859	4. 30	1991	29 458	114 511	3. 89
1962	15 533	67 295	4. 33	1992	30 039	115 563	3. 85
1963	15 637	69 172	4. 42	1993	30 574	116 597	3. 81
1964	15 759	70 499	4. 47	1994	31 104	117 674	3. 78
1965	15 953	72 538	4. 55	1995	31 658	118 788	3. 75
1966	16 098	74 542	4. 63	1996	32 168	119 866	3. 73
1967	16 341	76 368	4. 67	1997	32 663	120 903	3. 70
1968	16 671	78 534	4. 71	1998	33 209	121 818	3. 67
1969	17 072	80 671	4. 73	1999	33 766	122 812	3. 64
1970	17 515	82 992	4. 74	2000	34 049	117 827	3. 59
1971	17 962	85 229	4. 74	2001	34 837	119 839	3. 42
1972	18 222	87 177	4. 78	2002	36 508	123 797	3. 39
1973	18 555	89 211	4. 81	2003	36 755	124 239	3. 38
1974	18 906	90 859	4. 81	2004	36 761	123 621	3. 36
1975	19 311	92 420	4. 79	2005	39 899	125 060	3. 13
1976	19 787	93 717	4. 74	2006	36 818	116 845	3. 17
1977	20 235	94 974	4. 69	2007	36 726	116 424	3. 17
1978	20 641	96 259	4. 66	2008	36 573	115 553	3. 16
1979	20 986	97 542	4. 65	2009	36 394	114 504	3. 15
1980	21 396	98 705	4. 61	2010	40 152	124 461	3. 09
1981	22 057	100 072	4. 54	2011	—	—	3. 03
1982	22 538	101 541	4. 51				

资料来源：[1] 1954～1994 年各年总人口和总户数引自《中国人口统计年鉴 1995》（国家统计局人口与就业统计司编，中国统计出版社，1995 年版，第 354 页）。

[2] 1995 年及以后各年总人口和总户数引自《中国人口统计年鉴 2001》（国家统计局人口和社会科技统计司编，中国统计出版社，2001 年版）。

[3] 2001～2010 年数据根据相应年份《中国统计年鉴》整理。

（二）平均户规模扩张阶段中的两个特殊时期

1. 20世纪50年代初期的分家立户高潮。第一个特殊时期是50年代初期，家庭户数量曾经有过较大幅度增加。由于图12-1的平均户规模曲线起始于1953年，因此未能反映出新中国成立初期的第一次人口分化立户高潮。然而，这一时期中户数的增加速度大大超过人口增长的速度，因而平均户规模显著缩小。这是与土地改革和战争时期结束联系在一起的，广大农民经济上的翻身，有了成家立业的基础，其结果是大量新户的产生和平均户规模的下降。所以新中国开始有户规模统计时（1953年），户规模应该正处于数量的低谷。也就是说，就平均户规模而言，在1953年之前和之后的平均户规模都相对较高。

根据马侠搜集和整理的资料①，从20世纪初到40年代末，旧中国官方统计的平均户规模大致保持在5.17~5.38人。同时期的民间学者的一些调查也表明那时的平均家庭规模在5人左右是可信的。

因此，相对于40年代而言，新中国成立后的家庭户规模大大缩小了。马侠曾就此指出，变化主要是发生在新中国成立前后短短几年之中（由1947年的5.35人降到1953年的4.3人）。主要原因不是由于人口的减少，而是由于户数的猛增。通过分析当时社会的背景，起码可以得到导致当时户数猛增有以下几个原因：

（1）土地改革。其中最主要的原因是1950~1952年的土地改革，没收了地主阶级的土地、多余的房屋和其他生产资料，无偿地按人口分配给无地、少地和无房的农民。

根据其他方面的有关资料记载②，1950年6月，政府颁发了《土地改革法》，同年冬季开始，新解放区陆续开展大规模土地改革运动。到1952年8月，除部分少数民族地区外，土地改革基本完成，全国约有3亿无地、少地的农民分得了4 600多万公顷的土地，使广大农民从受奴役的附庸状态下解放出来，有了自己生计，建立了自己家庭户。

这样使不少多代同堂的户几个兄弟婚后不分家的户以及其他种种人口较多的户得以分居另过，单独组合成许多小家庭户。户数猛增使得户的平均人口骤降。1953年家庭户数（13 384.6万户）比1947年户数（8 620.4万户）增加4 700多万户③。在短短六年中增加这样多家庭户，在中国历史上是不曾有过的。

在这一时期中，除了生产资料所有制改变这种社会经济变革对家庭分化立户所产生的重大影响之外，还有另外一些社会因素也对家庭分化产生了影响。而这些影响在

① 马侠：《中国家庭户规模和家庭结构分析》，《人口研究》，1984年第3期，第46~53页。

② 戴桂英：《国民经济恢复时期》，载马洪主编，《现代中国经济事典》，中国社会科学出版社，1982年版，第47页。

③ 同①。

以往的研究中尚未提及。

（2）战争结束后的结婚高峰。在经历了长期战争时期之后，进入新中国成立初期的和平建设时期，因此军队人口大量复员。由于军事人员多是青壮年男性，很多人处于未婚状态，因此复员以后回乡结婚成家。新婚立户或夫妻团圆后的分家立户都会对当时的人口的分化立户有所影响。但是由于这方面的统计资料很少发布，因此尚未得到更具体的研究分析。

在这段时期中，结婚率异常之高也是户数迅速增加的一个因素。根据 1982 年 1‰人口生育率调查的回顾性婚姻资料分析①，在抗日战争胜利前夕的 1944 年全国妇女的总和初婚率降至整个 40 年代的最低点，只有 0.908②。这表明很多妇女因为战争影响不能结婚。抗战胜利以后，总和初婚率迅速回升，到 1946 年便达到 0.988。而在 1947 年至 1951 年，连续 4 年总和初婚率异常之高，均超过了 1，分别为 1.043、1.050、1.135 和 1.016。显然，这是随着解放战争的节节胜利和新中国的成立，结束了战争，社会稳定，生活有了保证，因而以往多年被阻滞的结婚集中得到实现的结果。因此，这些年结婚率高也是新户大量增加的一个因素。

（3）婚姻法实施后的离婚高峰。当时户数的迅速增长还有一个重要的社会原因，便是新中国成立后所颁布的第一部法律——《中华人民共和国婚姻法》的发布。旧社会的封建婚姻制度是人民的桎梏，更是妇女的枷锁。新中国第一部婚姻法的颁布和实施，启动了一项极其深刻和十分广泛的婚姻家庭关系变革。

根据第一部婚姻法起草小组成员罗琼的回忆③，实际上中国共产党早在 1931 年的革命根据地曾经颁布过由毛泽东同志亲自签发的《中华苏维埃共和国婚姻条例》。1948 年秋冬，刘少奇同志代表中共中央向中共中央妇女运动委员会布置了起草婚姻法的工作，由邓颖超同志主持了婚姻法的起草工作。新中国成立以后，又广泛征求各方面的意见，对婚姻法初稿进行了多次修改，于 1950 年 4 月 13 日提交中央人民政府委员会第七次会议通过，并经过毛泽东主席明令公布，自 1950 年 5 月 1 日起施行。新婚姻法的基本原则是，废除封建的包办强迫和买卖的婚姻制度，实行男女婚姻自由，一夫一妻，男女权利平等，保护妇女和子女利益。当时最大的问题是贯彻婚姻自由，既包括结婚自由，也包括离婚自由。当时，人民群众特别是青年男女，纷纷要求照婚姻法办事，实行婚姻自由，改变旧的家庭关系。但是新中国伊始，由于旧的封建的婚姻制度尚未彻底铲除，群众仍受着旧传统、旧思想的浓厚影响，遗留的婚姻问题很多，包办强迫、买卖婚姻、虐待妇女、早婚、重婚、纳妾、童养媳等现象大量存

---

① 赵旋：《四十二年（1940～1981 年）来妇女的初婚状况》，载《人口与经济专刊：全国千分之一人口生育率抽样调查分析》，人口与经济编辑部，1983 年版。

② 总和初婚率是表达各年龄组初婚水平的概括性指标。中国妇女终身不婚的水平极低，因此正常情况下，年度的总和初婚率应该十分接近 1（即 100% 最终要结婚）。

③ 罗琼：《砸碎封建婚姻枷锁的重要法律——忆第一部婚姻法诞生前后》，《人民日报》，1990 年 5 月 3 日。

在。婚姻在离婚方面所受的障碍比实行结婚自由还要大，很多妇女常常因为离婚不自由而发生自杀与被杀等惨事。

1952年全国农村土地改革基本完成后，废除了封建土地所有制，按乡村全部人口，不分男女老幼统一平均分配土地，作为封建婚姻制度的经济基础已被摧垮，人民群众反封建的觉悟大大提高，反对封建婚姻制度的要求也变得十分迫切。中央人民政府政务院于1953年2月通知各级政府，决定1953年3月在全国范围内开展宣传、贯彻婚姻法的运动月，使婚姻法家喻户晓，深入人心。

第一部婚姻法的宣传实施的成果，一方面反映在原有大量不和睦的婚姻关系改造好了，改变了妇女受虐待的情况；另一方面，人民法院判离了大量受理的家庭关系特别恶劣的案例。“仅1952年下半年以前统计全国共处理了九十九万三千多件离婚案，使近二百万男女得到解放，加上1953年以来所处理的离婚案件，已达几百万件之多了。”[①] 1953年是一个离婚的高潮年。随着原有封建婚姻问题的逐步解决，婚姻纠纷案件数量逐年减少。“1953年全国民事案件案件共有一百八十五万多件，其中婚姻纠纷案件有一百一十七万多件，占总数的63.2%；1954年民事案件总数下降到一百二十多万件，婚姻纠纷案件下降到七十一万多件，占总数的58.84%；1955年民事案件下降到九十五万多件，婚姻纠纷案件下降到六十一万多件，占总数的63.73%；1956年民事案件总数下降到七十三万多件，婚姻案件下降到五十一万多件，占总数69.7%。”[②] 可见，虽然婚姻案件占民事案件的比例有所上升。但是，“以1953年和1956年相比，在婚姻案件的绝对数字上，前者比后者多一倍以上”[③]。当时婚姻案件的性质主要是离婚，而离婚的主要原因是包办、强迫、买卖婚姻、压迫虐待歧视妇女，以及重婚、通奸、纳妾、遗弃等，提出离婚要求的大多数是女性，当事人的成分和年龄主要是青壮年劳动人民[④]。根据天津有关统计资料的收集整理和分析[⑤]，天津市50年代初的粗离婚率都在1.5‰以上，最高时曾高过3‰。这么高的离婚率后来从未达到过，80年代以后虽然粗离婚率一直不断攀升，到1998年时也不曾达到过1.5‰。虽然现在仍缺乏那时全国性的具体离婚统计数字，但是从天津市的历年离婚统计的动态可以反映出50年代初全国普遍发生过的特高离婚率。

虽然，当时离婚的人口后来大部分都会再婚（重婚、纳妾者除外），然而多数在离婚和再婚之间一般都有一定间隔，因而当时大量的离婚会导致一户变成两户，增加家庭户的数量。

---

① 刘云祥：《关于正确认识与处理当前的离婚问题》，《离婚问题论文选集》，法律出版社，1958年版。

② 幽桐：《对于当前离婚问题的分析和意见》，《人民日报》，1957年。

③ 同②。

④ 孟庆树：《关于部分婚姻案件材料的初步研究》，载中央人民政府法制委员会编《婚姻问题参考资料汇编》第一集，新华书店，1950年版。

⑤ 徐安琪，叶文振：《中国婚姻研究报告》，中国社会科学出版社，2002年版，第212页。

（4）新中国成立初期的大量人口迁移。新中国成立初期，党和政府便开始着手建立户籍管理制度，但是主要目的是为镇压反革命、确立革命秩序，以及掌握人口变动和统计人口。先在城市做起，农村户口从集镇试点，然后逐步推广，本来准备十年完成这个工作。但是 1953 年，抗美援朝取得伟大胜利，国民经济恢复工作完成，国家面临准备全国人民代表大会及地方各级人民代表大会召开，同时要为第一个国民经济五年计划提供准确的人口资料，进行了第一次人口普查。公安部门配合这次调查，进一步核实了户口，促进了城乡户口登记制度的初步建立。20 世纪 50 年代户口迁移十分活跃，自发性的迁移与有组织的计划迁移并存。当时国内迁移基本上不受户籍管理制度的限制，“据历年全国人口统计年报资料，这个时期的迁移量，平均每年都在 2 500 万人以上，年平均迁移率都高于 40‰，不仅具有很大的迁移规模，而且一直保持着高峰的迁移率。”① 这一方面是由于经济建设和政权建设等各方面对于干部职工和社会劳动力的大量需求，另一方面社会上的亲属投靠，农民盲目流入城市谋生，部分地区灾民外流等各种自发性迁移，也是不可忽视的重要方面。根据《现代中国经济事典》记载②，1949 年中国城镇人口5 765万，乡村人口 48 402 万；到 1952 年时，城镇人口为7 163 万，乡村人口为50 319万。也就是说，这段时间中，城市人口的平均年增长率为 7.5%，而农村人口的平均年增长率不到 3.7%，城市人口增长率是农村人口增长率的两倍以上。所以，这一时期的大量人口迁移也会导致原来家庭的分化，产生大量新户。

总之，以上四个原因都会导致新中国成立初期的分化立户加剧，产生了大量新户，因而户数增长速度大大高于人口增长速度，使平均户规模发生了大幅度下降。

2. 20 世纪 60 年代初期的分家立户高潮

新中国成立以后在平均户规模扩张阶段中的第二个特殊时期可以从图 12－1 一目了然。这个时期正处于 1959～1961 年的三年困难时期。由于“大跃进”和人民公社化运动中的“左”倾错误，加上当时的自然灾害和前苏联政府背信弃义地撕毁合同，中国国民经济发生了严重困难。农业生产从 1959 年起连续 3 年大幅度下降，平均每年下降9.7%。轻工业生产从 1960 年开始起也连续 3 年下降。国家财政连续四年出现赤字，市场供应和人民生活都遇到了极大的困难③。

由于当时的经济困难，粮食匮乏，出生率从 1957 年的 34‰直落到 1961 年的 18‰，而死亡率却从 1957 年的 11‰上升到 1960 年的 25‰，结果是出现了新中国历史上唯一的人口负增长时期（－4.6‰）④。虽然这一时期人口一直处于低增长甚至负

① 张庆五：《户籍管理学》，中国人民公安大学出版社，1986 年版，第 122 页。

② 杨长福：第一章和第三章，《现代中国经济事典》，中国社会科学出版社，1982 年版，第 14 页。

③ 刘洪：《第二个五年计划与经济调整时期》，《现代经济事典》，中国社会科学出版社，1982 年版，第 56 页。

④ 国家统计局人口统计司编：《中国人口统计年鉴 1988》，中国统计出版社，1988 年版。

增长，然而同时期的户数却出现异常性增长，1961 年户数增长率甚至高达 37‰，造成户规模大幅度下降。因此，在这一特殊时期，平均户规模暂时中断了扩大的趋势，形成一个十分显著的低谷。户数年增长率达到 37‰是新中国成立以来极高的一个年份。在 50 年代、60 年代中的其他年份和 20 世纪 70 年代从无二致，这段时期中其他年份的户年增长率最高也就是 26‰左右①。

户数脱离人口增长而超常增长，反映出当时家庭分化水平大为提高。这一时期的家庭分化显然是与当时的经济调整和疏散城市人口的政策有关。与家庭分化有关的调整政策包括，充实农业第一线的劳动力和疏散城市人口。到 1962 年，农业劳动力比 1958 年增加了 5 786 万人，总数达到 21 278 万人，超过了 1957 年的水平。当时大力缩短基本建设战线，压缩重工业生产。坚决对工业企业实行关停并转，精减职工，减少城市人口。当时工业企业数由 1959 年的 31. 8 万个减少到 1962 年的 19. 7 万个，减少了 38%。与此相适应，从 1961 年起，又花了很大的力量做了精减职工和城镇人口的工作。精减下来的职工，绝大多数回到农村参加农业生产。这一精减使全国共减少职工 1 887 万人，城镇人口 2 600 万人②，它实际上导致了一次由城返乡的大迁移，无疑促使了家庭分化。

当然，这一时期很低的人口出生率也会对家庭规模的收缩起一定影响，但是显然这个时期家庭规模收缩的决定作用并不是出生数量的减少。因为这一时期家庭规模的收缩是与户数的骤然增加相联系的，而新生人口的减少不会产生这种影响。有关人口出生率对家庭规模的一般性影响，将在下一节中讨论。

但是，应该说这一阶段平均户规模的下降只是困难时期调整政策的一时性作用，并未真正改变家庭分化立户的基本机制。因此，随着困难时期度过和经济复苏，家庭分化立户又重新回到原有的轨道，户数的增长按较慢的速度发展，而平均户规模又重新回到扩张的变化动态中去了。

（三）新中国成立 60 多年来平均户规模变化的主要原因是人口年龄结构变化

从新中国的平均家庭户规模变化的历史来看，虽然新中国成立初期的国民经济恢复时期和第一个国民经济五年计划时期以来，经济和社会的发展都取得了成就（忽略“三年自然灾害”时期），但是实际上在 1973 年以前，我国的家庭户规模的动态趋势总的来说是在不断扩大。

而 1973 年以后，虽然家庭户规模进入了不断收缩的阶段，然而又很难简单将这

① 郭志刚：《当代中国人口发展和家庭户的变迁》，中国人民大学出版社，1995 年版，第 14 ~ 15 页。

② 刘洪：《第二个五年计划与经济调整时期》，《现代经济事典》，中国社会科学出版社，1982 年版，第 56 页。

种缩小归因于工业化和现代化的发展，因为实际上在 1978 年改革开放以前的若干年基本上处于“文化大革命”的社会动乱时期，不仅谈不上社会经济有什么显著的发展，并且实际上国民经济日益处于崩溃边缘。显然，平均户规模变化的阶段性转变，并不是与经济发展相联系的。

其实，我国平均户规模变化的转折点是与我国计划生育工作的广泛开展相联系的。1970 年，面对国民经济已经不堪承载的人口重负，周恩来总理明确指出：“不能把计划生育和爱国卫生运动放在一起，计划生育属于国家计划范围，不是卫生问题，而是计划问题。”[①] 1973 年 12 月国务院计划生育领导小组办公室在北京召开了全国计划生育工作汇报会上提出了“晚、稀、少”的具体的计划生育政策，对国家宏观的人口计划指标加以微观上的操作化。自此，全国性计划生育工作得以大力推行，并轰轰烈烈地展开，我国人口进入了国家政策指导下的迅速的生育转变。

从图 12－1 中所附的人口出生率的水平变化（以右侧副坐标度量）与平均户规模的动态比较，便可以看出，平均户规模动态的两级台阶是与出生率变化的两级台阶对应的。平均户规模的扩张阶段所对应的人口出生率（除个别年份外）都在 30‰以上的高台之上；而平均户规模的收缩阶段则正是起始于 1973 年，对应的人口出生率水平则是处于低于 20‰的次级平台上。

就严谨的人口学分析而言，真正对某一年份平均户规模起决定性影响的并不是某一年出生率的高低，而是该年的人口年龄结构。这是因为就成家立户的可能性而言，不同的人口部分之间存在着极大的差异。比如少儿人口没有能力单独自立一户，需要父母或成年亲属来抚育，纯粹属于家庭户中的附属人口。我国的计划生育工作大大地降低了出生率，年复一年，便会改变整个人口结构，使得人口中的少儿比例越来越低。少儿人口的相对减少在相当长一个时期中并不会影响基本上是由成年人口数量所决定的户数变化，因而平均每一户中所承载的少儿人数越来越少，就会导致平均户规模越来越小。因此，生育转变是一个基本动因，然而需要通过多年的低出生影响的积累，才能逐步改变人口年龄结构，导致对平均户规模的影响越来越大。

所以，新中国成立以来前半期平均户规模的扩张，实际上是由于这一阶段出生率较高，导致了人口中少儿比例不断提高。而后半期平均户规模的收缩，则是由于持续的计划生育工作，降低了出生率，导致少儿比例越来越少的结果。因此，可以得出一个结论，新中国成立以来户的规模大体变化主要是由于出生率下降导致人口年龄结构的转变所决定的。

（四）若干年份户均人口结构变化的比较

平均户规模只是从平均户内人数角度定量描述了家庭的变化，但是它没有进一步

① 杨魁孚：《中国人口与计划生育大事要览》，中国人口出版社，2001 年版，第 43 页。

区分户内的不同人口。此节旨在从更为细致的角度描述户中人口结构的历史性变化情况，即计算平均每户的少儿人数、成年人数、老年人数，并通过这3个指标与平均户规模的比较来进一步分析新中国成立以来平均户规模变化中各部分人口变化的影响。

由于只有全国人口普查才提供分年龄的人口资料，并且所提供的人口年龄结构都是总人口统计口径的，并未提供按家庭户口径的人口年龄结构。鉴于集体户人口占总人口比例极小，因此本节直接采用这五次全国人口普查的总人口年龄结构作为家庭户人口结构的近似值来使用，但是户规模则采用了普查结果公布的平均家庭户规模。从技术上讲，尽管这是一种不太严格的匡算，但也足以说明主要是由于人口结构的变化导致了家庭户平均规模的变化。表12-6提供了有关基础数据及分析结果。

首先，我们看到表12-6中各年份0~14岁少儿人口的比例变化与平均家庭户规模的变化十分对应。从1953年到1964年，少儿比例增加，则户规模也增加。后三次人口普查时的少儿人口比例不断缩小，而户规模也是不断缩小的。下面我们用各年的平均家庭户规模（即平均每户中的人数）直接乘以相应年份的年龄结构比例，便得到了平均每户中的少儿（0~14岁）人数、青壮年（15~64岁）人数、老年（65+岁）人数。这种做法实际上是根据总人口的年龄结构比例将平均每户的人数进行了相应的分解。然后，我们来分别分析平均每户中不同年龄段人口数的变化，它可以揭示出平均户规模的变化中的不同成分。

根据这五次全国人口普查所计算的平均每户少儿人口数的比较，可以看出对应平均户规模扩张阶段（1973年以前），户均少儿人数显著增加，比如1964年平均每户中的少儿人数比1953年多了0.23人；而在平均户规模缩减阶段（1973年以后），户均少儿人数显著减少，比如2000年比1964年平均每户减少了1个孩子。也就是说，同时期中平均每户减少的人数（4.43-3.44=0.99），几乎就是减少的少儿人数。

当然，这只是一种匡算。实际上在不同阶段中，每户少儿人数减少量占家庭户规模减少量的比例关系有所不同。在表12-6的第三层列出各段时间中每户少儿人数的变化量和户规模的变化量，并且提供了两个变化量之间的比值（少儿人数变化/户规模变化）。这五段时期中两个变化量之比都是正的，这表明两个变化量的变化方向均是相同的。

在第一个阶段（1953~1964年）中，由于户少儿人数的变化量比户规模的变化量大，这一比值表明的是户少儿人数变化量为户规模变化量的倍数。尽管这段时期中每户中少儿人数增加量很大，平均户规模却没有增加那么多，说明这段时期户数增加很快（前面已讨论过这段时间户数增加的有关原因），但每户中的青壮年人数和老年人数却减少了，因而部分地抵消了少儿人数增加对户规模增加的影响。而在第二个阶段（1964~1982年），每户少儿人数显著地减少了，但是平均户规模并没有减少相应的幅度，这是由于户内的青壮年人数和老年人数都增加了，因而又部分地抵消了少儿人数对户规模缩小的影响。也就是说，这两个阶段中，由于其他因素的抵消作用，少儿人数的变化作用并未完全在户规模的变化所表现出来。但是，其对户规模的影响作用却是实实在在地存在着。

表 12-6　中国人口年龄结构的变化与平均每个家庭户内人口结构的变化

年龄结构比例（%）	1953 年	1964 年	1982 年	1990 年	2000 年	2010 年
0～14 岁	36.28	40.69	33.59	27.69	22.89	16.61
15～64 岁	59.31	55.75	61.5	66.74	70.15	74.47
65+岁	4.41	3.56	4.91	5.57	6.96	8.92
合计	100.00	100.00	100.00	100.00	100.00	
平均家庭户规模（人）	4.33	4.43	4.41	3.96	3.44	3.09
0～14 岁	1.57	1.80	1.48	1.10	0.79	0.51
15～64 岁	2.57	2.47	2.71	2.64	2.41	2.30
65+岁	0.19	0.16	0.22	0.22	0.24	0.27
差额的比较	1953～1964 年	1964～1982 年	1982～1990 年	1990～2000 年	2000～2010 年	
户少儿人数变化量（人）	0.23	-0.32	-0.38	-0.31	-0.28	
户规模变化量（人）	0.10	-0.02	-0.45	-0.52	-0.35	
两个变化量之比	2.32	16.06	85.5%	59.4%	80.0%	

资料来源：[1] 历次普查的人口年龄结构和家庭户规模数据引自《2000 年第五次全国人口普查主要数据》（国务院人口普查办公室，国家统计局人口和社会科技统计司编，中国统计出版社，2001 年版）。

[2] 2010 年数据引自《中国 2010 年人口普查资料》（国家统计局编，中国统计出版社，2011 年版）。

在后 3 个阶段中，户少儿人数变化量小于户规模变化量，因此这一比值可以理解为是户规模变化量中由于户少儿人数变化所占的比例。比如，1982～1990 年家庭户规模下降了 0.45 人，而同期每户少儿人数下降了 0.38 人，所以，每户少儿人数的减少量占了平均户规模减少量的 85.5%。可见，该时期中家庭户规模的下降虽然的确存在其他原因（可解释户规模缩小量的另外 15%），但可以说这段时期户规模的缩小主要是由于少儿人口数的减少。在 1990～2000 年期间，平均家庭户规模又继续缩小了 0.52 人，而每户少儿人数的减少量为 0.31 人，仅占平均户规模减少量的 59.4%。在 2000～2010 年期间，家庭户规模继续缩小了 0.35 人，少儿人数缩减的影响比例则为 80.0%。可见人口因素虽然仍是家庭户规模缩小的主要原因，并且我们还可以看到，在 1990～2010 年期间，每户的青壮年人数虽然也在减少，然而由于人口老龄化的原因，每户中老年人数不断有所增加。

总的来说，相比户平均规模和户均少儿人数的变化幅度，户均青壮年人数和老年人数的变化相对较小。这是因为，与少儿人口不同，这两部分人口都具有自立成户的能力，因而他们的人口数量总是密切地与户数保持着一定的数量关系。这种数量关系发生变化的时候，则意味着分家立户模式发生了变化。比如，我们发现从 1953 年到

1964年间，每户青壮年人数减少了0.1人，每户中的老年人数也有所减少，这种变化便反映了那时立户模式确有较大的暂时变化，成年人之间分离生活的倾向较高。虽然1982年时户规模已经处于下降阶段，这只是由于户内少儿人数减少了，但是并不代表这时的人口分化立户水平提高了，因为1982年时每户的青壮年人数是这六个年份中最高的（2.71人），从这个指标可以反映出当时的户分化程度实际上很低，因而户内成年人的拥挤程度很高。

本节的分析证明了在中国平均家庭户规模变化当中，人口结构的变化特别是少儿比例的变化有十分重要的影响。我国家庭户规模从20世纪70年代中期开始下降，前期主要就是由于户内少儿人数的减少，尽管后来这种影响相对变小，其他影响日益加大。正是由于这个原因，不能简单地将家庭户规模的扩大或缩小直接视为家庭分化立户水平变化的证明。也就是说，平均家庭户规模一方面受到人口数的影响，另一方面受到家庭户数的影响。

第二节　家庭代际关系变化和家庭养老功能的弱化

养老是家庭传统上的重要功能之一。然而近些年来，中国家庭模式正在发生着变化，家庭核心化、小型化的趋势日益明显，人口的流动性也进一步的加强。所以，家庭养老功能也随之逐渐削弱，面临着巨大的挑战。

一、从人口按年龄在不同家庭类型中的分布比例看家庭养老的重要性

对家庭户人口按年龄组中不同户居类型中人口的累计比例的分析可以使我们对中国家庭立户的规律有更深入的认识，对于研究中国特有的家庭生命周期有着重要的启发意义，同时更明确地揭示出人口对家庭类型的制约作用。

所汇总的家庭户类别包括单身户、一代户、夫妇二人户、二代户、隔代户、三代以上户。其中所谓隔代户指户内世代横跨三代，但缺损中间一代，如只有爷爷奶奶加孙辈这一类的户。为了对各年龄组人口在各种户类型在分布情况得到一个综合的概念，我们将各年龄组总人口作为100%，计算出各种类型户人口在该年龄组中所占的比例。这样可以帮助我们排除由于人口随年龄提高而减少所造成的分析上的困难，以便于不同年龄组之间的比较。尤其重要的是，这种分析可以清楚地告诉我们，不同的户类型对不同年龄的人口有着不同的意义。特别是对老年人口的分析，它对理解中国的主导家庭模式十分重要。

由于这种表格很大，不易把握，所以这里仅提供相应的统计区域图作为更直观的

表达。图 12－2 中对各年龄组人口分别将在不同户类型中的比例叠加以来。由于各户类型人口比例都用同样图案表示，因此可以清楚地看出某一户类型在不同年龄人口中的比例变化，以反映某种户类型对不同年龄人口的意义。

根据已有的分析①，区分性别、市镇县来做这种分析还可以进一步反映男女之间和城乡之间的差别，对不同年份进行比较也能揭示出变化，但是总的来说，这种按年龄的不同户类型人口比例分布大体上都比较接近，因而也可以视为一种比较稳定的模式。

图 12－2、12－3、12－4 提供了 1990 年、2000 年和 2005 年的情况。这里先按 1990 年的家庭户人口按户类型的年龄别比例分布进行解释，以把握中国家庭户户居的一些基本特征，而后再根据这种户居分布上新的变化来把握家庭户居的发展趋势。

1990 年时的家庭户人口年龄别户居类型分布图显示出，生活在单身户中的人口比例是随年龄提高而增加的，在年轻段是因为单独立户的能力越来越强，后来则是因为丧偶离婚的情况越来越多。夫妇二人户人口比例在人们初婚立户至初育之间这一阶段暂时显现，且比例很小，后来则会因为生育子女而转至二代户，所以这时比例变得更小。而进入老年后又再度显现。这次显现为一稳定特征，比例较大，持续时间也长，最后随着高龄丧偶概率日益增大，夫妇二人户的人口比例越来越小。

图 12－2 还显示出，在 55 岁以下的各年龄组，二代户人口占了全部人口的大多数。但是也可以看到，二代户人口并不只是涉及青壮年和少儿部分的人口。在老年段，尤其是在“年轻老年”段，二代户人口仍占有相当的比例。因此，二代户实际上并不是核心家庭的独占性特征，它同时还是主干家庭模式的副特征。一部分二代户本是从主干家庭中分出来的，老代的存活子女越多，这类分枝二代户就越多。这种两代户发源于主干家庭模式，并且随着子代结婚生子，还重新加入三代户的行列。这一点是应该加以注意的。

隔代户人口所占比例只有在老年人口中才有一定位置，总的来说没有显著意义。研究文献中曾经有人指出隔代抚育孙子女的现象在 80 年代有所增加②。这里的统计证明，在“年轻老年”阶段的人口的确存在这种情况。但是，隔代户的另一个意义却尚未在文献中被提及，即对处于“老老年”的人口来说，他们本身已经很衰老，而他们的孙子女早已长大成人，所以更可能是相反的情况，即隔代养老。一般来说，隔代户人口来源于三代户的发展。当第二代发生死亡和必须迁移时，直接赡养和照料祖辈的责任就落到孙代的肩上。特别是那些长期与祖辈生活在同一家庭之中的孙代，与祖辈朝夕相处，在感情上和经济上有着极为密切的联系。因此当上述情况发生后，赡养祖辈就成了责无旁贷的必然结果。

---

① 郭志刚：《当代中国人口发展与家庭户的变迁》，中国人民大学出版社，1995 年版，第 133～145 页。
② 刘英：《中国城市家庭的发展与变化》，《中国婚姻家庭研究》，社会科学文献出版社，1987 年版。

三代户以上户在青壮年阶段中便一直占有十分显著的地位，特别是进入老年阶段以后逐渐成为主要的家庭户类型。这标志着主干家庭模式在中国仍然占据主要地位，即大多数老年人是生活在多代同堂的家庭中度过自己晚年的。主干家庭（即三代以上户）可以是不断延续发展的，也可以从分化立户的核心小家庭（一代户或二代户）中重新发展起来。在这个意义上，许多小家庭的建立并不单纯意味着家庭模式的核心化，而是反映了父代和子代之间代际人口比例在主干家庭模式下的发展过程。在主干家庭分家立户的模式中，兄弟姐妹多的一代人中分出去的就多，兄弟姐妹少的一代人分出去就少。

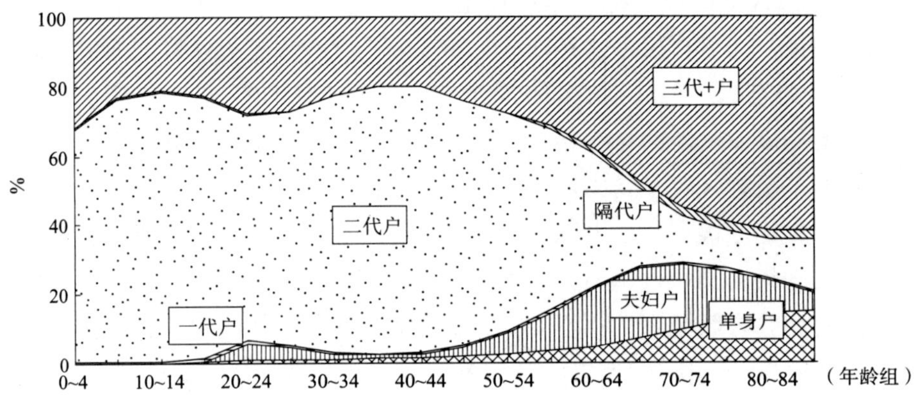

图 12－2　1990 年家庭户人口按户类型的年龄分布比例

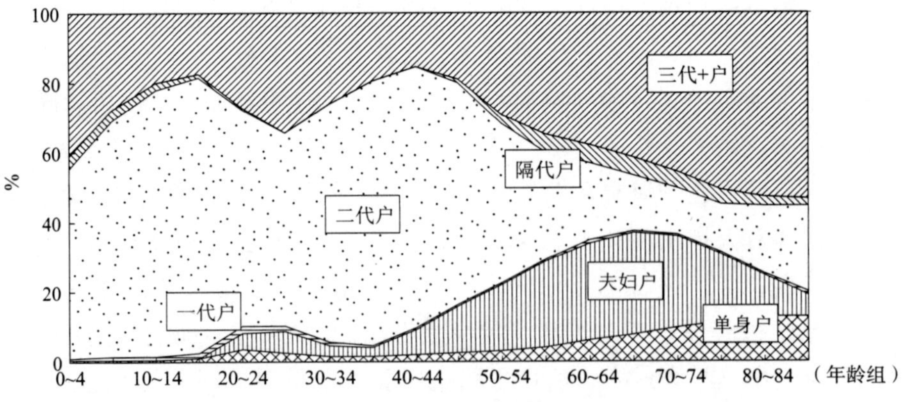

图 12－3　2000 年家庭户人口按户类型的年龄分布比例

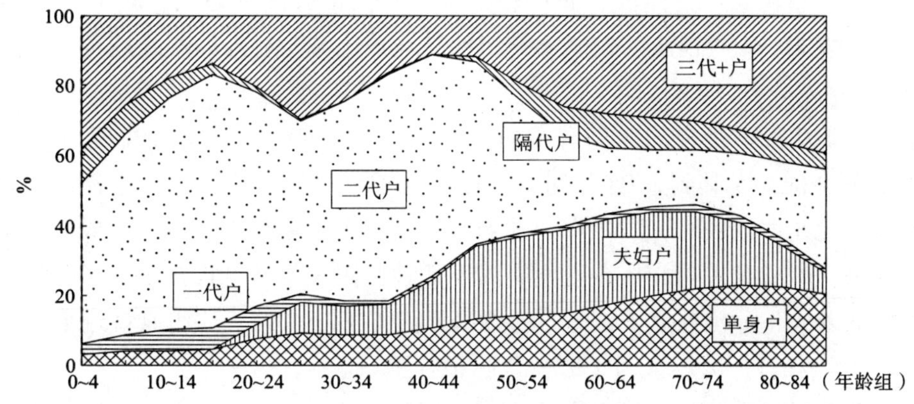

图 12－4　2005 年家庭户人口按户类型的年龄分布比例

下面通过比较 2000 年和 2005 年全国家庭户户居分布来把握新的变化趋势。首先，2000 年时生活在单身户中的人口比例比 1990 年水平所提高，但在高龄段却有所下降；而且 2005 年这一比例则发生全面而显著的增加，并且高龄段中下降的特征也表现得更为明显了。

夫妇户人口比例也表现出了显著的增加，增加的结果使得 1990 年时的那种马鞍形几乎不见了。由于老年夫妇户就是“空巢”家庭，可以看出其变化趋势是达到 20% 以上比例的年龄越来越提前，并且维持时间越来越长①。其中一方面的原因显然是由于生育少、间隔短、夫妇存活水平提高等这样一些人口因素变化的主要影响，而在家庭模式方面则反映出社会中核心家庭模式的影响力增大。另外，这种变化中还可能受到主干家庭模式在当前所发生一种新现象，即伴随着大批独生子女进入结婚成家的年龄，于是有许多独生子女夫妇在随某一方父母共同生活的同时又必须排斥另一方父母。这些原因都能导致老年夫妇户比例越来越大。

近年来二代户人口比例出现了明显的下降。过去一些家庭研究文献中经常将二代户比例的提高作为核心家庭（模式）化的证据②。但是，实际上仍有相当比例老年人生活于二代户中，并且发现较老的老年人在二代户生活的比例其实近年还有显著的提高趋势③。这使我们猜想中国的家庭分化的实际情况要比现有理论家庭模式更复杂，可能很多夫妇在刚进入老年时不与成年或已婚子女生活，然而到较老年阶段时由于各方面状况不太好或丧偶，又重新“回归”与后代一起生活，而这时他们的子女大约

① 1990 年时只有 65～69 岁 1 个年龄组，2000 年时有 55～74 岁的 4 个年龄组，2005 年时有 45～74 岁的 6 个年龄组。

② 核心家庭的严格定义应该是夫妇加未成年或未婚子女。上述这种情况的问题在于忽略了对子女的条件限制。

③ 85 岁及以上老年人口在二代户的比例在 1990 年、2000 年和 2005 年时分别为 14.99%、24.48% 和 28.58%。

处于壮年和“年轻老年”阶段，而年轻的孙子女们都分出去另立家庭了。图 12－2、图 12－3 和图 12－4 表现出的较老年龄组的二代户比例明显提高便是这种特征的一种反映。

近年来生活于隔代户的比例有了明显变化。1990 年时这种情况很还少，但是在 2000 年有所增加，尤其到 2005 年时这一比例有了更为显著的增加。这种情况显然并不是因为子代死亡造成的，隔代户中的老年人实际上是在替不在本户的成年子女抚养幼年的孙辈。形成老人隔代抚育可能有以下几种原因：原本三代户中的子代外出流动迁移，剩下老人与孙代在原户留守（主要发生于农村）；为了孙代能就近上个好学校（主要发生于城市）；老年人为了取得代际精神慰藉。

另一种重要变化就是三代户中的人口比例明显地减少了。这在老年阶段人口中三代户比例上表现得尤其明显，而这其实与老年人口在单身户、夫妇户、二代户、隔代户比例的增长是相辅相成的。

通观我国近年来家庭户人口的户居方式变化，我们看到核心家庭模式确实正在社会中不断发展，然而多代共同生活的传统家庭模式也并未丧失其在社会中的重要地位。

二、老年人口的户居状况变化

如果将老年单身户人口比例与夫妇户人口比例合计起来，便可以大致反映有关老年人口中空巢家庭（即子女不在身边）的流行程度。这一指标不仅反映老年人的问题，而且能在一定程度上反映出核心家庭被整个社会接受的程度。

空巢阶段是核心家庭生命周期中特有的阶段，在主干家庭和联合家庭的发展过程中是不存在的，所以它是核心家庭的代表性特征。同时它不太受人口年龄结构的影响。相比之下，核心家庭（指夫妇正在抚养未成年或未婚子女的家庭）的数量却会受到人口年龄结构的很大影响。因此，简单地用核心家庭比例的增加来作为家庭核心化的佐证是不妥的，因为在主干家庭仍占主要地位的社会当中，当老代有较多的存活成年子女，这些子女成年后就会有很多人分出去另立门户，从而导致核心家庭数量及比例的增加。因此，在老代有较多子女的条件下，老年人在空巢家庭中的比例因为不涉及老年人口以外的情况，因而可以比较准确地描述核心家庭模式被社会接受的程度。

但是需要注意，由于随着大量独生子女之间结婚成家，就是在主干家庭模式下也会产生对其中一边老人的排斥力，使其中一对老年夫妇不得不成为空巢家庭。因此这一指标将会随着老年人口的更替，逐渐失去其测量社会中核心家庭模式接受度的能力[①]。不过，它仍然能够反映老年人是否与后代同住的现状。

除了汇总老年人口在空巢家庭的比例以外，还可以将老年人口中在二代户、隔代

① 郭志刚：《关于中国家庭户变化的探讨与分析》，《中国人口科学》，2008 年第 3 期，第 2～10 页。

户和三代户的合计比例作为老年人与后代共同生活的比例（由于一代户对这一研究目的的意义不清楚，两种合计中都不包括一代户）。表 12－7 中提供了 1982 年、1990 年、2000 年和 2005 年老年人口中按是否与后代共同生活划分的比例，以比较不同时期的水平和变化趋势。

总的来说，在 1990 年以前，与后代共同生活的老年人占 70% 左右，而在空巢家庭生活的比例占 30% 左右。但是 1990 年以来，与后代共同生活的老年人比例正在迅速下降，而生活于空巢家庭的老年人比例则处于上升趋势。也就是说，传统多代同堂家庭模式正在失去千百年来在中国社会上所占据主导地位，反映出社会中发生的核心家庭化的趋势。

我们还看到，女性老人比男性老人更倾向于与子女共同生活，这一方面是由于老年人在经济能力上还存在男强女弱的明显差异，另一方面是由于死亡率差异，丧偶老年人口中女性大大多于男性，而老年丧偶以后，成年子女可能将其父母中存活的一方接回自己的家中来照料。

表 12－7　中国老年人口户居安排的比例

单位：%

年份	在二代以上户的比例			在空巢家庭户的比例		
	男性	女性	合计	男性	女性	合计
1982	71.62	74.24	73.06	26.83	24.57	25.58
1990	69.45	75.01	72.49	29.78	24.44	26.86
2000	61.57	69.55	65.78	37.42	29.85	33.43
2005	53.88	59.51	56.73	44.09	38.89	41.46

为了评价这一水平，取得一个粗略的概念，可以将中国的水平跟其他一些国家和地区做一比较。第二次世界大战前，美国有 52% 的老人与子女同住①，从 1950 年到 1970 年，与子女一起生活的老年人从 31% 下降到 9%②。美国在半个世纪前家庭核心化的程度就远远高于中国在 2000 年的水平，并且在 1950～1970 年期间，家庭核心化发展的速度极快。与美国的家庭核心化程度相比，中国与之差距十分巨大，其中包含着文化传统、经济发展和社会制度等各方面的差异。将中国的情况与同属东方文化、但经济发达的日本做一比较。1960 年时日本 65 岁以上的老人与子女同住的比例为 87.3%，1970 年时为 79.9%，而到 1980 年时为 69.8%③，1997 年时为 54.3%④，40 年中降低 34 个百分点。日本家庭核心化的速度也是很快的，但是从水平上比起美国

① 朱传一：《美国的老年学研究与老龄问题》，《老龄问题》，复旦大学出版社，1986 年版。

② 李松：《从一些数字看美国老年人问题》，《世界知识》，1985 年第 24 期。

③ 张萍：《日本的婚姻与家庭》，中国妇女出版社，1984 年版。

④ Kim，Ki Ik and Daisaku Maeda，A comparative study on sociodemographic changes and long－term health care nees of the elderly in Japan and South Korea. Journal of Cross－Cultural Gerontology，16：237－255，2001 。

来仍然差得很远。从中国文化圈的其他地区来看①，在 20 世纪 80 年代的中国香港，60 岁以上的老年人约有 1/4 或单独居住，或同其他老人住在一起，这意味着大多数老年人是与后代同住的。在我国台湾地区，80 年代初有 75% 以上的 60 岁以上老年人同成年子女生活在一起，但据说单独生活的比例又有所增加。新加坡 1982 年对 55 岁以上老年人的调查说明，有 81.4% 的老年人仍同子女共同生活。1994 年时韩国老年人中仍有 53.8% 与子女共同生活。

这些数据表明，相邻国家和地区老年人口与后代共同生活的比例水平与中国大陆的情况比较接近。日本、新加坡、韩国及中国台湾和香港等地的经济都比中国大陆要发达得多，但是至今老年人中还有半数以上仍与子女共同生活。这种共同性反映出同类型家庭伦理和传统文化的巨大作用，以及在这种深层文化基础上三代同堂家庭模式为社会主导的稳定性。

三、市镇县老年人口户居安排的差异及变化趋势

新中国 60 多年的发展中，城乡二元结构的特点十分突出。下面用同样的方式来比较一下市镇县三种不同类型地区之间老年人口户居安排之间的差别，以及不同年份之间的比较，以揭示变化的趋势（表 12－8）。

表 12－8　市镇县老年人口（65 岁及以上）户居安排的比例

单位：%

年份	地区	在二代以上户的比例			在空巢家庭户的比例		
		男性	女性	合计	男性	女性	合计
1987	市	72.36	76.87	—	27.42	22.87	—
	镇	71.53	75.88	—	28.38	24.05	—
	县	74.46	78.05	—	25.49	21.89	—
2000	市	56.75	64.00	60.51	42.16	34.96	38.42
	镇	55.22	65.74	60.79	43.36	33.28	38.02
	县	64.25	72.00	68.35	34.83	27.62	31.01

资料来源：1987 年的统计结果引自《当代中国人口发展与家庭户的变迁》（郭志刚，中国人民大学出版社，1995 年版，第 142 页）。

表 12－8 表明，1987 年时老年人口在二代以上户（代表与后代同住）的比例是县最高，市次之，镇的比例最低。而从老年人口中在不与后代居住的空巢家庭户的比例的次序，则正好与此相反。城市与农村在经济、文化、观念、生活方式方面都存在明显差异，城市空巢家庭化程度比农村高是很容易理解的。此外，老年人口的户居安

① 周永新：《东亚和东南亚发展中国家的城市老年人》，《老龄问题国际讨论会文集》，劳动人事出版社，1988 年版。

排也存在着比较明显的性别差异，女性老年人显得更依赖于子女。

与1987年相比，2000年在两种不同比例指标水平上发生了非常显著的变化，可以看出，各种类型地区的男女两性老年人口与子女同住的比例都明显下降，而居住于空巢家庭的老年人口比例则都明显上升了。

四、老年人户居类型的人口影响因素

老年人口户居类型是由哪些因素决定的，不是纯粹的个人意愿的问题，还要受到许多客观条件的限制。这些客观条件中也包括人口方面的制约。比如居住在核心家庭中的老年人中可能有一部分是因为没有存活子女才不得不单独居住的。只有那些拥有存活子女而不与之同住的老人才可能在不同家庭模式中选择。这一选择不仅局限于有无存活子女，而且与存活子女的多少、存活子女的性别有关。

根据1990年全国人口普查资料的数据可以研究老年60～64岁女性所居住的户类型与其存活子女之间的关系①。之所以只分析这个年龄组的老年妇女是因为在该年人口普查中，这是调查存活子女数的最高一个女性年龄组。户类型划分中包括单身户、夫妇户、一代户、二代户、隔代户、三代以上户以及集体户。

分析结果显示出，这一老年妇女组人数在存活子女数上的分布十分不均衡，3个存活子女以上的人数很多，只有1个存活子女的人数很少，而没有存活子女的人数最少。随着不同存活子女数的变化，在同一户类型中生活的人数比例存在着明显变化。这说明，存活子女数对于老年妇女选择户类型有相当重要的作用。反过来说，存活子女数越少，在单身户和夫妇户这两种户类型中的人数比例就越多。首先无子女的老年妇女是不可能与子女同住的，因此她们不与子女同住是无可奈何的选择。分布比例显示出，在无子女的老年妇女中，有49%的人生活在单身户和夫妇户中。而有1个子女的老年妇女中，这一比例一下子降到了27%，产生了很大的落差。可想而知，即使有1个子女也并不能完全保证可以与子女生活在一起，因为还有可能受到其他因素的限制，使老年妇女不能与其同住，比如子女离家外出工作或学习，其父母由于户口问题不能随迁；中国的传统是养儿防老，如果只有1个女儿，通常要外嫁而不能相随；由于上下两代的家庭矛盾而不能相容等。但是，对于存活子女数较多的老年妇女来说，则可以有相对较大的选择余地，使她们得以与子女同住。分析结果一方面显示出随着存活子女数的增加，老年人单独生活的比例随之下降；但同时另一方面也存在着核心家庭模式的特征，即使是在有3个以上存活子女的老年妇女中，仍然有20%的人不与子女同住而单独生活。

在二代户或三代以上户中，人数比例的变化正好与上述情况相反。总的来说，这一比例是随着存活子女数的增加而增加的。比如，从无子女到有1个子女，在三代户

① 郭志刚：《当代中国人口发展与家庭户的变迁》，中国人民大学出版社，1995年版，第236～252页。

中的人数比例从32%提高到51%。但是有两个子女的老年妇女中，三代户人口比例只增加到53%。到了3个以上子女时，这一比例反而比两个子女的比例略有降低。这可以认为是家庭生命周期的影响：对于多子女的老年妇女，生育间隔拉得很长，上下两代之间的年龄差就会很大，因此当最小的子女还留在身边时，这些子女可能尚未结婚或尚未有孙子女出生。这时尽管仍然是在主干家庭模式下，但仍然表现为二代户。我们看到多子女老年妇女在二代户的分布比例的确很大。这一问题的产生实际上是因为所取的老年妇女组的年龄还不够老。

研究还通过选择出那些纯粹儿子户和纯粹女儿户进行了对比，以检查存活子女的性别对于老年妇女户居类型的影响。与纯子户的老年妇女在各种类型的分布比例相比，纯女户的老年妇女比例有如下差别。第一，在单身户和夫妇户中生活的比例有十分明显的增加，特别是对于只有一两个女儿的老年妇女，在单身户生活的可能性要比只有一两个儿子的老年妇女要几乎高一倍，在夫妇户的可能性要高出60%。但是到多子女时，这种差异有所下降，因此随女儿生活的情况是存在的。第二，作为直系亲属在二代户、三代户中生活的比例，纯女户要比纯子户明显减少。只是有3个以上女儿的老年妇女在三代户中生活的比例是一个例外，它不仅比只有一两个女儿的比例高，而且比纯子户的相应数字还高。主要原因是这些妇女在二代户的比例相对较低（纯子户为38%，而纯女户只有19%）。第三，纯女户老年妇女在三代户的比例有明显增高。这反映出，一些老年妇女愿意与晚辈同住，在与女儿女婿共同生活不方便的时候，就更倾向于将外孙接来一起住。进一步的分析说明这种现象在城市尤为突出。以上这几种差别都可以看出，儿子对于养老问题的重要性，子女的性别对于老年人口选择户类型的影响作用。尽管统计结果显示出中国社会中子女养老中的“男女有别”，但是相当大量的只有女儿的老年人口也生活在二代户和三代户中，也就是说是与女儿和女婿共同生活的。

总之，老年人口对于家庭户类型选择受到其存活子女条件的影响。有无存活子女以及存活子女数量的多少对于老年人口与下代共同生活起到很大的限制作用。一部分无子女老年人通过过继、领养等方式取得子女，以得以生活在传统家庭养老环境中；一部分老年人（其中相当比例的人是无子女的）作为其他亲属和非亲属生活在别人的家庭户中。此外，存活子女的性别也对于老年人口的户居类型起着重要影响，将儿子留在身边是更为普遍的情况。

五、20世纪90年代老年人与子女之间的代际经济交流状况

我国是个传统的家庭养老的社会，养儿防老既是一种深入人心的社会观念，也是人们通过家庭建立和子女繁衍达到老有所养的现实手段。因此，生育子女（特别是儿子）的动力之一就是对自身老年保障的投资。多生育子女便是多加一层保险，并且期望老年时能多有一份子女的回报。

家庭养老包括3个主要方面，一是经济供养，二是生活照料，三是精神慰藉。其中经济供养是老年人生活中最基本的问题。

1978年改革开放以来，经济发展十分迅速，收入水平迅速提高，人民群众的经济能力大为增加，老年人也是同样。因此老年人依赖子女供养的程度下降，在经济上具有了更大的独立性。20世纪90年代有的研究发现，子女数量对家庭养老功能没有直接影响①。在一些经济发达的地方，比如上海，子女数的多少与老人从他们那里得到的净经济供给总量已没有太大关系②。

处于人口转变和社会经济变革和发展的背景之中，社会养老保障事业不断发展，我国家庭养老的状况也在不断变化。90年代时老年人依赖子女从经济上供养的局面是否真的已经彻底改观。对此问题以下将从两个方面加以分析：首先，对老年人口与其子女之间的代际经济流动的类型加以分析；然后，分析老年人获得的来自其子女的经济供养金额的影响因素，并在其中考察子女数对于老年人老年经济保障的作用。

六、不同年龄老年人对子女经济供养的依赖

由于个体老龄化是一个过程，在不同年龄所表现的特征会有所不同。因此，在分析老年人对子女经济供养依赖性时，必须注重老年人的年龄因素。由于年龄越老受死亡率影响越大，因而人数越少。如果只看老年人总体上的情况，便会偏重表现了较年轻的老年人的情况，在一定程度上抹杀了高龄老年人的情况。并且，调查和分析中老年人的年龄定义得越低，这种情况便会越严重。因此，区分年龄组加以分析有助于把握不同个人老龄化阶段的情况。

表12－9提供了根据1992年中国老年人供养体系调查资料的分析结果③，通过计算子女净供给金额的方法来分析。子女净供给金额定义为子女对父母的资助减去父母对子女的资助。当净供给为负值时，表示父代仍在抚养子代；当净供给为正值时表示子代在供养父代；当净供给等于0时既可能表示有代际经济流动但流动量相同，也可能表示代际之间无经济往来。

从表12－9中可以看到，无论城乡，老年人都是随着年龄的提高，仍在抚养子女的比例显著下降，而接受子女供养的比例显著上升。无论城乡，经济净流动额等于0的类型的比例在各年龄之间变化不太大，显示出这是抚养型与供养型之间的过渡类型，老年人随着年龄的提高会逐步先从抚养子女转变为既不需要抚养子女也不需要子女供养的状态，然后再逐步转向接受子女供养的状态。从表中还可以看出，如果不区分年龄组来分析，只看所有年龄合计的一行，其实反映的是较为年轻的老年人的情况

① 夏传玲，麻凤利：《子女数对家庭养老功能的影响》，《人口研究》，1995年第1期，第10～16页。
② 桂世勋，倪波：《老人经济供给“填补”理论研究》，《人口研究》，1995年第6期，第1～6页。
③ 郭志刚：《老年人家庭的代际经济流动分析》，《中国老年学杂志》，1996年第5期，第312～315页。

(大约与65~69岁组水平相近)。因此，表12-9说明，1992年时老年人仍然对子女经济供养的依赖性很大，而且年龄越高这种依赖性就越高。

表12-9中还表现出城乡老年人之间的显著差别。城市老年人刚进入老年时仍表现具有较大经济能力，有72%的老年人不需要子女来供养，但是年龄很大（85岁及以上）时，需要子女供养的老年人比例仍达到70%以上。农村老年人由于缺乏社会老年保障，基本上从一进入老年阶段，便主要依赖于子女来供养了。

从各年龄组合计的统计结果看，即使在城市地区，也存在着近40%的老年人尚需子女供养。考虑到年龄别的差别，子女供养的作用仍不能忽视。

表12-9　1992年老年人代际经济净供给的类型比例

单位:%

年龄组	城市				农村			
	<0 抚养子女	=0 均等	>0 子女供养	合计	<0 抚养子女	=0 均等	>0 子女供养	合计
60~64	34.5	37.7	27.8	100	9.4	27.8	62.8	100
65~69	24.0	37.5	38.5	100	7.1	22.5	70.4	100
70~74	17.4	37.5	45.0	100	4.7	19.9	75.4	100
75~79	12.2	32.3	55.5	100	2.5	13.9	83.5	100
80~84	7.6	31.0	61.4	100	2.4	13.5	84.1	100
85+	6.0	23.1	70.9	100	0.8	10.8	88.4	100
合计	23.9	36.4	39.7	100	6.3	21.8	71.9	100

随着社会经济的发展和老年保障制度的逐步建立，我国老年人对于子女供养的依赖性会逐步削减。但由于人口寿命将不断延长，未来不仅人口老龄化加剧，而且老年人口中的高龄化也会加剧。因此，老年人对子女供养依赖性的年龄特点需要得到足够的重视。

七、1992年城市老年人所得子女供养金额的影响因素

对中国1992年中国老年人供养体系调查资料中的城市老年人进行的多元回归分析表明①，在控制了来自国家的经济帮助金额、来自亲属经济帮助金额、老年人自己的收入、医疗费用开支以及老年人本人的性别、年龄其他6个自变量的条件下，子女数仍然具有对城市老年人所得子女净供养金额的独立解释作用。也就是说，子女数量对老年父母经济供养的影响仍然不能忽视。

回归结果表明，老年人自己的收入对子女净供养量有反向作用，即自己个人收入越高，所得到的子女净供养量越少。国家帮助越多或亲属帮助越多，净供养量则越

① 郭志刚，张恺悌：《对子女数在老年人家庭供养中作用的再检验》，《人口研究》，1996年第2期，第7~15页。

少。老年人的年龄越老，就需要越多的子女供养。医药费支出对子女净供养存在正向作用，医药费支出越多，相应得到的子女供养量越多。老年人在其得到的净供养额上存在显著的性别差异，男性老年人比女性老年人的子女净供养量平均少 116 元。在控制了其他诸多自变量的条件下，子女数的影响作用仍然十分显著。结果表明，如果其他条件不变，每多一个子女，就意味着老年人每年能多得到 39 元子女供养费。各自变量的回归结果都很合乎逻辑，很容易理解。同时，这一模型各自变量的标准化回归系数的比较可以得知 7 个自变量在解释子女净供养金额方面的相对重要性：排在第一位重要的是老年人自己的收入水平，排在第二位的是国家帮助的水平，第三位便是老年人的子女数，第四位是老年人的性别，第五位是老年人的年龄，第六位是医药支出，排在最后一位的是亲属的帮助。

这一分析表明，如果老年人有较高的收入水平，或者国家有较高的支持帮助，便可以减少或消除在经济上对于子女的依赖。但是，我国城市老年人在 20 世纪 90 年代仍未达到经济上基本自立，更不要说农村的老年人了。就一般而言，老年人的经济缺口还是很大的。首先，养老保险的覆盖面还十分狭窄。这种情况不仅是农村的普遍现象，在城市里尤其是在女性和高龄老年人中同样大量存在。其次，由于我国离退休金制度和养老保险制度都没有贯彻反向相关（即对弱势群体支持要大）的原则，也没有贯彻与物价紧密相关的原则，因此很多离退休人员的收入低于支出，并且离退休时间越长则缺口越来越大。体制转轨导致养老来源不稳定，水平低，差距大。离退休人员的收入受原企业的年龄结构和经营状况的影响较大。离退休金低，其他经济补助少，不能按时发放等现象很普遍。老年医疗开支巨大是普遍现象，而社会医疗保险制度对老年人医药开支的均匀化调节作用不明显，且因原单位的经营状况不佳致使医药费不能及时得到垫付和报销的现象也很普遍。尤其是在发生大病时，更容易在医药费上存在很大困难。

分析中老年人的年龄和性别的作用其实反映了这两个变量对老年人经济缺口的影响。比如，年龄一方面表达了随年龄变化而来的特征，如年龄越大医药开支越大，同时也反映了不同年份出生的人经历十分不同，因而导致老年时社会经济状况和待遇上的差异。在社会发展进程中，无论是年龄差异还是出生队列差异都不会完全消除。

第三节　家庭规模结构巨变　养老保障任重道远

一、人口结构变化使家庭规模和结构发生巨大变化

与以前许多家庭的研究文献不同，本章不是将家庭户平均规模当做家庭分化立户水平的测量指标，而只是将其作为一个既受家庭分化立户水平影响，也受人口结构变化影响的“粗”指标。

本章对新中国成立以来平均家庭户规模的研究分析表明，实际上平均户规模的变化主要是反映了同期人口年龄结构的变化。而人口年龄结构的变化则主要是由于1973年以后党和政府在全国范围内大力推行计划生育。所以，中国的家庭户规模的变化动态具有两个阶段的特征。在全国性计划生育高潮开始之前的第一阶段中，由于生育水平很高，少儿人口比例不断扩大，人口结构日益年轻化，每户中平摊的少儿人数增加，导致了家庭户规模的扩大。而在全国大力推行计划生育的第二阶段中，生育率大幅度下降，其结果是少儿人口比例不断减小，每户中平摊的少儿人口数明显减少，因此家庭户规模不断收缩。尽管近年家庭户规模变化中这个因素的影响力不断减弱，然而至今仍有50%以上的解释力。

二、家庭养老功能削弱，但家庭对于养老保障仍十分重要

以往我国老年人口中的大部分都与晚辈同居一户，这反映出主干家庭模式占据着主导地位。1982年以来，老年人与晚辈的合住比例有明显降低，而生活于空巢家庭的比例明显增加，反映出家庭模式有核心化趋势。但是，老年人即使不与晚辈同住，也不意味着代际亲情关系断裂，实际上老年人口在经济供养、生活照料和精神慰藉方面仍然需要子女和亲属的帮助。这种需要是随着年龄不断提高而逐渐增长的。家庭养老对于不同地区、不同性别、不同年龄的老年人口的重要性存在着明显的差异。但是，社会保障体系的健全和人口老龄化、高龄化的趋势都会使中国老年人对家庭的依赖逐步削弱。随着我国人口的急剧老龄化进程，如何在新的社会经济人口条件下发挥家庭养老的支柱作用是一个重要论题，也是民生工作的重要着力点。

第十三章　劳动力资源变化与人口就业状况

劳动力资源是一个国家或地区具有劳动能力的人口的总和，是能够为总人口创造财富、提供生存发展条件的积极人口。劳动适龄人口是常用的反映劳动力资源数量的近似数据。本章阐述新中国成立60余年来劳动力资源的基本状况和各时期的人口就业问题及各项应对政策。

本部分有关劳动力资源的主要数据来源，是最具权威性的人口普查资料和国家发布的国民经济统计（以各年度《中国统计年鉴》和《中国劳动统计年鉴》为主），并采用了大量有关的文献资料。需要说明的是，人口普查和经济统计这两个最主要数据来源，相同范畴的数据存在一定的不同，差别的原因主要在于统计计算口径的不同（如从业人口标准、劳动年龄划分口径等）。在国民经济统计数据中，还存在数据正式发布后又进行调整的问题（大如对“大跃进”时期经济指标的多次修正，小如下岗职工人数在第二年的修正），以及统计口径设计的不合理问题（如现行的失业率计算指标）。我们在研究写作中对资料去伪存真，分析对比，尽量使用最合理的数据和给予必要的说明。

新中国成立60多年来，我国劳动适龄人口大幅增加，1964～1982年间增长速度最快，1982年以后增长速度减缓。这种减缓源自于由计划生育和社会经济发展导致的人口再生产型的转变。这种减缓使得新进入劳动适龄人口的年轻劳动力人口的比重不断减小，劳动力人口也逐渐显现出“老化”的趋势，年龄中位数不断上升。尽管现在劳动力人口比例依然很高，存在着劳动力数量相对过剩的状况，但随着时间的推移和社会经济的发展与转型，劳动力人口的结构将注定我国在今后几十年内面临劳动力数量下降、劳动力质量急需提高的问题。从劳动力资源向地区分布看，中国社会经济发展地区间的不平衡也促成了劳动力资源地区间分布的差异，劳动力人口向东中部聚集的趋势明显，而且东中西部的劳动力资源差距日益拉大，这种分布的变化也进一步推动着中国经济的变化与发展。

一方面，劳动力资源的分布和结构随着社会经济的发展发生了巨大变化；另一方面，这一变化也推动着社会经济的发展和民生的改善。但是由于这种调整是在较短时间完成的，其间的问题自然也不少。

就业是与民生密切的问题之一。劳动是民生之源，就业是民生之本。促进就业是保障和改善民生的头等大事。随着经济的飞速发展和社会的不断进步，就业竞争日趋激烈，就业难成为政府、学校以及社会各界广泛关注的焦点问题。做好就业工作是摆在党和政府以及社会各界面前极其艰巨、重要的工作任务，关系到国家的人才战略与社会和谐发展，关系到社会主义经济建设又好又快发展，关系到千千万万个家庭的和谐、幸福、美满。鉴于人口众多和劳动力资源严重过剩的基本国情，解决好中国的就业问题意义极其重大。新中国自成立以来多次受到就业问题的困扰，主要有 20 世纪 50 年代初旧中国遗留的失业问题、80 年代初的“上山下乡”返城青年的大规模失业问题和 90 年代末的下岗问题，进入 21 世纪以来，中国出现了大学生就业难问题，企业辞退人员和返乡农民工的再就业问题。国家在各时期实行了多种就业方针政策，努力解决了就业问题。

进入 21 世纪，中国面临经济全球化和进一步促进经济社会发展的巨大挑战，也有着消化上亿过剩劳动力资源，将其由“包袱”变为“财富”的艰巨任务。搞好我国劳动力资源的配置利用，解决就业问题，加强民生建设，任重而道远。如今，我们正在面临人口红利消失和如何运用好第二次人口红利、应对人口迅速老化和未来劳动力紧缺的重大问题，更是任务艰巨、作用巨大、影响深远，亟需得到进一步研究和政策调整。

第一节　中国劳动力资源的变化

一、劳动力资源和劳动适龄人口

（一）劳动力资源

劳动力资源指一个国家或地区具有劳动能力的人口的总和，是能够为总人口创造财富、提供生存发展条件的积极人口，在整体人口中居于极为重要的地位。就一般情况而言，人到达一定年龄就具有一定的劳动能力，再超过一定年龄便丧失劳动能力，年龄是在人口总体中划分劳动力资源的基本标志。

一个国家或地区的劳动力资源，由下列 8 个部分构成①（图 13－1）：①处于劳动年龄之内、正在从事社会劳动的人口，它占据人力资源的大部分，可称为“适龄就业人口”；②尚未达到劳动年龄、已经从事社会劳动的人口，即“未成年劳动者”或

① 姚裕群：《人力资源概论》，中国劳动出版社，1992 年版，第 47～49 页。

“未成年就业人口”；③已经超过劳动年龄、继续从事社会劳动的人口，即“老年劳动者”或“老年就业人口”；④处于劳动年龄之内、具有劳动能力并要求参加社会劳动的人口，它可以称为“求业人口”，其实质是失业人口；⑤处于劳动年龄之内、正在从事学习的人口，即“就学人口”；⑥处于劳动年龄之内、正在从事家务劳动的人口；⑦处于劳动年龄之内、正在军队服役的人口；⑧处于劳动年龄之内的其他人口。

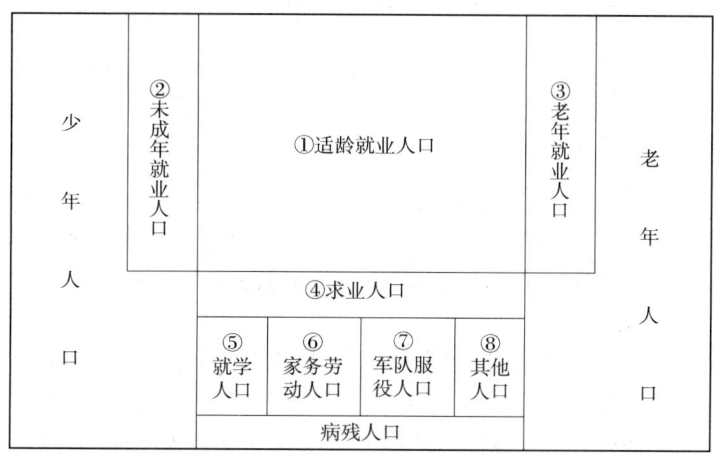

图 13－1 劳动力资源构成

图中标记①～⑧的部分，即劳动力资源。前三部分人口，构成就业人口的总体，即国民经济统计中的“从业人员”数。前四部分人口——从业人员与失业人员的总和，又统称为经济活动人口，是已经开发的劳动力资源构成现实的社会劳动力供给。后四部分并未构成现实的社会劳动力供给，是尚未开发而处于潜在状态的劳动力资源。

（二）劳动适龄人口

劳动适龄人口指国家规定的劳动年龄界限内的人口。各国由于社会经济条件的不同，对法定劳动年龄有各自不同的规定。大部分国家把 15 岁作为法定劳动年龄的下限，把 64 岁作为法定劳动年龄的上限，居于 15～64 岁之间的人口，被称为劳动适龄人口。中国现行的劳动力资源管理部门的工作口径所规定的劳动适龄人口界限是：男性 16～59 岁，女性 16～54 岁。

社会生活的现实是，在劳动年龄以外存在着一部分具有劳动能力或正在参加社会劳动能力的人，在劳动年龄以内也存在着一部分没有劳动能力或不能参加社会劳动的人，二者的数量均不大且可以相抵，因此可以用劳动适龄人口的数量来代替劳动力资源的数量。图 13－2 反映了劳动适龄人口和劳动力资源数量之间的近似关系。

二、劳动适龄人口的规模变动

新中国成立 60 多年来，基于人口总量的大幅度增加，劳动适龄人口呈现不断增加趋势（表 13－1）。从相对数上看，除 1964 年劳动适龄人口在总人口中的比重与 1953 年相比有所下降以外，各次人口普查劳动适龄人口在总人口中的比重均表现出增长的状态，说明了我国人口的生产性在提高。在我国经济水平尚不发达的基本国情下，劳动适龄人口的大幅度增加，则蕴含着劳动力资源过剩和社会就业的压力。

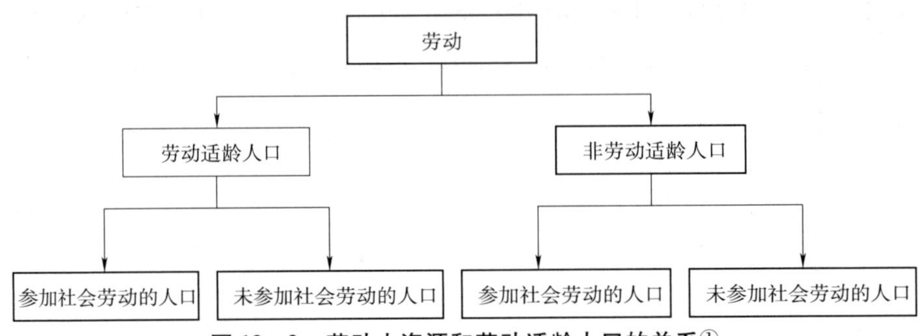

图 13－2　劳动力资源和劳动适龄人口的关系①

从劳动适龄人口增长速度看，1964 年全国的劳动适龄人口数比 1953 年增长了 4 166万人，年均增长速度为 1. 19%；1982 年比 1964 年增长了 20 938 万人，年均增长速度为2. 69%；1990 年比1982 年增长了12 815 万人，年均增长速度为2. 65%；而 2000 年比 1990 年增长了 10 634 万人，年均增长速度为 1. 47%；2010 年比 2000 年增长了 9 027 万人，年均增长速度为 1. 09%（表 13－1）。很明显，1964～1982 年劳动适龄人口增长的人数最多，速度也最快。这是因为，1982 年 16～19 岁组人口是 1963～1967 年我国第二次生育高峰出生的人口，25～29 岁组人口是 1953～1957 年我国第一次生育高峰出生的人口，当他们达到劳动适龄年龄后，就会导致劳动适龄人口数的迅速增加。1982 年以后劳动适龄人口增长速度减缓，主要原因是我国实行计划生育政策以后生育率下降所致。

表 13－1　历次人口普查的劳动适龄人口状况②

年份	总人口数（人）	劳动适龄人口数（人）	占总人口的比例（%）	比上期增加（万人）	比上期增加（%）
1953	567 446 758	299 831 361	52. 84	—	—
1964	694 581 759	341 491 424	49. 17	4 166	13. 89
1982	1 003 913 927	550 872 915	54. 87	20 938	61. 31
1990	1 130 510 638	679 025 949	60. 06	12 815	23. 26
2000	1 242 612 226	785 368 567	63. 20	10 634	15. 66
2010	1 332 810 869	875 639 788	65. 70	9 027	11. 49

①　查瑞传：《人口普查资料分析技术》，中国人口出版社，1991 年版，第 415 页。

②　此表数据按中国标准计算，即男 16～59 岁，女 16～54 岁。因人口普查十年一次，为便于对比，本表及本节数据资料引自公开出版的《中国统计年鉴 2008》（国家统计局编，中国统计出版社，2008 年版）的最新人口数据（2007 年数据）和国家统计局 2005 年 1% 抽样调查、2007 年 0. 9‰抽样调查的数据及 2010 年第六次全国人口普查数据。

三、劳动适龄人口的结构变动

我国1953年第一次全国人口普查到2010年第六次全国人口普查，按国际劳动适龄人口标准计算的性别比，分别为105.57（1953年）、106.49（1964年）、107.30（1982年）、107.16（1990年）、105.85（2000年）和103.57（2010年），基本在105～108之间波动（表13－2）。

表13－2　历次人口普查劳动适龄人口的性别构成①

年份	劳动适龄人口数（万人）			占劳动适龄人口比重（%）	
	合计	男	女	男	女
1953	29 983	15 937	14 046	53.15	46.85
1964	34 149	18 304	15 845	53.6	46.4
1982	55 087	29 414	25 673	53.4	46.6
1990	67 903	36 169	31 734	53.27	46.73
2000	78 537	41 500	37 037	52.84	47.16
2010	87 564	46 597	40 967	53.21	46.79

从年龄中位数看，1953～1964年中国男性劳动适龄人口的年龄中位数不断下降，下降了2.04岁；1982～2010年男性劳动适龄人口的年龄结构则表现出不断老化的趋势，年龄中位数不断上升，其中，1982～1990年上升了0.21岁，上升幅度不大，但1990～2000年上升幅度明显加大，上升了1.86岁；到2010年，年龄中位数上升到37.3岁，增加了3.66岁。我国女性劳动适龄人口的年龄结构从1953～1982年都一直表现出不断年轻化的趋势，其年龄中位数下降了2.19岁，但从1982年开始，年龄中位数开始不断上升，1982～1990年的上升幅度不大，仅为0.23岁，1990～2000年上升速度不断加快，十年间增加了3.46岁；到2010年，年龄中位数进一步上升，10年时间内增加了2.11岁。很明显，1990～2010年间是中国劳动适龄人口年龄中位数提高速度加快的时期（图13－3）。

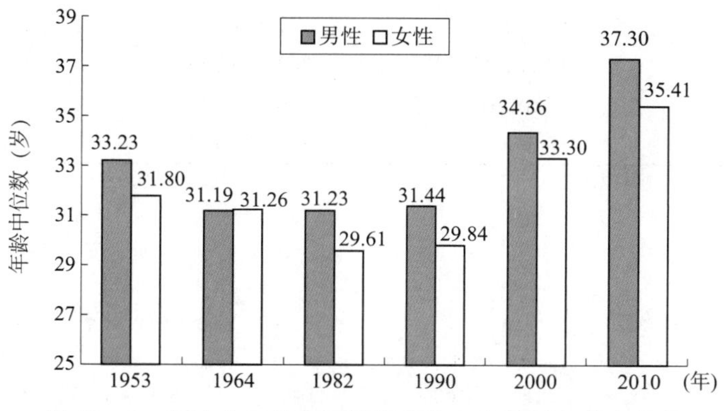

图13－3　历次人口普查适龄劳动人口分性别年龄中位数

① 此表有关性别比的数据按中国标准计算，即男16～59岁，女16～54岁。

经计算，1982 年第三次人口普查时，15～64 岁劳动适龄人口中 40 岁以上的占 32.06%，1990 年第四次全国人口普查时，该比例略降低 1 个百分点达到 31.03%，而 2000 年 40 岁以上的人口占劳动适龄人口比例上升了 5 个百分点达到 36.58%，2010 年第六次人口普查则显示比例进一步上升至 45.25%，接近一半。劳动适龄人口的老化极为明显。

四、劳动适龄人口的地区差异

中国分为东部、中部、西部 3 个地区。按照梯度理论[①]，我国东部地区为沿海地区，中部地区指没有海岸线的内陆地区，西部地区指边远尤其是边疆少数民族地区[②]。东部人口稠密，劳动适龄人口数量众多，自然资源拥有量较少；西部人口稀少，劳动适龄人口数量较少，自然资源拥有量较多，但自然地理气候条件差；中部的人口和自然资源的状况介于二者之间。

从劳动适龄人口的地区分布，1953 年东部劳动适龄人口总数是中部的 1.23 倍，中部是西部的 1.58 倍[③]；1964 年，东部仍是中部的 1.23 倍，中部是西部的 1.54 倍[④]；1982 年，东部是中部的 1.19 倍，中部是西部的 1.58 倍；1990 年，东部是中部的 1.17 倍，中部是西部的 1.54 倍；2000 年，东部是中部的 1.15 倍，中部是西部的 1.60 倍；2010 年，东部是中部的 1.37 倍，中部是西部的 1.58 倍（表 13－3）。总的来看，1953～2010 年东、中部的差异远小于中、西部的差异，但东中西部的差异表现出扩大的趋势（图 13－4）。

表 13－3　历次人口普查的东、中、西部劳动适龄人口状况[⑤]

单位：人

普查年份	东部	中部	西部
1953	143 150 760	116 672 522	73 710 530
1964	163 936 505	133 532 801	86 981 477
1982	259 541 051	217 484 727	137 351 561
1990	313 202 134	267 659 355	173 653 903
2000	345 688 084	300 713 726	192 867 790
2010	452 828 102	331 145 442	208 587 546

① 陈义平：《西部开发存在人口问题吗?》，《人口研究》，2000 年第 4 期，第 51～55 页。

② 东部地区包括北京、辽宁、河北、天津、山东、江苏、上海、浙江、福建、广东、广西和海南 12 个省区市；中部地区包括吉林、黑龙江、山西、内蒙古、安徽、江西、河南、湖北和湖南 9 个省区；西部地区包括陕西、甘肃、青海、宁夏、新疆、四川、重庆、贵州、云南和西藏 10 个省区市。

③ 1953 年东部地区未包括海南，西部地区未包括宁夏。

④ 1964 年东部地区未包括海南和天津，西部地区未包括西藏。

⑤ 此表按国际标准计算，即劳动适龄人口男女均为 15～64 岁。

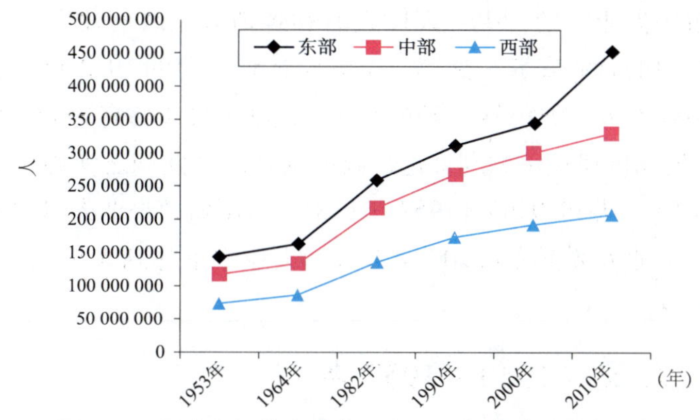

图 13－4　历次人口普查的东、中、西部劳动适龄人口状况

第二节　人口就业状况及就业政策的变化

我国经济在 60 多年内实现了迅速的腾飞，这在很大程度上得益于人口转变带来的“人口红利”，然而这种急速的转变也使得众多问题无法通过社会经济发展实现内部缓解和消化，因此每一时期的政府宏观调控政策在解决这些问题上就显得尤为重要。本节主要介绍新中国成立以来每一时期遇到的不同就业问题及其应对政策的变化。

一、新中国成立初期和“一五”时期（1949～1957 年）

（一）第一次就业问题（1949～1957 年）

新中国第一次就业问题，发生在新中国成立初的经济恢复时期和第一个五年计划时期。新中国建立初期存在数量巨大的失业问题，据统计，1949 年年末全国城镇失业的人数为 472.2 万人，城镇失业率高达 23.6%①。其性质是：旧中国遗留严重的失业以及社会发生巨变所导致的失业。随着国家的安置解决措施和经济的发展，中国的失业率水平大幅度下降。

新中国出现第一次失业问题的原因是：①旧中国遗留严重的失业问题；②多年战争造成经济凋敝，使城镇劳动需求严重萎缩；③新中国成立前后，大量官僚资本、外国资本和民族资本抽逃，致使许多企业关闭或歇业；④在旧军队、旧政府中任职的大量人员需要寻找新的出路；⑤随着社会改造，有的旧产业关闭（如迷信品生产）从而一些人失业，等等。

① 国家统计局社会统计司编：《中国劳动工资统计资料 1949～1985》，中国统计出版社，1987 年版，第 109 页。

为了有效地解决失业问题，中央人民政府和各地人民政府建立了劳动就业委员会。经过几年大规模的就业安置，到第一个五年计划之前的1952年年末，全国城镇失业人数下降了100万人，但仍然有376.6万人，城镇失业率高达13.2%。

"一五"计划期间国民经济顺利推进，政府为解决就业问题实施了多项措施，中国的失业率逐步下降。从1949年到1957年年末，全国城镇失业人口中累计新就业人数为273.8万人，失业人数下降到200.4万人，失业率下降到5.9%，有效地缓解了失业问题（表13－4）。

（二）就业政策（1949～1957年）

经济恢复时期和"一五"计划时期的就业政策，包括以下内容：

1. 帮助失业人员解决就业出路。社会主义的政治理想，是保障劳动群众的工作和生活权利，使"人人有工作、人人有饭吃"。新中国政府采取了多种行政手段促进失业人员就业，包括：进行失业登记及转业训练[①]；发放失业救济金以及生活困难的一次性补助；以工代赈，生产自救，临时就业，如北京市治理龙须沟；组织失业的手工业者和商贩成立合作社，或者安排进行个体生产经营；开展转业训练，增强就业能力；提供优厚条件，动员农村有紧密联系的城镇失业人员返乡务农和组织到人少地多的未开发地区。

表13－4 1949～1957年失业人口就业情况

年 份	城镇失业人数（万人）	城镇失业率（%）	当年新就业人数（万人）	累计新就业人数（万人）
1949	474.2	23.6	—	—
1950	437.6	—	36.6	36.6
1951	400.6	—	37.0	73.6
1952	376.6	13.2	24.0	97.6
1953	332.7	10.8	43.9	141.5
1954	320.8	10.5	11.9	153.4
1955	315.4	10.1	5.4	158.8
1956	212.9	6.6	102.5	261.3
1957	200.4	5.9	12.5	273.8

资料来源：国家统计局社会统计司编：《中国劳动工资统计资料1949～1985年》，中国统计出版社，1987年版。

2. 采取行政手段维持就业，防止新的失业出现。

（1）"包下来"和"给出路"的政策。政府对原国民党官办企业的职工和在教科文卫行业工作的人员，在人民政府接管后实行维持"原职原薪"的政策；对原国民

① 国家劳动总局政策研究室编：《中国劳动立法资料汇编》，工人出版社，1980年版。

党军队和政府中没有较大罪恶和问题的人员，全部给予安排新的工作。这一措施也基于有利于全国解放的政治考虑①。

（2）限制企业解雇人员。政府限制私营企业盲目招收和无理解雇工人。1954 年，国家进一步做出规定，无论公私企业，均不得因企业提高生产效率而解雇富余的员工，企业的富余人员由原企业组织学习和培训。

（3）在经济改造中维持就业。1955～1956 年，国家对私营企业实行公私合营中，采用“分口包干、统筹安排”的办法，由国营企业各主管部门分别管理对口行业的私营企业，对其资本、财产、生产经营、人员等进行全面安排和处理。资方人员安置到政府机关或企业工作，工人在原企业留用或统一调剂到其他部门行业。

（4）控制招收农村劳动力。国家规定，城市企业需要招收农村劳动力时，必须经过地方劳动部门统一调配或组织招收。政府劝阻农民盲目流入城市，以免出现新的失业。

3. 适度发展私营经济。政府允许私营工商业适度发展，对私营企业实行了“公私兼顾、劳资两利”的政策，使其在原材料分配、加工订货、产品收购包销、资金贷款等方面享有与国营企业基本相同的待遇，使资本家愿意继续经营下去，从而维持劳动力的雇用。1949 年，全国私营工业企业共有 12.3 万多家，雇佣人数达 164 万人，占全国工业劳动力总数的 53.7%。

4. 建立“统一就业”的制度。

（1）培养干部，统一分配工作。新中国成立初期，政府在各大城市创办人民革命大学吸收失业工人、工程技术人员和知识分子，进行短期的政治教育和职业训练，再由政府统一分配，安置到政府行政部门和文教事业单位工作。

（2）统一介绍就业。1952 年 8 月，政务院批准的《关于处理失业工人办法》中指出，“为了配合国家建设计划，逐步解决失业、半失业和剩余劳动力问题并争取逐步实现合理使用劳动力起见，应从统一介绍就业开始，逐步达到统一调配劳动力”。

统一就业制度的内容是：凡需要雇用工人或职员的各个公私企业，必须先将欲雇用人员的条件及待遇办法草案交到当地劳动局，经审核批准后再由劳动力调配机关统一介绍人员，或从劳动局所指定的当地失业人员中进行小范围的选择，并经调配机关审查批准后方可雇用。

（3）复员转业军人和毕业生统一安排就业。政府明文规定，城镇复员转业军人、大中专毕业生、技工学校毕业生、城镇中学和高小毕业生，都由国家统一安排就业。

5. 一定的就业灵活性。

（1）部分地区自由招工。新中国成立初期，政府允许一些经济基础较好地区（如东北、华北地区）急需劳动力的工矿企业、经济部门，自行从社会上的劳动力和

① 陈云：《目前财经工作中应注意的问题》，《陈云文选 1949～1956》，人民出版社，1984 年版，第 15 页。

失业者中招收工人和技术人员，满足本企业的需要。

（2）实行“介绍就业和自行就业相结合”的方针。针对“统一介绍就业”政策不利于广开门路解决失业问题的缺陷，1953 年 5 月中央劳动就业委员会、劳动部和内务部提出“介绍就业和自行就业相结合”的方针，从而打开就业的“两扇门”。国家鼓励个人通过关系自找工作，实现就业。政府缩小了统一就业和统一调配的范围，给予企业少量的用人自主权。

二、“大跃进”和调整时期（1958～1966 年）

（一）第二次就业问题（1958～1966 年）

新中国第二次就业问题，包括“大跃进”盲目扩大就业和其后的调整两个阶段。这次就业问题的基本格局是：城镇劳动力不合理地剧增而后大量精减（主要是返回农村），公开失业被消灭，并在后期出现一定的待业人员。

1958 年全国开展“大跃进”运动期间，大炼钢铁和大搞各种建设项目，城镇吸收了大量劳动力就业。“大跃进”期间上年存留的 200 万失业人员全部吸收后，动员城镇家庭妇女走出家门就业和从农村大量吸收劳动力进城就业[①]。“大跃进”不仅使劳动需求信号过度，而且实际吸收的就业数量也大于当时的劳动需求信号[②]。

“大跃进”失败后开始经济调整，国家严格控制城镇就业，把 2 000 多万过剩的在职劳动力精减回农村，大大减轻了城镇就业压力。在这一时期，城镇劳动需求大大下降，部分城镇新成长劳动力不能获得就业岗位，在国家统一计划安置就业的体制下，成为“待分配”即待业的人员。1963 年年末，全国城镇有 200 万劳动力未能得到配置[③]。

从 1958 年到 1966 年以至到其后的 1977 年，中国消灭了公开失业，政府承担了对城镇劳动力“包就业”的责任。

（二）就业政策（1958～1966 年）

“大跃进”和经济调整时期的就业政策，包括以下内容：

1. “大跃进”期间动员劳动力就业。1958 年全国开展“大跃进”运动，出现了劳动供给不足的假象，城镇的新成长劳动力远远不能满足需要。在这种情况下，政府不但动员各行各业的职工、学校师生员工参加“大炼钢铁”的运动，还动员家庭妇女等非劳动力就业。

---

① 马洪主编：《现代中国经济事典》，中国社会科学出版社，1982 年版，第 515 页。

② 张玉璞，刘庆唐编：《劳动力系统配置论》，劳动人事出版社，1989 年版，第 297 页。

③ 胡鞍钢等著：《扩大就业与挑战失业——中国就业政策评估（1949～2001 年）》，中国劳动社会保障出版社，2002 年版。

2. 城市精减职工。“大跃进”期间大量招工，严重超过了城镇的需要量。1961年，政府采取精减职工的政策，动员一部分职工退休或回乡、下乡，从而减少城镇就业的劳动力。到1963年6月，共精减职工1 940万人，减少城镇人口2 600万人。

3. 部分城市青年“上山下乡”。1962年，国家在精减职工政策的同时，规定对“具有下乡条件的……不能在城镇就业的青年学生，可以安置到农场（包括牧场、林场、渔场）”。由此开始了有计划“上山下乡”的政策。1964年年初，国家提出“安置城市青年上山下乡，要以插队为主”的精神①。从1962年至“文化大革命”之前，全国城镇有139万名青年通过“上山下乡”渠道就业②。

三、“文化大革命”时期（1966～1976年）

（一）第三次就业问题（1966～1976年）

新中国第三次就业问题发生在“文化在革命”时期。该时期就业问题的基本格局是：国家严格控制劳动力，城镇毕业学生大规模“上山下乡”而后大量返城。

1966～1976年，“文化大革命”的大规模政治运动，使国民经济发展受到一定的冲击和影响，在所有制方面集体企业升格，限制和取消个体经济。上述原因使得劳动需求狭小和就业岗位严重不足。同时，20世纪50年代初出生的人口成为60年代末的大规模劳动力供给，在“文化大革命”的初期这批人初高中毕业（被称为“老三届”）后积压数年没有就业出路，而不能离校。

为了解决城镇毕业学生的就业出路，国家组织了大规模“上山下乡”，把城市就业的压力转移到农村。1967～1976年的10年间共有1 403万人“上山下乡”，其中插队人数为1 211万人。1969年是“上山下乡”规模最大的年份，数量达到267.38万人。20世纪70年代初企业恢复招工、高中开始招生，一部分城镇毕业生升学和在城市就业，“上山下乡”的规模缩小。1974年以后“上山下乡”规模又有一定扩大。

在“上山下乡”政策的实施中，由于多方面的原因，造成农民、知识青年与家长、对口单位、政府“四不满意”③ 的局面，致使“上山下乡”青年不能稳定在农村而逐步返城。1975年以后，在农村就业的下乡青年通过招工、招生、征兵、提干和病退、困退的原因而大量调离农村，每年达到100多万人，1975年和1976年调离农

---

① 顾洪章，马克森主编：《中国知识青年上山下乡大事记》，中国检察出版社，1997年版，第42～44页。

② 顾洪章，胡梦洲主编：《中国知识青年上山下乡始末》，中国检察出版社，1997年版，第34～36页，第78～79页。

③ 同②，第145～146页。

村的人数均在130多万人的水平①。“文化大革命”结束时，“上山下乡”青年返城规模更大。

（二）就业政策（1966～1976年）

10年的“文化大革命”时期的就业政策：

1. 制止已“上山下乡”青年返城。“文化大革命”开始以后，之前的“上山下乡”工作停顿，许多“上山下乡”青年返回城镇，上访请愿，要求把户口迁回城镇。1967年2月，中共中央、国务院发出《关于处理下乡上山知识青年外出串联、请愿、上访的通知》，要求串联、请愿、上访者返回本地，搞好生产；并要求对安置中的问题，由各级党委负责逐步解决。

2. 大规模“上山下乡”。

（1）老三届毕业生大规模“上山下乡”。1967年北京市曲折等10名中学生厌恶了“文化大革命”的派性斗争，寻求走与工农结合的道路，自发到内蒙古的牧区插队当普通农民、牧民，而后影响到各地。由于大学在“文化大革命”之中停止招生，城市各企事业单位进行“文化大革命”停止招工，“老三届”的初中、高中毕业生积存数量达1 100万人，其中家居城镇的有400万人②。他们没有升学和就业的去向，因此国家采取了大规模“上山下乡”的政策。中共中央、国务院在1968年提出学校毕业生分配实行“面向农村、面向边疆、面向工矿、面向基层”的方针，并以面向农村、插队落户为主。

（2）从“接受再教育”到“插队落户”。1968年12月《人民日报》发表毛泽东主席的指示，提出“知识青年到农村去，接受贫下中农的再教育……要说服城里干部和其他人，把自己初中、高中、大学毕业的子女，送到农村去，来一个动员”。“上山下乡”由就业工作演变为具有政治色彩的运动。1968～1969年，全国形成“上山下乡”的高潮，一些省市的中学毕业生全部“上山下乡”，北京、天津、上海三大城市的中学毕业生有70%“上山下乡”。

大批城市青年“上山下乡”以后，其劳动和生活问题未能解决好，加之“接受再教育”的宣传使人理解为“上山下乡”是临时性的，因而不能稳定在农村就业。而后，国家提出“上山下乡、插队落户”的口号。

3. “上山下乡”区别情况。“文化大革命”前的“上山下乡”基本上实行自愿原则。“文化大革命”中，“上山下乡”一度成为城镇中学毕业生就业的唯一道路，并带有一定的强迫命令性质。1973年起，在“上山下乡”对象方面有了一定的灵活性，国家政策规定：病残、独生子女、多子女身边只有一个子女、中国籍的外国人子女不

---

① 顾洪章，胡梦洲主编：《中国知识青年上山下乡始末》，中国检察出版社，1997年版，第308页。

② 同①，第96页。

"上山下乡"，可以在城市就业；矿山井下、野外勘探、森林采伐等行业职工子女，可以按政策顶替父母工作；各省、自治区、直辖市可以给一部分毕业生分配城市工作。

四、改革开放前期（1977～1988年）

（一）第四次就业问题（1977～1988年）

新中国第四次就业问题发生的时间，包括"文化大革命"结束后的过渡时期和经济改革前期。该时期就业的基本格局是：大规模"上山下乡"青年返城形成待业即公开失业，而后很快得到解决；较长时期维持低失业水平。

20世纪70年代末期，大批"上山下乡"的城镇青年返回城市，1977～1979年从农村调离的人数，扣除招生和征兵的人数，达到665.49万人。但是，由于城市不能迅速提供足够的就业岗位，出现了严重的待业问题。1979年，全国的城镇待业人数达到567.6万人，城镇待业率达到5.4%，是1958年消灭公开失业后至20世纪末最高的失业率。

为解决这一问题，国家在80年代初提出了"三结合"就业方针。经过数年的努力，在80年代中期基本上解决了这次待业问题，失业率下降到2%左右的低水平，并一直维持到80年代末（表13－5）。劳动服务公司在解决待业问题上起了重要的作用。

表13－5　1978～1988年城镇失业与就业情况

年份	城镇失业人数（万人）	城镇失业青年（万人）	城镇登记失业率（%）
1978	530.0	249.1	5.3
1979	567.6	258.2	5.4
1980	541.5	382.5	4.9
1981	439.5	343.0	3.8
1982	379.4	293.8	3.2
1983	271.4	222.0	2.3
1984	235.7	195.9	1.9
1985	238.5	196.9	1.8
1986	264.4	209.3	2.0
1987	276.6	235.1	2.0
1988	296.2	245.3	2.0

资料来源：国家统计局人口和就业统计司，劳动和社会保障部规划财务司编：《中国劳动统计年鉴2005》，中国统计出版社，2005年版。

（二）1977～1988年的就业政策

“文化大革命”结束至改革前期的就业政策，包括以下内容：

1. 调整政策和结束“上山下乡”。1978年10～12月，全国知识青年“上山下乡”工作会议召开。会议确定了“调整政策，逐步缩小‘上山下乡’的范围”的原则。1978年北京市革命委员会发布265号文件，鼓励高中毕业生和待业青年到本市、区、街道成立的生产服务合作社工作，这是解决城市青年就业出路的新措施。1979年7月28日，中共中央、国务院中发51号文件，转发北京市委、北京市革命委员会的文件《关于安排城市青年就业问题的报告》，提出学习北京、上海、天津等城市的经验，“采取积极有力的措施，务求把安排城市待业青年的工作抓紧抓好”。1980年，国务院知青领导小组下发了文件。会议和文件的内容包括：

（1）解决知青问题的基本思路。邓小平同志指出，第一步应做到城市青年不下乡，然后再解决从农村吸收人的问题。要开辟新的经济领域，做到容纳更多的劳动力。[①]

（2）“上山下乡”政策的变化。政策的变化包括缩小“上山下乡”范围和不再搞分散插队而举办集体所有制的农、工、林、牧、副、渔场队与到企事业机关单位生产基地。城镇则应积极开辟新领域、新行业，扩大就业门路。国务院知青领导小组下发的文件中提出“能够做到不下乡的，可以不下”，意味着“上山下乡”政策的终止[②]。

（3）重新安排在农村插队的知青。对其中“上山下乡”较早的老知青，要限期解决。

2. 多方面解决城镇待业问题。面对“上山下乡”青年返城形成大规模待业的问题，为了从深层次解决问题，开创劳动就业新局面，1980年8月召开全国劳动就业会议，确定了新时期就业工作的基本原则。中共中央转发了会议文件《进一步做好城镇劳动就业工作》。文件要求各级党委和政府解放思想，从实际出发，结合经济发展规划制定就业计划，把解决当前就业问题同加速现代化建设结合起来。具体政策包括：

（1）搞活劳动体制。文件指出，在控制大中城市人口的前提下，逐步做到允许城镇劳动力在一定范围内流动；逐步推行公开招工、择优录用的办法，使企业与劳动者有一定的选择权；允许组织合作社或合作小组进行生产经营和从事个体工商业和服务业劳动，实现就业；国家逐步举办社会保险和社会救济事业。劳动体制搞活的目的，是使就业途径拓宽。

（2）提出“三结合”就业方针。“三结合”就业方针的内容，是“在国家统筹

① 顾洪章，马克森主编：《中国知识青年上山下乡大事记》，中国检察出版社，1997年版，第154页。

② 同①，第160～172，192页。

规划和指导下，实行劳动部门介绍就业，自愿组织起来就业和自谋职业相结合”。这一方针的实质，是“以生产资料公有制为主体、多种经济成分并存”的经济政策在劳动就业政策上的体现，是政府就业政策的突破，对中国的就业工作有长期的指导作用。

（3）广开门路，搞活经济。1981 年 10 月，中共中央、国务院颁布 42 号文件《关于广开门路，搞活经济，解决城镇就业问题的若干规定》，指出要通过调整产业结构和所有制结构，在发展经济和各项建设事业的基础上，扩大劳动力需求，以有计划有步骤地解决城镇劳动力的失业问题。该《规定》要求，积极采取有力措施，广开门路，搞活经济，促进集体经济和个体经济发展，政府提倡和指导失业者到集体经济单位就业或从事个体经营，自谋职业；同时，建立健全劳动服务公司机构，大力加强技术培训工作；严格控制农村劳动力流入城镇，以避免增加城镇就业压力。

为了进一步发展经济，拓宽就业渠道，1983 年 4 月国家下发了《国务院关于城镇劳动者合作经营的若干规定》、《〈国务院关于城镇非农业个体经济若干政策性规定〉的补充规定》和《关于城镇集体所有制经济若干政策问题的暂行规定》。这些文件进一步放宽了对集体经济、合作经营以及个体经济的限制，促进其恢复与发展，为自谋职业打开了大门，缓解了城镇待业的压力。

（4）就业逐步走向市场。上述各种政策措施反映出国家在着手改变就业模式，尝试通过市场途径实现就业，而后一些地方还开办了劳务市场。

3. 开展就业服务。就业服务是政府劳动就业服务部门以及其他机构对求职者谋求职业所提供的各项服务总称。其具体内容包括：

（1）建立就业工作机构。1978 年以来，国家组建了大批名为“劳动服务公司”的待业青年就业工作管理机构。此外，一些劳动部门的技工交流机构也从事就业服务工作和管理。20 世纪 80 年代中期以来，一些地方的职业介绍机构建立，成为就业服务工作的主要组织。

（2）组织生产自救，分担就业。在兴办的劳动服务公司中，有大量具有生产经营自救特点的集体所有制经济组织——劳动就业服务企业。国家和社会给予扶助支持，如减免税收。1981 年中共中央、国务院 42 号文件指出，厂矿企业和机关团体为安置富余职工和待业青年就业，可以举办劳动服务公司。这是运用社会力量分担就业的措施。若干年后，劳动就业服务企业被政府定位为具有经济效益和社会效益的“双效益”组织。

（3）开展就业培训。国家规定，实行“先培训后就业”的政策。为此，就业服务机构在各地设立了就业培训中心，根据社会需求开展短期劳动技能培训，帮助待业青年及其他人员获得就业技能，促进社会就业问题的解决。

（4）保证失业者生活。1986 年国家实行劳动合同制，其配套措施之一是实行待业保险制度。这是适应市场用人体制的社会保障内容，它可以为待业人员解决基本生活来源。

五、治理整顿和深化改革时期（1988～2002年）

（一）第五次就业问题（1988～2002年）

新中国第五次就业问题发生在治理整顿与深化改革两个时期。这次就业问题的基本格局是：在推进市场经济进程中，已就业人员严重过剩的问题逐步暴露，公开失业与下岗大量增加。该时期就业的两大焦点是城镇企业职工大规模下岗问题和农村剩余劳动力大规模盲目进城务工问题[①]。

1. 治理整顿期间的就业问题。据当时国家劳动部预测，我国20世纪80年代后期至90年代中期处于又一次劳动供给高峰，社会将存在巨大的就业压力。在1988年年末的治理整顿中，国家严格控制城市就业，相当数量的基本建设项目下马。治理整顿虽然控制住了经济过热的局面，但代价是经济不景气，不仅大大限制了劳动需求，使待业率有所提高，而且出现了数百万的企业停工待工人员（相当于企业中的在职失业）。

全国农村过剩劳动力数量达到1.3亿人，占农村劳动力总数的1/4以上[②]。在治理整顿开始、基建项目下马的第一个春节过后，1989年2月10日开始，广州出现大批外省农民工涌入寻找工作的现象，形成“百万农民工下广州”的民工潮[③]。

其间，国家采取了一系列政策措施，使上述就业问题得到一定的缓解。

2. 企业职工下岗。20世纪90年代，我国深化国有企业改革，逐步把企业推向市场，企业有了比较大的竞争压力，产生节约使用劳动力资源的内在要求。但是，企业在管理体制、经营环境和自身素质等方面存在诸多问题，许多企业存在相当严重的富余人员问题。1995年全国富余人员有657.0万人，其中国有企业富余人员为419.4万人；1996年全国富余人员增加到965.0万人，其中国有企业富余人员为659.3万人。在企业改革迅速但社会保障缺位的情况下，国有企业和集体企业的富余人员难于顺利脱离企业，因而形成不离开企业但离开工作岗位的“下岗”问题。下岗问题实际上即失业问题，它成为20世纪90年代后期我国最重大的经济问题和社会问题。

下岗职工数量巨大，许多下岗职工生活困难、就业困难，成为新的社会贫困

---

① 李辰主编：《就业·改革·出路》，中国社会科学出版社，1991年版，第111页。

② 郑杭生主编：《从传统向现代快速转型过程中的中国社会》，中国人民大学出版社，1996年版，第234页。

③ 夏积智，张小建主编：《中国劳动力市场实务全书》，红旗出版社，1994年版。

层[①]，并成为国企改革的难点和重大的社会不安定因素，引起党和国家的高度重视。中央和各地区、各部门都采取了很多政策措施。

为解决长期就业转失业人员的就业难问题，1993 年年末，国家开始实施“再就业工程”。但是下岗问题比就业转失业人员的问题严重得多，因此，再就业工程的对象就调整到下岗职工上。1998 年 5 月，中共中央、国务院召开“全国国有企业下岗职工基本生活保障与再就业工作会议”，决定在各企业建立再就业服务中心，负责解决下岗职工的生活来源、下岗职工管理、就业培训、为下岗职工缴纳社会保险等问题，并负责组织其再就业工作。经过努力，下岗职工的生活困难问题已经基本得到解决。在这种情况下，国家解决再就业的出路就成了就业工作的重点。

一方面，国家在卓有成效地推进再就业工程，另一方面，随着经济结构的调整和体制的改革，下岗职工在继续增加。1998 年年末，全国下岗职工人数仍然达到 871.3 万人；1999 年年末全国下岗职工人数达到 941.7 万人的高峰；2000 年年末略有下降，数量为 911.3 万人[②]。随着企业改革的进一步深化和国有企业人数的大幅度减少，下岗问题开始逐步缓解。

2002 年 9 月，中共中央、国务院再次召开全国再就业工作会议，目标是进一步研究和部署促进下岗职工再就业的政策落实问题。

3. “民工潮”——劳动力资源进城压力。1989 年以来，大批农村劳动力资源无序流入城市寻找工作，并在每年春节之后形成高峰，对铁路运输、大城市就业以及城市治安等方面造成很大压力，成为“民工潮”。1993 年，国家开始实行进城农民工就业证卡制度的“有序化工程”，以分解春节后的农民工进城务工高峰，促进农民工进城流动的合理化。

20 世纪 90 年代末期，农民工进城就业的数量比 90 年代前期大大增加，但盲目流动现象大为减少，民工潮的压力有了一定的缓解。

---

① 根据国务院研究室的研究结果，中国企业不景气，停发、减发工资所造成的贫困职工人数有 1 100 万。

② 国家统计局人口和社会科技统计司，劳动和社会保障部规划财务司编：《中国劳动统计年鉴 2000》，中国统计出版社，2000 年版，第 409 页。国家统计局人口和社会科技统计司，劳动和社会保障部规划财务司编：《中国劳动统计年鉴 2001》，中国统计出版社，2001 年版，第 403 ~ 404 页。

4. 城镇登记失业率上升。

表 13－6　中国 1988～2002 年登记失业与下岗情况

年份	城镇失业人数①（万人）	城镇登记失业率（%）	下岗职工人数②（万人）
1988	296.2	2.0	—
1989	377.9	2.6	—
1990	383.2	2.5	—
1991	352.2	2.3	—
1992	363.9	2.3	—
1993	420.1	2.6	—
1994	476.4	2.8	—
1995	519.6	2.9	—
1996	552.8	3.0	—
1997	576.8	3.1	—
1998	570.1	3.1	594.8
1999	575.0	3.1	652.5
2000	595.0	3.1	657.2
2001	681.0	3.6	515.4
2002	770.0	4.0	409.9

资料来源：国家统计局人口和就业统计司，劳动和社会保障部规划财务司编：《中国劳动统计年鉴2005》，中国统计出版社，2005 年版。

20 世纪 80 年代末期，我国新成长劳动力高峰期的到来和国民经济实行治理整顿，使得城镇登记失业率水平在 1989 年上升到 2.6%。90 年代中期以来，城镇登记失业率在失业人数增加的同时也逐步增加。登记失业率在 1997～2000 年维持四年 3.1% 的水平后开始有明显的增加，2002 年年末达到 4.0%（表 13－6）。

5. 2000 年城镇失业率达到 7%。20 世纪 90 年代初，出现了劳动合同制到期后被辞退的“就业转失业人员”，新的公开失业出现。国家在该方面颁布的唯一统计数字是城镇登记失业率，它仅仅反映城镇之中由政府劳动行政管理部门直接管辖的公开失业（即登记失业）水平。而我国的下岗职工中，有大量以“下岗”等形态存在的变相失业，20 世纪 90 年代末其数量大于城镇登记失业的数量（表 13－6）。此外，还存在未被统计的进城农民失业和大中专毕业生失业等人员。就总体而言，中国的失业问题在 20 世纪 90 年代中期以来逐步严重。2000 中国城镇的失业率水平提高到 7%③。

① 1993 年以前为待业人数和待业率。

② 指国有企业、国有联营企业、国有独资公司下岗职工人数。

③ 姚裕群：《我国城镇失业率已进入风险区》，《中国青年政治学院学报》，2002 年第 5 期，第 118～123 页。国家自然科学基金项目“中国失业率与失业风险控制研究”课题报告三：《1978～2000 年中国城镇真实失业率与失业人数估算》。该数据与第五次全国人口普查的结果一致。

（二）就业政策（1988～2002 年）

治理整顿时期与深化改革时期的就业政策，包括以下内容：

1. 治理整顿时期的就业紧缩政策。1988 年我国经济过热，从第四季度开始国家进行经济紧缩式的治理整顿。相应的就业紧缩政策有：控制全民所有制单位劳动力指标，停止计划招工，城市清退农民工劳动力（主要是下马的建设项目）。

2. 广开门路，拓宽就业渠道的政策。为了解决失业问题，1990 年 4 月国务院下发了《关于做好劳动就业工作的通知》，提出继续实行“三结合”就业方针的指导思想，除全民所有制单位按国家计划安排就业外，更多的要靠发展集体经济和发挥个体经济、私营经济的作用，广开就业门路，积极拓宽就业渠道。具体政策主要有：①广开就业门路，继续扶植集体企业，鼓励到乡镇企业就业，鼓励个体私营经济，发展社会服务业，组织劳务输出；②继续办好劳动服务公司；③加强对困难企业、困难地区就业安置的政策扶植；④合理控制农村劳动力的转移规模，减轻城镇就业压力；⑤挖掘企业潜力，在企业内部消化和妥善安置富余人员。困难企业积极进行联合与并转，尽量减少关停[①]。

20 世纪 90 年代在所有制方面，国有部门吸纳就业的能力逐渐下降，1995 年达到最高峰的 10 955 万人后有不小的下降，个体、私营、外资企业吸纳就业的能力大大增加，国家把非公有制部门的就业作为就业的主要渠道。在产业方面，扩大第三产业的就业一直是国家的就业政策；90 年代后期，在第三产业中的一些部门已经饱和以致人员过剩的情况下，国家把发展社区服务业作为就业的主要方向。在用工制度方面，国家鼓励灵活就业和自谋职业、自我创业。

3. 强化劳动就业服务。在多年劳动就业服务工作的基础上，劳动部提出建立和发展具有中国特色的劳动就业服务体系的任务，要求建立健全劳动就业法律规章制度，加强就业服务工作机构建设，运用各种工作手段为求业者提供服务。20 世纪 90 年代以来，公办职业介绍机构进行正规化建设，获得较大的发展。

由于企业职工下岗问题突出，就业服务除面向社会失业人员外，也面向企业下岗职工，担负其再就业的各项服务工作。

4. 开展就业教育和培训。国家实行“先培训后就业”的政策，大力发展职业技术教育和就业培训事业，以提高求职者的就业能力。1997 年以后，在全国城镇实行劳动预备制，凡普通初高中毕业生，均参加 1～3 年的就业技能教育。1999 年开始，实行职业资格证书制度，作为就业和上岗的资格。

为了促进下岗职工的再就业，国家对下岗职工实行免费培训的制度。

---

① 劳动部劳动力管理与就业司编：《走向社会主义市场经济的劳动就业》，中国劳动出版社，1993 年版，第 11～15 页。

5. 合理控制企业裁员。随着企业转换经营机制的进程，国有企业劳动制度改革逐步深化，20 世纪 80 年代末推行对固定工的优化劳动组合；90 年代前期实行“打破三铁”（铁饭碗、铁工资、铁交椅）的措施；1993 年国家发布了《全民所有制工业企业转换经营机制条例》，给予企业自主招工和依法辞退职工的权力。1994 年 8 月，劳动部发布通知，全面推行劳动合同制，标志着中国劳动制度的全面搞活。1994 年 11 月，劳动部颁布了《企业经济性裁减人员规定》，根据劳动法的有关规定，对用人单位的经济性裁员做出一些限制和要求。

1998 年全国国有企业下岗职工基本生活保障与再就业工作会议决定，凡有下岗职工的国有企业，必须建立再就业服务中心，由企业承担排出富余人员的第一步工作，对其进行分流安置和下岗后的管理。1998 年 8 月，劳动和社会保障部发布通知，规定职工下岗的程序，并规定夫妻一方已经下岗、省部级以上劳模、军烈属、残疾人几类人为不得下岗的人员。

6. 引导农村剩余劳动力就业。解决农村剩余劳动力的就业出路，是一个既重大又紧迫的问题。国家的政策主要是：

（1）在农村就地转移。农村剩余劳动力的就地转移政策，包括大力发展农村工副业和养殖业、大力发展乡镇企业等政策。1992 年以后，全国在乡镇企业就业的人数（除 1997 年外）一直保持在上亿人[①]，实现了大规模“离土不离乡”的非农就业。

（2）大力发展小城镇。国家允许和鼓励农民进入小城镇，投资、务工，参与和推动小城镇的经济发展。2001 年以后国家对县镇的户口限制已经放开，这有利于农村劳动力进一步到小城镇就业。

（3）根据城市需求吸收劳动力。20 世纪 90 年代以来，由于农村剩余劳动力在春节以后集中、盲目地大量涌入大城市，出现了“民工潮”，造成庞大的就业压力。1993 年年末开始，劳动部提出《农村劳动力跨地区劳动有序化——“城乡协调就业计划”第一期工程》，即“有序化工程”。

有序化工程的目的是解决农村剩余劳动力流动的盲目性和它所导致的各种问题，政策思路是立足于城市的需要有限度地接纳农村转移出来的劳动力就业。其主要内容为：在全国范围内建立起农村劳动力跨地区流动就业的“证卡”制度，输出地区办理流动卡作为进城就业的资格，输入地区凭流动卡办理就业证；强化输出地区和输入地区间的计划与协调，有需求方向才办理流动卡；加强铁路交通运输的控制与管理等。20 世纪 90 年代的民工潮流动监测，也构成实现有序化政策的手段。

7. 推进市场就业。1988 ~ 2002 年，是我国全面塑造市场经济体制的 15 年。1992 年中共十四大召开，确立了建立社会主义市场经济体制的目标，相应地，国家劳动部

① 国家统计局人口和社会科技统计司，劳动和社会保障部规划财务司编：《中国劳动统计年鉴 2000》，中国统计出版社，2000 年版。

与人事部致力于走市场化就业道路，大力培育和发展劳动力市场与人才市场。

1998年，根据就业发展的新形势，国家提出“劳动者自主就业、市场调节就业、政府促进就业”的“新就业方针”。20世纪80年代后期到90年代初，我国对新就业人员实行公开招考和劳动合同制管理之后，对国有企业单位现有的固定工和干部进行了优化组合，进而实行了全员劳动合同制；对事业单位的专业技术人员实行专业技术职务聘任制，不再实行过去的“大中专毕业生分配工作”；对政府机关工作人员实行公开、统一考试录用的公务员制度。上述市场就业制度需要良好的劳动市场设施，10余年来，全国各个省市都建立了职业介绍所和人才交流中心，国家劳动部和人事部在全国各大区建立了区域性的劳动力市场和人才市场，如设在天津的中国北方劳动力市场、设在广州的中国南方人才市场等。

世纪之交，我国在研究和推动如何将旧体制的“中人”① 尽快导向市场就业的体制，以完成与国有经济战略性调整和国有企业改革相伴随的人员调整任务②，即完成解决国有企业富余人员分流下岗和再就业问题的任务，过渡到全面的市场就业格局。

（三）再就业工程

1. 建立和推进阶段（1993～1998年5月）。我国的再就业工程是在1993年年底提出，其主要内容是通过提供及时有效的就业服务，兴办劳服企业组织开展生产自救，通过政策扶持鼓励组织起来就业和自谋职业等措施，帮助长期失业者和国有企业富余人员实现再就业。

再就业工程的具体政策为：①对失业6个月及12个月以上者，要求其参加职业指导和转业训练、参加求职面谈和工作试用以及生产自救；②对关停企业中经劳动部门批准发放救济金的困难职工，一般发放3个月救济金，并要求他们参加上述活动；③政府有关部门在资金、场地和税收等方面支持和鼓励失业人员和厂内待业人员自愿组织起来就业和自谋职业。

1995年，国务院转发了原劳动部《关于实施再就业工程的报告》，再就业工程的范围扩大到企业富余人员与下岗职工，其新的含义是：综合运用政策扶持与就业服务手段，充分发挥政府、企业、劳动者和社会各方面的作用，实行企业安置、个人自谋职业和社会安置相结合，重点帮助失业6个月以上的职工和生活困难的企业富余职工，使其尽快实现再就业。

1996年在济南召开全国200个城市再就业经验交流会，推动再就业工程的发展。1996年年末，我国在111个试点城市推进严重亏损企业的破产与兼并工作。1997年3月针对工作中出现的新问题，国务院发布了《关于在若干城市试行国有企业兼并破产和职工再就业

① “中人”指以前按计划经济传统做法国家分配工作、享受“铁饭碗”的国有单位在职工人和干部。

② 于法鸣主编：《建立市场导向就业机制》，中国劳动社会保障出版社，2001年版，第10页。

有关问题的补充通知》，进一步调整和完善了相关政策措施，把搞好国有企业富余职工的再就业工作作为进一步推进经济改革、使企业顺利实现转轨的根本保证。

上海、青岛、大连等城市建立了“再就业服务中心”，由产业部门如上海市纺织控股（集团）公司搞企业排出富余人员的“托管”，这一经验在全国若干城市借鉴推广①。

2. 制度化建设阶段（1998 年 5 月～2002 年 9 月）。1998 年 5 月，中共中央、国务院召开“全国国有企业下岗职工基本生活保障和再就业工作会议”，并于 6 月份发布了《关于切实做好国有企业下岗职工基本生活保障和再就业工作的通知》（中发〔1998〕10 号），对下岗职工基本生活保障和再就业工作进行了全面部署和安排，并提出一系列明确的方针政策。1998 年 8 月，劳动和社会保障部根据会议精神和再就业工作的形势，发布了《关于加强国有企业下岗职工管理和再就业服务中心建设有关问题的通知》。

上述会议和通知确定了以下政策：第一，存在下岗职工的国有企业，全部建立再就业服务中心，担负对下岗职工的身份认定、培训、分流和管理；第二，规范企业安排职工下岗的程序；第三，对下岗职工实行基本生活保障制度，从而形成“社会保障三条线”②；第四，企业为下岗职工缴纳各项社会保险费；第五，再就业经费由财政、社会（主要为失业保险基金的结余）、企业三方面负担，即实行“三三制”；第六，提高失业保险金的缴费比例，由职工工资总额的 1% 提高到 3%。

此后，我国的再就业工程走上制度化建设的顺利发展道路，为解决下岗职工再就业问题起了相当大的作用。

3. 全面落实政策阶段（2002 年 9 月以来）。1998 年 5 月全国下岗职工基本生活保障和再就业工作会议以后的 4 年间，从国家到地方的制定了大量再就业政策。2002 年 9 月，中共中央、国务院为全面完成国有企业改革、进一步落实促进再就业的政策，召开了全国再就业工作会议。基于这一会议的精神，发布了《关于进一步做好下岗失业人员再就业工作的通知》，对进一步开展再就业工作提出了明确要求，在下岗职工基本生活保障制度即“保生活”基本到位的基础上，将再就业的岗位开发作为党和政府工作的重点，推出了税费减免、社会保险补贴等多方面的具体政策，扶持鼓励下岗职工再就业。

随着“下岗”现象的逐步减少和消亡，一些经济发达地区已取消了再就业服务中心。如北京市自 1998 年开展再就业工作以来，建立再就业服务中心 1 067 家，2002 年 11 月因完成了下岗职工再就业的服务工作而被取消，企业的富余人员被辞退后就

① 杨光，路德主编：《再就业工程大全》，中国言实出版社，1998 年版，第 160～163 页。

② 对下岗职工的另外两条“社会保障线”包括下岗结束后的失业保险金和失业保险领取满两年停止后的城市居民贫困救济金。

直接进入劳动市场就业。

六、全面市场化时期（2003 ~ 2011 年）

（一）第六次就业问题（2003 ~ 2011 年）

新中国第六次就业问题发生在中国加入 WTO 后经济与国际全面接轨、进入全面市场化体制和知识性人力供给迅速增加的时期。

1. 总体就业与失业情况。伴随着经济的持续高增长，我国的就业总量也在保持着持续增加的态势，但同时，全国劳动力资源总量供给大于需求的形势一直没有变化。2003 ~ 2010 年，城镇登记失业率比较稳定地处于 4.0% ~ 4.3% 的偏高水平。2010 年年末中国的城镇登记失业率为 4.1%。由于失业登记的对象、时间、地域等口径的限制，中国的城镇新增的上百万大学毕业生、上亿进城求职的农村人口之中，实际失业的人口大于登记的失业人数。

全面市场化（改革）时期就业问题的基本格局是：人口和劳动力老化，大学毕业生供给大增，体制转轨基本完成和经济持续发展中逐渐形成的就业压力巨大，形成大中专毕业生在内的新成长劳动力、农村富余劳动力转移和被征地农民就业、下岗失业和城镇低学历青年等人员“三峰叠加”的错综复杂的局面。

在 2004 年后的数年间，东南沿海省份出现了低端劳工岗位雇佣不到人的“民工荒”现象。新增加的就业岗位给城镇新成长劳动力的就业和下岗失业人员的再就业提供了大量机会，也为农村劳动力的转移就业提供了新的空间。尽管进入 21 世纪的前几年已经基本解决了历史遗留的下岗失业问题，但是新成长劳动力在持续增加，高校毕业生已经达到 600 万人的新高后依然在增长，外出就业农民工的数量规模高达上亿人。上述方面都反映了我国的就业压力在不断增加。

2011 年我国的从业人员达到 76 420 万人，比上年进一步增加了 315 万人；全国就业人员中，第一产业就业人员占 34.8%；第二产业就业人员占 29.5%；第三产业就业人员占 35.7%。2011 年末城镇就业人员 35 914 万人，比上年增加 1 225 万人，反映了我国农村劳动力转移的较大规模。据该统计，2011 年度全国农民工总量为 25 278万人，比上年增加 1 055 万人，其中外出农民工数量为 15 863 万人。2011 年我国的城镇登记失业人员数量为 922 万人，绝对数有 14 万人的微幅增加；城镇登记失业率则维持着 4.1% 的水平（表 13 –7）。

表 13－7　2003～2011 年全国劳动力统计主要情况

年份	年末就业人员总数（万人）	城镇登记失业人数（万人）	城镇登记失业率（%）	年末城镇就业人数（万人）	年末乡村就业人数（万人）	单位就业人员①年末人数（万人）
2003	74 432	800	4. 3	25 639	48 793	10 969. 7
2004	75 200	827	4. 2	26 476	48 724	11 098. 9
2005	75 825	839	4. 2	27 331	48 494	11 404. 0
2006	76 400	847	4. 1	28 310	48 090	11 713. 2
2007	76 990	880	4. 0	29 350	50 640	12 024. 4
2008	77 480	886	4. 2	30 210	47 270	12 192. 5
2009	75 828	921	4. 3	33 322	42 506	12 573. 0
2010	76 105	908	4. 1	34 687	41 418	13 051. 5
2011	76 420	922	4. 1	35 914	40 506	—

资料来源：[1] 国家统计局人口和就业统计司，人力资源和社会保障部规划财务司编：《中国劳动统计年鉴 2011》，中国统计出版社，2011 年版。

[2] 中华人民共和国人力资源和社会保障部《中华人民共和国 2011 年人力资源和社会保障事业发展统计公报》，2012 年。

我国在全面市场化时期的就业具有流动规模大、失业多元化（失业问题包括失地农民的就业问题、下岗职工和困难家庭成员的问题和青年失业问题等）、劳动关系矛盾尖锐化的特点。

我国经济的对外依存度较大，维持在 60% 左右的高位，劳动力市场受产品市场的影响而不稳定。2008 年《劳动合同法》颁布，沿海出现外资厂商搬迁到东南亚国家的现象。2008 年开始的国际金融危机造成许多中小企业引发数千万农民工被辞退返乡，对中国的就业有较大的不良影响。

2. 大学毕业生就业问题。1999 年，我国高等院校开始大规模扩招，所招收的学生进入毕业期，2002 年全国大学毕业生的数量为 145 万人，开始出现大专生就业难问题。2003 年大学毕业生增幅高达 46. 2%，出现了本科生就业难问题。国务院办公厅发布通知，指出“高校毕业生总量增加……高校毕业生就业形势比较严峻”。2004 年，国务院办公厅发布 35 号文件，进一步提出深化大学毕业生就业有关工作的新措施和进行制度化建设，建立了高校毕业生就业工作目标责任制。而后，国务院及教育部、人事部、劳动和社会保障部等采取了多方面的措施，努力解决大学毕业生的就业问题，取得一定的成效，包括扩大用人单位需求、强化市场建设、加强就业指导、支援西部计划、任职“村官”计划、鼓励创业等，在一定程度上促进了大学生就业。

① 包括国有单位、集体单位和其他单位，不包括城镇私营和个体就业人员。

但从近年的发展趋势看，大学毕业生数量依然在以每年几十万的规模在持续增加，就业压力依然相当巨大。根据教育部公布的数据，进入21世纪后，我国大学毕业生一次就业率从未超过80%，见表13－8。

2011年，全国大学毕业生人数达到660万人，增幅为4.8%，截至毕业生离校，未就业的大学毕业生人数达到146.5万人。中国社会科学院发布的《2012年中国大学生就业报告》，对大学生毕业半年后的状况进行统计。数据显示，2011届大学生的半年后就业率为90.2%，失业率为9.8%，是城镇登记失业率总体水平的两倍还多。

表13－8　2002～2011年全国大学毕业生及其就业情况

年份	毕业生总人数（万人）	毕业生增加数（万人）	毕业生增加率（%）	已就业人数（万人）	一次就业率①（%）	未就业人数（万人）
2002	145					
2003	212	67	46.2	148.4	70.0	63.6
2004	280	68	32.1	204.4	73.0	75.6
2005	338	58	20.7	245.4	72.6	92.6
2006	413	75	22.2	299.8	72.6	113.2
2007	495	82	19.9	361.4	73.0	133.7
2008	559	64	12.9	402.5	72.0	156.5
2009	611	52	9.3	452.1	74.0	158.9
2010	630	19	3.1	482.6	76.6	147.4
2011	660	30	4.8	513.5	77.8	146.5

资料来源：此处数据均来源于中华人民共和国教育部公布数据。

3. 农民进城就业问题。

（1）民工荒问题。在民工潮压力化解后，2003年下半年，全国又开始出现“民工荒”的现象。2004年，浙江省劳动力短缺50万人，占劳动力总需求的35%，珠江三角地区民工缺口保守估计达到200万人，广东省劳动力市场有明显转变。“民工荒”使得许多工厂、企业开工不足，不得不缩减生产。2010年以后，由于农民工返乡就业与创业、沿海地区比较工资低和劳动条件差、珠江三角洲地区产业升级等多种原因，又一次出现了“民工荒”和人工成本较快提高的现象。“民工荒”问题也引发学术界“刘易斯拐点”是否来到的讨论。

（2）农民工返乡问题。2007年年末《劳动合同法》出台与2008年实施加强就业管制后，沿海发生了大规模产业转移和台商、韩资企业撤出大陆的情况；2008年，席卷全球的金融危机导致的经济危机，对中国出口造成很大影响。因此，在2008～2009年，出现了大规模农民工返乡问题。按照政府的统计数字，2009年年初失业返乡的外出务工农民数据为2 000万人，每年新增的1 000万正常流出的农民工，还有

① 一次就业率（也称初次就业率）：指毕业生在离校前已落实就业单位的比例，其就业形式还包括自主创业、考取研究生或双学位，以及专科生考取本科生、出国留学及出国工作。

一部分在当地务工的农民工，都面临就业问题。

（3）失地农民问题。改革开放以来，我国城市化发展迅速，在城市化的过程中出现了一个规模庞大的失地农民群体。这个群体或处于城乡结合部或来到城市寻求工作机会，构成一定的社会就业问题。“十五”规划期间全国有 4 000 万～5 000 万人之多，其就业与生活保障问题成为我国社会转型中的重要问题之一。

4. 城镇就业困难人员问题。进入 21 世纪以后，计划经济时期遗留的国有企业职工下岗问题基本解决，弱势群体等人员的就业困难问题成为突出问题。“就业困难人员”是具有城市户籍的、在法定劳动年龄内有劳动能力和就业愿望的登记失业人员，包括残疾人、“4050”人员（男性 50 岁、女性 40 岁以上正在领取城镇最低生活保障金者）、“零就业家庭”成员、特困职工家庭人员、长期失业（失业一年以上）人员、单亲抚养未成年人者、现役军人配偶、复员转业军人等。城镇失业人员就业难问题体现在失业人口的“两高三低”上，即年龄高、女性比例高和学历低、技能低、竞争能力低。2007 年颁布的《就业促进法》提出对就业困难人员给予就业援助。随着经济社会发展，不少地区把政府征地的农民、家庭经济困难的高校毕业生等也纳入就业援助范围。

（二）就业政策（2003～2010 年）

全面市场化时期的就业政策，主要体现在以下方面。

1. 实现“社会就业更加充分”的目标。20 世纪 90 年代，国家劳动保障部门提出了“促进充分就业”的目标。1998 年国家对下岗职工与离退休人员的基本生活实行“两个确保”和推动下岗职工再就业，对各地领导实行“一把手”责任制。21 世纪初，党和政府进一步提出了“以人为本”的基本理念，提出“就业是民生之本”的思想，致力于解决好就业问题。党的十七大确定了我国全面建设小康社会的路线和方针政策，并将搞好就业作为加快改善民生的六大任务之一，提出将“发展社会事业，使社会就业更加充分”作为全面建设小康社会的奋斗目标之一，由此确立了“扩大就业的发展战略”和“促进以创业带动就业”、实施积极的就业政策、完善支持自主创业、自谋职业政策等政策措施。2011 年政府工作报告提出，经济越发展，越要重视加强社会建设和保障改善民生。提出了要千方百计扩大就业，继续实施更加积极的就业政策，要适应我国劳动力结构特点，努力满足不同层次的就业需求；继续把高校毕业生就业放在首位，做好重点人群就业工作，加强公共就业服务，健全统一规范灵活的人力资源市场等等一系列要求。

为解决好社会就业问题、实现“社会就业更加充分”的目标，政府有关部门采取了各种开拓就业岗位的措施，并采取了针对不同就业群体的专项就业促进行动，包括 2000 年以来为进城农民工提高就业服务的“春风行动”、2004 年对就业困难人员的“再就业援助月”、2006 年对大中专毕业生的“就业服务月”、对各类专业毕业生和职业技术培训对象的“技能岗位对接行动”。

2. 积极的就业政策。积极就业政策是中共中央、国务院2002年9月颁布《关于进一步做好下岗失业人员再就业工作的通知》中首次提出的，基本思想是对失业者从消极的救济到积极带动就业；对就业的促进从开发就业岗位到同时开发人力资源，通过培训提高劳动者就业能力；在开发就业多种形式中大力提倡鼓励自谋职业、自主创业，通过推动创业带动就业。①

积极就业政策的内容包括：

（1）在经济发展和结构调整中广开就业门路，包括调整产业结构，大力发展第三产业；调整所有制结构，鼓励发展就业容量大的个体、私营、外商投资、股份合作等多种所有制经济；调整企业结构，大力发展中小企业；充分发挥劳动力资源优势，积极发展劳动密集型产业和企业等。

（2）运用财税、金融等政策扶持再就业，具体扶持政策有税费减免、小额贷款、社保补贴等。

（3）改进和完善就业服务体系，包括建立健全公共就业服务制度、加强劳动力市场信息化建设、加强高技能人才培养等。

（4）加强对就业的管理和对失业的控制，包括把增加就业岗位和控制失业率作为宏观调控指标、各级政府对就业和再就业工作负主要责任、加大再就业资金投入、建立失业预警机制等。

（5）继续巩固“两个确保”，做好社会保障工作。实施积极就业政策后，连续4年完成年度就业再就业目标任务，近2 000万国有、集体企业下岗人员实现了再就业。2007年，全国基本完成了富余人员下岗，向失业、走入就业市场的并轨。在成功地解决了经济结构调整中下岗失业人员的再就业问题后，国家就业工作的重心逐渐由对弱势群体的“再就业”扶助转为面向各类求职者的普惠式公共就业服务。

3. 大学生就业促进政策。国家制定的大学生就业促进政策主要内容有：

（1）扩大就业岗位和消除就业障碍。2003年国务院办公厅《关于做好2003年普通高等学校毕业生就业工作的通知》（国办发〔2003〕49号）提出，党政机关录用公务员和国有企事业单位新增专业技术人员和管理人员，应主要面向高校毕业生，公开招考或招聘，择优录取。对于到非公有制单位就业的高校毕业生，公安机关方便办理落户手续；用人单位按照国家有关规定与所聘高校毕业生签订劳动合同，办理社会保险；为从事个体经营和自由职业的高校毕业生办理社会保险。金融危机前后，国家采取拉动经济发展、促进就业的措施，一些地方采取给予招收大学生的单位经济补偿等措施。上述措施有利于增加就业岗位，消除大学生进入非公有制单位的门槛，解除了大学生就业的后顾之忧。

---

① 雨恒山：《张小建副部长在吉林阐述积极就业政策含义》，《劳动保障世界》，2006年第8期，第3页。

（2）完善大学生就业市场和公共服务。国务院2002年发布的《关于进一步深化普通高等学校毕业生就业制度改革有关问题的意见》（以下简称《意见》）要求各级政府采取有效措施，积极推动毕业生就业市场、人才市场、劳动力市场3个市场①的相互贯通和资源共享，为高校毕业生和用人单位服务。国家要求各级人才交流服务机构和公共职业介绍机构都开辟大学毕业生就业的专门窗口，开展有针对性的指导、服务、培训和招聘活动。

毕业后半年仍然未能就业的大学生，劳动就业服务部门对其进行免费的就业服务。2006年9月，天津市劳动和社会保障局中天人力——大学生就业服务工作站在天津大学等25所高校挂牌。这是全国首家国家级公共就业服务机构进入高校成立的大学生就业服务专门机构。

（3）引导大学生到基层和西部地区工作。《意见》规定对原籍在中、东部地区的毕业生到西部地区工作的，实行来去自由的政策，到西部贫困边远地区工作的高校毕业生可提前定级、适当高定工资。共青团中央、教育部组织实施了“大学生志愿服务西部计划”，从毕业生中招募志愿者到西部贫困县的乡镇一级教育、卫生、农技、扶贫等单位服务两年，志愿服务期满后鼓励其扎根基层或者流动就业。

《意见》鼓励和支持高校毕业生到农村去从事支教、支农、支医、扶贫等工作。在经过两三年的锻炼后，从中选拔优秀人员到县、乡（镇）机关和学校或企业事业单位担任领导工作，或充实到基层金融、工商、税务、公安、司法等部门。

（4）鼓励大学生自主创业和灵活就业。《意见》鼓励和支持高校毕业生自主创业，工商和税务部门对此简化审批手续，从事个体经营和自由职业的高校毕业生到社会保险经办机构办理社会保险，高校毕业生从事个体经营的一年内免交登记类和管理类的各项行政事业性收费。有条件的地区，地方政府为高校毕业生提供创业小额贷款和担保。

（5）建立就业情况报告和公布制度。国务院办公厅《关于进一步做好2004年普通高等学校毕业生就业工作的通知》（国办发〔2004〕35号）要求各省、自治区、直辖市建立高校毕业生就业监测体系，科学、准确、快速地报告就业工作进展情况，及时公布当地高等学校的毕业生就业率。文件还提出，加强对毕业生就业工作的监督检查，重点检查就业工作薄弱地区、薄弱学校，对工作不落实、政策不到位的要限期整改。

（6）完善相关的高等教育管理工作。教育部要求高等院校的招生与毕业生就业率适度挂钩，对就业率明显偏低的地区、高校和专业，采取减少招生、控制招生或调

---

① 毕业生就业市场指教育部门、学校与政府人事部门举办的为大学毕业生就业服务的市场；人才市场指为政府人事部门举办的人才交流中心；劳动力市场即劳动市场，指政府劳动保障部门举办的职业介绍所。“三个市场”的划分是从我国现实各部门分别运作市场的角度而言的。

减增幅的措施。2006 年后，教育部把扩招规模压缩到 5%，教育部还要求各高校开展就业市场需求分析和毕业生跟踪调查，根据就业市场的变化调整专业办学，将毕业生就业率作为高校评估和考核高校领导干部政绩的内容。

在中国遭遇金融危机打击、大学毕业生数量进一步攀升至 600 万人以上时，国务院 2009 年 1 月 7 日召开常务会议，提出解决大学生就业问题的七项措施，包括：鼓励和引导高校毕业生到城乡基层就业，到中小企业和非公有制企业就业，鼓励骨干企业和科研项目吸纳毕业生就业，鼓励和支持自主创业，强化毕业生就业服务，提升毕业生就业能力建立和完善困难毕业生援助制度，而后下发《关于当前经济形势下做好就业工作的通知》。教育部在 3 月份下发《国家促进普通高校毕业生就业政策公告》，公布 20 条新举措促进高校毕业生就业。而后，人力资源和社会保障部、教育部等 20 多个部委出台了上百项措施，全国有 27 个省级政府结合本地实际出台了具体实施办法。人力资源和社会保障部有关负责人 6 月 3 日宣布，已基本形成由 15 个配套文件组成的一整套高校毕业生就业政策体系。

4. 促进城乡统筹就业政策。中国农村劳动力资源丰富，不充分就业问题严重。国家高度重视农村劳动力的就业问题，结合城镇化进程和西部大开发等战略，努力探索城乡统筹就业的新途径。统筹城乡就业旨在打破城乡二元结构所形成的城乡就业分割的体制弊端，逐步建立统一、开放的城乡一体化劳动力市场，推进城市化、工业化进程和给予农民平等就业的机会。

城乡一体化就业是统筹城乡经济社会发展、推进城乡一体化建设的重点内容。从 2003 年开始，重庆、成都及一些发达地区先行开始了统筹城乡就业，把农业户、非农业户改变为统一的“居民户口”。2006 年下半年开始，在 17 个省、自治区、直辖市的 26 个市、区、县开展统筹城乡就业试点工作，统一管理城乡就业的体制、统一城乡就业的服务体系、统一城乡就业的劳动力市场政策、统一养老医疗等社会保障，加大对农村和农民的就业投入。2007 年 6 月，成都市与重庆市一起正式被国家确定为全国统筹城乡综合配套改革试验区。

2008 年施行的《中华人民共和国就业促进法》赋予了农村劳动者进城就业享有与城镇劳动者平等的劳动权利，明确了国家实行城乡统筹的就业政策，建立健全城乡劳动者平等就业的制度。2008 年，人力资源和社会保障部成立，从管理体制上为构建统一的人力资源市场、形成公平就业提供了条件。

5. 金融危机下的就业干预政策。全球性金融危机发生以来，国家对就业实行了干预政策，包括稳定就业和扩大就业两个方面。稳定就业的思路是“保企业就是保就业”，政府出台了相应措施，扶持企业度过金融危机。扩大就业主要针对超过 2 000 万的返乡农民工和约 700 多万的大学毕业生，采取了相应的就业干预政策。2009 年 1 月 5 日，人力资源和社会保障部、教育部、全国总工会等六部委的《关于开展 2009 年就业服务系列活动的通知》，确立了金融危机背景下具体的就业工作目标和重点群体的组合就业政策。

（1）产业振兴规划。2009 年年初，国际金融危机造成国内市场萎缩，钢铁、汽车、船舶、石化、纺织、轻工、有色金属、装备制造、电子信息及物流业这十大行业受外需下降影响经营困难，岗位流失现象比较严重，就业矛盾进一步加剧。从 2009 年 1 月份到 2 月份，国家分别出台了十大产业的振兴规划。这些振兴规划密度高、内容实、力度大，对就业市场产生了积极影响。十大产业中除物流业以外的 9 个产业的工业增加值占全部工业增加值的比重接近 80%，占 GDP 的比重达到 1/3，十大产业中吸纳的就业超过了 1 亿人，直接从业人员约占全国城镇单位就业人数的 30%。

（2）帮助企业克服困难。2008 年 12 月，人力资源和社会保障部、财政部、国家税务总局联合发出《关于采取积极措施减轻企业负担稳定就业局势的通知》，明确提出缓缴社会保险费、阶段性降低四项社会保险费率、使用失业保险基金帮助困难企业稳定就业岗位等 5 项措施。通知发出半年后，政策效应已经凸显，对各地保就业、保增长、保稳定和推动企业升级发挥了重要作用。

国家针对金融危机之中的中小企业存在的困难，采取了帮助解决贷款、扩大销售渠道、向内地转移和促进产业升级等措施，帮助其克服困难、渡过难关，以维持就业。

（3）促进返乡农民工就业的政策。针对大量农民工返乡的就业问题，国务院办公厅于 2008 年 12 月 20 日推出如下政策：①鼓励城市和沿海发达地区的企业尽可能不解雇或者少解雇农民工；②暂时没有工作的农民工，各级政府都要给他们提供更多的职业技能培训机会，增强其就业能力；③凡政府投资的公共设施建设，都要尽可能地多吸纳农民工去就业，对于已经返乡的农民工，政府要采取以工代赈的办法鼓励他们参加；④政府采取支持和补贴的办法，帮助农民工回乡以后自己创业；⑤切实保障外出农民工的土地保障权益，回来后可以在承包地务农。此外，各地还出台相应的办法，推动返乡农民工就业创业活动。

第三节　劳动力状况变化快　就业政策调整应及时

一、劳动是民生之源，就业是民生之本

劳动力资源是一个国家或地区具有劳动能力的人口的总和，是总人口中的积极人口。劳动适龄人口是常用的反映劳动力资源数量的近似数据。劳动力资源的配置利用是经济社会发展中的重大问题，是人口发展的重要领域。就业问题则是促进民生发展最主要的关键性问题。

新中国成立 60 多年来，劳动适龄人口的总量和占总人口的比重都表现出不断增

加的趋势，劳动适龄人口的不断增加，说明了我国人口生产性的提高，也蕴含了劳动力资源过剩和社会就业的压力问题。1964～1982 年，劳动适龄人口增长的人数最多，速度也最快。1982 年以后劳动适龄人口增长速度减缓，是 20 世纪 70 年代计划生育政策实行以后中国生育率下降的结果。从总体上看，60 多年来全国就业人口总量处于持续增长、增幅下降的趋势，且增幅下降速度有所加快。这种情况的出现，主要是人口和劳动适龄人口数量与结构变化的影响。

此外，1982 年、1990 年、2000 年、2010 年四次全国人口普查显示，在业人口中女性比例有所上升。卫生体育和社会福利业中女性比例甚至超过男性比例，但在一些环境艰苦、需要付出较多体力、工作场所远离生活场所的行业及某些脑力劳动行业男性仍占主要地位。在业人口的年龄结构向老年型转变。占在业人口绝大多数的农、林、牧、渔、水利业生产人员平均年龄不断上升导致全部在业人口的平均年龄增加。这四次全国人口普查还显示，中国在业人口文化素质不断提高。在业人口文化程度呈现从小学程度为主体向初中程度为主体的变化趋势，具有大学文化水平的在业人口增长速度很快。

新中国成立以来，解决就业问题，促进民生发展一直是党和政府最关心的问题。胡锦涛总书记在 2012 年主持中共中央政治局就实施更加积极的就业政策进行第三十二次集体学习时强调，实施更加积极的就业政策，把促进就业放在经济社会发展的优先位置，努力实现社会就业更加充分，关系亿万人民群众切身利益，关系改革发展稳定大局，对推动科学发展、促进社会和谐具有十分重要的意义。

二、经验与教训

总体来看，从新中国成立 60 多年的劳动力资源发展与就业状况的变化中，我们可以得出以下经验教训：

1. 体制的选择，对于劳动力资源的调查利用及其结果具有决定性的影响，也对人口再生产产生巨大影响。市场体制是人类社会发展实践证明的比较成功的模式。我国改革开放前，劳动力资源配置是在计划体制下由行政手段完成，缺乏内在的发展动力，致使经济效益很低。改革开放 30 多年来，我国发展多种所有制经济，逐步走向劳动力资源市场配置，调动了社会多方面配置劳动力资源的动力和劳动者个人的工作积极性，基本适应了国家经济 8% 高增长率的需要，创造出较大的经济效益。这也为提高我国人民的生活水平和促进人口质量的提高奠定了坚实的物质基础。市场配置资源的体制还具有能够积极挖掘需求、迅速进行劳动力资源配置和较快纠正资源错配问题的功能。

2. 要充分认识劳动力资源在社会经济生活中的能动性力量，努力调动其巨大的创造财富的作用。尽管我国的劳动力资源长期处于数量上比较严重的供过于求局面，但积极开发利用劳动力资源仍然是重要的政策措施。为此，中国大力引进外部资金，大力推动经济建设，大力发展第三产业和劳动密集型经济，大力促进消费，大力开拓社会就业岗位，有利于在既定的劳动力资源过剩、人口过剩的情况下，把必须消费社会财富的“人口”更多地转化为能够创造社会财富的“人手”。20 世纪 80 年代初对大规模“上山下乡”返城青年实行的“三结合就业方针”，80 年代以来大规模农村剩余劳动力进城务工经商、上亿农业剩余劳动力进入乡镇企业就业，90 年代中期以来的数千万下岗职工的再就业，都是使中国数量巨大的过剩劳动力资源得到了利用的成功经验。近年来，国家和社会都在关注创业。这是有效调动劳动力资源能动性、积极地解决就业问题的举措。进入 21 世纪以来实行的人才强国战略，对我国经济社会的发展与人才资源的开发利用，都有着重要作用。蔡昉指出，我国劳动年龄人口在达到顶峰之后，相对数量和绝对数量双双下降；加拿大学者戈麦斯（Refael Gomes）根据国际研究指出，反向人口红利和劳动人口的老年化已经成为经济滑坡的重要因素①。

3. 必须基于我国的国情，实事求是地进行经济建设和解决劳动力人口的就业问题。新中国成立以后的前 20 多年，片面夸大“人手”的作用，使人口处于盲目的扩大再生产状态，加上经济发展缓慢，使劳动力资源处于严重的过剩状态。在“大跃进”时期，尽管劳动力资源的配置通过计划来安排，但宏观决策的任意性和盲目性相当大，配置中的错误导致国民经济灾难性的后果，并对人口本身产生破坏性的影响。

4. 政府在劳动力资源调整和就业问题的解决中具有重要作用，要充分认识和正确运用，并应当落实到正确的就业政策与相关政策上。正如世界银行指出，政府具有解决市场失灵的能力，但也有政策运用得当与否的问题。“文化大革命”结束后政府组织待业青年就业的措施、90 年代后期再就业工程的实施和对农村劳动力进城的适度控制，也都是必要的。2007 年《劳动合同法》出台以及企业贷款难等原因，引发大批小企业裁员、停止雇用或关闭、外迁，致使大批农民工失业。这一问题说明旨在保护劳动者权益的法律、制度和政策，也可能在实施细则、实行条件、出台时机和社会接受程度上存在问题。这也应当引起反思，在未来的经济社会发展和法律、制度、政策制定中引以为戒。对我国目前面临的人口老化迅速，劳动力供给即将下降及其将带来的一系列的经济社会问题，必须及早入手，进行系统、深入的研究和做出及时、全面的政策调整。

---

① 王羚：《老龄化经济预警：期待第二次人口红利》，《第一财经日报》，2012 年 9 月 4 日 A8 版。

第十四章　人口与资源环境关系演变历程

民生，即人民群众的生计。人口、资源、环境是一个国家最基本的国情，是影响经济社会可持续发展最根本的因素。人口是推动社会发展的主体，而资源和环境是人口赖以生存的物质基础，因而人口与资源环境的协调发展与改善民生息息相关，关系到最基本的民生问题。近年来，国家加快推进以改善民生为重点的社会建设，而其要求之一就是“实施可持续发展战略，改善生活环境，提高生活质量”。可见，促进人口资源环境和谐发展是保障和改善民生的重中之重。

在我国人口与资源环境关系的演进发展史上，国家不断探索，在理论认识和实践措施上不断创新，提出可持续发展理念和科学发展观思想，努力建设资源节约型、环境友好型和人口均衡型社会，使原本就紧密联系的人口、资源、环境形成一个统一的、不可分割的系统，形成构建“三型社会”的目标。这些顺应历史发展趋势的思想和举措在促进人口、资源、环境、经济、社会的协调发展上成效明显，大大改善了人们的生存环境，提高了人们的生活水平，提升了人们的生活质量，改善了民生，也促进了民生事业的长足发展。

1949～2010 年是人口与资源环境关系历史上的一个转折性的重要时期。本章将新中国成立以来人口与资源环境关系的演进历程大体分为六个时段，划分的主要根据有四点：一是对人口、经济、资源消耗和环境污染等变量增长基本走势的判断；二是关注施行控制人口增长和保护环境政策的重大行动转变；三是聚焦人口增长和环境恶化客观进程中的重要事件；四是考虑反映人的关系、消费水平、资源消耗、环境污染等状况变化的有关指标。在分时期分析人口与资源环境关系的基础上，总结历史发展规律，总结发展的经验教训，使人口与资源环境问题能够得到统筹解决，使国家可持续发展能力得到进一步提升，使国家的民生事业得到稳步发展。

第一节　人口高增长下资源环境问题凸显

一、生态环境的先天脆弱和历史债务

(一) 自然生态环境的先天脆弱性

我国幅员辽阔、类型丰富多样的自然资源和生态环境既有世界上其他许多地区不可比拟的得天独厚和得地独优之处，同时也有其一定的先天脆弱、易于失衡的自然地理特性。中国科学院可持续发展研究组在分析中国的自然结构和地理特征时列出了以下一组数据：65%的国土面积是山地或丘陵，33%的国土面积是干旱地区或荒漠地区，70%的国土面积每年受到季风气候的影响，55%的国土面积不适宜人类的生活和生产，35%的国土面积经年受到土壤侵蚀和沙漠化的影响，30%的耕地面积属于pH值小于5的酸性土壤，20%的耕地面积存在不同程度的盐渍化或次生盐渍化，17%的国土面积构成了全球的世界屋脊①。中国科学院生态环境研究中心关于我国生态环境预警研究结果，将中国自然生态环境先天不足的脆弱性概括为以下几个特征：第一，从地质基础看，夹峙于世界两大活动地带之间，新构造运动比较活跃，地震、山崩、泥石流灾害较为频繁，威胁人类和自然生物种群的生存；第二，从地貌结构来看，山地面积大，地势高差显著，地形呈西高东低三大阶梯，易于形成水土流失；第三，从气候条件来看，多属大陆性气候，季风影响显著，既带来农业之利，又形成农业之害，是典型的多灾之国；第四，生态环境脆弱带类型多、分布广、变化快，成为生态破坏的贫困地区。全国生态脆弱带面积总计达92.7万平方千米，占国土总面积的9.7%。

中国科学院可持续发展研究组依据“生态环境应力指数”与“地表起伏度”的基本关系，计算出世界各国的生态环境应力与全球平均生态环境应力。据统计，全世界陆地的平均海拔高度约为860米，而中国大陆的平均海拔高度达到1 595米，是世界陆地平均高度的1.85倍。以世界大陆平均海拔高度为基准，每增加100米的高度，区域开发成本将在原来的基础上提高3.2%～3.4%。设全球平均的生态环境应力为1.00，中国的平均生态环境应力成本则为1.25。因此，中国国土的自然结构与地理特征，使得中国生态环境所承受的“应力”或“胁迫”，明显地超出了全球平均水平(表14－1)。

---

① 中国科学院可持续发展研究组编：《1999中国可持续发展战略报告》，科学出版社，1999年版，第12页。

表 14－1　中国发展成本与世界平均成本之比例（以世界平均为 1.00）

分类的发展成本	比例
牧业发展成本	1.03
农业发展成本	1.05
林业发展成本	1.08
矿业发展成本	1.30
基础设施成本	1.28
工业发展成本	1.25
水利工程发展成本	1.21
自然保护	1.27
土壤侵蚀速率	1.40
自然灾害频率	1.28
生态恢复成本	1.36
区域开发成本	1.27

资料来源：中国科学院可持续发展研究组编：《1999 中国可持续发展战略报告》，科学出版社，1999 年版，第 13 页。

（二）历史积累的生态债务

中国历史上，曾经历了封建社会前期和晚期两次大的人口倍增和生态环境破坏①：

第一次环境恶化时期——秦至西汉。从秦到西汉，人口成倍增长，至西汉平帝元始二年（公元 2 年）已达 5 959 万人。为了解决吃饭问题，国家鼓励屯垦戍边，黄土高原上许多游牧区被垦为农业区。森林与草原遭到破坏，水土流失日趋严重，黄河由混变黄，逐步淤积成为悬河，频繁地泛滥与改道。

第二次环境恶化时期——明清以后。明（公元 14 世纪）、清至今 600 多年间，环境急剧恶化，森林遭到毁灭性的破坏。如北京地区和湘江下游地区的森林都毁于明清时期。水土流失空前严重。明朝近 300 年间，黄河决口 60 多次。清朝实行鼓励人口增长的政策，清雍正二年（1724 年），全国人口为 2 500 万，仅仅 42 年，到乾隆三十一年（1766 年），人口翻了 3 番，达 20 900 万人。道光二十九年（1849 年），人口又翻了一番，达 47 000 万人。

历史上的生态退化基本上是小农经济条件下人口压力的结果。在各朝强盛时期，人口急剧增长，导致剩余人口向周边扩散。周边地区多为生态敏感区，尤其是北方，如河套一带，持续几代人的农垦造成了严重的土地沙化。当各朝衰落时，北方民族向南压迫，使中原人口南迁，又将南方的原住民挤向山区，造成南方山区的水土流失和

① 胡鞍钢等：《生态赤字：未来民族生存的最大危机》，《科技导报》，1990 年第 2 期，第 60～64 页。

石山化。旧中国的长期战争和社会动乱，使中国人口的生存环境遭到了严重的破坏。新中国成立前夕，生态环境质量已下降到历史最低点，主要表现在沙漠化、水土流失、森林缩减和草原退化等方面。新中国成立之初，历史上遗留下来的生态债务共计有 1 亿公顷退化草原，6 万平方千米人为因素形成的沙漠和 116 万平方千米的水土流失面积；东北西部、华北北部、西北东部，森林覆盖率仅 3%，历史上五谷丰登的平原地区森林覆盖率只有 1%。

二、生态环境的局部修复和保护

新中国成立后，长期的战争和社会动乱引起的环境破坏停止了，历史上遗留下来的环境问题，在一些地区开始得到控制和局部修复，贫困和发展不足所带来的一些环境问题，如缺乏干净的饮用水、营养不良等，开始逐步得到解决。1950 ~ 1952 年，全国营造防护林 86.67 万公顷，占同期全国造林总面积的 57%；1953 ~ 1957 年，又造 400 多万公顷防护林，占同期全国造林总面积的 29%。1956 年，第一届全国人民代表大会第三次会议提出划定自然保护区的第 92 号提案；同年 10 月先后在吉林、黑龙江、陕西、甘肃、浙江、广东、四川、云南等省划定 20 多处自然保护区。

1956 年，国家卫生部、国家建委联合颁发的《工业企业设计暂行卫生标准》和 1957 年国务院颁发的《中华人民共和国水土保持纲要》，都提出了保护环境方面的要求。这一阶段环境保护的主要内容是改善工人群众的生产劳动条件，根治疾病的传播源，改善一批脏乱差的区域环境，如北京的龙须沟、上海的棚户区等。

在实施国家的第一个五年计划中，全国广泛开展了资源“综合利用”活动。一些有污染危害的工业企业，特别是 156 项大中型工矿企业，还采取了某些防治污染的措施，如污水处理和消烟除尘装置等。这些措施在一定程度上减轻了工业污染的危害。因此，这一时期，我国虽然还没有形成保护环境的明确概念，但是，由于上马的工业项目比较注意规划布局和污染防治，除少数沿河建设的火电厂外，环境污染并不严重。在城市基础设施建设、江河治理和改善城市环境卫生等方面，都取得了一定的进展。

三、人口高增长压力下资源环境问题逐渐显露

（一）历史上第三次人口倍增拉开帷幕

继中国历史上封建社会前期和晚期两次大的人口倍增台阶之后，20 世纪 50 年代开始，又进入了人口基数和增长势头均史无前例的第三次人口倍增台阶。新中国成立后的第一次人口出生高峰，拉开了中国历史上第三次人口高增长台阶的帷幕，也奠定了 20 世纪后 50 年人口增长的基本格局。

第一次出生高峰出现于 1953 ~ 1957 年，年平均出生率和年平均增长率分别为

34.7‰和24.1‰，出生人数为2 100多万人，年平均增加绝对人数为1 400多万人。1949～1957年，中国人口净增1亿多人，相当于20世纪前50年的人口净增数。

随着人口急剧增长、资源开发活动迅速扩大和工业化迅速发展，生态破坏在许多地区逐渐加剧，环境污染开始出现和扩展。总体看，从新中国诞生伊始，生态环境就处于边保护、边恢复、边破坏的状况①。

（二）人口高增长压力下的移民垦荒

人口多、耕地少，是我国的一个最基本国情，也是我国人口与资源环境紧张关系的一个最基本反映。我国历史上前两次人口倍增出现时都同时出现过大规模的移民垦荒现象，以此来缓解人地关系紧张趋势。20世纪50年代，随着人口增长高峰的出现，大规模移民垦荒再掀高潮。

出现于20世纪50年代的人口出生高峰，同时伴随着由东部人口稠密地区向西北、东北地区的移民和大规模垦荒，其农业移民有200万人左右。1953～1957年，大西北净迁入人口达167万人左右。1949～1957年，是新中国50年内耕地面积增加最多和最快的一个时期，共增加耕地174.33万公顷（表14－2）。按1985年全国耕地概查数推算，1949年全国耕地面积为1.42亿公顷，1957年耕地面积扩展至1.56亿公顷，年均递增1.18%。同期全国人口年均递增率为2.24%，粮食总产量年均递增7.04%；人均耕地占有量由1949年的0.26公顷减少到1957年的0.24公顷，人均粮食占有量由209千克增加到306千克。

表14－2　不同时期人口和耕地年均递增情况变化

时期（年）	耕地		人口		人均耕地	
	%	万公顷	%	百万人	%	亩/人
1949～1957	1.18	174.33	2.24	13.11	－1.02	－0.04
1957～1961	－1.40	－219.67	0.46	3.02	－1.85	－0.07
1961～1965	0.05	7.07	2.44	16.70	－0.02	－0.08
1965～1971	－0.28	－41.00	2.72	21.15	－0.03	－0.08
1971～1978	－0.07	－15.07	1.75	15.76	－1.84	－0.04
1978～1985	－0.26	－36.33	1.26	12.56	－1.47	－0.03
1985～1989	－0.21	－29.73	1.43	15.37	－1.66	－0.03
1989～1996	－0.99	－134.13	1.38	15.98	－2.36	－0.04
1996～2008	0.53	69.33	0.71	8.67	－1.33	－0.01

注：人均耕地面积如以公顷/人为单位数字太小，所以用亩/人。

资料来源：［1］1949～1989年数据来源于《人地关系论》（朱国宏，复旦大学出版社，1996年版，第107，113页）。

［2］1996和2008年数据来自《中国统计年鉴2001》（国家统计局编，中国统计出版社，2001年版）和《中国统计年鉴2009》（国家统计局编，中国统计出版社，2009年版）。

---

① 曲格平，李金昌：《中国人口与环境》，中国环境科学出版社，1992年版，第197页。

（三）人口高增长压力下资源环境问题的逐渐显露

1. 大规模移民垦荒导致自然生态恶化。我国的宜农荒地主要分布在生态脆弱、人口稀少的边远地区。在这些地区大规模垦荒，虽然在表面上使人口高增长压力下耕地、粮食资源紧张的矛盾得到了暂时缓解，但却付出了更大的生态代价。这种生态代价一方面表现为不合理垦殖直接引起森林、草原被毁和土地沙化、盐渍化等后果，另一方面更多的是为今后埋下了严重的生态隐患。新中国成立初期，全国表土流失面积为116平方千米，到50年代末已扩大到150万平方千米，占全国土地的15.6%。新疆五六十年代建起50个军垦农场，开垦荒地102万公顷，不合理垦殖破坏原始植被造成48万公顷沙化土地，44万公顷受盐渍化威胁。

2. 农村燃料生物质能耗和化肥施用量的迅速增长导致土壤质量下降。我国农村的生活能耗，90%是以秸秆和薪柴为主的生物有机能源。以每户每天至少烧柴8千克计，50年代全国约1亿农户每年要烧掉3亿吨生物有机燃料，约占每年秸秆生产总量的3/4。在人均耕地占有量趋于缩减的情况下，提高人均粮食占有量水平完全依靠单位面积产量的提高。1952～1957年，全国农村的农田灌溉面积从1 995.87万公顷增加到2 733.87万公顷，化肥施用量由7.8万吨增加到37.3万吨。土壤有机肥来源的大量减少和无机化肥的大量施用，使土壤生态平衡受到了严重的损害。

3. 环境问题逐渐显露。由于当时工矿企业废水、废气、废渣排放基本上不受约束，由此造成了一定程度的污染。主要的环境问题有：空气和水污染、废水灌溉的生态影响，以及与住房建设、城市规划和职业病有关的环境问题。在上海、北京、青岛、天津、沈阳、抚顺、鞍山、大连等城市进行的有关空气污染对健康影响的研究显示，当时工业污染已经对居民身体状况造成危害。例如沈阳市工业比较密集的铁西区，二氧化硫的浓度高于对照区9倍以上；大连的一个漂白工厂排出的氯气高于当时苏联排放标准的8.8倍；在抚顺环境污染地区的中小学生发病率，高于环境质量较好地区儿童的10倍；在北京，居住在石景山钢铁厂附近的13岁儿童，许多人的肝大于正常儿童。

4. 新中国成立后的第一次出生高峰对资源环境形成持久性的巨大压力。20世纪50年代出生高峰对资源环境的压力，就当时而言，主要表现为消费人口迅速增加对作为基本生活资料的粮食来源——耕地资源的压力。尤其是，这次出生高峰形成了巨大而持久的人口惯性，对今后一个长时期里中国人口与资源环境的紧张关系产生了深刻影响。也就是说，20世纪50年代的中国人口高增长，很大程度上是今后资源消耗和环境污染高增长的前奏。

概而言之，这一阶段的主要特点是“高、低、低”，即人口高增长、经济低增长、资源消耗—环境污染低增长。当然，这里的所谓高和低，都是相对而言。这一时期的经济增长速度应该说是比较快的，但其起点和达到的水平显然属于低水平状态；资源消耗—环境污染低增长，主要是相对于以后的几个阶段而言，而这种低增长的基础是新中国成立前夕环境质量已经下降到历史最低点。新中国成立后第一次人口出生高峰的资源环境后果，就当时而言仅是得到局部的显露，而更大程度上则是处于隐性潜伏状态。

第二节　人口与资源环境关系全面恶化时期

一、1958 年“大跃进”导致资源环境恶化

1958 年，中国实行了一条急于求成，单项生产指标（钢铁）突进的经济冒进战略，即所谓的“大跃进”。“大跃进”运动由追求钢产量的高指标、高速度开始而拉开了帷幕。

为达到钢产量的高指标，全民动员、土法上马、大炼钢铁，堪称新中国成立后第一次恶性的大范围生态退化事件。短时间里，工艺落后、能效极低的小钢铁上了 60 万座，小煤窑 5.9 万个，小电站 4 000 多个，小水泥 9 000 多个。但是，宏观经济决策上的失误不仅没有创造钢铁产量大跃进的经济奇迹，而且导致了大范围的资源破坏和环境污染。

工业企业由 1957 年的 17 万个猛增到 1959 年的 60 多万个。大量设备简陋、效益低下，既不符合环境保护要求又不采取任何控制污染措施的小企业蜂拥而起，加之管理混乱，“三废”排放放任自流，环境污染在许多地区蔓延。不少城市的工业区出现了烟雾弥漫、污水横流、渣滓遍地的状况。

为了大炼钢铁，许多地区砍光了森林，如太行山、沂蒙山、武夷山等，原有的成熟林甚至原始森林被毁于一旦。西北沙漠地带的胡杨林也被成片砍下。安徽省大别山岳西县是老解放区，1958 年地方上组织 90 万群众进山砍树烧炭，大炼钢铁，破坏了 13 万多公顷森林。挖河、挖田掏铁沙，破坏了沿河灌溉系统，殃及几万亩将收割的水稻，大片农田颗粒不收。

1958 ~ 1963 年，随着“大跃进”的全面展开，各项建设用地迅速增加，特别是大型工矿企业、水利工程以及城乡建设等发展相当快，虽然其间也重视荒地开垦工作，但入不敷出，耕地面积由 1957 年年底的 11 183.0 万公顷下降到 1963 年年底的 10 277.67 万公顷，净减少 905.33 万公顷，年均减少 150.9 万公顷，为新中国成立后耕地总量萎缩最快的一个阶段。“大跃进”时期掀起的大修水库热，由于违背自然规律，也付出了沉重的生态损失代价。1958 年，内蒙古赤峰地区为了修建红山水库，几十万株松树被砍。晋西北黄土高原丘陵地区修建大小水库 110 座，其中大中型 11

座总库容 8.6 亿立方米，结果出现了大量淤积，有些已变成了泥库。

片面强调“以钢为纲”、“以粮为纲”，引起了普遍性的大面积毁林开荒、毁草开荒和围湖造田活动。这类活动大多发生在生态脆弱地区，对中国生态环境带来严重的负面影响；反过来，自然灾害又对农业生产造成严重的负面影响，形成生产破坏环境、环境妨碍生产的恶性循环。从长远观点看，“大跃进”导致的生态损失比当时引起的经济损失更大。在“大跃进”中被毁灭的原始森林已永远不可能再生，因滥伐加剧的水土流失在可以预见的将来不会出现逆转①。

二、1959 ~ 1961 年的人口生态状况

宏观决策的失误，加之自然灾害的影响，继 1958 年“大跃进”之后连续 3 年，国家经济和人民生活陷入严重困境。在新中国建立以来的人口与资源环境关系史中，这 3 年的人口生态状况是灾难性的。

（一）人口生存环境严重恶化

1958 年以后，向西部生态脆弱地区的移民和毁林、毁草开荒不断；各地又盛行填塘造田，尤其是南方的湖北、安徽、江苏、浙江等省即达 267 万亩以上。1958 ~ 1960 年，大西北又净迁入 200 多万人口。青海省 1958 ~ 1960 年建大小农场 534 个，草原大面积开垦。内蒙古自治区东部锡林郭勒盟草原，1961 年在阿巴嘎旗开垦 1.5 万多公顷，种春小麦、糜子、燕麦等，最初两三年亩产 35.40 公斤，几年后连种子都收不上来，只长连牛羊都不吃的臭蒿。呼伦贝尔 1959 年、1960 年一次就开荒 20 多万公顷。鄂尔多斯每年大面积开荒又撂荒，沙漠化面积平均每年增加近 7 万公顷。青海省 1959 年、1960 年垦荒 38 万公顷，大多数连种子也收不回，撂荒 20 多万公顷。全国耕地面积从 1957 年以后转为减少，1959 ~ 1962 年全国粮食出现大减产；1962 年全国粮食总产量从 1957 年的 1 950 亿千克下降至 1 600 亿千克，全国人均粮食占有量降到 237.75 千克。

（二）人口自然变动出现非正常负增长

由于人口生存环境严重恶化，粮、油、棉和燃料等基本生活资料严重匮乏，城镇居民的基本生活资料实行低水平的凭票计划供应。许多农村地区在基本口粮难以保证的情况下出现严重的饥荒，导致大量人口非正常死亡。根据国家统计局的数据，1960 年人口死亡率达到 25.43‰，而这一年人口出生率仅为 20.86‰，人口自然增长率为 -4.57‰②。

---

① 戴星翼：《走向绿色的发展》，复旦大学出版社，1998 年版，第 60 页。

② 国家统计局编：《新中国 55 年统计资料汇编》，中国统计出版社，2005 年版，第 121 页。

三、十年动乱开始导致生态危机全面加剧

（一）20世纪60年代初期的短暂调整和第二次人口出生高峰出现

1962～1965年，国家对国民经济实行了“调整、巩固、充实、提高”的方针。经过3年时间的整顿，压缩了大批盲目上马的工业项目，混乱的工业布局得到了调整。同时国家也加强了资源管理，如1963年接连发布了《森林保护条例》和《矿产资源保护条例》。但是，扩大农业耕地为主的土地资源开发历来是缓解我国人地关系紧张矛盾的最主要手段之一。继20世纪50年代大规模农垦（黑龙江和新疆）之后，进入60年代之后中国开展了旨在恢复“大跃进”时期农业损失的又一次大规模土地资源开发活动。1965年，全国耕地总面积为1.47亿公顷，比1961年增长28.33万公顷；粮食总产量（1 945亿千克）则大体上恢复到1957年的水平。需要指出的是，这种大规模的土地资源开发，一方面，巩固了农业发展的物质基础，使人地紧张关系得到一定的缓解；另一方面，违背自然规律的过度开发又导致了严重的生态破坏。

随着国民经济的整顿恢复，1962年开始我国又进入了第二次人口出生高峰。1962年人口出生率由上年的18.02‰陡升至37.01‰，1963年达到了新中国成立以来人口出生率的高峰43.37‰。这一次无论峰值或持续时间都远超过了第一次。这一期间，我国人口出生率和自然增长率年平均分别为34.99‰和25.6‰，年平均出生人数在2 600万以上，年平均增加绝对人数为1 900多万人。这次出生高峰的最初几年与国民经济三年困难时期之后的补偿性生育有关，之后则由于“文化大革命”混乱局面极大地延误了推行计划生育的时间。

（二）“文化大革命”导致第二次大范围环境破坏

从时间表看，我国的人口高增长与资源消耗—环境污染高增长及与之密切相关的经济社会大波动和政策大失误总是有着某种难解难分的联系。第二次出生高峰期在其最初几年里，环境污染高增长的势头尚不甚明显。但是，1966年“文化大革命”爆发，使工农业生产和城市建设等领域刚刚建立起来的极为有限的环境保护政策，被当作资本主义和修正主义的“管、卡、压”受到批判和否定。于是，资源破坏和环境污染无遏止地蔓延开来，已在曲折历程中初步形成的人口控制措施也无法推行。我国在人口控制和资源环境管理方面又经历了一次严重的倒退。60年代后期至70年代前期，是新中国成立后第二次人口高增长与第二次资源消耗—环境污染高增长同时并存的时期。

在这一时期开展的“三线”（靠山、分散、进洞）建设中，许多排污量大的工厂进入了深山峡谷，形成局部地区严重的大气和水体污染。部分新上马的大中型企业布局不当，使污染形势迅速恶化。在城市布局方面，不加区别地提出了“变消费城市为生产城市”的口号，造成工业企业布局混乱，许多企业建在大中城市的居民区、

文教区、水源地甚至名胜游览区内。一些文化古城和旅游城市，如北京、杭州、苏州，也建起了一批重污染企业。这种不合理的工业布局，加重了污染的危害性。据当时一些主要城市测定，每月每平方千米的降尘量在100～400吨之间，局部地区甚至超过了1 000吨。一项对44个城市地下水的调查表明，有41个城市受到污染，占93.2%。其中，遭到严重污染的城市有9个，占20.5%①。

四、人均耕地锐减，人地关系日趋紧张

在中国这样一个资源制约型的人口和农业大国，人口与资源环境关系的历史轨迹很大程度上反映了人地关系尤其是人口与耕地关系的变化。如表14－2所示，第一阶段（1949～1957年）是人增地也增，但人增快于地增（人口与耕地年均净增率分别为2.24%和1.18%），因而导致人均耕地量有所减少（年均递减1%）。1957年以后，中国耕地面积转为不断趋于减少。从1958年到1969年，人口年均净增率为1.86%，耕地面积年均递减率为0.57%，人均耕地占有量年均递减率为2.37%，是新中国成立以后耕地面积及其人均占有量减少最快的一个时期。需要指出的是，这一时期的耕地面积急剧减少是在不断垦荒扩耕和多数年份城市化基本上处于低水平停滞不前（停留在略高于17%的水平上）状态下出现的，也就是说，耕地损失主要源于生态环境的人为破坏。

从本阶段的不同时段看，1957～1959年是人增而地减，以地减速度为明显较快，导致人均耕地急剧减少（人口年均递增1.96%，耕地年均递减2.36%，人均耕地年均递减4.25%）；1959～1961年是人减地减，但以人口减少速度为较快，因而导致人均耕地有所增加（人口年均递减1.01%，耕地年均递减0.43%，人均耕地年均递增0.60%）；1961～1969年是人增地减，而以人口增速为较快状态下的人均耕地减少（人口年均递增2.57%，耕地年均递减0.16%，人均耕地年均递减2.66%）。总趋势是人均耕地锐减，人地关系日益紧张。

这一阶段是新中国成立以后人口与资源环境状况急转直下趋于明显恶化的时期。无论从政策失误背景下人口高增长的资源环境后果，还是从人口高增长背景下政策失误的人口生态后果看，都以这一时期为最典型。从人口、经济、资源消耗—环境污染三变量的增长的基本走势看，以1958年的“大跃进”导致的第一次环境大破坏、继后3年的人口生态灾难及其间出现的人口自然变动非正常负增长，直至开始于1962年的第二次出生高峰和出现于“文化大革命”时期的第二次环境大破坏为主线，明显地表现为“高、低、高”（人口高增长，经济低增长，资源消耗—环境污染高增长）的恶性状态。这一时期的人口高增长以1959～1961年的人口自然变动非正常负增长为前奏而一直延续至1975年，同时出生高峰又叠加了开始于60年代后期

① 李周：《中国环境问题》，河南人民出版社，2000年版，第4页。

的劳动年龄人口增长高峰。这一时期的经济低增长以1958年政策失误导致的盲目攀高拉开序幕，以“文化大革命”导致的国民经济接近崩溃为基本内涵。这一时期的资源消耗—环境污染高增长也是以1958年的“大跃进”导致的第一次环境大破坏为“序曲”，又以出现于“文化大革命”时期的第二次环境大破坏为“主旋律”。因此，这个阶段的人口高增长和经济低增长并非前一阶段的简单复制，而资源消耗—环境污染高增长则史无前例。当然，上述“高、低、高”的恶性趋势仍将延续至下一阶段，但其特征将有变化。

第三节　人口与资源环境危机进一步加剧催生政策行动

一、人口与资源环境危机继续加剧

推行计划生育促使人口出生率明显下降，但难以遏制人口压力日益增大的总趋势。“文化大革命”导致了积重难返的人口与资源环境后果。第二次人口出生高峰与前次人口出生高峰演变成的劳动年龄人口高峰相互叠加，作为消费者和生产者的人口对作为消费资料和生产资料的资源的巨大压力同时加剧。

低消费水平上的人口压力继续表现为对作为最基本生活资料——粮食及其最基本来源——耕地的需求压力。在人均耕地日益减少、后备宜耕土地资源不足的背景下，对我国生态条件有全局性影响的政策是“以粮为纲”。随着“以粮为纲”政策的强力推行，毁林开荒、毁草种粮、毁湖造田愈演愈烈。但是，人均耕地锐减势头难以逆转，人地关系更趋紧张。1969～1977年，全国总人口年均递增2.06%，耕地面积年均递减0.19%，人均耕地占有量年均递减2.25%。

（一）森林锐减，生态破坏

山区在“向荒山要粮”的口号下大片毁林造田，造成森林资源锐减，生态平衡严重破坏。在改革开放前的30年里，中国至少有25%的森林被砍伐；全国每年消耗林木资源2亿立方米，其中2/3是计划外的滥伐、乱伐所造成的。森林破坏使全国水土流失面积达到150万平方千米。仅黄河、长江每年带走的泥沙量就有26亿吨，相当于冲走了40万公顷良田的表层肥土。自然灾害越来越严重，其中90%是水旱灾害，其根本原因是森林和植被的破坏。

例如，云南省1950年森林覆盖率为50%，到1980年已下降到24.9%。森林覆盖率下降影响气候调节。1950年前该省平均每9年一次大灾，而在1950年到1980年的30年间，发生了11次大灾，遭受大灾危害的频率提高了两倍。

拥有大面积热带雨林的西双版纳和海南岛也遭到劫难。西双版纳森林覆盖率由

1949 年的69.4%下降到1980 年的26%。位于西双版纳景洪县的大渡岗一带变成了荒原。同期，海南岛森林覆盖率由25%下降到7.2%。大面积毁林破坏原有的生态平衡，水文条件急剧恶化。1978 年的一场大旱，竟然造成大部分河流断流，水库干涸。

四川在20 世纪50 年代至70 年代森林资源下降了30%。森林减少导致灾害加剧。该省50 年代平均2～3 年发生一次春旱，到70 年代增加到十年九旱。

（二）草原退化，沙化严重

对草原的大规模开垦，尤其是大量开垦半荒漠地区的草原，是新中国成立后沙漠化进程加速的主要原因。开垦的结果，往往是破坏了覆盖于荒漠和沙地表面的植被，使荒漠草原最终变为沙漠，使固定沙丘变为流动沙丘。根据20 世纪50 年代与70 年代末航片的对比分析，我国沙漠化土地每年以1 560 平方千米的速度扩展，因沙漠化丧失土地资源3.9 万平方千米。其中，农牧交错地带是沙化最严重的地区，这一地区的沙化面积占沙漠化总面积的73%。

根据内蒙古自治区有关部门统计，从20 世纪60 年代末到70 年代中，全区共开垦草原362.8 万公顷，相当于自治区牧区草原面积的1/10。内蒙古的乌兰布和沙漠原有固沙植物梭梭林2 000 平方千米。这些宝贵的植被在“文化大革命”中成为“开荒”的对象被砍伐殆尽。结果，原先的固定和半固定沙丘成为连片的流沙，不仅吞没了开垦出的农田，还侵占了原先的牧场，最后连建设兵团的营房也被流沙埋没。新疆开垦草原340 多万公顷，其中伊犁哈萨克自治州许多牧业县开垦的春秋牧场占牧场总面积的40%～60%，严重损害牧业的发展。我国草原大多分布在内蒙古、新疆等干旱地区，年降水量在400 毫米以下，如果没有灌溉，草原开垦后不仅农作物生长不良，而且会引起大规模沙化。土地沙化反过来又影响产草量。截至20 世纪70 年代末，我国牧区共开垦草原3 000 万公顷，占可利用草场面积的13.35%，由此而引起的沙化、退化和盐渍化面积约6 667 万公顷，占可利用草原面积的29.7%。草原自然生产率下降30%左右（表14－3）。

表14－3 草原生产率的变化

单位：千克（鲜重）/亩

年代	森林草原	草甸草原	干草草原	荒漠草原	半荒漠
50 年代	300	275	210	150	100
60 年代	250	250	190	135	90
70 年代	250	225	160	120	80

资料来源：丁举贵等：《农业生态经济学》，河南人民出版社，1990 年版，第309 页。

由于不适当地毁草开荒，破坏植被，使得草原退化、沙化严重。1980 年之前的15 年，沙漠面积扩大了27 000 平方千米。

（三）围湖造田，后患无穷

为了扩大耕地面积，提高粮食产量而进行的围湖造田，使全国湖面迅速减少。湖北省是世界上著名的淡水湖泊密集分布区，新中国成立初期有1 066个湖泊，中水位时，水域面积约84万公顷。由于大搞围湖造田，该省湖泊数量和水域面积大幅度减少，到1977年年末，只剩下326个湖泊，水域面积约23万公顷，减少库容30亿立方米。湖南省洞庭湖，1949年有湖泊面积4 350平方公里，因陆续围垦，至1977年仅剩2 740平方公里，减少湖面37%，调洪容积减少了115亿立方米。一般来说，围湖造出的田地，肥力较高，又靠近水源，因此往往成为人口密度较高的地区。然而，这些地区恰恰又是易受洪涝灾害的险地。为此，人们每年要修筑堤岸，一旦突发险情，还要付出家毁财破甚至人亡的惨重代价。

（四）环境污染，加快蔓延

1975年5月，国务院环境保护领导小组印发的《关于环境保护的10条规划意见》的通知，对当时环境状况做了如下评价："当前最突出的是随着工业事业的发展，排放的有害废水、废气、废渣越来越多，对自然环境造成了污染。据调查，一些主要河流、湖泊、海湾，如长江、黄河、松花江、鸭绿江、图们江、辽河、海河、淮河、珠江、漓江、湘江、滇池、官厅水库、白洋淀、渤海、胶州湾等水系、海域都受到不同程度的污染，有的污染危害已相当严重。不少城市和地区的饮用水源被污染，水质显著下降。许多城市和工业区，黑烟滚滚、空气污浊，有害物质增多。废渣堆积如山，占用大量农田，淤塞航道，毒化环境。不少工矿企业职业病有所增加。此外，农业上由于使用某些高残留农药，许多农副产品含有过量的农药残毒；同时，在粮食加工、食品生产过程中，不适当地添加了许多有害的化学物质。有些地区，不适当地开垦草原、采伐林木、兴修水利，也破坏了自然环境。"

违背自然规律的行为必然受到大自然的报复，其重要信号之一就是自然灾害加剧。据统计，1950～1958年，全国平均每年受灾面积约2 000万公顷，而从1972年到70年代末，全国平均受灾面积约3 333万公顷，增长67%[①]。

水污染造成了严重后果。1974年农民用蓟运河水浇小麦，由于河水中含有过量的有害物质，致使近5万亩小麦枯死。水污染对水产品影响也很大。全国淡水鱼捕捞量，50年代为60万吨，60年代为40万吨，70年代为30万吨。工业污染是淡水鱼捕捞量直线下降的重要原因。此外，污水中的有害物质在土壤中积累并被植物吸收，污染食品。

"以粮为纲"的初衷本是为了保证庞大人口基本生存条件，保证粮食安全，但很

① 李周等：《中国环境问题》，河南人民出版社，2000年版，第13页。

大程度上却引来了适得其反的后果。在生态脆弱地区开垦荒地的努力使这些地区的生态更趋脆弱，从而陷入“越垦越穷，越穷越垦，越垦越要人，越垦越要生”的人地关系“怪圈”。据统计，全国1/3耕地为低产田，主要分布在山西、陕西、甘肃、宁夏、内蒙古、青海、新疆等省区和云贵部分区县，粮食年均亩产100千克左右。50年代尚能自给，70年代都变成缺粮区，原因即在于长期以来生态破坏最严重，或是自然生态平衡十分脆弱，产量很不稳定，粮食增长抵消不了人口增长的需求。

二、重大决策失误导致的损失

根据牛文元的研究，过去的重大失误有三次是全国性的，影响深远。其一是50年代中期，错误地批判了马寅初的《新人口论》，从而贻误了控制人口增长的时机；其二是1958年开始“大跃进”运动，结果在不到两年的时间内就给中国经济和生态环境带来了灾难性的后果；其三是长达10年的“文化大革命”，即使中国丧失了绝好发展机遇，又把我国的经济带到了崩溃的边缘。如果不发生三次重大失误，人口数量和质量将分别为20世纪90年代中期（以20世纪90年代中期状况为100%）的83.6%和110.5%，森林覆盖率和土壤侵蚀率将分别为20世纪90年代中期的120.0%和92.0%，生态环境应力和自然资源承载力将分别为20世纪90年代中期的94.4%和123.0%（表14－4）。可以认为，新中国成立以后出现的第一、第二次环境全面恶化，其主要原因即在于重大决策的失误。

表14－4　重大决策失误所致的损失

单位：%

项目	现状	当不发生三次重大失误时
人口数量	100	83.6
人口质量	100	110.5
国内生产总值（GDP）	100	119.3
人均GDP	100	136.9
贫困人口	100	0.0
富裕度	100	119.5
森林覆盖率	100	120.0
土壤侵蚀率	100	92.0
荒漠化率	100	96.2
城市环境	100	95.0
生态环境应力	100	94.4
自然资源承载力	100	123.0

资料来源：Niu（牛文元）. Futures Research Quartery，1997，Vo. 13：5～7。

三、人口控制和环境保护政策终于启动

在人口与环境问题上，20 世纪 70 年代初，不论从世界还是中国看都是一个重大的转折。如上所述，从环境恶化的趋势看，这一阶段基本上是始于 60 年代后期的第二次环境恶化的继续。之所以要把进入 70 年代以后至改革开放开始前划为一个阶段，主要就是因为我国终于在这个时期开启了控制人口增长和保护环境的政策行动，这是一个重大转折。

进入 20 世纪 70 年代，中国开始系统地制定和实施计划生育政策，标志着中国人口政策新时代的来临。1971 年 7 月，国务院批转《关于做好计划生育工作的报告》51 号文件，指出："人类在生育上完全无政府主义是不行的，也要有计划生育。"1973 年开始全面推行计划生育。1974 年，毛泽东在国家计委《关于一九七五年国民经济计划的报告》上批示："人口非控制不行。"

与此同时，世界为中国的环境保护提供了一个极好的机遇。1972 年 6 月 5 ~ 16 日，联合国在斯德哥尔摩召开了人类环境会议，中国派代表团参加了这次会议。联合国人类环境会议不仅是世界环境保护的里程碑，也成为我国环境保护事业的转折点和环境政策发展的新起点。

1973 年 8 月，国务院主持召开了第一次全国环境保护会议，揭开了中国环境保护事业的序幕。会议产生了三项主要成果：一是做出了环境问题"现在就抓，为时不晚"的结论；二是审议通过了"全面规划，合理布局，综合利用，化害为利，依靠群众，大家动手，保护环境，造福人民"的环境保护工作方针；三是审议通过了中国第一个环境保护文件《关于保护和改善环境的若干规定》。同年 11 月，国务院批转了会议报告和规定，并且指出：对现有城市、河流、港口、工矿企业、事业单位的污染，要迅速作出治理规划，分期分批加以解决，要在资金、材料、设备上给予保证。从此，中国环境保护事业被明确提到政府的议事日程上。1974 年 5 月，成立了国务院环境保护领导小组及其办公室，各部门、各省市也陆续建立起环境管理机构和环境保护科研、监测机构。在一些部门和地区，开展了污染源调查和治理。

尽管 20 世纪 70 年代前半期仍然处于新中国成立以后的第二次人口出生高峰期，1971 ~ 1977 年全国人口由 8.5 亿人增加到 9.5 亿人，然而，整个 70 年代是中国人口出生率和自然增长率实现由高向低转变的重要转折时期。这一重要转变，起到了使人口对资源环境的压力相对有所缓解的作用。尽管环境保护行动的初步启动并没有也不可能逆转环境恶化的总体趋势，但毕竟也在一定程度上使环境急剧恶化的状况得到了局部的有限缓解。例如，70 年代中期推广利用沼气，就对环境保护起到了一定的积极作用。根据国家科委生物能源办公室的报告，1978 年全国有 700 万个沼气池，其中四川就有 500 万个。通过沼气的推广，替代了一部分煤，减少了对运输的压力；节

约了大量农作物秸秆（改革开放前秸秆是农村最主要的燃料，每年消耗量约为4.5亿吨）；替代了一部分薪炭柴，从而保护了林业资源；沼气残留物的含氮量相当丰富，可以用来提高土壤肥力，从而增加农产品产量。虽然沼气在我国的能源消费结构中只占很小一部分，估计只占全国能源总量的1.9%，但由于它可以替代秸秆、煤、薪柴炭成为部分农村能源的主要来源，所以还是起到了一定的保护森林和改善农村生态环境的作用。

另一方面也要看到，进入20世纪70年代，过去累积和潜伏的人口和环境问题，逐一加快显露。1972年，黄河出现第一次断流；70年代中期起，中华大地连连出现特大自然灾害。60年代后期到70年代前期，第一次出生高峰期出生的人口全部进入劳动年龄，劳动年龄增长高峰与第二次出生高峰相互叠加，人口压力急剧加重。不论从第二次出生高峰还是“文化大革命”导致的第二次大范围环境恶化看，本阶段都是前一阶段的继续。但是，20世纪70年代，中国毕竟开始实施了控制人口增长和保护环境的政策，这是一个重大的历史转折；其效果主要体现于人口增速明显下降，尽管人口总量年均递增率仍属较高，达2.06%，但每年的增速已经呈现逐年下降的明显趋势：1969～1977年，人口出生率和自然增长率分别由34.11‰和26.18‰下降为18.93‰和12.06‰。这是新中国人口增速由高向低转变的历史转折时期。保护环境政策的启动也取得了一些效果，但资源消耗—环境污染仍然处于高增长状态。因此，从人口、经济、资源消耗—环境污染增长状况看，基本上呈现由“高、低、高”向“低、低、高”转变的阶段性特征。

第四节　两项基本国策的确立和人口资源环境问题的再凸显

一、两项基本国策的确立

1977年以后，国家进一步认识到人口与环境问题的严重性，陆续提出了一系列重大政策法规，并在改革开放之初把计划生育和环境保护确立为两项基本国策，这是人口与环境问题应对行动的又一次重大转折。1978年2月，在《中华人民共和国宪法》中首次规定：“国家保护环境和自然资源，防止污染和其他公害。”1979年颁布《中华人民共和国环境保护法（试行）》以后，又陆续出台了几项专门的法律和政策规定。1980年9月25日发表了《中共中央关于控制我国人口增长问题致全体共产党员、共青团员的公开信》，大力提倡“一对夫妇只生育一个孩子”。1981年设立国家计划生育委员会。1982年，党的十二大确立计划生育为基本国策。1983年，第二次全国环境会议确立环境保护为基本国策，同时确定中国环境保护的战略方针：经济建设、城乡建设、环境建设同步规划、同步实施、同步发展，实现环境效益和经济社会效益的统一。1984 年颁布《中华人民共和国水污染防治法》；1987 年颁布《中华人民共和国大气污染防治法》；1989 年颁布《中华人民共和国环境保护法》。总体而言，改革开放后的第一个十年，既是中国人口控制政策步入稳定实施的重要阶段，也是中国环境保护走向法制化和体系化的重要时期。

我国不但在人口控制和环境保护这两个方面分别采取了一系列重大政策措施，而且在促使人口、资源、环境和发展互相协调、互相适应方面也作了艰苦的努力。在 1978 年开始实施的“三北”防护林体系工程中，历时 12 年，出动上亿人次，完成人工造林 913.33 万公顷，有效地改善了中国北方的生态环境。这是我国利用人力资源丰富的优势进行大规模环境建设的典型例证。再如，贵州省毕节地区是典型的熔岩山区，人口多、耕地少，山上的林木被砍伐殆尽，水土流失严重，生态环境恶化，自然灾害频仍。面对这种情况，贵州省政府按照人口、粮食、生态全面规划、综合治理、协调发展的总体战略，在毕节地区建立了“人口生态环境协调发展实验区”，努力做到抓好当年生产与开发农业后备资源紧密结合；扶贫开发与计划生育紧密结合；解决温饱与实现中长期目标紧密结合，积极发展多种经营，逐步走上了人口、粮食、生态环境良性循环的轨道。又如安徽省金寨县集山区、老区、库区和贫困区于一体，形成了独特的县情。过去因修建两个大水库淹没耕地近 6 700 公顷、山地 9 300 多公顷，移民 10 万人，致使人地矛盾突出，缺粮情况严重。同时，由于人口生育无计划，生态平衡被破坏，出现了山光、水混、田瘦、人穷的状况。为了扭转这种状况，该县在国家重点扶持下，从 1982 年起确定了“少生孩子多栽树，系列开发抓支柱”这一全面开发山区的指导思想。经过 10 年努力，全县人口数量得到了控制，人口素质有所提高，基本上摆脱了贫困落后的面貌。又如安徽省颍上县，70 年代就在小张庄进行“治工改水、植树造林、农田建设、改善和保护生态环境”，取得显著成绩，被联合国选为“全球 500 佳”环保模范①。

二、生育率下降过程中的人口压力加重

改革开放之初，正是新中国第二次劳动年龄人口增长高峰开始出现和第三次人口出生高峰即将来临之时。新中国成立后第一次人口出生高峰演变成的第一次劳动年龄人口增长高峰出现于 20 世纪 60 年代后期至 70 年代前期；第二次人口出生高峰演变成的第二次劳动年龄人口增长高峰正好开始出现于 1978 年。这个劳动年龄人口增长高峰一直延续到 90 年代初，并与出现于 80 年代初的出生小高峰和始于 1986 年的第三次人口出生高峰（第二次出生高峰的周期影响，延续至 1996 年）相重叠。

---

① 沈益民：《加强人口和环境的全民意识是当务之急》，中国社会学人口与环境社会学专业委员会编：《中国人口与环境》，中国环境科学出版社，1993 年版，第 69 页。

在全国人口总量突破10亿人（1981年）、经济增长加快而又基本上以大量消耗资源的粗放型增长为特征、人均消费水平提高而又基本上以实物消费为主的情况下，人口压力倍感沉重。还要指出的是，我国经济体制改革首先始于农村，农村经济体制改革促使农村剩余劳动力问题由隐性转化为显性，使农村过剩人口对资源环境的压力由耕地资源进一步扩延到非耕地资源。1978～1988年是我国农村劳动力非农化转移较快的时期，期内农村总劳力增加9 428.7万人，其中农业和非农产业劳动力分别增加3 000.1万人和6 428.6万人。农村剩余劳动力非农化转移对资源环境的影响既有其积极的方面，也有不可忽视的负面影响。改革开放以后，我国城镇化进程趋于加快但又相对滞后于经济发展水平和工业化、非农化水平。城镇化滞后既加剧了农村人口压力，同时加剧了城镇人口压力。多重因素的人口压力与多重经济结构的压力相互交织，使改革开放新形势下的资源环境问题出现了许多新的特点。

从资源总量上看，我国自然资源无疑是丰富的，堪称资源大国，因为中国许多种类的资源总量都在世界上位居前列，如国土面积仅次于前苏联和加拿大，位居第三位；耕地面积仅次于前苏联、美国和印度，位居第四位；永久性草地，仅次于澳大利亚和前苏联，位居第三位：森林和林地仅次于前苏联、巴西、加拿大和美国，位居第五位；河川径流量位居第六位；可开发水能资源位居第一位；矿产资源中，钨、锑、锌、钍、钒、稀土、硫铁矿、磷镁矿、萤石、重晶石、石膏、石墨等已探明的储量，均位居世界首位；而位居前五位的，还有锡、汞、煤、钼、石棉、滑石、镍、铅、铁、锰、铂等。如以占世界总量的比例来衡量主要自然资源的总体丰富程度，那么，中国仅次于前苏联和美国，位居第三位。

然而，中国同时又是第一人口大国，而且与其他国家的人口差距甚大。因此，从人均水平的相对量上看，中国资源不仅算不上丰富，甚至可说是短缺的。

表14－5　1985年中国人均资源占有量与部分国家比较

	世界平均	中国	前苏联	加拿大	美国	巴西	印度	中国占世界平均的比率（%）
土地总面积（公顷）	2.77	0.91	8.07	39.31	3.92	6.28	0.43	32.9
耕地面积（公顷）	0.31	0.1	0.84	1.84	0.80	0.56	0.22	32.3
草地面积（公顷）	0.66	0.27	1.35	1.22	1.01	1.22	0.02	40.9
森林面积（公顷）	0.84	0.13	3.37	12.85	1.11	4.15	0.09	15.5
河川径流量（立方米）	9 680	2 490	16 985	123 010	12 437	38 294	2 345	25.7
可开发水能量（千瓦）	0.47	0.36	0.97	3.72	0.78	0.67	0.09	76.6
矿产资源总量（万美元）	1.77	1.04	5.06	12.58	5.67	1.90	—	58.8

资料来源：中国科学院和国家计委自然资源综合考察委员会编：《中国自然资源手册》，科学出版社，1990年版，第2页。

由表 14－5 可见，中国人均资源量除可开发水能量和矿产资源总值外，其余各项均不足世界平均水平的一半，绝大多数甚至不足世界平均水平的 1/3。从现实看，中国也存在着资源短缺的状况，主要表现在全国性的耕地资源短缺，整个北方地区和部分南方地区的水资源短缺，森林资源短缺，有色金属和贵重金属资源短缺等。不仅如此，在现有资源中，质量低下的还占有相当比重，如耕地资源中，低产田占耕地总面积约 1/3；草地资源中，低产草地也占 1/3；而许多矿产则属于贫矿，如铁矿中，贫矿高达 95% 以上，铜矿中，低品位占 2/3。此外，中国自然资源在全国各地的分布也极不平衡。

人口与资源环境承载力的矛盾日趋加剧。不少研究结果认为，长期以来中国人口处于“超载”状态。按 1978 年内罗毕联合国沙漠化会议提出的标准，干旱和半干旱地区的环境承载力分别是每平方千米 7 人和 20 人。而在以干旱、半干旱气候为主的中国大西北地区，1982 年时人口密度已达每平方千米 22 人。

三、资源环境问题的再凸显：第三次环境恶化

（一）改革开放之初的环境状况

我国改革开放之初，环境恶化已经达到相当严重的程度。

1. 空气污染。表 14－6 反映了 1979 年我国部分城市的环境污染状况。应该说，这里的 4 个城市并不是当时我国大气污染最严重的地区。有些城市的飘尘比这些城市还要高，危害自然也就更大。

表 14－6　1979 年部分城市的飘尘量及可能对健康的影响及经济损失

城市	飘尘数值（微克/立方米）	飘尘最高值（微克/立方米）	每年损失工作日（万个）	每年额外死亡人数（人）
北京	80	160	2 500	850
上海	150	200	4 000	1 300
武汉	170	400	2 200	3 500
广州	190	190	2 000	1 700

资料来源：曲格平：《中国环境问题及对策》，中国环境科学出版社，1989 年版，第 290～291 页。

1980 年，工业废气中二氧化硫和烟尘年排放量高达 3 682. 4 万吨。中国许多城镇空气质量下降。国家卫生部标准规定每月每平方千米的降尘量是 6～8 吨，但几乎所有的城市都超过这项标准，一般都在 30～40 吨，有的高达百吨。某些工业区甚至高达数百吨到上千吨。由于尘埃量积存过大，曾发生压塌厂房的事件。辽宁省本溪就是一个典型的例子。本溪是一个重工业城市，在 43. 2 平方千米的市区集聚着 420 家工厂，其中排污企业占一半以上，每年排放的有害气体 947 亿立方米，烟尘 9. 1 万吨，

工业粉尘 12.2 万吨，二氧化硫 10.5 万吨，滚滚的烟尘形成一个巨大的气盖，严严实实地扣在本溪市上空。以致在 1979 年土地资源卫星照片上，本溪只是一片白烟，看不见城市。恶劣的环境严重危及本溪市民的身体健康，该市呼吸道发病率居全国之首，肺癌发病率高达 0.034 86‰。

2. 水污染和缺水。1980 年，中国的工业废水排放量高达 225.2 亿吨。全国 27 条主要河流中，有 15 条受到比较严重的污染。有的江河（或其段落）、湖泊成了鱼虾绝迹的"死水"。作为上海饮用水源的黄浦江，每天要接纳 400 万吨的工业和城市污水。每到夏季，江水发黑发臭。有些以江河为工业水源和饮用水源的城市，由于水质败坏，不得不停产或另找其他水源。地下水污染也十分严重。根据对 44 个城市地下水源的调查，有 41 个受到污染，许多有害物质的含量超过了饮用水标准。北京、天津、青岛、邯郸等大中城市每天缺水 300 多万立方米。为了缓和人口和淡水资源的矛盾，在用水紧张时期，有些城市只好按人口定量供应用水的办法。天津市估计，1980 ~1981 年的 9 个月中，因缺水而减少工业产值达 100 亿元。

3. 噪声污染。噪声在 65 分贝时对工作、学习就产生不良影响，而夜间 45 分贝就影响人们的休息。据测定，1980 年，北京、上海、天津、南京、杭州、武汉、广州、重庆、哈尔滨等城市，市区噪声污染都在 80 分贝以上，有些地区的街道夜间的噪声强度仍高达 70 分贝。当时，城市噪声的主要来源是交通噪声，即行驶摩擦、震动和喇叭声。当时仅有十几万辆汽车的北京和几千辆汽车的杭州，比拥有 200 万辆汽车的东京的交通噪声还高。

据过孝民、张惠勤[①]测算，1983 年的环境污染损失为 380 多亿元，生态破坏损失为 490 多亿元，两者合计，约占国民生产总值（GNP）的 15.6%。

我国的环境问题与长期以来基本上以粗放型为特征的经济增长方式有密切关系。1951 ~ 1980 年，我国工业的年平均增长速度为 12.5%，比美国的 4%、前苏联的 8.6%、日本的 11.5%、英国的 2.3%、印度的 5.9% 都要高。同期，中国工业产值占工农业总产值的份额由 17% 上升到 70%。然而，工业增长基本上是靠追加物质资本投入带来的，技术进步对经济增长的贡献率极低。中国的资源利用率指标和减轻环境负面影响的指标，不仅大大低于发达国家，而且也低于巴西这样的发展中国家。中国总要素生产率年平均增长只有 0.2%，对经济增长的贡献率仅仅为 2.7%，即整个经济增长的 97.3% 是靠追加物质生产资料投入带来的[②]；而发达国家总要素对经济增长的贡献率达到或超过 60%。截至改革开放前夕，我国国民收入增长了 9 倍，能源消耗增长了 14 倍，有色金属和铁矿消耗增长了 23 倍，与此同时，"三废"污染日益严重。1980 年，工业废渣年生产量高达 4.85 亿吨。

---

① 过孝民，张惠勤：《公元 2000 年中国环境预测与对策研究》，清华大学出版社，1990 年版。

② 郭克莎：《中国：改革中的经济增长与结构变迁》，上海三联书店，1993 年版，第 79 ~81 页。

从最基本的人地关系看，1981 年我国人口增加到 9.9 亿人，比 1952 年增加 4.2 亿人，即增加了 73%，而人均耕地则从 1952 年的 3.96 亩减少到 1981 年的 2.14 亩。虽然由于单产提高，全国粮食产量由 1952 年的 3 278 亿斤增加到 1981 年的 6 500 亿斤，增长了近 1 倍，但人均粮食占有量只增加 82 斤，即增加 14%。因为绝大部分粮食被同期新增加的 73% 的人口占去了①（表 14－7）。

表 14－7　单位工业产值材料消耗率的国际比较（1980 年）

	能源（千克标准煤/美元）	钢材（吨/百万美元）	货运量（吨千米/美元）
中国	1.06	353	6.74
印度	0.99	379	6.43
韩国	0.48	291	1.22
巴西	0.32	103	4.12
日本	0.30	146	1.00
法国	0.30	88	—
美国	0.47	132	5.32
英国	0.23	91	—
联邦德国	0.26	95	—

资料来源：The World Bank，China：Economic Structure in International Perspective，Annex 5 to China：Long－term Issues and Option（A World Bank Country Study），Washington D. C.，1985。

（二）新中国成立以后的第三次环境恶化

改革开放以后，我国尽管把人口控制和环境保护列为基本国策的高度，但由于人口增长的惯性、粗放型经济增长方式的沿袭和人民生活消费水平提高等因素，人口对资源环境的压力继续增大，资源环境问题又一次凸显，形成新中国成立以后的第三次环境恶化。

20 世纪 80 年代，我国经济处在初步工业化和产业结构转变的历史过程中，大量农业劳动力正很快流向非农产业，同时，在城市工业与传统农业之间出现了乡镇企业这一具有中国特色的产物。但是由于人口增长过快，农村社会劳动力的绝对数并没有相应减少，在传统农业领域仍然滞留着数量巨大的劳动人口。这就形成了当代中国特有的多重经济结构，即传统农业、乡镇企业和城市工业三位一体的多重经济结构。多重的经济结构形成了对环境的多重压力：农村人口对自然生态环境的生态破坏压力，城市人口和工业对大气、水体、土地的环境污染压力，以及由乡镇企业造成的同时具有环境污染和生态破坏特点的双重压力。

① 曲格平：《人口激增对环境的压力和冲击》，《人口研究》，1982 年第 10 期。

1. 乡镇工业崛起与环境污染蔓延。新中国成立以后的第三次环境恶化与乡镇工业密切有关。改革开放以来迅速兴起的乡镇工业，对于振兴农村经济起到了举足轻重的作用，这已为实践所证明。但是由于乡镇工业布局分散、经营粗放，许多乡镇工业生产过程中所产生的各种废物基本上未经任何处理就排放到环境之中，致使农村生态环境遭受严重破坏，甚至给人们的身体健康带来巨大威胁。1979～1984年，兴建乡镇企业占耕地1亿多亩，比国家30年基建征用土地还多166.67万公顷。乡镇企业使中国环境污染由点到面，由城市向农村蔓延。这在其他国家很少遇到，可以说是中国特有的环境问题。据统计，1989年，全国有1 800万个乡镇企业，其中乡镇工业700万个，占40%。据1991年完成的首次全国乡镇工业污染源调查，1989年，乡镇工业主要污染行业的工业废气排放量为1.2万亿立方米，其中烟尘排放量301万吨；二氧化硫排放222万吨；氟化物排放14万吨；乡镇工业废水排放18.3亿吨，其中化学耗氧量155万吨；悬浮物112万吨；工业固体废物排放量0.4亿吨。

种植业劳动力向二、三产业转移，采矿业是转移的主要行业之一。据统计，1978年全国乡村企业产原煤9 073万吨，1991年增加到29 931万吨，增加2.3倍。1978年全国乡村企业生产水泥332万吨，1991年增加到7 084万吨，增加11倍。小煤矿和石灰石采矿点多为露天开采，盲目性很强，在有些地方几乎处于无政府状态，有的好好一座山林被弄得千疮百孔，停采后又不采取任何措施，对地表植被造成严重破坏，造成水土严重流失。根据有关研究，1978～1988年，乡镇企业造成的污染经济损失为355亿元，生态破坏的经济损失为258亿元，占其利税总额的79.79%①。要指出的是，20世纪80年代中国乡镇企业的异军突起，很大程度上是为了安置农村剩余劳动力，即缓解农村人口压力。因此，乡镇工业对资源环境带来的负面效应，很大程度上也反映了人口对资源环境的压力。

2. 人地关系紧张和自然生态破坏。20世纪80年代迅速崛起的乡镇企业吸纳了大量由农业分离出来的剩余劳动力，但是，在劳动年龄人口增长高峰的背景下，农业劳动力的绝对数量仍然日趋增多，而耕地则呈不可逆转的减少趋势。剩余劳动力的增多对自然生态环境构成的巨大压力，导致自然生态破坏的继续加剧。例如，被誉为“植物王国”的西双版纳，80年代毁林200多万亩，全州森林覆盖率由55.7%下降到30%以下，对气候和生态都产生了不利的影响。风景游览区的自然保护区的破坏也很严重，不少地方的园林、名胜古迹和自然风景区被侵占、损坏。加上滥捕乱猎，野生动物资源遭到严重破坏，不少鸟兽绝迹，像珍贵的野牛、老虎、大象、大熊猫等也濒于灭绝。

农村家庭联产承包责任制的实行，对提高农业生产效率起到了积极的推动作用，但是，在农户小规模分散经营的情况下，也出现了为追求产量而不顾保护地力的倾

① 王健民：《我国乡镇工业的发展、环境问题和对策研究》，《环境科学》，1993年第4期，第14页。

向。越来越多的农户舍弃农家有机肥，而代之以大量施用无机化肥。1978～1989年，全国农用化学肥料施用量由884.0万吨增加到2 357.1万吨，平均每年递增9.3%。大量地施用化肥虽然提高了产量，但却引起了土壤有机质含量的减少等不良的生态后果。农村剩余劳动力由粮食种植业转向从事林业、牧业或其他经济作物种植业，虽然有利于大农业内部结构的合理调整，但如引导不当，往往会使森林植被或草原植被遭到破坏，带来的直接后果，最严重的就是水土流失。如我国东北地区盛产蚕和人参，在农村经济体制改革之后，一部分农业剩余劳动力转向放养柞蚕和种植人参。1980～1992年，仅辽宁省本溪县柞蚕放养面积就由近986公顷增加到2 500多公顷，增加了1.5倍，放养柞蚕多为中老年劳动力，文化程度较低，有很大比例为文盲半文盲，对先进技术接受较慢，超载放养较为普遍，从而使部分蚕场出现稀化、矮化和沙化，郁闭度明显降低，水土流失严重。丹东地区有39万多公顷蚕场，轻度以下流失面积已占蚕场总面积的78.5%，年流失量达540万吨。

据有关资料，全国年均受灾和成灾面积，80年代分别为4 155万公顷和2 038万公顷，平均每年因灾害而造成的粮食减产数量，80年代达到180.5亿千克。

3. 城镇化加快和城镇生态环境问题。改革开放之前，我国的城镇化长期处于低水平的停滞不前状态；改革开放以后，城镇化加快发展，但又明显地滞后于经济发展或工业化、非农化水平。这种状况导致了中国特点的“农村病”和“城市病”同时趋于加剧。可以认为，城镇化滞后是加剧城乡人口压力和环境问题的“双刃剑”。20世纪80年代我国城镇化的滞后既表现为人口城镇化实际水平滞后于经济发展水平，又表现为城镇建设发展（城镇人口承载能力增大）滞后于城镇人口增长，由此既导致了农村和城镇人口压力的过度加剧。据统计，全国城镇人口已由1949年的5 700多万人增加到1989年的29 540万人，增加了4.18倍；工业生产发展更快，全国工业总产值1983年比1949年增长了40多倍，而城市公用设施方面，供水能力只增加了14倍，下水管道只增长了3.4倍，城市道路只增加了1.98倍。由于过去长时期城镇基础设施建设滞后留下的历史欠账，以及80年代城镇基础设施建设明显滞后于城镇人口实际规模的扩大，城镇人口过密、交通拥挤、住房不足、污染加剧等问题十分突出。

4. 第三次环境恶化的原因。新中国成立以后出现于改革开放新形势下的第三次环境恶化的原因，与过去两次相比有很大的不同。陈卫在1996年曾以化肥、汽车和电力3个行业的资料来测算中国污染物相关因素的作用程度①，结果发现：人口增长、经济发展和技术进步三个因素在1980年以前对环境污染都是正影响，而1980年以后技术进步转为负影响。1980年以前，技术进步的作用最大，1980年以后经济发

① 林富德，翟振武主编：《走向21世纪的中国人口、环境与发展》，高等教育出版社，1996年版，第202～209页。

展的作用最大。以化肥使用为例，化肥污染中，1980 年以前人口增长的作用为 +2.0%，经济发展的作用为 +3.3%，技术进步的作用为 +14.5%。也就是说，技术进步的作用是人口增长作用的 7 倍多。类似的，电力产生的污染中，技术进步的作用（+5.7%）是人口增长作用（+1.9%）的 3 倍。1980 年以后，化肥污染中，人口增长的作用为 +1.5%，而经济发展的作用为 +13.2%。电力污染中，经济发展作用是人口增长作用的 10 倍。不过，这并不意味人口增长的作用不重要或不起作用。事实上，人口过多，人口增长过快，一直是加剧环境恶化的重要因素。只是，在经济增长速度明显加快而人口增长速度放慢的情况下，后者的重要性相对减弱。

20 世纪 80 年代，中国经济发展速度明显加快而相应的环境污染治理没有跟上。虽然 80 年代是中国环境保护投资增长最快的一个时期，总投资额由 1981 年的 19.7 亿元增加到 1989 年的 102.5 亿元，增长了 4.2 倍，但问题在于环境保护投资的历史欠账太多，环境保护投资比例明显偏低，与经济增长对环境保护投资的要求不相适应。1983 ~1988 年，基本建设和更新改造两项的环境保护投资所占比例始终低于国家规定的 7% 的比例。以更新改造为例，1988 年应用于环境保护的更新改造资金是 68.64 亿元，而实际上只有 12.13 亿元，二者相差 56.51 亿元①。除了环境保护治理跟不上外，80 年代中国环境污染加剧的主要原因还与经济发展中的产业结构、投资结构等分不开。中国的工业污染占总污染量的 70%，而工业中，几乎所有的支柱产业都与环境污染有关，甚至是环境污染的大户。

1978 年开始，我国进入了改革开放的时期，与此同时，我国的人口发展与资源环境状况的演变也进入了一个新的发展阶段。这一阶段人口控制和环境保护的行动转折以两个基本国策的提出和实施为主要标志。从人口发展看，已经转为低速增长，但绝对增量大，尤其是劳动年龄人口进入了一个新的增长高峰期，同时又迎来了第三次人口出生高峰。改革开放新形势下和生育率下降过程中的人口压力及其对资源环境的冲击，与过去相比呈现许多新特点，基本上为粗放型的经济高增长、乡镇工业蓬勃兴起而城镇化发展明显滞后，这是导致又一次环境恶化的重要原因。从人口、经济、资源消耗—环境污染增长状况看，已基本上呈现“低，高，高”的阶段性特征，即人口低速增长，然而“低中有高”；经济高增长，然而“高中有低”（技术进步低增长）；资源消耗—环境污染高增长，然而也是“高中有低”，即环保行动的力度增大使资源消耗—环境污染高增长的程度有所降低。

---

① 曲格平：《中国的环境与发展》，中国环境科学出版社，1992 年版，第 206 ~209 页。

第五节　人口控制和环境保护政策背景下的人口资源环境可持续发展

一、可持续发展战略的确立

1992 年在里约热内卢举行的联合国环境与发展大会通过《21 世纪议程》，反映了在实施可持续发展战略上的全球共识和最高级别的政治承诺。中国政府向大会提供的正式文件是 1990 年 10 月就开始精心编写的《中华人民共和国环境与发展报告》。中国政府在这次大会上作出了实行“可持续发展战略”的政治承诺，并于当年 7 月开始组织编制《中国 21 世纪议程——中国 21 世纪人口、环境与发展白皮书》。1992 年 8 月，中共中央、国务院颁布了指导中国环境与发展的纲领性文件《中国环境与发展十大对策》，正式提出了实行可持续发展战略，并将其列为十大对策的第一条。同年，国家环境保护总局、国家计委颁布了《中国环境保护战略》。

1993 年 9 月，国务院颁布了全国分领域的 10 年环境保护行动计划《中国环境保护行动计划（1991 ~ 2000）》。1994 年 3 月 25 日，国务院第 16 次常务会议讨论通过了《中国 21 世纪议程——中国 21 世纪人口、环境与发展白皮书》，这是全球第一部国家级的《21 世纪议程》，它把可持续发展原则贯穿到我国社会经济发展的各个领域，明确提出了跨世纪人口、经济、社会、环境和资源协调发展的奋斗目标。同年 7 月，国务院决定将《中国 21 世纪议程——中国 21 世纪人口、环境与发展白皮书》作为各级政府制定国民经济和社会发展中长期计划的指导性文件。同年 9 月起，国家计委、国家科委组织有关部门和专家，开展了将《中国 21 世纪议程——中国 21 世纪人口、环境与发展白皮书》纳入国民经济和社会发展计划的研究和培训项目，培训了近 300 名国务院有关部门和各省市区计划、科技部门的干部，完成了相关研究报告，为《国民经济和社会发展“九五”计划和 2010 年远景目标纲要》体现可持续发展思想奠定了基础。还在北京、湖北和贵州开展了通过“九五”计划实施《中国 21 世纪议程——中国 21 世纪人口、环境与发展白皮书》的试点工作。

1995 年，在党的十四届五中全会上，江泽民首次从政治高度对人口、资源、环境和可持续发展问题作了整体性的重要论述，指出：“在现代化建设中，必须把实现可持续发展作为一个重大战略。要把控制人口、节约资源、保护环境放到重要位置，使人口增长与社会生产力的发展相适应，使经济建设与资源、环境相协调，实现良性循环。”1996 年 7 月，江泽民在第四次全国环境保护会议上指出：“经济的发展，必须与人口、环境、资源统筹考虑，不仅要安排好当前的发展，还要为子孙后代着想，为未来的发展创造更好的条件，决不能走浪费资源、走先污染后治理的路子，更不能吃祖宗饭、断子孙路。”“在社会主义现代化建设中，必须把贯彻实施可持续发展战略始终作为一件大事来抓。”1997 年，江泽民在党的十五大报告中指出：“我国是人口众多、资源相对不足的国家，在现代化建设中必须实施可持续发展战略。坚持计划生育和环境保护的基本国策。正确处理经济发展同人口、资源、环境的关系。”

从 1991 年起，中共中央、国务院每年在“两会”期间召开计划生育工作座谈会；1997 年开始，又将计划生育与资源环境保护结合起来，每年召开人口资源环境工作座谈会，将实施可持续发展战略、落实计划生育和环境保护基本国策摆上重要议事日程。2000 年 3 月 12 日，江泽民在座谈会上再次强调：“我国是世界上人口最多的发展中国家，人均资源很有限，必须始终坚持把控制人口、节约资源、保护环境放在重要的战略位置。”“坚持做好人口资源环境工作，关系到我国经济和社会的安全，关系到我国人民生活的质量，关系到中华民族生存和发展的长远大计。”

《中国 21 世纪议程——中国 21 世纪人口、环境与发展白皮书》是从中国国情出发而制定的关于经济、社会、资源与环境相互协调的可持续发展的总体战略、对策和行动方案。从 20 世纪 80 年代把计划生育和环境保护列为两项基本国策，到 90 年代提出和实施可持续发展战略，体现了与时俱进的又一次重大行动转折。中国可持续发展战略的提出和完善，伴随着相关领域法制化建设的不断推进。截至 2000 年年底，中国已制定和颁布了《中华人民共和国环境保护法》等 6 部环境法律和《中华人民共和国森林法》等 12 部资源法律，395 项各类国家环境标准；修改后的《中华人民共和国刑法》增加了“破坏环境资源保护罪”的规定；国务院颁布了 29 件行政法规，国务院各部门发布了 30 多部与可持续发展有关的行政法规，地方发布了 600 多项环境保护、资源管理法规。适合社会主义市场经济的环境与资源保护法律体系框架的逐步形成，使中国可持续发展战略的实施走向法制化、制度化和科学化的轨道。

中国与联合国有关机构如开发署（UNDP）、环境署（UNEP）、教科文组织（UNESCO）、可持续发展委员会（UNCSD）、亚太经社理事会（ES－CAP）等和全球环境基金（GEF）以及一系列国际环境公约的秘书处一直保持着良好的合作关系。1979 年以来，为保护候鸟、大熊猫及其他野生动物，中国同日本及世界野生生物基金会签署了协议，又积极参与了一系列有关全球性环境问题的公约谈判，并率先批准了这些公约，积极履行公约规定的义务。中国签订的主要国际环境公约和协议有：《关于保护野生生物资源的合作协议》、《关于建立保护大熊猫研究中心的协议书》、《有灭绝危险的野生动植物国际贸易公约》、《保护候鸟及其栖息地的环境协议》、《保护臭氧层维也纳公约》、《控制危险废物的巴塞尔公约》、《关于消耗臭氧层物质的蒙特利尔议定书》、《联合国气候变化框架公约》、《生物多样性公约》、《防治荒漠化国际公约》、《湿地公约》。此外，从 1980 年到 1999 年 2 月，中国同 24 个国家签订了 28 项关于环境领域合作的议定书、协定、备忘录或联合公报。

1998 年，国务院颁布《全国生态环境建设规划》，同年国家环保总局颁布《全国生态环境保护纲要》，明确了中国保护生态环境的目标、任务和措施。1998 年新土地管理法以法律形式确定“珍惜、合理利用土地和切实保护耕地”为基本国策。这就形成了继计划生育、环境保护之后的第三个基本国策。3 个国策先后出台，浓缩了我国人地关系的演变过程。随着可持续发展战略的明确提出，过去先后提出的三项国策逐渐融为一个不可分割的整体。

二、人口控制的成效及其资源与环境效益

随着社会经济的发展和计划生育工作的开展，我国在生产力水平尚不发达，传统观念影响比较深的情况下，实现了人口再生产类型从高出生、低死亡、高增长到低出生、低死亡，低增长的历史性转变。1971 ~ 1998 年的 28 年间，由于开展计划生育，全国少生了 3.38 亿人，为家庭节省抚养费 6.4 万亿元，为国家节省抚养费 1 万亿元，共节省抚养费 7.4 万亿元。这对于国民经济的快速发展、人民生活的改善和综合国力的提高，对于缓解人口给经济、社会、资源、环境带来的压力产生了积极影响。由于中国实行计划生育，使世界 60 亿人口日的到来推迟了 4 年，这也为稳定世界人口作出了积极的贡献。

中国人口控制取得的巨大成效，在很大程度上减轻了对资源及生态环境的压力。从表 14 – 8 可见，1978 年在实行计划生育与假设不实行计划生育（在计算未实行计划生育情况下人均耕地面积时，充分考虑到由于人口增加而造成耕地总量的减少，其中包括国家基建占地、乡村集体占地、农民个人建房占地因素）的前提下，全国人均耕地面积（按官方公布的历年统计数）只相差 0.08 亩；到 1997 年经过多年来计划生育工作的成功开展，在实行计划生育与假设不实行计划生育的情况下，全国人均耕地面积相差 0.22 亩。

新中国成立以来，全国粮食生产能力明显提高。1949 年全国粮食总产量为11 318 万吨，1997 年达到 49 417 万吨，粮食净增加 38 099 万吨。但是，由于人口众多，人均占有量却较少。以 1990 年为例，全国人均粮、肉、奶的产量约为发达国家平均水平的 1/2、1/3 及 1/50。在社会发展及科技进步的前提下，假设粮食产量在实行与不实行计划生育的条件下保持不变，由于实行了计划生育，使中国的人均粮食产量由 1970 年的 293.24 千克提高到 1997 年的 401.74 千克。如果不实行计划生育，1997 年全国的人均粮食产量将下降为 324.29 千克，与实行计划生育相比，将减少 77.45 千克。

表 14 – 8　中国实行与不实行计划生育条件下的人均耕地、能源产量等指标

年份	人均耕地（亩/人）		人均能源生产总量（千克标准煤）		能源消费总量（万吨标准煤）	
	实行计划生育	不实行计划生育	实行计划生育	不实行计划生育	实行计划生育	不实行计划生育
1978	1.55	1.47	652	618	57 144	60 345
1980	1.51	1.4	646	599	60 275	65 029

续表

年份	人均耕地（亩/人）		人均能源生产总量（千克标准煤）		能源消费总量（万吨标准煤）	
	实行计划生育	不实行计划生育	实行计划生育	不实行计划生育	实行计划生育	不实行计划生育
1985	1.37	1.21	808	714	76 682	86 794
1986	1.34	1.18	820	719	80 850	92 178
1987	1.32	1.15	835	729	86 632	99 200
1988	1.29	1.12	863	751	92 997	106 895
1989	1.27	1.1	902	781	96 934	111 954
1990	1.26	1.08	909	783	98 703	114 620
1991	1.24	1.06	905	773	103 783	121 536
1992	1.22	1.03	915	775	109 170	129 022
1993	1.2	1.01	937	786	115 993	138 340
1994	1.19	0.99	991	823	122 737	147 709
1995	1.18	0.97	1 065	877	121 176	159 293
1996	1.16	0.95	1 084	884	138 948	170 365
1997	1.15	0.93	1 068	862	142 000	175 914

资料来源：林晓红，袁建华，姜效东：《中国计划生育的资源效益》，根据《中国统计年鉴 1998》（国家统计局编，中国统计出版社，1988 年版）。

从森林资源状况看，1978 年以来，全国森林采伐量超过生长量，每年赤字达 1 亿立方米。天然林从 1971～1975 年的 9 817 万公顷下降到 1981～1985 年的 8 635 万公顷。据近 10 年统计数据，全国森林资源每年以 2%～3% 的速度减少，森林蓄积量下降 22%。1997 年，中国森林面积 13 370 万公顷，森林蓄积量 101.97 亿立方米，活立木总蓄积量 117.9 亿立方米，森林覆盖率为 13.92%。1990 年我国人均森林面积为世界人均水平的 1/6 弱，人均林木蓄积量为世界人均水平的 1/7 弱，人均草原面积为世界人均水平的 1/3 弱。由于计划生育工作的开展，在很大程度上缓解了人口对森林资源的压力。1997 年，全国人均森林面积为 0.11 公顷，人均森林蓄积量为 8.20 立方米，人均活立木蓄积量为 9.53 立方米，人均草地面积为 0.32 公顷。如果不实行计划生育，人口对森林资源的压力将进一步加大，人均森林面积、人均森林蓄积量、人均活立木蓄积量、人均草地面积将分别下降为 0.09 公顷、6.62 立方米、7.69 立方米、0.26 公顷。

与此同时，全国用水量增长速度很快，到 70 年代末期全国用水量达到 4 700 多亿立方米，为 1949 年的 4.7 倍。全国城市生活用水量从 1980 年的 33.9 亿吨增长到 1994 年的 142.2 亿吨，人均生活用水量则从 1980 年的 46.8 吨增长到 1994 年的 70.8 吨。由于实行计划生育，在很大程度上减轻了中国人口对水资源的压力。1997 年全国水资源人均占有量为 2 275 立方米，比不实行计划生育政策多 439 立方米。

中国是世界上矿产品种类比较齐全的少数几个国家之一，20 多种矿产储量居世界前列，但人均矿产资源不足世界平均水平的 1/2。如果不实行计划生育，人均占有量将进一步下降，与世界人均水平的差距将更为明显。

能源短缺是一个世界性的问题，中国的能源也很紧张。1997 年，中国人均能源生产量为 1 068 千克标准煤。假设能源生产总量不变，如果不实行计划生育，中国能源人均生产总量将降为 862 千克标准煤，两者相差 206 千克标准煤，即人均能源生产量将降低 19. 3%（表 14 –9）。

表 14 –9　1990 ~ 2000 年的废水排放量

单位：亿吨

年份	生活	工业	总量
2000	221	194	415
1999	204	197	401
1998	194	201	395
1997	189	227	416
1996	116	300	416
1995	91	282	373
1994	149	216	365
1993	136	220	356
1992	125	234	359
1991	100	236	336
1990	105	249	354

资料来源：国家环保（总）局发布的历年《全国环境统计公报》。

但与资源短缺相对应的是我国能源消耗总量急剧增加。1970 年，我国能源消费总量为 29 291 万吨标准煤，1997 年增长到 142 000 万吨标准煤，增长了 3. 85 倍。假设人均能源消费总量不变，如果不实行计划生育，我国能源消费总量则将从 1970 年的 29 291 万吨增长到 1997 年的 175 914 万吨标准煤。

三、人口与资源环境形势依然严峻

（一）人口消费水平提高对资源环境的压力日益加重

从人口与消费的关系看，改革开放之前的 30 年里，中国人口压力主要表现为人口高增长和人均消费低增长模式的消费总量增长的沉重压力。改革开放尤其是进入 20 世纪 90 年代以后，则逐步转变为人口低增速、高增量和人均消费高增长导致的消费总量增长的压力加重。90 年代初期，我国出现的高消费势头引起了学者们的关注。1994 年下半年，在社会学者与经济学者之间展开了一场“轿车文明”的争论。社会学家主张根据国情放弃高消费的“轿车文明”；经济学家则认为轿车文明是工业文明的核心，危机可以在发展中得以解决。

1996年布朗在继《谁来养活中国》[①] 之后，又发表了《中国对美国和地球的挑战》[②] 的报告。报告再次强调，随着中国经济的进一步发展，中国12亿人口的消费方式正在发生巨大的变化，如改善住房、购买汽车等，饮食结构也在向以肉食为基础的方向发展。从环境资源的角度看，这种变化将使中国对自然资源的需求不断增大。这对美国和世界都是一种挑战，而且追求西方的消费模式会对环境产生巨大的破坏作用。因此，布朗希望中国不要再走美国及西方发达国家的消费型经济的老路，并向世界表明如何从环境资源的角度走可持续发展的经济道路。

由于消费水平、消费模式对未来世界环境资源有着不可忽视的重要影响，不少专家学者提出了可持续消费的概念，对发达国家高消费模式进行反思。中国科学院国情分析研究小组在对中国的人口、资源、环境和发展等问题进行了系统的研究之后，认为中国必须走节省资源、适度消费的发展道路。由于人口数量和人口增长的刚性和人口消费变量的弹性特征，从某种意义上讲，人口消费变量较之于人口变量，对我国未来环境资源的影响更有着举足轻重的作用，在更大程度上影响着我国可持续发展战略的实现。

（二）长期累积的生态隐患频频显露

进入20世纪90年代，我国对人口和资源环境问题的综合治理达到史无前例的力度。同时，长期累积的生态隐患的突发性显露也达到了史无前例的程度。例如，黄河哺育了中华民族灿烂的农耕文明，被国人称为“母亲河”。然而，日趋严重的水土流失已使黄河含沙量高居世界首位，其泥沙的90%源于黄河中游的黄土高原地区。从20世纪70年代到90年代，黄河断流情况越来越严重。一是年度首次断流时间不断提前：从70年代、80年代的4月份断流提前到90年代2月份断流；1998年黄河首次出现跨年度断流。二是年断流天数不断增加：从70年代、80年代年均断流15天，增加到90年代年均断流102.4天，最高的1997年为226天；断流的月份从70年代、80年代主要集中在4、5、6三个月份，扩展到90年代主要集中在2~7月和10月份；1999年开始，由于国家实行黄河水资源调度上的新措施，才使年断流天数降为42天。三是断流河段长度不断延长：从70年代平均断流长度242千米，80年代256千米，增加到90年代的427千米，最长的1997年为704千米。70年代、80年代在花园口站月平均流量小于750立方米/秒时，下游才可能发生断流；进入90年代，在花

① Leser R. Brown: Who Will Feed China?, W. W. Norton & Company, 1995.

② Lester R. Brown, Christopher Flavin: China's challenge to the United States and to the earth, Worldwatch Institute, 2005.

园口站月平均流量为1 100立方米/秒时，也可能发生断流。

再如，1991年江淮、太湖及长江中下游地区百年罕见大水灾，与1954年相比水情小而灾情大，原因在于长江上游水土流失，下游水利失疏。淮河流域洪水按60天计仅相当20年一遇，但400多万公顷农田受淹，5 000多万人遭灾，直接经济损失达300多亿元。值得指出的是，1954年淮河流域人口不足7 000万，平均每平方千米250人；1989年已近1.5亿人，每平方千米537人。蓄洪区于50年代初时仅几十万人，耕地66 000多公顷；80年代末已增加到300多万人，耕地则扩大到33万多公顷。巨大人口压力下，人与河湖争地，圩堤越围越高，河道愈挤愈窄；全流域水土流失面积已达74 000平方公里，占全流域总面积的27%。

1998年春夏之交，长江发生特大洪灾，其特点是低水位、高损失，很大程度上也与长期以来巨大人口压力下水土流失加剧有很大关系。长江流域1957年水土流失面积约为36.38万平方千米，占流域面积的20.2%。到90年代，全流域水土流失面积已达56.97万平方千米，占流域面积的31.5%。在此期间水土流失面积增加了56.6%。水土流失带来的一个严重后果，就是使长江变成“黄江”——90年代长江每年流经三峡的泥沙量已达7.2亿吨，仅次于黄河。专家估计，河源区的土地沙化极可能使长江成为第二条黄河。

全国每年遭受自然灾害的土地面积和因自然灾害所造成的损失呈直线上升趋势。据统计，20世纪50年代全国受旱灾面积平均为1 133万公顷，80年代扩大到2 333万公顷，90年代增加到2 667万公顷，这些受灾面积的80%分布在北方。50年代我国洪涝灾害的直接经济损失为200亿元，到了90年代初便增加到600亿元，而1998年长江及嫩江流域洪灾的损失估计接近3 000亿元。由土地沙漠化引起的黑风暴灾害频繁。1952～1996年，西北地区就有50次强沙尘暴，其中黑风暴达30次，这是一种严重的自然灾害。20世纪50年代中国共发生沙尘暴5次，60年代8次，70年代13次，80年代14次，90年代23次，而2000年一年就发生了12次。

（三）土地资源紧张和矿产资源消耗高增长

中国土地总面积居于世界第三位，但人均土地面积仅为0.77公顷，相当于世界人均土地的1/3；2000年中国耕地面积12 823.31万公顷，人均耕地面积仅为0.10公顷，不足世界人均耕地的一半。耕地利用程度高，垦殖率已达13.7%，超过世界平均数3.5个百分点。20世纪80年代以来，我国土地资源开发开始出现了重大转变，城镇居住、道路交通和工矿生产等用地的比重迅速上升，致使以往多年耕地扩大的成果被吞噬殆尽，到1995年耕地总量只能维持在60年代中期的水平。2000年，占用耕地156.6万公顷，其中建设占用16.3万公顷，生态退耕76.3万公顷，农业结构调整占用57.8万公顷，灾毁耕地6.2万公顷。补充耕地29.1万公顷，其中开发未利用土地18.4万公顷，复垦废弃地6.6万公顷，土地整理增加耕地4.2万公顷。占、补平衡后2000年实际占用耕地127.5万公顷。

20世纪50年代以来，矿产资源逐步取代耕地资源而占据中国社会生产资源投入的主导地位。1953～1992年，中国主要矿产品如生铁、钢材、铜、铝、铅、锌、水泥、煤炭和石油的消费量分别增长了35、37、27、205、16、50、78、16、238倍。与同期中国经济总量增长的19倍和人口增长的1倍相比，这种变化清晰地表明了中国社会经济发展进程中三者间的基本关系，即：矿产资源消费增长>经济总量增长>人口增长。煤炭开采进入90年代一直在10亿吨以上，1995年最高达13.61亿吨，1999年10.45亿吨。石油开采维持1.5亿吨左右，1999年1.6亿吨。90年代中期钢产达1亿吨后，年采铁矿石多在3亿吨以上。世纪之交，中国近95%的能源、80%的工业原材料和70%的农业生产资料来自矿产资源，从而确定了矿产资源在国家经济发展中的基础地位。新中国成立以后的60多年，矿产资源的开发力度不断加大。中国成为世界主要矿产品生产大国。然而，相对脆弱的矿产资源基础最终无法满足急剧扩大的社会生产需求。70年代末中国开始大规模进口铁矿石。1993年开始中国又从石油产品净出口国变为净进口国①。

（四）自然生态恶化和环境恶化仍在加剧

1. 自然生态继续恶化。全国水土流失面积达到367万平方千米，占国土总面积的比例已达38.2%。西南和西北最严重，耕地水土流失面积分别占全国的24.85%和22.39%。黄土高原的水土流失侵蚀速率比唐代以前增加了两倍以上。据观测资料推算，水土流失中人为因素约占70%。黄土高原每年向黄河倾泻泥沙5.18亿吨，大量水库被淤积，大片表层熟土流失，土壤有机质下降到1%以下。甘肃、宁夏两省区流失的氮磷钾，相当于损失化肥2 222万吨，相当于全国1年的化肥生产总量。

值得一提的是，随着城市化加快，在城市建设迅速发展的一些地区，由于土地开发不当，还出现了水土流失的“城市化”问题。除大连、深圳、青岛等少数城市外，全国绝大部分城市都未设水土保持机构。20世纪末，深圳经济发展最迅速的时候，城市水土流失也达到惊人程度，其总面积一度达到近200平方千米，布吉河年流失泥沙26万吨，直接输入河道16万吨。珠江三角洲包括广州、珠海等12个城市在内，人为造成水土流失年均40多平方千米。山东济南、潍坊、泰安等7城市城区总面积不足900平方千米，而水土流失面积达269平方千米，每年淤积河道和排水道泥沙近70万吨②。

我国荒漠化面积已经达到262.2万平方千米，占国土总面积的27.3%，其中沙化

① 张雷：《我国现代人地关系与资源环境基础》，《中国人口·资源与环境》，1999年第4期，第34页。

② 闫胜利，高真伟，杨国利：《城市水土保持与生态城市建设》，《中国水运》，2009年第4期，第162～163页。

土地面积为 168. 9 万平方千米。从土地荒漠化的速度看，50 ~ 60 年代年均沙化 1 560 平方千米，70 ~ 80 年代年均沙化 2 100 平方千米。1999 年，全国沙化土地面积达 174. 31 万平方千米，占国土面积 18. 2%。与 1994 年普查同等范围相比，1995 ~ 1999 年 5 年间，沙化土地年均增加 3 436 平方千米①。新中国成立以来的 60 多年，全国共有 10 00 多万公顷的耕地不同程度地沙化。而且荒漠化土地面积仍以每年 2 460 平方千米的速度在扩展。荒漠化的主要表现形式有草地退化、耕地退化和林地退化，其中草地退化 10 523. 7 万公顷，耕地退化 772. 6 万公顷，林地退化 10 余万公顷。荒漠化导致了发展滞后与生态失衡的恶性循环。受荒漠化影响的省市区已达 18 个之多，其中不仅有新疆、西藏等边疆地区，而且还包括山东、天津、北京等经济发达地区。早在 1991 年，北京就被内罗毕国际会议列为“沙漠化边缘城市”。一些环境问题的报告指出：我国的荒漠化所造成的直接经济损失每年约为 65 亿美元，约占全球荒漠化经济损失的 15. 5%。

2. 环境污染继续加剧。改革开放三十多年来，我国的工业加快发展，年均增长率达到 11. 8%。这一方面提高了中国的综合国力，为环境保护提供了重要的物质基础；但另一方面，由于工业结构的重型化和技术水平的低下，也带来了严重的污染问题。在西方工业结构中居次要地位的能源原材料工业，在中国仍处于扩张阶段，一直呈现着增长势头。我国过去这些基础产业一直很薄弱，制约着经济的发展，优先发展这些基础工业，对推动经济发展是非常必需的，这也是西方工业化国家所走过的道路。但这些基础工业扩张的结果是，矿产资源开发和消耗量大幅度增加，污染物排放量也随之成倍增长。

从水污染状况看，污水排放总量由 1990 年的 24 亿吨增加到 1995 年的 47 亿吨。水利部于 1995 年完成的我国水资源质量评估结果表明，受污染的河长已从 1984 年第一次全国水资源质量评估时的 21. 8% 上升到 46. 5%，不过 10 年，污染河长就增长了 1 倍以上。著名的“三河三湖”（“三河”指淮河、海河、辽河，“三湖”指太湖、滇池和巢湖）已成为我国污染最严重的水域。2000 年，我国七大重点流域地表水有机污染普遍，各流域干流有 57. 7% 的断面满足Ⅲ类水质要求，21. 6% 的断面为Ⅳ类水质，6. 9% 的断面属Ⅴ类水质，13. 8% 的断面属劣Ⅴ类水质。主要湖泊富营养化问题突出。从 1998 年开始，全国废水排放量虽有下降，但仍居高位。

从大气污染状况看，尽管 80 年代以来我国在煤的消费量翻了一番的情况下，大气颗粒物排放量增长有限，但废气排放总量和二氧化硫的排放量还是直线上升。大气污染已经成为严重的社会公害。我国的大气污染仍以煤烟型污染为主。1997 年国家环境公报表明，工业烟尘排放量占到 83. 6%。二氧化硫排放量虽然从 1998 年后有明显下降，但二氧化硫排放量仍居世界首位。烟尘排放总量仍然很高，远远超过世界卫

① 杜萱：《我中荒漠化仍呈恶化之势》，《人民日报》，2002 年 1 月 31 日第五版。

生组织规定的标准（60～90 微克/立方米）。2000 年，监测的 338 个城市中，36.5% 的城市达到国家空气质量二级标准，63.5% 的城市超过国家空气质量二级标准，其中超过三级标准的有 112 个城市，占监测城市的 33.1%。参加全球大气监测的北京、沈阳、上海、西安、广州 5 个城市的总悬浮物指标均属受监测尘污染最严重的 10 个城市之列。

从海洋环境状况看，2000 年，二、三、四类和劣四类水质区面积分别为 10.2 万平方千米、5.4 万平方千米、2.1 万平方千米、2.9 万平方千米。上海、浙江、辽宁、天津、江苏等省市近岸和近海海域污染较重。海水中的主要污染物是无机氮、磷酸盐、油类以及汞、铅等。2000 年，我国海域共记录到赤潮 28 起，比 1999 年增加了 13 起，累计面积 1 万多平方千米。其中，东海 11 起，累计面积 7 800 多平方千米。

从工业固体废物排放状况看，2000 年，全国工业固体废物产生量为 8.2 亿吨，其中县及县以上工业固体废物产生量为 6.7 亿吨，乡镇工业的产生量为 1.5 亿吨。工业固体废物排放量为 3 186 万吨，其中乡镇工业的排放量为 2 146 万吨，占排放总量的 67.3%。危险废物产生量为 830 万吨，其中县及县以上工业产生量为 796 万吨，占产生总量的 95.9%。

（五）环境污染导致重大经济损失，威胁人民群众的生命健康

据中国社会科学院估计，1993 年的环境污染损失超过千亿元，生态环境损失超过 2 000 亿元，两者合计约占国民生产总值（GNP）的 10.03%。世界银行的报告说，如果把污染给中国国民经济造成的损失折合成美元计算，那么水污染每年给中国造成至少 40 亿美元的损失，大气污染每年造成的损失则高达 500 亿美元，合计之数接近 1995 年中国国内生产总值的 8%。

由于水污染等原因，淮河流域近 50% 的河段已经失去了使用价值，100 多万人饮水困难，有些地方的癌症发病率高出平均水平 50 倍。该流域在短短几年内发生较大水污染事故 160 多起，经济损失无法估量。环境污染严重威胁着人的生命和健康。恶性肿瘤已经成为城市居民首位死亡原因，平均死亡率为 127 人/10 万人，大城市高达 135 人/10 万人。在占全国煤炭资源储藏总量 70% 的山西，因土法炼焦等落后开发方式，癌症发病率高达 2%，新生儿死亡率高达 3%，畸形率达 5%①。

随着人口增长和人口流动的日趋频繁，在环境污染、不文明消费等致病因素增多的情况下，人类自身已经成为病毒增长、演变和传播的巨大“培养钵”。人类的许多活动，都在不断为自己制造着致病环境。新中国成立初期开始，就对公共卫生和健康问题给予了重视。1989 年，又制定了传染病防治法。但总体看，公共健康

① 刘光辉，张福生：《资源与财富大国》，山西经济出版社，1996 年版，第 32 页。

系统的建设和发展仍属滞后，公共卫生投入在整个医疗系统投入中所占比重还不到20%。一旦发生严重的流行性疫情，公共健康防御系统的缺失将会导致严重的后果。

20 世纪 90 年代，我国人口与资源环境的关系演进又进入了一个新的阶段。其主要特点为：一是第三次人口出生高峰平稳度过，低生育水平保持稳定，但低增速与高增量依然同时并存。二是将人口与资源环境问题的综合治理统一纳入可持续发展的重要议程。三是环境污染和生态破坏加剧的趋势得到基本控制，但“局部改善、整体恶化”的格局基本未变。人口增长、经济增长、资源消耗—环境污染增长三者的基本特点表现为“低、高、高”。但在“低、高、高”中，人口低增长“低中有高”，即低增速与高增量同时并存；经济高增长和资源消耗—环境污染高增长则为“高中有低”，前者是指高增速与仍为较低的发展水平同时并存，后者则是指总体高增长与结构性降低同时并存。

第六节　科学发展观统筹人口资源环境协调发展

一、“非典”事件和人口资源环境问题催生科学发展观

21 世纪初，中国经济继续呈现高增长态势，但由于经济增长带来的资源环境问题也日益引起重视。2001 年 8 月 9 日，世界银行在北京推出关于中国环境问题的报告——《中国：土地、水和大气——新世纪的环境优先领域》。该报告指出，尽管中国过去 20 年的高增长对环境造成了严重危害，但中国政府有能力在治理水和大气污染以及砍伐森林等各种环境问题方面取得重大进展；但这并不意味着胜利在望，在未来 10 年环境的挑战会越来越大，越来越复杂化。世界银行报告敦促中国采取更加主动的环境战略，更加强调首先避免或最大限度地减少发展政策对环境造成的不利影响，把环境可持续发展的观念牢牢地贯穿于计划和发展的各个有关方面。

2003 年，中国人均国内生产总值突破 1 000 美元。正是这一年的上半年，我国遭遇了前所未有的“非典”疫情。面对这场突如其来的灾难，以胡锦涛为总书记的党中央领导全国人民开展了一场艰苦卓绝的斗争。在抗击“非典”最紧张之时，胡锦涛亲赴疫情严重的广东地区考察工作，强调要坚持“全面的发展观”。同年 7 月 28 日，在全国防治“非典”工作会议上，胡锦涛在讲话中使用了“全面发展、协调发展、可持续发展的发展观”的表述。同年 8 月底，胡锦涛在江西考察期间明确提出了“科学发展观”这一概念。同年 10 月，党的十六届三中全会审议通过的《中共中央关于完善社会主义市场经济体制若干问题的决定》，第一次在党的正式文件中完整地提出了科学发展观，要求“坚持以人为本，树立全面、协调、可持续的发展观”，因

此，在某种意义上，正是抗击“非典”的斗争实践催生了科学发展观思想。

“非典”事件引起了人们对人与自然关系、过去经济高增长付出高昂环境代价、社会建设滞后等一系列问题的深刻反思。“非典”爆发是一次人口生态灾难，是人口资源环境问题以瘟疫灾难形式出现来威胁人的生命和人口安全。在中国这样一个拥有世界上最大规模人口总量和流动人口的发展中大国，“非典”流行的可能危及人群之大、抗击“非典”斗争任务之艰巨，都可想而知。可以认为，在某种意义上，“非典”爆发是长期累积的人口资源环境问题的一次集中爆发，“非典”事件催生了科学发展观，同时也意味着人口资源环境问题催生了科学发展观。

科学发展观的产生和形成过程，与人口资源环境工作的开展、实践有着不解之缘。胡锦涛2004年3月10日在中央人口资源环境工作座谈会上的讲话，是科学发展观形成时期的一篇重要文献。在这篇讲话中，胡锦涛明确阐述了科学发展观与党的指导思想既一脉相承又与时俱进的关系，并对这一理论的核心概念，如“以人为本”、“全面发展”、“协调发展”和“可持续发展”等，分别作出了科学界定，使科学发展观具有了更加完备的理论形态。在谈到用科学发展观指导人口资源环境工作时，胡锦涛说，人口资源环境工作，都是涉及人民群众切身利益的工作，一定要把最广大人民的根本利益作为出发点和落脚点。要着眼于充分调动人民群众的积极性、主动性和创造性，着眼于满足人民群众的需要和促进人的全面发展，着眼于提高人民群众的生活质量和健康素质，切实为人民群众创造良好的生产生活环境，为中华民族的长远发展创造良好的条件。

2007年10月召开的党的十七大，对科学发展观的精神实质、科学内涵和根本要求作出了精辟的阐述。胡锦涛总书记指出，科学发展观，第一要义是发展，核心是以人为本，基本要求是全面协调可持续，根本方法是统筹兼顾。值得注意的是，胡锦涛在十七大报告中谈到面临的困难和问题时，把经济增长的资源环境代价过大列在第一位。他在报告中就实现全面建设小康社会奋斗目标提出了五个方面的要求，其中首次提到了“建设生态文明，基本形成节约能源资源和保护生态环境的产业结构、增长方式、消费模式”的理念。生态环境已成为报告所描绘的2020年中国小康社会图景的重要组成部分。报告提出，到2020年全面建设小康社会目标实现之时，中国应当成为“人民富裕程度普遍提高、生活质量明显改善、生态环境良好的国家”。报告在提到“加强能源资源节约和生态环境保护，增强可持续发展能力”时，专门指出“加强应对气候变化能力建设，为保护全球气候作出新贡献”。这显示，党和政府对生态环境问题的关切，达到了一个新的高度、深度和广度。

“非典”事件及其所折射的人口资源环境问题催生了科学发展观，科学发展观的产生和形成标志着我国人口资源环境关系发展进入了又一个新阶段。

二、科学发展观指导下统筹解决人口资源环境问题

在科学发展观指导下，我国的人口资源环境工作不断推出新举措。2004 年，胡锦涛、吴邦国、温家宝等国家领导人先后 8 次出席国际环保合作活动。国家环保总局组织和安排的重大国际环境合作活动 90 余次，在中国主办各种规模的国际会议 35 次，通过多边、双边、国合会等各种渠道促成引进与落实境外资金约 11 850 万美元，全年派出 260 人次参加双边、多边和区域性环境磋商和谈判，邀请 31 个国外部级以上环境代表团访华，与意大利、捷克、匈牙利等国新签署了 6 个双边合作备忘录或合作意向书。同年，全国人大、国务院、环保总局颁布了《危险废物经营许可证管理办法》、《医疗废物管理行政处罚办法》、《环境污染治理设施运营资质许可管理办法》和《中华人民共和国固体废物污染环境防治法》等一系列法规。十届人大四次会议批准的《国民经济和社会发展第十一个五年规划纲要》，把将单位国内生产总值能源消耗降低 20% 左右和主要污染物排放总量减少 10%，确定为“十一五”经济社会发展的约束性指标，把节能减排摆上了十分突出的战略位置。十一届全国人大一次会议批准组建环境保护部，强化了统筹协调、宏观调控、监督执法和公共服务等职能，为推进环境保护历史性转变提供了更加有力的组织保障。

2005 年 12 月 3 日发布的《国务院关于落实科学发展观加强环境保护的决定》（国发〔2005〕39 号），是指导经济、社会与环境协调发展的纲领性文件。2006 年 4 月 17 ~ 18 日，国务院召开了第六次全国环境保护大会。温家宝总理强调，做好新形势下的环保工作，关键是要加快实现 3 个转变：一是从重经济增长轻环境保护转变为保护环境与经济增长并重；二是从环境保护滞后于经济发展转变为环境保护与经济发展同步；三是从主要用行政手段保护环境转变为综合运用法律、经济、技术和必要的行政办法解决环境问题。这 3 个转变是方向性、战略性、历史性的转变，是中国环境保护发展史上一个新的里程碑。

2006 年 12 月 17 日，发表了《中共中央、国务院关于全面加强人口和计划生育工作统筹解决人口问题的决定》（以下简称《决定》）。《决定》指出，“十一五”时期，开始进入稳定低生育水平、统筹解决人口问题，促进人的全面发展的新阶段。其主要任务是既要稳定来之不易的低生育水平，又要提高人口素质，改善人口结构，引导人口分布，促进人的全面发展。《决定》以促进人的全面发展为中心，以统筹解决人口问题为主线，强调优先投资于人的全面发展，以人的全面发展统筹解决人口问题。

2007 年年初，国家环保总局根据《国务院关于落实科学发展观加强环境保护的决定》，首次启动“区域限批”政策来遏止高污染高耗能产业的迅速扩张，落实宏观调控政策。同年 6 月，中央政府发布《节能减排综合性工作方案》和《应对气候变化的国家方案》，国家主席胡锦涛在八国集团峰会上就“应对全球气候变暖”作主题

发言。10 月，全国人大常委会通过的《节约能源法》修订草案，为突破能源环境瓶颈再添法律利器。2007 年，我国单位国内生产总值能耗同比下降幅度超过上年，二氧化硫和化学需氧量（COD）的排放量首次出现下降。

国家“十二五”规划针对资源和环境保护提出：面对日趋强化的资源环境约束，必须增强危机意识，树立绿色、低碳发展理念，以节能减排为重点，健全激励与约束机制，加快构建资源节约、环境友好的生产方式和消费模式，增强可持续发展能力，提高生态文明水平。并且对应对全球气候变化、节约资源、发展循环经济、促进生态保护和修护方面制定了具体要求和目标。

针对人口发展，“十二五”规划提出要全面做好人口工作，控制人口总量，提高人口素质，优化人口结构，促进人口长期均衡发展。

2011 年，国务院印发了《关于加强环境保护重点工作的意见》和《国家环境保护“十二五”规划》，召开了第七次全国环境保护大会，进一步明确了“十二五”环境保护目标任务、重点工作及政策措施。

公众参与生态文明建设向纵深发展。2006 年 2 月，首次出版了由中国民间环保团体编写的环境绿皮书《2005 年：中国环境危局与突围》①。马军于 2006 年 5 月创立北京公众与环境研究中心，4 个月后推出中国首个水污染公益数据库——中国水污染地图。继 2006 年出台《环境影响评价公众参与暂行办法》之后，2007 年 4 月，国家环保总局发布了《环境信息公开办法（试行）》。这是第一部有关信息公开的规范性文件，也是第一部有关环境信息公开的综合性部门规章和规范性文件。

2007 年 3 月，由中国关注气候变化的 NGOs 联合发起成立志愿网络“中国民间气候变化行动网络”（China Civil Climate Action Network/CCAN）。2007 年 6 月 5 日，国务院领导亲自主持座谈会，邀请一批在基层作出突出贡献的民间社团代表到中南海共商环境保护。2007 年 7 月，遍及 17 个省市的 40 多家 NGO 联合启动了“节能 20% 公民行动”。2007 年 12 月，在印尼巴厘岛举行的联合国气候变化大会上，中国 NGO 的代表提供了题为《变暖的中国：公民社会的思与行》的报告。这是由自然之友牵头，国内国际环保 NGO 联手，包括绿色和平、乐施会、世界自然基金会等 30 多个 NGO 通力合作，共同完成的第一个反映中国公民社会应对全球变暖的研究报告，表达了中国公民社会的共同责任和心声，确定了中国公民社会共同的价值立场和态度，并且筹划了今后的工作任务和行动方向。这一卓有成效的合作和研究，显示了正在蓬勃发展的中国民间社会成熟、理性、建设性的力量。由中国环境文化促进会组织编制的环保民生指数，被誉为中国公众环保意识与行为的“晴雨表”。

为贯彻落实《中共中央关于制定国民经济和社会发展第十一个五年规划的建议》关于编制全国主体功能区规划的总体要求，2005 年启动了“生态屏障、功能区划与

① 梁从诫主编：《2005 年：中国环境危局与突围》，社会科学文献出版社，2006 年版。

人口发展”的项目研究工作。该项目遵循科学发展、和谐发展的方针，按照“五个统筹”的要求，优先投资于人的全面发展，将人口发展作为谋划未来发展的主线，科学界定人口发展功能区，引导人口有序流动与适度聚集，扩大人口的生存与发展空间，增进人口发展的机会公平，促进不同地区的人口与资源环境协调和可持续发展。国家生态屏障地区，是指西起青藏高原和云贵高原，途经黄土高原和内蒙古高原，东抵大小兴安岭，横跨西藏、青海、四川、重庆、云南、贵州、甘肃、宁夏、陕西、内蒙古、黑龙江等省（区、市，以下简称省），地处地理第一、二阶梯，位于长江、黄河、珠江等大江大河上中游地带的广大地域。2007 年 10 月初，完成了《科学界定人口发展功能分区促进区域人口与资源环境协调发展》研究报告。2008 年 4 月 11 日，国家人口计生委下发了《关于开展人口发展功能区编制工作的指导意见》，部署开展省级人口发展功能区编制工作。人口发展功能区的编制基于每平方千米的格网数据，以县域为基本单元，系统评价不同地区人口发展的资源环境基础和经济社会条件，遵循自然规律和经济社会发展规律，统筹考虑国家战略意图，将全国划分为人口限制区、人口疏散（收缩）区、人口稳定区、人口集聚区等 4 类人口发展功能区。

三、峰极相逼的危机和转机

进入 21 世纪以来，我国人口控制和环境保护不断取得新的成效，但形势依然严峻。2004 年，国家环保总局和国家统计局共同启动“绿色 GDP”项目，正式名称是“综合环境与经济核算（绿色 GDP）研究”。2006 年 9 月，发布了中国首个绿色 GDP 核算报告。基本结论是：2004 年全国环境退化成本（即因环境污染造成的经济损失）为 5 118 亿元，占 GDP 的 3. 05%。其中水污染的环境成本为 2 863 亿元，占总成本的 55. 9%①。2006 年，中国国内生产总值占世界的 5. 5%，却消耗了世界 54% 的水泥、30% 的钢铁、15% 的能源。2007 年，以太湖蓝藻事件、灾害性天气为代表，我国的环境危机仍在不断爆发，显示环境污染已经到了一个危险的临界点。我国现代化战略研究课题组发表的《中国现代化报告 2007》披露：在全球生态现代化指数排名中，中国得分为 42 分，比世界平均值低 17 分。在参加评价的全球 118 个国家中，中国排在第 100 名。《2011 年中国环境状况报告》指出，2011 年全国部分环境质量指标明显改善，但是，面临的环境形势仍十分严峻。例如，地表水污染严重，204 条河流 409 个断面中，Ⅰ～Ⅲ类、Ⅳ～Ⅴ类和劣Ⅴ类水质的断面比例分别为 61. 0%、25. 3% 和 13. 7%；农村环境问题日益突出，生活污染加剧，畜禽养殖污染严重，工矿污染凸显，饮水安全存在隐患，呈现出污染从城市向农村转移的态势。

---

① 国家环保总局和国家统计局联合发布《中国绿色 GDP 核算报告 2004》（2006）。完整的绿色 GDP 核算至少应该包括五大项自然资源耗减成本（耕地、矿物、森林、水、渔业）和两大项环境退化成本（环境污染和生态破坏）。由于基础数据和技术水平的限制，此次核算只计算了环境污染损失。环境污染损失成本包括 20 多项，此次核算仅算了其中的 10 项，地下水污染、土壤污染等重要部分都没有涉及。

2008 年 5 月 12 日发生的汶川大地震及其所造成的巨大灾难再一次告诫我们：我国是生态环境脆弱的多灾之国，不少生态脆弱地区有着不小的人口风险。地震等自然灾害的发生虽然与人口压力没有关联，但其造成的灾难及灾后重建的难度却与人口因素密切相关。

与突如其来的地震等灾害形成对照的是悄悄的、受人类活动影响的气候变暖。根据预测，我国未来气候变暖趋势将进一步加剧，与 2000 年相比，2020 年我国年平均气温将升高 1.3 ~2.1 摄氏度，2050 年将升高 2.3 ~3.3 摄氏度。未来 100 年，我国境内的极端天气与气候事件发生的频率可能性增大，干旱区范围可能扩大，荒漠化可能性加重，沿海海平面仍将继续上升，青藏高原和天山冰川将加速退缩，一些小型冰川可能消失①。也许，人类正在成为“被煮的青蛙”？

人口与资源环境的关系问题，归结起来就是人口压力与资源环境承载力的关系问题。许多研究认为，中国人口、资源、环境容量已经日益逼近支撑的极限。中国科学院国情分析研究小组于 1989 年完成的《生存与发展》课题研究报告中指出，中国土地资源的合理人口承载量为 9.5 亿人。土地资源潜在自然生产力——年生物生产量约为 72.6 亿吨干物质，从保证人口低消耗型的基本需求和保护生态环境的角度来看，其理论的最大承载人口能力为 15 亿 ~16 亿人。

中国科学院、原国家计委自然资源综合考察委员会完成的《中国土地资源生产能力及人口承载量研究》，从土地资源生产能力角度出发，预测出中国土地资源的最大生产能力为 8.3 亿吨，播种面积亩产为 398 千克，如果人均粮食标准为 500 千克，最大人口承载量为 16.6 亿人；如果人均粮食标准为 550 千克，最大人口承载量则为 15.1 亿人。

从中国人口总量增长趋势看，21 世纪前叶中国将要面临接踵而来的三大人口高峰。根据 21 世纪中国人口发展战略研究的中方案预测结果，全国 15 ~64 岁劳动年龄人口将于 2017 年和 2027 年分别达到 10 亿以上的峰值，人口总量将于 2030 年达到 14.65 亿的峰值，2050 年过后不久将达到老龄化的高峰值（65 岁及以上老年人口比例在 25% 上下波动）②。

可见，我国人口与土地资源承载力的关系现正处于“峰极相逼”的紧张状态。其“峰”，即势必将要达到的将近 15 亿的人口峰值；其“极”，即土地资源最大承载人口能力的理论极限。尽管这个“极限”不能与自然界动物种群的生态阈值相提并论，但毕竟也是一种不可忽视的临界状态。可以认为，我国人口总量将要达到峰值之前的未来 20 年，是我国人口与资源环境关系史上又一个最紧张、最敏感、最关键时期。无疑，我国人口达到峰值之时，即人口转向低速负增长之日。尽管人口对资源环

---

① 国家发展和改革委员会：《中国应对气候变化国家方案摘要》，《人民日报》，2007 年 6 月 5 日。

② 田雪原等著：《21 世纪中国人口发展战略研究》，社会科学文献出版社，2007 年版，第 64，73，74 页。

境的压力并非完全取决于人口总量，但人口总量转增为减，毕竟也是我国人口发展及其与资源环境史上的一个重大转折。所谓发展的转机与危机并存，对21世纪上半叶的我国来说，具有非常切实而深刻的人口资源环境发展含义。

从人口与资源环境承载力的关系看，20世纪70年代以来我国计划生育的最大成果或许可以归结为把人口总量成功地控制在土地资源最大承载力的临界水平，同时也为更为长远的未来逐步达到一个最佳的理想规模打下良好的基础。

关于中国未来的理想人口规模，孙本文早在1957年就对中国适度人口问题进行了研究。他主要考虑粮食生产水平和劳动就业等因素，认为如果把中国人口总数限制在8亿人以内，是最适宜的。1979～1980年，田雪原、陈玉光主要从经济发展角度研究了中国适度人口数量。他们认为，消费和积累在一定比例的条件下，经济的发展和国民收入的增长一方面决定着消费资料的增长，从而决定着一定消费水平下的社会总人口；另一方面通过积累和固定资产的增长、技术水平和装备水平的提高制约着劳动人口的数量，从而也决定着人口总的数量。从现代工业、农业和第三产业的劳动人口比例和稳定的零增长率社会人口的年龄组比例推算，我国总人口数量保持在6.5亿～7亿人对经济的发展最为有利。

宋健、宫锡芳、宋子成、孙以萍等从食物供应和水资源供应的角度，提出了在百年左右时间里，中国饮食水平要达到20世纪80年代初美国和法国的水平，理想人口应在7亿人以下；按照发达国家的平均用水标准衡量，则应在6.3亿～6.5亿人。

胡保生、王浣尘、朱楚珠和李维岳等用系统工程中的多目标决策技术和方法，对20多个社会、经济、资源因素进行可能性和满意性分析，提出中国理想人口目标应保持在7亿～10亿人。

理想人口目标不可无，但在朝着理想目标的发展进程中，必须避免将理想目标当成近期规划目标的过理想化倾向。应该说，这种倾向在一些地区是多少存在的。实现中国人口资源环境协调发展，是通向未来愿景的绿色长征。中国将在科学发展观指引下稳步前行。

第七节　中国人口与资源环境关系演变轨迹和经验启示

一、人口与资源环境关系变化轨迹

从新中国成立至今60余年的探索历程中，国家在节约资源、保护环境、促进人口与资源环境协调发展方面取得了重大成果。在党和政府的不懈努力下，在科学发展观的指引下，人口规模大、增长快的问题基本得到控制，资源得到了保护，环境得到了改善，全国广大人民群众的生活水平和生活质量在稳步提高，民生建设的基础得到进一步夯实。

新中国成立以来，人口、经济、资源消耗—环境污染增长速度变化的基本轨迹是从“高、低、低”转向“低、高、高”。但是，“低、高、高”中的人口低增长“低中有高”，即高位低增长；而资源消耗—环境污染高增长则“高中有低”，即生态环境恶化的部分指标已经转变为增速有所降低，甚至绝对下降。

中国人口与资源环境关系的演变发展呈现出一定的阶段性。1949～1957年为第一阶段，其主要特点表现为第一次出生高峰及在其巨大压力下的生态环境问题隐性再累积。第二阶段以1958年“大跃进”导致资源环境大破坏为前奏，是新中国成立以后人口与资源环境状况急转直下趋于明显恶化的时期。70年代为第三阶段，人口与资源环境的紧张关系继续加剧，但人口控制和环境保护的政策行动终于启动。80年代改革开放新形势下，经济高增长的同时又出现了第三次环境恶化；两项基本国策的提出和实施成为进入一个新阶段的重要标志。20世纪90年代，环境恶化加剧的趋势虽然仍在继续，但逐渐得到控制；可持续发展战略的提出和实施，标志着又一个新阶段的开始。21世纪第一个10年，中国又在一个新的起点上迈出了在科学发展观指导下统筹解决人口资源环境问题的坚实步伐。

二、人口与资源环境关系变化的影响因素

新中国人口与资源环境关系的演变发展，是生态环境的自然和历史基础、人口、经济社会和技术条件、政策环境等诸因素综合作用的结果。

新中国生态环境自然、历史基础的先天脆弱性、人口增长的压力之大、经济社会发展和政策环境变化之曲折，以及我国庞大人口的生存发展基本上只能由本土资源支持等国情特点，决定了我国人口与资源环境问题的特殊性和严峻性。改革开放以来，我国经济持续高速增长，但也付出了巨大的环境代价。历史表明，在人口与资源环境关系问题上，政策因素起着十分重要的作用。“大跃进”、“文化大革命”对我国资源、环境带来了巨大的负面影响。改革开放以来，我国控制人口增长和遏制环境恶化取得巨大成就，很大程度上也是由于采取了正确的人口和环境政策。还要指出的是，我国人口与资源环境不是一个封闭系统。虽然我国不会也不可能主要依靠大量进口国外资源支持本国庞大人口，也不会搞“污染出口”，但在逐渐融入全球经济的过程中，我国的人口与资源环境状况势将日益引起全球关注。国际贸易和环境方面的国际公约、发达国家设置的“绿色壁垒”等，将会直接或间接地对我国产生影响。对此，必须要有正确的国际化应对政策。

三、以科学发展观统筹解决人口资源环境问题

在通向经济与人口、资源环境协调发展和可持续发展道路上，我国正处于一个十分关键而紧迫的历史转折关头。必须坚持以科学发展观统筹解决人口资源环境问题，

增强国家可持续发展能力，推进生态文明建设。

历史经验表明，每当我国人口增长日益逼近资源环境所能承受的一个临界值时，长期累积的生态隐患往往会以各种方式突发性地显露。我国现已进入人口峰值逼近资源环境容量极限的“峰极相逼”的严峻时期。从人口与资源环境关系的角度看，我国计划生育成功的深刻历史意义，在于避免了未来人口峰值超越土地资源最大人口承载能力的“险峰”。但又必须正视，如果放松人口控制和环境保护，未来人口峰值超越资源环境最大人口承载能力的“险峰”也并非完全不可能出现。我国许多环境问题的显露，都可视为这种“峰极相逼”的临界症状。在今后的几十年里，过去累积的各种生态隐患以及新产生的各种环境问题，很可能将会进一步显现。为此，必须加快建立各类突发性事件或灾害的应对及预警机制，进一步增强全民族的忧患意识，切忌盲目乐观。我国人口将在达到接近 15 亿人的峰值后转向稳定零增长或低速负增长。这将是人类社会发展历程中的一个重大转折。实现这一重大历史转折的历史使命，就落在新时代的中国人身上。因此，必须进一步增强全民族的历史紧迫感及使命感，坚持以科学发展观统筹解决人口资源环境问题，增强国家可持续发展能力，促进民生事业和社会和谐发展。

主要参考著作

[1]《中华人民共和国典章制度全书》编委会编：《中华人民共和国典章制度全书》，中国民主法制出版社，1999 年。
[2] 丁金宏：《人口空间过程：胶东半岛的实证研究》，华东师范大学出版社，1985 年。
[3] 八大城市政府调查机构联合课题组：《中国大城市人口与社会发展》，中国城市经济社会出版社，1990 年。
[4] 于学军，李建新主编：《低生育水平下的中国人口》，中国人口出版社，2001 年。
[5] 于学军，解振明主编：《中国人口发展评论：回顾与展望》，人民出版社，2000 年。
[6] 于学军：《中国人口老化的经济学研究》，中国人口出版社，1995 年。
[7] 马宾：《中国人口控制：实践与对策》，中国国际广播出版社，1990 年。
[8] 马寅初：《新人口论》，北京出版社，1979 年。
[9] 马瀛通：《人口统计分析学》，红旗出版社，1989 年。
[10] 马瀛通：《人口控制实践与思考》，甘肃人民出版社，1993 年。
[11] 马瀛通：《人口控制辨析论》，科学出版社，1996 年。
[12] 马瀛通：《出生性别比新理论与应用》，首都经济贸易大学，1998 年。
[13] 中央文献研究室编：《毛泽东书信选集》，中央文献出版社，2003 年。
[14] 中共中央马克思恩格斯列宁斯大林著作编译局编：《马克思恩格斯选集》，人民出版社，1972 年。
[15] 中共中央马克思恩格斯列宁斯大林著作编译局编：《列宁选集》，人民出版社，1960 年。
[16] 中共中央文献编辑委员会编：《邓小平文选》，人民出版社，1993 年。
[17] 中共中央文献编辑委员会编：《周恩来选集》，人民出版社，1980 年。
[18] 中国人民大学人口所编：《刘铮人口论文选》，中国人口出版社，1994 年。
[19] 中国老年学学会编：《走向积极的老龄化社会》，华龄出版社，2003 年。

[20] 中国科学院/国家计委自然资源综合考察委员会:《中国土地资源生产能力及人口承载量研究》，中国人民大学出版社，1991 年。
[21] 中国科学院可持续发展研究组:《2000 年可持续发展战略报告》，科学出版社，2000 年。
[22] 中国科学院可持续发展研究组:《中国可持续发展战略报告》，1999～2002 年。
[23] 牛文元:《可持续发展导论》，科学出版社，1997 年。
[24] 王亚南:《马克思主义的人口理论与中国人口问题》，科学出版社，1956 年。
[25] 王秀银，鹿立，崔树义主编:《现代人口管理学》，山东人民出版社，2001 年。
[26] 王秀银:《人口迁移研究》，青岛海洋大学出版社，1992 年。
[27] 王秀银等:《人口控制比较研究》，中国统计出版社，1993 年。
[28] 王建民:《中国流动人口》，上海财经大学出版社，1996 年。
[29] 王育民:《中国人口史》，江苏人民出版社，1995 年。
[30] 王桂新，殷永元:《上海人口与可持续发展》，上海财经大学出版社，2000 年。
[31] 王桂新:《中国人口分布与区域经济发展》，华东师范大学出版社，1997 年。
[32] 王桂新:《区域人口预测方法及应用》，华东师范大学出版社，2000 年。
[33] 王浣尘:《人口系统工程》，上海交通大学出版社，1985 年。
[34] 王跃生:《十八世纪中国婚姻家庭研究——建立在 1781～1799 年个案基础上的分析》，法律出版社，2000 年。
[35] 王嗣均主编:《中国城市化区域发展问题研究》，高等教育出版社，1996 年。
[36] 王瑞璞，杨魁孚主编:《中国人口问题纲要》，中国人口出版社，1998 年。
[37] 冯立天，戴星翼:《中国人口生活质量再研究》，高等教育出版社，1996 年。
[38] 冯立天主编:《中国人口生活质量研究》，北京经济学院出版社，1992 年。
[39] 叶文振:《孩子需求论，中国孩子的成本与效用》，复旦大学出版社，1998 年。
[40] 叶裕民:《中国城市化之路》，商务印书馆，2001 年。
[41] 田方，林发棠:《中国人口迁移》，知识出版社，1986 年。
[42] 田雪原:《中国人口控制和发展趋势研究》，经济科学出版社，1985 年。
[43] 田雪原主编，胡伟略副主编:《中国家庭经济与生育研究》，中国经济出版社，1997 年。
[44] 乔晓春: 《中国人口普查研究: 有关问题的理论探讨》，中国人口出版社，1995 年。
[45] 刘长茂，张纯元:《人口结构学》，中国人口出版社，1991 年。
[46] 刘英，薛素珍:《中国婚姻家庭研究》，社会科学文献出版社，1987 年。
[47] 刘家强:《中国人口城市化》，西南财经大学出版社，1997 年。
[48] 刘铮，邬沧萍，查瑞传:《人口统计学》，中国人民大学出版社，1981 年。
[49] 刘铮:《中国人口问题研究》，中国人民大学出版社，1988 年。

[50] 刘铮主编:《人口学辞典》，人民出版社，1986 年。
[51] 刘铮主编:《人口理论问题》，中国社会科学出版社，1984 年。
[52] 刘铮等著：《我国沿海地区小城镇经济发展和人口迁移》，中国展望出版社，1990 年。
[53] 吕荣侃，龚学信，刘庆胜：《论世界人口转变的中国道路》，中国文联出版社，2003 年。
[54] 吕荣侃主编:《人口科学概论》，北京师范大学出版社，1997 年。
[55] 孙常敏:《世纪转变中的全球人口与发展》，上海社会科学院出版社，1999 年。
[56] 孙敬之:《食物来源与人口增长》，北京科学出版社，1957 年。
[57] 孙敬之主编:《中国人口》，中国财政经济出版社，1991 年。
[58] 孙兢新主编:《环渤海——东北亚黄金地带》，中国统计出版社，1994 年。
[59] 孙兢新主编:《跨世纪的中国人口》，中国统计出版社，1994 年。
[60] 曲格平等:《中国人口与环境》，中国环境科学出版社，1992 年。
[61] 曲海波:《中国人口老龄化问题研究》，吉林大学出版社，1990 年。
[62] 朱云成主编:《中国城市人口》，中山大学出版社，1998 年。
[63] 朱国宏:《人口质量的经济分析》，三联书店，1994 年。
[64] 朱国宏:《人地关系论》，复旦大学出版社，1996 年。
[65] 朱国宏:《中国的海外移民》，复旦大学出版社，1994 年。
[66] 朱国宏:《通向可持续发展的道路——中国人口资源与环境的协调发展研究》，复旦大学出版社，1998 年。
[67] 朱宝树:《人口生态学》，江苏科技出版社，1990 年。
[68] 朱宝树主编:《从离土到离乡》，华东师范大学出版社，1996 年。
[69] 朱宝树主编：《城市化再推进和劳动力再转移》，华东师范大学出版社，2002 年。
[70] 朱楚珠:《中国女性人口》，浙江人民出版社，1990 年。
[71] 许涤新主编:《当代中国人口》，中国社会科学出版社，1987 年。
[72] 邬沧萍，侯文若主编:《世界人口》，中国人民大学出版社，1983 年。
[73] 严蓓:《新时期中国人口迁移》，湖南教育出版社，1999 年。
[74] 何光主编:《当代中国的劳动力管理》，中国社会科学出版社，1990 年。
[75] 何沁:《中华人民共和国史》，高等教育出版社，2000 年。
[76] 何承金等主编:《贫困与发展道路选择》，四川大学出版社，1992 年。
[77] 佟新:《人口社会学》，北京大学出版社，2000 年。
[78] 况世英等主编:《当代中国妇女地位》，西南财经大学出版社，1992 年。
[79] 吴申元:《中国人口思想史稿》，中国社会科学出版社，1986 年。
[80] 吴忠观主编:《当代人口学学科体系研究》，西南财经大学出版社，2000 年。

[81] 宋健，于景元：《人口预测和人口控制》，人民出版社，1982 年。
[82] 宋健等：《人口预测与人口控制》，人民出版社，1981 年。
[83] 张开敏主编：《上海人口迁移研究》，上海社会科学院出版社，1989 年。
[84] 张心侠：《人口统计与规划》，山东人民出版社，1988 年。
[85] 张志良，原华荣：《人口承载力与人口迁移》，甘肃科学技术出版社，1993 年。
[86] 张志良主编：《人力承载力与人口迁移》，甘肃科技出版社，1993 年。
[87] 张纯元，曾毅主编：《市场人口学》，北京大学出版社，1996 年。
[88] 张纯元主编：《人口经济学》，北京大学出版社，1983 年。
[89] 张纯元主编：《马克思主义人口思想史》，北京大学出版社，1986 年。
[90] 张纯元主编：《消除贫困的对策研究》，高等教育出版社，1996 年。
[91] 张国雄：《明清时期的两湖移民》，陕西人民出版社，1995 年。
[92] 张怡民主编：《中国卫生 50 年历程》，中国古籍出版社，2000 年。
[93] 张萍：《日本的婚姻与家庭》，中国妇女出版社，1984 年。
[94] 李中清，王丰：《人类的四分之一：马尔萨斯的神话与中国的现实》，三联书店，2000 年。
[95] 李世平：《四川人口史》，四川大学出版社，1987 年。
[96] 李玉文：《山西近现代人口统计与研究》，中国经济出版社，1992 年。
[97] 李立明主编：《流行病学》，人民卫生出版社，2000 年。
[98] 李兴盛：《中国流人史》，黑龙江人民出版社，1996 年。
[99] 李成瑞：《十亿人口的普查》，国务院人口普查办公室印，1984 年。
[100] 李成瑞：《中国人口普查和结果分析》，中国财政经济出版社，1987 年。
[101] 李周等：《中国环境问题》，河南人民出版社，2000 年。
[102] 李建民，原新等：《持续的挑战：21 世纪中国人口形势、问题与对策》，科学出版社，2000 年。
[103] 李建民：《人力资本通论》，上海三联书社，1999 年。
[104] 李若建编著：《人口社会学基础》，中山大学出版社，1992 年。
[105] 李剑农：《魏晋南北朝民户大流徙》，武汉大学编译委员会，1951 年。
[106] 李树茁，朱楚珠：《中国儿童生存性别差异的研究和实践》，中国人口出版社，2001 年。
[107] 李竞能：《人口理论新编》，中国人口出版社，2001 年。
[108] 李竞能：《天津人口史》，南开大学出版社，1990 年。
[109] 李竞能：《现阶段中国人口经济问题研究》，中国人口出版社，1999 年。
[110] 李竞能主编：《当代西方人口学说》，山西人民出版社，1992 年。
[111] 李梦白，胡欣：《流动人口对大城市发展的影响及对策》，经济出版社，1991 年。

[112] 李银河:《生育与村落文化》,中国社会科学出版社,1994 年。
[113] 李德滨,石方,高凌:《近代中国移民史要》,哈尔滨出版社,1994 年。
[114] 李德滨,石方:《黑龙江移民概要》,黑龙江人民出版社,1987 年。
[115] 李澍卿:《人口素质观览》,河北人民出版社,1986 年。
[116] 杨子慧主编:《中国历代人口统计资料研究》,改革出版社,1996 年。
[117] 杨云彦:《中国人口迁移与发展的长期战略》,武汉出版社,1994 年。
[118] 杨魁孚主编:《中国人口问题论稿》,中国人口出版社,1997 年。
[119] 杨德清主编:《人口学概论》,河北人民出版社,1982 年。
[120] 沈益民,童乘珠:《中国人口迁移》,中国统计出版社,1992 年。
[121] 沈崇麟,杨善华,李东山:《世纪之交的城乡家庭》,中国社会科学出版社,1999 年。
[122] 沙吉才主编:《当代中国妇女家庭地位研究》,天津人民出版社,1995 年。
[123] 沙吉才主编:《改革开放中的人口问题研究》,北京大学出版社,1994 年。
[124] 肖自力主编:《走向新世纪的中国人口》,中国人口出版社,1995 年。
[125] 陆大道等:《中国工业布局的理论与实践》,科学出版社,1990 年。
[126] 陆杰华:《人力资源开发与缓解贫困》,中国人口出版社,1999 年。
[127] 陈如龙:《中华人民共和国财政大事记(1949~1985)》,中国财政经济出版社,1989 年版。
[128] 陈达著,廖宝昀译:《现代中国人口》,天津人民出版社,1981 年。
[129] 陈复等:《中国人口资源环境与可持续发展战略研究》,中国环境出版社,2000 年。
[130] 陈景盛:《福建人口史论稿》,福建人民出版社,1991 年。
[131] 陈鹏:《中国婚姻史稿》,中华书局,1991 年。
[132] 卓大宏主编:《中国残疾预防学》,华夏出版社,1998 年。
[133] 周清主编:《当代中国婚姻家庭与人口发展》,中国人口出版社,1992 年。
[134] 国务院人口普查办公室,国家统计局人口和就业统计司编:《中国 2010 年人口普查资料》,中国统计出版社,2012 年版
[135] 国家人口发展战略研究课题组:《国家人口发展战略研究报告》,中国人口出版社,2007 年版。
[136] 国家计委等:《中国 21 世纪议程——中国 21 世纪人口、环境与发展白皮书》,中国环境科学出版社,1994 年。
[137] 国家统计局,劳动部:《中国劳动统计年鉴》,中国统计出版社,1993~2002 年。
[138] 国家统计局人口和就业统计司编:《中国人口和就业统计年鉴 2010》,中国统计出版社,2010 年版。

[139] 国家统计局人口统计司编:《中华人民共和国人口统计资料汇编(1949~1985年)》,中国财经出版社,1987年。
[140] 国家统计局国民经济综合统计司:《新中国五十年统计资料汇编》,中国统计出版社,1999年。
[141] 孟昭华等:《中国婚姻与婚姻管理史》,中国社会科学出版社,1992年。
[142] 范菁菁:《中国人口性别年龄结构》,中国人口出版社,1995年。
[143] 郑杭生主编:《从传统向现代快速转型过程中的中国社会》,中国人民大学出版社,1996年。
[144] 郑晓瑛等:《中国女性人口问题与发展》,北京大学出版社,1995年。
[145] 侯文若:《当代外国人口:理论、学科、研究》,经济科学出版社,1988年。
[146] 姚远:《人口与近代中国》,高等教育出版社,1992年。
[147] 姚裕群:《走向市场的中国就业》,中国人民大学出版社,2003年。
[148] 姚裕群主编:《人口大国的希望:人力资源经济概论》,中国人口出版社,1991年。
[149] 姚裕群主编:《中国人力资源开发利用与管理研究》,首都师范大学出版社,2001年。
[150] 姚新武,尹华:《中国常用人口数据集》,中国人口出版社,1994年版。
[151] 姜涛:《人口与历史》,北京出版社,1998年。
[152] 姜涛:《中国近代人口史》,浙江人民出版社,1993年。
[153] 查瑞传:《查瑞传文集》:中国人口出版社,2001年。
[154] 查瑞传主编:《人口学百年》,北京出版社,1999年版。
[155] 查瑞传主编:《人口普查资料分析技术》,中国人口出版社,1991年。
[156] 段纪宪:《中国历代人口社会与文化发展》,中国科学技术出版社,1995年。
[157] 胡伟略:《人口社会学》,中国社会科学出版社,2002年。
[158] 胡伟略主编:《近期我国人力资源开发研究》,环境科学出版社,1998年。
[159] 胡焕庸,张善余:《世界人口地理》,华东师范大学出版社,1982年。
[160] 胡焕庸:《中国八大区人口增长、经济发展的过去与未来》,华东师范大学出版社,1986年。
[161] 胡焕庸:《论中国人口之分布》,华东师范大学出版社,1983年。
[162] 胡焕庸:《胡焕庸人口地理选集》,中国财政经济出版社,1990年。
[163] 胡鞍钢:《人口与发展》,浙江人民出版社,1989年。
[164] 胡鞍钢等:《扩大就业与挑战失业——中国就业政策评估(1949~2001年)》,中国劳动社会保障出版社,2002年。
[165] 费孝通:《生育制度》,天津人民出版社,1981年。
[166] 赵文林,谢淑君:《中国人口史》,人民出版社,1988年。

[167] 钟水映:《人口流动与社会经济发展》，武汉大学出版社，2000年。
[168] 原华荣:《人口与发展》，兰州大学出版社，1995年。
[169] 唐锡林主编:《儿童少年卫生学》，人民卫生出版社，1989年。
[170] 徐天琪等主编:《人力开发的理论与实践》，杭州大学出版社，1997年。
[171] 徐以让:《人类家庭发展史》，天津人民出版社，1988年。
[172] 桂世勋:《人口社会学》，山东人民出版社，1986年。
[173] 浦善新:《中国行政区划概论》，知识出版社，1995年。
[174] 翁俊雄:《唐代人口与区域经济》，台北市新文丰出版公司，1995年。
[175] 翁俊雄:《唐初政区与人口》，北京师范学院出版社，1990年。
[176] 翁俊雄:《唐朝鼎盛时期政区与人口》，首都师范大学出版社，1995年。
[177] 袁方主编:《老年学导论》，社会科学文献出版社，1995年。
[178] 袁伦渠:《中国劳动经济史》，北京经济学院出版社，1990年。
[179] 袁祖亮:《中国古代人口专题研究》，中州古籍出版社，1994年。
[180] 袁辑辉:《老龄问题》，复旦大学出版社，1986年。
[181] 郭书田，刘纯彬:《城市化的过去、现在和未来》，西北人民出版社，1990年。
[182] 郭志刚:《社会调查研究的量化方法》，中国人民大学出版社，1989年。
[183] 钱信忠主编:《中国老年学》，河南科学技术出版社，1989年。
[184] 陶春芳等主编:《中国妇女地位概观》，中国妇女出版社，1993年。
[185] 顾宝昌:《社会人口学的视野》，商务印书馆，1992年。
[186] 顾朝林:《中国城市地理》，商务印书馆，1999年。
[187] 顾朝林:《中国城镇体系——历史、现状、展望》，商务印书馆，1996年。
[188] 顾鉴塘，顾鸣塘:《中国历代婚姻与家庭》，中央党校出版社，1991年。
[189] 高尔生，李鲁，宋桂香:《婴儿死亡率研究》，浙江大学出版社，1997年。
[190] 高尔生主编:《计划生育统计与评价》，中国人口出版社，1992年。
[191] 高尔生主编:《医学人口学》，上海医科大学出版社，1993年。
[192] 高尔生等主编:《青少年及未婚青年生殖健康现状展望及策略》，第二军医大学出版社，2002年。
[193] 高春燕:《社区人口与发展》，中国环境科学出版社，1999年。
[194] 高树林:《河北人口史》，河北人民出版社，1986年。
[195] 曹明国:《理论人口学》，吉林大学出版社，1989年。
[196] 梁中堂:《人口学》，山西人民出版社，1983年。
[197] 梁中堂:《人口素质论》，山西人民出版社，1985年。
[198] 梁方仲:《中国历代户口、田地、田赋统计》，上海人民出版社，1980年。
[199] 阎瑞等:《中华人民共和国分年龄死亡率与寿命水平研究》，中国人口出版社，1995年。

[200] 鹿立:《谁扛再就业大旗——再就业主体行为研究》，济南出版社，1998 年。
[201] 黄树则等:《当代中国卫生事业》，中国社会科学出版社，1986 年。
[202] 黄荣清:《人口分析技术》，北京经济学院出版社，1989 年。
[203] 彭希哲，戴星翼:《传统变革与挑战》，复旦大学出版社，1992 年。
[204] 彭珮云主编:《中国计划生育全书》，中国人口出版社，1997 年版。
[205] 彭松建:《西方人口经济学概论》，北京大学出版社，1987 年。
[206] 彭勋主编:《人口迁移学》，山东大学出版社，1992 年。
[207] 曾毅，王德意，李荣时: 《中国八十年代离婚研究》，北京大学出版社，1995 年。
[208] 曾毅:《人口分析方法及应用》，北京大学出版社，1993 年。
[209] 曾毅:《中国人口发展态势及对策探讨》，北京大学出版社，1994 年。
[210] 曾毅编著:《人口分析方法与应用》，北京大学出版社，1995 年。
[211] 葛剑雄:《中国人口发展史》，福建人民出版社，1991 年。
[212] 葛剑雄:《西汉人口地理》，人民出版社，1987 年。
[213] 葛剑雄主编:《中国人口史》(1～6 卷)，复旦大学出版社，2000～2003 年。
[214] 葛剑雄主编:《中国移民史》(1～6 卷)，福建人民出版社，1997 年。
[215] 蒋正华: 《1992 年中国生育率抽样调查论文集》，中国人口出版社，1996 年版。
[216] 蒋正华:《人口分析与规划》，陕西科学技术出版社，1984 年。
[217] 辜胜阻，简新华主编: 《当代中国人口流动与城镇化》，武汉大学出版社，1994 年。
[218] 韩光辉:《北京市历史人口地理》，北京大学出版社，1996 年。
[219] 虞沈冠，陈友华: 《人口统计分析方法研究与应用》，南京大学出版社，1995 年。
[220] 路遇，翟振武编:《新中国人口六十年》，中国人口出版社，2009 年版。
[221] 路遇，滕泽之:《中国人口通史》，山东人民出版社，2000 年。
[222] 路遇:《人口问题论》，中国广播电视出版社，1993 年。
[223] 路遇:《人口志编纂学》，中国广播电视出版社，1991 年。
[224] 路遇:《农村人口治理与发展》，山东省新闻出版局，1994 年。
[225] 路遇:《清代和民国山东移民东北史略》，上海社会科学院出版社，1987 年。
[226] 路遇主编:《山东人口迁移和城镇化研究》，山东大学出版社，1988 年。
[227] 路遇主编:《山东省志·人口志》，齐鲁书社，1994 年。
[228] 廖田平，温应乾:《两种生产理论和我国的人口问题》，1982 年。
[229] 熊必俊:《老年学与老龄问题》，科学技术文献出版社，1989 年。
[230] 翟振武主编:《人口数据分析方法及其应用》，外文出版社，1992 年。

[231] 翟振武等:《现代人口分析技术》，中国人民大学出版社，1989 年。
[232] 蔡昉主编:《2000 年：中国人口问题报告》，社会科学文献出版社，2000 年。
[233] 谭琳，李新建主编:《妇女与持续发展》，天津科技出版社，1995 年。
[234] 潘纪一，马淑鸾等:《人口素质与中国的现代化》，南京大学出版社，1992 年。
[235] 潘纪一，朱国宏:《世界人口通论》，中国人口出版社，1991 年。
[236] 潘纪一:《人口生态学》，复旦大学出版社，1988 年。
[237] 潘贵玉主编:《婚育观念通论》，中国人口出版社，2003 年。
[238] 穆光宗:《挑战孤独·空巢家庭》，河北人民出版社，2002 年。
[239] 穆光宗:《家庭养老制度的传统与变革》，华龄出版社，2002 年。
[240] 戴星翼:《走向绿色的发展》，复旦大学出版社，1998 年。
[241] 魏津生，王胜今主编: 《中国人口控制评估与对策》，高等教育出版社，1996 年。
[242] 魏津生:《现代人口学》，重庆出版社，1992 年。

后 记

中国是世界第一人口大国。新中国成立以后，中国人口经历了前所未有的大起伏、大转变和大发展，其艰难、曲折、辉煌的程度，无其他国家人口经历能出其右。回顾60多年波澜壮阔的中国人口发展历史，描绘翻天覆地的人口变迁所折射的民生改善进程，总结历史经验，探索人口规律，展望和预测未来趋势与发展前景，是《从人口变迁看民生发展》一书的任务与目标。这是一幅大跨度、宽视野的“全景画”，是一个数据量十分巨大、编写任务十分繁重的“大工程”。在中国人口出版社的精心组织下，参加编写此书的各位专家学者，克服重重困难，凭借深厚的学术积淀和长期的研究基础，集中精力，协同攻关，披星戴月，数易其稿，终于完成了这一“大部头”著作。

本书是集体劳动和智慧的结晶。提纲由集体和主编确定，各章由十几位作者分头负责撰写，最后全书由主编统一定稿。具体分工如下：翟振武负责第一章、第二章和第七章；于学军负责第三章；黄荣清负责第四章；高尔生负责第五章；王秀银负责第六章；张善余负责第八章；王桂新负责第九章；丁金宏负责第十章；鹿立负责第十一章；郭志刚负责第十二章；姚裕群负责第十三章；朱宝树负责第十四章。陶涛、杨凡、明艳、王丽、赵双玲、彭猛业、弟娟娟、沈月平、靳永爱、张现苓、俞海山、赵梦晗、张浣珺、伍海诚、盛亦男等也分别参加了各章的撰写、数据搜集、资料整理和文字校验工作，付出了辛勤的劳动，做出了重要贡献。

本书完成之际，正值金秋收获时节。怀着欣喜和崇敬的心情，我们谨以此书献给党的十八大，献给中国改革开放新的伟大历史时代。

翟振武

2012年9月于北京